리드 개발자로 가는 길

LEAD DEVELOPER CAREER GUIDE (9781633438071)

© 2025 J-Pub Co., Ltd. Authorized translation of the English edition © 2024 Manning Publications.

This translation is published and sold by permission of Manning Publications,
the owner of all rights to publish and sell the same.

이 책의 한국어판 저작권은 대니홍 에이전시를 통한 저작권사와의 독점 계약으로 제이펍에 있습니다.
저작권법에 의해 한국 내에서 보호를 받는 저작물이므로 무단 전재와 무단 복제를 금합니다.

리드 개발자로 가는 길

1판 1쇄 발행 2025년 10월 23일

지은이 셸리 벤호프
옮긴이 차건회
펴낸이 장성두
펴낸곳 주식회사 제이펍

출판신고 2009년 11월 10일 제406-2009-000087호
주소 경기도 파주시 회동길 159 3층 / **전화** 070-8201-9010 / **팩스** 02-6280-0405
홈페이지 www.jpub.kr / **투고** submit@jpub.kr / **독자문의** help@jpub.kr / **교재문의** textbook@jpub.kr

소통기획부 김정준, 이상복, 안수정, 박재인, 박새미, 송영화, 김은미, 나준섭, 권유라
소통지원부 민지환, 이승환, 김정미, 박예은 / **디자인부** 이민숙, 최병찬

진행 김은미 / **교정·교열** 이정화 / **내지 디자인** 이민숙 / **내지 편집** 북아이
용지 에스에이치페이퍼 / **인쇄** 한승문화사 / **제본** 일진제책사

ISBN 979-11-94587-62-0 (93000)
책값은 뒤표지에 있습니다.

※ 이 책은 저작권법에 따라 보호를 받는 저작물이므로 무단 전재와 무단 복제를 금지하며,
   이 책 내용의 전부 또는 일부를 이용하려면 반드시 저작권자와 제이펍의 서면 동의를 받아야 합니다.
※ 잘못된 책은 구입하신 서점에서 바꾸어드립니다.

제이펍은 여러분의 아이디어와 원고를 기다리고 있습니다. 책으로 펴내고자 하는 아이디어나 원고가 있는
분께서는 책의 간단한 개요와 차례, 구성과 지은이/옮긴이 약력 등을 메일(submit@jpub.kr)로 보내주세요.

Lead Developer Career Guide
리드 개발자로 가는 길

셸리 벤호프 지음 / **차건회** 옮김

※ 드리는 말씀
- 이 책에 기재된 내용을 기반으로 한 운용 결과에 대해 지은이/옮긴이, 소프트웨어 개발자 및 제공자, 제이펍 출판사는 일체의 책임을 지지 않으므로 양해 바랍니다.
- 이 책에 등장하는 회사명, 제품명은 일반적으로 각 회사의 등록상표 또는 상표입니다. 본문 중에는 ™, ⓒ, ⓡ 등의 기호를 생략했습니다.
- 이 책에서 소개한 URL 등은 시간이 지나면 변경될 수 있습니다.

차례

옮긴이 머리말	xii	시작하며	xxvi
추천의 글	xiv	감사의 글	xxviii
베타리더 후기	xx	이 책에 대하여	xxx
추천 서문	xxiii	표지에 대하여	xxxiii

CHAPTER 01 리드 개발자란? 1

1.1 리드 개발자가 될 수 있는 사람 ························ 2
1.1.1 이 책의 대상 5 / **1.1.2** 리드 개발자가 필요한 부문 6
1.1.3 성공적인 리드 개발자로 나아가기 8

1.2 리드 개발자의 업무 ························ 10
1.2.1 개발팀 이끌기 13 / **1.2.2** 프로젝트팀 간 협업 15
1.2.3 클라이언트 및 이해관계자와의 의사소통 17 / **1.2.4** 개발 표준 설정 20
1.2.5 기술 아키텍처 구축 21

1.3 리드 개발자에 대한 기대 ························ 24
1.3.1 팀 지원 25 / **1.3.2** 업무 관계 형성 27 / **1.3.3** 리더 역할 수행 29
요약 ························ 32
★ 리드 개발자 이야기 셸리 벤호프 33

CHAPTER 02 리드 개발자의 커리어 경로 36

2.1 소프트웨어 개발자의 역할 ························ 37
2.1.1 주니어 개발자로 시작하기 38 / **2.1.2** 시니어 개발자로 성장하기 39
2.1.3 리드 개발자나 리드 아키텍트로 나아가기 42 / **2.1.4** 관리 역할과 그다음 단계 45
2.1.5 커리어의 다음 단계 고민하기 47

2.2 소프트웨어 개발자의 커리어 여정 ························ 51
2.2.1 이력서 작성하기 52 / **2.2.2** 자기소개서 작성하기 55
2.2.3 기술 면접 성공하기 56 / **2.2.4** 개발 리더 포지션 인터뷰 준비하기 59

2.3 리드 개발자를 위한 채용 시장 ························ 61

2.3.1 경쟁에 대한 평가 61 / **2.3.2** 차별화 전략 62
2.3.3 수요가 많은 기술 64

요약 67

★ 리드 개발자 이야기 댄 왈린 68

CHAPTER 03 리드 개발자 기술 배우기 74

3.1 새로운 기술 학습의 우선순위 정하기 76
3.1.1 최신 기술 학습 76 / **3.1.2** 필요한 소프트 스킬 검토 78
3.1.3 업무에서 소프트 스킬 연습하기 81 / **3.1.4** 학습을 위한 시간 확보 83

3.2 자신만의 리더십 스타일 찾기 85
3.2.1 인기 있는 리더십 스타일 86 / **3.2.2** 성격 유형 평가하기 89
3.2.3 팀원들의 성격 관찰 92

3.3 프레젠테이션 기술 향상 94
3.3.1 긴장 해소 96 / **3.3.2** 효과적인 슬라이드 만들기 98
3.3.3 탁월한 발표 100

요약 101

★ 리드 개발자 이야기 모린 조지핀 103

CHAPTER 04 개발에 필요한 기술의 학습 106

4.1 학습 방법 개선 107
4.1.1 학습 방법 이해 108 / **4.1.2** 기억력 향상 110
4.1.3 신체적, 정신적 건강 관리하기 112 / **4.1.4** 배우면서 가르치기 114

4.2 기술의 적용 115
4.2.1 개인 프로젝트 개발 118 / **4.2.2** 커뮤니티 프로젝트 작업 119
4.2.3 프로토타입 만들기 121

4.3 학습 방해 요인 극복하기 123
4.3.1 휴식 시간 갖기 123 / **4.3.2** 달성 가능한 목표 설정 125
4.3.3 도움 요청하기 127

요약 129

★ 리드 개발자 이야기 스콧 한셀먼 130

CHAPTER 05 기술 문서 작성 134

5.1 성공을 위한 팀 구성 ··· 135
5.1.1 모든 것의 문서화 136 / 5.1.2 기술 부채 관리 139
5.1.3 신규 개발자의 온보딩 141

5.2 문서 구조 ·· 143
5.2.1 내용 나누기 143 / 5.2.2 시각 보조 자료 활용 145
5.2.3 도입부와 요약 146

5.3 내용 작성 ·· 148
5.3.1 개요부터 시작 148 / 5.3.2 구체적인 지침 작성 151
5.3.3 핵심에 집중하기 152 / 5.3.4 스타일 가이드 사용하기 153

5.4 문서 유지 관리 주기 구현 ··· 154
5.4.1 문서 테스트 155 / 5.4.2 피드백받기 156
5.4.3 문서 유지 관리 기간 설정 157

요약 ··· 159

★ 리드 개발자 이야기 에디디옹 아식포 160

CHAPTER 06 개발 프로세스 최적화 164

6.1 프로세스 개선 기회 식별하기 ·· 166
6.1.1 문제점 인식하기 168 / 6.1.2 개선 아이디어 제공 170
6.1.3 AI 코딩 도구 사용 171 / 6.1.4 개발 프로세스 관리 173

6.2 피드백 수용하기 ··· 175
6.2.1 이해관계자 인터뷰 176 / 6.2.2 건설적인 비판 수용하기 177
6.2.3 열린 마음 유지하기 178

6.3 소프트웨어 개발 수명 주기 검토 ··· 180
6.3.1 자동화 181 / 6.3.2 병목 제거 183
6.3.3 예방적 접근과 반응적 접근의 활용 185

6.4 개발 프로세스 유지 관리 ··· 186
6.4.1 개발 프로세스 문서화 187 / 6.4.2 품질보증 프로세스 문서화하기 189
6.4.3 개발 프로세스 유지 보수 일정 설정하기 191

요약 ··· 192

★ 리드 개발자 이야기 라이언 H. 루이스 194

CHAPTER 07 프로젝트팀 간 협업 198

7.1 교차 학습 프로젝트 관리 기술 ········ **199**
7.1.1 폭포수 방법론 200 / 7.1.2 애자일 정의 202 / 7.1.3 애자일과 폭포수 비교 205

7.2 정확한 예상 비용 산정 ········ **206**
7.2.1 시간 단위 추정 207 / 7.2.2 스토리 포인트를 사용한 예측 209
7.2.3 팀 참여시키기 212

7.3 의사소통 촉진하기 ········ **215**
7.3.1 팀원 간의 연결 217 / 7.3.2 도움 요청하기 218
7.3.3 의사소통 시 오해 피하기 220

7.4 프로젝트 관리 프로세스 개선 ········ **222**
7.4.1 프로젝트 매니저 지원 223 / 7.4.2 배포와 프로젝트 관리 시스템 통합 225
7.4.3 결함률 평가 227

요약 ········ **228**

★ 리드 개발자 이야기 클로이 콘던 230

CHAPTER 08 클라이언트와 대화하기 235

8.1 클라이언트의 필요 이해하기 ········ **236**
8.1.1 능동적 경청의 활용 237 / 8.1.2 통찰력 있는 질문하기 238
8.1.3 최종 사용자 인터뷰하기 239

8.2 기술적 접근 방식 제안 ········ **242**
8.2.1 클라이언트가 원하는 것과 필요한 것 이해하기 243 / 8.2.2 예산 고려하기 245
8.2.3 제안 내용 프레젠테이션하기 247

8.3 클라이언트와의 관계 형성 ········ **250**
8.3.1 클라이언트와의 신뢰 구축 251 / 8.3.2 클라이언트 이해하기 253
8.3.3 신중한 태도 유지하기 255

8.4 까다로운 클라이언트 대처 ········ **257**
8.4.1 침착함 유지 258 / 8.4.2 클라이언트의 이야기를 들어주기 260
8.4.3 지속적으로 관여하기 262

요약 ········ **264**

★ 리드 개발자 이야기 제이미 맥과이어 266

CHAPTER 09 멘토 되기 269

9.1 멘토란 무엇인가? 270
9.1.1 멘토와 트레이너의 비교 272 / 9.1.2 멘토링에서의 기대 274
9.1.3 멘토로서 성공하기 276

9.2 멘티와의 관계 형성 279
9.2.1 멘티와 신뢰 구축하기 280 / 9.2.2 멘티를 이해하기 282
9.2.3 공통점 발견 283

9.3 개인적 및 직업적 성장 독려하기 285
9.3.1 커리어 계획 수립 286 / 9.3.2 개선점 파악 289
9.3.3 롤 모델 되기 290

9.4 받은 만큼 베풀기 292
9.4.1 멘티가 멘토로 성장하도록 돕기 293 / 9.4.2 조직 외부의 개발자 멘토링 295
9.4.3 멘토링 커뮤니티 및 이벤트 참여하기 296

요약 299

★ 리드 개발자 이야기 스티브 뷰캐넌 300

CHAPTER 10 주도권 잡기 303

10.1 명확한 지침 제공하기 306
10.1.1 자신감을 가지고 말하기 307 / 10.1.2 명확하고 간결하게 전달하기 309
10.1.3 FAQ 문서화하기 311

10.2 피드백 제공하기 313
10.2.1 긍정적인 피드백 제공 314 / 10.2.2 부정적인 피드백 제공 316
10.2.3 피드백 세션 계획 318

10.3 긴급 상황 처리 320
10.3.1 긍정적인 태도 유지하기 322 / 10.3.2 팀을 하나로 모으기 323
10.3.3 계획 수립하기 324

10.4 자신감 키우기 328
10.4.1 강점과 약점 평가하기 329 / 10.4.2 다른 사람과 자신을 비교하지 않기 330
10.4.3 부정적인 생각에 맞서기 332

요약 334

★ 리드 개발자 이야기 데버라 구라타 335

CHAPTER 11 감정 지능으로 이끌기 340

11.1 감정 지능이란 무엇인가? 341
11.1.1 4분지 모델의 이해 343 / 11.1.2 스스로 감정 지능을 기르는 법 346
11.1.3 팀의 감정 지능을 키우는 법 348

11.2 감정 지능 활용하기 351
11.2.1 자의식 키우기 354 / 11.2.2 업무 관계 관리하기 356
11.2.3 개인적인 성장 이루기 357

11.3 급진적 공감의 학습 359
11.3.1 공감과 급진적 공감 비교하기 360 / 11.3.2 타인을 이해하기 362
11.3.3 더 깊은 수준에서 연결하기 364

11.4 어려운 대화 나누기 365
11.4.1 대화 준비하기 367 / 11.4.2 말하기보다 더 많이 듣기 368
11.4.3 어려운 대화 후 후속 조치하기 370

11.5 가면증후군 피하기 372
11.5.1 자기연민 실천 374 / 11.5.2 감정의 공유 375
11.5.3 완벽주의 지양 378

요약 380

★ 리드 개발자 이야기 가브리엘라 마르티네스-산체스 381

CHAPTER 12 성공적인 리드 개발자 되기 384

12.1 자신의 역량 평가하기 385
12.1.1 다른 리드 개발자 동행 관찰하기 387 / 12.1.2 기술 아키텍처 처음부터 구축하기 391
12.1.3 긍정적인 업무 환경 조성하기 393

12.2 도약하기 395
12.2.1 멘토 그룹 구성하기 396 / 12.2.2 첫 프로젝트 400
12.2.3 성공을 위한 준비 402

12.3 경영진과의 협업 404
12.3.1 예산 계획 수립 405 / 12.3.2 개발자 채용 408
12.3.3 개발자 해고 410 / 12.3.4 AI 도구에 대한 정책 수립 411

요약 414

| 한국어판 부록 | **개발자에서 리더로: 한국 리드 개발자 이야기 417** |

1	효율적 소통의 두 기둥, 맥락과 시간 존중(김성민)	421
2	지금 우린 돈을 벌고 있는가?(김태헌)	430
3	멋진 기술이 아니라, 가장 알맞은 해법(박미정)	435
4	점진적 실행, 지속적 피드백(유진호)	442
5	기술을 사람의 언어로(이보라)	450
6	결정은 혼자, 과정은 함께(정윤의)	457
7	제안보다 질문으로 하는 코드 리뷰(진유림)	464
8	강점은 강화하고, 약점은 협력으로 보완(차건회)	469
9	할 수 있음과 잘함의 구분(하규태)	475
10	건축과 게임, 콘셉트로 정렬하다(한규선)	486

찾아보기 ——— 495

옮긴이 머리말

소프트웨어는 어떤 뛰어난 한 개인의 창작물이라기보다는 많은 사람의 노력이 들어간 팀워크의 결과입니다. 비즈니스 요구사항을 정의하고, UI/UX 디자인을 하며, 시스템을 설계하고 구현하며, 테스트를 수행한 후 마침내 최종 사용자의 손에 도달하기까지, 여러 다양한 직군의 '사람'이 참여하는 복잡한 프로세스입니다. 이는 간단치 않은 과정이고, 시간도 오래 걸릴뿐더러 과정마다 위험 요소도 있습니다. 커리어 초기에는 부족한 지식이나 낮은 기술적 역량이 가장 큰 위험 요소라고 생각했습니다. 자신이 맡은 부분을 마감 기한에 맞춰 훌륭하게 수행하면 좋은 소프트웨어가 만들어질 것이라고 기대했습니다. 하지만 커리어가 쌓이면서 능력과 경험보다 더 중요한 것은 의사소통, 공감 능력, 설득과 같은 소프트 스킬이라는 것을 깨달았습니다. 수많은 시행착오와 어그러진 인간관계라는 비싼 값을 치르고 얻은 교훈입니다.

2022년 말에 챗GPT가 출시된 이후 AI는 소프트웨어 업계 전반에 혁명과도 같은 변화를 가져왔고, 지금도 현재진행형입니다. 어떤 전문가는 AI가 소프트웨어 엔지니어를 대체할 것이라고 말하지만, 또 다른 전문가는 그렇게까지는 되지 않을 것이며 AI의 확대로 더 많은 엔지니어가 필요할 것이라고 예측합니다. 어떤 예측이 맞을지는 모르겠습니다. 하지만 확실한 것은 극단적인 일은 일어나지 않을 것이라는 점입니다. 즉 AI 시대에도 여전히 '사람'이 소프트웨어를 만드는 일에 관여할 것이고, 관여해야 하며, AI 시대이기에 '사람'의 최종 판단은 더욱 중요해질 것입니다. 많은 허드렛일은 AI가 하겠지만, 소프트웨어는 여전히 팀워크 결과물일 것이고, 소프트 스킬 역시 여전히 중요할 것입니다.

흔히 하는 말로 '한국 사람은 토론에 약하다'고 합니다. 의견 충돌이 있을 때 상대방의 감정을 상하지 않게 하면서 서로가 동의하고 공감할 수 있는 지점까지 나아가기란 쉽지 않은 문제입니다. 내가 담당한 업무 처리만으로도 벅찬데, 다른 팀원의 문제까지 챙기다 보면 정작 내 일은 못할 때가 많습니다. 일을 처리하는 속도가 생각보다 느린 팀원을 기다려주면서 그의 성장을 돕고 싶지만, 빡빡한 개발 스케줄 때문에 끼어들어서 얼른 해결하고 싶을 때도 있습니다.

이 책의 저자는 이와 같은 상황에서 개발자로서 어떻게 사고하고 판단하며 행동해야 할지 자신의 풍부한 경험에 비추어 친절하게 설명합니다. 모든 개발자는 결국은 어떤 형태로든 리드 개발자가 될 수밖에 없습니다(그리고 되어야 합니다). 하지만 시간이 지난다고 해서, 개발자로서 경력이 쌓인다고 해서 누구나 다 훌륭한 리더가 그냥 되는 것은 아닙니다. 이 책을 통해 여러분이 새로운 프레임워크와 언어를 배우는 일만큼 중요한 소프트 스킬을 기르는 일을 시작할 수 있기를 바랍니다.

차건회

추천의 글

"평생 코딩하며 살고 싶다."

학창 시절, 그리고 사회 초년생 때 동료 프로그래머들과 진심으로 나눴던 목표였습니다. 프로그래밍만 40년, 직업 소프트웨어 엔지니어로 30년을 넘게 일하며, 컴퓨터만 상대하는 단순한 삶을 꿈꾸던 시절은 지났습니다. 그 사이 컴퓨터는 상상조차 못 했던 복잡한 일을 처리할 만큼 강력해졌고, 일부 괴짜들의 장난감이 아니라 사회의 근간을 떠받치는 도구가 되었습니다. 이제 소프트웨어는 수십, 수백 명의 전문가가 긴밀히 협력해야만 완성됩니다. 고도의 전문성, 노동집약성, 그리고 협업이 결합된 이 독특한 산업에서 '리드 개발자'라는 역할은 자연스럽게 등장할 수밖에 없습니다. 모든 개발자가 리드가 될 필요는 없지만, 많은 개발자 경력의 끝에는 결국 리드 개발자라는 자리가 놓여 있습니다. 비록 리드 개발자라는 역할을 명확히 맡지 않더라도 소프트웨어 개발은 인간의 활동이며 긴밀한 협력이 필요합니다. 그런 측면에서 볼 때 이 책의 많은 부분이 모든 개발자가 갖추어야 하는 역량을 설명합니다.

문제는 리드 개발자라는 역할을 예고 없이 맡게 되는 경우가 많다는 점입니다. 역할의 필요성은 크지만, 정작 리드 개발자를 체계적으로 육성하는 사회적 지원이 부족하기 때문에 일어나는 일입니다. 이 책은 그런 상황에 닥친 이들에게 든든한 길잡이가 되어 줍니다. 리드 개발자가 갖추어야 할 역량을 빠짐없이 짚어냅니다. 하지만 현실에서 각자가 처한 상황과 부족한 역량은 제각각이죠. 핸드북 형식으로 구성된 이 책은 리드 개발자 또는 그 길을 준비하는 시니어 개발자가 '어떤 역량을 어떻게 계발할지', '지금 상황에는 어떤 해결책이 필요한지'를 빠르게 찾아내는 데 큰 도움이 됩니다. 내용이 방대하다 보니 처음 리드 개발자를 준비하는 이들은 압도될 수도 있습니다. 그러나 세상의 어떤 리드 개발자도 이 책의 모든 내용을 갖춘 완벽한 존재는 아닙니다. 늘 부족함을 느끼고, 새로운 어려움에 부딪히면서도 앞으로 나아가는 것이 바로 리드 개발자입니다. 책임을 회피하지 않고 현장에서 고군분투하는 용감한 이들이 출구를 찾고자 할 때, 이 책의 가치는 더 빛납니다.

이 책은 코드나 기술적 디테일보다 사람을 이끄는 과정에 초점을 맞춥니다. 의사소통, 명료함, 인간성 같은 요소가 리더십의 본질임을 일깨우며, 단순한 지침서를 넘어 실질적인 로드맵을 세시한다는 점에서 특히 의미가 큽니다. 리더의 스타일과 성격 유형의 매칭 부분은 특히 많은 공감을 불러일으킵니다. 하지만 저자는 모든 상황에서 통하는 만능 리더십은 없음을 분명히 하며, 리더십이란 결국 맥락에 따라 조정되고 실험되는 과정임을 강조합니다. 나아가 '가면 증후군'을 자주 언급하며, 진정한 성장은 자기 대면에서 출발한다고 말합니다. 가면 뒤에 숨은 자신을 발견하고 수용할 때 비로소 성장이 가능하다는 메시지는 깊은 울림을 줍니다.

무엇보다 이 책은 리더를 단순히 '사람을 이끄는 위치'로만 그리지 않습니다. 리더 역시 감정을 가진 인간이며, 끊임없이 성장해야 하는 존재임을 일깨웁니다. 리더십을 기술적 능력의 연장선이 아니라 성찰과 성숙의 과정으로 보여준다는 점에서 이 책은 특별합니다. 다시 말해, 이 책은 단번에 정복해야 하는 교과서가 아닙니다. 필요할 때마다 꺼내보고 실천에 도움을 얻는 핸드북으로 활용할 때 진가를 발휘합니다. 그래서 이 책은 개발자뿐만 아니라 팀과 조직을 이끌고자 하는 모든 이가 곁에 두고 참고할 만한 귀한 나침반이 될 것입니다.

박성철, 컬리 전 CTO, 현 기술 고문

최근에 생성형 AI 열풍으로 인적 구성이나 기술 전략과 관련해 다양한 변화가 감지되고 있습니다. 하루가 다르게 발전하는 새로운 기술의 등장에 대응하는 데 기술 전문성과 리더십을 겸비한 기술 리드 개발자의 판단과 의사결정 역량이 더욱 중요해졌습니다. 기술 관점에서 전방위로 활약하는 시니어 개발자를 넘어서 성공적인 프로젝트 완수를 위해 기술과 비기술적인 측면을 모두 챙겨야 하는 리드 개발자로 발돋움하기 위해서는 기존에 알고 있던 지식의 범위를 넓히는 동시에 몇몇 분야는 깊이까지 갖춰야 합니다. 하지만 회사 내에서 명시적으로 가르쳐주기 힘든 회색 영역에 속한 내용이 많기 때문에 시행착오를 거쳐서 힘들게 하나씩 배워야 하는 어려움이 있습니다. 이 책은 이런 어려움에 직면한 사람들을 위해 주니어 개발자로 시작해 시니어 개발자를 거쳐 리드 개발자로 넘어가기 위해 필요한 내용을 포괄적으로 다루고 있으며, 거창한 이론 대신 실무에 도움이 되는 구체적인 실천 방안을 정리하고 있습니다. 본문을 읽다 보면 역량을 쌓아가는 과정에서 이미 알고 있는 주제도 있고, 처음 접하는 주제도 있을텐데, 서로 어떤 영향을 주는지 파악하면서 조화롭게 균형을 갖춰가는 방법을 모색하면 앞으로 장기적인 경력 발전에 도움이 되리라 생각합니다. 번역서인 관계상 해외 사례가 많이 나오는데, 다행히 다양한 국내 리드 개발자들의 생생한 경험이 실린 부록이 이를 보완하고 있으므로 한국과 해외의 차이점을 비교하면서 읽어보면 더욱 좋을 것입니다.

박재호, 《클린 코드》 역자, '컴퓨터 vs 책' 블로그 운영자

준비가 되었든, 그렇지 않든 주니어 개발자는 시간이 지나면 자연스럽게 리드 개발자, 시니어 개발자의 역할을 맡게 됩니다. 사수가 없는 환경도 있겠지만, 결국 누군가는 후배를 이끌고 팀을 책임지게 됩니다. 고객을 마주하는 일, 후배를 멘토링하는 일, 프로세스를 설계하고 팀을 이끄는 일은 모두 쉽지 않습니다. 하지만 정작 어디서 배워야 할지는 막막한 주제이기도 합니다. 이 책은 바로 그런 지점에서 실질적인 도움을 주는 책입니다. 개발자의 다음 단계를 준비하는 이들에게 막연함 대신 구체적인 방향을 제시해줍니다.

이재열, vim.kr 모더레이터

지금까지 개발자로 일하며 가장 기뻤던 순간은 버그를 고치거나 큰 트래픽을 받았을 때가 아니라 현실의 문제를 해결하고 변화를 만들어냈을 때였습니다. 뉴스 플랫폼을 통해 우리 모두가 알아야 할 정보가 전달되던 순간, 시간과 거리의 한계를 넘어 마음이 담긴 선물이 전해지는 순간, 동료들이 얼굴 인증만으로 편하게 사무실을 출입하는 순간 등은 코드만으로 이뤄지지 않았습니다. 개발팀과 비개발팀을 넘나드는 협업, 사용자 경험에 대한 공감, 프로덕트와 팀 모두의 성장이 있었기에 가능했습니다. 그리고 이 모든 과정을 이끌어가는 중심에 리드 개발자가 꼭 필요했습니다.

AI 시대의 개발자는 단순히 '코드를 작성하는 사람'이 아니라 '문제를 해결하는 사람'으로서 더 큰 영향을 미쳐야 할 시점에 와 있습니다. AI 도구가 단순 작업을 대신해주면서 개발자는 더 중요한 문제 해결에 집중하고, 더 적은 인원으로도 큰 결과를 만들어낼 수 있게 되었습니다. 이제는 우리 모두가 리드 개발자의 마음가짐을 가져야 하는 시대입니다. 사람과 사람을 연결하는 능력, 빠른 변화를 인지하고 배우는 능동적 태도 없이는 진정한 영향력을 발휘하기 어렵습니다. '내가 맡은 일을 잘 해낸다'를 넘어 프로덕트 전반에 대해 고민하고, 어떻게 하면 더 잘 확장되어 사용자가 만족하고 오래 지속될 수 있을지를 생각하는 순간, 개발자로서 새로운 성취감을 느낄 수 있을 것입니다. 바로 이것이 리드 개발자로 성장하는 즐거움이라고 생각합니다.

영향력은 어느 날 갑자기 생기는 것이 아닙니다. '리드'라는 직책을 맡는다고 해서 저절로 따라오는 것도 아니죠. 가장 중요한 것은 지금 서 있는 바로 그 자리에서 리드 개발자처럼 생각하고 행동하는 것입니다. 그 꾸준한 과정을 통해 비로소 기술적 깊이를 넘어 동료들과 함께 놀라운 성과를 만들어내는 진정한 리더로 성장할 수 있을 것입니다. 이 책이 그 의미 있는 여정에서 훌륭한 동반자가 되어주기를 바랍니다.

서지연, 비마이프렌즈 데이터팀 리드

글로벌 기업에서 일하며 깨달은 것은 엔지니어의 성장이 단순히 새로운 기술을 익히는 데서 끝나지 않는다는 점입니다. 협업, 리더십, 그리고 자신만의 커리어 스토리를 설계하는 역량이 함께 요구됩니다. 이 책은 이러한 본질을 짚어내며, 기술적 전문성을 넘어 리드 개발자로 나아가기 위해 무엇을 준비해야 하는지 구체적인 방향을 제시합니다. 미드레벨 엔지니어로서 다음 단계 성장을 고민하는 입장이었는데, 그 과정을 정리하고 앞으로의 커리어를 설계하는 데 큰 도움을 받았습니다. 리더십과 임팩트를 고민하는 개발자라면 한 번쯤 꼭 읽어보길 권합니다.

이고은, Cloudflare 시스템 엔지니어

개발이나 디자인같이 전문 영역이 뚜렷한 분야에는 IC individual contributor 트랙이라는 독특한 커리어 트랙이 있습니다. IC 트랙을 선택한 개발자는 기술적 성취에 집중하여 깊이를 더하는 커리어를 지향합니다. 어느 정도 연차가 쌓인 개발자라면 IC 트랙과 매니지먼트 트랙 중 무엇을 선택해야 할지 고민해봤을 겁니다. LLM 등장 이전까지만 해도 개발자 커뮤니티에서는 종종 두 트랙에 대한 논의가 있었지만, 요즘은 그런 논의가 눈에 띄게 줄었습니다. 환경이 급격히 달라졌기 때문입니다. AI 기술은 점점 고도화되고 있으며, 머지않아 인공 일반 지능 artificial general intelligence, AGI 수준에 도달할 것이라는 전망입니다. 시점에 대한 의견은 갈리지만, '시간 문제'라는 점에는 거의 모든 전문가가 동의하고 있습니다.

이 순간이 오면 기술적 구현에만 집중했던 IC는 더 이상 차별성을 갖기 어려워집니다. 모델이 스스로 코드를 작성하고, 테스트까지 수행하는 단계는 이미 '바이브 코딩 vibe coding'을 통해 상용 제품을 만들 수 있는 수준에 도달했습니다. 이제 남은 것은 설계입니다. 그런데 AGI가 설계 의사결정까지 실시간으로 지원한다면, IC 트랙을 밟는 인간 개발자의 차별성은 빠르게 희미해질 수밖에 없습니다. 결국 커리어 후반부까지 살아남고 싶은 개발자라면 단순히 코드를 잘 작성하는 능력을 넘어서 비즈니스를 이해하고 이끌어갈 수 있는 역량을 키워야 합니다. 코드나 설계 그 자체가 아니라 그것들이 풀어야 하는 문제의 본질을 파악하고 조직의 목표와 일치시키는 능력이 필요합니다. 이 책에서 말하는 '리드 개발자' 트랙은 바로 그 길을 제시합니다.

책에서 정의하는 리드 개발자는 시니어 개발자 이상의 존재입니다. 리드 개발자는 기술과 비즈니스 사이의 통역자이자 다리로서, 고객과 이해관계자의 요구를 분석해 기술적 해법으로 번역하고, 팀원의 성장을 돕고 협업 문화를 만듭니다. 단순히 '무엇을 만들 것인가'를 고민하는 수준에서 벗어나 '왜 만들어야 하는가', 그리고 그것이 '어떤 가치를 창출하는가'를 고민하는 위치에 있는 사람입니다. 이제 개발자의 선택지는 분명해졌다고 생각합니다. AGI 시대를 앞두고 IC 트랙에만 머무르는 것은 가장 빠르게 대체될 위험이 큽니다. 반대로 비즈니스 감각과 리더십을 겸비한 리드 개발자 트랙을 선택한다면 AI가 대체할 수 없는 영역에서 오랫동안 자신만의 자리를 굳건히 지킬 수 있을 것입니다.

이 책은 그러한 전환을 준비하는 개발자들에게 더없이 명확한 나침반입니다. 단순한 이론서가 아니라 실제 업계 경험과 사례를 토대로 리드 개발자로 성장하는 길을 단계적으로 안내합니다. 책장을 넘기다 보면 '리드 개발자'라는 커리어가 추상적인 이상이 아니라 누구나 도전할 수 있는 현실적이고 전략적인 옵션이라는 사실을 깨닫게 될 것입니다.

이보라, 메타빌드 AI서비스본부 기술이사, 마이크로소프트 MVP

기술, 사람, 프로세스를 모두 이끄는 리더의 비결이 궁금하다면 이 책이 기술 역량과 리더십을 결합하는 명쾌한 해답을 제시합니다. 현장에서 마주하는 실질적인 문제에 대한 해법과 업계 전문가들의 경험담을 통해 리더로서의 여정을 선명하게 보고 배울 수 있습니다. 커리어 로드맵을 세우는 주니어 개발자, 리더로 도약을 준비하는 시니어 개발자 그리고 경력의 다음 단계를 준비하는 모든 개발자를 위한 든든한 안내서입니다.

정미량, 그란데클립 시니어 프런트엔드 엔지니어

베타리더 후기

 김동우(스타트업 개발 PM)

리드 개발자는 단순히 경력이 많은 시니어 개발자가 아닙니다. 기술에 대한 전반적인 내용은 물론이고 소프트 기술에도 능숙해야 합니다. 이 책은 리드 개발자가 갖추어야 할 자질에 대해 실무 경험이 풍부한 저자의 노하우를 담고 있습니다. '관리'가 아닌 '개발' 포지션에 계속 남고 싶다면 꼭 이 책을 볼 것을 추천합니다.

 박경호(LS일렉트릭)

리드 개발자의 정의부터 역할, 그리고 개발자 조직의 후배를 양성하고 명확한 지침에 대한 가이던스가 담겨 있어 많은 것을 참고할 수 있었습니다. 개발자로 성장하고 싶거나 개발자가 아니더라도 리드 개발자의 역할과 조직 체계를 이해하고 싶다면 이 책을 추천합니다.

 양성모(현대오토에버)

최근 함께 IT 업계에 들어왔지만 이제는 상당히 다른 방향으로 성장하고 있는 두 개발자와 커리어에 대한 이야기를 나누었습니다. 각자 바라는 미래의 모습은 다르지만 조직을 리딩하는 리더가 되고자 하는 두 사람 모두에게 이 책이 좋은 길잡이가 되어줄 것 같습니다.

윤병조(소프트웨어 개발자)

개발자와 경영진 사이에 위치해 이해관계의 얽힘 사이에서 조율하고, 개발자를 성장시키고, 회사의 기술을 대변하는 자리인 리드 개발자의 역할을 위해서는 어떤 것이 필요한지를 여러 사례를 통해 알려줍니다. 경력이나 연차에 상관없이 커리어 패스에 대해 고민하는 개발자라면 이 책이 그 고민을 덜어줄 것입니다. 옆에 두고 시간이 날 때마다 내용을 곱씹어볼 만한 좋은 책입니다.

전찬주(원티드랩)

저에게 필요했던 대부분의 내용이 이 책에 담겨 있었습니다. 개발자에서 처음 팀장이 되었을 때 알았더라면 더 좋았을 것 같다는 아쉬움이 남지만, 시니어 개발자에서 리드 개발자로 나아가려는 지금 읽어도 정말 좋은 책입니다. 지금 개발자라면, 앞으로도 개발자를 계속한다면 누구나 읽어보길 적극 추천합니다!

정현준

IC로서 커리어가 쌓이면 매니저로 전향할지 선택해야 하는 순간이 옵니다. 관리 업무와 소프트 스킬을 다룬 책은 전에도 있었지만, 리드 개발자라는 구체적인 포지션에 초점을 맞춘 책은 이 책이 처음인 것 같습니다. 저자는 25년 이상의 현장 경험을 바탕으로 개인 기여자에서 팀을 이끄는 리더로 성장하는 과정에서 필요한 구체적인 전략을 제시합니다. 리드나 팀장이 어떤 관점에서 행동하는지 이해하고자 하는 개발자에게 매우 유용할 것입니다. 저의 커리어를 돌아보면서 이 책을 조금 더 일찍 만났으면 좋았겠단 생각이 듭니다.

최인주(에스에스지닷컴)

이 책은 성공적인 리드 개발자로 성장하기 위한 기술 역량과 여러 이해관계자와의 원활한 커뮤니케이션 방식 및 개발 효율성 향상, 동료와의 올바른 관계 구축과 함께 자신의 감정을 컨트롤하고 어려운 상황에 부딪혔을 때 이를 극복하는 폭넓은 내용을 다룹니다. 이를 통해 주니어 개발자 혹은 시니어 개발자 관점에서 리드 개발자의 역할에 대한 이해를 도와 기술력을 갖추고 여러 관점에서 성공적인 리드 개발자로 나아가기 위한 방향성을 생각해보게 합니다.

제이펍은 책에 대한 애정과 기술에 대한 열정이 뜨거운 베타리더의 도움으로
출간되는 모든 IT 전문서에 사전 검증을 시행하고 있습니다.

추천 서문

이 책의 서문을 쓰게 되어 정말 영광이다. 나는 기술 업계에서 20년 넘게 일하면서 제너럴리스트generalist로 다양한 역할을 맡아왔고, 내부 팀과 컨설팅팀을 이끌며 여러 기술 분야에서 폭넓은 경험을 쌓았다. 최근에는 스타트업을 자문하고, 마이크로소프트Microsoft에서 연구팀을 이끌면서 경영진, 엔지니어, 디자이너, 고객팀과 협력해 멀티 클라우드 환경 전반의 사용자 경험을 평가하고, 애저Azure 개선에 집중하고 있다.

나는 셸리 벤호프Shelley Benhoff를 여러 해 동안 알고 지냈다. 기술 업계에서 20년 이상의 경력을 쌓으면서 인정받는 전문가인 그녀를 기술 교육 플랫폼인 플루럴사이트Pluralsight 강좌의 동료 저자로 만났다. 그녀는 많은 시간을 개발자로, 또 개발팀을 이끄는 리더로 일해왔다. 최근에는 도커Docker에서 시니어 개발자 경험 관리자Senior Developer Experience Manager로 활동하고 있다. 나는 그녀를 늘 존경해왔고, 그녀의 인상적인 성취들을 꾸준히 지켜봐왔다.

셸리가 이 책을 집필한다고 들었을 때 정말 기뻤다. 그녀라면 이 주제에 대해 실무 경험에 기반한 깊이 있는 통찰을 전해줄 수 있으리라 확신했기 때문이다. 그녀가 리드 개발자 이야기를 부탁했을 때 나는 주저 없이 수락했고, 추천 서문까지 써달라는 제안을 받았을 땐 더욱 기뻤다. 덕분에 누구보다 먼저 이 책을 읽어볼 수 있었고, 개발자들에게 얼마나 귀중한 자원이 될지를 확인할 수 있었다.

셸리는 본업에서 팀을 이끌든, 커뮤니티를 지원하든, 다른 이들의 성장을 돕기 위한 콘텐츠를 만들든 언제나 리더로서의 역할을 다해왔다. 매닝 출판사가 이 책의 저자로 그녀를 선택한 것은 정말 탁월한 결정이었다.

개발자 세계, 특히 주니어 개발자에게는 경력 개발이나 팀 리딩에 대한 명확한 지침이 없는 경우가 많다. 주니어 역할에서 리더십 포지션으로 전환하는 과정에서 분명한 로드맵이 없다면 막막하게 느껴질 수 있다. 많은 개발자가 이 과정에서 다양한 시행착오를 겪고 있으며, 체계적인 지원이 부족한 탓에 값진 교훈을 얻기까지 실수를 반복하는 일도 적지 않다.

이 책은 바로 그런 문제를 다루는 중요한 리소스로서, 주니어 혹은 그 이상의 경력을 가진 개발자가 리더로 나아가고자 할 때 참고할 수 있는 종합적이고 단계적인 가이드다. 단순한 이론이 아니라 실제 경험에 기반한 현실적인 조언과 통찰이 담겨 있다. 저자는 오랜 업계 경험을 바탕으로 본인이 직접 겪은 사례를 공유하고 있으며, 여러 전문가의 실제 경험을 담은 리드 개발자 이야기도 함께 소개하고 있다.

다른 책과 차별화되는 지점은 실용적인 조언과 현실 사례 중심으로 구성됐다는 점이다. 장마다 리더십으로 전환하는 과정에서 겪게 될 도전과 보람을 구체적으로 보여주는 예시가 가득하다. 저자는 경험 많은 전문가로서, 소프트 스킬의 개발부터 효과적인 리더십을 위한 기술적 역량 강화까지 폭넓게 다루고 있다. 독자들은 자신의 상황에 맞는 이야기를 발견하고, 거기서 실질적인 배움을 얻을 수 있을 것이다.

이 책을 통해 주니어 개발자에게 리드 개발자의 역할을 이해하도록 돕고, 앞으로의 진로와 어떤 길을 걸어야 할지 생각해볼 수 있다. 기술 문서를 잘 쓰는 방법, 프로젝트팀과 협업하는 방식, 개발 프로세스를 최적화하는 전략도 함께 다루고 있다. 그뿐만 아니라 컨설팅 업무, 클라이언트와의 협업, 감정 지능 향상, 리더십 수행, 멘토링까지 다양한 주제를 아우른다.

이 책에는 기술 업계 전문가들이 제공한 생생한 리드 개발자 이야기가 풍부하게 담겨 있고, 차트, 그래프, 다이어그램 같은 시각 자료를 활용해 복잡한 개념이나 프로세스를 시각적으로 설명하고 있다. 이 책을 다 읽고 나면 리드 개발자가 되기 위해 꼭 알아야 할 내용을 포괄적으로 이해하게 될 것이다.

앞으로 나는 리드 개발자가 되고자 하는 주니어 개발자에게 이 책을 꼭 추천할 생각이다. 이 책은 경력 개발을 고민하는 많은 개발자에게 꼭 필요하지만 쉽게 얻기 어려웠던 체계적인 가이드를 제공한다. 경력 성장을 막 고민하기 시작한 단계든, 이미 리더의 길을 걷고 있는 중이든 이 책을 통해 목표를 이루는 데 필요한 실용적인 조언과 통찰을 얻을 수 있다.

처음부터 끝까지 읽으며 나와 같은 감동을 느낄 수 있기를 바란다. 그리고 이 책이 한 번 읽고 덮는 책이 아니라, 계속해서 꺼내볼 수 있는 든든한 레퍼런스가 되어주기를 바란다. 리드 개발자의 커리어 전반에 걸쳐 기술적 문제 해결부터 팀의 역학 조율, 개인적 성장에 이르기까지 다양한 상황에서 도움이 되는 가이드가 될 것이다.

독자의 경력 성장과 함께 발전할 수 있도록 설계된 이 책은 실용적인 예제와 실제 사례는 독자들이 현실에서 충분히 마주칠 수 있는 상황을 바탕으로 구성되어 있다. 앞으로 새로운 도전과 기회가 찾아올 때마다 이 책이 계속해서 적절한 조언과 실행 가능한 가이드를 제공해줄 것이라 믿는다. 많은 이들이 기술 업계에서 성공적인 리더로 자리 잡는 데 이 책이 도움이 되기를 진심으로 바란다.

스티브 뷰캐넌 Steve Buchanan, 마이크로소프트 수석 프로그램 매니저

시작하며

개발자로 일한 지 25년이 되었지만, 언제나 리더십에 집중했던 건 아니었다. 주니어 개발자로 일을 시작했을 때는 기술적인 세부사항에 깊이 몰입했고, 연구하고 배우는 과정에서 큰 만족을 느꼈다. 그러던 어느 날, 상사가 내 잠재력을 알아보고 리더십에 대해 이야기하면서 비로소 그 가능성을 진지하게 고민하게 됐다.

처음엔 리더십이 정확히 무엇을 뜻하는지, 그리고 내가 그에 필요한 역량을 갖추고 있는지 확신할 수 없어 망설였다. 하지만 내 목표를 이루기 위해 결국 이 도전을 받아들이기로 했다. 시간이 지나면서 시니어 개발자에서 팀 리드로, 그리고 마침내 리드 개발자의 역할을 맡게 됐다.

돌이켜보면, 조금 더 미리 준비했더라면 처음 겪었던 어려움이 덜했을 수도 있다는 생각이 든다. 특히 팀 내 갈등을 해결하는 일이 가장 큰 스트레스였고, 힘든 순간도 많았다. 그렇지만 그런 장애물과 어려움 덕분에 더 단단하고 강한 리더로 성장할 수 있었다.

이 책을 집필해야겠다고 결심한 건 우연히 알리사 밀러Alyssa Miller의 《Cybersecurity Career Guide(사이버 보안 커리어 가이드)》(Manning, 2022)를 읽고 나서였다. 리드 개발자를 위한 전문적인 자료가 거의 없다는 사실을 깨달았고, 그 공백을 채워야겠다는 책임감을 느꼈다. 내가 처음 리드 개발자로 일했을 때 겪었던 경험은, 이제 막 그 길을 걸으려는 사람들을 위해 더 포괄적인 안내서를 쓰겠다는 결심으로 이어졌다.

성공적인 리드 개발자가 되기 위해서는 기술적인 전문성과 더불어 대인 관계 능력 사이에서 섬세한 균형을 맞추는 일이 중요하다. 이 책에서는 단순히 기술 역량을 향상시키는 방법뿐만 아니라, 효과적인 커뮤니케이션처럼 중요한 소프트 스킬을 개발할 수 있도록 실용적인 예제들도 함께 담았다. 거기에 더해 더욱 깊이 있는 학습을 원하는 독자들을 위해 추천 자료도 따로 선별해 소개하고 있다.

이 책이 리드 개발자를 꿈꾸는 사람들에게 등대처럼 길을 비춰, 내가 겪었던 시행착오를 피하고 더 원활하고 보람 있는 리더십 여정을 걷는 데 도움이 되기를 바란다.

셸리 벤호프

감사의 글

나의 목표를 이룰 수 있도록 늘 지지해준 남편 제이슨 벤호프Jason Benhoff에게 감사의 인사를 전하고 싶다. 책을 쓰는 일은 많은 노력이 필요한 작업이었고, 가족과 함께하는 소중한 시간도 희생해야 했다. 이것이 내 첫 번째 책이었기에 어떤 과정을 거치게 될지 몰랐다. 예상보다 훨씬 오래 걸리는 과정에 좌절하기도 했지만, 남편이 곁에서 이야기를 들어주고 응원해준 덕분에 끝까지 해낼 수 있었다.

리드 개발자 이야기를 제공해준 라이언 루이스Ryan Lewis, 데버라 구라타Deborah Kurata, 댄 왈린Dan Wahlin, 클로이 콘던Chloe Condon, 모린 조지핀Maureen Josephine, 스콧 한셀먼Scott Hanselman, 제이미 맥과이어Jamie Maguire, 에디디옹 아스키포Edidiong Askipo, 가브리엘라 마르티네스-산체스Gabriela Martinez-Sanchez에게 깊이 감사드린다. 여러분의 시간과 실제 경험을 나누어준 덕분에 책의 리드 개발자 이야기가 더욱 생생하고 유익한 내용으로 완성될 수 있었다. 여러분 한 분 한 분 모두에게 감사드리며, 여러분을 알게 되어 정말 행운이라 생각한다.

다음으로, 매닝의 편집자인 레베카 존슨Rebecca Johnson에게 감사드린다. 삶의 여러 가지 일들로 인해 책 집필이 지연될 때도 그녀의 인내심과 조언 덕분에 끝까지 나아갈 수 있었다. 그녀의 헌신 덕분에 이 책의 완성도가 더욱 높아졌고, 독자들에게 더 가치 있는 경험을 제공할 수 있게 됐다. 이 책의 제작과 홍보 과정에서 함께해준 매닝 출판사의 모든 분께도 감사를 전한다. 이 책은 하나의 팀이 함께 만들어낸 결과물이며, 책이 완성되는 과정에서 매닝팀과 협업하는 일은 정말 즐거웠다.

또한, 책이 집필되는 과정에서 원고를 읽고 소중한 피드백을 제공해준 리뷰어 여러분께 깊이 감사의 말을 전한다. Alex Rios, Ari-Pekka Lappi, Avinash Kumar, Avishek Roy Chowdhury, Balraj Singh, Bill LeBorgne, Dinesh Kumar, Foster Haines, Giacomo Gamba, Greg MacLean, Greg White, Ian De La Cruz, Javid Asgarov, Johannes Lochmann, John Kasiewicz, Leonardo José Gomes da Silva, Marc Taylor, Mario (Plamenov) Pavlov, Matt Deimel, Matthias Bartsch, Mike Baran, Neil Croll, Nolan To, Philippe Vialatte, Raul Murciano, Steve Goodman, Stuart A. Schmukler, Tam Nguyen, Tim O'Leary, and Zeynep Nur Aktaş에게 감사드린다.

특별히 이 책의 기술 편집자인 스테판 미젤Stephen Mizell에게도 감사의 말을 전한다. 그의 세심한 리뷰 덕분에 이 책은 더욱 완성도 높은 결과물이 될 수 있었다. 리드 개발자의 역할에 대한 그의 깊은 지식은 이 책의 리드 개발자 이야기와 스토리텔링을 구성하는 데 큰 도움이 됐다. 스테판이 투자한 시간과 노력은 항상 뛰어난 품질의 리뷰로 이어졌는데, 이에 진심으로 감사드린다. 그는 API 업계에서 리더로 활동하며 오토데스크Autodesk, 스마트베어SmartBear, Apiary, OpTic 등의 기업이 우수한 API 제품을 개발할 수 있도록 도왔다. 또한 《API by Design(API 디자인)》과 《The Language-Oriented Approach to API Development(API 개발에 대한 언어 지향적 접근 방식)》를 집필했으며, RESTful JSON API 표준의 공동 저자로도 활동했다.

마지막으로, 이 책의 리드 개발자 이야기와 추천 서문을 작성해준 스티브 뷰캐넌에게도 깊은 감사의 인사를 전한다. 그가 리드 개발자들을 멘토링하는 열정은 모든 사람이 본받아야 할 모범적인 모습이다. 나 역시 그에게서 많은 것을 배웠으며, 그가 이 책을 위해 들인 깊은 고민과 노력은 매우 가치 있는 것이었다. 그가 이 프로젝트에 많은 시간을 할애해준 것을 영광으로 생각하며, 그 노고에 진심으로 감사를 전한다.

이 책에 대하여

리드 개발자가 되는 일은 내 커리어에서 손에 꼽힐 만큼 어려운 역할 중 하나였다. 시니어 개발자에서 리더로 넘어가는 과정은 굉장히 가파른 학습 곡선을 동반한다. 대부분의 리드 개발자는 진정한 리더십을 발휘하는 데 꼭 필요한 소프트 스킬이나 관련 교육을 충분히 받지 못한 채 역할을 맡게 된다. 따라서 성공적인 리드 개발자가 되기 위해선 분명한 지침이 필요하다.

이 책은 팀을 어떻게 이끌어야 하는지, 프로젝트 매니저와 어떻게 협업해야 하는지, 클라이언트에게 어떻게 해결책을 제시해야 하는지 등을 알려준다. 비상 상황에서 비판적 사고를 발휘하는 방법, 팀을 멘토링하는 방법, 프로젝트 매니저가 일정과 예산을 지킬 수 있도록 현실적인 작업 견적을 제공하는 방법도 함께 다룬다.

이 책을 끝까지 읽고 나면, 기술적 역량과 리더십 스킬을 어떻게 효과적으로 결합할 수 있는지 이해하게 될 것이다. 그리고 그것이 바로 성공적인 리드 개발자가 되는 길이라는 걸 느낄 수 있을 것이다.

대상 독자

주니어 개발자라면, 이 가이드를 통해 테크니컬 리더로 성장하기 위한 커리어 계획을 세울 수 있을 것이다. 시니어 개발자라면, 지금까지 쌓아온 기술적 지식을 팀을 위한 자산으로 전환하는 리더십 역량을 키우는 방법을 배울 수 있다. 이미 팀을 이끌고 있다면, 팀에서 가장 뛰어난 개발자에게 이 책을 건네주어 리드 개발자로 성장할 수 있도록 도울 수 있을 것이다.

책의 구성

이 책은 총 12개의 장으로 구성되어 있다.

- **1장 '리드 개발자란?'** 에서는 리드 개발자의 역할을 정의하고, 일상적인 업무와 팀원들이 리드 개발자에게 기대하는 것들을 살펴본다.
- **2장 '리드 개발자의 커리어 경로'** 에서는 주니어 개발자에서 시작해 다양한 경력 경로를 거쳐 기술 리더로 성장해가는 과정을 다룬다.
- **3장 '리드 개발자 기술 배우기'** 에서는 리드 개발자가 익혀야 할 핵심 스킬들을 정리하고, 다양한 리더십 유형 중에서 자신의 성향에 맞는 스타일을 선택하는 방법을 알아본다.
- **4장 '개발에 필요한 기술의 학습'** 에서는 새로운 기술을 배우고 업무에 적용하는 과정에서 마주하게 되는 장애물을 극복할 수 있는 전략과 도구를 소개한다.
- **5장 '기술 문서 작성'** 에서는 기술 문서가 왜 중요한지와 팀원들이 쉽게 이해하고 활용할 수 있도록 문서를 잘 작성하는 방법을 설명한다.
- **6장 '개발 프로세스 최적화'** 에서는 개발 프로세스 최적화와 소프트웨어 개발 생명주기에서 모범 사례를 따르기 위해 효율적인 개발 프로세스를 유지하는 방법을 다룬다.
- **7장 '프로젝트팀 간 협업'** 에서는 프로젝트팀과 효과적으로 협업하는 방법과 커뮤니케이션 오류를 줄이고 프로젝트 관리 과정을 개선하는 팁을 살펴본다.
- **8장 '클라이언트와 대화하기'** 에서는 클라이언트와 이해관계자와의 관계를 잘 구축하는 법, 그리고 까다로운 상황에서 갈등을 해결하는 방법을 이야기한다.

- 9장 '멘토 되기'에서는 멘토링이 어떤 의미를 가지는지, 그리고 팀원들이 경력과 개인적인 성장을 이룰 수 있도록 도울 수 있는 방법을 소개한다.
- 10장 '주도권 잡기'에서는 처음 리드 개발자 역할을 맡았을 때 마주하게 되는 어려움과 이를 극복해 자신감을 키우고 팀을 성공적으로 이끄는 방법을 다룬다.
- 11장 '감정 지능으로 이끌기'에서는 감정 지능이 무엇인지, 그리고 리드 개발자로서 이 능력이 왜 중요한지에 대해 살펴본다.
- 12장 '성공적인 리드 개발자 되기'에서는 리드 개발자로 도약할 준비가 되었는지 점검하는 방법과 성공적인 리더가 되기 위한 준비 전략을 제시한다.

온라인 리소스

이 책에서 다룬 소프트 스킬을 더 깊이 배우고 싶다면, 저자인 셸리 벤호프의 온라인 강의를 참고해도 좋다.

- 플루럴사이트 강의: https://pluralsight.com/authors/shelley-benhoff
- 링크드인 러닝 강의: https://www.linkedin.com/learning/instructors/shelley-benhoff

표지에 대하여

책 표지에 실린 그림에는 〈Saint Lazare Vénérienne(파리 생라자르 감옥의 여성 수감자)〉라는 제목이 붙어 있다. 이 삽화는 1841년에 루이 쿼르메르Louis Curmer가 출판한 책에서 가져온 것이다. 책의 모든 그림을 손으로 정교하게 그리고 채색했다.

당시 사람들은 어디에 살고 있으며, 무엇을 사고파는지, 어떤 계층에 속하는지를 단지 옷차림만으로도 쉽게 확인할 수 있었다. 매닝 출판사는 몇 세기 전 여러 지역의 다채로운 생활상을 보여주는 이러한 그림을 표지에 실어 IT 업계의 독창성과 진취성을 기리고자 한다.

CHAPTER 01

리드 개발자란?

이번 장에서 다루는 내용
- 리드 개발자에 대한 정의
- 시니어 개발자와 리드 개발자의 비교
- 리드 개발자의 기본 역할
- 리드 개발자에 대한 기대

개발자로서 좀 더 발전하고 성장하기를 원한다면 **리드 개발자**lead developer가 되어야 한다. 리드 개발자에 대해 알아본 적이 있거나 새롭게 이 직급으로 승진했다면 이 역할을 수행하기 위해 가지고 있어야 할 기술적 전문성에 관한 내용을 이미 접해봤을지도 모르겠다. 하지만 직급의 명칭에 리드lead라는 단어가 들어가 있듯이 이 직급은 기술력뿐만 아니라 **리더십**leadership도 가지고 있어야 한다.

흔히 **테크 리드**technical lead라고도 하는 리드 개발자는 개발팀에서 시니어 수준의 소프트웨어 개발자 역할을 수행하지만 이 밖에 다른 역할도 있다. 팀원을 지도하거나 멘토링하고, 기술적인 결정을 내리며 개발팀의 업무를 조율해야 하는 경우도 있다. 개발팀을 대표해 프로젝트 관리자와 협업하면서 개발 작업의 우선순위를 정해야 할 수도 있다. 소프트웨어 프로젝트의 계획과 실행에서 핵심적인 역할을 수행하며 팀을 관리하고 개발 프로세스에 관여하기도 한다. 필자의 경험에 비추어보면 리드 개발자의 역할은 조직과 문화에 따라 다르며, 하나의 역할이 모든 상황에 들어맞는 경우는 없다.

리드 개발자는 팀 내 의사소통이 원활하게 이뤄지도록 해야 하고, 프로젝트를 수행할 때 필요하다면 개발팀의 일원으로서 직접 지원에 나서야 한다. 성공적인 리드 개발자가 되려면 높은 수준의 비판적 사고력과 인간관계 기술이 필요하다. 결정을 내려야 할 때는 신속하고 효과적이어야 하며, 이미 내린 결정은 팀원들에게 명확하게 설명해야 한다. 팀원들이 그 결정에 동의하지 않거나 갈등이 생겼을 때는 소통을 통해 문제를 풀어나가야 한다.

시니어 개발자로 일하다가 기술적인 역량만으로 리드 개발자 역할을 맡게 되는 경우가 많다. 기술 중심의 직무에서는 **소프트 스킬**soft skill[1]에 대한 관심이 상대적으로 적은 편이다. 하지만 리더 역할을 맡게 되면, 팀을 성공적으로 이끌고 클라이언트나 이해관계자와 소통하기 위해 소프트 스킬을 배우고 익힐 수 있도록 적절한 지원이 필요하다. 필자 역시 이런 상황을 자주 봐왔고, 직접 경험하기도 했다. 마치 수영을 배우지 않은 채 수영장에 던져진 듯한 느낌이었다. 처음엔 힘들었지만, 시간이 지나며 훌륭한 리더가 되는 방법을 배울 수 있었다. 그러기 위해서는 먼저 리드 개발자가 왜 필요한지, 그리고 어떤 사람이 이 역할을 성공적으로 수행할 수 있는지를 이해하는 것부터 시작해야 한다.

1.1 리드 개발자가 될 수 있는 사람

리드 개발자는 전 세계 누구나 될 수 있고, 다양한 배경과 성별을 가진 사람들이다. 오늘날 개발자에게는 기술뿐만 아니라 더 다양한 역할을 요구한다. 미국 노동통계국 United States Bureau of Labor Statistics, BLS에 따르면(2025년 1월 기준), 미국 내 소프트웨어 개발자 중 여성은 20.3%에 불과하다. 개발자 업계의 인종 구성은 백인이 54.2%, 아시아계가 36.8%, 흑인 또는 아프리카계 미국인은 6.2%, 히스패닉 또는 라틴계는 5.7% 순이다(그림 1.1 참조). 또한 전체 개발자 중 약 8%는 성소수자인 것으로 추정된다. 기업이

---

1 (옮긴이) 대인관계, 태도, 의사소통 등과 같은 비기술적 능력을 의미한다.

개발팀의 다양성을 추구하면 더 많은 클라이언트를 위한 제품과 서비스를 만들 수 있고, 이는 곧 혁신으로 이어진다. 리드 개발자는 신규 개발자를 채용할 때 이러한 다양성을 반드시 고려해야 한다.

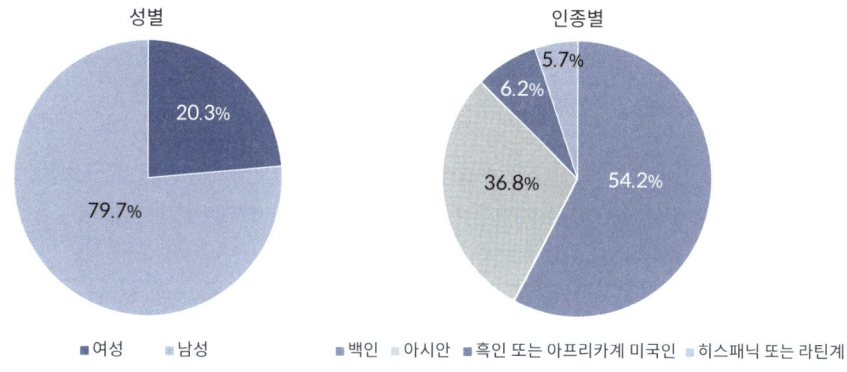

그림 1.1 미국의 개발자 성별 및 인종별 통계(중복 응답 포함)
(출처: https://www.bls.gov/cps/cpsaat11.htm)

스택 오버플로Stack Overflow의 개발자 설문조사에 따르면, 전 세계적으로 성별 격차는 미국보다 훨씬 더 큰 것으로 나타났다. 180개국에서 73,000명 이상의 개발자가 참여한 이 세계적 규모의 설문조사(2022년 기준)에서, 개발자의 약 93%는 남성이었고, 4.8%는 여성이었으며, 1.39%는 논바이너리non-binary, 젠더퀴어genderqueer 등으로 나타났다. 인종별로 보면 백인이 39.38%로 가장 많았고, 유럽인이 37.25%, 인도인이 9.7%, 아시안이 9.48%, 히스패닉/라틴계가 5.71%였다. 개발자가 주로 속한 업종은 포춘Fortune 500대 기업과 기술 기업이 가장 많았고, 그다음으로 금융, 제조, 소매업 순이었다(그림 1.2 참조). 또한 개발자의 65%는 공공 부문에서, 32%는 민간 부문에서, 2%는 교육 부문에서, 1%는 정부 부문에서 일하고 있었다.

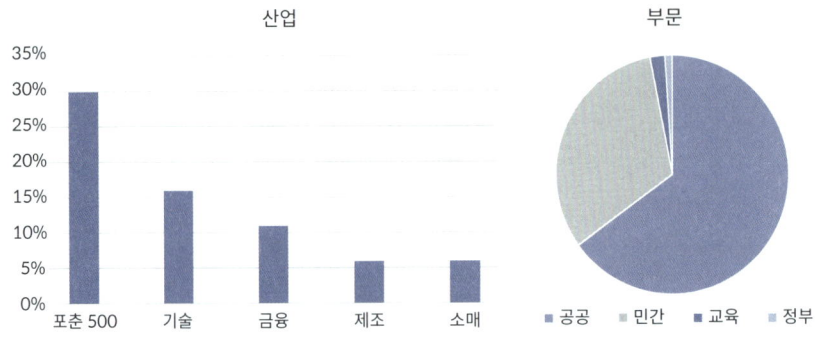

그림 1.2 전 세계의 개발자 인구통계
(출처: https://survey.stackoverflow.co/2022/#demographics-gender-prof)

필자가 일했던 직장은 대부분 정규직 개발자와 계약직 개발자로 구성된 글로벌팀이었다. 미국의 많은 기술 기업이 소프트웨어 개발자의 일부를 아웃소싱하기 때문에, 다양한 배경을 가진 사람들과 함께 일할 기회를 가질 수 있었다. 하지만 함께 일했던 정규직 개발자 대부분은 유색인종이 아니었다.

처음 팀을 만들었을 때 백인 여성 개발자 세 명과 백인 남성 개발자 한 명을 채용했는데, 지금 돌이켜보면 필자 안에 무의식적인 편견이 작용했던 것 같다. 좀 더 다양한 배경을 가진 개발자들을 뽑았어야 했다. 채용 담당자에게도 다양한 인종을 포함한 인재 풀을 동등하게 고려해달라고 요청할 수 있었을 텐데, 그때는 그러지 못했다. 여러분은 이런 실수를 반복하지 않기를 바란다. 필자가 관여하고 있는 여러 단체는 다양성, 형평성, 포용성을 지지하고 있다. 예를 들어 Black Girls Code, Girls Who Code, Women Who Code, Latinas Who Code 같은 단체다. 이런 커뮤니티에 참여하면서 정말 소중한 경험을 했고, 재능 있는 개발자들도 많이 만날 수 있었다.

주목해서 살펴봐야 할 또 하나의 중요한 인구통계는 바로 교육 수준이다. 대부분 개발자가 되려면 컴퓨터 관련 학위가 반드시 있어야 한다고 생각하는데, 리드 개발자라면 특히 더 필요하다고 느낄 수도 있다. 예전에는 그런 시선이 있었겠지만, 지금은 더 이상 그렇지 않다. 예를 들어 스트라이프Stripe의 CEO인 패트릭 콜리슨Patrick Collison이나 검로드Gumroad의 창업자인 사힐 라빈지아Sahil Lavingia는 대학 학위가 없지만, 뛰어난 리더십으로 성공적인 기술 기업을 세웠다. 어떤 사람은 일을 하면서 배우는 걸 더 선호하는데, 그것도 전혀 문제가 되지 않는다. 또 대학에서는 전혀 다른 전공을 공부했지만, 인생의 어느 시점에서 코딩에 흥미를 느끼고 재능을 발견하는 경우도 많다.

이 책에 등장하는 많은 업계 전문가들은 성별, 인종, 교육 수준 등 다양한 배경을 가지고 있다. 이들은 전 세계 기술 업계의 여러 그룹을 대표하며, 어떤 배경을 가졌든 누구나 리드 개발자로 성장할 수 있다는 사실을 보여준다.

1.1.1 이 책의 대상

이 책은 개발팀 팀장이나 관리자뿐만 아니라 이제 갓 시작하거나 이미 커리어를 쌓아가고 있는 신입, 시니어, 리드 개발자를 위한 책이다. 이러한 역할을 수행해야 하는 사람들이라면 이 책에 제시된 정보를 활용하여 자신의 경력에 대한 계획을 세우고 기술 리더십에 관한 업계의 최신 모범 사례를 통해 자신이 설정한 목표를 달성할 수 있는 명확한 길을 찾을 수 있을 것이다. 개발팀 팀장이나 관리자의 경우 이 책에 제시된 내용을 활용해 팀원들의 목표 달성과 리드 개발자의 성장을 돕는 방법에 대한 통찰을 얻을 수 있을 것이다.

이 책은 비개발자나 팀이 아닌 홀로 일하는 개발자를 위한 책은 아니다. 만약 여러분에게 이끌고 멘토링할 팀이 없다면 이 책에서 다루는 대부분의 내용은 여러분과 관련이 없을 것이다. 가끔 클라이언트나 이해관계자와 협업하더라도, 소프트 스킬이나 리더십보다는 기술적인 스킬에 더 중점을 둘 때가 많기 때문이다. 개발자가 아닌 사람에게는 이 책이 적합하지 않은데, 전문가 수준의 기술적인 스킬과 개발팀의 리더로서의 스킬을 습득하는 방법을 다루고 있기 때문이다. 리드 개발자는 기술적인 측면과 리더십 측면의 균형을 유지해야 하며, 이 책에서는 그 두 가지를 모두 다룬다.

주니어 개발자라면 이 책을 통해 기술적인 내용을 효과적으로 학습하고 연마하는 방법을 배울 수 있을 것이다. 또한 현재 직책에서 얻을 수 있는 소프트 스킬을 많이 설명하고 있는데, 예를 들면 동료와 소통하고 적극적인 경청을 통해 현재 구축하고자 하는 것이 무엇인지 파악할 수 있을 뿐만 아니라, 해당 시스템을 구축하는 이유도 이해할 수 있다. 소프트 스킬을 잘 익혀두면 최종 사용자를 염두에 두면서 훌륭한 소프트웨어와 웹사이트를 만드는 데 큰 도움이 될 것이다.

시니어 개발자라면 이 책은 여러분이 리더로 나아갈 준비를 하는 데 도움이 될 것이다. 이미 기술 전문가이기에 이제는 프로젝트팀과 프로젝트에 대한 기술적 접근 방식을 논의하고 팀원들의 동의를 끌어내는 방법을 배워야 한다. 소프트 스킬을 배우면 아이디어를 공유하고 팀 내에서 협력적인 의사소통 문화를 구축하는 데 도움이 된다. 또한 훌륭한 멘토가 되어 팀을 지원할 수 있어야 한다. 이러한 기대치를 충족하기 위해서는 안전지대comfort zone를 벗어나야 할 수도 있는데, 필자는 여러분에게 그렇게 하라고 조언하고 싶다. 물론 그렇게 하고 싶지 않다 해도 괜찮다. 하지만 필자의 경험에 비추어볼 때 안전지대를 벗어나면 생각지도 못했던 기회를 얻을 수 있다.

개발 기술이 있든 없든 개발팀의 관리자라면 이 책의 내용을 여러분 팀의 신입, 시니어, 리드 개발자와 공유함으로써 그들의 성장에 도움을 줄 수 있다. 지금은 관리자 역할이지만 이전에 개발 경험이 있다면 기술적인 접근 방식에 대해 리드 개발자와 논의하는 데 문제가 없도록 최신 기술을 이해하고 있어야 한다. 또 이전에 개발 경험이 없더라도 관리자는 기술적인 능력을 가지고 있어야 한다. 코딩을 직접 하지는 않더라도 기술적인 내용과 개념은 이해하고 있다는 전제하에 보면 이 책은 리드 개발자와 그들이 겪는 어려움을 이해하고 공감하는 데 도움이 될 것이다.

1.1.2 리드 개발자가 필요한 부문

리드 개발자로서 어떤 부문이 기회가 많은지 파악하는 것이 중요하다. 리드 개발자에게 가장 인기가 많은 부문은 다음과 같다.

- 소매
- 기술
- 의료/헬스케어

- 은행/핀테크
- 제조
- 비즈니스 서비스
- 정부

필자는 이들 대부분의 분야에서 일해본 경험이 있는데, 적어도 미국에서는 정부 부문이 가장 안정적이고 복지 혜택도 많다. 단점이라면 최신 기술보다는 레거시 코드나 시스템을 유지 보수하는 경우가 많다는 점이다. 하지만 이것을 장점으로 볼 수도 있다. 이런 레거시 코드를 다루다 보면 프로그래밍의 역사에 대해 배울 수 있기 때문이다. 다만 이 분야의 일자리는 주로 레거시 시스템에 대한 전문 기술을 보유한 개발자에게 돌아가는 경우가 많다. 이러한 시스템은 당분간 사라지지 않을 것으로 보이는데, 예를 들면 코볼COBOL 프로그래머는 여전히 수요가 높다.

필자는 헬스케어나 비즈니스 서비스 분야에서도 일한 경험이 많다. 헬스케어 업계에서는 환자 정보를 다루는 개인정보 보호 관련 법규 덕분에 보안에 대해 많이 배울 수 있었다. 비즈니스 서비스 분야에서는 외부 클라이언트나 고객을 상대하면서 다양한 실무 경험을 쌓을 수 있었다. 분야마다 장점이 다르기 때문에 자신이 관심 있는 프로젝트에 참여할 수 있는 기회를 제공하는 회사에서 일해볼 것을 추천한다.

각 분야가 중점을 두는 제품과 서비스는 각각 다르고 다양하다. 예를 들어 핀테크 업계는 결제나 투자를 처리하기 위한 소비자 제품과 비즈니스 솔루션에 중점을 둔다. 대형 기술 기업은 앱, 스트리밍 서비스, 비디오 게임, B2B 솔루션 같은 혁신적인 소비자 제품을 중심으로 사업을 전개한다. 제조 및 소매업 기업은 자동차, 의류 등 우리가 일상에서 사용하는 품목을 생산하고 이를 이커머스 웹사이트를 통해 판매한다.

표 1.1은 리드 개발자가 가장 선호하는 분야와 기업, 그리고 분야별 장단점을 보여준다.

표 1.1 리드 개발자 선호 부문 및 기업

산업 부문	상위 기업	장점	단점
소매	월마트, 아마존, 크로거, 코스트코	이커머스, 직원 할인	매출에 따른 잦은 정리해고, 연휴 기간 중 장시간 근무
기술	페이스북/메타, 애플, 아마존, 넷플릭스, 구글	업계 최고 인재, 우수한 복리후생, 높은 급여, 스톡 옵션	높은 경쟁과 기대치, 엄격한 성과 측정 프로세스, 긴 근무 시간
헬스케어	CVS, 유나이티드헬스, 존슨앤존슨	높은 수준의 보안 및 데이터 개인정보 보호	헬스 데이터와 관련한 많은 코드를 추적
핀테크	아메리칸 익스프레스, 페이팔, 마스터카드, 피서브, 비자	높은 수익성, 고용 안정성, 창의적인 앱 솔루션	민감한 데이터 보존, 해킹 시도 방지 책임
제조	테슬라, 삼성, 토요타, 록히드 마틴	다양한 프로젝트, 기술 및 시스템	적은 원격 근무 기회, 최첨단 기술 사용 기회 제한

여러분이 어떤 산업에 관심이 있든지, 대부분의 회사에는 개발자가 필요하다. 앱이나 웹사이트 구축, 에이전시의 컨설팅 등 다양한 제품과 서비스 분야에서 일할 수 있지만, 리드 개발자의 역할은 어디서나 비슷하다. 이 역할에 대한 기대와 어려움은 산업이나 분야를 막론하고 크게 다르지 않다.

1.1.3 성공적인 리드 개발자로 나아가기

성공적인 리드 개발자는 신입 개발자, 시니어 개발자, 개발자 애드보킷, DevRel 등의 역할을 수행하는 동안 개발과 관련된 기술을 익히게 된다. 이러한 역할을 수행할 때는 비즈니스 또는 기능적 요구사항을 기반으로 시스템을 구축하고, 자신에게 할당된 작업에 대한 기술 요구사항을 작성하며 기술 역량을 키워 나간다. 또한 **프로덕션 서비스** production service에 들어가기 전에 테스트를 위한 코드 배포를 담당하므로 배포 프로세스를 이해해야 한다.

리드 개발자는 시스템을 구축하고 개발팀을 이끌 수 있는 기술적 전문성을 갖춰야 한다. **리드 아키텍트**lead architect와 협업할 수도 있는데, 리드 아키텍트는 기술적 요구사항과 접근 방식에 대해 책임을 진다. 리드 개발자는 개발 업무를 주로 하지만, 이 책에서는 이러한 역할을 하나로 통합해 살펴볼 것이다. 아는 것이 적은 것보다는 많은 게 좋으므로, 모든 상황에 대비할 수 있는 최선의 방법은 가능한 한 많이 아는 것이다.

리드 개발자 직책을 맡게 되면 기술적인 능력과 리더십 기술을 함께 발휘해야 한다(표 1.2 참조). 원활한 의사소통은 개발팀의 생산성을 높이고 고품질의 결과물을 만들기 위해 반드시 익혀야 할 핵심 역량이다. 배우는 데 시간이 걸리는 또 다른 리더십 기술로는 의사결정 능력이 있다. 특히 긴급 상황에서는 팀원으로부터 피드백을 수집해 신속하게 결정을 내릴 수 있는 능력이 반드시 필요하다. 신뢰를 쌓고 관계를 발전시키려면 공감과 자의식이 필요하다. 신뢰를 쌓으면 팀원들이 서로 잘 협력하게 되어 생산성이 향상된다. 이러한 관계는 리드 개발자 개인분만 아니라 팀의 성공에도 중요하다.

표 1.2 기술 역량과 리더십 역량 비교

기술 역량	리더십 역량
• 프로그래밍 언어 학습 • 기술 사양 작성 • 기능, 컴포넌트, 시스템 개발 • 코드 배포	• 의사소통 • 최종 결정 • 피드백 수집 • 감정 지능 • 자의식

리드 개발자의 성공은 팀의 성공에 달려 있다. 여기에는 팀이 계획한 일정 내에 작업을 완료하고, 기술 부채를 최소화하는 것이 포함된다. 이를 위해서는 가장 중요한 작업의 우선순위를 정하고, 시간 내에 작업을 완료하며, 고품질의 결과물을 얻을 수 있도록 막힌 부분을 풀어줘야 한다. 배포 시 비교해야 할 중요한 지표는 '완료 예정된 작업 대비 실제로 완료된 작업'이다. 팀의 작업 품질은 생성된 티켓, 문제 혹은 버그의 수 대비 해결된 건수의 비율로 측정한다. 코드가 프로덕션 서비스에 배포될 때는 심각한 오류가 없는 최종 버전이어야 하며, 개발팀은 세부사항에 주의를 기울여야 한다.

처음 리드 개발자 자리에 지원한다고 해서 기술력과 리더십을 모두 갖춰야 하는 건 아니다. 운이 좋다면 현재 직장에서 리드 개발자로 승진할 수도 있을 것이다. 하지만 이 책을 읽고 있다면 이미 한 발 앞서 나가고 있는 것이므로, 책을 다 읽고 나면 앞으로 어떤 일이 벌어질지 더 잘 이해할 수 있을 것이다.

많은 시니어 개발자가 리드 개발자 직책을 맡으면 '직책을 수행하면서 배울 수 있을 것'이라고 기대한다. 이는 새로운 리더를 맡기에 필요한 지원이 충분히 제공될 때만 가능한 일이다. 어떤 회사는 플루럴사이트Pluralsight[2]와 같은 학습 플랫폼에 대한 접근 권한을 제공하기도 하지만, 멘토링 역시 필요하다. 성별, 인종, 교육 수준, 경력 등 다양한 배경을 가진 멘토 그룹을 구성하는 것이 좋다. 다양한 멘토 그룹이 있다면 그들의 관점에서 영감을 얻어 자신만의 리더십 스타일을 찾을 수 있을 것이다.

1.2 리드 개발자의 업무

리드 개발자의 업무와 책임을 이해하는 것은 커리어 여정에서 중요한 단계다. 제품을 개발하든 서비스를 제공하든, 프로젝트팀 내에서 그리고 향후 조직 차원에서 리더십을 발휘해야 할 상황이 생길 수 있다. 이 책임이 다소 버겁게 느껴질 수도 있지만, 적절히 준비하고 충분한 지원을 받는다면 훌륭히 수행할 수 있다. 역할과 책임은 조직의 문화에 따라 달라지지만, 여기에서는 가장 일반적인 경우를 다루고자 한다.

시니어 개발자는 주로 자신의 업무에 집중하며, 주니어 개발자가 새로운 기술을 배우는 데 도움을 주거나 그들과 협업하기 위해 멘토 역할을 하기도 한다. 시니어 개발자는 주니어 개발자의 기술력과 지속적인 기술 전문성 향상에 중점을 둔다. 이 역할은 개발팀 전체에 큰 가치를 제공하는 높은 수준의 경험과 지식이 필요하다. 시니어 개발자의 문제 해결 능력은 비판적 사고를 통해 오류를 해결하고 버그를 수정하며, 다른 팀원이 겪고 있는 어려움을 해소하는 데 도움이 된다. 이 역할은 클라이언트 혹은 프로젝트 관리자, 개발 관리자, 마케팅 담당자와 같은 이해관계자와 직접 소통할 일이 거의 없거나 전혀 없다.

이와 반대로 리드 개발자는 프로젝트 관리자, 클라이언트, 이해관계자와 협업해야 한다. 리드 개발자는 개발팀을 대표해 피드백을 수집하고, 취해야 할 기술적 접근 방식을

---

2 (옮긴이) https://www.pluralsight.com/

고려한 후 이를 프로젝트팀에 제시한다. 개발팀을 대표하기 때문에 비즈니스 및 커뮤니케이션 기술에 좀 더 중점을 두어야 하며, 클라이언트 또는 이해관계자의 요구사항을 개발자에게 전달하는 중개자 역할을 해야 한다. 또한 리드 개발자는 프로젝트 관리자와 긴밀히 협력하여 프로젝트 견적을 산출하고, 개발팀이 계획한 일정에 맞게 프로젝트가 진행되도록 관리해야 하므로 어느 정도의 프로젝트 관리 기술도 필요하다.

표 1.3은 시니어 개발자와 리드 개발자의 기술을 비교한 것이다.

표 1.3 시니어 개발자 vs. 리드 개발자

	시니어 개발자	리드 개발자
개발 작업	✓	✓
주니어 개발자 멘토링	✓	✓
오류 및 버그 문제 해결	✓	✓
기술 아키텍처 구성	✓	✓
문서화	✓	✓
프로젝트 사양을 개발팀에 전달		✓
프로젝트 견적 계산		✓
코딩 표준 개발		✓
프로젝트 이해관계자에게 기술적 접근 방식 제시		✓

리드 개발자의 중요한 업무 중 하나는 프로젝트를 새로 시작할 때 프로젝트 제안 단계를 지원하는 일이다. 프로젝트를 시작할 때 리드 개발자는 기술적 접근 방식을 수립하고 프로젝트 견적을 작성해야 한다. 이 프로세스는 비즈니스 및 기술적 요구사항을 포함한 프로젝트의 모든 이해관계자로부터 피드백을 수집하는 것부터 시작한다.

피드백을 바탕으로 전반적으로 어떤 기술적 접근 방식을 사용할지 결정하고 나면 구현 작업을 실제로 수행할 팀원의 도움을 받아 프로젝트 비용을 예측estimate할 수 있다.[3] 기

---

3 [옮긴이] 여기서의 '비용'은 프로젝트 진행에 필요한 일정, 인력, 금전적 지불, 그리고 그 외 유형 및 무형의 자원을 모두 포함하는 개념을 의미한다.

술적 접근 방식을 제시한 이후에는 비용 예측을 구체화해야 한다. 프로젝트는 변경이 자주 이뤄지기 때문에 리드 개발자는 팀으로부터 지속적으로 피드백을 듣는 것이 중요하다.

그림 1.3은 리드 개발자가 프로젝트를 시작하고 비용을 예측하는 프로세스를 보여준다.

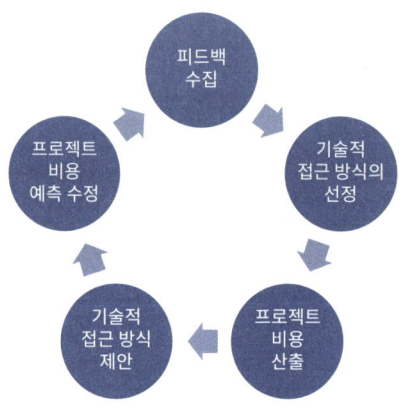

그림 1.3 새 프로젝트의 시작

다음 목록은 리드 개발자의 주요 책임을 보여준다.

- 개발팀 리딩
- 프로젝트에 참여하는 팀과의 협업
- 클라이언트 및 이해관계자와의 의사소통
- 개발 표준 설정
- 기술 아키텍처 구축

이러한 작업에는 연습이 필요함을 명심해야 한다. 처음에는 모든 것이 익숙하지 않을 것이다. 하지만 진행하면서 배우다 보면 실력이 향상될 것이다. 커뮤니케이션은 모든 리드 개발자가 성공하기 위해 필요한 핵심적인 기술이다. 리드 개발자가 되면 주된 업무 중 하나로 팀 내 커뮤니케이션을 촉진하는 업무가 있다. 리드 개발자는 개발팀이 필요한 지원을 받을 수 있도록 중요한 역할을 수행해야 한다. 이 일은 팀이 지속적으로 학습하고 성장하며 발전해나감에 따라 인재를 유지하는 데도 큰 도움이 된다.

1.2.1 개발팀 이끌기

솔선수범, 신뢰 구축, 멘토링, 이 세 가지는 리더십 성공의 첫걸음이다. 리드 개발자는 개발팀이 팀으로서나 개인으로서 성공할 수 있도록 지원할 책임이 있다. 결국 리드 개발자로서의 성공은 바로 이 책임을 얼마나 잘 수행했는지에 따라 가늠된다. 리드 개발자에게 중요한 것은 개인의 성취가 아니라 팀의 성공이다.

리더가 어떻게 하느냐에 따라 팀의 분위기가 결정된다. 솔선수범한다는 것은 팀원들에게 긍정적이고 밝은 분위기를 조성하고 긴급 상황과 같은 어려운 문제에 봉착했을 때 해결해나갈 수 있도록 코칭하는 것을 의미한다. 예를 들어 웹사이트가 다운되면 어떻게 해야 할까? 이런 상황에 대비할 수 있는 비상 계획이 마련되어 있을 것이다.

만약 마련되어 있지 않다면 최대한 빨리 만들어야 한다. 침착함을 유지하고 어떤 조치들을 취할지 계획을 수립하고 작업을 할당함으로써 문제를 신속히 해결해야 한다. 단계별로 어떤 조치를 취해야 할지 프로젝트의 모든 당사자와 공유해야 하며, 각 단계가 완료될 때마다 이를 알려줘야 한다. 문제 해결을 위해 최종적으로 배포가 필요한 경우 QA(quality assurance)팀이 문제 해결의 과정에 참여해야 하는데, 이러한 원활한 공유를 통해 QA팀은 테스트가 지체되지 않고 즉시 이뤄지도록 준비할 수 있다.

팀 내에 신뢰가 쌓이면 서로의 관점을 이해하고, 사기를 높이는 데 도움이 된다. 반대로 팀원으로부터 신뢰를 얻지 못하면, 문제가 생겼을 때 여러분을 찾지 않을 것이다. 그들이 여러분에게 올 수 없다면 다른 누구에게도 가지 않을 것이고, 결국 그들의 문제는 해결되지 못한 채 남게 된다. 이런 일이 반복되면 업무에 대한 집중도는 떨어지고, 이직할 가능성도 높아진다. 팀원이 떠나면 생각보다 큰 비용이 발생하며, 새로운 개발자가 업무에 완전히 적응하는 데는 최대 1년까지 걸릴 수 있다.

링크드인LinkedIn의 연구[4]에 따르면 기술 업계의 이직률은 13.2%에 달하고, 최근 몇 년 동안 자발적 퇴사 역시 50% 이상 증가했다. 워크 인스티튜트Work Institute의 연구[5]에 의하면 직원의 이직으로 인한 비용은 연봉의 약 33.3%에 달한다고 한다. 개발자를 새로 고용하는 데 최대 2개월이 소요되고, 이들이 업무에 적응하는 데는 6개월 이상이 걸리는 것으로 추정된다. 업무 인수 인계를 위한 문서화가 제대로 이뤄지지 않은 경우 이 비용은 훨씬 더 커지기 때문에 리드 개발자는 적절한 **온보딩**onboarding을 위한 문서를 제공해야 한다(이에 대해서는 뒷부분에서 자세히 다룬다). 최고의 인재를 유지하고 신뢰를 구축함으로써 팀의 역량이 손실되는 것을 피해야 한다.

신뢰를 구축하기 위한 좋은 방법은 팀원을 지지하고 지원하는 것이다. 팀원이 좋은 아이디어를 제시하면 이를 지지해줘야 한다. 이를 통해 그 팀원은 다른 사람들이 자신의 의견을 경청하고, 그들에게 인정받는다는 생각을 하게 되며, 이는 유대감의 강화로 이어진다. 아이디어가 자신이 원래 생각했던 바와 다르다면 열린 마음으로 원래의 아이디어를 기반으로 여러 가지 가능한 옵션을 고려해야 한다. "그 아이디어가 참 좋은데 이를 조금 변경해 xyz로 해보면 어떨까요?"라고 말하면서 질문을 통해 팀원들의 재능을 끌어낼 수 있어야 한다.

처음 팀을 맡았을 때는 디렉터가 제안한 프로젝트 추적 시스템을 사용하게 되었다. 하지만 그 시스템은 우리 프로젝트와 같은 유형에는 적합하지 않았기 때문에 팀원들은 아틀라시안 지라Atlassian Jira를 사용할 것을 제안했다. 디렉터의 제안에 동의하고도 싶었지만 지라로 전환하지 않으면 문제가 생길 것 같았다. 디렉터와의 일대일 미팅에서 그가 제안한 시스템의 문제점과 아틀라시안 지라가 어떻게 그런 문제를 해결할 수 있는지 설명했다.

리더가 된 지 얼마 안 된 상황이었기에 그런 대화가 쉽지 않았지만, 결국 팀 전체가 지지하는 입장을 설명한 후 우리는 합의에 도달할 수 있었다. 이후 과정에서 팀원들의 참

---

[4] https://mng.bz/NB6x
[5] https://mng.bz/Dpgg

여를 계속 유도하며 그들의 의견을 경청하고 팀에 가장 적합한 프로세스를 만들어나갔는데, 이러한 일들은 팀 안에서 신뢰와 동지애를 구축하는 데 큰 도움이 됐다.

리드 개발자가 보여줄 수 있는 매우 중요한 행동 중 하나는 열린 의사소통이다. 명확하고 솔직한 의사소통은 신뢰의 토대를 구축하고, 팀의 상호작용 방식에 대한 기대치 또한 이에 맞춰 설정된다. 무언가 약속을 했다면 충실히 그 약속을 이행하는 것을 보여줘야 한다. 팀원의 피드백을 수용하는 것은 그들의 의견과 아이디어를 중요하게 여기고 있음을 나타낸다.

리드 개발자는 또한 정직하고 객관적이며 한 개인이 아닌 전체의 유익을 위해 행동해야 한다. 정보를 오용하거나 팀원들을 불공정하게 대하면 신뢰가 깨지고 사기가 저하될 수 있다. 정보와 요청을 올바르게 처리하고 사람들을 존중하고 공정하게 대하면 긍정적이고 생산적인 팀 분위기를 조성하는 데 도움이 된다. 이러한 태도를 통해 팀 내에 신뢰의 문화를 구축함으로써 협업, 생산성 향상, 나아가 팀의 성공을 이끌어낼 수 있다.

또한 팀원들이 너무 오랜 시간 동안 일하지 않도록 하는 것도 중요한데, 번아웃과 생산성 저하를 초래할 수 있기 때문이다. 일과 삶의 균형을 장려하고 팀원들이 필요할 때 휴식을 취할 수 있도록 해야 한다. 팀원들이 업무량을 공유하고 목표를 달성하기 위해 함께 노력할 수 있도록 열린 소통과 협업 문화를 조성하는 것도 중요하다. 팀원들의 노고와 성과를 인정하고 지원하는 것은 사기를 높이고 스트레스 수준을 낮추는 데 도움이 될 수 있다. 번아웃 문제를 해결하기 위해 적극적으로 노력하면, 팀원들은 자신이 가치 있고 지지받고 있다고 느끼고, 이는 팀원들에게 앞으로 더 나아갈 수 있는 동기부여가 될 것이다. 그 결과, 더 높은 생산성과 더 나은 결과를 기대할 수 있다.

프로젝트 작업 비용을 예측할 때는 팀으로부터 피드백을 받고, 프로젝트 관리자와 일정을 조율하는 것이 가장 중요하다.

1.2.2 프로젝트팀 간 협업

리드 개발자는 프로젝트팀에서 중요한 역할을 담당한다. 프로젝트 관리자, QA, 클라이언트, 이해관계자들과 긴밀히 협력하면서 전문적인 기술 지식을 제공하고, 프로젝트 계획을 지원한다. 리드 개발자는 자신의 기술과 역량을 발휘해 개발 시간을 산정하고 클라이언트, 이해관계자, 개발팀 간의 의사소통을 원활하게 유지함으로써 프로젝트의 성공에 직접적으로 기여한다.

프로젝트 관리자와 잘 협력하는 것은 리드 개발자에게 꼭 필요한 능력이다. 리드 개발자는 프로젝트 관리 시스템을 잘 이해하고 있어야 할 뿐만 아니라, 이 시스템 내에서 자신이 어떤 방식으로 지원할 수 있을지도 알고 있어야 한다.

새 프로젝트의 경우 수행해야 할 개발 작업과 전반적인 접근 방식에 대한 비용을 산정해야 한다. 작업이 진행됨에 따라 프로젝트 관리자와 긴밀히 협력하여 작업, 우선순위, 버그 및 기술 부채를 정리한다. 리드 개발자는 프로젝트 관리자와 개발팀 사이의 연락 담당자이며, 이들의 피드백을 바탕으로 비용 산정을 제시하고 우선순위를 정해야 한다.

예를 들어 팀의 개발자가 제품이나 기능과 관련한 작업을 하는 도중에 우선순위가 변경되는 경우에는 개발자가 진행하던 작업을 어느 시점에 멈추고, 해당 내용을 문서화한 뒤 저장소에 체크인할 시간을 줘야 한다. 즉 리드 개발자는 그 작업이 제대로 문서화되어 나중에 본인이나 다른 사람이 이어받아 진행할 수 있도록 책임져야 한다. 우선순위는 언제든지 바뀔 수 있기 때문에 이러한 상황은 자주 발생한다. 만약 그렇지 않다면, 프로젝트 관리자는 필요하지 않을 것이다!

리드 개발자의 또 다른 중요한 업무는 개발 작업의 품질이 요구사항과 일치하는지, 코드가 테스트할 준비가 되어 있는지, 모든 것이 의도한 대로 작동하는지를 확인하기 위해 QA와 협력하는 것이다. 여기에는 QA의 테스트 전략을 지원하고, 기술 요구사항이 잘 문서화되어 있는지 확인하며, 필요하다면 질문에 답변하는 일도 포함된다. QA 프로세스는 프로젝트의 성공에 매우 중요하므로, 리드 개발자는 이들과 협력하여 일반적으로 발생하는 문제를 파악해 향후 동일한 문제가 발생하지 않도록 개발 접근 방식을 조정할 수 있어야 한다.

클라이언트 및 이해관계자들과 직접 협력하는 것은 리드 개발자가 습득해야 할 기술 중 굉장히 어려운 것 중 하나라고 생각한다. 필자도 처음에는 개발팀을 대표하는 얼굴과 같은 역할이 매우 힘들었는데, 특히 내성적인 성격이라면 더욱 그럴 것이다. 개발팀은 프로젝트 킥오프, 스프린트 계획, 회고 등의 회의에 참석하는데, 이런 것들은 리드 개발자가 아니더라도 모든 개발자에게 좋은 학습 경험이 될 수 있다.

리드 개발자는 프로젝트에 사용하는 서비스를 위해 내부 및 외부 이해관계자와 공급업체 등과 함께 작업할 수도 있다. 리드 개발자가 프로젝트 이해관계자와 직접 작업하는 경우라면, 기술 정보는 프로젝트 관리자가 아닌 이해관계자로부터 얻는다. 이렇게 함으로써 오해의 소지를 줄이고, 모두가 동일한 정보를 공유할 수 있어 기술 부채를 최소화하고 생산성을 높이는 데 도움이 된다.

1.2.3 클라이언트 및 이해관계자와의 의사소통

그렇다면 클라이언트 및 이해관계자와는 어떻게 소통해야 할까? 사람마다 다르기 때문에 먼저 그들과 어느 정도로 편안한 관계인지 평가하고, 그들의 관점을 이해하며, 관계를 구축하는 것부터 시작해야 한다. 클라이언트와 이해관계자는 업무 외적인 삶이 있는 사람들이라는 점을 기억해야 한다. 항상 함께 일하는 사람들을 인간으로서 알아가고, 그들의 감정을 고려하여 관심을 기울여야 한다.

클라이언트가 다른 프로젝트팀원들과 어떻게 상호작용하는지 관찰함으로써 의사소통의 원활한 정도를 평가할 수 있다. 프로젝트가 제대로 진행되지 않았을 때 팔짱을 끼거나 찡그린 표정을 짓는가? 아니면 제안을 받아들이고 문제 해결을 위해 협력하는가? 협조적인 태도를 보이지 않는다면 프로젝트팀이 클라이언트의 이익을 최우선으로 두고 있지 않다는 것으로 판단하고 있음을 뜻한다.

예를 들어 클라이언트가 '언제'와 '비용이 얼마인지'만 묻는다면 해결책을 찾는 데 도움이 되지 않는다. 업무적인 관계가 어떤 상태였는지는 프로젝트가 잘못되어 갈 때 쉽게 알 수 있다. 사람들의 반응을 보면 된다.

어려움에 직면했을 때도 잘 대처하고, 클라이언트나 이해관계자에게 단합된 모습을 보여주는 팀은 그들의 우려를 덜어주고, 프로젝트 진행 상황에 대해 안심하게 만든다.

다음은 다양한 반응을 이해하는 데 참고할 수 있는 바디랭귀지와 관련한 자료를 정리한 것이다.

- 《The Dictionary of Body Language: A Field Guide to Human Behavior(바디랭귀지 사전: 인간 행동에 대한 실전 가이드)》(William Morrow Paperbacks, 2018)
- 〈Your Body Language Speaks for You in Meetings(회의에서 바디랭귀지가 말하는 것)〉: https://mng.bz/BgMl
- 〈How to Get Better at Reading People from Different Cultures(다른 문화권의 사람들을 더 잘 이해하는 법)〉: https://mng.bz/dZ21

클라이언트와 이해관계자에게 전문적인 지원을 제공하는 데 또 하나의 중요한 측면은 그들의 관점을 이해하는 것이다. 비즈니스 요구사항을 파악하고, 충분한 대화를 통해 팀원 모두가 동의하기 전에는 시스템을 설계해서는 안 된다. 비즈니스 요구사항이 명확하지 않거나 모호하면, 프로젝트의 범위가 변경되거나 확대될 수 있다. 특정 제품이나 기능을 구축할 때는 '어떻게how'뿐만 아니라 '왜why'를 함께 생각하면 시작 단계에서 개발팀이 작업을 더 정확하게 파악할 수 있다.

개발자는 작업을 배포하기 전에 테스트해야 하며, 실제 사례가 필요하다. 또한 개발자로부터 개선사항에 대한 피드백을 받아 팀 전체와 공유할 수도 있다. 클라이언트와 이해관계자에게 개선사항을 제안하고 그들의 요구사항을 이해하면 여러분의 작업에 부가가치를 제공할 수 있으며, 그들은 여러분의 팀이 하는 일에 대해 높이 평가할 것이다.

클라이언트를 한 인간으로서 알아가는 것은 긴장을 완화하고 중요한 관계를 구축하는 데 도움이 된다. 회의할 때 "모두들 별일 없으시죠?"라는 간단한 인사말로 시작하면 좋다. 업무 외의 다른 일상에 대해 물어보기 바란다. 이는 국내 혹은 해외 팀 모두 동일하게 적용된다. 금요일에 회의가 있다면 "이번 주말에 무슨 계획이 있으세요?"라고 물어볼 수도 있다. 월요일에 회의를 한다면 "주말에 뭐 했어요?"라고 물어보자. 공통점을 발견하고 그 공통점을 대화에 활용할 수 있을 것이다. 같은 스포츠 팀을 응원하거나, 같은 영화를 보거나, 같은 책을 읽을 수도 있다. 출신 배경이 다르더라도 공통점을 찾을 수 있는 경우가 많다. 때때로 가벼운 유머를 섞는 것도 분위기를 부드럽게 만드는 데 도움이 된다.

많은 사람이 클라이언트 및 이해관계자와의 소통에 어려움을 겪는데, 특히 내부 프로젝트가 아닌 클라이언트에게 서비스를 제공하는 경우에 더욱 그렇다. 컨설팅이나 **B2B**business-to-business 솔루션 작업과 같은 서비스를 제공하는 경우에는 클라이언트와 이해관계자가 모두 만족해야 하기 때문에 조금 더 어려운 측면이 있다. 필자는 컨설팅 기관에서 포춘 500 기업에 속하는 회사의 기업용 웹사이트를 구축하는 프로젝트를 몇 개 수행한 적이 있었는데, 이 중 어떤 것은 수백만 달러의 예산이 투입된 프로젝트였다. 이러한 유형의 프로젝트에 참여하면서 리드 개발자로서 책임감이 컸고, 처음에는 필자의 의견을 내는 데 어려움을 겪었다.

반면, 제품을 구축하거나 조직의 인프라를 지원하기 위한 내부 프로젝트를 진행할 때는 커뮤니케이션의 양상이 조금 다르다. 덜 중요한 것은 아니지만 이미 같은 회사에서 일하고 있다는 공통점으로 인해 의사소통이 더 용이한 경우가 많다. 또한 타사 공급업체와 함께 일할 수도 있는데, 타사 공급업체는 여러분의 회사를 위해 일하는 비즈니스 파트너이기 때문에 다른 관계다. 함께 일하는 어느 누구에게라도 동일한 수준의 전문성을 제공하고 그들의 요구사항을 고려해야 한다.

프로젝트팀이 대부분 내부인이고 외부 공급업체 소속의 일부 인원과 내부 제품 작업을 한 적이 있다. 회의 분위기는 훨씬 더 캐주얼하고 사소한 이야기도 나눴지만, 프로젝트에 집중하고 최고의 제품을 만들기 위해 최선을 다했다.

클라이언트 및 이해관계자 간의 의사소통과 관련한 주제에 대해 간략하게 요약해봤다. 나중에 책의 뒷부분에서 한 장 전체를 할애해 실제 사례를 가지고 클라이언트와 이해관계자를 관리하는 방법에 대해 살펴볼 것이다.

1.2.4 개발 표준 설정

리드 개발자의 업무에서 특히 중요한 부분은 개발 표준을 만들고 관리하는 것이다. 개발팀은 동일한 코딩 스타일을 사용해 코드베이스가 일관성을 가져야 하며, 코드만 봐서는 누가 작성했는지 알 수 없어야 한다. 조직에서 표준을 준수해야 하는 이유는 버그 수정이나 기능 개선이 필요할 때 어느 개발자라도 코드를 쉽게 찾을 수 있도록 하기 위해서다. 이렇게 하면 개발자가 필요한 것을 찾기 위해 코드를 리버스 엔지니어링할 필요가 없기 때문에 개발자 생산성이 향상된다.

개발 표준은 가능한 한 상세히 기술되어야 하는데, 예를 들어 `if` 문 뒤에 중괄호를 배치할 위치, 모든 함수 앞에 주석 추가, 명명 규칙과 같은 항목이 있어야 한다. 또한 파일 및 디렉터리 이름, 모듈, 함수, 기능에 명확한 패턴이 있어야 한다.

제품이나 서비스 중 어떤 작업이든 개발팀이 개발 표준을 준수하는지 확인해야 한다. 이러한 표준은 문서화가 잘 되어 있어야 하며, 프로젝트를 시작하는 단계에서 모든 팀원이 함께 검토해야 한다. 이 단계에서 리드 개발자는 모든 팀원과 함께 개발 표준을 검토해 완전히 채택될 수 있도록 해야 한다. 병합 요청된 코드를 검토할 때는 표준이 잘 적용됐는지 확인해야 한다. 또한 코드 검토 중 개발 표준에 위반되는 코드를 발견하면 팀 전체와 논의하여 모든 개발자가 개발 표준을 이해할 수 있도록 해야 한다.

프로젝트에 대한 개발 표준을 설정할 때 참조할 수 있는 표준이 조직 차원에서 있을 수도 있다. 기존의 개발 표준이 있다면 이를 파악하고 유지 및 관리하는 것을 우선순위로 삼아야 한다. 조직에는 모든 프로젝트에 포함되어야 하는 사용자 지정 라이브러리나 기술 아키텍처에 대한 특정 접근 방식이 있을 수 있다. 시간이 지남에 따라 기술 스택이 업그레이드되거나 새로운 기술을 채택해야 한다면 표준은 변경되어야 한다. 리드 개발자는 조직 차원의 개발 표준에도 영향을 미칠 수 있어야 하며, 개선을 위한 새로운 아이디어를 제시하는 데 주저하지 말아야 한다.

기술은 항상 변화하기 때문에 개발 표준을 유지 관리하는 것은 필수다. 리드 개발자는 자신의 기술을 최신 상태로 유지하고, 향후 업데이트가 필요하다면 이를 다른 팀과 공유해야 한다. 사용 중인 기술에 대한 뉴스레터를 구독하는 것도 최신 뉴스와 업데이트를 놓치지 않을 수 있는 좋은 방법이다. 기술 커뮤니티에 적극적으로 참여하고 소셜 미디어에서 사람들과 네트워킹하는 것도 최신 정보를 얻을 수 있는 좋은 방법이다. 거의 모든 기술에는 회사 또는 커뮤니티 구성원이 참여하는 슬랙Slack 또는 디스코드Discord 커뮤니티가 있다.

필자는 도커Docker를 포함해 다양한 기술을 다루고 있는데, 도커는 훌륭한 슬랙 커뮤니티와 뉴스레터를 보유하고 있다. 슬랙에서는 도커 캡틴, 도커 커뮤니티 리더, 도커 직원과 소통할 수 있으며, 이들은 언제든지 여러분의 질문에 답할 준비가 되어 있다. 필자는 또한 최신 표준과 업데이트를 공유하는 닷넷NET 및 사이트코어Sitecore 관련 그룹에도 속해 있다. 이런 커뮤니티를 통해 자주 바뀌는 최신 정보를 신속하게 파악할 수 있다.

개발 표준에 대한 개선사항을 개발팀이 제안하도록 할 수도 있다. 모든 개발자는 개발 접근 방식에 의사 표현을 할 수 있어야 한다. 다양한 배경을 가진 사람들이 함께 모여 아이디어를 공유하면 혁신의 원동력이 된다. 표준 프로세스에 개발팀원 모두를 참여시키는 것은 지속적인 학습을 통해 팀 전체가 기술을 최신 상태로 유지하도록 동기부여할 수 있는 좋은 방법이다.

1.2.5 기술 아키텍처 구축

리드 개발자는 현재의 업계 표준과 관행을 기반으로 **기술 아키텍처**technical architecture를 처음부터 어떻게 구축할 것인지에 대해 잘 이해하고 있어야 한다. 프로젝트에 참여하는 다른 팀과 협력하는 과정에서 구현 방식이 예산 범위 내에 있으면서도 안정적인 시스템이 되도록 설계해야 한다.

필자는 주요 의사결정권자 역할을 맡아 일한 경험이 여러 차례 있었는데, 어려운 상황에 부딪혔을 때는 다른 리드 개발자와 상의해 올바른 결정을 내리려고 노력했다. 도움이 필요할 때는 주저하지 말고 요청하는 것이 중요하다.

프로젝트의 기술 아키텍처를 처음부터 구축하고 문서화할 수 있는 능력은 쉽게 얻을 수 있는 기술이 아니다. 간단한 앱이라면 튜토리얼을 보며 따라하는 것만으로도 만들 수 있지만, 소비자 제품이나 엔터프라이즈 설루션enterprise solution의 경우 훨씬 더 고급 개념을 이해해야 하기 때문에 시간과 경험이 필요하다.

주니어 개발자로 시작하면 버그를 수정하거나 이미 존재하는 프로젝트에 기능을 추가하는 것이 주된 업무다. 시스템을 처음부터 구축하는 방법을 배우기 위한 가장 좋은 방법은 리드 개발자가 하는 일을 보조하며 관찰하는 것이다. 그들에게 질문하고, 그들이 사용 중인 문서의 사본을 받아보고, 프로토타입이나 개인 프로젝트를 작업해보기를 바란다. 개인 프로젝트를 하는 것은 새로운 기술을 배울 수 있는 좋은 방법일 뿐 아니라 즐거운 경험이기도 하다.

부트 캠프Boot Camp, 온라인 강좌, 아키텍처 패턴에 관한 기술 서적을 통해 프로젝트에 대한 아이디어와 지침을 얻을 수 있다. 사례 연구도 좋은 리소스이며, 사용 중인 특정 기술을 검색해 찾을 수도 있다. 업계와 관련된 웹사이트, 앱, 소프트웨어 포트폴리오를 직접 구축할 수도 있다. 개발자 커뮤니티의 일원이 되면 코드를 공유하고 피드백을 받으며 더 빠르게 성장할 수 있다.

필자는 조직 내 다른 개발자들에게 많은 것을 배웠다. 프로젝트에 참여하지 않은 개발자에게도 필자가 진행 중인 프로젝트에 대한 조언을 구하곤 했다. 내가 보지 못하는 부분을 볼 수 있기 때문에 프로젝트와 직접 관련 없는 사람에게 객관적인 의견을 얻는 것은 좋은 습관이다. 그 반대로 필자가 참여하지 않은 프로젝트에 도움을 요청받았던 적도 종종 있었는데, 그 프로젝트에서 잘된 점과 그렇지 않은 점에 대해 논의했다. 이를 통해 조직이 제품에 접근하는 방식을 더 깊이 이해하게 되었고, 필자의 기술을 최신 상태로 유지하는 데도 도움이 됐다.

기술 아키텍처에 대한 예산 계획을 세우는 것 또한 리드 개발자의 업무 중 하나다. 여기에는 서버 비용, 소프트웨어, 웹 호스팅, 데이터베이스 및 보안 프로토콜과 같은 항목이 포함된다. 리드 개발자는 프로젝트 진행 도중 비용이 올라가는 것을 피하기 위해 이러한 비용을 가능한 한 세분화해 미리 파악해야 한다. 또한 프로젝트가 업그레이드될 때마다 예산을 재평가하고, 조직의 비용을 최소화할 수 있는 효율적인 솔루션을 찾아야 한다.

서버 비용을 추정하려면 아마존 웹 서비스Amazon Web Services, AWS 또는 마이크로소프트 애저Microsoft Azure 비용 계산기와 같은 도구를 사용할 수 있다. 대부분의 클라우드 제공 업체는 소프트웨어 및 호스팅에 대한 비용을 계산하는 데 도움이 되는 도구를 제공한다. 기술 아키텍처 예산에는 개발, 테스트, 스테이징, 프로덕션 등 모든 환경에 필요한 요소가 빠짐없이 포함되어야 한다.

리드 개발자는 기술 아키텍처에 대한 설명을 문서화해야 하는데, 보통 순서도나 다이어그램의 형태로 할 수 있다. 이렇게 하면 예산을 추정하는 데 필요한 모든 것을 구상하는 데 도움이 된다. 아키텍처에 대한 그림은 시스템이 사용자뿐만 아니라 다른 시스템과 어떻게 상호작용하는지도 보여준다. 기술적 다이어그램의 전반적인 목적은(그림 1.4 참조) 소프트웨어 개발 라이프사이클의 모든 단계를 포함해 프로젝트를 처음부터 어떻게 개발할지 계획하는 것이다.

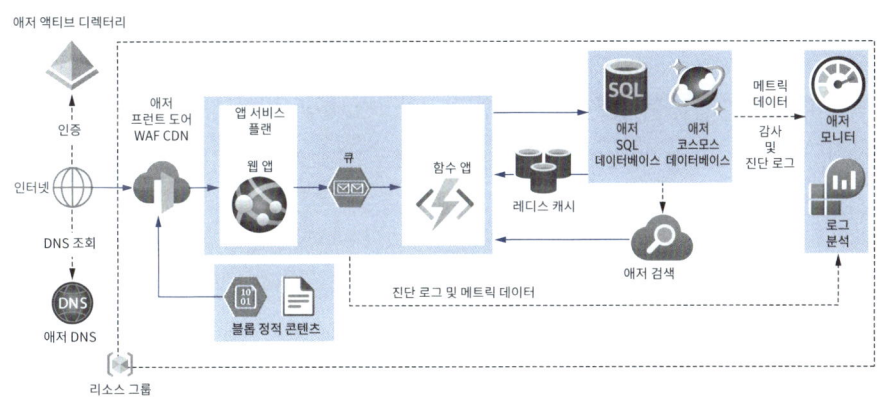

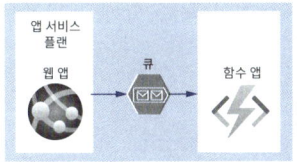

그림 1.4 기술 아키텍처 다이어그램 예시

프로젝트의 기술 아키텍처 다이어그램을 만들 때는 가능한 한 일관성을 유지해야 한다. 자신이 속한 조직에 기술 아키텍처 다이어그램 작성에 대한 표준이 이미 있는지 확인하기 바란다. 도형, 선, 색상, 범례의 사용법이 동일한 패턴을 따르고 있는지 확인해서 오해의 소지가 없도록 해야 한다. 이러한 다이어그램은 프로젝트의 성공에 매우 중요한데, 다이어그램은 모든 것이 처음부터 끝까지 어떻게 구축될지, 그에 따른 예산을 어떻게 지원할 수 있을지를 팀에게 명확하게 보여주는 지도와 같기 때문이다. 이 책에서는 기술 아키텍처 다이어그램을 만들고 클라이언트와 이해관계자에게 설명하는 방법에 대해서도 살펴볼 것이다.

1.3 리드 개발자에 대한 기대

리드 개발자의 업무에 대해 논의했으므로 해당 역할에 대한 기대치에 대해 살펴보자. 책임과 기대의 차이를 이해하는 것이 중요하다. 책임이란 맡은 역할에서 책임져야 하는 업무와 의무를 말하며, 기대란 다른 사람들이 여러분에게 갖는 기준을 의미한다. 자신이 맡은 일에 대해서는 주인 의식을 가지고 최선을 다해 책임을 완수하는 것은 중요하다. 동시에 훌륭한 커뮤니케이터, 멘토, 리더 등 다른 사람들이 여러분에게 리드 개발자로서 갖는 기대치도 알고 있어야 한다.

책임과 기대에 부응하는 것은 어려울 수 있지만, 여러분과 팀의 성공을 위해 꼭 필요한 일이다. 항상 긍정적인 태도와 배우고 성장하려는 의지로 자신의 역할을 바라봐야 한다는 점을 잊지 말아야 한다.

리드 개발자의 역할은 많은 책임이 따르며, 주니어 또는 시니어 개발자보다 더 높은 기준을 요구받는다. 성공적인 리드 개발자는 의사소통 능력이 뛰어나고 진정한 리더십을 발휘할 수 있어야 한다. 이는 개발 업무와는 완전히 다른 기술이며, 기술적인 능력과 리더십 능력 사이에서 균형을 맞춰야 한다. 여러 팀과 함께 프로젝트를 진행할 때는 개발팀뿐만 아니라 다른 팀 역시 여러분에게 기대하는 바가 있다. 개발팀과 함께 일할 때는 다른 팀의 요구사항을 개발자에게 전달해 기능을 구현하거나 버그를 수정한다.

리드 개발자에게 기대하는 주요 리더십은 다음과 같다.

- 팀 지원
- 업무 관계 형성
- 리더 역할 수행

협업을 잘하려면 마케팅, QA, 제품 디자이너, 경영진 등 비개발자들과 의사소통할 때 그들이 이해할 수 있는 언어를 사용하는 것이 중요하다. 기술 용어가 너무 많아 여러분의 말을 이해하지 못한다면 그들은 쉽게 좌절할 수 있다. 기술적인 내용을 너무 깊게 파고들기보다, 팀 안에서 비개발자들이 서로 어떻게 소통하는지를 오랜 시간 관찰하면서 균형 잡힌 언어 스타일을 만들어야 한다. 비개발자들도 기술적인 감각을 가지고 있다는 점을 잊지 말고, 약간의 코칭과 설명을 통해 그들이 프로젝트에 쓰이는 기술을 더 잘 이해하고 배워갈 수 있도록 도와주자.

1.3.1 팀 지원

리드 개발자에게 기대하는 것 중 하나는 팀을 돕고 지원하는 것이다. 이를 위해서는 의사소통과 질문에 대한 답변을 가능한 한 신속하게 해야 한다. 이 일은 다소 어려운 작업이지만, 리드 개발자는 기술 전문가이기 때문에 팀원으로부터 많은 질문을 받을 가능성이 높다. 자신의 업무가 있기 때문에 질문이 들어올 때마다 하던 일을 멈출 수는 없다. 여러분과 팀의 필요를 모두 충족시켜야 한다.

의사소통을 할 때 가장 어려운 부분은 개발 작업에 집중할 때다. 특히 매우 복잡한 기능이나 작업을 하고 있는 도중에 중단되면 다시 시작하기가 어렵기 때문에 생산성이 떨어진다. 필자의 경우 리드 개발자들은 한 시간 이내에 질문에 답하는 것을 원칙으로 삼았다. 이렇게 하면 하던 일을 마무리하거나 최소한 생산성을 잃지 않도록 시간을 확보할 수 있다. 우리가 살고 있는 세상은 매우 바쁘고 즉각적인 답변을 원하는 경향이 있다. 업무를 완수할 수 있도록 어느 정도 경계를 설정해야 하지만 팀의 성공을 위해서는 타협을 해야 하고 적절한 지점에서 균형이 필요하다.

매일 받는 질문의 수를 줄이는 좋은 방법은 팀이 필요로 하는 것이 무엇인지 예상하는 것이다. 회의에서 질문을 받으면 어떤 것도 빠뜨리지 않고 답변할 수 있어야 하고, 논리적으로 결론을 내릴 수 있어야 한다. 사람들은 회의에서 질문을 한 후 시간이 지난 후에 추가 설명을 요청할 때가 종종 있다. 상대방의 입장이 되어 그들이 업무를 완료하는 데 필요한 정보가 무엇일지 예상해보자. 같은 질문을 반복해서 하더라도 실망하지 말아야 한다. 답변을 이해하지 못하거나 문서가 없기 때문에 같은 질문을 하는 것이다. 시간을 충분히 사용해 질문에 답하고 질문한 사람이 명확히 이해했는지 확인하는 질문을 하면 이 문제를 완화하면서 생산성도 높일 수 있다.

공유 문서 저장소에 FAQ를 문서화하여 전체 팀과 공유하면 필요한 정보를 어디서 찾을 수 있는지 어느 누구라도 알 수 있기 때문에 업무의 균형을 맞추는 데도 도움이 된다. FAQ는 비개발자와 개발자용을 분리해서 따로 관리해야 한다. 개발자 FAQ의 경우 코드 저장소에 직접 문서를 추가하는 것이 일반적인 방법이다. 팀 전체가 스스로 FAQ를 추가할 수 있어야 하며, 리드 개발자는 팀원들과 협력하여 답변이 정확하고 중복이 없는지 확인해야 한다.

용어집을 만들면 비개발자라고 해도 사용 중인 언어를 이해하는 데 도움이 된다. 용어집에는 아키텍처 다이어그램architecture diagram에 사용된 모든 용어가 다 포함되어야 하며 다이어그램에 대한 링크도 있어야 한다. 이렇게 하면 개발자를 포함한 팀원 모두가 참고할 수 있는 훌륭한 자료가 된다. 용어집에 약어도 포함하면 좋은데 원래의 명칭과 의미, 기능에 대한 설명도 있어야 한다. 어떤 약어는 조직에 따라 그 의미가 다르기 때문에 해당 용어를 검색하면 동일하거나 유사한 약어로 서로 다른 결과를 찾을 수 있어 더 큰 혼란을 줄 수 있다.

용어집이 포함된 프로젝트 문서를 작성할 때는 가독성과 보존성을 극대화할 수 있도록 서식을 지정해야 한다. 대부분의 사람들이 알파벳 순서로 용어집을 구성하지만, 산업이나 조직별로 용어를 그룹화할 수도 있다. 필자의 경우 이미 문서가 있는 업계 표준 용어에 대한 배경지식을 설명하는 섹션을 포함하는 것을 선호한다. 배경지식 섹션에는 팀 내 다양한 역할 및 수준의 전문성을 지원하기 위해 업계 용어와 개념을 설명하는 기존 문서에 대한 링크가 있어야 한다.

팀의 필요를 예측하고 팀원들이 자신의 과업을 성공적으로 수행하도록 필요한 지원을 더 많이 제공하면 생산성이 높아지고 이는 결국 팀의 성공으로 이어진다. 팀 내에는 역할과 경험 수준이 다양하기 때문에 전체 팀을 위한 문서와 용어집을 작성하는 것이 쉽지만은 않다. 성공적인 리드 개발자는 팀원들이 어떻게 생각하는지, 어떤 정보를 알아야 하는지, 어떻게 학습을 도울 수 있는지 이해해야 한다.

1.3.2 업무 관계 형성

리드 개발자는 팀이 결속력을 강화하고 협업을 잘 할 수 있도록 업무 관계를 형성해야 한다. 이를 위해서는 팀원들의 전문성을 존중하고, 팀원들을 인정하며, 열린 마음으로 소통해야 한다. 팀원들 간의 원활한 소통은 생산성을 높이고, 즐거운 업무 환경으로 이어질 수 있다. 시간을 내어 동료들에 대해 알아가다 보면 서로의 장단점, 커뮤니케이션 스타일, 업무 선호도를 이해할 수 있다. 이를 통해 업무를 더 잘 위임하고 협업 의식을 갖게 하며 궁극적으로 좀 더 성공적인 결과를 이끌어낼 수 있다. 팀원들과 좋은 관계를 맺으면 팀의 필요를 더 잘 채울 수 있다.

동료의 전문성을 존중하는 것은 그냥 할 수 있는 것처럼 보이지만, 동료를 존중해야 함을 스스로 의식해야 한다. 개발자, 프로젝트 관리자, 클라이언트 등 함께 일하는 모든 사람을 존중해야 한다. **무의식적 편견**unconscious bias은 우리 문화에 내재되어 있기 때문에 누구나 편견에 빠지기 쉬우므로, 존중을 실천하기 위해서는 스스로의 인식 수준을 높여야 한다. 무의식적 편견은 특정 사람이나 집단에 대해 자동으로 형성되는 사회적 고정관념이다. 무의식적 편견은 의도적이지 않고 이를 의식적으로 인식하지 못할 때도 많기 때문에 이에 대해 깨닫게 되기까지는 시간이 걸릴 수 있다. 우리 모두는 무의식적인 편견을 올바르게 식별하고 이를 즉시 중단하는 방법을 알아야 한다.

가장 일반적인 무의식적 편견의 예는 다음과 같다.

- **나이 차별**: 나이가 들면 속도가 느리고 업무 능력이나 유능함이 떨어진다는 생각
- **외모 편견**: 외모를 기준으로 사람을 부당하게 판단하는 행위
- **순응 편향**: 개인적으로 동의하지 않음을 표현함에도 불구하고 전체 그룹의 의견에 동의하도록 압력을 가함
- **친밀감 편향**: 나와 비슷한 사람에게 끌리는 경향
- **확증 편향**: 현재 상황과 거의 또는 전혀 관련이 없음에도 과거에 경험했던 아이디어나 성공을 신뢰
- **귀인 편향**: 다른 사람이 왜 그렇게 행동하는지 이해하기 위해 그들의 행동을 바탕으로 다른 사람에 대해 가정하는 것
- **성별 편견**: 한 성별을 다른 성별보다 선호하는 경우
- **장애인 편견**: 장애인 또는 장애가 있다고 인식되는 사람들에 대한 편견
- **문화적 편견**: 다른 집단의 문화적 규범과 가치를 고려하지 않고 자신이 속한 문화나 집단의 기준과 가치에 따라 판단하거나 평가하는 경향
- **인종차별**: 특정 인종이 다른 인종보다 우월하거나 열등하다는 믿음에 기반해 형성된 편견, 차별, 권력 체계를 옹호

무의식적인 편견과 싸우고 동료를 더 존중하기 위한 첫걸음은 자각하는 것이다. 리드 개발자는 다양한 사람들이 공평하게 대표가 될 수 있도록 팀을 구성해야 한다. 타깃 클라이언트가 사용할 수 있는 제품과 서비스를 만들려면 다양한 배경을 가진 사람들의 전문 지식이 필요하다. 리드 개발자는 누구에게나 배울 수 있는 열린 자세를 가져야 한다. 비개발자와 개발자 모두에게 많은 것을 배우고 열린 마음을 가질 때 그들의 전문성을 활용할 수 있다.

좋은 업무 관계는 동료를 인정할 때 만들어진다. 팀원 중 누군가 기능을 훌륭히 구현했거나 버그를 잘 수정했다면 회의 중에 그 사람을 칭찬해주자. 누군가 질문에 답했거나 필요한 정보를 찾는 데 도움을 줬다면 '감사합니다'라고 말하자.

가끔 팀원들과 함께 점심 식사를 하자. 멀리 떨어져 있다면 가상 해피아워virtual happy hour,

비디오게임, 〈던전 & 드래곤〉 플레이처럼 온라인에서 함께할 수 있는 재미있는 활동을 계획해보자. 필자의 경우, 참여하는 사람은 누구나 원하는 음료를 주문할 수 있고 회사에서 비용을 부담하는 가상 해피아워에 참여한 적이 있다. 유일한 문제점은 해피아워 전에는 음료를 마실 수 없었다는 점이다.

개방적이고 일관된 의사소통은 좋은 업무 관계의 핵심 요소다. 물론 그로 인해 어려운 이야기가 오가기도 하지만, 이미 해당 개인이나 그룹과 친밀한 관계를 맺고 있다면 그런 문제도 대화를 통해 더 쉽게 풀어갈 수 있다. 내부 동료와 함께 일할 때는 거짓말을 하거나 사탕발림을 해서는 안 된다. 문제가 생기면 팀에 알리고, 솔직하게 사실 그대로 말해야 한다. 자신이나 팀을 보호하려고 문제를 덮으려 하면 상황은 오히려 더 악화된다. 정직하지 않거나 일관되지 않은 메시지를 전달하면 팀은 여러분에 대한 신뢰를 잃게 된다. 팀원들 역시 리더의 방식을 따라 갈등을 피하거나 스스로에게 솔직하지 못하게 되고, 그로 인해 더 많은 갈등이 생길 수 있다. 여러분이 꾸준히 솔직함을 유지하면 사람들은 정직함을 기대하고 여러분을 존경하게 될 것이다.

1.3.3 리더 역할 수행

리더는 권위나 영향력을 행사할 수 있는 위치에 있는 사람으로, 다른 사람들을 지도하고 지시할 수 있고 의사결정, 목표 설정, 목표 달성을 위한 전략 개발을 담당할 수도 있다. 또한 다른 사람들에게 영감을 불어넣고 동기를 북돋우며, 팀이나 조직 내에서 관계를 형성하고 유지하는 역할도 맡는다. **리더십 스타일**leadership style과 접근 방식은 매우 다양할 수 있으며 조직의 특정 목표와 요구사항, 개별 리더의 개인적 특성 및 능력에 따라 달라질 수 있다.

자신만의 리더십 스타일을 찾는 것이 중요하기 때문에 이 책에서는 모범 사례를 살펴볼 것이다. 리드 개발자는 '한번 정해지면 잊어버리는' 사람이 아니다. 즉 수시로 상황을 다시 확인해야 한다. 결정을 내리고, 책임감을 갖고, 변화를 주도해야 한다. 팀원들에게 영감을 주고 모범을 보이는 동시에 모든 사람이 만족할 수는 없음을 이해해야 한다.

의사결정에는 고도의 비판적 사고가 필요하다. 리드 개발자는 위험을 고려해 계획을 수립하고, 그 계획을 실행해야 한다. 이 과정에서는 근거 없는 결정을 내리거나 경로에서 벗어나지 않도록 냉정을 유지해야 한다. 의사 결정에는 의도한 대로 계획이 수행되고 있는지를 확인하는 것도 포함된다. 프로젝트는 언제든 계획에서 벗어날 수 있기 때문에 진행 내내 계획에 맞게 실행되고 있는지 점검해야 한다.

실행 계획을 수립한 후에는 팀과 협력해 모든 것이 계획대로 진행되고 있는지 지속적으로 피드백을 받아야 한다. 팀원들끼리 정보를 공유하면 계획에서 벗어났을 때 다시 본 궤도로 돌아가는 데 도움이 된다. 실행 계획에 대한 의사소통은 단순히 계획이 무엇인지 전달하는 데 그쳐서는 안 된다. 팀이 정보에 입각한 결정을 내릴 수 있도록 필요한 정보를 공유하는 것이어야 한다.

리드 개발자는 팀원 모두가 자신을 바라보고 있기 때문에 모범을 보여야 한다. 스스로에 대한 책임감을 확립하는 것은 진정한 리더가 되기 위한 첫 번째 단계 중 하나다. 작업 완료일과 후속 조치에 대해 스스로 책임을 져야 하며, 무언가를 하겠다고 약속했다면 반드시 실행해야 한다. 어떤 이유로 약속을 지키지 못할 경우에는 언제까지 가능한지 상대방에게 알려야 한다.

또한 프로젝트에서 실수를 범했거나, 의도치 않게 누군가의 기분을 상하게 했다면 사과해야 한다. 어떤 사람들은 자신의 잘못을 인정하고 싶지 않거나, 때로는 그로 인해 직장을 잃을까 두려워 사과를 피하려 한다. 하지만 이는 절대 있어서는 안 되는 일이며, 잘못했을 때 사과하는 것이 팀 문화의 일부임을 팀원들에게 보여줘야 한다.

모범을 보이는 것은 모든 리더가 숙지해야 할 중요한 개념이다. 행동으로 자신의 가치를 보여주면 다른 사람들도 이를 알아차리고 따를 것이다. 필자는 첫 직장에서 리드 개발자로 일할 때 특정 기한까지 작업을 완료할 수 있다고 계속 말했지만, 너무 많은 일을 맡다 보니 그 약속을 지키지 못하는 경우가 많았다. 물론 자신의 일에 열정을 가지는 것은 중요하지만 주어진 시간 안에 작업을 완료할 수 있어야 한다. 결국 낮은 우선순위의 일은 뒤로 미루는 방법을 배웠고, 좀 더 현실적인 스케줄을 만들 수 있었다. 그렇게 하다 보니 팀원들 역시 업무가 과중하다고 느낄 때 필자에게 편하게 찾아와 함께 작업 계획을 조정할 수 있었다.

우리는 변화하는 세상에 살고 있지만 사람들은 불안감을 유발할 수 있는 변화를 원하지 않는 경우가 많다. 불안은 매우 흔한 정신장애 중 하나이며, 거의 모든 사람에게 어느 정도 영향을 미친다. 프로젝트팀과 조직에서 긍정적인 변화의 리더가 되면 리드 개발자로서의 성공을 보장하고, 안전하고 신뢰할 수 있는 업무 환경을 제공함으로써 팀원들의 불안을 완화할 수 있다.

여러분이 제안한 것이든 아니면 팀의 다른 누군가가 제안한 것이든, 변화가 필요하다면 이를 실행해야 한다. 필요한 변화를 제안하면서 프로젝트의 목적과 비전을 따르는 모범을 보여야 한다. 또한 팀원들이 변화의 주체가 될 수 있도록 권한을 부여하는 것도 중요하다. 팀원들이 편하게 아이디어를 공유하고, 새로운 기능을 제안하며, 프로세스를 간소화할 수 있어야 한다. 이렇게 하면 팀원들의 자신감을 높이고 그들의 성장을 도울 수 있다.

팀원들에게 영감을 불어넣으면 그들의 재능을 이끌어내는 데 유용하다. 리더가 팀원들을 지지하고 그들의 커리어에 관심을 가질 때 생산성은 극대화된다. 하지만 영감을 고취한다고 해서 모든 사람에게 항상 동의해야 한다는 것은 아니다. 영감을 고취하려고 사람들을 기쁘게 할 필요는 없다. 상대방에 따라 다른 말을 하면 의도치 않게 갈등을 일으켜 위험한 상황을 초래할 수 있다. 상대방은 여러분이 거짓말을 한 것으로 느끼거나, 심지어 배신감을 느낄 수도 있으므로 이를 수습해야 하는 상황이 발생할 수 있다.

어려운 대화를 피하지 말고, 결정된 사항에 대해서는 그 이유에 대해 모든 사람에게 설명해야 한다. 누군가가 불만이 있다면 그 사람을 따로 불러서 그들의 의견에 귀를 기울여야 한다. 여러분이 팀원의 말에 귀를 기울이면 결정된 사항이 마음에 들지 않더라도 자신들이 존중받고, 인정받는다는 느낌을 갖게 되고, 이로 인해 그들 또한 동료들을 같은 방식으로 대할 수 있을 것이다.

리더가 된다는 것은 리드 개발자뿐만 아니라 모든 팀원에게도 적용된다. 경력의 어느 단계에 있든지 간에 다음 단계를 준비하는 데 도움이 되는 리더십 기술을 배워야 한다. 다음 장에서는 주니어에서 리드 개발자로, 그리고 그 이후의 커리어에 대해 살펴볼 것이다.

요약

- 리드 개발자는 개발팀을 이끌고 멘토링하며 프로젝트팀과 소통하는 역할을 담당한다.
- 리드 개발자는 성별, 인종, 교육 수준 등 다양한 배경을 가진 누구나 지원할 수 있다.
- 리드 개발자의 일상적인 업무에는 개발팀을 이끌고, 프로젝트팀과 협력하고, 클라이언트 및 이해 관계자와 소통하고, 개발 표준을 설정하고, 기술 아키텍처를 구축하는 일을 포함한다.
- 리드 개발자에게 기대하는 역할은 팀을 지원하고, 업무 관계를 형성하며, 리더가 되는 것이다.
- 리드 개발자는 기술적으로 전문 지식이 있어야 하며 기술 사양 작성, 기능 개발, 오류 문제 해결, 코드 배포를 할 수 있어야 한다.
- 리드 개발자는 커뮤니케이션 촉진, 의사결정, 피드백 수집, 감정 지능, 자의식 등 리더십 기술을 배워야 한다.
- 리드 개발자의 경력은 일반적으로 주니어 개발자에서 시작하여 시니어 개발자, 개발자 애드보킷/DevRel로 이어진다.
- 리드 개발자의 성공은 개발팀의 성공에 반영되며, 스프린트나 릴리스에서 완료된 작업의 양과 품질로 측정할 수 있다.

리드 개발자 이야기

셸리 벤호프

나는 1998년부터 개발자로 일해왔으며, 다양한 업계와 직책을 거치며 경력을 쌓았다. 현재는 HoffsTech의 공동 소유주로서 남편인 제이슨 벤호프Jason Benhoff와 함께 플루럴사이트 및 링크드인 러닝Linkedin Learning의 온라인 강좌를 비롯한 기술 콘텐츠를 작성 및 제작하고 있다. 또한 도커의 시니어 개발자 경험developer experience 관리자이기도 하다.

사용하는 기술은 닷넷, C#, MVC를 이용한 웹 개발, 사이트 핵심 CMS, 애저 데브옵스Azure DevOps, 도커와 쿠버네티스Kubernetes가 있고 네 번의 사이트코어 MVP와 도커 커뮤니티 리더로 선정됐다. 전 세계 콘퍼런스에서 발표를 하고 있으며, 미래의 기술 리더를 멘토링하는 데 열정적으로 참여하고 있다.

이 인터뷰를 통해 리드 개발자가 되기까지의 나의 경력을 공유하면서, 리드 개발자의 역할과 그 의미에 대한 통찰력을 얻는 데 도움을 주고자 한다.

리드 개발자로 처음 일했을 때 어땠는가?

나는 매니저로 일하던 직장을 그만두면서 리드 개발자가 되었기 때문에 경력 과정이 남들과 조금 달랐다. 매니저 이전에는 웹 개발자이자 강사였다. 개발자들이 특정 플랫폼을 학습할 수 있는 코스웨어courseware를 만드는 것이 내 업무였는데, 기술적인 능력뿐만 아니라 무언가를 조직하는 능력도 뛰어났기 때문에 관리 직급으로 승진할 수 있었다.

하지만 프로젝트 관리를 포함해 관리에 대한 경험이 없었고, 팀과 프로젝트를 모두 관리하게 될 줄은 몰랐다. 경영진에게 관리에 대한 교육을 요청했지만 한 번도 받지 못했다. 그래서 팀원들과 조직 내 다른 관리자들의 지식을 활용했다. 그 일을 성공적으로 해냈다고 말할 수는 없지만(사실 성공할 수 있는 환경이 아니었다) 많은 것을 배웠다.

회사를 떠날 때 개발자로 돌아가고 싶었고, 웹 개발 전문 에이전시에서 리드 개발자 역할을 제안받았다. 프로젝트팀을 이끌면서 개발팀을 대표해 프로젝트 이해관계자들과 의사소통해야 하는 전형적인 리드 개발자 역할이었다. 관리 경험이 있긴 했지만 이전 직장과는 달리 외부 클라이언트와 대화해야 했기 때문에 마치 물 밖에 던져진 물고기 같은 느낌이었다. 우리 팀의 작업으로 클라이언트를 만족시켜야 했기 때문에 스트레스를 더 많이 받았다.

처음에는 리드 개발자로서 모든 면에서 어려움을 겪었다. 나는 (적어도 사람들과 친해질 때까지는) 내성적인 성격이라 자신의 의견을 말하고 주장하는 것이 가장 힘들었다. 또한 모든 사람을 만족시키려 애썼는데, 이 부분은 다음 장에서 더 자세히 다룰 예정이다. 기술적인 능력은 괜찮았지만 회의는 늘 어렵게 느껴졌고, 갈등은 어떤 대가를 치르더라도 피하고자 했다. 그러나 결국 그것이 더 많은 갈등을 초래한다는 사실을 알게 됐다.

그 후 수년 동안 여러 멘토들과 교류하고, 《하버드 비즈니스 리뷰Harvard Business Review》 같은 리더십 관련 출판물을 읽으면서 나만의 길을 찾아갈 수 있었다. 팀원들에게 조언을 구하고, 질문을 받았을 때 모른다고 말하는 것을 두려워하지 않는 법도 배웠다. 실패도 많았지만, 그때마다 소중한 교훈을 얻었고, 그것은 장기적으로 큰 도움이 됐다.

리드 개발자로서 가장 즐거웠던 점은 무엇이었는가?

리드 개발자로서의 가장 큰 기쁨은 팀원이 성공하는 모습을 지켜보는 것이다. 팀 전체를 지원하는 일은 높은 수준의 책임감을 수반하며, 팀원 한 명이 성공하면 팀 전체가 성공하는 것이다.

가장 인상 깊었던 성공 사례 중 하나는 매우 재능 있는 개발자와 함께 일했을 때였다. 그는 새로운 것을 시도하는 데 어려움을 느끼고 있었지만, 리드 개발자가 되기를 원했다. 그래서 그가 힘들어하는 부분을 코칭해줬다. 예를 들어 기술적인 접근 방식에 자신감을 가질 수 있도록 돕고, 프로젝트팀 앞에서 자신의 아이디어를 발표할 수 있도록 격려했다.

그가 팀원들 앞에서 발표하는 것이 처음이라 낯설어할 때, 나 역시 발표할 때마다 긴장한다고 말해줬다. 손에 땀이 너무 많이 나서 책상 위에 손수건을 올려둘 정도로 심할 때도 있었노라고 털어놓았다. 그는 내 말에 깊이 공감했고, 내가 안전지대를 벗어나려는 모습을 보고 감명을 받았다고 했다.

나는 그에게 스스로 만든 장벽을 넘는다면 그의 커리어에 큰 전환점이 될 것이라고 말했다. 그는 지금 큰 기업에서 엔지니어링 매니저로 일하고 있는데, 정말 자랑스럽다!

The Lead Developer Story

리드 개발자 경험이 지금 일에 어떻게 도움이 되었나?

앞서 언급했듯이 나는 현재 HoffsTech의 공동 소유주로서 기술 콘텐츠를 제작하고 있다. 또한 도커의 선임 개발자 경험 관리자로서 업무의 일환으로 콘텐츠를 제작하고 있기도 하다. 개발자와 클라이언트가 아닌 테크니컬 라이터, 편집자, 프로듀서들과 함께 일하기 때문에 리드 개발자로 일하는 것과는 매우 다르다.

리드 개발자로서의 경험은 현재 HoffsTech에서 채용과 전반적인 팀 관리를 감독하는 역할을 성공적으로 수행할 수 있는 밑거름이 됐다. 도커에서는 팀과 협력해 대상 클라이언트에 맞는 콘텐츠를 만들고, 비즈니스 목표를 지원한다. 또한 개발자 커뮤니티를 지원하고 있으며, 회사 직원이든 프리랜서든 함께 일하는 모든 사람을 멘토링하고 있다.

내가 게시하는 모든 채용 공고의 직무 설명에 멘토링 기회를 추가하는 이유는 멘토링받을 수 있는 기회가 있다는 사실을 지원자가 알 수 있도록 하기 위해서다. 이를 통해 최고의 인재를 유치하는 경우가 많다. 나는 팀의 일상적인 업무를 관리하고 프로세스를 지속적으로 검토하며 업데이트하는 방법을 잘 알고 있다.

리드 개발자가 되면서, 리더로서의 기술뿐만 아니라 진정한 리더십이 무엇인지도 배울 수 있었다. 긴장을 늦추지 않으면서도 (상대적으로) 침착함을 유지하고, 끊임없는 변화에 대처하는 법을 익혔으며, 누구를 탓하지 않고 팀 내 갈등을 해결하는 방법도 알게 됐다.

사람들이 나를 위해 일하는 것이 아니라 나와 함께 일한다는 사실을 깨달은 것은 가장 큰 도움이 됐다. 나의 역할은 사람들에게 무엇을 하라고 지시하는 것이 아니라, 함께 일하면서 그들의 재능을 끌어내는 것이며, 이러한 사고방식의 변화는 더 나은 멘토이자 리더가 되는 데 큰 도움이 됐다.

CHAPTER

02 리드 개발자의 커리어 경로

이번 장에서 다루는 내용
- 리드 개발자로 이어지는 역할
- 리드 개발자를 넘어선 관리 및 기술 역할
- 효과적인 이력서 및 자기소개서 작성
- 성공적으로 기술 검토하기
- 강력한 글쓰기, 프레젠테이션 및 인터뷰 스킬로 차별화하기
- 수요에 따른 기술 역량 검토

아무것도 없는 상태에서 시작할 수 있는 사람은 없다. 마찬가지로 경험이 없는 상태에서 리드 개발자로 일할 수 있는 사람은 없다. 가장 일반적인 경로는 '주니어 개발자 → 시니어 개발자 → 리드 개발자 → 관리자'다. 하지만 이것만이 유일한 경로는 아니다. 이번 장에서는 **리드 개발자의 커리어 경로**lead developer career trajectory에 대한 다양한 옵션을 살펴본다.

자신이 어떤 커리어 경로를 밟게 될지 명확히 정하고 나면, 면접의 기회를 얻기 위해 효과적인 이력서를 작성해야 한다. 강력한 이력서는 경쟁이 치열한 취업 시장에서 자신을 도드라져 보이게 하는 데 도움이 될 뿐만 아니라, 더 유리한 채용 제안과 더 나은 커리어 기회를 확보하는 데도 도움이 된다. 자신의 강점과 성과를 강조함으로써 자신의 가

치를 전달하고 자신이 해당 직무에 적합한 인재임을 설득할 수 있다. 성공적인 이력서 작성을 위해 시간과 노력을 투자하면 경력 발전과 개인적 성장 측면에서 다양한 방식으로 보상을 받을 수 있다.

기술 면접은 개발자로 취업하는 데 있어 매우 어려운 단계 중 하나다. 리드 개발자는 기술 전문가여야 하며, 이에 대한 평가를 받게 된다. 적절한 질문을 미리 준비해두면 이 단계를 성공적으로 통과하는 데 도움이 될 것이다. 자신의 경력 계획을 세우려면 먼저 자신이 맡을 수 있는 소프트웨어 개발자 역할을 파악하고, 이러한 역할이 리드 개발자가 되기 위한 여정에 어떤 도움이 되는지 이해해야 한다.

2.1 소프트웨어 개발자의 역할

일자리를 찾을 때, 특히 **정리해고**layoff[1]된 후 빨리 다른 일자리를 찾아야 하는 경우 한 가지 역할만 고집하기 어려울 수 있다. 고용주가 제공하는 취업 비자를 통해 일을 하는 사람들은 자기에게 맞는 직장뿐만 아니라 외국인 비자 스폰서를 제공하는 회사를 찾아야 한다는 문제가 추가로 있기 때문에 더욱 어렵다.

필자가 처음 개발자 업무를 시작했을 때 경력이 전혀 없는 사람에게 열려 있는 주니어 개발자 직책은 없었다. 필자는 주니어 개발자 역할에 경력이 필요하지 않다고 생각하지만, 안타깝게도 지금도 여전히 같은 상황이다. 필자는 주니어 개발자가 되는 대신 헬프 데스크help desk 업무부터 시작했다. 헬프 데스크 담당자는 다양한 기술과 프로세스를 접할 수 있기 때문에 많은 사람이 이 길을 택한다. 헬프 데스크 업무는 오류를 해결하면서 비판적 사고 능력을 배우는 데도 도움이 된다.

---

1 [옮긴이] 원문은 layoff인데, 이를 '레이오프'라고 음차하기가 적절하지 않아 '정리해고'라고 번역했다. 하지만 미국에서 레이오프는 회사의 경영상 필요에 따라 인력을 줄이는 조치로, 근로자 개인의 잘못과 무관하게 발생하는 경우가 많다. 반면 '해고(dismissal/firing)'는 주로 근로자의 성과 부족이나 규율 위반 등 개인적 사유로 계약이 종료되는 것을 의미하므로, 두 개념은 구분된다. 미국에서는 회사 사정에 따른 대규모 레이오프가 흔하고, 당사자 역시 이를 적대적으로 받아들이기보다는 불가피하게 일어날 수 있는 일로 인식한다. 물론 유쾌하거나 기분 좋은 경험은 아니지만, 사회적으로 흔히 일어나는 현상으로 받아들여진다.

경력을 쌓는 동안 개발자 업무에서 벗어난 적이 여러 번 있었지만 결국 리드 개발자 직책을 맡게 됐다. 헬프 데스크 담당자, 웹 개발자, 코스웨어 디자이너, 관리자, 리드 개발자로 일했고 지금은 회사를 운영하고 있다! 정해진 커리어 경로는 없다. 자신이 만들어 가는 것이다.

2.1.1 주니어 개발자로 시작하기

주니어 개발자junior developer는 고등 교육 혹은 부트 캠프나 독학으로 배운 기본적인 프로그래밍 기술을 보유한 사람이다. 일반적으로 1년에서 3년 미만의 경력을 가지고 있지만, 경력이 없는 사람도 채용할 수 있어야 한다고 생각한다. 현재의 기준은 주니어 개발자로 일하기 전에 개발 경험이 있어야 한다는 것인데, 이는 필자의 관점으로는 진입 장벽을 높이는 행위라고 생각한다.[2]

주니어 개발자 채용에 대한 주요 요구사항은 다음과 같다.

- 경력 1-3년
- 기술에 대한 열정
- 기본 프로그래밍 기술
- 디테일에 강하고 꼼꼼한 업무 처리
- 새로운 기술을 배우려는 의지와 능력
- 협업 능력
- 유연성

기업에서는 일반적인 프로그래밍 및 개발 지식을 갖춘 사람을 찾는다. 회사에서 사용 중인 기술 스택에 대한 특정 기술을 가지고 있지 않다면, 빠르게 배울 수 있어야 한다. 업무를 수행하면서 배우고 자신의 지식을 해당 업무에 적용할 수 있어야 한다. 개발자로서 커리어를 쌓는 동안 익숙하지 않은 기술로 작업해야 하는 상황에 놓이게 될 때가

---

2 [옮긴이] 요즘은 AI가 워낙 퍼지다 보니 오히려 이런 진입 장벽이 더 높아지는 모습도 있다. '개발은 누구나 할 수 있다' 는 인식이 생기면서 신입이나 초보 개발자에 대한 수요는 줄고, 그 자리가 경력자 쪽으로 옮겨가는 분위기다.

많다. 개념을 세분화하고 필요한 문서를 찾는 방법을 배우는 것은 주니어 개발자로서 배워야 할 핵심 기술이다.

주니어 개발자는 업계와 조직 프로세스를 배우는 데 익숙하지 않기 때문에 대부분의 시간을 모범 사례를 조사하고, 질문하며, 시니어 및 리드 개발자에게 조언을 구하는 데 사용한다. 주니어 개발자로서 힘든 부분 중 하나는 자신이 아무것도 모르며, 팀에 짐이 되는 것처럼 느낀다는 것이다. 주니어 개발자는 모든 조직에서 중요한 역할을 담당한다. 주니어 개발자를 교육하고 멘토링하지 않는다면 시니어 개발자나 리드 개발자는 존재하지 않을 것이다!

주니어 개발자의 주요 책임은 다음과 같다.

- 지속적인 프로그래밍 기술 향상
- 개발팀 지원
- 팀 회의 참석
- 오류나 문제 해결 및 버그 수정

주니어 개발자는 소프트웨어 설계 및 코딩에서 개발팀을 지원하기 위해 지식을 배우고 적용하는 데 중점을 둔다. 이 역할에서 많은 것을 배우며, 경험이 쌓이면서 실력이 향상된다. 주니어 개발자는 버그 수정이나 오류 및 문제 해결을 주로 하기 때문에 비판적 사고는 이 역할에서 필히 습득해야 하는 능력이다. 오류의 원인을 추적하는 것이 항상 쉬운 것은 아니며, 때로는 불가능해 보일 때도 있다. 효과적인 문제 해결 방법을 배우면 시니어 개발자로 승진해서도 커리어를 성공적으로 쌓아가는 데 도움이 된다.

2.1.2 시니어 개발자로 성장하기

시니어 개발자senior developer는 기술적 전문성과 함께 멘토링 능력도 갖춰야 한다. 주니어 개발자들은 경험을 쌓아감에 따라 자신의 동료들이 새로운 기술을 배울 수 있도록 적절한 리소스를 제공하고 안내하며 도와줘야 한다. 팀을 멘토링하는 것은 시니어 개발자로 성장하기 위해 꼭 필요한 역량이다.

시니어 개발자 채용 공고에서 볼 수 있는 주요 요구사항은 다음과 같다.

- 3년 이상의 경력
- 복잡한 프로젝트 작업 경험
- 고품질 기능의 성공적인 구현
- 소프트웨어 개발 수명 주기의 모든 단계에 대한 경험
- 작업 및 프로젝트 자체 관리 능력

이러한 요구사항은 조직마다 다를 수 있다. 어떤 회사에는 경력을 발전시키는 데 도움이 되는 중간급 개발자 역할이 있는 경우도 있는데, 이 역할은 기본적으로 주니어 개발자 역할의 연장선상에 있다. 가장 큰 차이점은 경험과 전문 지식의 수준이지만 책임은 동일하다.

필자는 5년 동안 주니어 개발자로 일한 후에 중급 개발자로 승진했고, 거기서 바로 관리자 직급으로 올라갔는데, 지금 생각해보면 주니어에서 시니어 개발자로 승진하거나 관리자로 승진하기 전에 중간급 개발자를 경험했어야 했다. 하지만 필자는 시니어 개발자가 되겠다고 요청한 적이 없었고, 승진이 자동으로 되는 경우도 거의 없다. 이 주제는 다음 장에서 자세히 살펴보겠다.

시니어 개발자는 다른 개발자를 멘토링하고 기술 계획에 대한 의견을 전달하며 독립적으로 일할 수 있어야 한다. 또한 개발팀 회의에서 편안하게 자신의 의견을 말할 수 있어야 한다. 시니어 개발자는 상위 수준의 기술 개념을 이해하고 이를 새로운 기능의 구현에 적용할 수 있어야 한다. 주니어 개발자는 해당 프로젝트에서 사용하는 프로그래밍 언어에 적응할 수 있도록 버그 수정을 맡는 경우가 많다. 시니어 개발자로서의 역할을 해나감에 따라 리드 개발자가 되기 위해 집중해야 할 핵심 소프트 스킬이 있다(그림 2.1 참조).

그림 2.1 소프트 스킬

필자는 시니어 개발자를 채용할 때 팀을 돕고 팀의 성공을 지원할 의지와 능력이 있는 사람을 찾는다. 회사에서 이미 사용 중인 기술 스택에 능숙하고 조직 내에서 선호하는 프로그래밍 언어에 대한 경험이 있어야 한다. 그렇다고 해서 회사에서 사용하는 모든 프로그래밍 언어의 전문가가 되어야 한다는 의미는 아니며, 경험상 그런 사람을 찾기는 어렵다. 채용 공고에 나열된 기술을 모두 보유한 사람을 찾는 것보다는 새로운 기술을 빠르게 배울 수 있는 능력을 확인하는 것이 낫다.

표 2.1은 주니어 개발자와 시니어 개발자의 책임을 비교한 것이다.

표 2.1 주니어 개발자와 시니어 개발자의 책임 비교

	주니어 개발자	시니어 개발자
지속적인 프로그래밍 기술 향상	✓	✓
개발팀 지원	✓	✓
팀 회의에 참석하기	✓	✓
문제 해결 및 버그 수정	✓	✓
기본 기능 개발하기		✓
주니어 개발자 멘토링		✓

시니어 개발자로 성장하면서 함께 일하는 리드 개발자를 관찰하고 그들에게서 배우는 것이 중요하다. 그들이 아키텍처 다이어그램을 만드는 과정을 지켜보고 문서 작성 같은 것을 도우면 좋다. 또한 기술 정보를 발표하고 개선이 필요한 부분을 파악하는 등의 책임을 맡음으로써 주도적으로 일하는 것을 보여줄 기회를 가질 수도 있다. 프로젝트에서 무엇이 잘못되었는지 되돌아보고, 이를 통해 교훈을 얻는 것은 리더십 역량을 기를 수 있는 좋은 방법이다. 이러한 소프트 스킬을 갖추고 있다는 것을 보여주면 리드 개발자가 될 수 있는 발판을 마련하는 것이다.

2.1.3 리드 개발자나 리드 아키텍트로 나아가기

리드 개발자 직책은 몇 가지 변형이 있다. 리드 아키텍트는 리드 개발자와 비슷하지만 주로 기술 아키텍처의 세부사항을 설계하고 이를 구축하는 방법을 정의하는 역할을 맡는다. 또한 기술 아키텍처의 각 구성 요소가 서로 어떻게 연결되어 있는지 설명하기 위해 다이어그램을 작성하기도 한다. 이 직책은 무엇을 어떻게 할 것인지 계획하는 역할이다.

반면 리드 개발자는 리드 아키텍트의 기술을 가지고 있지만 계획을 실행하고 코드를 작성하는 역할에 더 방점을 둔다. 리드 개발자는 코딩 모범 사례와 표준을 유지 관리할 책임이 있는데, 이를 위해서는 최고 수준의 기술 지식이 필요하다. 리드 개발자는 기술 수준에서 프로젝트의 모든 측면에 대한 완전한 전문 지식을 갖추고 있어야 하지만, 리드 아키텍트는 프로젝트를 계획하는 데 전문가일 필요는 없다.

표 2.2는 리드 개발자와 리드 아키텍트의 기술을 비교한 것이다.

표 2.2 리드 개발자와 리드 아키텍트 기술 비교

	리드 개발자	리드 아키텍트
기술 아키텍처 다이어그램 작성	✓	✓
기술 아키텍처 구축 방법 설명	✓	✓
컴포넌트, 모듈, 기능 관계 설명	✓	✓
기술 작업 시간 산정	✓	
인프라 및 기능 개발	✓	
개발팀 멘토링	✓	

회사에 따라 이러한 역할을 두 가지 직책으로 나누기도 하지만, 필자의 경험에 따르면 두 가지 역할을 겸임하는 경우도 많다. 이는 산업 부문과 조직 규모에 따라 다를 수 있다. 일반적으로 리드 개발자는 리드 아키텍트의 모든 기술도 보유해야 하기 때문에 두 역할이 하나로 결합되는 경우가 많다.

채용 관리자는 시스템을 처음부터 구축할 수 있고, 코드 검토를 위해 프로그래밍 전문 지식을 갖춘 리드 개발자를 찾는다. 또한 프로젝트의 초기 인프라를 구축하고 팀원들이 자신의 로컬 개발 환경을 구성할 수 있도록 지침을 작성해야 할 수도 있다.

리드 개발자는 비즈니스 측면과 기술적인 측면을 모두 이해해야 한다. 프로젝트 계획의 한 과정으로, 클라이언트 및 이해관계자와의 미팅을 통해 비즈니스 요구사항을 취합해야 한다. 클라이언트가 기대하는 결과물을 이해하는 것은 반드시 숙달해야 하는 기술이다. 또한 프로젝트 관리자와 협력해 예산을 계획하고 개발 단계에서 프로젝트 비용이 증가하지 않도록 해야 한다.

리드 개발자는 비즈니스 요구사항을 기술 요구사항으로 변환해야 하므로 제품 도메인에 대한 이해가 필요하다. 클라이언트나 이해관계자가 무엇을 필요로 하는지 완전히 이해하지 못하면 정확한 기술 요구사항이나 개발 기한 산정을 작성할 수 없다. 추정치가 잘못됐다면 이해관계자를 포함한 프로젝트팀과 협력하여 모두가 이를 동일하게 인식하고 이해할 수 있어야 한다.

결과물 자체뿐만 아니라, 왜 그것이 필요한지도 고민해야 한다. 이해관계자의 비즈니스 동기를 파악해야 하는데, 이는 브랜드 인지도를 높이기 위한 것일 수도 있고, 최종 사용자를 지원하거나 판매를 촉진하는 목적일 수도 있다. 보통은 이러한 요인이 복합적으로 작용한다. 에이전시나 고객에게 제품과 서비스를 제공하는 기업에서 일하고 있다면, 현재 진행 중인 프로젝트가 클라이언트 회사에 어떤 의미를 가지는지도 고려해야 한다. 이런 환경에서 주된 목표는 클라이언트 유지다. 고객은 회사나 브랜드에 대한 충성도가 높아지길 기대하기 때문이다.

리드 개발자 직무에 필요한 비즈니스 기술은 다음과 같다.

- 프로젝트 계획 지원
- 주어진 예산 내에서 작업
- 비즈니스 요구사항에 대한 이해
- 비즈니스 목표와 원하는 결과에 대한 이해

또한 리드 개발자는 중요한 소프트 스킬을 갖추고 있어야 한다. 팀원이 질문을 하거나 도움이 필요할 때 답을 구하는 사람은 바로 여러분이 될 것이다. 자신이 답을 모른다면 내부 동료나 외부 클라이언트, 이해관계자 및 공급업체로부터 필요한 답을 찾을 수 있도록 도와줘야 한다. 또한 팀의 시니어 개발자에게 의견을 구하고 그들이 능력을 발휘할 기회를 제공할 수도 있다. 반복되는 질문을 피하기 위해 답변을 문서화하는 것도 중요하다.

리드 개발자는 솔선수범함으로써 팀원들의 커리어 성장을 지원해야 한다. 이는 학습 기회를 인식하고 팀 간 커뮤니케이션을 촉진하는 방식으로 이루어지며, 팀원들이 자기 관리 방법을 이해하는 데도 도움이 된다.

리드 개발자는 클라이언트 및 이해관계자들과 편안하게 소통하고 그들에게 정보를 제공할 수 있어야 하는데, 이는 비공식적인 대화 또는 공식 프레젠테이션을 통해 가능하다. 효과적인 슬라이드 제작에 익숙해지면 청중의 관심을 끌 수 있는 프레젠테이션을 만들 수 있다. 내성적인 성격이라면 대중 앞에서 발표하는 것이 항상 쉽지만은 않다. 회사는 내부나 외부 사람들과 효과적으로 소통할 수 있는 리드 개발자를 고용하길 원한다. 리드 개발자는 개발팀의 얼굴과도 같기 때문에 뛰어난 커뮤니케이션 능력을 요구한다.

리드 개발자 직무에 필요한 소프트 스킬은 다음과 같다.

- 다른 팀원 멘토링
- 프로젝트팀에 정보 제공

- 팀 간 커뮤니케이션 촉진
- 클라이언트 및 이해 관계자와 직접 소통하기
- 공감과 감정 지능으로 리드하기
- 피드백 제공
- 갈등 해결

기술, 비즈니스, 소프트 스킬의 조합은 기업이 성공적인 리드 개발자 후보에게서 찾는 요소다. 리드 개발자로서 기술 아키텍처 계획 및 구현, 프로젝트 계획 지원, 비즈니스 측면에 대한 이해, 팀을 이끌 수 있는 능력을 가지고 있음을 보여줘야 한다. 기술적 전문성을 더해 비즈니스 기술과 소프트 스킬을 익히면 관리직과 리더가 되는 데 도움이 된다.

2.1.4 관리 역할과 그다음 단계

리드 개발자로서 비즈니스 측면에도 흥미를 느낀다면 관리나 경영진으로 경력을 쌓는 것도 고려해볼만 한데 엔지니어링 관리자, 기술 디렉터, 최고기술책임자chief technology officer, CTO 등의 기회를 얻을 수 있다. 이러한 역할에서는 일상 업무에서 직접 코드를 작성하지는 않지만, 개발자로서 쌓은 경험은 관리자로서 성공하는 데 큰 도움이 된다.

프로그래밍 기술을 유지하고 싶다면 개인 프로젝트를 진행하거나 개발팀과 함께 기술을 공부하면 된다. 필자가 만난 최고의 매니저들은 프로그래밍에 대해 질문하고 누구에게나 배울 자세가 되어 있었다. 배움은 양방향이며, 관리자는 팀원 누구에게서든 배울 수 있다.

반면, 일상 업무에서 계속 코딩을 하고 싶다면 관리직이 적성에 맞지 않을 수도 있다. 하지만 그것도 괜찮다! 비즈니스 측면에 관심이 있다고 해서 반드시 관리직 쪽으로 도전해야 하는 것은 아니다. 상향 이동이 가능한 경력 단계에 관심을 가질 때가 많지만, 시니어나 리드 개발자로 그대로 남아 그쪽에서 계속 경력을 쌓을 수도 있다. 관리나 리더십 역할은 개발 기술과는 다른 기술셋을 요구하는데, 특히 사람을 관리할 때는 더욱 그렇다.

관리자로서 굉장히 어려운 일 중 하나는 채용이다. 팀에 가장 적합한 인재를 찾으려면 사람을 파악하고 기술을 평가할 수 있는 능력이 필요하다. 면접 과정에서 면접 대상자를 평가할 때 프로젝트 자체의 중요성보다는 해당 후보자가 프로젝트에 어떻게 기여했는지를 평가해야 한다. 개발자는 조직과 프로젝트 유형에 잘 맞아야 하며, 팀 내 서로의 기술을 보완할 수 있도록 다양한 수준의 개발자를 채용하는 것이 중요하다.

적합하지 않은 개발자를 고용하거나 적합한 개발자라도 채용된 후 업무를 잘 할 수 있도록 지원하지 않으면 팀의 이직률을 관리할 수 없게 된다. 〈포브스〉의 설문조사[3]에 따르면 신입사원을 채용하는 데 첫해 연봉의 약 33%가 들어가는 것으로 나타났다. 이직률이 높아지면, 이러한 비용 부담은 더욱 커질 수 있다. 관리자는 어려운 대화를 피하지 않고 갈등을 해결할 수 있어야 한다. 이러한 기술이 부족하면 이직률이 증가하고, 결국 인재를 잃는 손실로 이어진다.

관리자는 또한 프로젝트 비용과 팀원 급여를 포함한 전체 팀 예산을 관리해야 한다. 제안된 예산 내에서 프로젝트의 결과물이 고품질로 완성되도록 하는 것은 관리자의 책임이다. 이 과정에서 많은 보고서 작성과 고위 경영진과의 회의가 필요하다. 프로젝트 비용이 증가하면 합당한 근거를 설명해야 하고, 관리팀과 협력하여 프로젝트가 잘 진행되도록 하기 위한 결정을 내려야 한다. 이 과정은 복잡하므로, 예산 문제를 미리 방지하기 위해 선제적이고 예방적인 사고방식이 요구된다.

비즈니스 프로세스가 견고하고 예산이 계획대로 집행된다면 팀의 생산성을 높일 수 있다. 이 프로세스는 정기적으로 업계의 변화를 반영해 수정해야 한다. 오래된 프로세스를 고수하면 과거에 효과가 있었던 프로세스일지라도 팀이 뒤처질 수 있다. 관리자는 개발의 모범 사례를 최신 상태로 유지하고, 새로운 시스템과 기술을 적시에 도입해 팀의 생산성을 유지하고 향상시켜야 한다.

그림 2.2는 소프트웨어 개발 경력 단계의 예시를 보여준다.

---

3 https://mng.bz/ZVRN

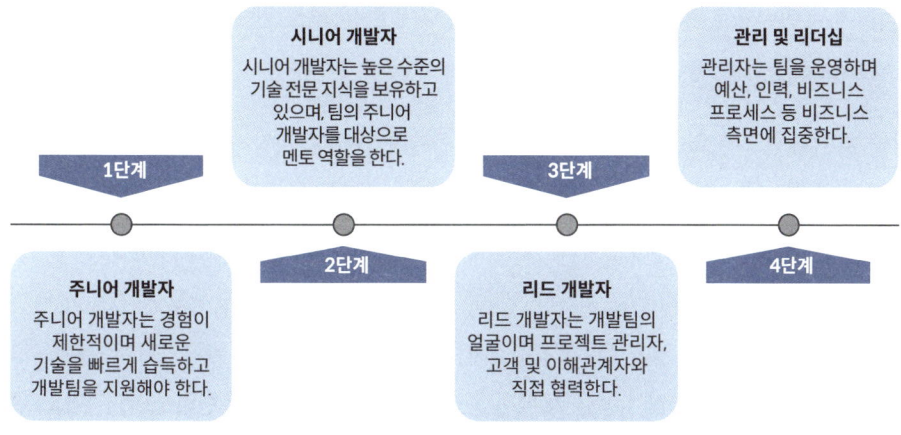

그림 2.2 소프트웨어 개발 경력 단계

이 경력 단계가 일반적이지만, 소프트웨어 개발자의 경력 과정으로 이것만 있는 것은 아니다. 다양한 경로를 통해 리드 개발자나 관리자로 성공할 수 있다. 사람마다 다르므로 자신에게 맞는 경력을 개척해야 한다.

2.1.5 커리어의 다음 단계 고민하기

많은 사람이 개발자가 되려면 컴퓨터 관련 학위를 취득해야 한다고 생각하지만, 부트캠프와 자격증 프로그램이 인기를 끌면서 더 이상 그렇지는 않다. 필자가 아는 많은 개발자는 대학에서 역사, 철학, 심리학 등 인문학을 전공했다. 평생 하나의 분야만 고집할 필요는 없다. 직업을 바꾸면서 다양한 경험을 가진 개발자는 특별한 관점을 개발팀에 제공할 수 있다. 팀원 모두가 같은 배경을 가지고 있으면 사고방식이 비슷하고 혁신이 지체될 수 있기 때문에 성공하기가 쉽지 않다. 혁신은 다양한 관점을 가진 사람들이 모여 다양한 유형의 사람과 비즈니스에 적용되는 제품과 솔루션을 만들 때 이뤄진다.

인턴으로 소프트웨어 개발 경력을 시작하면 많은 이점을 얻을 수 있다. **인턴십**Internship은 구하기 어려울 수 있지만 귀중한 경험과 실무 기술을 습득할 수 있는 기회다. 인턴십을 통해 실제 프로젝트와 업무를 접할 수 있으며, 숙련된 개발자와 함께 일하면서 비판적 사고와 문제 해결 능력을 키울 수 있다. 필자는 대학에서 알게 된 블랙앤데커Black &

Decker에서 인턴으로 경력을 시작했다. 취업을 지원하는 부트 캠프도 있으며, 전문가 네트워크를 구축하여 인턴십을 찾을 수도 있다.

기술 분야에서의 경력을 헬프 데스크나 기술 지원 업무로 시작하는 것도 좋다. 이렇게 하면 개발 직책을 찾는 데 도움을 줄 수 있는 기술 전문가들과 인맥을 쌓을 수 있다. 또한 오류를 해결하고 사용자를 위한 설루션을 찾으면서 비판적 사고 능력을 키울 수 있다. 기술적으로 능숙하지 않은 사용자와 함께 일하는 경우, 그들이 새로운 기술을 익히도록 도와주면 나중에 헬프 데스크에 전화하거나 채팅할 필요가 없다. 향후에 맡을 업무는 결국 고객을 위한 해결책을 모색하는 것이기 때문에 어떤 유형의 고객 서비스 업무를 수행하든 여기서 얻은 경험과 기술은 나중에 어디서나 적용할 수 있다.

데이터 과학data science은 개발 경력에 적합한 또 다른 분야다. 이 역할은 데이터에서 의미를 추출하고 해석한다. 이를 위해서는 통계, 머신러닝, 소프트웨어 개발 기술이 필요하다. 데이터 과학자는 도구를 사용해 데이터를 수집, 정리, 구성해 패턴을 찾고 모델을 구축한다. 이 역할은 제품 또는 앱 사용에 대한 데이터를 수집해 제품의 상태를 정량화하고 지속적으로 개선한다. 분석을 위해 추출하는 데이터의 정확성과 균일성을 보장하려면 세부사항에 충실해야 한다. 데이터 과학은 현재 **인공지능**artificial intelligence, AI과 함께 성장하고 있는 분야이며, 많은 직무에서 프롬프트 엔지니어링prompt engineering에 대한 지식이 필요하다.

AI 및 **머신러닝**machine learning, ML 분야의 경력은 개발 경력으로 이어지기 쉬운데 이 분야가 고급 알고리즘, 데이터 분석, 소프트웨어 엔지니어링이 융합되어 있는 특성을 가지고 있기 때문이다. AI/ML 전문가는 새로운 데이터를 학습하고 이에 적응할 수 있는 지능형 시스템을 구축하는 데 능숙하며, 이러한 기술은 강력하고 확장 가능한 소프트웨어 설루션 개발에 바로 적용할 수 있다.

모델을 학습하고 알고리즘을 최적화하는 반복적인 프로세스는 소프트웨어 개발에서 일반적으로 사용되는 **애자일**agile 방법론과도 밀접하게 연관되어 있다. 이러한 배경 덕분에 AI/ML 전문가는 코딩, 문제 해결, 시스템 설계에 모두 능숙할 수 있다. 더불어 AI/

ML 기술이 다양한 산업에 계속 통합됨에 따라 이러한 고급 기능을 혁신하고 구현할 수 있는 개발자에 대한 수요가 증가하고 있다. 따라서 이 분야에서 경력을 쌓아가면 다재다능한 기술을 습득할 수 있고, 미래 전망도 매우 밝다.

개발 경력에 적합한 또 다른 역할은 **기술 교육**technical training이다. 교육 분야의 경력이 없더라도 강의나 워크숍에서 학생들과 소통한 경험이 한 번이라도 있다면 도움이 된다. 수강생에게 질문을 할 때는 단답형보다는 문제를 해결할 수 있는 방법을 물어보는 것이 좋다. 이런 대화 방식은 수강자가 스스로 답을 찾았을 때 내용을 더 오래 기억하게 하며, 비판적 사고력도 키울 수 있다.

필자의 경우, 교육 콘텐츠를 작성하고 전달한 경험을 쌓은 이후 리드 개발자가 됐다. 기술 교육 콘텐츠를 작성하려면 학습자, 학습자의 목표, 교육 과정의 학습 목표를 이해하고 이를 바탕으로 교육 콘텐츠를 설계하는 방법을 배워야 한다. 교육 콘텐츠 설계의 핵심은 사람들이 어떻게 배우는지를 이해하는 것이며, 사용할 수 있는 다양한 교육 방법에 대한 감각을 갖추는 것이다.

무언가 시작하기 전에 미리 학습하는 것을 선호하는 사람이 있는가 하면, 실습과 학습을 병행하는 것을 선호하는 사람도 있다. 학습 콘텐츠는 글, 비디오, 오디오 등의 형식이 가능한데 블로그, 책, 온라인 동영상 교육, 오디오북을 통해 배울 수 있다. 기술 교육에는 많은 연구가 필요하며, 수업에서 학생들이 접할 수 있는 문제점을 해결하기 위해 늘 주의를 기울여야 한다.

개발 경력으로 이어질 수 있는 또 다른 역할로는 **기술 문서 작성**technical writing이 있는데, 이는 기술 교육과는 다르다. 기술 교육은 특정 기술을 가르치고 무언가를 만드는 방법을 단계별로 제공하는 데 중점을 둔다. 반면에 기술 문서는 제품의 기술적 측면을 문서화하는 것이다. 두 역할 모두 수행하는 과정에서 많은 연구를 해야 하지만 결과물의 형식은 다르다. 기술 교육이 처음부터 마지막까지 사용 방법에 대한 가이드를 작성하는 것이라면, 기술 문서는 기능이나 제품별로 구성된다. 이는 개발자가 처음부터 무언가를 만드는 것이 아니라, 특정 질문에 대한 답을 빠르게 찾을 수 있도록 돕기 위한 것이다.

필자가 함께 일한 QA 엔지니어 중 많은 사람이 다른 분야에 있다가 개발 분야로 넘어온 사람들이었다. 사용자 관점에서 코드를 철저하게 테스트하는 방법을 배울 수 있기 때문에 경력으로 삼기에 좋다. 필자를 포함해 많은 개발자들이 단지 기술적 요구사항이 충족되었는지 확인하기 위한 테스트만 하는 경향이 있다. 그러나 때로는 기술적 요구사항이 비즈니스 요구사항을 지원하지 않을 수도 있다. 전반적인 사용자 경험을 살펴보고 모든 요구사항이 충족되는지 확인하면 이러한 문제를 발견할 수 있다. 또한 QA 엔지니어는 회귀 테스트를 통해, 이전에 정상적으로 작동하던 코드가 변경 이후에도 여전히 제대로 작동하는지를 확인한다.

기술 마케터technical marketer나 **콘텐츠 크리에이터**content creator도 개발 기술을 익히면서 개발 직군으로 전환할 수 있는 좋은 기회를 잡을 수 있다. 소프트웨어 개발자 및 제품 관리자와 긴밀히 협력하여 복잡한 기술 개념을 이해하고 비전문가를 대상으로 기술 정보를 전달한다. 또한 매력적인 기술 콘텐츠 제작, 마케팅 전략 개발, 고객 및 클라이언트와의 관계 구축 등 마케팅 및 커뮤니케이션 기술을 개발할 수 있는 기회도 가질 수 있다.

기술 마케터는 영업팀과도 협력하며, **영업 엔지니어**sales engineer로 진출하기도 한다. 영업 엔지니어는 기술 전문 지식을 활용하여 고객으로 하여금 복잡한 문제를 해결하고 정보에 입각한 구매 결정을 내릴 수 있도록 돕는다. 이를 위해서는 소프트웨어 개발 프로세스에 대한 깊은 이해와 비기술적인 이해관계자에게 기술 정보를 전달할 수 있는 능력이 필요하다. 이 직무는 제품 관리자, 소프트웨어 개발자, 고객지원팀과 긴밀히 협력하며 소프트웨어 개발 라이프사이클의 다양한 측면을 접할 수 있다. 실제로 필자가 함께 일했던 개발자 중에는 이전에 영업 담당자였던 이들도 있었는데, 이들은 고객의 요구를 정확히 파악해 실질적인 개선 방안을 제시하는 데 능했다.

마지막으로 소개할 수 있는 역할은 **개발자 애드보킷**developer advocate 또는 **DevRel** developer relation이다.[4] 이 역할은 리드 개발자가 되기 전 또는 그 이후에 수평 이동으로

---

4 [옮긴이] 개발자 커뮤니티를 지원한다든지 소프트웨어 제품에 관한 콘텐츠 제작이나 가이드 작성과 같은 업무를 수행하는 직책이다.

전환할 수 있는 경로다. 이 역할은 많은 대중 앞에서 발표하거나 연설해야 하므로 사람들 앞에서 말하는 것이 편해야 한다. 거기에 더해 개발자 애드보킷은 특정 기술 학습을 촉진하기 위해 콘텐츠를 제작할 수 있어야 한다. 여기에는 라이브 동영상 촬영, 화면 공유, 웨비나webinar 및 라이브 스트림live stream 등이 해당된다. 이들은 개발 커뮤니티의 '얼굴'로 영향력을 행사하며, 롤 모델이 되기도 한다. 개발 업무, 교육, 커뮤니케이션을 결합해 즐길 수 있는 사람에게 이 역할은 특히 잘 맞는다.

어떤 경로를 선택하든 반드시 한 길만 고집할 필요는 없다. 우리 모두는 성장의 여지가 있고, 때로는 다른 방향으로 경력을 쌓을 수도 있다. 필자는 헬프 데스크 직원, 웹 개발자, 코스웨어 개발자, 기술 트레이너, 리드 개발자, 작가, 연사, DevRel 관리자, 비즈니스 소유자 등 다양한 직업을 경험해왔다. 컴퓨터 과학 학위를 받았지만 전통적인 길을 택하지는 않았다. 리드 개발자가 되는 데 도움이 되는 기술력은 다양한 직종과 역할을 통해 키울 수 있으며, 그것을 실현하는 일은 결국 여러분에게 달려 있다.

2.2 소프트웨어 개발자의 커리어 여정

개발직은 경쟁이 치열하기 때문에 입사 기회를 얻기가 어렵다. 공개 채용 게시판이나 채용 담당자를 통해 입사 지원을 하려고 하면 1차 면접조차 어렵다. 필자가 공유하고 싶은 최고의 팁은 일찍부터 인맥을 쌓으라는 것이다. 공개된 방식으로 지원하면 좋은 기회를 잡을 기회가 적다. 반면, 전문가 네트워크가 많으면 사람들이 일자리를 추천해 주고 면접을 볼 수 있도록 도와줄 수 있기 때문에 일자리를 얻기가 더 용이하다.

리드 개발자는 업계 동향을 파악하고 새로운 기회를 모색하며 커리어를 성장시키기 위해 전문적인 네트워크를 지속적으로 확장해나가는 것이 중요하다. 이를 위한 방법으로는 온라인 개발자 커뮤니티나 포럼, 업계 이벤트, 콘퍼런스 등에 참석하고, 오픈소스 프로젝트에 기여하며, 지역 모임 및 네트워킹 그룹에 가입하는 것 등이 있다. 또한 링크드인, 이메일, 기타 온라인 채널을 통해 해당 분야의 다른 전문가에게 연락하여 조언을 구하거나 소개를 요청하거나 아니면 단순히 연결만 하고 아이디어를 교환할 수도 있다.

같은 분야의 사람들과 관계를 쌓아가면 새로운 기술을 배울 수 있고, 작업에 대한 피드백을 받을 수 있으며, 함께 협력할 수 있는 새로운 파트너를 찾게 될 수도 있다. 필자의 경우에는 브랜드 홍보의 일환으로 필자가 사용하는 기술과 관련된 기사를 링크드인에 게시했는데, 이를 통해 같은 기술을 사용하는 개발자를 찾고 있던 채용 관리자와 자연스럽게 연결될 수 있었다.

전문적인 네트워크를 통해 일자리를 찾더라도 채용 관리자에게 좋은 인상을 남기고 면접 과정을 성공적으로 통과함으로써 해당 직무에 적합하다는 것을 보여줘야 한다.

2.2.1 이력서 작성하기

이력서résumé는 면접 기회를 얻기 위해 사용하는 가장 기본적인 도구다. 다양한 유형의 직책에 맞게 이력서를 작성해야 하며, 직무 명세에 부합하는 경험이 있다는 점을 강조하는 것이 중요하다.

필자는 일반적으로 지원하는 회사마다 이력서를 따로 작성하지는 않는다. 대신 다양한 직종에 맞춘 이력서를 미리 준비해두고 있다. 예를 들어 리드 개발자와 개발자 애드보킷 역할에 대한 이력서를 따로 보관하고 있다. 두 직책 모두 관련 기술이 있지만, 이력서에서는 해당 역할에 가장 적합한 기술을 강조해야 한다(그림 2.3의 이력서 예시 참조).

이력서에는 다음과 같은 사항이 포함되어야 한다.

- **이름 및 연락처 정보**: 전화번호 및 이메일(선택사항으로 주소, 링크드인 프로필, 포트폴리오 웹사이트 URL을 포함할 수 있음)
- **경력 목표**: 지원하는 직책 표기
- **경력 요약**: 경력의 주요 하이라이트를 글머리 기호로 정리한 목록
- **보유 기술 요약**: 프로그래밍 언어, 방법론 및 사용 도구의 목록
- **전문 경력**: 회사 이름, 위치, 날짜, 업무, 성과 등을 포함한 지난 5-7년간의 고용 이력
- **추가 경력**: 7년 이상 된 과거의 근무한 경력을 간략하게 기재
- **교육 및 자격증**: 직무와 관련이 없더라도 성취한 모든 것을 포함

셸리 벤호프
주소
전화번호
이메일
링크드인 프로필

목표
리드 개발자

경력 요약

- 백엔드 및 프런트엔드 프로그래밍 언어로 20년 이상 전문 프로그래밍 및 개발 경험
- 사이트코어 공인 개발자, MVP, 공인 강사로 11년 이상 경험
- 최신 기술에 능통한 출판 저자 및 전문 강사
- 복잡한 시스템의 신속한 분석과 문제 해결
- 프로젝트 및 조직 목표에 맞춰 팀원들을 지원하는 데 능숙한 리더

기술 스킬 요약

- 고급 웹 앱 프로그래밍/디자인: ASP.NET 1.0~최신 버전, C#, Web Forms, MVC5, HTML5, CSS3, VB.NET, AJAX, JSON, RESTful API, JQuery, JavaScript, Angular, Bootstrap, VBScript, XML, XSLT, ActiveX, Java, DHTML, DOM, IIS, Azure, SQL, SSMS, GitHub, Subversion, TFS, NuGet, Sitecore 6.5 ~ 현재
- Oculus Rift VHD, Unity 2D, Gamemaker Studio 2 및 RPG Maker MV 비디오 게임 개발 직업

경력

5/2015 – 현재   **HoffsTech, LLC,** 도시, 주
수석 컨설턴트 및 전문 강사
- 여러 클라이언트에게 사이트코어 컨설팅 서비스 제공(업그레이드, 신규 구현, 유지 관리 및 교육 포함)
- 사이트코어 엔터프라이즈 다중 사이트 설루션 관리(서버 팜 설정 및 랙스페이스 로드 밸런서 작업 포함)
- 플루럴사이트 온라인 강의 제작
  - 도커 문제 해결을 위한 전략과 도구
  - 기술 전문가에서 관리자로 전환하기
- 아마존 킨들에 책 출판:《ASP.NET 웹 개발자를 위한 기술 인터뷰 스터디 가이드》,《HTML5, CSS3 및 자바스크립트를 활용한 웹 개발의 기초》
- 초보자를 위한 온라인 자율 학습 코스 제작: 간단한 마이크로소프트 애저 닷넷 웹사이트 구축하기

추가 경력
소프트웨어 개발 팀 리드, 회사명, 위치
- 재택근무로 CDC Ventures 앱을 마이크로소프트 액세스에서 ASP.NET 3.5를 이용한 웹 앱으로 전환하는 프로젝트를 전체 관리

시스템 분석가, 회사명, 위치
- 마이크로소프트 액세스 이용 두 개의 데이터베이스 앱을 개발 및 유지 관리

학력 및 자격증

학사, 컴퓨터 정보 시스템, 대학명, 졸업연도
사이트코어 공인 전문 개발자
사이트코어 MVP
도커 커뮤니티 리더

그림 2.3 **리드 개발자 이력서 예시**

이력서는 비교적 짧게 작성하는 것이 좋기 때문에, 많은 사람이 전문 경력 항목에는 최근 7년간의 경력만 기재할 것을 권장한다. 이와 별도로 '추가 경력' 섹션을 활용하면 경력 목표와 관련된 다른 직책에서의 경험을 간단히 요약해 포함할 수 있다.

채용 담당자는 많은 이력서를 볼 수밖에 없는데, 필자가 주니어 개발자 직책에 지원할 때 이런 형식의 이력서를 사용했고 수년 동안 많은 면접을 볼 수 있었다. 많은 회사에서 키워드의 빈도를 찾는 자동화된 시스템을 사용하기 때문에 내용이 많은 것이 문제가 되지는 않는다. 경력을 간결하게 작성하고 지원하는 직책과 관련된 키워드만 포함하면 자동화된 도구가 많은 이력서 중에서 자신의 이력서를 선택하는 데 도움이 될 수 있다.

> **이력서에서 흔히 발견되는 실수**
>
> 훌륭한 이력서는 다음과 같은 실수를 해서는 안 된다.
> - 맞춤법, 문법, 구두점 오류
> - 누락된 연락처 정보
> - 기술 능력 섹션 누락
> - 잘 정리되지 않은 내용
> - 직무 요구사항에 맞지 않는 내용

이력서 작성에 AI 도구를 사용하면 중요한 입사 지원 서류의 품질과 효율성을 크게 향상시킬 수 있다. 챗GPT(ChatGPT)와 같은 AI 도구를 사용해 직무 설명을 분석해 해당 직무에 필요한 핵심 기술과 경험을 강조할 수 있다. 이러한 분석 결과를 작성한 이력서와 비교해 이력서에 포함하면 좋을 특정 키워드와 문구를 AI로부터 제안받아 회사가 원하는 내용과 이력서가 잘 맞도록 작성할 수 있다.

필자는 그래멀리를 사용해 이력서의 문법 오류, 문체 개선사항, 전반적인 가독성을 검토하는 것을 선호한다. 이러한 도구를 사용하면 좀 더 효과적인 단어 선택을 제안받을 수 있고, 불필요한 전문 용어나 반복적인 문구를 제거할 수 있다. 이러한 AI 기능을 사용해 세련되고 전문적인 이력서를 작성하면 채용 담당자의 눈에 띄어 면접 기회를 얻을 가능성을 높일 수 있다.

2.2.2 자기소개서 작성하기

개발자 직책은 경쟁이 치열하기 때문에 자신의 이력서가 채용 담당자의 눈에 띄도록 하는 것이 어려울 수 있다. 채용 담당자가 새로운 채용 공고를 올리면 입사 지원서가 넘쳐난다. 이력서의 모든 내용을 읽어보는 경우는 거의 없으므로, **자기소개서**cover letter(필수 또는 선택사항)를 작성하면 짧은 문장으로 자신의 자격 요건을 요약하고 관심을 끌 수 있어 면접 기회를 얻는 데 도움이 될 수 있다.

혹시 여러분 중 최근 대학을 졸업한 사람이 있다면 먼저 축하를 전한다. 하지만 이제 여러분은 수십만 명의 다른 개발자와 경쟁해야 한다. 혹시 대학을 졸업하지 않았더라도 축하한다. 여러분도 수십만 명의 개발자와 경쟁해야 한다. 대학을 졸업했든지 그렇지 않든지 간에 경쟁은 피할 수 없다.

그렇다면 채용 담당자가 여러분의 이력서를 읽게 하려면 어떻게 해야 할까? 면접 대상자도 되어보고 면접관도 되어본 사람으로서 필자는 모든 것이 자기소개서에서 시작된다고 생각한다. 자기소개서를 잘 작성하면 채용 담당자는 이력서를 읽어보고자 할 것이다.

자기소개서에는 다음과 같은 항목이 포함되어야 한다.

- 직책 및 회사
- 채용 공고 정보 소스
- 직무 설명과 일치하는 이력서의 내용 요약
- 인터뷰 가능 여부와 업무 시작 가능일
- 연락처 정보

일반적인 자기소개서 템플릿이 있는 상태에서, 지원하는 각 직책에 맞게 내용을 수정해야 한다. 모든 회사에 똑같은 자기소개서를 보내면 구인 게시판에서 스팸 메일을 보내는 것처럼 보일 수 있다. 프로세스를 간소화하기 위해 마이크로소프트 엑셀 스프레드시트Microsoft Excel spreadsheet에 각 직책, 이력서 하이라이트 등을 나열한 다음 마이크로

소프트 워드Microsoft Word 편지 병합 기능을 사용해 자기소개서 생성을 자동화하면 좋다. 입사 지원서를 스프레드시트로 정리해두면 같은 일자리에 여러 번 지원해 자신의 이력서가 쓰레기통에 쌓이는 것을 방지할 수 있다.

그림 2.4는 자기소개서의 예시를 보여준다.

셸리 벤호프
주소
전화번호
이메일
[링크드인 프로필 링크]

채용 담당자님께,

저는 귀사의 웹사이트에 게시된 리드 개발자 포지션에 매우 관심이 있습니다. 첨부된 제 이력서를 검토해주시길 바랍니다.

제 강점이 귀사에 도움이 되리라 믿습니다. 저는 언제나 배움과 성장을 위해 노력해왔으며, 성실하고 헌신적이며 독립적인 사람입니다. ASP닷넷 C# 웹 개발자로서 IT 업계에서 20년 이상의 경험을 쌓아왔으며, 지난 10년 동안은 사이트코어 CMS 개발에 집중해왔습니다. 여러 사이트코어 구현 프로젝트를 성공적으로 수행했으며, 사이트코어 근무 당시에는 공식 사이트코어 트레이너로 활동하며 사이트코어 파트너를 위한 기술 교육 과정을 개발하고 제공한 경험도 있습니다. 또한 사이트코어 제품팀과 긴밀히 협력하여, 현재 전 세계 사이트코어 개발자들이 참고하는 모범 사례와 코딩 표준을 수립하는 데 기여한 바 있습니다.

귀사로부터 좋은 소식을 들을 수 있기를 기대하며, 인터뷰 일정이 정해지면 안내해주시기 바랍니다. 언제든지 전화나 이메일로 편하게 연락주시면 감사하겠습니다. 전화 또는 이메일로 연락 가능합니다.

검토해주셔서 감사합니다.

셸리 벤호프

그림 2.4 리드 개발자 자기소개서 예시

자기소개서를 잘 작성하는 것은 면접 기회를 얻을 수 있는 유용한 방법으로, 회사 공식 웹사이트를 통해 입사 지원을 하는 경우 자기소개서를 요구하는 경우가 많다. 자기소개서 작성 방법을 이해하면 서류 과정을 통과해 다음 단계로 나아갈 수 있는 발판이 된다.

2.2.3 기술 면접 성공하기

기술 면접technical interview은 개발자 채용 과정에서 중요한 부분이며, 리드 개발자 역할에서도 매우 중요하다. 기술 전문가가 되어야 하므로 코딩 테스트를 통과하면 후보자의 코딩 테스트 결과와 업계 모범 사례에 대해 토론하는 인터뷰가 진행되는 경우가 많다.

이 단계의 면접 과정에서 자신의 기술 수준을 보여주고 침착함을 유지해야 한다.

코딩 테스트에서는 문제를 정확히 이해하는 것이 가장 중요하다. 이해되지 않는 부분이 있다면 주저하지 말고 설명을 요청해도 된다. 문제를 풀었을 때 어떤 결괏값이 나올지를 명확히 이해한 상태에서 시작해야 한다. 질문하지 않고 넘어가는 것은, 자신이 이미 잘 알고 있는 사람처럼 보이고 싶어 하는 인간의 본능일 수 있다. 하지만 실제로는 이런 태도가 기술 면접에서 오히려 불리하게 작용할 수 있다.

필자는 채용 관리자 입장에서 질문에 늘 '예'라고만 대답하는 사람보다는 자신의 생각을 분명하게 표현할 수 있는 사람을 선호한다. 팀의 학습과 성장을 함께 이끌 수 있는 사람, 필요한 순간에는 의견을 제시할 줄 아는 사람을 채용하고 싶다.

코딩 테스트에 필요한 기술을 연습하는 데 도움이 되는 자료는 다음과 같다.

- 리트코드 LeetCode: https://leetcode.com/
- 해커랭크 HackerRank: https://www.hackerrank.com/
- 프로젝트 오일러 Project Euler: https://projecteuler.net/
- 인터뷰 케이크 Interview Cake: https://www.interviewcake.com/
- 크래킹 코딩 인터뷰 Cracking the Coding Interview: https://www.crackingthecodinginterview.com/

코딩 테스트를 할 때는 세부사항에 주의하면서 특정 지침을 문자 그대로 따르도록 해야 한다. 클라이언트가 결과에 만족할 수 있도록 개발자는 모든 요구사항을 충족하기 위해 세부사항을 꼼꼼히 살펴야 한다. 채용 관리자는 리드 개발자를 채용할 때 높은 수준의 일관성과 신중하게 잘 작성된 코드를 보기 원한다. 이는 지원자가 기술적 전문 지식을 보유하고 있을 뿐만 아니라, 작업의 모든 측면을 살펴보고 고품질의 결과를 이끌어낼 수 있는 사람이라는 것을 보여줄 수 있다.

코딩 테스트에 합격하면 면접으로 넘어가게 되는데, 여기서 코딩 테스트 시 문제 해결을 위해 사용한 접근 방식에 대한 질문을 받게 될 가능성이 높다. 코딩 테스트를 풀 때 사용한 논리를 설명하고 균형 잡힌 답변을 하는 것이 바람직하다. 어떤 일을 어떻게 했는지 뿐만 아니라 그 이유를 설명하자. 짧은 대답보다는 자세히 설명해야 한다. 어떤 모범 사례를 어떤 계기로 배웠는지 말해주면 좋다. 추측해서는 안 된다. 자신의 접근 방식에 자신감을 갖기를 바란다! 면접 과정까지 갔다면 인터뷰 담당자가 여러분의 접근 방식이 마음에 들었다는 의미이다. 그렇지 않았다면 다음 단계인 면접까지 가지도 못했을 것이다.

또한 코딩 테스트에서 사용할 수 있었던 다른 접근 방식에 대해서도 논의해야 한다. 이렇게 하면 열린 사고를 가지고 있으며 다른 대안을 적용할 수도 있음을 보여줄 수 있다. 회사마다 코딩 표준이 정해져 있는 경우가 많고, 아키텍처와 스타일과 관련해서는 회사마다 다르다. 다양한 코딩 표준에 적응하는 것은 모든 리드 개발자가 갖춰야 할 능력이다.

기술 면접에서 질문을 받았는데 답을 모른다면, 답을 얻기 위해 필요한 정보를 어떻게 찾을 수 있을지 물어봐야 한다. 누구도 모든 것을 머릿속으로 다 알고 있으리라고 기대하지 않는다. 필자가 참여해봤던 면접 중 가장 좋았던 면접에서는 확실하지 않은 경우 노트북을 사용하여 답을 찾을 수 있도록 허용했다. 개발자는 하루의 대부분을 어떤 식으로든 다양한 내용을 찾아보는 데 시간을 보내기 때문에, 필자는 리드 개발자를 채용할 때 응시자가 실제로 어떻게 그것을 하는지 확인해본다.

기술 면접은 스트레스가 클 수 있지만, 침착함을 유지해야 한다. 충분히 시간을 들여 면접을 준비한다면 성공할 가능성이 크게 높아진다. 이전 기술 면접에서 받은 질문을 바탕으로 미리 답변을 정리해놓는 것도 도움이 된다. 코딩 테스트를 자세히 살펴보고 자신이 사용한 접근 방식의 논리를 설명할 수 있도록 준비해야 한다. 기술 면접을 철저히 준비하면 침착하고 냉정하게 차분한 태도를 유지할 수 있고, 성공적인 면접을 치를 수 있을 것이다.

2.2.4 개발 리더 포지션 인터뷰 준비하기

비즈니스 측면에 관심이 있다면 커리어 발전의 다음 단계에 대해 생각해볼 수 있다. 리더십 면접은 비즈니스 목표, 예산, 인력 요구사항에 중점을 두기 때문에 기술 면접과는 다르다. 기술적인 질문을 받을 수도 있지만, 코딩 테스트의 개별 코드에서 사용한 접근 방식을 설명하는 대신, 더 높은 수준의 추상적인 질문이 나올 것이다. 팀을 어떻게 이끌 것인지와 일반적인 리더로서의 접근 방식에 대해 이야기할 준비가 되어 있어야 한다.

프로젝트 매니저나 팀 매니저와 긴밀히 협력하는 것은 리더십 스타일을 키우기 좋은 방법이다. 이들이 회의를 주도하고, 프로젝트를 조직하고, 예산을 관리하는 방식을 관찰해보기 바란다. 이들과 협력하여 프로세스를 자동화함으로써 생산성을 높이고 비용을 절감할 수 있는 솔루션을 만들어볼 수도 있다. 비용을 절감할 수 있다는 것을 보여주는 것은 채용 담당자가 개발 관리자에게서 찾는 핵심 역량이다.

일반적으로 리더 직책의 면접 과정에는 여러 차례의 면접이 포함된다. 리드 개발자로 일할 때는 마주할 일이 없는 경영진과 면접을 보는 경우도 있다. 경영진과 만날 때는 슬라이드 자료를 준비하는 것이 좋다. 관리자와 리더의 역할 중 하나는 프레젠테이션을 훌륭하게 해내는 것이다.

프레젠테이션을 준비하라는 요청을 받지 않았더라도 어쨌든 준비해놓으면 좋다! 이를 통해 여러분이 성공을 위해 최선을 다하고 있으며, 대중 앞에서 말하는 것에 익숙하다는 것을 보여줄 수 있다. 슬라이드를 통해 이력서를 소개하고 현재 업계 트렌드와 프로젝트가 모범 사례를 따르도록 보장하는 방법에 대해 설명하자. 또한 리드 개발자로서 달성한 성공 사례를 나열하고, 본인이 아닌 팀의 성공에 초점을 맞춰 설명하기 바란다.

리더는 팀을 지원하는 팀플레이어여야 한다. 자신에게만 집중하면 다른 사람의 공로를 가로채는 듯이 보일 수 있으므로 주의해야 한다. 채용 관리자는 공을 세운 사람을 제대로 인정할 줄 아는 리더를 찾는다.

경력 전체를 개발자로 보냈다면 리더에 지원할 때 경력을 전환할 준비가 되어 있어야 한다. 리더십에는 다른 기술이 필요하므로 리드 개발자로서의 성공 사례를 기록해두는 것이 중요하다. 이렇게 하면 나중에 이력서를 쉽게 업데이트할 수 있다. 팀의 기술 전문가가 되기보다는 개발팀을 관리하는 데 필요한 기술에 집중해야 한다.

미래 지향적인 사고와 데이터를 활용하여 향후 인력 수요를 예측하고 비용을 절감할 수 있어야 한다. 조직의 비용 절감을 위해 프로젝트 관리자와 긴밀히 협력하여 작업 시간 산정 및 현황을 관리하면 리드 개발자로서 이러한 기술을 익힐 수 있다. 이는 커리어를 발전시키고 리더 직책에 지원할 때 성공할 수 있는 기초가 된다.

운이 좋다면 현재 직장에 리더 직책이 생겨 지원할 수 있는 기회가 생길 수도 있다. 하지만 자리가 생기기 전에 현재 직장에서 한 단계 더 성장하여 리더십 기술을 갖추고 있음을 보여줘야 한다. 리드 개발자가 되면 팀이 성공하도록 지원함으로써 리더십 기술을 보여줄 수 있다. 주요 의사결정은 본인에게 달려 있으므로 실수에 대한 책임을 지는 것으로도 리더십을 발휘할 수 있다. 실수는 누구나 할 수 있고, 세상에 결점이 없는 사람은 없다. 책임감 있는 태도는 여러분이 리더십을 발휘할 수 있는 사람임을 보여줄 것이다.

어떤 문제가 발생한 뒤에 대응하는 것이 아니라, 일이 일어나기 전에 미리 대응하는 것은 리더의 또 다른 훌륭한 역량이다. 예를 들어 시스템 장애를 방지하기 위해 유지 보수 작업을 계획할 수 있다. 특히 사용 중인 프로그래밍 언어의 새 버전으로 업그레이드하는 등 큰 변경이 있을 때는 팀원들이 미리 발생할 가능성이 있는 문제에 대해 생각하고 예측할 수 있도록 권한을 부여해야 한다.

사전 예방 접근 방식을 취하면 예방할 수도 있었던 중대한 오류를 수정하는 데 들어가는 비용과 긴급 상황 발생 자체를 줄일 수 있다. 회사에서 여러 프로젝트에 걸쳐 지속적으로 긴급 상황이 발생하고 있다면 의견을 제시하고 향후 긴급 상황을 방지하기 위한 해결책을 제공해야 한다. 예를 들어 야간 유지 보수 작업을 자동화하고 작업이 완료되면 상태 보고서를 보내는 것도 가능하다. 시간이 지남에 따라 해당 문제가 해소되어 가는 상황을 추적하고 리더십팀에 이를 전달해야 한다.

2.3 리드 개발자를 위한 채용 시장

개발자는 수요도 많고 일자리도 많지만, 경쟁 역시 치열하다. 이 책을 읽고 있다는 것만으로도 이미 자신의 경력을 어떻게 이루어갈지 관심을 갖고 경쟁에서 앞서고 있는 것이다! 또한 다른 사람들이 취업을 위해 어떤 노력을 하고 있는지 알아두면 그에 맞춰 면접을 준비하는 데도 도움이 된다. 다른 사람들의 행동을 관찰하여 자신만의 방식으로 개발 경력을 유지하고 성장시키는 데 필요한 영감을 얻는 것 역시 경쟁력을 갖추기 위한 하나의 방법이다.

2.3.1 경쟁에 대한 평가

리드 개발자로서 업계에서 경쟁력을 유지하고 우수 인재를 유치하려면, 채용 시장에서의 경쟁 상황을 정확히 평가하는 것이 중요하다. 채용 시장의 경쟁 상황을 파악할 수 있는 방법은 다음과 같다.

- **채용 공고 조사**: 리드 개발자 채용 공고를 검토하고 필요한 자격 요건, 직무, 보상 패키지를 확인할 수 있다. 이를 통해 현재 채용 시장에서 요구하는 기술과 경험을 더 잘 이해할 수 있다.
- **직무 설명 분석**: 기업이 직무 설명에서 요구하는 특정 기술과 프로그래밍 언어에 주의를 기울여야 한다. 이를 통해 자신이 응시하고자 하는 채용 공고에서 개발하고 강조해야 할 가장 중요한 기술을 파악할 수 있다.
- **시장 동향 추적**: 개발자들이 자신의 경험과 직업에 대해 이야기하는 온라인 커뮤니티와 포럼에 참여하면 현재 시장 동향과 특정 기술에 대한 수요를 더 잘 이해할 수 있다. 곧 인기를 얻을 수 있는 새로운 기술과 프로그래밍 언어를 찾아보는 것도 좋다.
- **경쟁자의 온라인 활동 모니터링**: 경쟁자의 웹사이트와 소셜 미디어 계정을 살펴보고 팀 구성, 진행 중인 프로젝트의 유형, 최근 채용 또는 승진에 관한 정보를 확인하자. 이렇게 하면 경쟁자의 채용 전략에 대한 통찰력을 얻고 업계 뉴스를 최신 상태로 유지하는 데 도움이 된다.

- **업계 이벤트 참석**: 업계 이벤트 및 콘퍼런스에 참석하면 다른 개발자들과 네트워크를 형성하고 최신 기술을 접할 수 있는 기회를 얻을 수 있다.

경쟁을 평가하는 또 다른 방법은 멘토와 대화하는 것이다. 누구나 자신의 커리어를 탐색하는 데 도움을 줄 멘토 그룹이 필요하다. 자신의 멘토 중 과거나 현재 채용 관리자가 있다면 여러분이 처한 상황을 평가하는 데 도움을 줄 수 있다.

멘토는 여러분을 안내하고, 배워야 할 기술을 제안하며, 여러분이 어떤 측면에서 뛰어난지를 알려줄 수 있는 존재다. 여러분에게 맞는 경력을 제안해줄 수 있기 때문에, 이러한 역할을 해줄 수 있는 멘토가 여러 명 있다면 더욱 좋다. 사람은 저마다 다르기 때문에 여러 사람에게서 영감을 얻어 자신만의 길을 개척하는 것이 중요하다.

멘토가 어떤 이력서를 선택했는지, 개발자를 채용하게 된 동기가 무엇이었는지를 알게 되면, 면접 과정에서 경쟁력을 갖추고 원하는 직장을 얻는 데 큰 도움이 될 수 있다.

2.3.2 차별화 전략

채용 담당자 앞에 수북이 쌓인 이력서 중에서, 어떻게 하면 자신의 이력서가 눈에 띄어 면접 기회를 얻을 수 있을까? 지원할 때마다 이력서를 맞춤 설정하는 것은 채용 담당자의 관심을 끌 수 있는 좋은 방법이다. 직무 설명에 명시된 채용 요건에 부합하는 기술을 나열해야 한다.

이렇게 하면 실제 상황에서 적용할 수 있는 기술과 능력을 입증할 수 있고, 여러분의 능력에 대해 채용 담당자가 관심을 보이게 할 수 있다. 동작 동사_{action verb}를 사용하여 성과를 설명하고, 적용 가능한 결과를 수치화하여 관련 기술을 매력적인 방식으로 보여주기 바란다. 예를 들어 필자는 '달성했다', '구축했다', '최적화했다', '자동화했다' 같은 동사를 사용하는 것을 선호한다. 채용 담당자는 지원자가 어떤 성과를 이루었는지 간결하게 정리해주는 것을 선호하므로, 무엇을 했는지에 초점을 맞추는 것이 중요하다.

오픈소스 프로젝트에 기여하는 것도 경쟁자들과 차별화할 수 있는 좋은 방법이다. 기술 커뮤니티에 가입하면 진행 중인 커뮤니티 프로젝트의 링크가 게시된 채널이 있는 경우가 많다. 버그를 신고하고, 코드를 작성하고, 풀 리퀘스트pull request를 제출할 수 있는 깃허브GitHub 저장소에서 개발자팀과 함께 작업할 수 있다. 대부분의 경우 저장소는 공개되어 있으므로 누구나 언제든지 참여할 수 있다. 따라서 커뮤니티 프로젝트에 참여하기 위해 무언가를 따로 요청할 필요는 없다.

하지만 프로젝트에 참여하고 있는 다른 사람들과 친분을 쌓고, 구현해야 할 가장 중요한 기능이나 해결해야 할 오류에 대해 논의하는 것이 바람직하다. 이를 통해 지원자가 팀과 함께 일할 수 있고 코드 저장소와 소프트웨어 개발 수명 주기와의 관계를 이해하고 있음을 채용 담당자에게 보여줄 수 있다. 프로그래밍 커뮤니티에서 활발하게 활동하는 것은 팀원으로서 커뮤니티에 기여함으로써 가치를 제공한다는 것을 보여주는 좋은 신호다. 오픈소스 프로젝트에 기여하는 경험은 흔하지 않기 때문에, 이러한 경험이 있으면 더욱 눈에 띄며 면접에 합격하는 데 도움이 될 수 있다.

필자는 모든 개발자가 블로그를 시작해야 한다고 생각한다. 이는 동료를 위한 유용한 팁을 게시하여 커뮤니티에 기여하고 있음을 보여줄 수 있는 또 다른 방법이다. 가장 좋은 블로그는 작성자가 겪은 문제와 그 문제를 어떻게 해결했는지를 설명하는 블로그다. 특정 오류로 어려움을 겪고 있다면, 다른 사람들도 같은 문제를 겪고 있을 가능성이 높으므로, 블로그 게시물은 그런 사람들에게 유용한 해결 자료가 될 수 있다.

또한 오픈소스 프로젝트에 기여하는 자신의 작업에 대해 블로그를 작성하여 다른 사람들이 팀에 참여하도록 유도할 수도 있다. 머릿속에서 답이 떠오르지 않을 때 블로그를 통해 필요한 답을 찾는 데 도움을 받을 수도 있다. 필자가 아는 대부분의 개발자는 어려움을 겪을 때 자신의 블로그를 통해 도움을 받는 경우가 많으며, 필자 역시 마찬가지다(필자의 블로그 주소는 https://hoffstech.com/blog/다). 블로그는 이전에 문서로 정리해 놓은 오류나 프로세스를 다시 확인해야 할 때 노트처럼 활용할 수도 있다.

오픈소스 프로젝트에 기여하고 블로그 게시물을 작성함으로써 깃허브 프로필을 구축해나갈 수 있다. 활발하게 사용하는 깃허브 계정은 자신이 배우고 현재 작업 중인 모든 것을 보여줄 수 있는 좋은 방법이다. 코드에 대한 설명이 포함된 블로그 게시물을 작성할 때는 완전한 프로젝트가 아니더라도 깃허브 저장소를 만들어두는 것이 좋다.

채용 담당자가 깃허브를 검색하여 면접 후보자를 찾을 수 있다는 사실을 알고 있는가? 깃허브 설정에서 채용 프로필을 추가하고 채용 가능 여부 확인란을 체크할 수 있다. 이는 잘 알려지지 않은 기능이지만, 채용 담당자의 눈에 띌 수 있으며, 다른 방법으로는 몰랐을 채용 지원에 대한 초대를 받을 수 있는 좋은 방법이다.

또한, 깃허브에는 포트폴리오 웹사이트를 만들어 프로필에 추가할 수 있는 기능도 있다. 깃허브에서 포트폴리오 웹사이트를 호스팅하고 이력서에 링크를 포함할 수도 있다. 많은 개발자가 이러한 기능을 놓치는데, 이는 홍보가 잘되지 않았거나 쉽게 알 수 없게 되어 있기 때문이다.

2.3.3 수요가 많은 기술

어떤 프로그래밍 언어, 플랫폼, 기술을 숙달해야 할지 혼란스러울 때가 많다. 배울 수 있는 기술의 수가 너무 많으므로 모든 분야의 전문가가 될 수는 없다. 자바스크립트 JavaScript와 함께 앵귤러 Angular, 리액트 React같이 서로를 보완하는 프로그래밍 언어, 프레임워크 및 라이브러리에 전문성을 갖추면 좋다. 이러한 트렌드는 자주 바뀌며 특정 기술의 수요가 줄어든다고 해서 다른 기술로 전환해야 하는 것은 아니다. 경력 전반에 걸쳐 어느 정도 일관성을 유지하면서, 자신의 관심사와 가능한 일자리에 따라 기술력을 차곡차곡 쌓아가는 것이 좋다.

그림 2.5는 스택 오버플로가 발표한 2025년에 가장 많이 요구되는 프로그래밍 기술을 보여준다.[5]

---

[5] https://survey.stackoverflow.co/2025/technology#admired-and-desired

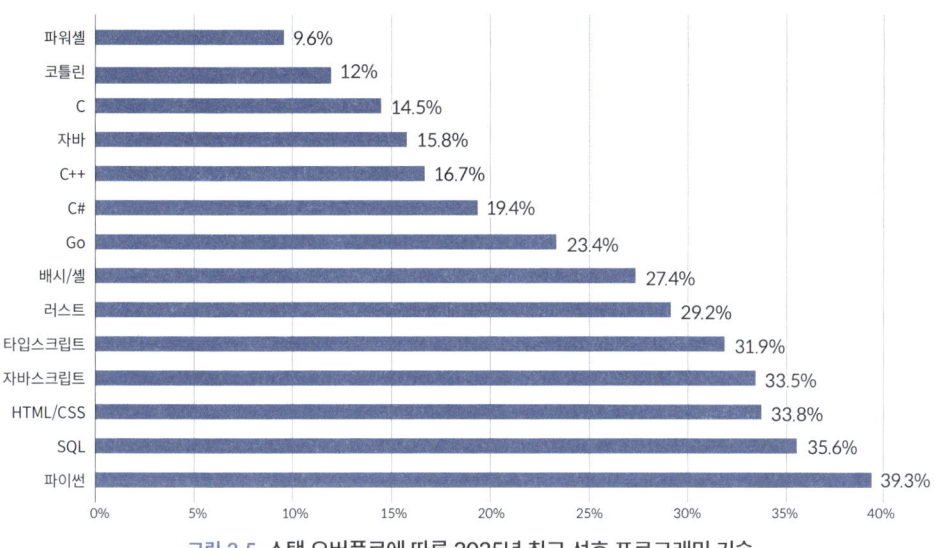

그림 2.5 스택 오버플로에 따른 2025년 최고 선호 프로그래밍 기술

개발자를 위한 기술 업계의 환경은 끊임없이 변화하고 있으며, 개발자가 전문적으로 할 수 있는 직무와 역할은 매우 다양하다.

풀스택 개발자full-stack developer는 다방면에 걸친 전문성을 갖추고 있어 가장 인기 있는 직종이다. 리드 개발자는 개발 프로세스의 모든 측면을 관리하고 다양한 개발자와 협력해야 한다. 웹 앱을 개발하는 경우 프런트엔드 및 백엔드 개발자와 함께 일하게 되므로 이들의 일상적인 업무를 이해해야 한다. 풀스택 개발자가 모든 분야의 전문가가 될 수는 없지만, 전체 팀을 관리하는 책임을 진다면 이는 리드 개발자로서 성공할 수 있는 좋은 기반이 될 수 있다.

리드 개발자는 **지속적 통합/지속적 배포**continuous integration/continuous deployment, CI/CD 프로세스를 이해해야 하며, 릴리스를 관리하기 위해 데브옵스DevOps 기술을 익히는 것이 중요하다. 로컬 개발 환경, QA, 스테이징, 프로덕션 등 모든 환경을 구성할 수 있어야 하며, 이를 위해 전체 SDLC에 대한 전문 지식과 여러 릴리스를 동시에 관리할 수 있는 조직 역량이 요구된다.

사용자의 **다운타임**downtime을 최소화하도록 배포를 관리하려면 클라우드 아키텍처에 대한 이해가 필요하다. 개발 워크플로를 통합하고 **CI/CD**를 위한 파이프라인을 구성하기 위해 AWS나 마이크로소프트 애저를 사용하는 것과 같은 기술이 여기에 해당된다. 도커와 쿠버네티스를 배우면 배포 프로세스를 간소화하고 많은 작업을 자동으로 처리하는 데 도움이 된다.

SDLC 프로세스는 접근 방식과 방법론이 회사나 산업 부문마다 다르기 때문에 리드 개발자는 이 전체 과정을 깊이 이해하고 있어야 한다.

앱 개발자는 리눅스, 맥, 윈도우, iOS, 안드로이드 등 여러 가지 **운영체제**operating system, OS에서 실행되는 앱의 개발에 전념하기 때문에 수요가 많다. 각 OS의 코드 관리에 대한 심도 있는 지식이 필요하다. 모바일 디바이스 전용 앱을 전문적으로 개발할 수도 있는데, 이 또한 매우 수요가 많다. 그러나 대부분의 앱은 웹과 모바일 앱으로 모두 존재하기 때문에 많은 기업에서 두 가지를 모두 관리할 수 있는 리드 개발자를 찾는다.

그림 2.6은 2023년에 가장 수요가 많은 상위 5개 개발 직무를 보여준다.

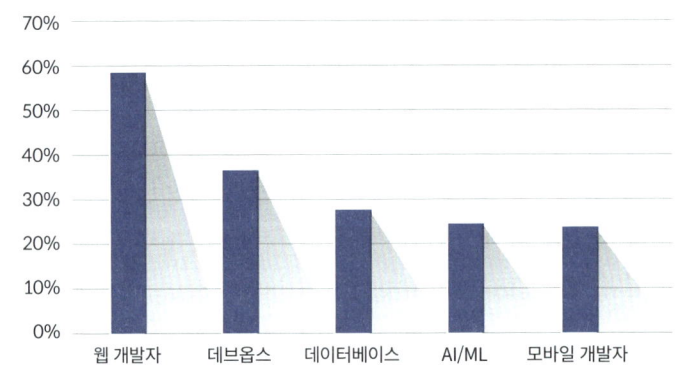

그림 2.6 2023년 수요가 많은 상위 5개 개발 직종(출처: https://mng.bz/2gKo)

리드 개발자는 전체 SDLC를 관리해야 하므로 다양한 기술력을 가지고 있으면 성공하는 데 도움이 된다. 다양한 역할의 사람들과 함께 일하게 되며, 도움이 필요할 때 올바른 방향을 제시할 수 있어야 한다. 자신의 기술을 최신 상태로 유지하고 있으면 시대를 앞서 나가고 향후 업그레이드에 대한 선제적인 접근 방식을 자신이 속한 회사나 조직에 제공할 수 있다. 최신 트렌드를 이해하면 팀이 계속해서 학습하고 팀원들의 경력을 성장시키는 데 도움이 된다. 다음 장에서는 기술력을 최신 상태로 유지하는 방법에 대해 살펴본다.

요약

- 개발자의 가장 일반적인 경력은 주니어 개발자 역할에서 시작하여 시니어 개발자, 그리고 리드 개발자로 발전하는 것이다.
- 헬프 데스크, 데이터 과학, AI/ML, QA, 기술 교육, 기술 문서 작성, 개발자 지원 등 개발자로서 성공하는 데 도움이 되는 개발과 관련된 다양한 직책이 있다.
- 관리직으로 승진하려면 리더십과 비즈니스 기술을 갖추고 있음을 보여줘야 한다.
- 이력서 상단에 경력 목표, 경력 요약, 기술 능력 요약을 기재하여 채용 담당자가 쉽게 읽을 수 있도록 성과를 간결한 형식으로 강조해야 한다.
- 개발 직책은 경쟁이 치열하다. 자격증 보유, 오픈소스 프로젝트 참여, 블로그 개설, 깃허브 포트폴리오 작성 등을 통해 돋보일 수 있다.
- 기술 면접에서 성공하려면 세부사항을 중시하고 코딩 테스트에서 요구하는 모든 과제를 해결하여 면접 과정에서 코딩 테스트에 대한 자신의 접근 방식을 설명할 수 있어야 한다.
- 리드 개발자는 프로그래밍 및 데브옵스 분야에서 수요가 많은 기술을 최신 상태로 유지하는 데 중점을 두어야 한다.

리드 개발자 이야기

댄 왈린

댄 왈린Dan Wahlin은 마이크로소프트의 수석principal 엔지니어/디렉터로, 개발자가 마이크로소프트의 전체 클라우드(애저, 마이크로소프트 365, 파워 플랫폼, 깃허브)의 서비스 사용을 지원하는 업무를 맡고 있다.

마이크로소프트에서의 업무 외에도 플루럴사이트를 위한 교육 콘텐츠를 만들고, 전 세계의 콘퍼런스 및 밋업에서 연설하며, 다양한 기술 주제에 대한 웨비나를 제공하고 있다. 마이크로소프트에 입사하기 전에는 20년 동안 컨설팅, 아키텍처 및 교육 회사인 왈린 컨설팅Wahlin Consulting의 CEO로 기업이 훌륭한 소프트웨어를 구축할 수 있도록 지원했다. 그의 X[6]를 팔로우하거나 뉴스레터인 '코드 위드 댄Code with Dan'[7]을 구독해보기 바란다.

이 인터뷰에서 댄은 리드 개발자로서의 경력에 대해 자신의 경험과 조언을 제공한다.

경력 계획을 세우는 개발자에게 어떤 조언을 해주겠는가?

"끝을 염두에 두고 시작하라Begin with the end in mind"라는 스티븐 코비의 말처럼, 자신의 경력에서 어떤 성과를 달성하고 싶은지 생각하고 이를 시각화하는 것이 중요하다. 그의 저서인 《성공하는 사람들의 7가지 습관》(김영사, 2023)을 아직 읽어보지 않았다면 일독을 권한다. 이 책은 커리어에 대한 훌륭한 리소스가 될 수 있다.

그는 목표를 달성했을 때 어떤 느낌이 들지를 시각화해야 한다고 말한다. 예를 들어 운동선수는 경기에서 좋은 성적을 내는 자신의 모습을 시각화하고, 영업사원은 성공적인 프레젠테이션과 세일즈에 성공한 모습을 떠올린다. 이처럼 시각화는 커리어 성공을 포함한 많은 상황에 적용할 수 있다.

원하는 역할을 맡은 자신을 그려보고, 그 수준에 도달하려면 어떤 것이 필요할지 고민해보는 것이 좋다. '너는 그걸 못해'라는 내면의 목소리가 들릴 수도 있다. 하지만 그런 감정은 누구에게나 일어나는 자연스러운 일이다. 시각화하고 있는 목표를 이룰 수 있다는 믿음을

---

6 https://x.com/danwahlin
7 https://blog.codewithdan.com/

The Lead Developer Story

잃지 않는 것이 중요하다. 커리어 목표를 달성하기 위해 어떤 단계를 거쳐야 하는지 구체적으로 계획하고 문서화하면서 커리어 여정을 시작해보는 것도 좋다.

다음 단계는 매우 중요하다! 계획을 일상에 적용하자. 언젠가 팀을 관리하고 싶은가? 성공한 관리자들이 하는 일을 조사하고 회의, 동료 및 고객과의 상호작용, 기타 상황에서 배운 것을 연습해보자. 관리자가 아니어도 관리자에게 필요한 기술을 적용해볼 수 있다. CEO가 되고 싶은가? 성공적인 CEO가 하는 일을 배우고, 그 직업을 갖기 위해 필요한 기술을 연습하고, 다양한 CEO가 그 자리에 오르기 위해 어떤 길을 걸었는지 알아보고, 배운 내용을 현재 업무와 전반적인 삶에 적용해보는 것도 좋다. '완벽한 시기'가 오기를 기다리면 안 된다. 완벽한 시기는 바로 지금이다.

일관성 있고 끈기 있게 노력하자. 목표를 향해 적극적으로 노력할 계획을 세워야 한다. 도중에 장애물이 분명히 있을 것이다. 근육은 계속해서 스트레스를 받을 때 강해진다. 장애물이나 장벽을 배움과 개선, 다음 단계로 나아가는 데 도움이 되는 기회로 생각하면 여러분의 인생이 더 강해질 수 있다. 벽 밑에 그냥 머물러 있을 수도 있고 벽을 오르기 위해 노력할 수도 있다.

나에 대해 간단히 소개하고자 한다. 20대 초반, 나는 다음과 같은 항목들을 미래의 경력으로 시각화한 바 있다.

- 팀 관리
- 책 쓰기
- 교육 과정 출시
- 전 세계 기업 교육 제공
- 콘퍼런스에서 연설
- 잡지 기고
- 회사 운영

그 과정에서 나는 두려움, 의심, 불안을 많이 경험했다. 하지만 목표를 달성할 수 있다는 사실을 스스로 알게 되었고, 결국 자신을 믿을 수 있었다. 많은 계획과 꾸준한 연습, 끈기, 그리고 노력이 필요했지만, 결국 모든 핵심 목표를 달성할 수 있었다.

여기서 강조하고 싶은 점은 내가 다른 사람보다 더 똑똑하거나 더 뛰어나서 그런 것이 아니라는 점이다. 오히려 나는 스스로를 꽤 평범한 사람이라고 생각한다. 하지만 목표를 시각화했고, 그것을 이룰 수 있다는 믿음을 가지고 있었다.

물론 단계를 문서화하는 데는 익숙하지 않았지만, 돌이켜보면 계획이 얼마나 중요한지 절실히 느꼈다. 하지만 아무리 많은 시각화나 계획이 있더라도, 일관되고 적극적인 노력이 없다면 목표를 이루는 데 도움이 되지 않는다. 결국은 소매를 걷어붙이고, 직접 움직이고, 현장에서 경험하며 배울 수 있는 준비가 되어 있어야 한다. 행동은 말보다 더 큰 힘을 발휘한다. 꾸준히 지혜롭게, 그리고 성실하게 노력하는 것이 중요하다.

오늘날의 채용 시장에서 개발자가 경쟁에서 우위를 점하려면 어떻게 해야 할까?

평생 학습자가 되는 자세가 중요하다. 나는 커리어를 쌓는 동안 다양한 개념과 기술을 배워야 했다. 오늘날의 취업 시장에서 성공의 열쇠는 안전지대를 벗어나 새로운 것을 기꺼이 배우고, 연습하고, 적극적으로 활용하며 기술을 발전시켜 나가는 태도에 있다.

압박을 받는 상황에서는 모든 것을 알 수 없다는 사실을 스스로 인정하는 것도 필요하다. 이른바 '가면증후군' 또는 '사기꾼 증후군'이라고 불리는 감정은 매우 일반적인 현상이며, 누구에게나 일어날 수 있다. 이를 극복하고자 할 때 도움이 필요하면 열린 마음으로 도움을 요청하는 것이 좋다. 어느 누구도 모든 것을 알 수는 없다. 누군가 모든 것을 다 안다고 생각한다면 그 사람은 연기를 잘하는 사람일 뿐이다.

면접에서 모든 것을 아는 사람처럼 보이려고 애쓸 필요는 없다. 틀리는 것도, 실패하는 것도 괜찮다. 중요한 것은 그 경험을 수용하고, 이를 성장의 계기로 삼는 것이다. 실패는 오히려 다른 사람보다 한 발 앞서 나갈 수 있는 학습의 기회가 될 수 있다. 매일 해야 하는 업무에 실패로부터 얻은 교훈을 적용해보자. 자신이 어떤 점에서 실수했는지, 그로부터 무엇을

The Lead Developer Story

배웠는지, 그리고 그 배움을 통해 지금은 어떻게 접근하고 있는지를 다른 사람들과 나누는 것도 좋은 실천이 된다. 예를 들어 면접 자리에서, 팀원들과의 대화에서, 혹은 커리어 커뮤니티에서 공유할 수 있다.

개발자라면 커뮤니티에 적극적으로 기여하는 것도 중요하다. 개발자라면 자신의 프로젝트를 오픈소스로 공개하고, 사용 중인 오픈소스에서 문제를 발견하면 이를 해결하는 코드를 작성한 후 병합 요청을 제출하기 바란다. 블로그, 소셜 미디어(사용하는 경우), 기타 온라인 채널을 통해 개인적으로 배운 점이나 교훈에 대해 글을 작성하는 것도 의미 있는 기여가 된다. 커뮤니티에 기여하거나 개인 프로젝트를 진행할 시간이 충분하지 않다면 현재 고용주에게 자신이 겪은 기술적 문제와 해결 방법을 자세히 설명하는 블로그 게시물을 작성해도 되는지 문의해보는 것도 하나의 방법이 될 수 있다.

기꺼이 자신을 드러내기 바란다. 지식을 공유하는 것을 좋아한다면 동영상을 제작하고, 콘퍼런스에서 발표를 신청하고, 직장에서 '점심과 학습'을 제공하겠다고 제안할 수 있다. 내가 처음 콘퍼런스에 발표를 신청했을 때 거절만 당했다는 사실은 잘 알려져 있지 않다. 실제로 몇 년이 걸린 끝에 처음으로 수락을 받을 수 있었고, 그때부터 상황이 완전히 바뀌었다. 요즘에는 콘퍼런스가 예전보다 훨씬 더 많기 때문에 콘퍼런스에서 발표하는 것이 훨씬 쉬워졌다고 주장하고 싶지만, 그럼에도 거절됐다고 해서 상처받을 필요는 없다. 가능하다면 콘퍼런스 측에 다시 연락해, 무엇을 어떻게 개선하면 좋을지 조언을 구해보는 것도 좋은 방법이다. 발표를 정말 하고 싶다는 의사와 함께 기꺼이 자원봉사도 할 수 있음을 피력할 수도 있다. 창의적인 방식으로 접근해보는 것도 도움이 된다.

개발자가 면접에서 돋보이려면 어떻게 해야 할까?

미소 짓고 친절한 태도를 보이는 것이 중요하다. 이런 이야기가 바보같이 들릴 수도 있지만 나는 그렇게 생각하지 않는다. 미소와 친절, 협조적인 태도가 인생에서 얼마나 큰 도움이 되는지 알고 나면 놀라울 정도다. 가식적인 태도를 취하라는 것이 아니라, 지원자가 면접에 임하는 마음을 쉽게 알 수 있다는 의미다. 면접이 잘 진행되지 않는다고 느껴질 때 긍정적인 태도와 부드러움을 유지하도록 최선을 다하자. 자신도 모르는 사이에 다른 면접자보다 훨씬 더 잘하고 있을 수도 있다. 어떤 면접은 지원자의 회복탄력성과 스트레스 대처 능력을 평가하는 경우도 있다는 점을 기억해두자.

준비하고, 연습하고, 또 연습하는 것이 중요하다. 면접 과정에 대해 최대한 많이 알아보고, 친구와 함께 면접을 연습하며 피드백을 받아보는 것도 도움이 된다. 예상하지 못한 질문을 받았을 때 어떻게 반응할지, 면접 기회가 생겼을 때 면접관에게 어떤 질문을 할지 미리 연습해두자.

면접은 양방향 커뮤니케이션이므로 자신에게 적합한 회사인지 확인하기 위해 질문을 꼭 해야 한다. 스트레스에 적절히 대처하는 방법을 알아두기 바란다. "5년 후 자신의 모습은 어떤 모습일까요?"와 같은 질문에 대한 답변도 준비해두면 좋다. 연습을 많이 할수록 더 자기 자신다운 모습을 보여줄 수 있고, 면접에서 긴장하고 있는 다른 지원자보다 더 좋은 인상을 줄 수도 있다.

나에 대해 잘 알려지지 않은 또 다른 사실은 첫 기술직 면접 때 필요한 경력을 가지고 있지 않았다는 점이다. 그래도 합격했는데 그 비결이 무엇이었을까? 나는 그 일에 관심이 많았고, 면접관들이 기회를 주고 싶어 할 정도로 열정을 보였다. 많은 지원자를 만났던 면접관들은 나를 가장 기억에 남는 사람으로 꼽았다.

나는 지원한 직무와 관련된 프로젝트를 보여줄 준비가 되어 있었다. 비록 그들이 원하는 기술을 사용한 광범위한 배경지식은 없었지만, 내가 만든 '진짜' 프로젝트를 보여줌으로써 필요한 모든 기술을 갖추고 있다는 것을 증명할 수 있었다. 내가 미리 준비하고 있다는 사실이 그들에게 깊은 인상을 줬다.

잘 모를 때는 기꺼이 '모르겠다'라고 말하는 것도 괜찮다. 앞서 언급했듯이, 그런 상황에서 어떻게 대응할지를 미리 연습해두는 것이 좋다. 다만 중요한 것은 '모르겠다'라는 말과 함께 문제를 해결하고자 시도할 수 있는 것에 대해서도 말할 수 있어야 하며, 면접관이 허락한다면 문제를 해결해나가는 과정을 직접 보여줄 수 있으면 더욱 좋다.

직무와 관련된 프로젝트 작업, 작성한 기사나 블로그 게시물, 동영상 등을 면접관에게 보여줄 수 있도록 미리 준비해두는 것이 좋다. 단순히 질문에 답할 수 있는 것만 준비해서 면

The Lead Developer Story

접장에 가는 것은 부족하다. 적극적으로 준비하는 태도가 필요하다. 해당 직무를 정말 원하지만 현재 보여줄 프로젝트가 없다면 시간을 투자하여 프로젝트를 만들어보자. 어떤 면접에서는 프로젝트를 만든 다음 나중에 제출하도록 요구하기도 한다. 그 직무에 정말 관심이 있는 경우에만 그렇게 하라고 권하고 싶다(개인적으로는 이런 면접 방식을 선호하지 않는다. 대신, 미리 준비되어 있는 적극적인 지원자가 더 인상 깊다). 하지만 이러한 유형의 면접이 존재하는 만큼, 만약 해당 직무에 관심이 많다면 이런 프로젝트를 자신의 역량을 드러낼 수 있는 기회로 삼는 것도 좋다.

CHAPTER 03
리드 개발자 기술 배우기

이번 장에서 다루는 내용
- 학습 리소스로 기술 업데이트
- 리더십 소프트 스킬 연습
- 우선순위 및 학습 일정 관리
- 리더십 스타일 이해
- 리더십 스타일과 개성을 일치시키는 방법
- 프레젠테이션 기술 및 몰입도 향상

성공적인 리드 개발자가 되려면 많은 핵심적인 기술을 배워야 한다. 알아야 할 모든 것을 배우는 데는 많은 시간이 걸리므로 어떤 기술을 배워야 하는지 파악하고 그에 따라 우선순위를 정하는 것이 중요하다. 리드 개발자는 기술적인 스킬과 소프트 스킬 사이에서 균형을 잘 잡아야 하는데, 이는 쉽지 않은 일이다.

개발자로서 취업 시장에서 경쟁력을 갖추려면 기술력을 최신 상태로 유지해야 한다. 특히 리드 개발자의 경우 프로젝트의 기술적 측면을 주도해야 하기 때문에 최신 기술과 트렌드를 파악하고 있어야 한다. 하나의 프로젝트에 여러 가지 기술을 사용하는 경우가 많으므로 이 모든 최신 정보를 파악하기 어려울 수 있다.

특히 새로운 프로그래밍 언어를 사용할 때는 더 어렵게 느껴질 수 있다. 필자가 지금까지 작업한 언어나 프레임워크가 15가지는 더 되는 것 같다. 이와 관련한 기술 블로그, 백서, 기술 관련 발표를 꾸준히 읽고 있는데, 이렇게 함으로써 업계 모범 사례를 최신 상태로 유지할 수 있었고 모든 프로그래밍 언어의 아키텍처 패턴을 미리 학습한 후에 작업을 시작할 수 있었다. 또한 해당 언어를 사용해 새 프로젝트를 시작할 때 레퍼런스로 활용할 수도 있다.

소프트 스킬을 배우기 어려운 이유는 이러한 능력을 배울 수 있는 실제적 상황을 갖기가 쉽지 않기 때문이다. 또한 업무 중에 발생할 수 있는 각 상황에 대한 일률적인 접근 방식도 없다. 팀의 성공을 지원하기 위해 상황을 파악하고 효과적으로 소통하는 방법을 배워야 한다.

처음 접하는 소프트 스킬을 배우고 적용하면서 자신의 리더십 스타일을 찾는 데는 시간이 걸릴 수 있다. 특히 수백만 달러 규모의 프로젝트 예산에 영향을 미치는 중요한 결정을 책임져야 하는 경우에는 리더십 역할을 수행하는 것이 두려울 수 있다. 실패는 무언가를 배울 수 있는 소중한 경험이기 때문에 실패를 두려워하지 말고 받아들이는 법을 배워야 한다. 진짜 실패는 애초에 시도조차 하지 않는 것이다. 실패가 두렵다면 올바른 결정 대신 아예 결정을 내리지 않는 것을 선택할 수도 있다. 결정을 내리지 않는 것은 그 자체로 결정이며 팀의 사기에 매우 해로운 영향을 끼친다. 일부 회사는 모든 가능한 접근 방식과 결과를 고려할 수 있는 충분한 시간을 확보한 뒤, 마지막 순간까지 숙고한 후에 결정을 내리기도 한다.

대중 앞에서 발표하는 것을 어떻게든 피하고자 하는 사람들도 많다. 훌륭한 리드 개발자가 되려면 프레젠테이션 기술을 향상시키기 위해 지속적으로 노력해야 한다. 슬라이드 디자인, 발표 속도, 목소리 톤에 관한 모범 사례를 배우면 프레젠테이션 내 청중의 참여를 유도하는 데 효과가 있다. 대부분의 소프트 스킬과 달리, 프레젠테이션은 미리 연습할 수 있고, 연습한 만큼 성공적인 결과로 이어진다는 점이 특징이다.

평생 학습자가 되는 것은 리드 개발자로서의 경력은 물론이고, 전체 경력을 성공적으로 이어가기 위한 열쇠다. 어떤 주제든 100% 완벽하게 이해하는 사람은 없다. 특히 다른 사람의 관점에서 바라볼 때, 항상 새롭게 배울 수 있는 점이 존재한다.

3.1 새로운 기술 학습의 우선순위 정하기

개발자는 일상의 업무를 잘 수행하기 위해 끊임없이 새로운 기술을 배워야 하기 때문에 기술을 배우는 것이 특별한 일은 아니다. 학습을 위해 따로 시간을 내기가 어려운 경우가 많지만 반드시 해야 하는 일이다. 최신 기술로 업데이트하지 않으면 보안 문제나 버그를 피하기 위해 수행해야 하는 중요한 업그레이드를 놓칠 수 있다. 새로운 기술을 사용해 구현해야 할 때 리드 개발자가 항상 미리 알 수 있는 것은 아니지만, 리드 개발자가 전체 조직을 위해 새로운 기술의 도입을 제안하는 경우도 많다.

소프트 스킬을 배우고 적용하는 것 또한 기술 역량을 최신 상태로 유지하는 데 중요한 요소다. 리더십 스킬은 시간이 지나면서 문화가 변화하고 새로운 프로세스가 도입됨에 따라 변화한다. 명령과 통제 방식의 리더십을 사용하던 이전의 산업화 시대와는 달리, 최근 몇 년 동안 감정 지능은 모든 리더가 갖춰야 할 핵심 기술이 되었다. 지금은 참여의 시대이며 사람들은 자신의 일에서 의미와 목적을 찾고자 한다. 리드 개발자는 이러한 변화에 발맞춰 최신 모범 사례를 바탕으로 리더십을 발휘할 수 있어야 한다.

3.1.1 최신 기술 학습

기술력technical skill을 최신 상태로 유지하는 방법은 여러 가지가 있다. 학습에 우선순위를 두지 않으면 어려운 작업을 할 때 헤매면서 많은 시간을 낭비할 수 있다. 모르는 오류가 발생하면 가장 먼저 그 오류에 대해 검색해봐야 한다. 빠른 답을 찾을 수도 있지만 또 다른 새로운 오류에 직면하고 이에 대한 해결책을 찾지 못할 수도 있다. 이럴 때는 사용 중인 기술에 대한 공식 문서를 보거나 오류와 해결 방법을 단계별로 설명하는 블로그를 찾아야 한다.

기술력을 최신 상태로 유지하기 위한 효과적인 방법 한 가지는 현재 사용 중이거나 앞으로 사용할 가능성이 있는 기술에 대해 이메일 알림을 구독하는 것이다. 기술 업계는 지금까지 큰 변화를 겪었고, 기업들은 종종 최신 모범 사례를 따라잡기 위해 도구 개발과 배포 프로세스를 변경한다. 기술에 관한 업데이트가 배포되면 공지사항이나 유용한 블로그 게시물을 통해 공유한다. 릴리스 노트를 읽고 변경된 내용을 확인하고, 이러한 변경사항이 현재 진행 중인 프로젝트에 어떤 영향을 미칠지 생각해야 한다.

기술 커뮤니티에서는 예정된 릴리스, 알려진 문제, 핫픽스hotfix 등에 대한 공지사항도 제공한다. 기술 기업에서 운영하는 기술 커뮤니티에 가입하면 보통 그 회사의 직원에게 직접 질문할 수 있는 공간이 제공된다. 기술 커뮤니티에 가입하는 것은 전문가 네트워크를 확장하고 커뮤니티 프로젝트에 참여할 수 있는 좋은 방법이기도 하다.

이러한 커뮤니티와의 교류는 커뮤니티에 기여하고 다른 사람들이 새로운 기술을 배울 수 있도록 도와주며 그 결과로 상을 받을 수도 있다. 물론 보상을 바라고 커뮤니티에 참여하는 것은 바람직하지 않다. 보상은 노력의 부산물일 뿐이며, 커뮤니티 참여의 본질은 자신이 받은 만큼 되돌려주고 기여하려는 마음에 있다.

> **인기 있는 기술 커뮤니티**
>
> 사람들이 함께 새로운 기술을 배우며 프로젝트를 협업하는 인기 있는 기술 커뮤니티는 다음과 같다.
>
> - 100DaysOfCode: https://www.100daysofcode.com/
> - 100Devs: https://leonnoel.com/100devs/
> - Black Tech Twitter: https://mng.bz/1aGQ
> - Dev.to: https://dev.to/
> - 깃허브 커뮤니티: https://github.com/community/
> - 깃랩 커뮤니티: https://about.gitlab.com/community/
> - Hashnode: https://hashnode.com/
> - Hacker News: https://news.ycombinator.com/
> - Women Who Code: https://womenwhocode.com/

필자는 또한 소셜 미디어에서 기술 인플루언서나 개발자 애드보킷을 팔로우하기도 하는데, 이들은 종종 제품 업데이트는 물론 팁과 요령을 공유한다. 자격을 갖춘 기술 인플루언서를 찾으려면 먼저 X(구 트위터), 링크드인, 유튜브와 같은 소셜 미디어 플랫폼에서 업계와 관련된 키워드를 검색해보는 것이 좋다.

또한 업계 이벤트와 콘퍼런스에 참석해 기술 인플루언서를 직접 만나보거나 업계 관련 온라인 커뮤니티와 포럼을 검색해 누가 귀중한 통찰과 정보를 적극적으로 제공하고 있는지를 살펴보는 것도 도움이 된다. 고품질의 콘텐츠를 제작하고 청중과 소통한 경험이 있는 사람에게 주목하고 가치 있는 정보와 통찰을 제공하는 것보다 자기 홍보에 더 집중하는 사람은 경계해야 한다. 이렇게 찾은 사람들과 교류하고 게시물에 댓글을 다는 팔로워들과 대화를 시작할 수 있다. 이는 사용하는 플랫폼에 따라 방식과 분위기가 달라질 수 있으며, 개발자 슬랙이나 디스코드 같은 개발자 커뮤니티에 참여하는 것과는 다른 경험을 할 수 있다. 소셜 미디어에는 자신만의 확고한 의견을 가진 사람들이 많지만, 개발자는 호기심이 많은 만큼 공개적인 기술 토론을 주저할 필요는 없다.

기술력을 최신 상태로 유지하면 리드 개발자로서 진행 중인 프로젝트의 지속적인 개선을 위한 아이디어를 얻을 수 있다. 또한 개발팀에 지식을 전달하고 현재 시스템을 업그레이드하거나 새로운 기술을 채택하는 데 대한 아이디어를 얻을 수도 있다. 프로젝트에 최신 기술을 사용하면 시스템이 원활하게 실행되고 보안 문제를 예방하는 데 도움이 된다. 궁극적으로 팀의 성장을 지원하는 것이 프로젝트의 성공으로 이어진다.

3.1.2 필요한 소프트 스킬 검토

전문적인 환경에서 일하는 모든 사람이 소프트 스킬을 갖춰야 하지만, 특히 리드 개발자는 리더십 소프트 스킬을 갖춰야 성공할 수 있다. 훌륭한 리더가 되기 위해서는 시간이 필요하며, 필요한 소프트 스킬을 미리 익혀두면 리더의 위치에 오르는 데 도움이 된다. 리드 개발자가 되면 개발팀은 일상적인 업무뿐만 아니라 전반적인 커리어에서도 리드 개발자에게 의지한다.

리드 개발자는 팀원들의 요구사항을 이해하면서 효과적으로 소통할 수 있도록 준비되어 있어야 한다. 내면을 들여다보면 자의식을 높일 수 있고, 이는 정서적으로 지능적인 사람이 되는 데 도움이 된다. 자신의 감정을 긍정적인 방식으로 관리할 수 있게 되면 효과적인 소통과 갈등 해결에 유리하다.

다른 사람의 입장에 서서 그들의 관점으로 사안을 바라볼 수 있는 능력도 중요하다. 다양한 관점에서 사안을 바라볼 수 있으면 팀의 신뢰를 얻는 데 도움이 된다. 공감하는 리더가 되면 모든 사람의 의견을 고려함으로써 갈등을 관리하고 효과적으로 해결하는 데도 도움이 된다. 리드 개발자는 열린 마음으로 어려운 대화를 나눌 수 있어야 한다. 어떤 소프트 스킬에 집중해야 하는지, 왜 중요한지, 그리고 어떻게 배울 수 있는지 미리 준비하고 이해하고 있는 것이 중요하다(표 3.1 참조).

표 3.1 리드 개발자가 배워야 할 소프트 스킬

소프트 스킬	중요한 이유	학습 방법
커뮤니케이션	리드 개발자는 개발팀과 비 개발팀의 중간자 역할을 해야 한다.	《The Art of Communicating(대화의 기술)》(HarperOne, 2014) 《결정적 순간의 대화》(김영사, 2023)
멘토링	개발자는 최신 정보를 학습하는 데 도움이 되는 지침이 필요하다. 그들이 필요한 기술을 습득하고 성공적인 경력을 이어나갈 수 있도록 지원해야 한다.	《Becoming an Effective Mentoring Leader(효과적인 멘토링 리더 되기)》(McGraw Hill, 2013) 《The Mentor's Guide(멘토 가이드)》(Jossey-Bass, 2022)
감정 지능	자각하고 긍정적인 방식으로 자신의 행동을 관리하면 효과적으로 소통하고 어려움을 극복하는 데 도움이 된다.	《사람과 조직을 끌어당기는 하트스토밍》(이지출판, 2008) 《디즈니만이 하는 것》(쌤앤파커스, 2020)
공감 능력	타인의 관점에서 바라보는 방식은 좋은 업무 관계를 형성하는 데 도움이 된다.	《Applied Empathy(응용 공감)》(Atria Books, 2019) 《Empathy Works(공감의 힘)》(Page Two, 2022)
갈등 해결	갈등을 효과적으로 해결하면 최고의 인재를 유치하고 유지하는 데 도움이 되는 긍정적인 근무 환경을 조성할 수 있다.	《나를 자유롭게 하는 관계》(위즈덤아카데미, 2018) 《우주인들이 인간관계로 스트레스받을 때 우주정거장에서 가장 많이 읽은 대화책》(21세기북스, 2021)

표 3.1 리드 개발자가 배워야 할 소프트 스킬(표 계속)

소프트 스킬	중요한 이유	학습 방법
피드백 제공	긍정적/부정적 피드백을 모두 제공하는 방법을 배우면 팀의 커리어 향상과 성장에 도움이 된다.	《실리콘밸리의 팀장들》(청림출판, 2019) 《일의 99%는 피드백이다》(21세기북스, 2021)

리더십 기술을 개발하기 위한 첫 번째 단계는 한 발짝 물러나 자신의 강점과 약점을 돌아보는 것이다. '나의 타고난 재능과 전문 분야는 무엇인가?', '어떤 부분을 개선해야 할까?' 등 이러한 질문에 대해 생각해보면 어디에 노력을 집중해야 하는지 파악할 수 있다. 필자는 매년 연말에 한 해를 돌아보며 잘된 점과 그렇지 못한 점을 정리하고, 다음 해의 활동 계획을 세우곤 한다.

리더십 기술을 기르기 위한 또 다른 중요한 단계는 다른 사람들로부터 피드백을 받는 것이다. 여기에는 동료, 관리자, 심지어 팀원도 포함될 수 있다. 자신의 리더십 스타일에 대한 솔직한 피드백을 요청하고 건설적인 비판에 열린 자세로 임하자. 이런 피드백을 받으면 개선이 필요한 부분을 파악할 수 있고, 다른 사람들이 자신을 리더로 어떻게 인식하는지에 대해 더 잘 이해할 수 있다. 리더십에 관한 책, 기사, 블로그 게시물을 읽는 것은 다른 사람들로부터 배우고 새로운 관점을 얻을 수 있는 좋은 방법이다. 워크숍이나 교육 세션에 참여하거나 관련 강좌를 수강하는 것도 좋다. 중요한 것은 호기심을 갖고 새로운 것을 배우려는 열린 자세를 유지하는 것이다.

리더십은 단순히 명령을 내리거나 결정을 내리는 것이 아니라 모범을 보이는 것이기도 하다. 더 많은 책임을 맡고, 팀의 롤 모델이 되어, 탁월함의 기준을 제시해야 한다. 경청하고, 반응하며, 피드백에 열린 자세로 임해야 한다.

리더십 기술을 배우기 위한 좋은 방법 중 하나는 좋은 멘토와 함께 하는 것이다. 리더십 경험이 풍부하고 숙련된 사람을 찾아 그들의 경험을 통해 배우고 조언을 구해보자. 멘토는 귀중한 피드백을 제공하고 더 넓은 관점에서 상황을 볼 수 있도록 도와줄 수 있다. 물론 시간과 노력을 들여 이러한 소프트 스킬을 배우더라도 바로 적용하는 것은 어려울 수 있다. 새로운 책임에 직면했을 때는 임시방편으로 해결하려 들지 말고 문제에 바로 뛰어들어 해결책을 찾는 것이 중요하다. 소프트 스킬은 기술적인 능력과는 달리, 각 상황마다 정해진 해답이 없기 때문에 결국은 직접 부딪히며 배우는 수밖에 없다.

3.1.3 업무에서 소프트 스킬 연습하기

소프트 스킬은 일터에서 실천하면서 배울 수 있다. 팀을 이끌 때는 실패를 받아들여야 한다. 사이트코어 MVP인 필자의 친구는 "실패해야 한다. 실패하지 않으면 성공이 어떤 것인지 결코 알 수 없다"라고 말했다. 때로는 실패할 수 있지만 괜찮다. 성공보다 실패를 통해 훨씬 더 많은 것을 배울 수 있기 때문이다. 하지 말아야 할 일과 그 이유를 이해하는 것은 강력한 능력이다.

가장 습득하기 어려운 기술 중 하나는 갈등 해결이다. 처음에는 갈등을 해결하는 것이 불편하게 느껴질 수 있다. 갈등을 겪고 있는 모든 당사자의 말을 경청하고 열린 마음을 유지하기 위해 최선을 다해야 한다. 미리 정해진 해결책을 가지고 중재할 수도 있지만, 이때도 모든 사람의 의견을 듣고 경청하는 자세를 유지해야 한다. 하지만 경영진이 관여하는 경우, 상황 처리를 통해 경영진에게 깊은 인상을 남기고 싶을 때는 이렇게 하기가 쉽지 않다. 이 모든 과정이 자신과 자신의 성공에 관한 것이 아니라 팀의 성공을 목표로 하는 것임을 기억하자.

갈등이 항상 겉으로 드러나는 것은 아니기 때문에, 표면 아래에 있는 갈등을 인식하는 법을 배우는 것도 갈등 해결에 도움이 된다. 몸짓, 목소리 톤, 행동의 변화 등 근본적인 긴장을 나타내는 비언어적 신호에 주의를 기울여야 한다. 팀원들이 서로의 말을 듣지 않는다면 합의된 내용에도 불구하고 각자 자신만의 방식을 취할 수 있다. 또한 팀원이 말할 때 팔짱을 끼거나 무관심한 태도를 보이는 경우도 주의해야 한다.

무언의 갈등이 감지되면 건설적인 방식으로 해결하는 것이 중요하다. 열린 의사소통을 장려하고 팀원들의 우려에 귀를 기울여 상호 이익이 되는 해결책을 찾아야 한다. 무언의 갈등을 인식하고 해결함으로써 팀은 더욱 효과적으로 협력하고 목표를 달성할 수 있다.

필자의 경우 갈등 해결에 익숙해지는 데 오랜 시간이 걸렸다. 이 기술은 많은 연습이 필요하기 때문에 짧은 시간 안에 숙달할 수 있을 것이라고 기대해서는 안 된다. 이 주제에 대한 자세한 내용은 필자의 전자책인 《Conflict Management Playbook(갈등 관리 플레이북)》[1]에서 다루고 있다.

감정 지능과 공감을 적용하는 것은 직장뿐만 아니라 개인 생활에서도 할 수 있는 일이다. 항상 현실을 자각하고 잘못한 일이 있으면 사과할 줄 알면 사람들은 자신의 말에 귀 기울이고 있다고 느낄 것이다. 팀원들이 진행 중인 이벤트나 작업을 어떻게 생각하고 있는지 파악하기 위해서는 질문을 해야 한다.

리드 개발자의 책임 중 하나는 기술 부채를 줄이는 것이지만, 그렇다고 너무 많은 팀의 역량을 여기에 쏟아서는 안 된다. 팀원들이 얼마나 일하고 있는지 관찰하고 그들이 지치지 않도록 해야 한다. 팀원들에게도 업무 외의 삶이 있다는 것을 이해해주면 신뢰를 얻는 데 도움이 되며, 그들이 더 솔직해질 것이다. 팀원들의 고민을 적극적으로 경청하고, 그들의 감정을 인정하며, 배려와 이해로 응답함으로써 감정 지능과 공감을 실천할 수 있다. 팀원들과 정기적인 일대일 미팅을 통해 팀원들의 우려사항을 들어주고, 건설적인 피드백을 제공하며, 성과를 칭찬해줘야 한다.

또한 시간을 내어 팀원들이 업무 외적으로 직면할 수 있는 어려움과 압박감을 이해하고 필요에 따라 도움을 주거나 융통성 있게 일 처리를 해야 한다. 자신의 삶이나 자신이 겪고 있는 어려움에 대해 먼저 이야기하는 것으로 대화를 시작할 수 있다. 개인적인 내용을 공유하는 것을 불편해하는 사람도 있을 수 있으므로 팀원들이 따를 수 있도록 모범을 보일지의 여부는 여러분 각자가 선택해야 한다. 리드 개발자는 팀원들과 돈독한 관계를 구축하고 신뢰를 쌓아야 한다.

신뢰는 정직한 팀이 되기 위한 기초다. 사람들이 서로에게 솔직해져서 상대방의 속마음을 파악하기 위해 말한 의도를 이해하려는 노력을 하지 않아도 되면, 적절한 의사소통

---

[1] 옮긴이 https://hoffstech.com/resources/conflictmanagementplaybook/

을 구축하는 데 큰 도움이 된다. 팀원들 간에 솔직하게 소통하면 긍정적이든 부정적이든 피드백을 자주 나누기가 쉬워진다. 팀원들 사이에 신뢰감이 형성되면 팀원들이 자유롭게 의견을 공유할 수 있고, 이를 통해 프로젝트의 혁신을 촉진할 수 있다.

3.1.4 학습을 위한 시간 확보

'매일 1시간씩 학습에 투자해야 한다'라고 말하는 것은 쉽다. 하지만 과연 그렇게 할 수 있을까? 그렇게 할 수 없다는 걸 필자는 잘 안다! 달력에 시간을 정해놓을 수는 있지만, 우리의 삶은 끊임없이 변하기 때문에 매일 꾸준히 공부하는 것은 쉽지 않다. 또한 개인 시간에는 휴식을 취하고, 너무 많은 시간을 학습에 할애하지 않기를 바란다. 개인 시간에 학습을 한다면 책을 읽거나 모니터와 키보드로부터 멀리 떨어져 시간을 보내는 것이 좋다. 이는 신체적, 정신적 건강에 중요하다.

그렇다면 학습 일정을 어떻게 지킬 수 있을까? 필자는 학습 스케줄을 짤 때 시간을 제한하기 위해 주간 학습 목표를 계획하는 것을 선호한다. 한 주의 목표를 계획할 때 지나치게 긍정적인 목표를 세우는 경우가 많으므로 목표의 70% 이상을 달성하는 것을 목표로 삼아야 한다. 터무니없는 목표를 **문샷 목표**moonshot goal[2]라고 하는데, 최선을 다하도록 동기를 부여하는 데는 유용하지만 목표를 100% 달성하지 못했다고 해서 좌절감을 느껴서는 안 된다.

> **주간 학습 목표 예시**
>
> 개발자의 학습 일정에 대한 주간 학습 목표의 예는 다음과 같다.
> - 깃허브 저장소 만들기
> - 제목, 단락 텍스트, 드롭다운 상자를 포함한 간단한 웹사이트를 처음부터 다시 구축하기
> - 간단한 웹사이트에 CSS를 추가하고 모든 페이지 요소에 스타일 지정하기
> - 완성된 웹사이트를 깃허브 저장소에 커밋하기

---

2 [옮긴이] 문자 그대로 '달에 로켓을 쏜다'는 의미로, 너무 야심찬 목표를 비유적으로 표현한 용어다.

캘린더에 학습을 위한 시간을 정해놓았다면 그 시간을 지키기 위해 최선을 다해야 한다. 참석 중인 회의가 예정된 시간을 넘겼다면 자신이 꼭 발언해야 하는지, 회의를 마쳐도 되는지를 자문해봐야 한다. 모든 사람은 바쁜 일정을 가지고 있으며, 정시에 회의를 끝내고 자신들이 하던 작업으로 되돌아가고 싶을 수도 있다.

이때 감정 지능을 활용해 회의 참석자의 바디랭귀지를 관찰하면 회의 참석자들이 몸만 그 자리에 있는지 알 수 있다. 다른 일을 한다거나 가지고 온 것을 정리하고 있다면 이는 회의가 끝나기를 원한다는 신호다. 회의에서 다루려던 안건을 다 처리하지 못했다면 후속 일정을 잡거나 놓친 주제를 별도로 논의할 것을 제안해도 된다. 특히 다음 회의가 있는 팀원들은 회의를 끝내도록 의견을 내준 것에 대해 고마워할 것이다.

캘린더에 시간을 미리 잡아뒀을 때는 사람들이 메시지를 보낼 때 즉시 답장을 보내지 않아도 된다. 알림을 끄고 이메일, 슬랙, 마이크로소프트 팀스Microsoft Teams 등 모든 소셜 미디어 앱을 닫자. **멀티태스킹**multitasking은 생산성을 떨어뜨린다. 15분에서 30분이라도 한 가지 일에 집중하면 방해를 받는 상태에서 그보다 3배 이상의 시간을 들여도 할 수 없는 일을 해낼 수 있다. 표 3.2는 학습 일정의 예시를 보여준다.

표 3.2 학습 일정 예시

학습 일정	월요일	화요일	수요일	목요일	금요일
오전 9:00			일일 스탠드업		
오전 10:00	프로젝트 회의		업무에 집중	프로젝트 회의	업무에 집중
오전 11:00	매니저와 일대일	프로젝트 회의		백로그 그루밍 Backlog Grooming	
오후 12:00					
오후 1:00	업무에 집중	학습 시간		학습 시간	스프린트 계획
오후 2:00		업무에 집중		업무에 집중	
오후 3:00					
오후 4:00	학습 시간		학습 시간	스프린트 회고	학습 시간
오후 5:00					

학습 일정에 대한 경계를 설정하는 법을 배워야 한다. 긴급하지 않은 일을 당장 처리해 달라는 요청을 받을 때는 거절할 수 있다. 이런 경우, 요청하는 사람이 여러분의 현재 업무량이 어느 정도인지 알지 못할 수도 있다. 하고 있던 일을 뒤로 미루고 기꺼이 그 요청을 처리해줄 수도 있지만, 이미 업무량이 가득 차 있다면 필요한 시간을 확보하기 위해 현재 할당된 업무에서 무엇을 뒤로 미룰 수 있을지 물어보자. 혹은 다른 팀원에게 그 요청을 위임할 수도 있다.

리드 개발자 역할이 처음인 경우 새로운 기술을 공부할 시간을 내기가 매우 어렵다. 시간을 내기 어렵다면 한 번에 15분에서 30분 정도만 공부해도 된다. 학습할 시간을 항상 확보하고 있다면 성공적인 리드 개발자가 되기 위해 필요한 일을 하고 있는 것이다.

3.2 자신만의 리더십 스타일 찾기

여러 가지 리더십 스타일이 오랫동안 연구되고 정의되어 왔다. 이러한 스타일은 자주 업데이트되며, 워낙 다양하기 때문에 모든 리더십 스타일을 빠짐없이 나열하기는 어렵다. 리더십 스타일은 산업과 문화에 따라 다양하다. 누군가에게 효과가 있는 것이 다른 사람에게는 효과가 없을 수도 있기 때문에 모든 리더는 자신에게 맞는 리더십 스타일을 찾아야 한다.

최고의 리더는 다양한 상황과 성격 유형에 맞춰 여러 가지 리더십 스타일을 시도해본다. 리더십에 대한 접근 방식은 한 가지 리더십 스타일로 정의되어서는 안 되며, 본인과 팀의 필요를 모두 지원할 수 있는 다양한 리더십 스타일을 가지고 있어야 한다. 자신의 성격 특성과 그것이 각각의 리더십 스타일에 어떻게 적용되는지 이해하면 자신에게 가장 적합한 스타일을 파악하는 데 도움이 된다. 또한 팀원들의 성격이나 성향도 관찰해야 한다. 이를 통해 팀원들이 높은 수준의 성과를 내고 고품질의 작업을 수행할 수 있도록 리더로서 도울 수 있고, 팀원들이 필요로 하는 것들을 지원할 수 있다.

3.2.1 인기 있는 리더십 스타일

필자는 수년 동안 리더십을 연구하면서 다양한 산업 분야에서 최대 30여 가지의 다양한 리더십 스타일을 접했다. 이 책에서는 범위를 좁혀 기술 기업에서 가장 인기 있는 리더십 스타일 10가지를 살펴보려고 한다. 모든 리더는 자신의 성격 유형과 비즈니스 요구에 맞는 다양한 리더십 스타일을 익혀야 한다. 이 유형들을 살펴보면서 여러분은 동료들과 어떻게 소통하고 있는지, 직장에서 보이는 리더십 스타일에 대해 그들이 어떻게 반응하는지 생각해보기 바란다.

가장 인기 있는 상위 10가지 리더십 스타일은 다음과 같다.

- **권위적**: 팀원들의 의견 없이 리더가 혼자서 결정을 내리는 유형이다.
- **민주적**: 리더가 결정을 내리기 전에 팀원들의 의견과 피드백을 구하는 유형이다.
- **변혁적**: 리더가 팀원들이 최고가 되게끔 영감을 주고 동기를 부여하여 공유된 비전을 향해 나아갈 수 있도록 한다.
- **거래형**: 리더가 팀원에게 명확한 목표와 기대치를 설정하고 성과에 따라 보상이나 결과를 제공하는 방식이다.
- **서번트**: 리더가 팀원의 필요에 초점을 맞추고 자신의 기술과 자원을 사용하여 팀원의 성장과 발전을 돕는 스타일이다.
- **비전 제시형**: 리더가 미래에 대한 명확하고 설득력 있는 비전을 설정하고 팀원들이 그 비전을 향해 일하도록 영감을 불어넣는 스타일이다.
- **코칭**: 팀원들이 기술을 개발하고 목표를 달성할 수 있도록 리더가 지도하고 지원하는 유형이다.
- **자유 방임형**: 이 스타일은 리더가 손을 떼고 팀원들이 스스로 결정을 내릴 수 있도록 허용하는 방식이다.
- **제휴형**: 이 스타일은 리더가 강력한 관계를 구축하고 조화로운 팀 환경을 조성하는 데 중점을 둔다.
- **명령형**: 리더가 책임을 지고 명령을 내리는 스타일로, 주로 고압적인 상황이나 긴급 상황에서 발생한다.

이러한 리더십 스타일을 결합하여 다양한 상황에서 활용하는 것은 쉽지 않다. 특정 상황에서는 어느 하나의 유형만이 정답이 아니기 때문이다. 부딪혀나가면서 배우게 되겠지만, 각각의 장단점을 살펴보면 리더십 스타일을 이해하는 데 도움이 된다(표 3.3 참조).

표 3.3 인기 있는 리더십 스타일의 장단점

리더십 스타일	장점	단점
권위적	신속하고 효율적인 의사결정	사기 저하와 창의성 및 혁신 부족 야기
민주적	직무 만족도 및 팀에 대한 헌신도 고양	느린 의사결정
변혁적	팀원에게 영감을 주고 동기를 부여	빠른 의사결정이 필요한 상황에서는 비효과적
거래형	특정 목표를 달성하고 성과를 개선하는 데 효과적	팀이나 회사에 대한 장기적인 헌신의 부재
서번트	강력한 팀 문화와 높은 수준의 직무 만족도	빠른 의사결정이 필요한 상황에서는 비효과적
비전 제시형	팀원에게 영감을 주고 장기적인 성공 가능	위기 상황이나 빠른 의사 결정이 필요한 경우 비효과적
코칭	팀원들의 기술 개발과 목표 달성에 효과적	빠른 의사결정이 필요한 상황에서는 비효과적
자유 방임형	창의성과 혁신의 촉진	특정 목표를 달성해야 하거나 위기 상황에서는 비효과적
제휴형	조화로운 팀 환경 조성 가능	특정 목표를 달성해야 하거나 위기 상황에서는 비효과적
명령형	긴급 상황이나 빠른 의사 결정이 필요할 때 효과적	사기 저하 및 혁신 부족 가능

권위적 리더십 스타일이 있긴 하지만, 리드 개발자가 팀원의 의견을 무시한 채 일방적으로 결정을 내리는 것은 권장하지 않는다. 하지만 빠른 결정을 내려야 할 때가 있는데, 이때는 팀원에게 의지할 시간이 없을 수도 있다. 이럴 때는 효과적인 의사결정을 내릴 수 있도록 권위적인 리더십을 발휘하는 것이 필요하다.

명령형 리더십 스타일에 대해서도 마찬가지다. 사람들에게 항상 무엇을 하라고 지시하는 구식의 '명령과 통제' 방식은 피해야 한다. 하지만 사람들이 혼란스러워하고 신속하게 질서를 회복하여 계획을 수립해야 하는 긴급한 상황에서는 오히려 이 유형이 필요할 수 있다. 리드 개발자는 이러한 긴급 상황이 발생할 수 있음을 미리 예상하고 있어야 한다. 아무리 잘하고 있다고 해도 시스템 오류나 장애는 발생할 수 있으며, 이에 대처할 준비가 되어 있어야 한다.

리드 개발자는 지원 역할을 담당하므로 거래형이나 서번트와 같이 지원형 리더 스타일을 선호할 수 있다. 팀의 생산성을 보장하고 질문에 답하고 장애물을 제거하는 등의 지원을 통해 팀이 작업을 완료할 수 있도록 해야 한다. 멘토링 역시 팀 지원 활동에 속하기 때문에 코칭 및 변혁적 리더십 스타일에 해당한다.

리드 개발자는 현재 업무에서 더 높은 수준의 리더십 스타일이 필요하지 않을 수도 있지만, 향후 관리직으로 이동하려는 경우 이러한 리더십 스타일을 연습해두는 것이 좋다. 비전제시형 리더는 일반적으로 회사의 비전과 방향을 전달할 책임이 있는 회사의 CEO에게 해당한다. 하지만 엔지니어링 관리자나 디렉터 역시 팀 수준에서 이러한 역할을 수행할 수 있다.

다음은 다양한 리더십 스타일에 대해 자세히 살펴볼 수 있는 인기 도서다.

- 《The Power of Servant-Leadership(서번트 리더십의 힘)》(Berrett-Koehler Publishers, 1998)
- 《상자 밖에 있는 사람들》(위즈덤하우스, 2010)
- 《드라이브》(청림출판, 2011)
- 《나는 왜 이 일을 하는가?》(타임비즈, 2013)
- 《누가 최고의 리더가 되는가》(넥서스BIZ, 2015)
- 《좋은 기업을 넘어 위대한 기업으로》(김영사, 2021)
- 《성공하는 사람들의 7가지 습관》(김영사, 2023)

성공하는 리드 개발자가 되기 위한 여정에 도움이 되는 많은 학습 자료가 있다. 소개한 책들은 모두 훌륭한 자료이며, 모든 리더의 서재에 꼭 있어야 할 책이다. 또한 'HBR

IdeaCast'[3]와 'Lead With That'[4] 같은 인기 있는 리더십 관련 팟캐스트를 들어보는 것도 좋다.

주요 리더십 스타일을 이해하고 나면 리드 개발자로서 책임을 다하는 데 도움이 될 것이다. 모든 리더십 스타일을 시도해보고 그 결과를 모니터링해서 자신에게 적합한 스타일과 그렇지 않은 스타일을 파악해야 한다. 모든 리더십 스타일이 모든 사람에게 적합한 것은 아니므로, 자신의 성격 유형을 고려해 자신만의 리더십 스타일을 구축해나가야 한다.

3.2.2 성격 유형 평가하기

대부분의 사람들은 외향적이어야만 효과적인 리더가 될 수 있다고 생각하지만 이는 사실이 아니다. 필자 역시 내성적인 성향을 가지고 있으며, 알고 지낸 리드 개발자 중에 많은 사람이 내성적이다. 많은 개발자가 자신은 내성적이기 때문에 리더가 되기에 적합하지 않다고 생각한다.

연구에 따르면 내성적인 사람들은 주의 깊게 경청하고, 깊이 생각하며, 명확하게 소통하는 등 그들만의 독특한 강점을 리더 직책에서 발휘할 수 있는 것으로 나타났다. 리더십은 개인의 성격 유형뿐만 아니라 능력과 기술에 관한 것임을 기억하는 것이 중요하다. 팀원들과 효과적으로 소통하며, 그들에게 영감과 동기를 부여할 수 있다면 내성적이든 외향적이든 상관없이 모두 성공적인 리더가 될 수 있다. 업계에서 리더십 개발 및 선정을 위해 일반적으로 사용되는 성격 평가 도구가 몇 가지 있다.

가장 잘 알려져 있고 널리 사용되는 도구는 다음과 같다.

- **감정 지능 지수**emotional quotient, EQ **평가**: 개인의 감정 지능을 측정하는 것으로, 자신의 감정과 타인의 감정을 인식하고 이해하는 능력을 포함하고 있다.

---

3   옮긴이 https://hbr.org/2018/01/podcast-ideacast
4   옮긴이 https://www.ccl.org/insights-research/leadership-podcasts/

- **DISC 평가**DISC assessment: 주도형dominance, 사교형inducement, 안정성submission, 신중형 compliance 등 성격의 네 가지 차원을 측정한다.
- **5요인 모델**five factor model, FFM: 개방성, 성실성, 외향성, 친화력, 신경증 등 성격의 5가지 측면을 측정한다.
- **리더십 스타일 인벤토리**leadership style inventory, LSI: 개인의 리더십 스타일을 측정하고 자신의 강점과 개발 분야를 이해하는 데 도움을 제공한다.
- **MBTI**Myers-Briggs Type Indicator: 개인이 자신의 성격 선호도와 인식 및 의사결정 방식을 이해하는 데 도움을 제공한다.

성격 평가 결과는 자신의 리더십 스타일과 다른 사람들에게 자신이 어떻게 인식되는지 이해하는 데 유용하게 사용할 수 있다. 자신의 성격 특성을 이해함으로써 리더로서의 강점과 기술 개발을 위해 노력해야 할 부분에 대한 통찰력을 얻을 수 있다.

예를 들어 성실성에서 높은 점수를 받았다면 조직적이고 신뢰할 수 있으며 세부적인 면을 중시하는 리더십 스타일에 도움이 될 수 있다. 외향성에서 높은 점수를 받았다면 자신감 있고 활기차며 다른 사람에게 동기를 부여하는 데 능숙할 수 있다.

성격 평가 결과를 통해 자신의 리더십 스타일을 파악하려면 다음과 같은 단계를 시도해보기 바란다.

- 성격 평가 결과를 검토하고 자신의 지배적인 성격 특성을 파악한다.
- 이러한 특성이 자신의 리더십 스타일에 어떤 영향을 미칠 수 있는지 생각해본다. 예를 들어 친화력에서 높은 점수를 받았다면 팀원들과 공감대를 형성하고 긍정적인 관계를 형성하는 경향을 갖는다.
- 자신의 성격 특성이 리더로서의 역할에 어떤 강점과 문제를 가져올 수 있는지 생각한다.
- 리더십 기술을 개발하고 싶은 분야가 있는지 파악하고, 이를 위해 취할 수 있는 구체적인 행동에 대해 생각해본다.

- 팀원이나 동료 등 다른 사람들로부터 자신의 리더십 스타일이 어떻게 인식되는지에 대한 피드백을 구한다.

이와 같은 단계를 통해 얻은 정보를 활용해 필요에 따라 리더십 스타일을 조정하고 개선하기 바란다. 특정한 성격 유형을 가지고 있다고 해서 그렇지 않은 사람보다 더 나은 리더가 되는 것은 아니다. 리더십은 성격 유형에 영향을 받을 수 있지만, 훌륭한 리더가 되는 것은 여러분의 능력과 기술이다. 앞서 언급했듯이 내향적인 사람과 외향적인 사람 모두 성공적인 리더가 될 수 있으며, 각 성격 유형에는 고유의 장단점이 있다.

특정 성격 특성이 리더십에 더 도움이 될 수 있다는 연구도 일부 있다. 예를 들어 자신감 있고 결단력이 있으며 변화하는 상황에 적응할 수 있는 사람은 리더로서 성공할 가능성이 더 높다. 이러한 성격 특성은 반드시 특정 성격 유형에 국한되는 것이 아니라 모든 유형에서 발견할 수 있다.

성격 특성personality trait이란 특정 상황에서 어떻게 행동하거나 반응하는지를 설명하는 개인의 행동, 생각, 감정의 특정한 특성 또는 양상인 반면, **성격 유형**personality type은 여러 특성의 조합에 따라 개인을 그룹화하는 더욱 광범위한 분류로, 종종 MBTI 평가의 경우처럼 체계적인 방식으로 분류된다. 간단히 말하자면 성격 특성은 구성 요소이고, 성격 유형은 이러한 구성 요소들이 모여 더 큰 그림을 형성하는 집합체라고 할 수 있다. 성공적인 리더는 특정 성격 유형일 필요는 없지만 리더십 기술을 보완하는 성격 특성은 가지고 있어야 한다.

궁극적으로 가장 효과적인 리더는 자신의 강점과 한계를 이해하고 함께 일할 수 있으며, 팀원들의 다양한 성격과 당면한 상황에 맞게 리더십 스타일을 조정할 수 있어야 한다. 리더십은 항상 유동적이기 때문에 경험이 축적됨에 따라 자신의 스타일도 변경하거나 적응해야 한다.

3.2.3 팀원들의 성격 관찰

팀원의 성격을 이해하면 팀원들과 더 효과적으로 소통하고 상호작용하는 데 도움이 된다. 예를 들어 내성적인 팀원이 있다면 외향적인 팀원과는 다른 방식으로 접근하는 게 좋다. 내성적인 팀원이 회의에서 발언하지 않을 때는 먼저 의견을 물어볼 수도 있다. 내성적인 사람은 누가 먼저 말을 건네지 않으면 본인이 나서서 먼저 말하는 것을 어려워할 수 있기 때문이다. 팀원들의 성격을 관찰하면 팀 내에서 잠재적인 갈등이나 오해의 소지를 파악하고 해결하는 데 도움이 된다. 문제 해결과 의사결정을 위해 팀원들에게 접근하는 방식을 이해하면 좀 더 생산적이고 조화로운 상호작용을 촉진할 수 있다.

팀원들의 성격을 이해하면 팀의 요구와 선호도에 맞게 리더십 스타일을 조정하는 데에도 도움이 된다. 예를 들어 팀원이 인정과 칭찬에 큰 동기를 부여받는다는 것을 알게 되면 칭찬을 더 자주 할 수 있고, 잠재적인 성장 및 개발 영역을 파악할 수도 있다. 팀의 원동력과 동기를 이해하면 개인적, 직업적 성장을 장려하고 지원하는 환경을 조성하는 데 유용하다.

개인의 성격을 이해하기 위해 널리 사용되는 방법 중 하나는 MBTI와 같은 테스트를 사용하는 것이다. 이 테스트는 앞서 이미 살펴봤는데, 리더십 스타일을 결정하기 위해 자신의 성격 유형을 평가하는 데에도 유용하다. MBTI는 내향성/외향성, 감각/직관, 사고/감정, 판단/지각의 네 가지 이분법에 따라 개인을 16가지 성격 유형으로 분류한다. 이러한 유형을 이해함으로써 리드 개발자는 팀원들이 선호하는 업무 방식, 의사소통 방식, 의사결정 방식에 대한 통찰을 얻을 수 있다. 이러한 지식은 각 팀원의 강점에 부합하는 작업을 할당하고 팀의 역동성을 개선하여 더 협력적이고 생산적인 업무 환경을 조성하는 데 도움이 될 수 있다.

하지만 MBTI에만 의존하는 것은 한계가 있다. MBTI의 과학적 타당성과 신뢰성이 부족하다는 비판도 있다. 이 범주의 이분법적 특성은 복잡한 인간 행동을 지나치게 단순화하여 사람들을 고정된 틀에 가둘 수도 있다. 따라서 리드 개발자는 다른 성격 평가도 함께 고려하는 것이 좋다. 다른 대안적 방안 중 하나는 개인을 개방성, 성실성, 외향성,

우호성, 신경성의 다섯 가지 차원으로 측정하는 5요인 모델이다. 이 모델은 인간 성격의 미묘한 측면을 경험적인 방식으로 이해할 수 있는 방법으로 심리학계에서 널리 인정받고 있다.

또 다른 대안으로는 네 가지 주요 행동 특성에 초점을 맞춘 DISC 평가가 있는데, DISC는 주도형, 사교형, 안정성, 신중형을 나타낸다. DISC 평가는 개인이 팀 내의 상호작용에서 어떻게 행동하고, 도전에 대응하며, 업무에 접근하는지를 강조하기 때문에 업무 환경에서 특히 유용하다. 이러한 특성을 이해하면 리더가 각 팀원에게 적합한 리더십 전략을 세우고, 커뮤니케이션을 강화하며, 갈등을 효과적으로 관리할 수 있다.

리드 개발자가 팀원들의 성격을 관찰할 수 있는 방법은 여러 가지가 있다. 팀원들이 서로 소통하고 상호작용하는 방식에 주의를 기울여야 한다. '내성적인 편인가, 아니면 외향적인 편인가?', '독립적으로 일하는 것을 선호하는가, 아니면 팀의 일원으로 일하는 것을 선호하는가?' 등 다양한 팀원들의 선호도에 맞게 커뮤니케이션 스타일을 조정해야 한다. 예를 들어 내성적인 팀원은 서면 커뮤니케이션이나 일대일 대화를 선호하는 반면, 외향적인 팀원은 그룹 토론에 능숙할 수 있다.

팀원들이 문제 해결과 의사결정을 어떻게 하는지에 주목해야 한다. 분석적인가, 아니면 직관적인가? 결정을 내리기 전에 모든 옵션을 고려하는 것을 선호하는가, 아니면 신속하게 행동하는 것을 선호하는가? 분석적이라면 데이터와 연구 자료에 대한 접근성을 높이 평가할 것이고, 직관적이라면 좀 더 실질적인 학습 기회를 활용할 것이다. 리더가 맞춤형 지원과 리소스를 제공함으로써 팀원들은 자신들이 가치 있다고 느낄 수 있다.

팀원들이 피드백과 비판에 어떻게 반응하는지도 살펴봐야 한다. 팀원들이 피드백을 개방적으로 받아들이는가, 아니면 방어적이 되는가? 피드백을 잘 받아들이는 팀원과 그렇지 않은 팀원이 같이 있을 때 이들을 돕는 것은 누구에게나 어려운 일이다. 비판을 제대로 받아들이지 못하는 팀원의 경우, 전체 팀원 앞에서 피드백을 제공하기보다는 좀 더 사적인 공간에서 피드백을 주는 게 좋은데, 이렇게 하면 당혹감이나 수치심을 줄이고 피드백을 주고받는 상황에 대해 좀 더 개방적이고 협조적인 환경을 조성할 수 있다.

필자는 사적인 자리에서 직원들에게 부정적인 피드백을 줬던 적이 여러 번 있었는데, 이런 일을 공개적으로 하는 고용주를 본 적도 있다. 공개적으로 창피를 당하면 사기가 저하되고 당사자는 자신이 지지받고 있다고 생각할 수 없다. 팀원이 피드백을 받아들이고 대응하는 데 어려움을 겪는다면 개선에 도움이 될 만한 추가적인 지원과 리소스를 제공하는 것이 좋은데 코칭, 멘토링, 교육 및 개발 기회의 제공이 이에 해당한다.

시간을 내어 팀원들이 업무 부하를 어떻게 처리하는지 살펴보는 것도 필요하다. 부담스러워하는 경향이 있는지, 아니면 압박감 속에서도 침착하고 차분한 태도를 유지하는지 파악해야 한다. 팀원마다 가장 효율적으로 일하는 방식에 대한 선호도가 다를 수 있다. 어떤 팀원은 좀 더 체계적인 환경을 선호하는 반면, 어떤 팀원은 좀 더 유연한 환경에서 더 좋은 업무 성과를 낼 수 있다. 융통성을 발휘해 팀원들이 각자의 개성에 맞는 방식으로 일할 수 있도록 지원해줌으로써 더욱 긍정적이고 생산적인 업무 환경을 조성할 수 있다.

팀원들의 가치관과 동기에 주목하자. 그들에게 중요한 것은 무엇이며 무엇이 그들을 성공으로 이끄는 원동력인지 고민해야 한다. 팀원마다 성장과 발전을 위한 목표와 영역이 다를 수 있다. 리더는 학습과 자기계발의 기회를 제공하고 필요하면 이를 지원하고 안내도 해줌으로써 팀원들이 잠재력을 최대한 발휘할 수 있도록 도와야 한다. 팀원들의 성격에 대한 여러 측면을 관찰하면 팀을 잘 지원하고 관리하는 방법에 대한 귀중한 통찰을 얻을 수 있다.

3.3 프레젠테이션 기술 향상

대중 앞에서 말하는 것은 어려운 일일 수 있지만, 꼭 그런 것만은 아니다. 동료, 클라이언트, 학생 등 여러 사람 앞에서 발표를 앞두고 불안감을 느끼는 것은 당연한 일이다. 하지만 적절한 준비와 올바른 마음가짐을 가지면 긴장을 낮추고 자신감 있고 효과적인 프레젠테이션을 진행할 수 있다.

이 절에서는 프레젠테이션 전 긴장감을 극복하기 위한 몇 가지 실제적인 전략, 즉 연습 및 성공의 시각화, 피드백 받기, 일찍 도착 및 장비 준비, 호흡 운동과 긍정적인 자기 대화를 통한 긴장 풀기 등에 대해 살펴본다. 프레젠테이션 전, 도중, 후에 침착함을 유지하는 기술을 익히는 데는 시간이 걸릴 수 있지만, 연습을 충분히 한다면 누구나 훌륭한 발표자가 될 수 있다. 전문적인 프레젠테이션을 통해 기대할 수 있는 결과는 다음과 같다.

- 청중이 쉽게 이해할 수 있는 명확하고 간결한 메시지
- 청중이 기억하고 적용할 수 있는 단일 요점 또는 몇 가지 핵심사항
- 당면한 주제에 대한 이해도 또는 지식의 증가
- 청중이 행동으로 옮길 수 있는 영감 또는 동기부여
- 특정 문제나 주제에 대한 생각이나 관점의 변화
- 주제에 대한 관심 또는 참여도 증가
- 신뢰도 구축 및 해당 분야의 전문가로 자리매김하기

결과물이 하나의 교훈인지, 몇 가지 핵심사항인지, 아니면 사람들의 생각을 바꾸는 것인지는 프레젠테이션의 목적과 청중에 따라 다르다. 이상적으로 바람직한 전문적인 프레젠테이션은 이러한 결과들을 함께 달성하는 것을 목표로 해야 한다. 정보를 효과적으로 전달하는 능력은 데모나 단계별 시연, 교육을 진행하는 데 필요한 요건이다. 개발자를 멘토링할 때는 기술 아키텍처에 대해 자세히 논의할 수 있어야 한다. 이러한 논의는 짧고 간결해야 하므로 정보를 쉽게 이해할 수 있도록 정리해야 한다. 프레젠테이션을 잘못하면 팀원, 나아가 클라이언트와 이해관계자의 신뢰를 잃을 수도 있다. 효과적으로 의사소통을 하지 못하면 의도와 다르게 이해하게 되고 엉뚱한 일로 시간을 낭비할 수 있다.

다음은 필자에게 도움이 되었던 효과적인 프레젠테이션이다.

- .NET Overview & Roadmap(닷넷 개요 및 로드맵): https://mng.bz/PNZ8

- **The Art of Computers**(컴퓨터의 기술): https://mng.bz/JNZz
- **Everything You Thought You Already Knew About Orchestration**(오케스트레이션에 대해 이미 알고 있다고 생각했던 모든 것): https://mng.bz/w5xB
- **Forward thinking: What's next for AI**(미래 지향적 사고: AI의 다음 단계): https://mng.bz/q0ON

리드 개발자가 팀과 이해관계자에게 기술 정보를 전달하려면 효과적인 커뮤니케이션이 매우 중요하다. 처음에는 쉽지 않은 일이지만 프레젠테이션을 잘 준비하고 진행할 때는 자신감을 유지해야 한다. 시간이 지날수록 연습을 통해 나아질 것이다. 청중과 소통하고 관리하는 방법을 배우는 것은 개발자와 비개발자 모두에게 적절한 메시지를 전달하기 위해 리드 개발자에게 필요한 매우 중요한 기술이다.

3.3.1 긴장 해소

필자가 들었던 발표에 대한 최고의 조언은 발표는 원래 긴장되는 일이라는 것이다. 잘하고 싶고 메시지를 온전히 전달하고 싶기 때문에 긴장을 하게 된다. 발표할 때 긴장하지 않는다면 대단한 사람이다! 필자의 인맥 중 대부분의 대중 연사들은 행사에서 연설하거나 프레젠테이션을 하기 전에 긴장한다. 여러분만 긴장하는 것이 아니다!

프레젠테이션은 언제나 미리 연습해야 한다. 발표 자료에 익숙할수록 긴장을 덜할 수 있다. 또한 속도와 적절한 타이밍을 유지해 프레젠테이션이 할당된 시간을 넘기거나 모자라지 않도록 해야 한다. 연습할 때는 성공적인 프레젠테이션을 하는 자신의 모습을 상상해보면 좋다. 자신감과 통제력을 갖춘 자신의 모습을 상상해보자. 성공할 것이라고 생각하면 자신의 성공을 뒷받침하고자 하는 마음가짐을 갖게 되기 때문에 성공적으로 발표하는 데 큰 도움이 된다. 실패할 것이라고 생각하는 것 자체가 실패를 자초한다. 대신 청중에게 집중하자. 청중은 여러분의 성공을 원하고 여러분을 응원하고 있다는 사실을 기억해야 한다.

프레젠테이션을 연습할 때 녹화하고 재생해보면서 얼마나 잘 하는지 평가하는 것도 추천할 만한 방법이다. 프레젠테이션 전체 내용 중 어떤 부분은 모호하다든지 특정 섹션을 다시 정렬해야 할 필요가 있다는 것을 알게 될 수도 있다. 프레젠테이션을 연습하고 녹화하면 실제 프레젠테이션을 하기 전에 이러한 문제를 파악하고 수정할 수 있다. 프레젠테이션을 하는 자신의 모습을 보면 실제 프레젠테이션을 할 때 더 자신감을 갖고 준비할 수 있다. 또한 다른 사람들로부터 미리 피드백을 받을 수도 있는데, 친구나 동료에게 연습한 프레젠테이션을 보여주면 전달력, 내용, 전반적인 효과에 대한 귀중한 피드백을 받을 수 있어 자신감을 높이는 데 도움이 된다.

일찍 도착해 장비를 미리 준비해두면 통제력과 준비성을 높이는 데 도움이 된다. 이렇게 하면 회의실이나 화상회의에서 발생할 수 있는 기술적 문제도 사전에 확인할 수 있다. 회의실에서 대면 프레젠테이션을 하는 경우에는 장비를 잘 아는 사람이 회의실에 머물도록 함으로써 만약의 상황에 대비해야 한다. 화상회의를 진행만 할 뿐 발표는 다른 사람이 한다면, 발표자에게 15분 일찍 들어와 회의 시작 전에 필요한 것을 세팅하고 모든 것이 제대로 작동하는지 확인해야 한다고 이야기해주어야 한다.

프레젠테이션 당일에는 호흡 운동이나 명상과 같은 활동을 통해 마음을 편안하게 하면 좋다. 잠시 시간을 내어 아무 생각도 하지 않고 조용히 앉아만 있는 것도 스트레스와 긴장을 줄여주는 검증된 방법이다. 프레젠테이션을 시작할 때 긴장하면 발표를 잘하기가 어렵다. 심호흡을 하고 천천히 숨을 들이마시고 내쉬면 긴장을 진정시키는 데 도움이 된다. 긍정적인 마음가짐으로 자기 자신과 대화를 하자. 준비가 되어 있고, 할 수 있다고 스스로에게 말하고 몸을 이완시켜보자. 다양한 근육을 긴장시켰다가 풀어주면 긴장까지 풀 수 있다.

프레젠테이션 전, 도중, 후에 침착함을 유지하는 데는 시간이 걸리므로 당장 효과가 나타나지 않더라도 걱정하지 않아도 된다. 필자는 프레젠테이션을 앞두고 손이 떨려 마우스와 키보드를 조작하기조차 어려울 정도로 긴장했다. 혼자서 또는 친구들 앞에서 연습하는 것과 잘 모르는 사람들로 가득 찬 곳에서 발표하는 것은 다르다. 하지만 연습을 많이 할수록 실력이 향상되고 훌륭한 발표자가 될 것이다.

3.3.2 효과적인 슬라이드 만들기

리드 개발자는 팀과 이해관계자에게 기술 정보를 효과적으로 전달하는 것이 중요하다. 이를 위해 효과적인 방법 중 하나는 **슬라이드**slide와 같은 시각적 보조 자료를 사용하는 것이다. 슬라이드를 잘 활용하면 요점을 명확히 하고, 복잡한 개념을 쉽게 설명하며, 청중의 참여를 유도하는 데 용이하다. 하지만 효과적인 슬라이드를 만들려면 신중한 계획과 세심한 주의가 필요하다.

효과적인 슬라이드를 위해서는 슬라이드는 단순하게 만들고 핵심에 집중하는 것이 중요하다. 먼저 무엇에 대한 것인지를 명확하게 제시하면서 시작하고, 끝날 때는 요약과 다음 내용은 무엇인지 알려줘야 한다. 텍스트와 그래프나 차트를 너무 많이 사용해 슬라이드를 복잡하게 만들면 안 된다. 텍스트가 너무 많으면 청중은 발표자의 말에 귀를 기울이지 않고 슬라이드를 읽기만 할 수도 있다. 대신 몇 가지 핵심사항을 선택하고 명확하고 간결한 언어를 사용해 내용을 전달해야 한다. 제목, 부제목, 글머리 기호를 사용해 내용을 따라오기 쉽게 해야 한다. 회사에 프레젠테이션 스타일 가이드가 있다면 이를 숙지하고 제공된 지침을 따라야 한다.

고려해야 할 또 다른 중요한 요소로는 글꼴과 이미지의 사용이다. 멀리서도 읽기 쉬운 글꼴을 선택하고, 청중의 눈이 피로하지 않도록 글꼴 크기를 충분히 크게 해야 한다. 이미지의 경우 콘텐츠와 관련이 있는 고품질의 이미지를 선택해야 한다. 잘못 디자인되거나 해상도가 낮은 이미지는 메시지의 전달력을 떨어뜨리고 프레젠테이션을 비전문적으로 보이게 할 수 있다.

이러한 일반적인 팁 외에도 슬라이드를 만들 때 염두에 두어야 할 고려사항 중에는 개발팀에만 해당되는 것도 있다. 예를 들어 특정 요점을 설명하기 위해 코드 예제나 디버깅 출력을 보여줄 때는 코드를 읽을 때 이해하기 쉬운 글꼴과 레이아웃을 사용하는 것이 중요하다.

마지막으로, 색상과 레이아웃을 효과적으로 사용해 중요한 요점을 강조하고 시각적으로 매력적인 프레젠테이션을 만들어야 한다. 회사 브랜드 색상과 같이 몇 가지로 제한된 색상 팔레트를 선택하고 프레젠테이션 전체에 이를 일관적으로 사용해야 한다. 제목과 부제목을 통해 내용을 정리하고 청중이 쉽게 따라올 수 있도록 해야 한다. 그림 3.1은 효과적인 슬라이드의 예를 보여준다.

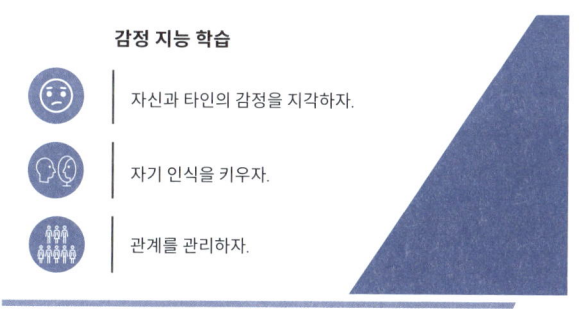

그림 3.1 효과적인 슬라이드의 예

비개발자에게 기술 정보를 전달하는 것은 개발자를 상대로 하는 것보다 어려울 수 있다. 기술적인 세부사항으로 들어가기 전에 배경지식을 설명함으로써 그 자리에 있는 청중이 해당 내용을 이해할 수 있는 기반을 마련하는 것이 중요하다. 해결하려는 문제나 달성하려는 목표를 설명하는 것부터 시작하면 좋다. 명확하고 간결한 언어를 사용하고 청중에게 생소한 전문 용어나 기술 용어는 사용하지 않는 것이 바람직하다.

비유와 예시를 활용하면 좋은데, 비전문가인 청중에게 복잡한 개념을 설명하는 데 효과적이기 때문이다. 예를 들어 특정 소프트웨어 구성요소가 어떻게 작동하는지 설명하기 위해 자동차 엔진이나 스마트 홈 디바이스를 이용할 수 있다. 마찬가지로 특정 기술이나 프로세스가 실제로 어떻게 작동하는지 설명하기 위해 실생활로부터 가져온 예시를 사용할 수 있다.

지금까지 설명한 방법을 따르면 개발팀에게 메시지를 효율적이고 전문적으로 전달하는 데 효과적인 슬라이드를 만들 수 있다. 슬라이드의 목적은 프레젠테이션을 방해하는 것이 아니라 프레젠테이션을 지원하고 보완하는 것임을 기억하기 바란다. 신중하게 계획하고 세부사항에 주의를 기울이면 메시지를 효과적으로 전달하고 청중의 참여를 유도하는 데 도움이 되는 슬라이드를 만들 수 있다.

3.3.3 탁월한 발표

수동적인 청중은 좋은 청중이 아니다. 질문을 하고, 피드백을 요청하고, 토론을 독려함으로써 청중의 참여를 유도해야 한다. 스토리텔링이나 일화 등 다양한 전달 기법을 사용해 청중이 흥미를 잃지 않도록 해야 한다. **프레젠테이션**presentation을 시작할 때 청중에게 먼저 질문을 던져 나오는 답에 따라 그 상황에 맞게 발표 내용을 조정할 수 있어야 한다.

프로젝트팀이나 컨설팅 업무를 하는 경우에는 발표의 대상이 누구인지 미리 물어보는 것이 가장 좋지만, 잘못된 정보를 가질 수도 있으므로 청중에 대한 확인 질문으로 시작하는 것도 괜찮다. 예를 들어 청중에게 프레젠테이션을 통해 무엇을 배우고 싶은 지 물어볼 수 있다. 청중의 답변이 준비한 내용과 일치하기를 바라지만, 그렇지 않더라도 답변에 맞춰 즉흥적으로 내용을 조정할 준비가 되어 있어야 한다.

즉석에서 발표 내용을 조정하는 것은 익히기 어려운 기술이다. 대부분의 사람들은 대중 연설 기술을 배우기 위한 수업이나 그룹에 참여할 것을 제안하지만, 필자는 즉흥 연기 수업을 듣는 것을 추천한다. 이러한 수업은 대부분 연기자나 코미디언을 대상으로 하지만 프레젠테이션도 공연이라고 생각한다.

청중 앞에 서는 모든 순간이 공연이다. 사람들은 여러분이 말하는 내용에 몰입할 수 있기를 기대하는데, 청중이 몰입을 못한다면 빠르게 기어를 바꿔서 몰입도를 올려야 하며, 이때 임기응변이 필요하다. 예를 들어 고급 프로그래밍 주제에 대해 발표하려는 자리에서 청중의 일부가 초보자라는 사실을 알게 될 수도 있다. 이 경우 초보자도 이해할 수 있도록 핵심 정보를 빼놓지 않고 충분히 설명해야 하는데, 설사 내용의 수준을 낮추더라도 그렇게 해야 한다.

자신감은 훌륭한 프레젠테이션의 핵심이다. 발표하는 주제에 대해 자신이 전문가이며, 청중은 여러분에게 지침과 정보를 찾고 있다는 사실을 기억하자. 자신과 자신의 능력을 믿으면 발표할 때 자신감이 빛을 발할 것이다. 여러분은 자신이 가진 전문성 때문에 발표자로 선정된 것이니 가면증후군에 빠지지 말기를 바란다(11.5절 '가면증후군 피하기'에서 가면증후군에 대해 자세히 설명한다).

동료와 멘토에게 지원과 피드백을 구하는 것도 도움이 된다. 사람들 앞에 서는 발표자로서 자신감을 키우기 위해 노력할 때, 이들은 귀중한 통찰과 격려를 제공할 수 있다.

마지막으로, 실수를 하거나 모든 답을 알지 못하는 상황도 충분히 있을 수 있다는 점을 기억하는 것이 중요하다. 누구도 여러분이 완벽하기를 기대하지 않으며, 여러분이 모든 답을 가지고 있지 않다는 사실을 스스로 인정하면 청중에게 더 친근하게 다가갈 수 있다. 대답하기 어려운 질문을 받으면 해당 주제에 대해 조사해보겠다고 말하고 프레젠테이션이 끝난 후 다시 연락하면 된다. 필자는 해결하지 못한 주제나 미뤄진 답변과 같은 것을 위한 '주차장'을 만드는 것이 유용하다고 생각한다. 답을 찾으면 다른 사람도 궁금해할 수 있으므로 질문한 사람뿐만 아니라 모든 사람에게 알려줄 수 있다.

프레젠테이션을 공연이라고 생각하면 청중의 참여와 관심을 유지하는 데 도움이 된다. 공연이나 즉흥 연기의 기술을 배우기 위해 전문 배우가 될 필요는 없다. 하지만 이러한 것들에 대해 조금만 배우면 경험이 쌓일수록 자신감을 높이는 데 도움이 된다.

요약

- 리드 개발자는 기술적인 능력과 소프트 스킬을 균형 있게 갖춰야 한다.
- 일상 업무보다 학습에 우선순위를 둠으로써 평생 학습자가 되는 것은 리드 개발자로서 성공하는 데 필수 요소다.
- 기술 기업의 리더십 스타일은 권위적, 민주적, 변혁적, 거래형, 서번트, 비전 제시형, 코칭, 자유방임적, 제휴형, 명령형, 이렇게 10가지가 있다.
- 리드 개발자는 거래형, 서번트, 코칭, 변혁적 리더십과 같이 지원형 스타일에 우선순위를 두어야 한다.
- 리드 개발자는 향후 또는 긴급 상황 시 유용한 비전 제시형, 명령형 등 더 높은 수준의 리더십 스타일도 발휘할 수 있도록 준비해야 한다.

- 프레젠테이션을 하기 전에 긴장하는 것은 당연하지만, 미리 연습을 하면 긴장을 줄이고 성공적인 프레젠테이션을 할 수 있다.
- 슬라이드와 같은 시각 자료는 요점을 명확히 하고 청중의 참여를 유도하는 데 도움이 될 수 있지만, 명확한 언어와 고품질 이미지로 단순하고 집중이 잘 되도록 만드는 것이 중요하다.
- 비전문가에게 기술 정보를 효과적으로 전달하려면 맥락을 설명하고, 비유와 예를 사용하며, 전문 용어는 피하는 것이 좋다. 동료나 멘토의 지원과 피드백을 구하는 것도 도움이 될 수 있다.

리드 개발자 이야기

모린 조지핀

모린 조지핀Maureen Josephine은 소프트웨어 엔지니어이자 플러터Flutter와 다트Dart의 구글 개발자 전문가Google Developer Expert, GED로, 사하라 사막 이남 아프리카 최초이자 케냐 최초의 여성 플러터 구글 개발자 전문가다. 기술 강연자, 테크니컬 라이터, Flutter Kisumu의 수석 커뮤니티 조직자로 활동하고 있다. 2020년 맥킨지 & 컴퍼니 차세대 여성 리더상을 수상했다. 새로운 것을 탐구하고 배우는 것을 즐긴다. 코딩 외에도 패션과 디자인에 열정을 가지고 있으며 자연, 아프리카 문화, 기술에서 영감을 얻는다.

이 인터뷰에서 모린은 리드 개발자로서 필요한 기술을 익혀온 경험에 대한 통찰을 전한다.

커리어에 가장 도움이 되었던 소프트 스킬은 무엇인가?

커뮤니케이션 기술이 가장 도움이 됐다. 커뮤니케이션이 없다면 내가 무엇을 원하고 필요로 하는지 다른 사람은 알 수 없기 때문이다. 다른 사람에게 자신의 필요를 효과적으로 전달하고 질문하는 것을 두려워하지 말아야 한다. 좋은 커뮤니케이션은 양방향이기 때문에 다른 사람들로부터 피드백을 받아야 한다. 좋은 피드백을 받는다면 정말 좋은 일이다! 피드백이 없다면 어떻게 개선할 수 있을까? 부정적인 피드백은 받아들이기 어렵지만 감정적으로 받아들이면 안 된다. 상대방의 입장이 되어 부정적인 피드백에 대해 열린 마음으로 생각해보고 자신의 전문성 개발이 필요한지 평가해보자.

사람들이 어려움을 겪고 있는 것을 보면 필요한 것이 무엇인지 물어봐야 한다. 어떤 사람들은 자신이 모르는 것처럼 보일까 봐 질문하기를 주저한다. 나는 대학에서 컴퓨터 과학을 전공했는데 첫 인턴십 때 질문하는 것을 두려워했다. 대학에서 이론을 많이 배웠지만 실제적 업무를 더 많이 해야 하는 현실 세계로 나가보니 내가 아는 것이 너무 적다는 것을 깨달았다. 멘토가 준 자료에 대해 질문을 하지 않아 업무를 완수하는 데 어려움을 겪었다. 이것 때문에 거의 일을 그만둘 뻔했다. 결국 사람들과 소통하고 새로운 기술을 배우고 적극적으로 질문하는 자세가 필요하다는 것을 깨달았다.

프레젠테이션을 어떻게 준비하는가?

가장 중요한 것은 자신감을 갖는 것이다. 사람들은 여러분의 발표를 듣고 새로운 것을 배우기 위해 프레젠테이션에 참석한다. 발표하는 정보가 정확할 수 있도록 사전 조사를 충분히 해야 한다. 한번은 AI, 플러터, 머신러닝에 대한 발표를 한 적이 있었다. 머신러닝에 대해 많이 읽어야 했고, 많은 것을 배웠다. 하지만 정말 좋았던 것은 나의 통찰을 공유함으로써 청중들이 무언가를 배울 수 있었다는 점이다.

프레젠테이션을 준비할 때 슬라이드 작성을 미루면 안 된다. 프레젠테이션 2주 전에는 슬라이드를 만들어야 한다. 이전에 했던 몇 번의 프레젠테이션 때 슬라이드 작성을 미룬 적이 있는데 이로 인해 슬라이드 디자인을 고민하며 좋은 슬라이드를 만들 시간을 충분히 갖지 못했던 것을 후회했다. 프레젠테이션을 하기 며칠 또는 몇 시간 전에 슬라이드를 만드는 것은 긴장되는 일이다.

프레젠테이션 직전에는 턱과 뺨을 몇 분간 마사지함으로써 긴장을 완화할 수 있다. 이렇게 하면 턱을 이완시키고 불안감을 줄이는 데 도움이 된다. 또 '넌 할 수 있어' 또는 '오늘 멋져 보이네'와 같이 긍정적인 말을 적어두거나 스스로에게 그렇게 되뇔 수도 있다. 외모를 단정하게 하면 타인의 시선을 신경 쓰지 않아도 되기 때문에 자신감도 높아진다.

청중과 소통하는 것을 두려워하지 말자. 청중에게 주제에 대해 알고 있는지 물어보는 것으로 프레젠테이션을 시작해야 한다. 이는 강연을 시작하기 전에 청중을 파악할 수 있는 좋은 방법이다. 독일 함부르크에서 첫 번째 강연을 했을 때, 아프리카인으로서 유럽에서 직접 기술 강연을 하는 것은 처음이었기 때문에 청중이 무엇을 기대할지 몰라 긴장했다. 청중들에게 그날 발표의 주제에 대해 무엇을 알고 있는지 질문했을 때 정말 좋은 대답과 피드백을 받았고, 이를 발표에 반영했다.

팀원들의 성격을 관찰하는 것이 중요한 이유는 무엇인가?

글로벌 커뮤니티에서 일할 때는 문화에 따라 사람들이 매우 다르다는 것을 인식해야 한다. 자신의 문화권에서는 문제되지 않는 농담을 다른 문화권에서는 불쾌하게 받아들일 수 있다. 팀에서 발산하는 에너지를 고려해 주변 환경과 업무 방식을 관찰해야 한다. 본인이나 팀원 중 누군가가 피드백을 제공할 때 그 사람이 피드백을 잘 받아들이는지 아닌지 평가할 수 있다.

The Lead Developer Story

어떤 일에 반응하는 방식은 사람마다 다르다. 또한 사람마다 성격도 다르기 때문에 성격 유형에 따라 피드백을 주는 방식도 달라져야 한다. 상대방의 입장에서 생각해보면 상대방이 어떤 생각을 가지고 있는지 파악하는 데 도움이 된다. 실수로 적을 만드는 일은 절대 피해야 한다.

바쁜 리드 개발자가 학습에 우선순위를 두려면 어떻게 해야 할까?

바쁘면 매일 새로운 일이 생기는 것 같다. 절제하는 것이 중요하다. 자신에게 맞게 일정을 짜는 방법을 배워야 한다. 어떤 사람들은 아침에 학습의 효과가 더 좋고 집중도 잘하는 반면, 어떤 사람들은 저녁을 선호한다. 다른 사람의 스케줄에 맞춰 자신의 일정을 맞추지 말아야 한다. 사람마다 생활 방식은 다르기 때문에 타인의 일정이 자신과는 맞지 않을 수도 있다. 하루에 30분 정도만 시간을 내도 되지만 중요한 것은 일관성을 유지하는 것이다.

또한 새로운 기술을 배운 다음에는 무엇을 할 것인지 생각해봐야 한다. 최종 목표 또는 주된 목적은 무엇인가? 해당 기술을 배우려는 동기는 무엇인가? 새로운 기술을 배웠다면 그것을 연습해야 한다. 배운 내용을 구현하려면 실용적인 기술과 교과서적인 지식이 필요하다. 자신만의 프로젝트를 만들어 연습하고 배운 내용을 다른 사람들과 공유하면 좋다.

새로 배운 내용을 동영상, 블로그, 기사, 트윗으로 작성할 수 있다. X에서 많은 사람이 지식을 공유하는 것을 보면서 정말 멋지다고 생각한다! 나도 스택 오버플로에서 글을 많이 작성하고 질문에 답변도 했는데, 나중에 해당 주제에 대한 정보를 잊어버려서 구글 검색으로 찾은 적도 있다. 배운 정보를 공유하면 커뮤니티뿐만 아니라 미래의 자기 자신에게도 도움이 될 수 있다는 것을 보여주는 사례다.

직장에서 어떤 문제에 대한 해결책을 찾기 위해 무언가를 연구해야 한다면, 업무 중 시간을 쪼개 특정 주제를 학습한다. 약간의 정보만 필요할 때도 있고, 마감 기한에 쫓겨 해결책을 빨리 찾아야 할 때도 있다. 하지만 그 후에는 시간을 내어 전반적인 작동 방식에 대해 더 깊이 있게 살펴봐야 한다. 이렇게 하면 업무 시간과 개인 시간 사이에서 균형 잡힌 학습을 하는 데 도움이 된다.

CHAPTER 04
개발에 필요한 기술의 학습

이번 장에서 다루는 내용
- 학습 스타일 및 콘텐츠 유형 찾기
- 건강이 기억력 유지에 미치는 영향
- 학습 장애물 극복하기
- 커뮤니티 프로젝트가 기술 성장을 촉진하는 방법
- 경험 및 포트폴리오를 위한 프로젝트 만들기
- 현실적인 기술 학습 목표 설정

새로운 기술을 배우는 것은 개발자가 되는 데 매우 중요한 부분이지만, 이 과정이 어렵고 부담스러울 수 있다. 이제 막 경력을 시작했든 아니면 경험이 많은 개발자이든 새로 배워야 할 기술은 언제나 생기며 기술을 향상시킬 수 있는 방법도 언제나 존재한다.

개발자가 새로운 기술을 배울 때 직면하는 큰 문제 중 하나는 너무 많은 정보에 압도당한다는 점이다. 수많은 리소스와 튜토리얼을 손쉽게 이용할 수 있기 때문에 어디서부터 시작해야 하고, 어떤 정보가 가장 적절한지 파악하기가 어려울 수 있다. 필요한 정보를 찾는다 해도 연습이나 적용을 위한 시간이 부족할 때도 있다. 새로운 개념이나 기술에 대해 읽는 것과 이를 실제로 적용하는 것은 별개의 문제다. 배운 내용을 실제 상황에 적용해볼 수 있는 기회를 갖기가 어려울 때가 많다.

개발자는 또한 가면증후군이라는 문제에 직면한다. 특히 경험이 많은 개발자들과 함께 일하다 보면 새로운 개념이나 기술을 이해하지 못하는 사람은 자신밖에 없는 것처럼 느껴지기 쉽다. 숙련된 개발자와 함께 일하는 것이 부담스러울 수 있고, 자신의 기술 수준으로 그들에게 깊은 인상을 남기고 싶을 수도 있다. 이는 누구에게나 일어날 수 있는 일이다! 여러분만 그런 것이 아니다. 이 장의 뒷부분에서 신체적, 정신적 건강에 대해 논의할 때 이 주제를 다시 살펴볼 것이다.

개발자가 직면하는 또 다른 문제는 인내심과 끈기가 부족하다는 점이다. 새로운 기술을 배우는 데는 시간과 노력이 필요하며, 발전이 더디면 낙담하기 쉽다. 매니저와의 일대일 미팅에서 개발자가 제시하는 목표가 너무 원대해서 성공에 대해 확신을 갖지 못하는 것을 볼 때가 종종 있다. 목표를 세우는 것은 좋지만 목표를 달성하지 못하면 실패한 사람처럼 느껴질 수 있다. 이러한 감정은 앞으로 나아가지 못하게 하거나 심지어 학습 목표를 완전히 포기하게 만들 수도 있다.

많은 개발자가 이러한 문제에 직면하지만 충분히 극복할 수 있다. 달성 가능한 목표를 설정하더라도 우리의 인생은 변하기 마련이라서 언제든 우선순위가 바뀔 수 있다. 배움은 평생의 여정이며, 가장 중요한 것은 그 여정을 즐기는 것임을 기억하자.

4.1 학습 방법 개선

자신만의 학습 스타일을 고려하고, 학습하기에 편하면서도 정보를 잘 기억하게 해주는 형식을 찾아 학습에 반영하는 것이 중요하다. 새로운 기술 및 소프트 스킬을 효과적으로 학습하거나 자신의 학습 방법을 개선하기 위해서는 여러 콘텐츠 유형 중 어떤 것이 자신에게 맞는지 평가해봐야 한다.

가장 인기 있는 콘텐츠 유형으로는 교과서, 블로그 게시물, 온라인 강좌, 교육용 동영상, 오디오북 등이 있다. 옵션이 너무 많아 어디서부터 시작해야 할지, 어떤 유형의 콘텐츠가 가장 효과적인지 파악하는 것이 부담스러울 수 있다. 학습의 장애물을 만났을 때 필요한 정보를 어디서 찾아야 할지 모르는 경우에는 문제점을 극복하기 어려울 수 있다.

이때 필자를 포함해 많은 개발자가 해결책을 찾을 때까지 쉬지 않고 계속 노력함으로써 문제를 극복하려고 하는 경우가 많다. 하지만 무리하지 않으면서 학습 장애를 극복할 수 있는 더 건강한 방법도 있다.

연상 기억법mnemonic device과 같은 전략을 사용하면 새로운 기술을 배우는 동안 높은 수준의 정보를 유지할 수 있다. 연상 기억법은 무언가를 기억하는 데 도움이 되는 도구나 기법이다. 새로운 정보를 좀 더 효율적이고 효과적으로 학습할 수 있는 간단하고 재미있는 방법이다. 연상 기억법은 눈에 띄는 문구, 운율, 약어 등 다양한 형태를 취할 수 있으며, 복잡한 정보나 항목의 목록을 더 쉽게 기억할 수 있도록 도와준다. 중요한 사실, 수치, 날짜 등을 훨씬 쉽게 기억할 수 있도록 도와주는 작은 기억 도우미 같은 것이다. 이에 대해서는 4.1.2절 '기억력 향상'에서 자세히 설명한다.

리드 개발자는 업무에서 맡은 책임과 최신 기술의 학습 사이에서 시간을 균형 있게 배분해서 사용해야 한다. 지침과 달성 가능한 목표 설정 없이는 어려울 수 있다. 이전 장에서 설명한 것처럼 새로운 기술을 배우기 위해 시간을 투자해야 한다. 정기적으로 새로운 기술을 배우는 데 필요한 시간을 확보하기 위해서는 달력에 시간을 표시해두면 좋다. 새로운 기술을 배울 때는 시간 배분을 균형 있게 하고, 정신을 바짝 차려 빠른 시간 내에 학습하고, 배운 내용을 기억해야 하는데, 이렇게 하는 것은 결국 각자의 몫이다.

4.1.1 학습 방법 이해

새로운 기술 및 소프트 스킬을 배우기 위해 방대한 자료를 찾아보려면 많은 시간과 인내가 필요하다. 선택지가 다양하므로 어디서부터 시작해야 할지 알기 어렵고, 더 중요한 문제는 가장 효과적으로 학습할 수 있는 콘텐츠 유형이 어떤 것인지 알기 어렵다는 점이다. 선호하는 콘텐츠 유형을 결정하려면 다양하게 실험해보고 어떤 유형이 가장 적합한지 평가해야 한다.

일반적인 형식은 다음과 같다.

- 동영상 튜토리얼
- 글로 쓰여진 튜토리얼 및 문서
- 대화형 코딩 연습
- 코드 샘플
- 팟캐스트
- 오디오북

다양한 형식을 시도해봄으로써 어떤 콘텐츠 유형이 가장 효과적인지 파악하고 이를 바탕으로 향후에 어떻게 학습할지 참고하면 좋다. 필자가 동영상 기반의 온라인 강좌를 만들면서도 글로 쓰여진 튜토리얼을 선호한다는 사실에 많은 사람이 흥미로워한다. 필자는 비디오 튜토리얼이 나오기 전에 개발 경력을 시작했기 때문에 이런 방식을 선호한다. 지금은 동영상 튜토리얼이 제공되기 때문에 동영상과 문서를 함께 사용하는 것도 좋다.

동영상 튜토리얼이 자신에게 적합한지 평가할 수 있는 한 가지 방법은 관심 있는 주제에 대한 튜토리얼을 시청한 후에 같은 주제에 관한 문서나 기사를 읽어보는 것이다. 이때 각 형식의 정보를 자신이 어떻게 처리하고 기억하는지 기록한다. '동영상 튜토리얼에서 더 많은 내용을 흡수하는가?', '문서를 읽을 때 내용이 더 쉽게 이해되는가?'와 같은 질문에 대한 답을 찾아보려고 노력해보자.

또 다른 효과적인 방법은 배운 내용을 연습해보는 것이다. 배운 개념을 적용할 수 있는 대화형 코딩 연습을 해보기 바란다. 이렇게 하면 배운 내용을 직접 적용해보고 개념을 성공적으로 구현할 수 있는지 확인할 수 있다. 예를 들어 간단한 시간 관리 앱처럼 자동화할 수 있는 소규모 프로젝트를 만들어볼 수 있다. 새로운 언어, 데이터베이스, 프레임워크를 학습할 때는 이를 활용해 기존 앱을 다시 작성해보는 방식도 도움이 된다.

연습 문제를 풀면서 기분이 어땠는지, 자료를 얼마나 잘 이해할 수 있는지 기록해놓는 것도 필요하다. 자신의 능력에 자신감이 생기는가? 아니면 지침을 따르는 데 어려움이 있는가? 코드 샘플도 자신을 평가하는 좋은 방법이 될 수 있다. 배우고자 하는 언어나 기술의 코드 샘플을 읽어보고, 얼마나 잘 이해되는지를 확인해보자. 이해되지 않는 부분은 메모해두었다가 이후에 더 깊이 학습할 항목으로 정리하면 좋다.

자신의 학습 스타일을 고려하는 것도 중요하다. 개인마다 정보를 처리하는 방식이 다르다. 시각적 학습자인 사람은 도표, 일러스트레이션, 그림 등으로 표현된 정보를 선호한다. 반면 청각 학습자는 강의, 팟캐스트, 오디오북 등으로 정보를 듣는 것을 선호한다.

마지막으로, 학습할 때 손으로 직접 만지면서 조작하는 것을 선호하는 운동 감각 학습자들도 있다. 자신에게 무엇이 더 편하고, 정보를 더 잘 기억하는 데 도움이 되는 형식인지 생각해보기 바란다. 다양한 콘텐츠 유형을 시도하면서 배운 내용을 연습해보고, 자신의 학습 스타일을 되돌아보면 앞으로 어떤 유형의 콘텐츠가 자신에게 가장 효과적인지 더 잘 이해할 수 있다.

4.1.2 기억력 향상

새로운 기술을 배우는 동안 기억력을 높이면 정보를 더 잘 유지할 수 있고, 그 결과 더 효율적이고 효과적인 개발자가 될 수 있다. 이처럼 학습 방식을 개선하면 더 많이 노력하지 않아도, 더 현명하게 일할 수 있으며 학습에 드는 시간도 줄일 수 있다. 또한 비판적 사고를 사용하고, 과거에 배운 비슷한 기술을 기억하며, 이전에 겪었던 일반적인 오류를 극복할 수 있는 역량을 더 잘 갖출 수 있다.

능동적 회상active recall을 연습하는 것은 단서나 단서의 도움 없이 기억에서 정보를 검색하는 과정이다. 수동적으로 문서나 튜토리얼을 읽는 대신, 자가 테스트를 해본다든지, 다른 사람에게 가르치는 것을 통해 배운 내용을 능동적으로 기억하도록 노력해보기 바란다. 이렇게 하면 두뇌의 연결이 강화되어 나중에 정보를 기억할 가능성이 높아진다.

예를 들어 경험을 쌓아가다 보면 같은 오류나 문제를 자주 접하게 되는 경우가 있다. 이럴 때는 과거에 오래 걸려 해결했던 오류라면, 특히 이전에 동일한 오류를 수정하는 데 오랜 시간이 걸렸다면 더 빠르게 시간을 단축할 수 있다. 과거에 해결하는 데 애를 먹었던 오류일수록 머릿속에 더 또렷하게 떠오르는 법이다.

앞서 언급했듯이 연상 기억법은 정보를 더 쉽게 기억할 수 있도록 도와주는 방법이다. 예를 들어 프로그래밍 용어 목록을 기억하기 위해 약어를 사용하거나 특정 구문을 기억하는 데 도움이 되는 심상 이미지를 만들 수 있다. 연상 기억법은 복잡한 알고리즘이나 데이터 구조와 같이 시각화하기 어려운 것을 기억할 때 특히 유용하다. 개발자는 프로그래밍 기술에 대한 정보를 기억하기 위해 여러 가지 유형의 연상 기억법을 사용할 수 있다.

표 4.1은 필자가 정보를 기억하기 위해 사용하는 몇 가지 연상 기억법을 나타낸 것이다.

표 4.1 개발자를 위한 연상 기억법의 예시

연상 기억법	정의	예
약어 acronym	문구 또는 이름의 첫 글자를 사용해 생성된 단어	SOLID(객체 지향 설계): 단일 책임 원칙 single responsibility principle, 개방-폐쇄 원칙 open/closed principle, 리스코프 치환 원칙 Liskov substitution principle, 인터페이스 분리 원칙 interface segregation principle, 의존관계 역전 원칙 dependency inversion principle
아크로스틱 acrostic	각 단어의 첫 글자가 다른 단어나 구의 문자를 나타내는 문장 또는 구문	CRUD(생성, 읽기, 갱신, 삭제) 앱 = 기억하기 쉽게 'Careful Reading Uncovers Deeper Meaning(주의 깊게 읽으면 더 깊은 의미가 드러난다)'라는 연상 문구로 외우기도 한다.
청킹 chunking	정보를 더 작고 관리하기 쉬운 덩어리로 분해하는 프로세스	긴 코드 문자열을 특정 함수나 관련 변수 그룹과 같이 더 작은 그룹으로 나눈다.
이미지 imagery	정보를 기억하는 데 도움이 되는 시각적 이미지 사용	프로그램의 계층 구조를 나타내는 트리 이미지로, 줄기는 주 함수를 나타내고, 가지는 하위 함수를 나타낸다.
운율 rhyme	단어와 단어의 어미 또는 단어 사이의 소리 대응	Agile projects go round and round with planning, doing, checking, and adjusting to being found(애자일 프로젝트는 계획, 실행, 점검, 조정이 반복적으로 이뤄진다) = 애자일 프로젝트 관리의 핵심 단계

정보가 너무 많으면 압도되기 쉽고 기억하기 어려울 수 있다. 모든 것을 한꺼번에 받아들이는 대신 복잡한 개념을 이해하기 쉬운 작은 단위로 나누면 좋다. 한 번에 새로운 스킬이나 기술의 한 가지 측면에만 집중하여 학습하면서 배운 내용을 차근차근 쌓아나가길 바란다. 새로운 모바일 앱을 구축하는 것이라면 백엔드 기능 및 컴포넌트 개발을 핵심적으로 학습하면 된다. 각 컴포넌트에 대해 작업 목록을 만들고 해당 컴포넌트를 완료하기 위해 수행해야 하는 더 작고 구체적인 작업을 세부적으로 만들 수 있다.

4.1.3 신체적, 정신적 건강 관리하기

다양한 연구에 따르면 새로운 정보를 기억에 통합하는 데 수면, 스트레스 수준, **정신 건강**mental health이 중요한 역할을 하는 것으로 알려져 있다. 수면 부족과 스트레스는 신체 건강에 나쁜 영향을 미쳐 정보를 학습하고 기억하기 어렵게 만들 수 있기 때문에 수면을 충분히 취하고 스트레스를 관리하는 것이 중요하다. 균형과 집중력을 유지하려면 정신 건강이 매우 중요하다. 규칙적으로 운동하고 영양 섭취에 신경 쓰며 과로하지 않도록 주의해야 한다. 건강하면 새로운 정보를 배우고 기억하는 능력이 향상된다.

가면증후군을 극복하기 위해서도 신체적, 정신적 건강을 꼭 돌보아야 한다. 충분한 수면을 취하고, 건강하게 식사하고, 필요할 때 휴식을 취해야 한다. 운동은 스트레스를 해소하고 기분을 개선하기 위한 좋은 방법이다.

또한, 가면증후군이나 기타 정신 건강 문제로 어려움을 겪고 있다면 치료사나 상담사와 상담하는 것도 고려해야 한다. 필자는 여전히 가면증후군을 겪고 있는데, 부정적인 생각을 긍정적인 생각으로 바꾸는 것이 가면증후군을 극복하는 데 도움이 된다. '내가 뭘 하고 있는지 모르겠네'라고 생각하는 대신 '나는 아직 배우는 중이니 괜찮아'라고 생각해 보자. 실수 그 자체에 집중하지 말고 실수를 통해 무엇을 배웠는지에 집중하기 바란다. 누구나 실수할 수 있으며, 실수는 성장하고 발전할 수 있는 기회라는 사실을 기억하자.

개발자는 빠르고 끊임없이 변화하는 환경에 놓여 있다. 이러한 환경은 흥미를 유발하기도 하지만, 스트레스도 생길 수 있다. 스트레스는 신체적, 정신적 건강을 해칠 수 있으므로 시간을 내어 효과적으로 관리하는 것이 중요하다. 분주히 일하며 정신없이 보내기 쉽기 때문에 자기 관리를 높은 우선순위에 두는 것이 중요하다.

운동, 명상, 취미 생활 등을 하고, 사랑하는 사람들과 함께 시간을 보내야 한다. 너무 힘들면 동료, 친구, 전문가에게 주저 없이 도움을 요청해야 한다. 한 발짝 물러나 심호흡을 하고 다시 마음을 가다듬는 것도 좋다. 모든 것을 다 알 필요는 없으며, 도움을 요청하는 것이 중요하다. 여러분의 건강은 꼭 챙겨야 하며, 자신을 돌보는 것은 궁극적으로 생산성, 효율성, 성취감을 높이는 데 도움이 된다.

경계를 설정하고 거절할 수 있는 능력도 또 다른 중요한 기술이다. 리드 개발자는 질문에 답하거나 프로젝트와 관련된 논의를 하느라 빈번하게 연락을 주고받는 경우가 많다. 해야 할 일이 많은데 누군가 도움을 요청하면 지금은 도와줄 수 없다고 말할 수 있어야 한다. 사람들이 이런 요청을 할 때는 즉각적인 도움을 기대하지 않는 경우도 많다. 프로젝트 관리자는 여러분의 업무량 관리를 돕기 위해 존재하며, 업무가 너무 많다고 느끼면 언제든지 프로젝트 관리자에게 도움을 요청해야 한다.

> **NOTE**
>
> 필자는 경력 초기에 거절하는 데 능숙하지 못했다. 일의 범위를 정할 줄 몰랐고, 사람들을 기쁘게 하는 스타일이었다. 한번은 상사가 다음 날 아침 클라이언트를 만나기 위해 밤 8시에 런던에서 벨기에로 가는 기차를 타라고 요청했고, 필자는 흔쾌히 승낙했다. 젊은 여성이 혼자서 밤늦게 낯선 나라에 도착하는 것은 위험하기도 했으며, 그 당시 회의 준비를 하느라 그날 밤 한숨도 못 자는 상황에 놓이기까지 했다. 그때는 물론이고 지금도 필자에게는 상사의 요청을 거절할 모든 권리가 있었다.

업무의 적절한 범위와 경계를 설정하지 않으면 과로로 인한 스트레스가 신체적, 정신적 건강에 악영향을 미칠 수 있다. 필자의 경우 한 달에 두 번씩 해외 출장을 오랜 기간 다녔는데, 이로 인해 몸이 아파 일주일 동안 병원에 입원까지 했지만 업무에 복귀한 후에도 계속 과로했다. 4년이 더 지나고 나서야 몸이 나아지지 않는다는 것을 깨달았고, 결국 정신적 쇠약으로 인해 휴가를 내야만 했다. 그로 인해 필자의 인생이 바뀌었고 지금은 건강을 최우선으로 생각한다. 스스로를 돌보지 않고는 다른 사람을 도울 수 없다.

4.1.4 배우면서 가르치기

새로운 프로그래밍 기술을 학습하고 배운 내용을 다른 사람에게 가르치는 것은 해당 기술에 대한 이해를 높이고 커뮤니티에 기여할 수 있는 좋은 방법이다. 예를 들어 새로운 프로젝트를 진행 중인데, 로컬 개발 환경을 설정하는 도중 네트워크와 관련해 같은 오류가 계속 발생해서 스택 오버플로를 뒤져가며 문제 해결을 시도해보지만 별 소용이 없다고 가정해보자. 혹은 주니어 개발자와 함께 페어 프로그래밍을 하고 있는 도중 발생한 어떤 오류의 원인과 해결책을 찾지 못하고 있다고 해보자.

이런 상황에서 해결 방법을 알아냈다면 같은 문제를 겪고 있는 다른 사람들을 돕기 위한 콘텐츠를 만드는 것이 좋다. 블로그 게시물을 작성하거나, 튜토리얼 동영상을 만들거나, 문제와 해결 방법을 자세히 설명하는 강연을 할 수도 있다.

누군가를 가르칠 기회를 가질 수 있는 한 가지 방법은 배우고 싶은 프로그래밍 언어나 기술에 초점을 맞춘 온라인 모임이나 사용자 그룹을 찾는 것이다. 이러한 그룹에서는 특정 주제에 대해 프레젠테이션을 하거나 워크샵을 이끌 연사가 필요할 때가 있다. 이때 회원으로서 세션을 진행하거나 자신이 경험한 오류와 해결 방법에 대해 강연하는 자원봉사를 할 수도 있다. 청중이 같은 오류를 경험한 적이 있다면 이러한 유형의 프레젠테이션은 흥미와 감정적인 반응을 얻을 수 있기 때문에 필자가 가장 선호하는 프레젠테이션 유형이다.

온라인이나 지역의 대학교 또는 커뮤니티 센터에서 강의나 워크숍을 제공함으로써 자신만의 기회를 만들 수도 있다. 이는 커뮤니티에 기여하고 다른 사람들과 지식을 공유할 수 있는 좋은 방법이다. 사용자 그룹을 찾을 수 없다면 직접 만드는 것도 언제든지 가능하다! 커뮤니티의 창시자가 되면 리더십 기술을 배울 수 있으므로 과감하게 자신만의 커뮤니티를 만들어보기를 바란다. 이 과정에서 그룹을 조직하고, 이벤트를 예약하고, 토론을 진행해야 하는데, 이는 모두 리드 개발자로서 갖춰야 할 훌륭한 기술이다.

또 다른 방법은 멘토링 프로그램이나 견습생 과정을 찾아보는 것이다. 많은 기업과 조직에서 새로운 기술을 배우고 경험을 쌓고자 하는 개발자를 위한 멘토링 프로그램을 운영하고 있다. 멘토는 새로운 기술이나 스킬을 배우는 과정을 통해 후배 개발자를 안내하는 역할을 맡는다. 멘토가 되었을 때 좋은 점은 멘티로부터 배울 수 있는 기회가 주어진다는 점이다. 지난 몇 년간 필자는 멘티로부터 아주 많은 것을 배울 수 있었는데, 필자는 아직 학습하지 못한 최신 기술을 그들은 이미 학습하고 있었기 때문이다. 멘티가 숙련된 리드 개발자에게 새로운 기술을 가르쳐줄 수 있다면 그들이 자신감을 갖는 데 도움이 될 것이다.

또한 소셜 미디어 및 기타 온라인 플랫폼을 활용할 수도 있다. 학습 경험에 대한 블로그, 유튜브 채널, 팟캐스트, 트위치 채널 등을 만들면 자신의 경험과 방법을 배우고자 하는 팔로워와 학생을 모으는 데 도움이 될 수 있다. 기술적인 것만 공유할 필요는 없으며 리더십에 관한 내용도 공유할 수 있다. 자신이 처했던 상황과 그 상황을 어떻게 처리했는지, 그리고 지금이라면 어떻게 처리할 것인지에 대한 이야기를 들려주면 시청자와 소통하고 리더십 기술에 대한 피드백을 받을 수 있는 좋은 기회가 된다.

새로운 기술을 배우면서 가르치는 것은 서로에게 유익한 경험이 될 수 있다. 커뮤니티로부터 받은 도움을 다시 되돌려주면서 해당 자료에 대한 이해를 심화할 수 있다. 모임이나 사용자 그룹에서 강연 자원봉사를 하거나 멘토링 프로그램이나 견습 프로그램에 참여한다든지 온라인 콘텐츠를 만들거나 지역 기관에서 수업이나 워크숍을 진행하는 등 가르칠 기회를 찾으려고만 하면 얼마든지 많다. 강의 자료를 준비하다 보면 미처 생각하지 못했던 다른 기회를 발견할 수도 있다. 이 모든 것이 지속적으로 기술을 향상하고 리드 개발자로서의 커리어에서 성공할 수 있는 기반을 마련하는 데 큰 도움이 될 것이다.

4.2 기술의 적용

개인 프로젝트 작업, 커뮤니티 프로젝트 지원, 프로토타입 제작은 모든 리드 개발자가 자신의 경력에서 갖추어야 할 중요한 기술이다. **프로토타입**prototype은 디자인 콘셉트를 테스트하고 검증하는 데 사용되는 제품이나 기능의 초기 버전이다. 프로토타입은 종이에 대략적으로 그린 스케치부터 소프트웨어를 사용해 매우 상세하게 만든 목업에 이르기까지 다양한 형태가 가능하다. 프로토타입을 만드는 것은 다양한 디자인 옵션을 탐색하고 아이디어에 대한 피드백을 얻을 수 있는 좋은 방법이다. 앞서 언급한 목업 외에도 와이어 프레임wireframing, 코딩까지 프로토타입을 만드는 데 사용할 수 있는 도구와 기법이 많다.

새로운 기술을 배우기 위한 방안으로 커뮤니티 프로젝트에 참여하는 것은 아주 유용한데, 개발자가 충분히 지원받으면서 새로운 기술과 기법을 실험하고 전체 구현에 착수하기 전에 어떤 것이 어떻게 작동하는지 파악할 수 있기 때문이다. 개인 또는 커뮤니티 프로젝트에 참여해 작업하면, 문제점을 파악하고 해결책을 배우는 과정에서 문제 해결 능력을 키우는 데 도움이 될 수 있다.

프로토타입을 사용하면 아이디어를 적은 비용으로 빠르게 테스트하고 검증할 수 있으며, 이해관계자 및 팀원에게 비전을 전달하는 데도 도움이 된다. 새 프로젝트를 시작할 때 프로토타입을 만들면 다양한 디자인 옵션을 탐색하고 잠재적인 문제를 조기에 파악하는 데 좋다. 프로젝트가 많이 진행되고 난 후에는 변경이 훨씬 더 어렵고 비용도 많이 들기 때문에 프로토타입을 만드는 것이 장기적으로는 시간과 리소스를 절약해준다.

간단한 프로토타입의 좋은 예로는 그림 4.1과 같은 **CRUD**create, read, update, delete **앱**이 있는데, 어떤 프로그래밍 언어나 프레임워크에 대해서도 구축할 수 있다.

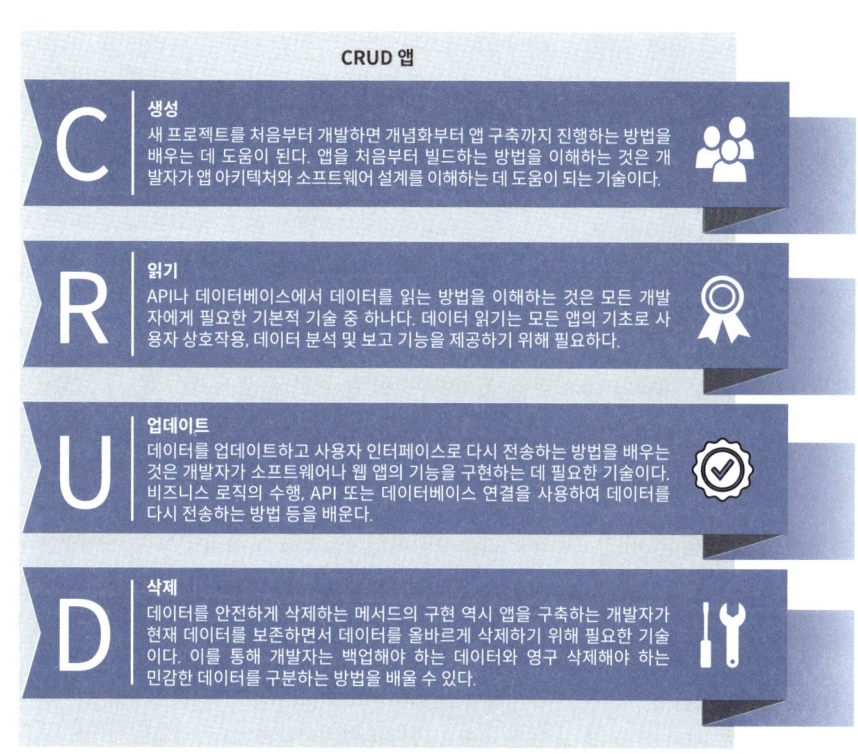

그림 4.1 CRUD 프로토타입 예시

프로토타입은 개발 프로세스를 돕고 이해관계자들에게 프로젝트의 가치를 보여줄 수 있다. 최종 제품이 어떤 모습일지에 대한 가시적인 예를 제공함으로써 자금을 확보하고 피드백을 수집하며 주요 의사결정권자의 동의를 얻는 것이 훨씬 용이해진다.

프로토타입은 또한 팀 협업과 커뮤니케이션을 위한 훌륭한 도구가 될 수 있다. 개발자가 자신의 아이디어를 다른 팀원에게 명확하게 전달하고, 다른 팀원으로부터 피드백과 의견을 수집하는 데 도움이 된다. 이렇게 하면 모두가 동일한 이해를 바탕으로 같은 목표를 향해 일할 수 있기 때문에 더 효율적이고 효과적인 개발 프로세스로 이어질 수 있다. 시간을 내어 프로토타입을 만드는 방법을 배우고 연습하면 장기적으로 유용하다.

4.2.1 개인 프로젝트 개발

개인 프로젝트 작업은 개발 경력을 쌓는 데 큰 도움이 될 수 있다. 다양한 기술과 도구에 대한 실무 경험을 쌓을 수 있을 뿐만 아니라, 자신의 기술에 대한 열정과 헌신을 보여줄 수 있기 때문이다. 일상 업무에서는 접할 기회가 없는 새로운 기술과 도구를 개인 프로젝트에서는 실험해볼 수도 있다. 이를 통해 최신 업계 트렌드를 파악하고 기술을 향상시킬 수 있다. 개인 프로젝트 작업의 이점은 다음과 같다.

- **포트폴리오 구축**: 개인 프로젝트를 통해 자신의 능력과 기술을 보여줄 수 있는 포트폴리오를 만들고 채용 담당자에게 보여줄 수 있다. 실제 프로젝트 개발에 관한 포트폴리오는 다른 지원자보다 돋보이고 전문성을 입증할 수 있는 좋은 방법이다.
- **문제 해결 능력 향상**: 개인 프로젝트를 수행하면 스스로 도전하면서 문제 해결 능력을 향상할 수 있다. 처음부터 무언가를 구축하려면 비판적으로 사고하고, 버그를 찾아 수정하고, 문제에 대한 창의적인 해결책을 찾아야 한다.
- **자신감 향상**: 개인 프로젝트를 진행하면 개발자로서 자신의 능력에 대한 자신감을 키울 수 있다. 아무리 작은 프로젝트라도 프로젝트를 완료하면 성취감을 느낄 수 있고, 더 크고 복잡한 프로젝트 도전에 동기부여가 된다.

개인 프로젝트는 개발자가 실무 경험을 쌓고 포트폴리오를 구축하며 잠재적 고용주에게 자신의 기술을 보여줄 수 있는 좋은 방법이다. 하지만 개인 프로젝트에 대한 아이디어를 찾기가 어려울 수 있다.

표 4.2는 개발자가 개인적으로 수행할 수 있는 프로젝트에 대한 예를 보여준다.

표 4.2 개발자를 위한 개인 프로젝트 예시

프로젝트	혜택
웹사이트 또는 웹 앱 구축	HTML, CSS, 자바스크립트와 같은 프런트엔드 기술과 리액트나 앵귤러와 같은 웹 프레임워크에 대한 경험을 쌓을 수 있다.
모바일 앱 만들기	iOS의 스위프트Swift나 안드로이드 코틀린Kotlin과 같은 모바일 개발 기술에 대한 경험을 쌓을 수 있다. 또한 리액트 네이티브나 플러터와 같은 크로스 플랫폼 개발 도구를 사용해 iOS와 안드로이드에서 실행되는 앱을 빌드할 수 있다.

표 4.2 개발자를 위한 개인 프로젝트 예시(표 계속)

프로젝트	혜택
게임 만들기	2D 게임 제작을 위해 유니티Unity나 언리얼 엔진Unreal Engine과 같은 게임 개발 기술과 파이게임Pygame 혹은 고도Godot 같은 게임 개발 프레임워크를 배울 수 있다.
개인 비서 만들기	Dialogflow 또는 Rasa와 같은 플랫폼을 사용해 자연어 처리natural language processing, NLP 및 머신러닝 기술을 학습하고 일정 관리, 알림 등의 작업을 도와주는 AI 기반 개인 비서를 만들 수 있다.
챗봇 만들기	Dialogflow나 Botkit과 같은 플랫폼을 사용해 NLP 및 머신러닝 기술에 대한 경험을 쌓고, 자연어로 사용자와 상호작용할 수 있는 챗봇을 만들어볼 수 있다.

표 4.2는 단지 예에 불과하며 개인적으로 할 수 있는 프로젝트의 종류는 무궁무진하다. 여기서 핵심은 자신의 관심사와 기술에 맞는 프로젝트를 선택하는 것이다. 하지만 자신의 기술 역량을 넓히기 위해 안전지대를 벗어난 프로젝트에 과감하게 참여하는 것도 추천할 만하다. 최신 트렌드를 탐색하거나 코딩 챌린지에 참여하는 것 역시 개인 프로젝트에 대한 아이디어를 얻을 수 있는 좋은 방법이다. 이에 더해 자기 자신이나 다른 사람이 겪고 있는 문제를 해결하는 무언가를 만들 수도 있다.

예를 들면 이 책이 출간되는 데 도움을 준 사람 중 한 명인 제이미 맥과이어Jamie Maguire는 X API를 사용해 개인 프로젝트를 진행하고 있다. 그는 자신의 계정을 관리할 수 있는 효과적인 도구를 만드는 데 관심이 있어 X에서 제공하는 도구를 활용해 작업하는 방법을 학습했다.

개인 프로젝트를 진행하면 개발자는 소중한 경험을 쌓고 기술을 향상시키며 경력을 발전시키는 데 도움이 되는 포트폴리오를 구축할 수 있다. 시간을 내어 새로운 기술과 도구를 살펴보고 지금 바로 개인 프로젝트를 시작해보기 바란다!

4.2.2 커뮤니티 프로젝트 작업

커뮤니티 프로젝트에 참여하는 것은 여러 가지 이유로 개발자에게 도움이 된다. 우선, 같은 생각을 가진 사람들과 협업할 수 있기 때문에 혁신적이고 수준 높은 프로젝트를 만들 수 있다. 또한 커뮤니티 프로젝트에 참여하면 강력한 인맥을 구축할 수 있으며, 이는 이후의 경력에 큰 도움이 될 수 있다.

하지만 어떻게 시작할 수 있을까? 첫 번째 단계는 자신의 관심사와 기술에 맞는 프로젝트를 찾는 것이다. 오픈소스 프로젝트는 소프트웨어 개발부터 문서화나 번역에 이르기까지 다양하다. 깃허브, 깃랩GitLab, 소스포지SourceForge 같은 인기 있는 오픈소스 플랫폼에서 관심이 가는 프로젝트를 찾아볼 수 있다. 리액트와 같은 라이브러리 및 프레임워크에 기여자가 될 수도 있다. 문제를 발견하고 해결책이나 새로운 기능을 제안할 수 있다.

프로젝트에 참여하기 전에 문서를 읽어보고 프로젝트의 목표와 구성 방식을 파악하면 좋다. 이를 통해 자신이 어떻게 기여할 수 있는지, 어떤 기술이 필요한지 이해할 수 있다. 관심 있는 프로젝트를 찾았다면 해당 프로젝트의 관리자에게 연락해 자신을 소개하고 프로젝트에 관심이 있는 이유를 설명하기 바란다. 프로젝트에 도움이 될 수 있는 관련 경험이나 기술을 언급하면 좋다.

처음에는 관리하기 쉬운 작은 규모의 작업부터 시작할 수 있다. 이렇게 하면 프로젝트의 코드베이스와 워크플로에 익숙해지고 커뮤니티의 다른 구성원들과 관계를 구축할 수 있는 기회를 가질 수 있다. 오픈소스 프로젝트는 협업을 기반으로 하기 때문에 커뮤니티의 구성원들과 효과적으로 소통하는 것이 중요하다. 도움이 필요할 때 질문하고 진행 상황에 대해 공유해야 한다.

개발자들에게 가장 인기 있는 기술 커뮤니티 중 하나는 개발자들이 코드를 공유하고, 협업하고, 검토할 수 있는 플랫폼인 깃허브다. 모든 기술 수준의 개발자가 널리 사용하고 있으며 오픈소스 소프트웨어, 머신러닝, 데이터 과학 관련 프로젝트를 비롯하여 다양한 프로젝트가 있다. 깃허브는 또한 코드 리뷰, 이슈 추적, 프로젝트 관리 등 개발자가 좀 더 효과적으로 협업할 수 있는 다양한 도구를 제공한다.

개발자를 위한 또 다른 인기 커뮤니티는 프로그래밍에 대한 질문과 답변을 할 수 있는 플랫폼인 스택 오버플로다. 스택 오버플로는 프로그래밍과 관련한 해결책이나 도움을 찾는 개발자에게 유용한 리소스이며, 모범 사례와 일반적인 주의사항 등과 같은 다양한 정보도 제공한다. 스택 오버플로는 또한 양질의 답변과 질문을 제공하는 사용자에게 보상을 제공하는 평가 시스템이 있어 개발자로서의 평판을 쌓는 데 도움이 될 수 있다.

개발자에게 인기 있는 또 다른 커뮤니티는 리눅스 운영체제의 개발과 홍보만 전문으로 하는 리눅스 커뮤니티다. 리눅스는 서버, 데스크톱, 모바일 디바이스에서 널리 사용되는 오픈소스 운영체제다. 리눅스 커뮤니티는 개발자, 시스템 관리자, 사용자 등의 다양한 그룹이 리눅스 운영체제를 만들고 유지 보수하기 위해 협업하고 있는데, 이 일은 기여자가 항상 필요하다.

오픈소스 프로젝트에 참여하는 것은 단순히 코드를 작성하는 것뿐만 아니라 커뮤니티를 구축하는 것임을 기억하자. 프로젝트에 기여함으로써 프로젝트 개선에 도움을 줄 수 있으며, 개인적으로나 직업적으로 성장하는 데 도움을 줄 수 있는 개발자 네트워크를 구축할 수 있다. 그러니 주저하지 말고 지금 바로 첫 걸음을 내딛고 참여하기 바란다!

4.2.3 프로토타입 만들기

개발자에게 매우 중요한 기술 중 하나는 새로운 기술과 프로그래밍 언어를 빠르게 습득하는 능력이다. 이를 위한 효과적인 방법 중 하나는 다양한 상황에 맞게 조정 가능한 프로토타입을 만들어보는 것이다.

프로토타입 제작의 주된 이점 중 하나는 특정 분야에 대한 지식을 탄탄하게 쌓아갈 수 있다는 점이다. 예를 들어 새로운 프로그래밍 언어를 배우는 경우 CRUD 앱과 같이 언어의 기본 구문과 구조를 보여주는 간단한 프로젝트를 만드는 것부터 시작할 수 있다. 학습이 진행됨에 따라 더 능숙해지면 더 고급 기능을 포함하도록 프로젝트를 변경하면 된다. 이 과정을 통해 점차 기술을 쌓고 새로운 기술을 다루는 능력에 자신감을 가질 수 있다.

필자의 경우 새로운 언어를 배우는 데 도움이 된 것은 한 언어로 작성된 코드를 다른 언어로 다시 작성하는 것이었다. C#이 인기를 끌고 있을 때 필자는 VB닷넷(VB.NET) 프로그래머였기 때문에 이런 방식으로 C#을 학습했다. 두 언어의 차이점을 배우는 데 도움이 되는 VB-to-C# 코드 변환기 등의 도구를 사용했다. 또한 블로그와 책을 통해 C#에 능숙해지기 위한 기술을 연마했다.

프로토타입 제작의 또 다른 장점은 향후 프로젝트의 기준점이 될 수 있다는 점이다. 예를 들어 특정 라이브러리나 프레임워크를 사용해야 한다면 동일한 기술을 사용한 이전 프로젝트를 참조할 수 있다. 이렇게 하면 해당 기술의 기본 작동 방식에 이미 익숙해져 있기 때문에 많은 시간과 노력을 절약할 수 있다. 또한 이전 프로젝트에서 만든 코드를 재사용할 수도 있으므로 개발 시간을 단축하고 오류 위험을 줄일 수 있다.

재사용 가능한 프로젝트는 자신의 고용주나 클라이언트가 될 가능성이 있는 사람에게 자신의 기술을 보여줄 수 있는 좋은 방법이 될 수도 있다. 새로운 일자리를 찾고 있는 리드 개발자라면 재사용 가능한 프로젝트 포트폴리오를 만들어 다양한 프로그래밍 언어나 기술에서 자신의 능력을 보여줄 수 있다. 이는 새로운 일자리를 구하고 성공적인 경력을 쌓는 데 효과적인 수단이 될 것이다.

프로토타입의 한 가지 예는 특정 언어나 기술을 위한 라이브러리 또는 프레임워크를 만드는 것이다. 예를 들어 파이썬 학습에 관심이 있는 개발자라면 여러 프로젝트에서 사용할 수 있는 CSV 파일 처리 라이브러리를 만들 수 있다. 이렇게 하면 파이썬 기술을 향상시키는 데 도움이 될 뿐만 아니라, 향후 CSV 파일 처리가 필요한 프로젝트에서 시간을 절약할 수 있다.

또 다른 예로는 특정 사용 사례에 대한 상용구boilerplate 또는 스타터 프로젝트starter project를 만드는 것이 있다. 리액트를 배우는 데 관심이 있다면 기본적인 파일 구조와 일반적으로 사용되는 몇 가지 라이브러리, 예제 코드가 포함된 스타터 프로젝트를 만들 수 있다. 리액트를 막 시작하고 새 프로젝트를 빠르게 설정하기를 원하는 개발자가 이를 이용해 많은 시간을 절약할 수 있다.

프로토타입을 만들면 코드 품질과 유지 보수성을 개선하는 데도 도움이 된다. 여러 프로젝트에서 재사용되는 코드는 구조화가 정교하게 되어 있고, 이해하기 쉬우며 유지 관리가 쉽다. 프로토타입은 다른 개발자와 공유할 수 있으므로 협업과 피드백을 통해 코드의 전반적인 품질을 향상시킬 수 있다. 또한 프로토타입을 오픈소스 프로젝트로 만들어 커뮤니티로부터 피드백과 기여를 제공받을 수도 있다. 이렇게 하면 커뮤니티로부터 받은 도움을 환원하고 다른 사람들이 새로운 기술을 배울 수 있는 기회도 제공할 수 있다.

프로토타입은 개발자가 새로운 기술을 배우고 개발 시간을 단축할 수 있는 좋은 방법이다. 개발자는 프로토타입을 통해 자신의 지식을 실제 문제에 적용하고 성취감과 만족감을 느끼며 코드 품질과 유지 보수성을 개선할 수 있다. 따라서 기술을 향상시키고 시간을 절약하고 싶다면 프로토타입 제작을 고려해보길 바란다.

4.3 학습 방해 요인 극복하기

리드 개발자는 새로운 기술을 배울 때 다양한 어려움을 겪을 수 있다. 학습이 막히는 일이 잦은데 이것은 흔한 현상이고 자연스러운 일이다. 학습 장애는 정보 과부하로 인해 뇌에 휴식이 필요하거나 내용이 이해가 안 될 때 발생한다. 이것은 우리가 능력이 없거나 똑똑하지 않다는 의미가 아니라, 뇌가 정보를 처리하고 연결할 시간이 필요하다는 뜻이다. 한 발 물러서서 다른 방식을 시도하거나 도움을 받으면 이러한 장애물을 극복하고 새로운 에너지와 이해력으로 학습을 계속할 수 있다.

4.3.1 휴식 시간 갖기

개발자로서 우리는 종종 어려운 문제에 부딪히거나 새로운 개념을 배우려다 막힐 때가 있다. 이럴 때는 좌절감을 느끼고 의욕이 떨어지거나 더 열심히 노력해야 한다는 생각에 사로잡히기 쉽다. 학습이 잘 안 될 때 할 수 있는 좋은 방법 중 하나는 휴식을 취하는 것이다.

잠시 휴식을 취하면 다른 관점에서 문제를 바라보는 데 도움이 될 수 있다. 같은 코드를 몇 시간 동안 쳐다보거나 같은 개념을 이해하려고 노력하다 보면 큰 그림을 보기가 어려울 수 있다. 문제에서 잠시 벗어나면 새로운 시각과 관점으로 문제를 다시 바라볼 수 있다. 필자의 경우 샤워나 목욕을 하면서 편안한 마음을 가질 때 좋은 아이디어가 떠오르곤 한다.

신체가 제대로 기능하려면 휴식이 필요한 것처럼 뇌도 휴식이 필요하다. 정신적으로 지쳐 있을 때는 새로운 정보에 집중하고 내용을 이해하기가 어려울 수 있다. 뇌가 쉬고 재충전하면 상쾌한 기분으로 다시금 원래의 문제로 돌아와 해결책을 찾는 노력을 계속할 수 있다.

휴식을 취하는 것은 번아웃을 피하는 데도 도움이 된다. 막막하고 좌절감을 느끼면 오히려 결과를 내기 위해 더 오래, 더 열심히 일하고자 하는 함정에 빠지기 쉽다. 같은 일을 반복해서 하지만 아무 진전이 없을 수도 있다. 이것은 번아웃으로 이어지고, 장기적으로 진전을 더 어렵게 만들 수 있다. 잠시 휴식을 취하고 문제에서 벗어나는 여유를 갖는 것은 문제 해결을 위해 다시 시도할 수 있는 새로운 에너지와 집중력을 보충받기 위해 필요한 시간과 공간을 주는 셈이다.

그렇다면 언제 휴식을 취해야 할까? 답은 개인과 특정 상황에 따라 다르겠지만, 일반적으로 1시간마다 휴식을 취하는 것이 좋다. 이렇게 하면 뇌가 휴식을 취하고 재충전할 수 있어 학습을 다시 시작할 때 집중력과 생산성을 유지하는 데 도움이 된다. 휴식 시간에는 학습과는 다른 활동을 하는 것이 중요하다. 산책을 하거나 근육 스트레칭을 하거나 친구와 수다를 떠는 등 간단한 활동을 할 수 있다. 즐거운 일을 하면서 집중력을 다른 곳으로 돌리면 새로운 에너지로 다시 학습에 임할 수 있다.

고려해야 할 또 다른 중요한 사항은 시간대다. 아침형 인간이라면 하루 중 이른 시간에 생산성이 가장 높고 따라서 휴식도 더 자주 필요하다. 저녁형 인간이라면 더 오랜 시간 동안 학습하고 휴식이 덜 필요할 수도 있다.

궁극적으로 성공적인 학습의 핵심은 노력과 휴식 사이의 균형을 찾는 것이다. 규칙적인 휴식을 취하면 학습에 사용하는 시간을 최대한 활용할 수 있으며, 압도당하거나 지치는 것을 피할 수 있다. 다음에 책을 볼 때는 가끔씩 휴식을 취하는 것도 잊지 말기 바란다. 몸과 마음이 고마워할 것이다!

4.3.2 달성 가능한 목표 설정

개발자는 업계에서 앞서 나가기 위해 끊임없이 새로운 스킬과 기술을 배워야 한다. 하지만 선택지가 너무 많기 때문에 다음에 무엇에 집중해야 할지 결정하기가 어려울 수 있다. 그렇기 때문에 달성 가능한 학습 목표를 설정하는 것이 매우 중요하다. 목표를 설정할 때는 정해진 시간 내에 달성할 수 있는 목표를 현실적으로 생각해야 한다. 예를 들어 이제 막 시작했다면 리액트와 같은 복잡한 프레임워크를 일주일 안에 마스터하기는 어려울 것이다. 대신 자바스크립트나 특정 라이브러리의 기초적인 내용을 학습하는 것처럼 작은 것부터 시작하면 좋다.

목표 설정의 또 다른 중요한 측면은 그 목표가 자신이 생각하는 향후 경력의 전반적인 과정과 일치하는지의 여부다. 특정 직무나 역할을 목표로 하고 있다면 해당 직책에 필요한 기술과 목표여야 한다. 예를 들어 풀스택 개발자가 되고 싶다면 프런트엔드 및 백엔드 기술을 모두 학습해야 한다.

또한 단기 목표와 장기 목표를 모두 설정해야 한다. 단기 목표는 특정 언어나 라이브러리를 배우는 것과 같은 것이고, 장기 목표는 특정 분야의 전문가가 되거나 특정 자격증을 취득하는 것처럼 좀 더 일반적인 목표일 수 있다. 두 가지 목표를 함께 설정하면 동기부여를 유지하는 동시에 장기적인 방향성을 잡는 데 도움이 된다.

학습 목표를 세우면 포기하거나 벗어나지 않고 자신에게 가장 중요한 기술에 집중할 수 있다. 이는 경력상의 목표를 달성하는 데 도움이 되는데, 가령 새로운 직책으로 이동하거나, 현재 직책에서 승진하거나, 혹은 단순히 최신 기술에 대한 최신 정보를 유지하는 것이 될 수 있다. 달성 가능한 학습 목표를 세우는 것은 동기부여와 참여도를 유지하는 데도 도움이 된다. 구체적인 목표를 향해 노력할 때 집중력을 유지하고 꾸준히 발전할 가능성이 높아진다. 이는 빠르게 변화하는 개발 세계에서 흔하게 볼 수 있는 번아웃, 혹은 압도당하는 느낌을 피하는 데 도움이 된다.

학습 목표 설정의 또 다른 장점은 진행 상황을 확인할 수 있다는 점이다. 구체적이고 측정 가능한 목표를 설정하면 진행 상황을 추적하고 진전을 확인하는 데 용이하다. 이는 엄청난 동기부여가 될 수 있으며, 목표를 향해 노력할 때 집중력을 유지하는 데 도움이 된다. 목표를 더 작고 관리하기 쉬운 작업으로 세분화하는 것도 좋은 방법이다. 예를 들어 '리액트 학습' 대신 '리액트 기본사항 학습', '리액트를 사용해 간단한 앱 만들기', '리액트의 고급 기능 배우기' 등과 같이 작은 작업으로 세분화할 수 있다. 이렇게 하면 목표 관리와 진행 상황 추적이 용이해진다.

문샷 목표는 매우 야심차고 혁신적인 목표로 상당한 긍정적 효과를 갖는다. 문샷 목표를 세우는 것은 창의성과 혁신에 영감을 불어넣고, 한계를 뛰어넘으며, 발전을 촉진하기 위한 좋은 방법이다. 문샷 목표는 자신의 시야를 높게 설정하고 진정으로 의미 있고 효과적인 것을 목표로 도전하는 것이다. 또한 개인과 직장 생활에 목적의식, 동기부여, 방향성을 제공할 수 있다. 다만 이러한 목표가 최종 목표라는 점을 명심하고, 문샷 목표에 도달할 수 있는 달성 가능한 목표를 세우고, 이 목표를 달성하는 데 집중해야 한다.

표 4.3에는 문샷 목표와 달성 가능한 목표의 예를 나타냈다.

표 4.3 문샷 목표와 달성 가능한 목표의 비교

프로젝트	문샷 목표	달성 가능한 목표
앱 구축	차세대 대형 소셜 미디어 앱 구축	• 리액트 기본사항 학습 • 'Hello, world!' 앱 구축 • 리액트 고급 기술 학습 • 사용자 상호작용 개발
인공 일반 지능 구현 artificial general intelligence, AGI	차세대 챗GPT 개발	• AI 기초 학습 • 특정 작업을 수행할 수 있는 간단한 AI 알고리즘 구축 • 알고리즘의 정확성과 효율성 개선 • 인지 심리학 연구를 통한 인간 지능 모델의 생성

달성 가능한 학습 목표를 설정하는 것은 기술을 향상하고 경력을 발전시키고자 하는 모든 개발자에게 필수다. 목표를 설정하면 동기를 부여하고 진행 상황을 확인하는 데 도움이 된다. 목표가 자신의 경력에서 이루고자 하는 포부와 일치하는지 확인하고, 작은 작업으로 세분화해 사용할 수 있는 리소스가 있는지, 지원을 받을 수 있는지 찾아보

면 좋다. 계획을 치밀하게 세우면 목표를 달성하고 더 나은 개발자가 되기 위한 길을 순조롭게 걸어갈 수 있다.

4.3.3 도움 요청하기

리드 개발자로서 스스로 답을 찾고 어떤 도전이 닥치더라도 스스로 해결할 수 있는 능력을 갖기를 원하는 것은 당연한 일이다. 하지만 모든 문제에 답을 가진 사람은 없으며, 아무리 노련한 개발자라도 학습 시 어려움에 봉착할 수 있다. 이럴 때 도움을 구하는 것이 이러한 장애물을 극복하고 학습 여정을 계속해나가기 위한 열쇠다.

도움을 요청하는 것이 중요한 이유를 살펴보자. 도움을 받으면 시간을 절약하고 좌절감을 줄일 수 있다. 문제에 부딪히거나 어떻게 진행해야 할지 모를 때 혼자서 문제를 해결하려면 몇 시간, 심지어 며칠을 허비하기 쉽다. 도움을 요청하면 새로운 시각과 지침을 얻을 수 있어 훨씬 더 빠르게 문제를 해결할 수 있다. 도움을 요청하면 다른 사람들의 경험을 함께 공유하며 혼자서는 발견하지 못했던 새로운 사고방식과 업무 방식을 접할 수 있다.

그렇다면 어떻게 도움을 받을 수 있을까? 좋은 방법 중 하나는 경험이 많은 동료나 멘토에게 도움을 요청하는 것이다. 이들은 여러분이 직면한 장애물을 극복하는 데 도움이 될 수 있는 귀중한 통찰력과 지침을 제공할 수 있다. 경험이 많은 동료나 멘토에게 다가갈 때는 존중하는 태도를 가지고, 그들의 필요를 분명히 이해한 상태에서 접근해야 한다.

도움을 요청하기 전에 스스로 문제를 해결하기 위해 노력하기를 바란다. 이는 여러분이 당면한 문제를 해결할 의욕과 능력이 있다는 것을 보여준다. 도움을 요청할 때는 문제에 대해 구체적으로 설명하고 관련한 배경 정보도 제공해야 한다. 또한 피드백과 건설적인 비판을 열린 마음으로 기꺼이 받아들이는 것도 중요하다. 시간과 도움을 준 동료나 멘토에게 감사하는 마음을 잊지 말아야 한다.

또한 개발자 커뮤니티에서도 도움을 받을 수도 있다. 개발자들이 모여 지식을 공유하고 서로를 돕는 온라인 포럼과 커뮤니티가 다양하게 있다.

도움을 요청할 수 있는 개발자 커뮤니티는 다음과 같다.

- **스택 오버플로**: 프로그래머들이 기술적인 질문을 하고 답변할 수 있는 인기 있는 Q&A 플랫폼이다.
- **깃허브**: 이 플랫폼에서 개발자는 코드를 호스팅하고 공유할 수 있을 뿐만 아니라 오픈소스 프로젝트로 협업도 할 수 있다. 많은 개발자가 특정 문제에 대한 도움을 요청하기 위해 깃허브의 이슈 기능을 사용한다.
- **레딧**Reddit: /r/LearnProgramming과 /r/Programming 서브레딧은 모두 인기 있는 커뮤니티로, 개발자들이 도움을 요청하고 다른 사람들과 지식을 나눌 수 있는 공간이다.
- **쿼라**Quora: 개발자들이 다양한 프로그래밍 관련 주제에 대해 질문하고 답변할 수 있는 Q&A 웹사이트다.
- **전용 커뮤니티**: 많은 프로그래밍 언어와 프레임워크에는 개발자가 도움을 요청하고 다른 사람들과 지식을 공유할 수 있는 전용 커뮤니티가 있다. 예를 들어 도커 커뮤니티, 리액트 커뮤니티, 앵귤러 커뮤니티 등이 있다.
- **밋업**meetup: 많은 도시에서 개발자가 서로 만나고, 네트워크를 구축하면서, 같은 분야에 있는 사람들에게 도움을 요청할 수 있는 밋업 그룹이 있다.

도움을 요청할 때는 원하는 바를 구체적으로 밝히는 것이 중요하다. 달성하려는 목표와 이를 위해 어떤 도움이 필요한지 명확하게 설명하자. 이렇게 하면 도움을 부탁받은 사람이 여러분에게 필요한 도움을 제공하기가 용이하다. 또한 피드백에 개방적이어야 하고 다양한 접근 방식을 기꺼이 시도해봐야 한다. 도움을 구하는 것은 나약함이 아닌 강함의 표시이며, 기꺼이 배우고 성장하려는 의지가 있고 필요할 때 도움을 요청하는 것을 두려워하지 않는다는 것을 보여준다.

도움을 구하는 것은 리드 개발자에게 있어 학습 과정의 꼭 필요한 부분이다. 도움을 받으면 시간을 절약하고 새로운 사고방식을 접할 수 있으므로, 방해가 될 수 있는 장애물을 극복하는 데 도움이 된다. 경험이 많은 동료나 멘토에게 도움을 청하거나 개발자 커뮤니티에서 도움을 받으면 학습 여정을 계속 진행하는 데 필요한 지침을 얻을 수 있다. 학습을 가로막는 장애물에 부딪히면 두려워하지 말고 도움을 요청하기 바란다. 이것은 여러분의 잠재력을 최대한 발휘할 수 있는 열쇠가 될 수 있다.

요약

- 어떤 형식이 가장 효과적인지 알려면 자신이 선호하는 콘텐츠 유형을 평가하는 것이 중요하다.
- 다양한 콘텐츠 형식을 실험하고, 배운 내용을 연습하며, 자신의 학습 스타일을 되돌아보면 앞으로 어떤 유형의 콘텐츠가 가장 효과적인지에 대한 통찰력을 얻을 수 있다.
- 새로운 기술을 배우는 동안 기억력을 높이면 정보를 더 효과적으로 기억할 수 있으며, 더 효율적이고 효과적인 개발자가 될 수 있다. 여기에는 능동적 회상 연습, 자가 테스트, 다른 사람 가르치기, 연상 기억법 등이 포함된다.
- 프로토타입을 만들면 아이디어를 초기에 테스트 및 검증하고 이해관계자와 팀원에게 비전을 제시할 수 있으므로 시간과 리소스를 절약할 수 있다.
- 프로토타입은 새로운 기술을 배우고 이해관계자에게 프로젝트의 가치를 보여줌으로써 팀 내 협업과 커뮤니케이션을 개선하는 데 사용할 수 있다.
- 개인 프로젝트는 새로운 기술에 대한 실무 경험을 쌓고, 포트폴리오를 구축할 수 있는 기회가 된다. 또한 네트워킹 기회를 찾고, 문제 해결 능력을 향상시키며, 자신감을 높여 개발 경력을 쌓는 데도 도움이 된다.
- 학습 장애 요인을 극복하려면 규칙적인 휴식을 취하고, 명확하고 달성 가능한 목표를 설정하며, 경험이 많은 동료나 멘토의 도움과 지도를 요청하면 좋다.
- 휴식을 취하면 관점이 새로워지고, 뇌를 재충전하며, 번아웃을 피할 수 있는데 이렇게 하면 학습의 장애물을 극복하는 데 도움이 된다.
- 달성 가능한 목표를 설정하면 방향성과 집중력을 유지할 수 있고, 목표 달성 시 성취감을 느낄 수 있으며, 학습 과정도 효과적으로 진행할 수 있다.

리드 개발자 이야기

스콧 한셀먼

스콧 한셀먼Scott Hanselman은 30년 동안 개발자로 일해왔으며, 블로그[1]를 20년간 운영하고 있다. 그는 오리건주 포틀랜드에 있는 자신의 집에서 재택근무를 하며 닷넷 및 마이크로소프트용 애저 클라우드의 오픈소스 작업을 하고 있다.

15년 이상 팟캐스트를 진행해왔으며, 'Hanselminutes with Scott Hanselman(스콧 한셀먼의 한셀미닛스)'에서 800여 개의 에피소드, Azure Friday에서 700여 개의 에피소드를 제작해왔다. 다수의 기술 서적을 저술했으며, 전 세계 100만 명 이상의 개발자를 대상으로 대면 강연을 진행했다. 또한 틱톡에서도 활동하고 있다.

이 인터뷰에서 스콧은 개발자의 기술 학습에 대한 자신의 생각을 공유한다.

개발자는 커뮤니티 프로젝트를 어떻게 찾고, 어떻게 참여할 수 있는가?

사람들을 코칭할 때 갖는 어려움 중 하나는 성공할 것을 직감적으로 알 수 있는 사람을 만날 때 그들로부터 느껴지는 말로 표현하기 어려운 바이브가 있다는 점이다. 예를 들어 치폴레Chipotle[2]에서 이전에 몇 번 본 적이 있는 사람을 알아보는 그런 경우처럼 말이다. 그런 사람들은 뭔가 특별한 것이 있고, 더 많은 일을 할 수 있는 잠재력이 있다고 속으로 생각하지만 말로 표현하는 경우는 드물다. 그런데 지금은 아빠 같은 에너지를 풍기는 나이가 돼서인지, 그런 말을 실제로 하게 된다. 누군가에게 다가가 격려의 말을 건네면, 그들의 얼굴이 환해지는 모습을 마주하게 된다.

많은 개발자가 성공을 위해 필사적으로 노력한다. 목표를 이루기 위한 그들의 간절한 모습은 티가 난다. 그들은 나에게 "조언이나 도움을 부탁드립니다"라며 이메일을 보내거나 내 링크드인 메시지함에 스팸 메시지를 보낸다. 나쁜 의도에서 그렇게 하는 것은 아니다. 그들은 분명 스스로 동기를 부여하며 성공을 이루고자 하는 사람들이다. 하지만 접근 방식이 잘못된 경우가 많다. 이렇게 처음 다가올 때 부정적인 인상을 갖게 되면 돕고 싶은 마음이 들지 않는다. 반면 어떤 사람들은 직감적으로 "이 사람을 돕고 싶다"라는 느낌을 갖는

---

1 https://www.hanselman.com/
2 옮긴이 미국의 멕시코 음식 프랜차이즈 체인점

The Lead Developer Story

경우가 있다. 그렇다면 우리는 사람들에게 이러한 순간을 어떻게 준비하도록 도울 수 있을까? 대부분의 경우 운에 달려 있다.

커뮤니티에 참여하고 프로젝트를 찾기 위해 누군가에게 연락할 때는 먼저 철저하게 준비하는 것이 중요하다. 커뮤니티 프로젝트를 검색해봤는지, 관련된 소셜 미디어 계정을 찾아봤는지, 혹은 커뮤니티의 다른 사람들과 소통해봤는지 스스로 확인해봐야 한다. 이러한 준비가 되어 있어야 기회가 왔을 때 제대로 활용할 수 있다. 운이란 결국 기회와 준비가 만나 이뤄지는 것이다. 여러분이 기여할 수 있는 프로젝트를 알려줄 수는 있지만, 결국 참여하고 실행하는 것은 본인의 몫이다.

커뮤니티 프로젝트를 찾고 다른 개발자들과 소통하는 데는 소프트 스킬이 필요하다. 사람들에게 다가갈 때는 서서히 친밀감을 쌓아야 하며, 누군가를 알아가는 과정을 대충 하고 넘어가려고 해서는 안 된다. 도움을 요청하기 전에 도움을 먼저 제안하는 것이 중요하다.

커뮤니티 프로젝트의 작업 중에는 단순하고 별로 중요하게 보이지 않는 일도 많은데, 그것조차 배움의 기회가 된다. 긍정적인 태도를 가지고 유익한 의견을 제시하면, 좋은 커뮤니티 기여자로 인식될 수 있다. 프로젝트만 바라보지 말고, 그 뒤에 있는 사람들을 함께 생각하는 것이 중요하다. 그들이 무엇을 필요로 하는지, 어떤 문제를 해결하려 하는지, 그리고 어떤 방식으로 도움을 줄 수 있을지를 고민해보아야 한다. 기꺼이 어려운 일을 맡겠다고 제안해보자. 그것이 신뢰를 쌓는 방법이다.

학습 장애를 극복하는 데 필요한 도움을 어떻게 찾을 수 있을까?

개발자들이 기술 분야에서 배워야 할 것들이 너무 많아서 압도감을 느끼는 것은 흔한 일이다. 이런 감정은 커리어를 이제 막 시작한 사람들에게서도, 나처럼 이 일을 오랫동안 해온 사람들에게서도 나타난다. 압도감이 너무 크게 느껴질 때는 어떻게 대처하면 좋을까?

'고무 오리rubber duck'라는 개념이 있다. 고무 오리를 앞에 두고 문제를 설명해보는 것이다. 예를 들어 연결 리스트를 역순으로 정렬하려는 상황이라면, 그 과정을 고무 오리에게 차근차근 설명해나간다. 입으로 말하면서 귀로 듣고, 뇌로 다시 생각하는 과정을 거치면서 문제의 실마리를 찾을 수 있다. 이와 비슷하게 비기술적인 파트너나 배우자, 룸메이트에게 설명해보는 것도 하나의 방법이 될 수 있다.

정신적으로 깨어 있고 의식적으로 행동해야 한다. 나는 의도적인 연습deliberate practice을 매우 중요하게 여긴다. 화면을 보면서 오류를 찾으려고 애써도 답이 보이지 않는다면, 누군가와 이야기할 때가 된 것이다. 주변에 대화할 사람이 없다면, 고무 오리와 이야기하면 된다. 오리를 모니터 위에 올려놓고 문제가 생겼을 때 오리에게 설명해보자. 또는 산책을 하며 자신과 대화를 나눌 수도 있다. 이것도 일종의 고무 오리 디버깅이다. 실제 오리는 필요 없다.

학습의 장애물을 극복하는 것은 일종의 깨어나는 과정이다. 구글이나 스택 오버플로에서 얻은 답변이 이해되지 않는다면, 한 발짝 물러서야 한다. 예를 들어 스택 오버플로에서 단위 테스트를 위한 코드를 복사하고 붙여넣기 할 때 비동기의 의미를 모른다면, 비동기 프로그래밍부터 먼저 학습해야 한다. 나는 내 안전지대를 벗어나 한 단계 더 하위 계층으로 내려가기를 즐긴다. 그렇다고 어셈블리 언어 수준까지 내려갈 필요는 없지만, 코드에서 구현하려는 전반적인 개념을 이해하면 큰 도움이 된다.

다른 개발자만큼 커뮤니티 프로젝트에 참여하지 않아서 자신이 부족하다고 느끼는 개발자에게 조언한다면?

나는 리애나와 비욘세에 비하면 부족하다. 사실, 내가 부족하다고 느끼는 사람들의 목록을 줄줄이 적을 수도 있다. 하지만 비교해야 할 유일한 사람은 바로 어제의 나 자신이다. 다른 사람들의 삶에서 무슨 일이 벌어지고 있는지 알 수 없다. 아이가 있다면 육아 활동 때문에 커뮤니티 프로젝트에 시간을 많이 할애할 수 없을 것이다. 반면에 부모와 함께 사는 대학생이라면 상대적으로 더 많은 시간을 가질 수 있다. 우리는 각자 다른 삶의 경험과 책임을 가지고 있다. 우리가 하지 못한 일에 대해 사과하는 것을 멈추고, 우리가 하고 있는 일과 할 수 있는 일에 대해 생각하며 과거의 자신과만 비교해야 한다.

자신의 시간을 어떻게 가치 있게 사용할 것인지 생각해야 한다. 나는 비디오 게임을 좋아해서 여가 시간에는 〈갓 오브 워〉를 즐긴다. 그런데 내 동료 중에는 그 서너 시간조차 코딩

The Lead Developer Story

에 쓰는 사람도 있다. 그걸 보면 왠지 죄책감을 느낄 수도 있겠다. 하지만 그들에게는 코딩이 스트레스를 풀고 쉬는 방법이다. 그들과 나의 경험은 다르다. 나는 비디오 게임을 하면서 휴식하기 때문에 그 시간에 코딩을 하지 않는다고 미안해하는 것은 말이 안 된다. 우리는 각자 자신의 여정을 걷고 있으며, 남들은 하는데 자신은 하지 않는다고 해서 사과할 필요는 없다.

새로운 기술을 배우는 것을 좋아하는가?

나는 공개적으로 학습하는 것을 좋아하지만, 내 작업에 대해 악의적인 댓글이 별로 없었기에 운이 좋았고, 일종의 특권을 누린 셈이다. 만약 공개적으로 학습을 한다면, 그런 댓글을 무시할 수 있어야 하고, 원치 않는 DM은 삭제하고 그냥 넘어가야 한다.

내가 가장 좋아하는 공개 학습 방법은 신뢰할 수 있는 멘토링 그룹을 통해 배우는 것이다. 일대일 멘토링은 부담스러울 수 있지만, 서너 명 정도의 그룹을 찾을 수 있다면 서로 책임감을 가지고 학습을 이어갈 수 있다. CodeNewbie[3]는 훌륭한 커뮤니티이며, 누구든지 환영한다. 비슷한 수준의 사람들로 구성된 소규모 스터디 그룹을 만들면 자신이 가장 실력이 뒤처진다고 느낄 필요 없이 협업할 수 있다. 모두가 기술과 책임감 면에서 동등하며, 모두가 멘토와 멘티가 될 기회를 가질 수 있는 환경이다.

---

3   https://www.codenewbie.org/

CHAPTER

05 기술 문서 작성

이번 장에서 다루는 내용
- 기술 문서가 있는 경우와 없는 경우의 워크플로 및 프로젝트 관리
- 문서화를 통해 기술 부채를 방지하는 방법
- 문서를 활용한 개발자 온보딩
- 문서를 구조화하는 모범 사례
- 간결한 문서를 위한 스타일 가이드 활용
- 기술 문서 관리 및 업데이트 방법

리드 개발자는 **기술 문서**technical documentation를 작성하고 관리하는 방법을 배워야 하는데, 이는 소프트웨어 시스템의 설계와 기능을 팀 내외의 이해관계자들에게 명확히 전달하는 데 도움이 되기 때문이다. 여기에는 팀 내 다른 개발자는 물론, 프로젝트 관리자, QA 엔지니어, 비기술적인 팀원들도 포함된다.

기술 문서가 잘 작성되어 있으면 시간이 지나도 소프트웨어 앱의 유지 보수와 업데이트를 용이하게 할 수 있다. 명확한 문서가 있으면 팀에 새로 합류한 개발자는 코드베이스를 쉽게 이해하고 생산성을 신속하게 발휘할 수 있다. 또한, 시스템이 어떻게 작동해야 하는지를 명확하고 정확하게 참조할 수 있어 오류와 혼란을 방지할 수 있다. 이에 더해, 신규 팀원을 위한 교육 도구로 기술 문서를 사용할 수 있으며, 사용자 매뉴얼이나 최종 사용자 문서를 작성하는 데도 활용할 수 있다.

기술 문서는 의사소통, 유지 보수, 명확성을 위해 중요한데, 다른 사람들이 시스템을 이해하도록 돕고, 오류와 혼란을 방지하며, 신규 팀원의 온보딩을 위해 유용하다. 기술 문서 작성과 관리를 위해 시간을 투자하면 개발자의 워크플로가 개선된다. 프로젝트팀은 질문이 있을 때 참조할 수 있는 중앙화된 자료를 갖게 된다. 또한, 팀에 인력 교체가 생기더라도 중요한 지식이 이미 문서화되어 있기 때문에 지식의 소실을 염려할 필요가 없다. 명확하고 간결한 기술 문서를 통해 조직화와 의사소통이 적절하게 이뤄지면 리드 개발자의 업무는 훨씬 수월해진다.

5.1 성공을 위한 팀 구성

적절한 기술 문서가 있으면 개발자들은 코드베이스와 유지 관리 방법을 명확히 이해할 수 있다. 이에 따라 코드베이스는 일관성을 유지하고, 이해하기 쉬우며, 유지 관리가 용이해진다. 또한, 개발자들이 필요한 정보를 빠르게 찾을 수 있어 문제를 해결하거나 디버깅하는 데 소요되는 시간을 줄일 수 있다. 더 나아가 적절한 기술 문서는 시간이 지나도 중요한 결정들을 잊지 않도록 해줌으로써 장기적으로 코드베이스의 유지 보수성이 향상된다.

표 5.1에서는 적절한 기술 문서가 있는 경우와 없는 경우에 개발 과정에서 발생하는 영향을 비교하여 보여준다.

표 5.1 적절한 기술 문서가 개발 워크플로에 미치는 영향

적절한 기술 문서가 있는 경우	적절한 기술 문서가 없는 경우
개발자는 코드의 작동 방식과 사용 방법을 명확하게 이해할 수 있다.	개발자가 직접 해결해야 하므로 혼란과 실수가 발생할 수 있다.
작업을 완료하는 데 필요한 정보를 쉽게 찾을 수 있다.	코드를 이해하고 정보를 찾고 실험하는 데 많은 시간을 사용해야 한다.
버그의 식별과 코드 수정을 신속하게 할 수 있다.	버그의 식별과 코드 수정에 어려움을 겪을 수 있다.
협업이 용이하다.	팀원들의 이해하는 바가 달라 협업에 어려움이 있을 수 있다.
새 팀원의 온보딩이 용이하다.	새 팀원에게 필요한 정보가 부족해 온보딩에 어려움이 있을 수 있다.

문서가 거의 없거나 전혀 없는 경우, 개발자들은 코드베이스를 이해하고 유지 보수하는 방법을 파악하는 데 어려움을 겪을 수 있다. 이로 인해 코드베이스의 일관성이 부족해지고, 코드는 점점 읽기 어렵고 업데이트하기 힘든 상태로 변해간다.

또한, 개발자들이 필요한 정보를 찾기 어렵기 때문에 불필요하게 많은 시간이 걸리거나 실수가 발생할 가능성이 높아진다. 적절한 문서가 없으면 시간이 지나면서 중요한 결정을 잊을 수도 있으며, 이는 기술 부채의 증가와 유지 관리 비용의 상승으로 이어질 수 있다.

5.1.1 모든 것의 문서화

리드 개발자로서 팀이 성공하도록 돕기 위해 해야 할 매우 중요한 일 중 하나는 개발 프로세스와 관련된 모든 사항을 문서화하는 것이다. 여기에는 코딩 표준, 개발 워크플로, 배포 프로세스에 대한 내용이 포함된다. 이를 위해 사용할 수 있는 협업 도구로는 컨플루언스Confluence, 마이크로소프트 워드, 구글 문서Google Docs, 깃허브 위키 페이지GitHub Wiki page 등이 있다.

코딩 표준을 만들고 관리하는 것은 모든 소프트웨어 개발 프로젝트에서 필수 요소다. 이를 통해 코드베이스의 일관성을 유지하고, 가독성이 높아지며, 유지 관리를 용이하게 해준다. 코딩 표준은 개발자가 코드를 작성할 때 따라야 할 지침을 제공하며, 코드 리뷰와 유지 보수 시 일관되게 참조해야 할 자료로 활용된다. 조직 차원에서 코딩 표준을 운영하는 회사도 있는데, 이 경우에는 정기적인 검토와 업데이트가 필요하다. 코딩 표준을 수립하고 문서화하면 일반적인 코딩 실수를 방지하고 코드베이스의 전체적인 품질을 높일 수 있다.

코딩 표준은 팀의 기술 문서로 모든 팀원이 쉽게 접근할 수 있어야 한다. 이를 위해 회사의 인트라넷이나 공유 드라이브를 통해 문서를 관리하거나 코딩 표준을 코드 리뷰 프로세스에 포함할 수 있다. 또한 코딩 표준은 최신 상태로 유지해야 한다. 새로운 기술과 모범 사례가 등장하면 이를 검토하고 필요한 업데이트를 해야 한다. 팀원들이 코딩 표준에 대해 피드백을 제공하도록 격려하고, 문제나 우려사항은 신속히 해결해야 한다.

개발 워크플로를 문서화하는 것도 팀이 효율적이고 효과적으로 작업하기 위해 반드시 필요하다. 개발 프로세스가 명확하고 상세하게 문서화되어 있으면 워크플로를 간소화하고 팀원 간 의사소통을 개선할 수 있다. 이를 시작하려면, 팀원들에게 현재 워크플로에 대한 의견을 수집하고 지연이나 혼란을 유발하는 부분은 없는지 확인해야 한다. 기존 워크플로를 명확히 이해한 후에는 버그 수정이나 문제 해결 방법, 코드 리뷰 및 병합 방법, 코드 테스트 및 배포 방법 등을 단계별로 문서화할 수 있다.

개발 워크플로의 예는 다음과 같다.

- **계획**: 팀원들이 모여 프로젝트의 새로운 기능이나 업데이트에 대해 논의하고 구현 계획을 수립한다.
- **개발**: 코딩 표준과 모범 사례를 따르면서 새로운 기능이나 업데이트를 구현한다.
- **코드 리뷰**: 서로의 코드를 검토하고 피드백을 제공해 코드의 품질과 표준 준수를 보장한다.
- **테스트**: 새로운 기능이나 업데이트가 제대로 작동하는지 테스트하고, 발견된 버그를 수정한다.
- **배포**: 새로운 기능이나 업데이트를 스테이징 환경에 배포해 추가적인 테스트와 검증을 진행한 후 프로덕션 환경으로 릴리스한다.
- **유지 보수**: 코드베이스를 지속적으로 모니터링하고 문제를 해결하며 필요한 업데이트를 수행한다.

개발 워크플로는 프로젝트나 조직에 따라 달라질 수 있으므로, 조직이나 팀에게 가장 적합한 방식을 찾아야 한다. 워크플로를 문서화하는 것은 모든 팀원이 각 단계에 대해 인지하고 팀이 동일한 방향으로 나아갈 수 있도록 돕는다. 깃플로Gitflow는 깃Git 버전 관리 시스템을 통해 코드를 관리하기 위한 인기 있는 소프트웨어 개발 방법론으로, 개발 워크플로를 제공한다. 메인 브랜치main branch는 프로덕션에 배포할 준비가 된 코드를 가지고 있으며, 개발 브랜치development branch는 새로운 기능을 개발하는 브랜치다. 기능 및 핫픽스 브랜치hotfix branch 명명 방법, QA로 코드 푸시하는 방법, 기능 완료 후 메인 브랜치로 병합하는 방법 등을 문서화해야 한다. 또한 병합 오류 처리 방법, 특정 코드 변경사항을 선택적으로 커밋하는 방법, 배포 절차 등도 문서화할 수 있다.

배포 프로세스의 문서화 역시 팀이 새로운 기능과 업데이트를 신속하고 효율적으로 배포하려면 중요하다. 배포 프로세스가 명확하고 상세하게 문서화되어 있으면 오류의 위험을 줄이고 팀원 간 의사소통을 개선할 수 있다. 기존 배포 프로세스에 대한 정보를 수집하는 것으로 시작할 수 있는데 배포 단계, 사용 도구 및 기술, 수립된 모범 사례 등이 포함된다.

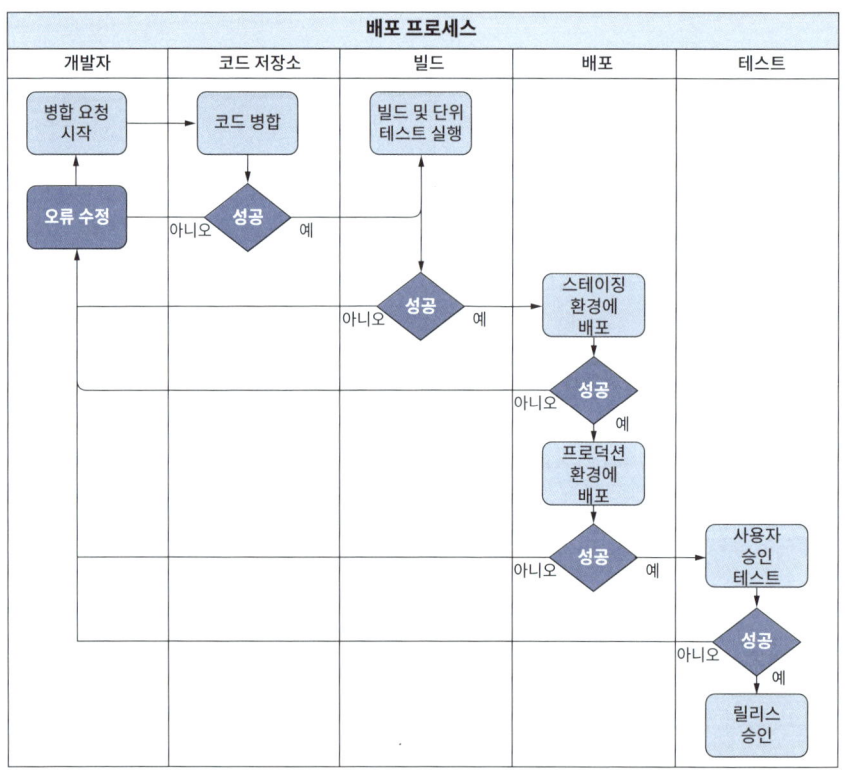

그림 5.1 배포 프로세스 차트의 예

기존 프로세스를 명확히 이해하고 나면 단계별로 나눠서 문서를 작성하면 되는데, 배포 시 발생할 수 있는 문제와 해결 방법에 대한 정보 역시 포함해야 한다. 다이어그램이나 순서도flowchart를 추가해 프로세스를 시각적으로 표현하는 것도 효과적이다. 배포 프로세스의 문서화는 팀이 새로운 기능과 업데이트를 신속하고 효율적으로 배포할 수 있도록 돕는 핵심 요소다.

문서화는 새로운 팀원들이 조직 내에서 작업이 어떻게 이뤄지는지 이해하도록 도울 뿐만 아니라, 숙련된 개발자들이 문제를 해결해야 할 때 유용한 참조 자료로도 활용할 수 있다. 명확하고 상세한 문서를 제공하면 팀이 더 효율적이고 효과적으로 작업할 수 있으며, 이는 결국 조직 전체에 도움이 된다. 모든 사람이 따를 수 있는 투명한 표준이 있기 때문에 팀이 성공할 수 있는 기반이 된다. 게다가 올바른 문서는 오류 발생 위험을 줄이고 팀 내 소통을 개선하는 데에도 도움이 된다. 팀원들이 프로세스에 대해 동일하게 이해하고 있으면, 문제를 식별하고 해결하는 것이 더 쉬워진다.

5.1.2 기술 부채 관리

기술 부채technical debt는 서둘러 개발하거나 품질에 충분히 주의를 기울이지 않고 작성된 코드의 유지 관리와 업데이트 비용을 설명하는 데 사용하는 용어다. 기술 부채가 항상 나쁜 것만은 아니다. 팀이 마감 기한을 맞추거나 변화하는 비즈니스 요구에 대응하기 위해서는 필요한 기능과 업데이트를 신속하게 해야 하므로, 피할 수 없는 측면이 있다. 하지만 기술 부채를 적절히 관리하지 않으면 빠르게 쌓이기 때문에 프로젝트에 상당한 부담이 될 수 있다.

기술 부채를 대출로 생각하면 이해하기 쉽다. 주택담보대출이나 신용카드 빚과 같은 개념이다. 기술 부채는 목표를 더 빠르게 달성할 수 있게 해주지만, 그 대가로 추가적인 복잡성, 유지 관리 비용의 증가, 더 긴 개발 주기라는 이자를 치러야 한다.

재정적 부채와 마찬가지로, 기술 부채도 지속적으로 모니터링하고 점진적으로 상환하면 관리가 가능하다. 개발자들은 평균적으로 작업 시간의 33%를 기술 부채 관리에 사용한다. 코딩 표준이나 배포 프로세스 등을 적절히 문서화하면 기술 부채를 효과적으로 관리할 수 있다. 이를 통해 원인을 모르는 오류를 조사하거나, 표준에 부합하지 않는 작업을 다시 구현하는 데 소요되는 시간을 줄일 수 있고, 새로운 오류 발생 가능성을 낮출 수 있다.

리드 개발자로서 기술 부채를 인지하고 이를 효과적으로 관리하기 위한 조치를 취하는 것이 중요하다. 코드와 시스템을 문서화하는 데 시간을 투자하면 팀이 따를 수 있는 명확한 로드맵을 만들 수 있다. 이미 수행된 작업은 무엇이었는지 그 작업은 어떻게 이뤄졌는지를 기록하는 것이기도 하다. 이런 문서는 업데이트나 변경을 할 때 가치를 발휘한다. 무엇을 해야 하고 어떻게 해야 할지를 명확히 이해할 수 있어 혼란과 오류를 줄이고, 새로운 팀원이 빠르게 업무에 적응하는 데 도움이 된다.

기술 부채를 효과적으로 관리할 수 있는 방법 중 하나는 모든 의사결정에 관한 내용을 기술 문서에 기록하는 것이다. 특정 결정이 왜 내려졌는지, 어떤 타협이 고려되었는지를 기록하면, 팀은 코드베이스에 대해 더 많이 이해할 수 있고 향후 더 나은 결정을 내릴 수 있다.

예를 들어 특정 디자인 패턴이 특정 사용 사례에 가장 적합하다는 이유로 선택했다면, 그 결정에 대한 자세한 내용을 문서화하면 팀은 그 이유를 이해하고 향후 이와 비슷한 상황에서 참고할 수 있다. 마찬가지로, 특정 기술을 더 나은 성능 때문에 선택했다면, 이에 관한 문서화를 통해 왜 그러한 선택을 했는지 알 수 있고, 향후 이와 유사한 상황에서 결정을 위한 정보가 될 수 있다.

이러한 내용을 기술 문서로 기록해놓으면, 팀원들이 이직하고 새로 들어오는 과정에서도 중요한 결정을 잊지 않을 수 있다. 프로젝트에 새로 참여하는 사람도 과거에 이뤄진 결정의 배경과 이유를 이해할 수 있고, 향후 더 나은 결정을 내릴 수 있다. 이런 정보를 보존하고 문서화하면 팀원 교체로 인한 전문성 손실이 있을 때 기술 부채를 줄이는 데 도움이 된다.

팀원이 이직하면 인수 인계가 잘 이뤄져야 하지만, 그것이 항상 가능하지는 않다. 따라서 모든 것을 문서화하는 것이 최선이다. 확정된 결정과 관련된 내용을 상세하게 기록하고 보존해놓으면 리드 개발자와 팀은 향후 더 나은 결정을 내릴 수 있고, 코드베이스를 더 잘 이해하며, 시간이 지나더라도 결정이 이뤄진 배경을 잊지 않을 수 있다. 이는 프로젝트의 현재뿐만 아니라 미래에도 유익하다.

5.1.3 신규 개발자의 온보딩

리드 개발자로서 중요한 책임 중 하나는 새로운 개발자들이 팀에 신속하고 원활하게 적응할 수 있도록 돕는 것이다. 이를 위해 효과적인 방법 중 하나는 명확하고 포괄적인 문서를 작성하는 것이다. 적절한 기술 문서는 새로운 개발자들이 프로젝트의 전체 아키텍처를 이해하고, 다양한 구성 요소와 시스템이 어떻게 상호작용하는지 구체적으로 파악할 수 있게 해준다. 이를 통해 새로운 개발자들이 모든 내용을 스스로 파악하기 위해 불필요한 시간과 노력을 들이지 않아도 되며, 그만큼 버그 발생 가능성도 줄어든다.

또한, 명확하고 잘 정리된 기술 문서는 새로운 개발자들이 버그를 파악하고 수정하는 데도 도움이 된다. 특히, 코드의 각 부분이 어떻게 작동해야 하는지와 알려진 문제나 예외 케이스에 대한 상세한 정보가 문서에 포함되어 있다면 더욱 유용하다. 적절한 기술 문서를 작성하는 것은 단순하지만 강력한 도구이므로, 리드 개발자가 새로운 개발자를 온보딩하는 데 소요되는 시간을 줄이고, 모든 참여자에게 이 과정이 더 원활하고 효율적으로 이뤄질 수 있게 해준다.

개발자 온보딩 문서에 포함되어야 할 주요한 내용은 다음과 같다.

- **업무 규범**code of conduct: 팀의 기대사항과 소통 방법, 갈등 해결 지침 등을 포함한 업무 규범 목록
- **코딩 표준**coding standard: 명명 규칙, 형식, 주석문 작성법, 모범 사례 등 팀의 코딩 표준에 대한 상세 정보
- **개발 워크플로**development workflow: 버그 및 문제 해결 방법, 코드 리뷰와 병합 방법, 테스트 및 배포 방법 등을 포함한 팀의 개발 워크플로에 대한 단계별 가이드
- **배포 프로세스**deployment process: 배포 중 발생할 수 있는 문제 처리 방법을 포함한 팀의 배포 프로세스에 대한 단계별 가이드

- **도구 및 기술**tool and technology: 팀에서 사용하는 도구 및 기술 목록과 필요한 소프트웨어 또는 라이브러리
- **소통 채널**communication channel: 이메일, 채팅, 화상회의 도구 등 팀의 소통 채널과 이를 효과적으로 사용하는 방법에 대한 정보
- **리소스 및 문서**resource and documentation: 유용한 내부 위키, 문서, 튜토리얼 등 리소스 목록
- **온보딩 체크리스트**onboarding checklist: 교육, 코드 리뷰, 기타 요구사항 등 신규 개발자들이 완료해야 할 작업 목록
- **기술 부채 관리**technical debt management: 기술 부채를 관리하는 팀의 접근 방식과 이를 최소화하기 위한 방법에 대한 정보
- **멘토링 프로그램**mentorship program: 멘토를 찾는 방법과 새로운 개발자들에게 기대하는 사항 등 팀의 멘토링 프로그램에 대한 정보

이러한 항목은 조직이나 프로젝트에 따라 다를 수 있지만, 일반적으로 개발자 온보딩 문서에 포함되어야 할 중요한 내용이다. 문서에는 빠진 부분이 있어서는 안 되고, 내용이 명확해야 하며, 이해하기 쉬워야 한다. 또한 정기적으로 검토하고 최신 상태를 유지해야 한다.

기술 문서가 부족했던 회사에서 일한 적이 많이 있었는데, 필자가 겪었던 적응의 어려움을 후배 개발자들이 겪지 않도록 문서화했다. 로컬 개발 환경을 설정하는 과정에 대한 문서화가 없는 회사들이 많은데 이로 인해 혼란과 좌절을 경험하기 쉽다. 한번은 문서가 전혀 없는 상태에서 개발 환경 설정을 파악하는 데 두 주나 걸린 적이 있다. 당시 프로젝트에 참여했던 개발자들이 모두 회사를 떠난 상황이었다. 이 과정에서 필자가 수행한 단계와 발생한 오류를 모두 기록했으며, 이후 새로 고용된 개발자들은 로컬 개발 환경을 설정하는 데 하루밖에 걸리지 않았다.

이러한 작업에 시간을 쓰는 것을 주저하지 말아야 한다. 프로젝트와 팀의 변화에 맞춰 문서를 최신 정보로 업데이트하는 것이 새로운 개발자를 온보딩하는 데 걸리는 시간을

줄이는 핵심이라는 것을 기억해야 한다. 온보딩 과정을 진행하며 새로 합류한 개발자들로 하여금 문서를 수정하도록 하면 문서가 항상 최신 상태를 유지할 수 있다. 이는 문서를 유지 관리하는 경험을 쌓게 해주어 팀에 기여할 기회를 제공하는 부가적인 이점도 있다. 문서 관리는 리드 개발자만의 책임이 아니라 팀 전체의 공동 작업이다. 적절한 문서가 마련되면, 새로운 개발자를 더 효율적으로 온보딩할 수 있고, 팀 전체가 효과적으로 협력할 수 있다.

5.2 문서 구조

기술 문서를 체계적으로 구성하는 것은 개발자와 다른 사용자들이 정보를 쉽게 이해하고 탐색하기 위해 매우 중요하다. 잘 구조화된 문서가 있으면 필요한 정보를 빠르게 찾고, 새로운 프로젝트나 기술에 신속하게 적응할 수 있다. 많은 시간을 절약할 수 있고 불필요한 좌절감을 줄여주어 프로젝트를 제시간에 높은 품질로 완료하는 데 도움이 된다.

문서의 구조가 잘 되어 있지 않으면, 필요한 정보를 찾는 데 어려움을 겪을 수 있으며, 이는 혼란과 실수로 이어질 수 있다. 특히 대규모 또는 복잡한 프로젝트에서는 다뤄야 할 문서의 양이 많기 때문에 이러한 문제가 더 심각해질 수 있다. 문서의 내용이 체계적이지 않으면 새로운 개발자들이 프로젝트에 익숙해지기 어렵고, 개발 프로세스가 지연될 수 있다.

5.2.1 내용 나누기

기술 문서를 작성할 때, 대상 독자는 개발자이며 개발자는 항상 바쁘다는 점을 염두에 두어야 한다. 개발자들은 필요한 정보를 빠르게 찾고자 하기 때문에, 내용을 작은 단위로 나누는 것이 중요하다. 이를 흔히 **청킹**chunking이라고 부르며, 정보를 작고 관리 가능한 단위로 조직화하는 기법이다. 이렇게 하면 필요한 정보를 빠르게 찾을 수 있고 이해하기도 쉽다.

그림 5.2는 청킹된 컨플루언스 문서의 예를 보여준다.

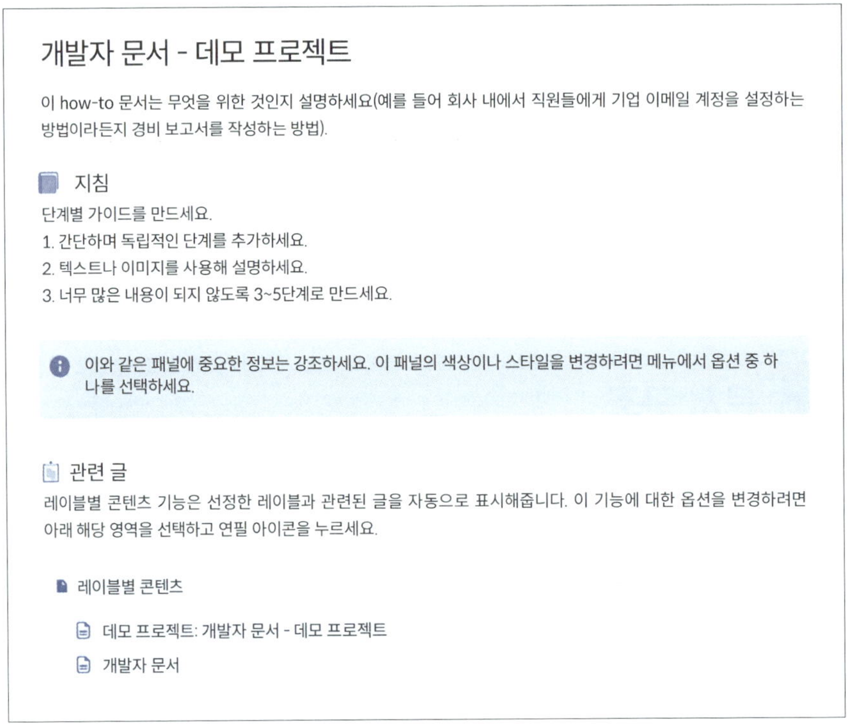

그림 5.2 컨플루언스를 통한 개발자 문서화의 예

청킹 기법을 활용해 문서를 구조화하는 데 도움이 될 수 있는 팁을 몇 가지 소개하면 다음과 같다.

- **제목**Heading**과 부제목**subheading: 문서를 섹션으로 나누기 위해 제목과 부제목을 사용한다. 이를 통해 독자들이 문서를 스캔하며 원하는 정보를 쉽게 찾을 수 있다.
- **글머리 기호**: 글머리 기호나 번호 목록을 사용해 정보를 항목화해서 정리한다. 이를 통해 독자들이 주요 내용을 빠르게 읽고 이해할 수 있다.
- **이미지와 다이어그램**: 텍스트를 보완하기 위해 이미지와 다이어그램을 사용한다. 이렇게 하면 텍스트를 나누고 시각적으로 더 매력적인 문서를 만들 수 있어 내용을 쉽게 이해하는 데 도움이 된다.
- **예제와 연구 사례**: 주요 개념을 설명하기 위해 예제와 연구 사례를 활용한다. 이는 정보를 더 구체적이고 이해하기 쉽게 만든다.

- **쉬운 용어**: 문장은 간결하고 이해하기 쉬워야 한다. 문서를 읽는 대상이 익숙하지 않을 수 있는 전문 용어나 기술 용어는 가급적 사용하지 않는 것이 좋다.

이 팁을 따르면 독자들이 필요한 정보를 빠르게 찾고 쉽게 이해할 수 있도록 기술 문서를 구조화할 수 있을 것이다. 기술 문서의 목표는 개발자들이 더 생산적이고 효과적으로 일할 수 있도록 돕는 것이므로, 활용하기 쉬운 문서 작성을 최우선으로 해야 한다.

5.2.2 시각 보조 자료 활용

기술 문서에 **시각 보조 자료**visual aids를 사용하면 여러 면에서 긍정적인 효과를 얻을 수 있다. 시각 자료는 복잡한 정보를 더 작은 단위로 나누어 보여주기 때문에 이해하는 데 도움이 된다. 또한, 기술 문서를 더 흥미롭고 매력적으로 만들어 독자의 주의를 끌고 유지할 수 있다. 시각 자료는 시스템이나 프로그램의 전체 구조와 흐름을 표현하는 데 유용하며, 이를 통해 코드베이스를 더 쉽게 찾아보고 이해할 수 있다. 시각 자료를 사용하면 텍스트를 나누고 시각적으로 매력적인 문서를 작성할 수 있다. 시각 자료의 활용은 기술 문서의 효과를 크게 높여주며, 개발자들이 코드베이스를 이해하고 작업하는 데 유용하다(표 5.2 참조).

표 5.2 **시각 보조 자료의 예**

시각 보조 자료	목적
순서도	순서도는 프로그램이나 시스템의 제어 흐름을 시각화하는 데 좋은 방법이다. 사용자가 시스템을 통해 선택할 수 있는 다양한 경로를 보여주거나 특정 함수나 모듈의 논리를 설명하는 데 사용할 수 있다.
다이어그램	다이어그램은 시스템의 전체 아키텍처를 보여주거나 서로 다른 구성 요소 간의 관계를 설명하는 데 사용한다. 또한 시스템의 다양한 부분 간 데이터 또는 제어 흐름을 보여주는 데도 활용할 수 있다.
스크린샷	스크린샷은 사용자 인터페이스가 어떻게 보이고 작동하는지를 보여주는 훌륭한 방법이다. 프로그램의 출력물이나 특정 테스트 결과를 시각적으로 제시하는 데도 유용하다.
예제 코드	예제 코드는 기술 문서의 필수 요소로, 특정 함수나 클래스를 사용하는 방법을 구체적인 예를 통해 설명하는 데 사용된다.

필자의 경우 기술 문서를 작성할 때 스크린샷과 코드 스니펫에 많이 의존한다. 개발자

가 개발 환경을 설정하거나 테스트 서버에 연결하는 작업을 단계별로 안내할 때, 개발자가 화면에서 실제로 보게 될 것을 시각적으로 보여주면 도움이 된다. 또한 별도의 박스나 하이라이트를 사용해 화면의 특정 영역에 주목할 수 있도록 하는 것도 유용하다. 하지만 개발자가 사용하는 도구는 계속 변화하기 때문에 이를 최신 상태로 유지하는 것이 어려울 수 있으므로, 문서를 업데이트할 때는 이 점을 항상 고려해야 한다. 이에 대한 자세한 내용은 이 장의 뒷부분에서 논의한다.

5.2.3 도입부와 요약

기술 문서에서 **도입부**introduction는 매우 중요하다. 도입부는 문서의 목적에 대한 개요와 함께 독자에게 유용한 배경 정보를 제공해야 한다. 또한, 문서의 내용을 시작하기 전에 독자가 알아야 할 가정이나 사전 요구사항을 설명해야 한다. 다음은 도입부 예시다.

> 이 문서는 로컬 개발 환경 설정을 위한 개발자용 문서입니다. 개발 목적의 로컬 환경을 설정하는 과정을 단계별로 안내합니다. 이 가이드는 사용자가 컴퓨터 시스템과 소프트웨어 개발에 대한 기본적인 이해가 있다고 가정하고 작성되었습니다. 또한 본 문서의 모든 지침은 윈도우 운영체제를 기준으로 구성되어 있습니다.

도입부 이후에는 문서의 내용을 **요약**summary하는 섹션이 나와야 한다. 여기서는 문서에서 다루는 내용과 문서를 통해 배울 수 있는 것에 대한 전체적인 개요를 제공한다. 이를 통해 독자는 해당 문서가 자신에게 필요한 문서인지 알 수 있으며, 문서를 쉽게 탐색할 수 있다. 다음은 요약 예시다.

> 이 문서는 로컬 머신에서 개발 환경을 설정하는 단계별 지침을 제공합니다. 필요한 소프트웨어, 도구, 라이브러리의 설치와 관련 설정 구성 방법을 안내하며, 개발 환경의 개요와 프로덕션 환경과의 차이점도 함께 설명합니다. 또한 설치에 필요한 운영체제 및 하드웨어 요구사항 목록을 포함하고 있으며, 소프트웨어 의존성과 개발 도구(예: 컴파일러, 코드 편집기, 패키지 관리자 등)의 설치 방법, 환경 변수를 설정하고 필요한 경로를 구성하는 방법도 다룹니다. 마지막으로, 자주 발생하는 오류를 포함한 일반적인 문제 해결 방법도 함께 제공됩니다.

문서 끝에는 주요 요점을 포함한 결론을 요약해서 보여주는 것도 중요하다. 결론은 문서의 주요 내용을 요약하고, 유용한 추가적 배경 정보나 맥락을 제공해야 한다. 또한 독자가 주제를 더 깊이 이해할 수 있도록 리소스, 관련 문서, 외부 링크를 포함한 추가 읽기 섹션을 제공하는 것도 유용하다.

문서의 주제에 따라 다양한 유형의 결론이 필요할 수 있다. 기술적인 세부사항을 깊이 다룬 문서이거나 여러 주제를 다룬 문서라면, 더 완전한 결론이 필요하다. 필자는 결론을 작성하기 위해 개발 및 프로젝트팀과 협력해 필요한 정보를 수집하는 것을 선호한다.

다음은 기술 세부사항을 심도 있게 다룬 문서의 결론에 대한 예시다.

- 아파치Apache 또는 nginx와 같은 로컬 웹 서버 설치
- MySQL 또는 PostgreSQL과 같은 데이터베이스 관리 시스템 설치 및 구성
- PHP 또는 파이썬과 같은 프로그래밍 언어 런타임 설치
- 깃과 같은 버전 관리 시스템 설치
- 로컬 머신에 프로젝트 저장소 복제
- 프로젝트를 위한 가상 호스트 또는 로컬 도메인 설정
- 로컬 개발 환경에 특정한 환경 변수 및 설정 구성
- 데이터베이스 마이그레이션과 같은 셋업이나 설치 스크립트 실행
- 로컬 환경에서 프로젝트가 제대로 실행되는지 테스트
- 관련 문서 및 리소스
    - 연락처 목록
    - 프로젝트 이해관계자
    - API 문서

작업 안내가 아닌 레퍼런스로 사용할 기술 문서를 작성하는 경우, 일반적인 결론이나 요약으로 마무리할 수 있다. 이런 문서의 예로는 API 문서가 있는데 이 문서는 **API** application programming interface의 엔드포인트, 매개변수, 응답에 대한 세부 정보를 제공하

고 개발자는 이 문서를 레퍼런스로 사용하면서 앱을 구현한다. 이러한 문서는 구체적인 단계에 대한 안내가 아니므로 글머리 기호를 사용해 항목화한 결론은 적합하지 않다. 대신 주요 내용을 한 단락으로 요약해야 한다. 다음은 레퍼런스 문서의 결론에 대한 예시다.

> 이 API 문서는 API의 기능에 대한 레퍼런스입니다. 개발자가 통합 과정에서 추가적인 질문이 있거나 지원이 필요할 경우 지원팀에 문의해주시기 바랍니다. 또한, 우리는 사용자들에게 최고의 경험을 제공하기 위해 API를 지속적으로 업데이트하고 개선하고 있으므로, 정기적으로 문서를 확인하여 최신 정보를 얻으시길 바랍니다.

도입부와 요약, 명확하고 간결한 내용, 다이어그램, 코드 예제, 결론으로 문서를 구성하면 독자들이 문서를 쉽게 탐색하고 이해할 수 있다. 리드 개발자가 이러한 모범 사례를 따라 기술 문서를 작성하면 문서의 내용을 체계적으로 작성할 수 있으며, 효과를 극대화할 수 있다.

5.3 내용 작성

리드 개발자로서 맡은 일이 많기 때문에 기술 문서를 작성할 때 부담이 되거나 무엇부터 시작해야 할지 고민될 때가 있다. 이럴 때는 문서 작성을 팀원들과 나눠서 하고 혼자서 모든 것을 떠안지 않는 것이 바람직하다. 기술 문서 작성은 막막한 작업처럼 느껴질 수 있지만, 어렵게만 받아들일 필요는 없다. 기술 문서를 작성하는 것은 팀이 프로젝트를 더 잘 이해하도록 도와줄 뿐만 아니라 향후 프로젝트를 위한 참조 자료로 활용할 수 있기 때문에 꼭 필요하고 중요한 작업이라는 점을 기억해야 한다.

완성된 문서는 질문이 생길 때마다 이에 대한 답을 찾을 수 있는 원천이 됨으로써 팀의 생산성은 올라가고, 리드 개발자는 더 많은 시간을 리더십 업무에 집중할 수 있게 된다. 문서 작성에 시간과 노력을 투자하면 프로젝트와 팀의 성공에 도움이 된다.

5.3.1 개요부터 시작

기술 문서에서 중요한 단계 중 하나는 개요 작성이다. 개요는 문서의 로드맵 역할을 하며, 정보를 체계적으로 구성하고 논리적인 내용으로 따라가기 쉽게 제시하는 데 유용하다. 개요를 잡기 전에, 문서의 목적을 이해하는 것이 중요하다. 문서의 대상은 누구인가? 문서의 목표는 무엇인가? 어떤 정보를 포함해야 하는가? 문서의 목적을 이해하면 좀 더 관련 있는 내용에만 집중해서 개요를 작성할 수 있다.

문서의 목적이 명확해지면 다음 단계는 문서를 섹션으로 나누는 것이다. 다뤄야 할 주요 주제를 파악해 섹션을 구성할 수 있다. 예를 들어 소프트웨어 앱 사용자 매뉴얼이라면 '소개', '시작하기', '앱 사용법', '문제 해결', '참고 자료' 등의 섹션으로 나눌 수 있다.

섹션을 나누고 나면 각 섹션의 정보를 체계적으로 구성하도록 소제목을 작성해야 한다. 소제목은 각 섹션 내의 정보를 정리하고, 개발자들이 필요한 정보를 더 쉽게 찾을 수 있도록 해준다. 예를 들어 '시작하기' 섹션에는 '앱 설치', '계정 생성', '사용자 인터페이스 소개'와 같은 소제목이 포함될 수 있다.

글머리 기호나 번호 목록을 사용해 정보를 명확하고 따라가기 쉽게 제시하는 것도 효과적이다. 예를 들어 '앱 설치'라는 소제목 아래에는 다음과 같이 번호가 붙은 항목이 올 수 있다.

1. 설치 파일 다운로드
2. 설치 마법사 실행
3. 앱 활성화

개요를 완료한 후에는 이를 검토하고 수정하는 것이 중요한데, 개요가 명확하고 따라가기 쉬우며, 문서에 필요한 모든 정보를 포함하고 있는지 확인해야 한다. 다른 개발자들에게 피드백을 받아 명확하고 이해하기 쉬운지 점검하는 것도 좋은 방법이다. 예를 들면 한 앱에 대한 개발자 가이드의 개요는 다음과 같다.

- 소개
  - 앱 설명
  - 가이드의 대상 및 목적

- 요약
    - 고수준 개요
    - 주요 요점
- 시작하기
    - 개발 환경 설정
    - 저장소 로컬 복제
    - 의존성 라이브러리 설치
- 앱 아키텍처
    - 앱에 대한 고수준 개요
    - 각 구성 요소의 상세 설명
- 앱 빌드 및 배포
    - 다양한 환경을 위한 빌드
    - 배포 옵션
    - 모범 사례
- 문제 해결 및 유지 보수
    - 일반적인 문제와 해결책
    - 앱 업그레이드
    - 유지 보수 작업
- 결론
    - 문서의 주요 내용
    - 추가적인 맥락 및 배경 정보
- 부록
    - 참조 및 외부 리소스
    - 용어

기술 문서를 위한 개요를 작성하는 것은 시간이 많이 소요될 수 있는 작업이지만, 충분히 가치 있는 일이다. 개요를 잘 잡으면 명확하고 간결하며 이해하기 쉬운 문서를 작성하는 데 도움이 된다. 이를 통해 개발자들은 시간을 절약하고 좌절감을 느끼지 않아도 되며, 프로젝트를 제때 높은 품질로 완수하는 데 도움을 얻을 수 있다.

5.3.2 구체적인 지침 작성

기술 문서를 위한 구체적인 지침을 작성하는 것은 도전적인 작업이지만 개발자들이 효율적이고 효과적으로 작업하는 데 필요한 정보를 얻기 위해서는 필수다. 구체적인 지침은 명확하고 간결하며, 혼란의 여지가 없어야 한다. 능동형 문장을 사용해야 하고, 어떤 작업을 수행해야 하는지와 예상 결과를 구체적으로 명시해야 한다.

개발자들이 무엇을 해야 하고 언제 해야 하는지를 정확히 알 수 있도록 하려면 단계별로 지침을 작성하는 것이 효과적이다. 각 단계는 명확히 번호를 매겨야 하며, 지침은 논리적인 순서로 제시되어야 한다. 지침을 제공할 때는 가능한 한 구체적으로 작성하는 것이 중요하다. 예를 들어 '설정하라' 대신 'config.txt 파일로 설정하라'가 더 효과적이다. 스크린숏이나 다이어그램을 사용해 시각적으로 설명하는 것도 좋은 방법이다.

개발자가 도커 이미지를 가져오기 위한 단계별 지침을 일례로 보자면 다음과 같다.

1. 로컬 머신에서 **명령줄 인터페이스**command line interface, CLI를 연다.
2. `docker -version` 명령을 실행해 도커가 설치되어 있는지 확인한다. 도커의 버전이 출력되면 도커가 설치되어 있음을 의미한다.
3. 도커 허브Docker Hub 레지스트리에서 이미지를 검색하려면 `docker search <image_name>` 명령을 실행한다. 여기서 `<image_name>`은 다운로드하려는 이미지 이름이다.
4. 원하는 이미지를 찾으면 `docker pull <image_name>` 명령을 실행해 로컬 머신으로 이미지를 가져온다.
5. `docker images` 명령을 통해 이미지를 성공적으로 다운로드했는지 확인한다.

앞서, 개발자가 실행해야 하는 명령을 문서의 텍스트와 구분하기 위해 다른 글꼴로 작성된 것을 주목하기 바란다. 이렇게 하면 CLI에 원하는 코드나 명령어를 복사해서 쉽게 붙여넣을 수 있고, 실수로 인한 오타를 줄일 수 있다. 문장은 완성된 형태여야 하고, 가능한 한 상세하게 설명하는 것이 중요하다.

구체적인 지침과 함께 개발자들이 더 효율적이고 효과적으로 작업하는 데 도움이 되는 팁과 모범 사례를 포함하는 것도 좋은 아이디어다. 예를 들어 흔히 발생하는 문제를 해결하는 방법이나 특정 도구나 기술을 다루는 모범 사례를 추가할 수 있다. 예제와 사용 사례를 활용하면 지침과 모범 사례가 실제로 어떻게 사용되는지 효과적으로 보여줄 수 있다. 또한 지침이 명확해지므로, 개발자들은 자신이 처한 특정 상황에 지침의 내용을 어떻게 적용할 수 있을지 쉽게 이해할 수 있다.

문서를 게시하기 전에 지침이 정확하고 완전한지 확인해야 한다. 문서의 주제에 익숙하지 않은 다른 개발자는 문서를 읽으면서 지침을 따라해보고, 피드백을 받아 지침이 정확하고 명확하며 따라가기 쉬운지 확인해야 한다. 이렇게 하면 팀 전체를 대상으로 하는 문서의 내용이 적절한지, 성공적으로 활용될 수 있을지 알 수 있다.

5.3.3 핵심에 집중하기

기술 문서를 작성할 때는 핵심 내용으로 바로 들어가는 것이 중요하다. 불필요한 정보를 줄이고 내용을 명확하고 간결하게 작성하면 독자가 지침을 쉽게 이해하고 따라갈 수 있다. 과도하게 장황한 문서는 독자들에게 혼란과 좌절을 초래할 수 있다. 대부분의 개발자들은 필요한 핵심 정보를 바르게 찾기 위해 문서를 스캔하듯 읽는다. 따라서 너무 많은 정보를 포함하면 독자들이 문서를 이해하는 속도가 느려지고 혼란을 줄 수 있다. 새로운 소프트웨어 개발 환경을 설정하기 위한 지침으로 표 5.3을 참고하기 바란다.

표를 보면 알 수 있듯이, 문장이 명확하고 간결하면 불필요한 정보를 제거하고 핵심만 바로 전달하기 때문에 이해가 잘 되고 내용을 따라가기도 쉽다. 반면에 내용이 지나치게 장황하면 너무 많은 정보를 갖게 된다. 명확하고 구체적인 지침을 제공하는 것과 내용을 간결하게 유지하는 것 사이에서 균형이 있어야 한다. 안타깝지만, 대부분의 개발자들은 문서를 처음부터 꼼꼼히 읽기보다는 필요한 핵심 지침만을 찾아 훑어본다. 문서에서 제공하는 정보가 지나치게 많으면 읽는 속도가 더뎌지고 혼란만 가중될 수 있다.

기술 문서는 명확하고 간결해야 한다. 불필요한 내용을 빼고 핵심만 바로 전달하면, 지침을 이해하고 따라하기가 쉽다. 이는 결국 시간 절약과 더 효율적이고 효과적인 개발 프로세스로 이어진다.

표 5.3 과도하게 장황한 문서 vs. 간략한 문서

과도하게 장황한 문서	새로운 개발 환경을 올바르게 설정하려면 먼저 필요한 소프트웨어 구성 요소를 설치해야 한다. 여기에는 사용할 프로그래밍 언어의 최신 버전과 관련된 라이브러리 및 프레임워크가 포함된다. 이러한 구성 요소를 설치한 후에는 환경을 적절히 설정하여 필요한 외부 의존성에 연결할 수 있도록 구성해야 한다. 이 과정에는 원격 데이터베이스에 대한 액세스를 설정하거나 특정 버전 관리 시스템을 사용할 수 있도록 환경을 구성하는 작업이 포함될 수 있다. 마지막으로, 환경이 올바르게 설정되고 구성되었는지 확인하기 위해 필요한 테스트를 실행해야 한다.
간략한 문서	새로운 개발 환경을 설정하려면 프로그래밍 언어, 라이브러리, 프레임워크를 설치한다. 그다음, 원격 데이터베이스에 연결한다. 마지막으로, 모든 것이 제대로 작동하는지 확인하기 위해 테스트를 실행한다.

5.3.4 스타일 가이드 사용하기

기술 문서를 작성할 때, 일관되고 명확한 작성 스타일을 유지하는 것은 독자가 제공된 정보를 쉽게 이해하고 활용할 수 있도록 하는 데 매우 중요하다. 이를 위한 효과적인 방법 중 하나는 **스타일 가이드**style guide를 사용하는 것이다. 스타일 가이드는 문서 작성과 형식 지정에 대한 지침으로 문법, 구두점, 단어 사용에 대한 규칙과 함께 문서 구조와 레이아웃에 대한 권장사항을 포함한다.

스타일 가이드를 준수하면 작성자는 문서를 명확하고 일관적으로 읽기 쉽게 작성할 수 있다. 기술 문서에 널리 사용되는 스타일 가이드로는 구글과 마이크로소프트에서 제공하는 가이드가 있다. 두 가이드는 모두 명확하고 일관된 문서 작성을 돕기 위해 만들어졌지만, 몇 가지 주된 차이점이 있다.

구글 개발자 문서 스타일 가이드[1]는 독자가 쉽게 이해할 수 있는 명확하고 간결한 문서를 작성하도록 돕는 데 중점을 둔다. 문법, 구두점, 단어 사용에 대한 규칙과 문서 구조 및 레이아웃에 대한 권장사항이 포함되어 있으며, 다양한 독자층과 문서 유형에 적합한 작성 지침을 제공한다.

마이크로소프트 문서 스타일 가이드[2]는 명확하면서도 전문적인 문서 작성에 초점을 맞추고 있다. 문법, 구두점, 단어 사용에 대한 규칙뿐만 아니라 문서 구조와 레이아웃에 대한 권장사항을 포함하며, 다양한 독자층과 문서 유형을 위한 작성 지침을 제공한다. 또한, 언어 사용이나 표현에서 접근성과 포용성의 중요성을 강조한다.

두 스타일 가이드는 모두 포괄적이며 작성자에게 유용한 정보를 제공한다. 그러나 구글 가이드는 명확성과 간결성에 중점을 두고 있는 반면, 마이크로소프트 가이드는 전문성과 접근성에 더 중점을 둔다. 만약 조직이 닷넷과 같은 마이크로소프트의 기술과 프로그래밍 언어를 주로 사용한다면 마이크로소프트 스타일 가이드를 사용하는 것이 적합하고, 그렇지 않다면 구글 스타일 가이드를 사용할 것을 권한다.

기술 문서를 작성할 때 스타일 가이드를 사용하는 것은 문서를 명확하고 일관되며 이해하기 쉽게 만드는 데 필수다. 어떤 스타일 가이드를 선택하든, 독자가 만족할 수 있는 고품질의 사용자 친화적인 문서를 작성할 수 있을 것이다.

5.4 문서 유지 관리 주기 구현

코드베이스를 최신 상태로 유지하고, 관리 가능한 상태로 유지하는 것이 얼마나 중요한지는 리드 개발자라면 잘 알고 있을 것이다. 동일한 원칙이 기술 문서에도 적용된다. 문서 유지 관리 주기는 기술 문서를 정기적으로 검토하고, 업데이트하며, 개선하는 과정을 말한다. 이를 통해 문서를 정확하고, 사용자 친화적이며, 이해하기 쉬운 상태로 유

---

1   https://developers.google.com/style
2   https://learn.microsoft.com/en-us/style-guide/welcome/

지할 수 있다.

기술 문서는 한 번 하고 나면 끝나는 작업이 아니다. 코드베이스가 진화함에 따라 문서도 이에 맞춰 업데이트되어야 한다. 문서를 최신 상태로 유지하는 것은 팀의 효율성과 생산성을 유지하는 데 매우 중요하다. 문서가 오래되면 개발자들은 코드베이스를 이해하거나 문제를 해결하는 데 더 많은 시간을 사용해야 하고, 이에 따라 전체 배포 스케줄이 지연되거나 실수가 일어나기 쉽다. 문서 검토 과정에는 문서 테스트, 피드백 수집, 정기적인 업데이트가 포함되어야 한다.

기술 문서를 최신 상태로 유지하면 개발자들은 정확하고 적합한 정보에 접근할 수 있다. 오래된 문서는 혼란, 오류, 비효율성을 초래할 수 있으므로 정확하지 않은 정보를 기반으로 작업하는 상황을 방지해야 한다. 기술 솔루션은 지속적으로 발전하고 개선되므로, 문서가 최신 상태를 유지하고 있으면 사용자는 최신 기능과 정보를 접할 수 있다. 정기적으로 기술 문서를 업데이트하면 품질에 대한 의지를 보여줄 수 있으며, 이는 사용자 만족도를 높이고 고객 충성도를 촉진하는 데 기여할 수 있다.

5.4.1 문서 테스트

코드를 사용자에게 배포하기 전에 철저히 테스트하고 올바르게 작동하는지 확인하는 것이 중요하다는 점은 잘 알고 있을 것이다. 이와 마찬가지로 기술 문서 역시 테스트가 중요하다. 기술 문서를 테스트하면 문서가 정확하고, 쉽게 이해할 수 있으며, 사용자 친화적인지 확인할 수 있다. 이는 특히 개발자들에게 중요한데, 명확하고 정확한 문서는 새로운 기능을 이해하고 구현하거나 문제를 해결하는 데 필요한 시간과 노력을 절약할 수 있기 때문이다.

테스트는 문서가 실제로 사용될 환경에서 진행해야 한다. 이를 통해 실제 사용 중 발생할 수 있는 문제나 부정확성을 발견할 수 있다. 문제점이 발견되면 문서를 배포하기 전에 수정함으로써 오해와 혼란을 방지해야 한다.

문서 지침은 정확했으나 환경적인 문제로 인해 오류나 문제가 발생한다면 이를 문서에 추가해줄 것을 테스터에게 요청해야 한다. 이러한 유형의 오류는 문서의 마지막 부분에서 '알려진 문제'나 'FAQ' 섹션으로 다룰 수 있다. 필자의 경우, 정규직 개발자들에게는 동일한 로컬 개발 환경을 제공하지만, 계약직 개발자들에게는 회사 장비를 제공하지 않아 환경이 달랐던 적이 많았다. 만약 조직에서 이와 같은 상황이 발생한다면, 계약직 개발자들에게 문서 테스트를 맡기고 그들이 발견한 오류를 문서에 포함하는 작업이 필요하다.

Doxygen과 같은 자동화 도구를 활용하면 문서를 테스트하는 데 많은 도움이 된다. 이러한 도구는 문법 오류, 깨진 링크, 기타 문제를 자동으로 점검할 수 있으며, 다른 사람이 문서를 테스트하기 전에 시간을 절약할 수 있다. **그래멀리**Grammarly와 같은 맞춤법 및 문법 검사 도구를 사용해 문서가 올바르게 작성되었는지 확인하는 것도 바람직하다. 이는 영어가 모국어가 아닌 팀원들과 협업할 때 특히 중요하다. 필자는 축약형 사용을 피하려 하고, 영어가 배우기 어려운 언어라는 점을 늘 염두에 둔다. 가능하다면, 영어가 모국어가 아닌 사람들에게 문서를 테스트하도록 해서 누구나 문서를 이해할 수 있는지 확인해야 한다.

기술 문서를 테스트하는 것은 코드를 테스트하는 것만큼이나 중요하다. 이러한 모범 사례를 따르면 문서를 정확하고, 사용자 친화적이며, 이해하기 쉬운 상태로 유지할 수 있다. 이는 개발자와 최종 사용자 모두의 시간과 노력을 절약해준다. 명확하고 정확한 문서는 성공적인 개발과 사용자 경험에 필수이므로, 문서를 테스트하고 개선하는 데 시간을 투자해야 한다.

5.4.2 피드백받기

기술 문서에서 피드백은 특히 가치가 있다. 피드백은 부정확하거나 불명확한 부분, 또는 사용성 측면에서 개선이 필요한 부분을 찾는 데 도움을 줄 수 있다. 이러한 피드백을 반영하면 문서를 좀 더 정확하고, 사용자 친화적이며, 이해하기 쉽게 만들 수 있다. 그렇다면 이 피드백을 어떻게 얻을 수 있을까?

피드백을 요청할 때는 적절한 질문을 하는 것이 중요하다. 예를 들어 '이 문서는 명확하고 이해하기 쉬운가?' 또는 '문서에서 필요한 모든 정보를 찾을 수 있었는가?'와 같은 질문을 할 수 있다. 사람들에 따라서는 어떤 종류의 피드백이 필요한지, 어떻게 도울 수 있는지 알 수 있도록 유도 질문이 필요할 수도 있다. 이러한 유도 질문은 컨플루언스, 마이크로소프트 워드, 구글 독스, 깃허브와 같은 협업 도구를 사용해 추가할 수 있다.

또한 다양한 이해관계자들로부터 피드백을 받는 것도 중요하다. 다른 개발자, QA 엔지니어, 프로젝트 관리자, 최종 사용자 등으로부터 피드백을 받으면 서로 다른 관점에서 문서의 문제점을 식별할 수 있다. 각자의 역할에 따라 관점이 다르므로, 다양한 의견을 받을 가능성이 높다. 피드백이 해당 문서와 관계가 없더라도 유용할 수 있음을 염두에 두어야 한다.

가령 최종 사용자로부터 받는 피드백은 기술 문서와 직접적으로 관련이 없다 하더라도, 사용자 경험을 개선하는 데 유익할 수 있다. 이러한 경우 열린 마음으로 피드백을 받아들이고, 이를 전체적인 사용자 경험의 맥락에서 고려하는 것이 중요하다. 최종 사용자가 문서에서 다루고 있지 않는 기능을 제안한다면, 이는 코드베이스에도 해당 기능이 없을 가능성이 있다.

기술 문서에 대한 피드백을 받는 것은 개발 과정에서 중요한 부분이다. 적절한 질문을 하고, 피드백에 열린 자세를 유지함으로써 문서를 정확하고, 사용자 친화적이며, 이해하기 쉬운 상태로 유지할 수 있다. 피드백은 지속적인 과정이라는 점을 기억하고, 필요한 경우 반복적으로 개선할 준비를 해야 한다. 또한, 피드백이 직접적으로 적용되지 않더라도 프로젝트의 다른 영역에서 개선이 필요할 수도 있다.

5.4.3 문서 유지 관리 기간 설정

아무리 잘 작성된 문서라도 유지 관리하지 않으면 내용이 부정확해질 수 있다. 이를 해결하기 위해 **문서 유지 관리 기간**documentation maintenance window이 필요하다. 문서 유지 관리 기간은 팀이 프로젝트 문서를 업데이트, 검토, 개선을 위해 집중해서 사용할 수 있는 시간이다. 이 기간 동안 오타 수정, 코드 샘플 업데이트, 문서의 정확성과 관련성 유지 등의 작업을 수행할 수 있다.

성공적인 문서 유지 관리를 위해서는 이 기간을 정기적인 일정으로 잡아야 한다. 프로젝트의 규모와 복잡성에 따라 주간 또는 월간 단위가 적절할 수 있다. 이를 통해 문서를 최신 상태로 유지하고, 문제가 있다면 더 큰 문제로 발전하기 전에 해결해야 한다. 필자가 작성했던 대부분의 문서는 분기별로 또는 대규모 업데이트 이후에 최소 한 번은 업데이트됐다. 중요한 업데이트를 놓치지 않기 위해 팀 캘린더에 알림을 설정해두면 도움이 된다.

유지 관리 기간에는 팀원들에게 특정 작업을 할당해 문서의 모든 영역을 점검해야 한다. 예를 들어 한 팀원은 코드 샘플에 집중하고, 다른 팀원은 사용자 문서에 집중하도록 역할을 분담할 수 있다. 리드 개발자로서 과중한 업무를 피하기 위해 책임을 다른 팀원들에게 적절히 위임하는 방법을 배워야 한다. 이는 팀원들이 새로운 작업을 맡고, 새로운 기술을 배우며, 자신의 경력을 발전시키는 데도 도움이 된다.

문서 관리 도구인 Docusaurus, Read the Docs, MkDocs를 사용하면 문서 프로세스를 관리하는 데 유용하다. 이러한 도구는 문서 협업을 용이하게 하고, 변경사항을 추적하며, 문서를 항상 최신 상태로 유지하는 데 유용하다. 이러한 도구를 사용할 수 없다면, 마이크로소프트 워드나 구글 독스와 같이 흔히 사용할 수 있는 도구를 활용해도 된다.

유지 관리 기간 동안 완료된 작업을 기록하여 진행 상황을 측정하고 추적하는 것도 바람직하다. 이를 통해 팀은 수행된 작업을 확인하고 추가 작업이 필요한 영역을 식별할 수 있다. 필자는 기술 문서에 가해진 모든 변경사항을 목록화하기 위해 변경 로그나 릴리스 노트를 사용하는 것을 선호한다. 심지어 이러한 문서 변경사항을 배포 릴리스 노트에 포함할 수도 있다.

문서 유지 관리 기간은 모든 소프트웨어 개발 프로젝트에서 꼭 필요한 부분이다. 정기적인 유지 관리 기간을 정하고, 팀원들에게 구체적인 작업을 할당하며, 문서 관리 도구를 활용하면 프로젝트 문서를 정확하고, 관련성이 있으며, 최신 상태로 유지할 수 있다.

이러한 팁을 따르면, 성공적인 문서 유지 관리 계획을 수립할 수 있고, 이를 통해 팀은 더 효율적이고 효과적으로 작업할 수 있다.

요약

- 적절한 기술 문서는 코드베이스에 대한 명확한 이해, 일관성, 가독성, 유지 관리 용이성, 효율적인 문제 해결, 장기적인 유지 관리 개선을 제공한다.
- 문서가 없으면 코드베이스를 이해하기 어렵고, 일관성이 부족하며, 코드 읽기와 업데이트에 어려움이 생긴다. 또한 문제 해결이 지연되거나 실수가 발생하며, 시간이 지나면서 이뤄진 의사결정이 소실되고, 기술 부채와 유지 관리 비용이 증가할 수 있다.
- 문서는 새로운 팀원들이 조직 내에서 어떻게 작업이 이뤄지는지 이해하도록 돕는 동시에, 경험 많은 개발자가 문제를 해결하거나 문제를 조사할 때 참고할 수 있는 귀중한 자료로 활용된다.
- 명확하고 잘 조직된 기술 문서는 새로운 개발자에게 작동 방식과 알려진 문제에 대한 자세한 정보를 제공하여 버그를 쉽게 식별하고 수정할 수 있도록 도움을 준다. 이를 통해 개발자는 온보딩 시간을 단축하고 모든 관련자에게 더 원활하고 효율적인 프로세스를 제공한다.
- 기술 문서는 적절한 제목, 도입부와 요약, 시각 자료, 예제 코드, 리드 개발자 이야기 등을 활용해 개발자가 필요한 정보를 신속하게 찾을 수 있도록 구조화해야 한다.
- 개요를 정하는 것은 기술 문서를 작성할 때 중요한 단계로, 정보를 논리적이고 따라가기 쉽게 구성하는 로드맵 역할을 한다.
- 기술 문서 테스트와 수정은 코드 테스트만큼이나 중요하다. 사용자로부터 피드백을 받고, 문서를 실제 사용 환경에서 테스트하며, 발견된 문제를 공유받은 후 문서 유지 관리 기간 동안 피드백을 반영해 문서를 수정해야 한다.

리드 개발자 이야기

에디디옹 아식포

에디디옹 아식포Edidiong Asikpo는 나이지리아 라고스에서 일하고 있는 시니어 개발자 애드보킷Senior Developer Advocate이다. 데브옵스에 대한 지식을 기술 문서, 동영상, 소셜 미디어를 통해 열정적으로 공유하고 있으며, 전 세계 기술 행사에서 100회 이상의 강연을 진행했고, 아프리카 개발자 커뮤니티 구축에도 중요한 역할을 맡고 있다. 쿠버네티스 앱 개발자 자격증을 보유하고 있으며, 오픈소스 기여자로도 활동 중이다. 기술 관련 작업을 하지 않을 때는 전 세계를 여행하며 아름다운 사진을 찍고 영화를 분석한다.

이 인터뷰에서 에디디옹은 기술 문서와 관련된 자신의 경험을 공유하고, 문서를 작성하고 유지하는 방법에 대한 조언을 전한다.

적절한 문서 작성이 팀의 성공에 어떻게 기여했는가?

Hashnode에서 개발자 애드보킷으로 일했을 당시, 우리 팀은 제품 문서가 없었다. 이 때문에 사용자들은 특정 기능을 알지 못하거나 알고 있는 기능조차 어떻게 구현해야 하는지 모르는 상황을 맞이했다. 이를 해결하기 위해 사용자들은 디스코드를 통해 질문이나 우려 사항을 전달했지만, 그때 당시 우리 팀은 작은 편이어서 일상적인 업무를 처리하면서 들어오는 모든 질문에 답변할 여력이 없었다. 이 문제를 해결하기 위해 문서를 작성하기로 결정했다.

이 문서는 단순히 팀의 성공을 돕는 것뿐만 아니라, 사용자와 커뮤니티 구성원들이 Hashnode에 관한 모든 정보를 한곳에서 찾을 수 있게 해줬다. 사용자는 더 이상 몇 분 또는 몇 시간 동안 답변을 기다릴 필요가 없었고, 팀 역시 디스코드를 통해 매일 반복적으로 들어오는 질문에 같은 답변을 다시 작성하느라 시간을 소비할 필요가 없었다. 이 문서는 팀 내 혼란도 줄였다. 사용자 질문에 대한 올바른 답변을 확신하지 못할 경우, 문서를 참조해 확인한 후 사용자에게 응답할 수 있었다.

또 다른 사례는 내가 Interswitch의 DevRel팀에서 소프트웨어 엔지니어로 일하고 있을 때였다. Interswitch는 아프리카 최대 핀테크 기업으로, 직원 수가 300명 이상이었다. 이렇게 많은 인원이 있는 회사에서 발생할 수 있는 문제 중 하나는 여러 팀이 동일한 작업을 중복으로 진행하는 경우다. 우리 팀의 경우 API가 그러했다. 서로 다른 팀이 동일하거나 거의 동

The Lead Developer Story

일한 기능을 수행하는 API를 개발하면서 문서와 외부 개발자 경험에 큰 영향을 미쳤다.

이 문제를 해결하기 위해 우리는 먼저 문서를 개선하는 것이 첫 번째 단계임을 알았다. 모든 엔지니어링 매니저와의 회의를 통해 API를 수집하고, 유사한 API는 하나로 합쳐, 각 팀이 API 변경 시 문서를 업데이트할 책임을 지도록 했다. 또한, 각각의 API에 간단한 설명을 추가해 적합한 API를 신속하게 찾을 수 있도록 했고, 다양한 프로그래밍 언어로 API를 구현하는 방법에 대한 예제 코드도 추가했다. 결론적으로, 이렇게 업데이트된 문서와 문서 관리 구조는 API의 검색 가능성과 유지 관리를 용이하게 했고, 회사의 매출 증가로도 이어졌다.

문서에 대한 피드백이나 개선에 관한 의견을 받았는가?

받은 적이 있다. Interswitch API 문서를 업데이트하는 과정에서 우리는 내부 및 외부 개발자들에게 피드백을 요청했다. 그들이 공유한 피드백 중 하나는 API와 관련된 문서의 최신성이 떨어진다는 것이었다. 이 문제를 해결하기 위해 가능한 해결책을 검토한 후 스웨거Swagger 도구를 사용하기로 했다.

스웨거는 API의 코드베이스가 배포 파이프라인을 통해 업데이트될 때 문서도 자동으로 업데이트될 수 있도록 해줬다. 이를 통해 API 변경 시 문서를 업데이트하는 것을 잊어버리는 경우를 완전히 방지할 수 있었으며, API가 항상 최신 상태로 유지될 수 있었다.

또 다른 피드백은 API 문서의 내용이 API의 유형에 따라 구조적으로 잘 정리되어 있지 않다는 점이었다. 이를 해결하기 위해 리드미README를 사용해 모든 엔지니어링팀과 용이하게 협업할 수 있도록 하고, 예제 코드를 최대한 많이 추가해 개발자가 문서와 API를 사용하는 동안 좋은 사용자 경험을 할 수 있도록 했다. 또한, 문서를 오픈소스로 만들어 외부 개발자들도 문서에 기여할 수 있도록 했다.

기술 문서를 처음 작성하는 사람에게 조언한다면?

다음과 같은 다섯 가지 조언을 하고 싶다. 강의를 듣고, 더 많이 읽고, 스타일 가이드를 따르고, 문서의 목표를 이해하고, 게시 전에 반드시 교정하는 것이다.

먼저, 강의를 듣는 것을 추천한다. 강의[3]를 통해 기술 문서 작성 시 해야 할 다양한 작업을 배울 수 있다. 나는 구글의 기술 문서 작성 강의를 강력히 추천한다. 이 강의는 업계 최고의 기술 문서 작성자와 개발자들이 작성했다. 무료이기 때문에 기술 문서를 작성하는 방법을 배우기 위해 비용을 지불할 필요가 없다.

둘째, 독서는 필수다. 독서를 통해 어휘를 풍부하게 하고, 최신 트렌드를 익히며, 문서 작성 세계에서 무슨 일이 일어나고 있는지 알 수 있다. 또한 글쓰기에 대한 열정을 유지하는 데도 도움이 된다. 리사 시Lisa See의 "1천 권의 책을 읽고 나면 문장이 강물처럼 흐를 것이다 Read a thousand books, and your words will flow like a river"라는 말은 이를 잘 설명한다. 기술 문서나 다른 글을 많이 읽을수록 자신의 문서를 더 잘 표현하고 구성할 수 있다.

셋째, 스타일 가이드를 따르는 것을 권한다. 기술 문서 작성은 다른 유형의 글쓰기와는 다르다. 특정 규칙과 형식을 고려해야 한다. 스타일 가이드를 따르면 제목 형식, 소개 및 요약 작성 시점을 포함한 다양한 문서 작성 규칙을 정의할 수 있다. 구글과 마이크로소프트의 스타일 가이드는 업계 표준이며, 이것으로 시작하면 좋다.

네 번째는 작성하기 전에 문서의 목적에 대해 깊이 생각해보라고 권하고 싶다. 문서가 특정 프로세스를 설명하는 것인가, 아니면 특정 질문에 답하는 것인가? 후자의 경우라면, 독자가 산만해지지 않도록 질문에만 집중하고 불필요한 정보를 제외해야 한다. 예를 들어 HTML에서 `div`를 중앙에 배치하는 방법을 검색하는 독자에게는 해당 내용만 제공해야 하며, 다른 부수적인 설명을 덧붙이는 것은 피해야 한다.

마지막으로, 문서를 다 작성한 후에는 바로 게시하지 말라고 이야기하고 싶다. 잠시 다른 작업을 하고, 다시 돌아와 문서를 검토하기 바란다. 이렇게 하면 불필요한 부분을 발견하거나 추가해야 할 내용을 파악할 수 있으며, 글을 좀 더 다듬을 수도 있다. 독자의 관점에서 문서를 읽으며, 그들이 문서를 통해 무엇을 얻고자 하는지 생각해보기 바란다. 이 모든 작업을 수행하고 독자의 관점을 고려하면 뛰어난 기술 문서를 작성할 수 있다.

---

3   옮긴이 https://developers.google.com/tech-writing

The Lead Developer Story

기술 문서 작성 시 AI 도구를 사용하는가?

요즘 거의 모든 사람이 AI와 그 효과에 대해 이야기하고 있다. 기업들은 AI를 도구에 통합하고 있고, 개발자들은 개발 워크플로를 개선하며, 기술 문서 작성자들은 AI를 활용해 문서와 글을 작성하고 있다. 내가 사용하는 AI 도구는 다음과 같다.

- **그래멀리**: 여러 방면에서 훌륭한 도구다. 문법 오류를 수정하고, 메시지의 톤을 대상 독자에 맞게 조정하는 방법을 제안하며, 콘텐츠의 표절 여부를 확인할 수 있다(누군가로부터 문서 작성 서비스를 유료로 받을 때 서비스료를 지불하기 전에 작성한 내용이 베낀 것이 아니라 창작한 것인지 검증하는 데 유용하다). 그래멀리는 이를 위해 꼭 필요한 도구다.

- **챗GPT**: 메시지를 더 짧게 줄이거나 이해하기 쉽게 만드는 데 특히 자주 사용한다. 예제 코드를 생성하고, 콘텐츠 주제를 제안하며, 이해하기 어려운 개념을 설명하는 데 도움이 된다. 특히 문서를 더 잘 작성할 수 있는 방안을 제공한다는 점에서 유용하다.

- **Inkeep**: 문서에 대한 개발자의 경험을 개선하기 위해 Inkeep의 새로운 문서 검색 및 AI 지원 기능을 우리의 문서 사이트에 추가했다. 이를 통해 사용자들이 관련 문서를 빠르게 검색하고 자주 묻는 질문에 대해 AI 지원을 받을 수 있도록 했다.

- **WriterAI**: 개인적으로 사용해본 적은 없지만, 동료가 이 도구를 사용해 문서를 작성한 후에 문서 검토를 의뢰한 적이 있었는데, 꽤 인상적이었다.

CHAPTER 06
개발 프로세스 최적화

이번 장에서 다루는 내용
- 적절한 최적화가 있는 경우와 없는 경우의 워크플로 및 프로젝트 관리
- 개발 프로세스에서 발생하는 문제점
- 최상의 커뮤니케이션 관행을 활용한 개선
- 건설적인 피드백을 수용하는 자세
- 자동화 및 최적화 도구
- 기술 부채를 줄이기 위한 프로세스 최적화

제품 개발 프로세스는 새로운 제품이나 기능을 구상에서 출시까지 만들어내는 과정 동안 수행되는 일련의 단계와 작업을 의미한다. 이 과정에는 아이디어를 구체화하는 단계부터 테스트, 개선, 최종 제품을 출시하는 단계까지 모든 것이 포함된다. 만들어지는 제품이나 서비스의 특성, 작업을 수행하는 팀, 가용 자원 등에 따라 **개발 프로세스**development process는 달라질 수 있다. 이는 여러 단계를 포함하는 복잡하고 반복적인 과정이다.

개발 프로세스의 첫 단계는 시장조사다. 이 단계에서는 제품팀이 시장에서 필요로 하는 것을 찾고 고객의 선호도와 행동에 대한 정보를 수집한다. 이 정보를 바탕으로 제품 설계를 진행한다. 설계 단계에서는 제품의 특징, 기능, 사용자 인터페이스를 포함한 제품의 청사진을 만든다.

설계가 완료되면 프로토타이핑 단계로 넘어간다. 이 단계에서는 제품의 실현 가능성을 테스트하고, 사용자 피드백을 얻기 위해 대략적인 제품 모델을 만든다. 개발자들이 프로젝트팀과 협력하여 앱을 개발하고, 테스트와 디버깅을 하면서 개발을 진행한다.

품질보증 단계는 제품이 필요한 기준을 충족하는지 철저히 테스트하는 중요한 과정이다. 마지막으로 제품이 배포되거나 시장에 출시된다. 배포에는 초기 출시 후 고객 피드백을 반영하고 업데이트하는 것까지도 포함할 수 있다. 이 모든 과정에서 피드백을 지속적으로 수집하고 반영함으로써 제품을 개선하고 사용자 요구를 충족할 수 있다. 개발 프로세스는 제품이나 서비스의 성공에 필수이며, 최종 제품이 사용자 요구와 기대를 충족하면서도 생산과 유지 관리가 가능하게 해준다.

그림 6.1은 개발 프로세스의 6단계를 나타낸다.

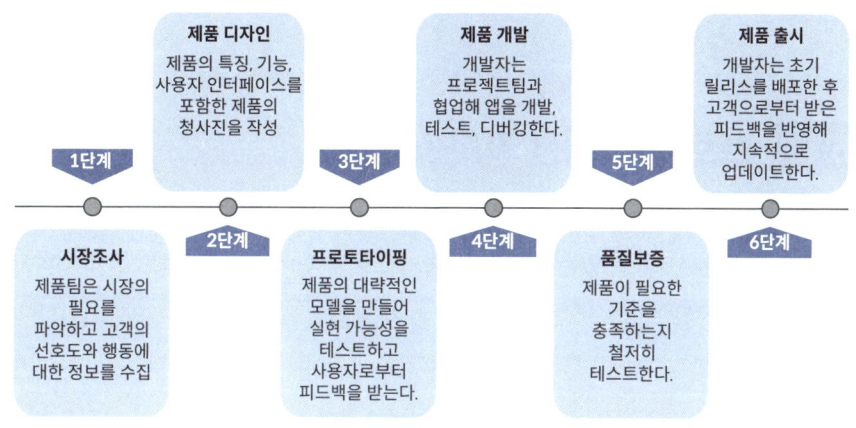

그림 6.1 개발 프로세스의 6단계

명확히 정의된 개발 프로세스의 중요성은 아무리 강조해도 지나치지 않다. 잘 구조화된 개발 프로세스를 가지고 있으면 모든 이해관계자가 목표를 공유하므로, 명확한 프로젝트 목표와 일정을 구체화할 수 있고, 효율적인 작업 방식으로 작업을 효과적으로 완료할 수 있다. 최적화된 개발 프로세스는 범위 확대, 지연, 커뮤니케이션 오류와 같은 일반적인 장애물과 문제를 피할 수 있도록 도와준다. 개발 프로세스를 최적화하면 다음과 같은 중요한 이점을 얻을 수 있다.

- **효율성 향상**: 개발 프로세스를 최적화하면 팀이 더 효율적으로 작업할 수 있으며, 작업 완료와 고품질의 제품을 제공하는 데 소요되는 시간을 줄일 수 있다.
- **협업 증가**: 최적화된 개발 프로세스는 팀원들 간의 협업을 촉진하며, 모두가 함께 효과적으로 일할 수 있도록 해준다.
- **품질 향상**: 개발 프로세스를 최적화하면 팀이 고품질의 제품을 제공하는 데만 집중할 수 있으며, 버그와 오류를 줄일 수 있다.
- **프로젝트 관리 개선**: 최적화된 개발 프로세스는 팀이 프로젝트를 더 쉽게 관리하고, 진행 상황을 추적하며, 필요할 때 수정 조치를 취하는 데 도움이 된다.

개발 프로세스 최적화는 고품질의 제품을 제공하고 팀이 효율적이고 효과적으로 작업할 수 있게 해주기 때문에 반드시 필요하다. 명확히 정의되고 최적화된 개발 프로세스는 팀이 프로젝트 목표를 공유하고, 일반적인 장애물을 피하며, 고객에게 최상의 제품을 제공하는 데 집중할 수 있도록 돕는다.

6.1 프로세스 개선 기회 식별하기

개발 프로세스를 원활하고 효율적으로 만드는 데 리드 개발자의 역할이 매우 중요하다. 프로세스를 개선할 수 있는 여지를 찾아냄으로써 팀이 더 효과적으로 작업하고, 더 나은 결과를 제공하며, 궁극적으로 생산하는 제품의 품질을 향상하는 데 기여할 수 있다. 최적화된 개발 프로세스는 프로젝트를 정시에 예산 내에서 완료하느냐, 아니면 저품질의 제품을 마감 기한이 지난 후에 예산을 초과하며 만드느냐의 차이를 가져올 수 있다.

예를 들어 최적화된 개발 프로세스를 갖춘 조직과 그렇지 않은 조직을 비교해보자. 최적화된 프로세스를 갖춘 조직에서는 명확한 로드맵과 성공을 위한 간소화된 프로세스를 가지고 있기 때문에 프로젝트 마감 기한을 준수할 가능성이 더 높다. 이는 고품질의 제품을 정시에 예산 내에서 제공할 수 있음을 의미하며, 결과적으로 더 높은 고객 만족도와 좋은 평가로 이어진다.

반면, 비효율적인 개발 프로세스를 사용하는 조직에서는 프로젝트 마감 기한을 놓칠 가능성이 높아 고객 만족도가 떨어지고 수익 손실로 이어질 수 있다. 또한 서둘러 진행된 개발, 제한된 테스트, 세부사항에 대한 부족한 관심으로 인해 제품의 품질이 저하될 수 있다. 이는 조직에 대한 신뢰를 잃고 고객 충성도를 감소시키는 결과를 가져올 수 있다.

팀 사기도 중요한 요소로 고려해야 한다. 개발 프로세스가 최적화되어 있으면 팀원들은 자신감을 가지며 지원을 충분히 받는다고 느끼기 때문에 사기가 높아지고 생산성이 향상된다. 그러나 비효율적인 프로세스를 사용하는 조직에서는 팀원들이 좌절감, 과중한 업무 스트레스, 지원 부족을 느낄 수 있다.

개발 프로세스를 최적화하면 조직으로서는 시장 변화에 더 유연하게 대응할 수 있는 능력을 갖출 수 있다. 프로세스를 간소화함으로써 새로운 트렌드와 고객 요구에 신속하게 적응할 수 있으며, 이는 경쟁에서 앞서 나가고 업계 리더의 위치를 유지하는 데 도움이 된다. 반면에 비효율적인 프로세스는 조직의 시장 변화 대응 능력을 제한하기 때문에 경쟁에서 불리한 위치에 놓일 수 있다.

필자는 다양한 수준의 **개발 프로세스 최적화**development process optimization를 가진 여러 유형의 조직에서 일해왔다. 필자가 경험했던 최악의 경우는 프로젝트 매니저와 개발자에게 QA 엔지니어 역할까지 맡기면서 모든 테스트 작업을 수행하도록 한 관리자였다. QA 전문가는 특정한 기술을 가지고 있으며 팀의 필수 구성원이다. 이들이 없으면 적절한 테스트 관행이 준수되지 않거나 이에 대한 문서화도 되지 않고, 결국 혼란으로 이어진다.

QA팀이 제대로 구성된 조직에서 일했을 때, 프로젝트팀이 문제를 사전에 발견하고 해결해 제품으로 나가기 전에 막을 수 있었고, 고객과 사용자를 만족시켜 작업 품질에 대해 긍정적인 평가를 받을 수 있었다. 그 결과, 많은 클라이언트를 유지할 수 있었으며 우수한 평판 덕분에 최고의 인재를 고용할 수 있었다.

리드 개발자가 시간을 투자해서 프로세스를 지속적으로 평가하고 개선하면, 팀이 더 스마트하게 일할 수 있다. 이는 직무 만족도와 사기 향상을 가져오며, 개발팀 내에서 더 강한 팀워크를 형성한다. 잘 최적화된 개발 프로세스는 모든 관련자에게 유용한 결과를 제공하므로, 개선의 여지를 찾고 이를 실행하기 위해 시간을 사용하는 것은 충분히 투자할 만한 가치가 있다.

6.1.1 문제점 인식하기

최적의 개발 프로세스를 확립하는 일은 까다롭고 어렵다. 사용자의 요구를 충족하는 고품질 제품을 생산하려면 많은 노력이 들어가고, 세부사항에 대한 주의와 집중이 필요하다. 그러나 아무리 최선을 다하더라도, 목표 달성을 방해할 수 있는 문제점이 종종 발생한다. **문제점**pain point은 프로세스 진행 중에 발생하는 어려움, 좌절, 불만족이라고 정의할 수 있다.

개발자가 흔히 겪는 문제점 가운데 하나는 명확한 방향성이나 커뮤니케이션의 부재다. 프로젝트 목표가 명확하게 정의되지 않거나 팀원 간의 커뮤니케이션이 부족하면 혼란만 가중되고, 기한 미준수와 비용 증가로 이어질 수 있다. 이 문제를 해결하려면 명확한 커뮤니케이션 통로를 설정하고, 달성 가능한 프로젝트 목표를 세우며, 정기적인 회의를 통해 모든 구성원이 동일한 이해를 공유하도록 해야 한다.

개발자가 자주 겪는 또 다른 문제로는 적절한 도구와 인적 자원의 부족이다. 팀이 업무를 효과적으로 수행하는 데 필요한 개발 도구를 사용할 수 없으면 팀원들이 좌절하거나 번아웃을 겪을 수 있다. 개발 도구가 부족하면 비효율적인 프로세스가 발생하며, 이는 사용자의 요구를 충족하지 못하는 저품질 제품으로 이어진다. 이 문제를 해결하려면 지속적으로 적절한 도구와 자원을 조사하고 투자해야 하며, 최신 기술과 모범 사례를 따라갈 수 있도록 개발자에게 지속적인 교육과 지원을 제공해야 한다. 또한, 팀의 개발자들이 과중한 업무를 겪지 않아야 하므로, 이를 위해 프로젝트 매니저와 협력하여 업무를 정기적으로 관리해야 한다.

표 6.1은 일반적인 문제점을 인식하고 해결하는 방법에 대한 유용한 정보를 제공한다.

표 6.1 일반적인 문제점을 인식하고 해결하는 방법

문제점 사항	증상	결과	해결책
명확한 방향성 또는 커뮤니케이션 부족	생산성 및 효율성 저하	팀원 간의 혼란과 잘못된 커뮤니케이션	명확한 커뮤니케이션 통로를 설정하고 달성 가능한 프로젝트를 설정한다. 목표를 설정하고 정기적으로 회의를 갖는다.
적절한 도구의 부족	저품질의 제품	사용자의 요구를 충족하지 못하는 수준 이하의 제품	올바른 도구에 대한 지속적인 연구와 투자
적절한 인적 자원 부족	의욕과 참여도의 저하	팀원의 좌절과 번아웃	지속인인 교육과 지원을 제공하고 프로젝트 관리팀과 협력하여 개발자의 과로를 방지한다.
고객 만족도 감소	향후 비즈니스 기회 감소	조직의 평판에 부정적인 영향	모든 문제점을 해결해 고품질의 제품을 생산한다.

필자가 자주 겪었던 문제점 중 하나는 명확한 방향성이나 커뮤니케이션의 부재였다. 커뮤니케이션 능력은 모든 리더에게 필수이며, 팀의 생산성을 높이고 동기를 부여하기 위해서는 모든 팀원이 동일한 목표를 공유해야 한다.

커뮤니케이션 문제는 중요한 대화를 나눌 시간이 없다고 생각하거나 모든 사람이 자신의 역할을 잘 수행하고 있다고 가정할 때 발생할 수 있다. 함께 일하는 사람들과 중요하거나 어려운 대화를 나누는 것을 피해서는 안 된다. 개발팀과 프로젝트팀 간에 명확한 커뮤니케이션 통로를 확립하는 것은 리드 개발자와 프로젝트 매니저의 책임이다.

개발 프로세스에 존재하는 문제점을 해결하지 않으면 심각한 결과를 초래할 수 있고 그 결과가 장기적으로 지속될 수 있다. 이러한 문제점을 인식하고 해결하는 것은 고품질의 제품과 서비스를 생산하는 데 매우 중요한 영향을 미친다.

리드 개발자는 개발 프로세스와 제품에 미치는 영향을 평가하여 문제점의 우선순위를 정할 수 있다. 가장 큰 영향을 미치는 문제점에 집중하면 제한된 자원으로도 중요한 개선을 이룰 수 있다. 또한, 데이터의 활용과 분석을 통해 문제점을 찾아낼 뿐만 아니라 적용한 해결책의 효과도 추적할 수 있다. 커뮤니케이션을 개선하고, 적절한 도구와 자원에 투자하면서 기술 부채를 줄여나가면 개발 프로세스를 생산적이며 효율적인 즐거운 과정으로 만들 수 있다.

6.1.2 개선 아이디어 제공

리드 개발자는 팀의 성공을 이끌 수 있는 독특한 위치에 있다. 고품질의 코드를 제공하는 것뿐만 아니라 개발 프로세스를 개선하기 위한 방법을 제안할 수도 있다.

다음은 팀에 실질적인 영향을 미칠 수 있는 가치 있는 아이디어를 제공하기 위해 취할 수 있는 단계다.

- **최신 동향을 파악한다**: 기술은 끊임없이 진화하기 때문에 자신의 분야에서 최신 트렌드와 발전 상황을 파악하는 것이 중요하다. 콘퍼런스에 참석하거나, 관련 기사를 읽고, 소셜 미디어에서 업계의 리더들을 팔로우한다. 이렇게 얻은 지식을 활용해 팀에 도움이 될 수 있는 새로운 도구, 기술, 프로세스를 찾아낸다.
- **변화를 수용한다**: 변화는 두려울 수 있지만 성장하려면 반드시 변해야 한다. 팀이 새로운 아이디어를 받아들이고 새로운 시도를 할 때 열린 태도를 갖도록 격려해야 한다. 이는 새로운 도구를 실험해보는 간단한 시도일 수도 있고, 전체 개발 프로세스를 변경하는 복잡한 작업일 수도 있다. 스스로 위험을 감수하고 새로운 것을 시도하는 모습을 보이면서 팀원들에게 모범이 되어야 한다.
- **다른 팀과 협력한다**: 조직 내 다른 팀과 협력하면 개발 프로세스에 대한 더 넓은 관점을 얻을 수 있다. 특히 어떤 특정한 문제에 봉착했을 때 다른 팀이 이미 그 문제를 해결한 경우에 이러한 협업은 매우 가치가 있다. 다른 리드 개발자들과 협력하여 공통의 해결책을 찾고 최선의 사례를 공유해야 한다.
- **지속적인 개선에 초점을 맞춘다**: 개발 프로세스는 결코 완벽하지 않으며 항상 개선의 여지가 있다. 팀원들이 프로세스를 지속적으로 평가하고 필요한 변화를 만들어낼 수 있도록 격려해야 한다. 정기적인 회고와 지속적인 개선 워크숍은 피드백을 수집하고 개선점을 찾을 수 있는 좋은 기회다.

개발 프로세스를 개선하기 위한 아이디어를 전달할 때는 메시지가 명확하고 간결해야 하며, 팀에게 영감을 줄 수 있어야 한다. 아이디어를 제안할 때는 팀과 조직에 가져올 이점을 강조해야 한다. 변화가 개발 프로세스를 어떻게 개선하고 더 나은 결과를 이끌어낼지 설명하는 것이 바람직하다. 순서도, 다이어그램, 그래프와 같은 시각적 자료를 활용해 아이디어를 설명하면 더 매력적이고 이해하기 쉽게 만들 수 있다.

팀원들이 솔직하고 개방적인 피드백을 제공하도록 격려하기 바란다. 이렇게 하면 아이디어를 다듬고, 팀원들이 아이디어를 잘 받아들이도록 하는 데 유용하다. 아이디어를 제시할 때는 열정을 보여줘야 한다. 열정은 전염성이 있어 팀원들의 동참을 독려하는 데 도움이 된다. 아이디어가 명확히 전달되었는지, 그 아이디어로부터 기대되는 바를 모든 사람이 이해했는지 확인해야 한다. 정기적으로 업데이트와 진행 상황을 팀과 공유하기 바란다.

효과적인 커뮤니케이션은 의미 있는 변화를 이루는 핵심이므로, 아이디어를 가능한 한 명확하고 효과적으로 전달하고자 노력하는 데 시간을 투자해야 한다. 리드 개발자로서 모범을 보이며 개선을 위한 가치 있는 아이디어를 제공하는 것은 팀에 동기를 부여하고 영감을 주기 위한 훌륭한 방법이다. 변화를 수용하고, 다른 팀과 협력하며, 지속적인 개선에 집중하면 팀은 더 나은 결과를 내고 잠재력을 최대한 발휘할 수 있다.

6.1.3 AI 코딩 도구 사용

최근 몇 년 동안 AI 기반 코딩 도구의 등장으로 소프트웨어 개발의 환경이 크게 변화했다. 그중 가장 주목할 만한 도구는 깃허브와 오픈AI가 협력해 개발한 AI 코드 어시스턴트 깃허브 코파일럿GitHub Copilot이다. GPT-4 아키텍처를 기반으로 동작하는 코파일럿은 개발 환경 내에서 코드를 제안하고, 코드 줄을 자동 완성하며, 심지어 전후 맥락에 대한 단서를 기반으로 전체 함수까지 생성할 수 있도록 설계됐다. 하지만 코파일럿만이 이 분야의 유일한 도구는 아니다. 개발자의 생산성을 높이는 다양한 기능을 가진 여러 AI 코딩 도구가 등장했다.

표 6.2는 현재 이용 가능한 가장 인기 있는 AI 코딩 도구를 보여준다.

표 6.2 가장 인기를 끌고 있는 AI 코딩 도구[1]

이름	설명
깃허브 코파일럿	AI 코딩 지원 도구의 선구자 중 하나인 코파일럿은 비쥬얼 스튜디오 코드 및 다른 인기 있는 에디터와 원활하게 통합해서 사용할 수 있다. 코파일럿은 방대한 양의 오픈소스 코드를 학습한 머신러닝 모델을 사용해 지능적인 코드 제안과 자동 완성을 제공한다. 이 도구는 개발자가 반복적인 상용구 코드를 작성해야 하는 부담을 줄이고, 구문 및 언어의 세부사항을 처리하는 데 도움을 주어 생산성을 높이는 데 탁월하다.
탭나인Tabnine	다양한 프로그래밍 언어를 지원하며 여러 IDE와 통합된다. 탭나인의 강점은 적용된 특정 코드베이스에서 학습한 프로젝트의 스타일과 패턴에 맞게 적응해 맥락에 더 알맞은 제안을 한다는 점이다.
Kite	개발자 에디터 내에서 지능적인 코드 완성과 문서 조회를 제공한다. 이 도구는 AI 모델을 개발자의 로컬 머신에서 실행함으로써 빠른 속도와 개인정보 보호를 강조한다. Kite는 파이썬, 자바스크립트, 고Go 같은 인기 있는 언어를 지원하기 때문에 많은 개발자에게 유용하다.
인텔리코드IntelliCode	비주얼 스튜디오Visual Studio 및 비주얼 스튜디오 코드Visual Studio Code, VS Code와 통합되어 고품질 코드베이스에서 관찰된 모범 사례와 패턴을 기반으로 AI 지원 추천 기능을 제공한다. 인텔리코드는 코드 리뷰를 향상시키고 표준 코딩 규칙 채택을 장려하는 데 도움이 된다.

AI 코딩 도구의 도입은 많은 개발자에게 생산성을 크게 높이는 게임 체인저가 됐다. AI 도구는 반복적인 코드 구조를 생성해줌으로써, 개발자들이 프로젝트의 더 복잡하고 창의적인 측면에 집중할 수 있도록 돕는다. 또한, 모범 사례를 따르는 제안을 제공함으로써 팀 전체의 코드 품질과 일관성을 유지하는 데 기여한다. AI 기반 자동 완성과 즉각적인 코드 제안은 코딩 프로세스를 가속화해 개발자들이 중단 없이 더 빠르게 코드를 작성할 수 있도록 해준다.

한편 주니어 개발자나 새로운 언어를 배우는 사람들에게는 AI 도구가 멘토 역할을 하며, 학습과 이해를 더 빠르게 돕는 코드 예제와 지침을 제공한다. 하지만 이러한 이점에도 불구하고, AI 코딩 도구는 몇 가지 문제점이 있다. 경영진이 단지 비용 절감만을 목

---

1 옮긴이 이 밖에도 최근 커서(Cursor), 클로드 코드(Claude Code) 등이 AI 코딩 도구로 인기를 끌고 있다.

적으로 AI 도구 사용을 검토할 때 리드 개발자로서 이에 대한 반론을 제시할 수 있어야 한다.

예를 들어 개발자들이 AI에 지나치게 의존하게 되면 독립적으로 코드를 작성하거나 구현 방안에 대해 비판적으로 사고하는 능력이 약화될 수 있다. 공개 코드 저장소의 코드로 학습된 AI 모델은 보안에 취약하거나 오래된 코딩 방식을 제안할 수도 있는데, 이런 코드를 주의 깊게 검토하지 않으면 위험하다. 또한, AI 도구는 학습 데이터가 특이 사례edge case를 적절하게 포함하지 못하는 복잡하거나 고유한 시나리오에서는 잘못되거나 비효율적인 코드를 제안할 가능성이 있다.

AI 도구가 많은 지원을 제공한다고 해도, 여러 상황에서 인간의 개입은 여전히 필수라고 할 수 있다. AI가 생성한 코드는 항상 숙련된 개발자의 검토를 통해 정확성과 보안 그리고 프로젝트 고유의 요구사항이 잘 준수되고 있는지 확인해야 한다. 복잡한 알고리즘, 독창적인 문제 해결 접근 방식, 혁신적인 소프트웨어 설계에는 여전히 인간의 창의성과 전문성이 필요하다.

개발자는 코드의 맥락과 잠재적으로 끼칠 수 있는 영향력을 고려해야 하는데, 이는 AI 도구가 완전하게 이해할 수 없다. AI 도구는 인간의 전문성과 감독을 대체할 수 있는 것이 아니다. AI의 도움을 활용하는 것과 인간의 판단을 적용하는 것 사이에서 적절한 균형을 찾는 것이 중요하다. 이렇게 해야 AI 도구의 이점을 극대화하면서 잠재적인 단점을 완화할 수 있다. AI 기술이 발전함에 따라, 이러한 도구들이 소프트웨어 개발의 미래를 어떻게 계속 형성해갈지 지켜보는 것은 흥미로울 것이다.

6.1.4 개발 프로세스 관리

개발 프로세스를 관리하는 것은 조직의 성공에 있어 매우 중요한데, 이를 통해 작업을 효율적이고 효과적으로 완료할 수 있기 때문이다. **개발 프로세스 관리**managing the development process란 개발 프로세스를 설계, 실행, 제어, 모니터링하는 체계적인 접근 방식을 말한다. 각 프로세스에 들어갈 단계를 정의하고, 이를 일관되게 따르며, 시간이 지남에 따라 프로세스를 개선하는 것도 이에 포함된다.

잘 정의된 개발 프로세스를 가지고 있으면 오류를 줄이면서 작업을 더 효율적으로 완료할 수 있다. 명확히 정의되고 공유된 개발 프로세스는 팀 구성원 간의 협업과 커뮤니케이션을 촉진한다. 프로세스의 각 단계를 정의하고 모니터링함에 따라, 작업은 높은 품질로 완성되고 사용자 요구를 충족할 수 있다. 리드 개발자가 개발 프로세스를 지속적으로 검토하고 개선하면 조직은 더 새롭고 효율적인 작업 방식을 찾을 수 있다.

프로세스 관리를 개발 프로세스에 적용하려면 다음과 같은 단계를 밟아야 한다.

1. **개발 프로세스 정의**: 개발 프로세스를 정의할 때 프로젝트의 시작부터 완료까지 필요한 모든 단계를 포함해야 한다. 여기에는 요구사항 수집, 설계, 코딩, 테스트, 배포가 포함된다. 개발 프로세스를 정의할 때 개발팀, 다른 관리자, QA, 프로젝트팀의 피드백을 수집해야 한다. 개발 프로세스에 참여하는 모든 사람의 전문성을 신뢰하는 것이 중요하다.

2. **프로세스 문서화**: 개발 프로세스를 정의한 후에는 이를 쉽게 참조하고 따를 수 있도록 문서화해야 한다. 이 주제는 이 장의 뒷부분에서 더 자세히 다룬다.

3. **프로세스 공유**: 개발 프로세스를 공유하려면, 프로세스를 소개하고 모두가 이해하도록 하는 회의를 개최한다. 공식적인 프레젠테이션을 하거나 작성한 문서를 팀과 함께 검토하는 방식으로 진행할 수 있다.

4. **역할과 책임 할당**: 각 팀원에게 명확한 역할과 책임을 할당해, 각자가 프로세스에서 자신의 역할을 알 수 있도록 해야 한다. 리드 개발자가 프로세스 관리를 전적으로 책임질 필요는 없다. 팀 전체의 전문성을 활용해 효과적인 프로세스를 구성해야 한다.

5. **기한 설정**: 프로세스의 각 단계에 대해 명확한 기한을 설정해 작업이 언제 완료되어야 하는지 모두가 알 수 있도록 해야 한다. 캘린더를 유지하고, 프로세스의 완성, 문서화, 유지에 기여하는 사람들에게 알림을 설정한다.

6. **협업 장려**: 팀원들이 정기적으로 협업하고 소통하도록 장려해 모두가 같은 방향으로 나아갈 수 있도록 한다. 팀원에게 어떤 정보가 필요하다면 해당 정보를 알려줄 수 있는 사람을 찾을 수 있도록 도와야 한다. 이를 위해 다른 팀을 소개하거나 개발 프

로세스에 참여하는 모든 이해관계자의 연락처 목록을 제공할 수 있다. 이렇게 하면 필요할 때 적절하게 도움을 요청할 수 있다.

7. **프로세스를 관리하기 위한 도구 사용**: 프로젝트 관리 소프트웨어나 깃허브 같은 버전 관리 시스템을 사용해 프로세스를 관리하고, 모든 팀원이 이 프로세스로부터 벗어나지 않도록 한다. 인기 있는 프로젝트 관리 도구로는 지라, 트렐로Trello, 아사나Asana, 마이크로소프트 프로젝트가 있다.

8. **정기적인 프로세스 검토 및 업데이트**: 개발 프로세스를 정기적으로 검토하고, 프로세스가 계속 효과적이고 효율적으로 유지되도록 필요한 변경사항을 반영한다. 이 주제는 이 장의 뒷부분에서 더 자세히 다룰 것이다.

프로세스 관리는 성공적인 개발의 핵심 요소다. 이 단계를 따르면 개발 프로세스에 프로세스 관리를 적용할 수 있으며, 작업을 효과적으로 완료할 수 있다. 명확하고 잘 정의된 프로세스는 팀이 더 효율적으로 협력하고 높은 품질의 결과를 제공하는 데 도움이 된다.

6.2 피드백 수용하기

리드 개발자로서 개발 과정 중 프로젝트에 참여하는 팀으로부터 피드백을 받는 것은 꼭 필요하다. 이러한 피드백을 통해 최종 제품은 관련된 모든 당사자의 요구와 기대를 충족할 수 있으며, 결과적으로 모두에게 더 나은 결과를 가져온다. 이해관계자의 피드백은 팀 간의 열린 대화를 촉진하며, 개발 프로세스를 유지하는 가운데 원활한 커뮤니케이션을 가능하게 한다. 피드백을 통해 리드 개발자는 이해관계자가 무엇을 필요로 하고 기대하고 있는지 이해할 수 있으며, 반대로 이해관계자 또한 개발 프로세스의 제약과 한계를 알 수 있다. 이러한 커뮤니케이션의 개선은 팀 간 협업을 강화하고, 좀 더 효율적인 개발 프로세스를 만드는 데 기여한다.

이해관계자로부터 받은 피드백은 리드 개발자가 개발 프로세스에 대해 더 나은 결정을 내리는 데 도움이 된다. 예를 들어 이해관계자는 최종 사용자의 요구에 대한 통찰을 제공할 수 있으며, 이는 설계 및 기능 결정에 반영할 수 있다. 이러한 정보는 결국 관련된 모든 당사자의 요구를 충족하는 제품을 만들어내는 데 도움이 된다. 이해관계자로부터 피드백을 받음으로써 리드 개발자는 개발 과정을 좀 더 효율적이고 생산적으로 조정할 수 있다.

6.2.1 이해관계자 인터뷰

리드 개발자로서 관련된 모든 이해관계자의 관점과 요구를 이해하는 것이 중요하다. 여기에는 개발자뿐만 아니라 개발 중인 소프트웨어에 영향을 받는 비개발자들도 포함된다. 개발자는 개발 과정의 핵심적인 역할을 하지만, 이해관계자가 직면하는 모든 목표, 제약, 도전 과제를 언제나 완벽하게 이해할 수 있는 것은 아니다. 반면, 비개발자는 코드를 작성할 수는 없지만 기술, 비즈니스 요구사항, 고객의 요구, 소프트웨어가 조직 전체에서 차지하는 역할 등에 대해 깊이 이해하고 있다.

개발자와 비개발자 양측의 통찰을 한데 모으면, 개발 프로세스에 대한 포괄적인 시각을 얻고 개선점을 찾을 수 있다. 이를 통해 워크플로 최적화, 새로운 기능 출시 시간 단축, 팀 간 더 나은 협업 등을 이룰 수 있다.

다음은 개발 프로세스를 개선하기 위해 개발자 및 비개발자에게 던질 수 있는 질문에 대한 예다.

- 개발자에게 물어볼 질문
    - 소프트웨어를 개발할 때 가장 큰 어려움은 무엇인가?
    - 작업을 더 쉽게 만들어줄 도구나 프로세스는 무엇인가?
    - 조직 내 다른 팀과 어떻게 협업하고 있는가?
    - 소프트웨어 개발의 최신 기술과 트렌드에 대해 어떻게 정보를 얻고 있는가?
- 비개발자에게 물어볼 질문
    - 귀하의 팀이나 부서를 위해 소프트웨어를 개발할 때 가장 중요한 고려사항은 무엇인가?

- 소프트웨어 프로젝트의 성공을 어떻게 측정하는가?
- 요구사항이 리소스와 시간에서 상충할 때 우선순위를 어떻게 정하는가?
- 현재 개발 프로세스에서 가장 큰 문제점은 무엇인가?

이러한 질문을 하고 답변을 경청함으로써, 개발 프로세스를 개선하는 데 도움을 줄 수 있는 귀중한 통찰을 얻을 수 있다. 모든 이해관계자의 요구와 관점을 더 포괄적으로 이해한다면, 여러분이 만드는 소프트웨어는 비즈니스 요구사항을 더 충실하게 구현하며 고객에게는 더 많은 가치를 전달할 수 있다.

6.2.2 건설적인 비판 수용하기

건설적인 비판constructive criticism은 개인이나 팀의 성과를 향상시키는 데 초점을 맞춘 일종의 피드백이다. 이는 개인으로서 그리고 경력에서 성장하기 위해 반드시 필요한 것이며, 특히 소프트웨어 개발 업계에서 매우 중요하다. 리드 개발자는 개발 프로세스를 관리하고 고품질 서비스를 제공하는 중요한 역할을 맡고 있다. 이 역할을 수행하는 데는 건설적인 비판을 수용하는 자세가 필요하며, 이를 통해 개선이 필요한 부분에 대해 소중한 통찰을 얻을 수 있다.

건설적인 비판을 받을 때는 열린 마음으로 수용하고 이를 개인적인 공격으로 받아들여 상처를 입지 않아야 한다. 이러한 피드백의 목표는 본인과 팀의 성장을 위해 개선해야 할 점을 이야기하기 위한 것이며, 개인의 능력을 비난하는 것이 되어서는 안 된다. 대신 무언가를 배우고 긍정적인 변화를 만들 기회가 되어야 한다. 건설적인 비판의 이점 중 하나는 본인이 미처 인지하지 못했던 약점과 개선이 필요한 영역을 인식하는 데 도움이 된다는 점이다. 피드백을 수용하고 이를 반영함으로써 생산성을 높이고 문제 해결 능력을 개선하면 더 나은 결과를 만들어낼 수 있다.

리더로서 건설적인 비판을 수용하면 팀에 긍정적인 모범이 된다. 리더가 피드백을 경청하고 변화를 만들어가는 모습을 보면, 팀원들 역시 피드백을 더 열린 마음으로 수용하게 된다. 이를 통해 성장과 학습을 장려하는 지속적인 개선 문화를 조성할 수 있다.

필자는 예전에 진행한 프레젠테이션에 대해 매니저로부터 피드백을 받은 적이 있었는데, 필자의 발표 자료가 구성이 잘되어 있고 명확하지만, 시각 자료를 더 많이 활용하면 내용 전달이 더 잘 될 수 있을 것이라고 했다. 건설적인 비판은 개선해야 할 부분을 강조하며, 그 방법에 대한 제안까지도 포함한다. 매니저는 존중을 바탕으로 건설적인 피드백을 주었고, 궁극적으로 필자의 발표 능력을 개선하는 데 도움이 됐다.

과거에 건설적인 비판을 받았을 때 이를 개인적인 공격으로 받아들였던 적도 있다. 그것을 필자의 능력과 기술에 대한 비난으로 여겼다. 이런 어려움을 계속해서 겪으면서 질문을 두려워하게 되었고, 그로 인해 작업 시간이 예상보다 훨씬 오래 걸리곤 했다. 하지만 한 동료가 이를 알아차리고 조언을 해주었는데, 열린 마음을 갖고 다른 사람의 지적을 개인적인 비난으로 받아들이지 말라고 했다. 이 조언을 귀담아들은 후 다른 사람의 피드백에서 지적받은 개선해야 할 점을 반영하기 시작했다.

필자는 동료들뿐만 아니라 기술 커뮤니티의 다양한 수준과 전문성을 가진 사람들에게 많은 것을 배웠다. 그들은 최신 프로그래밍 언어와 도구를 학습하며 지속적으로 개발 프로세스를 발전시키는 데 부족한 부분을 개선하도록 격려해줬다. 이러한 경험이 필자를 리드 개발자로, 나아가 매니저로 성장할 수 있게 해줬기 때문에 매우 감사하게 생각한다.

건설적인 비판을 수용하는 것은 개인적인 성장은 물론이고 커리어와 팀의 성공에 필수다. 피드백을 경청하고 이를 포용하며 긍정적인 변화를 위해 활용하는 것을 두려워하지 말아야 한다. 건설적인 비판은 하나의 선물이며, 이를 사용해 발전하고 성장할 책임은 본인에게 있다.

6.2.3 열린 마음 유지하기

리드 개발자는 소프트웨어 개발 과정에서 중요한 역할을 맡고 있다. 개발자와 비개발자 모두로부터 피드백을 받을 때, 그들의 기술 수준에 상관없이 **열린 마음**open mind을 유지하는 것이 중요하다. 이러한 피드백에 대한 개방성은 개인 및 커리어의 성장에 도움을 줄 뿐만 아니라 팀으로서 더 나은 결과를 이끌어낼 수 있다.

개발자들의 피드백은 개발 과정에 대한 귀중한 통찰을 제공하며, 개선이 필요한 부분을 인식하는 데 도움을 준다. 특히 주니어 개발자들은 신선한 시각과 혁신적인 해결책으로 이어질 수 있는 새로운 아이디어를 제시할 수 있다. 그들의 피드백에 열린 태도를 보임으로써 성장 문화를 조성하고 새로운 기술의 개발을 독려할 수 있다.

프로젝트 관리자, 클라이언트, 이해관계자와 같은 비개발자들도 개발 프로세스를 개선할 수 있는 유용한 피드백과 제안을 제공할 수 있다. 그들의 피드백을 수용함으로써 모든 이해관계자의 요구를 충족시키고 관련된 모든 사람이 이해할 수 있는 프로세스를 만들 수 있다.

리드 개발자는 소프트웨어 개발 과정에서 중요한 역할을 하지만, 자신만이 모든 답을 가지고 있다고 생각해서는 안 된다. 이때 필요한 것이 바로 자신을 낮추는 태도. 리드 개발자로서 자신의 능력에 대한 자신감을 갖는 것도 중요하지만, 이와 동시에 모든 것을 알지는 못한다는 사실을 인정하고 새로운 아이디어와 관점에 대해 열린 태도를 유지하는 것도 중요하다.

자신을 낮추는 태도의 장점 중 하나는 협업과 팀워크의 가능성을 열어준다는 점이다. 다른 사람의 의견을 듣고 그들의 경험에서 배우려는 자세를 가지면, 함께 최선의 해결책을 찾을 수 있다. 이는 더 혁신적인 아이디어와 더 나은 문제 해결, 향상된 팀 성과라는 결과로 이어질 수 있다. 또한, 피드백과 새로운 아이디어를 수용하는 태도는 리더로서의 성장에도 도움을 준다. 새로운 관점과 접근 방식을 받아들이는 것은 자신의 기술을 확장하고 더 다재다능한 리더로 발전할 수 있게 해주며 결국 더 나은 의사결정과 팀 성과의 향상으로 이어진다.

리드 개발자는 열린 마음을 유지해야 하며 자신이 모든 답을 알고 있다고 생각하지 않는 것이 중요하다. 피드백과 새로운 아이디어를 받아들이는 태도를 통해 다른 사람과 협력하고, 리더로서 성장하며, 팀의 성공을 보장할 수 있다. 최고의 리더는 학습과 성장을 위해 열려 있으며, 모범을 통해 팀을 이끄는 사람임을 기억하자.

6.3 소프트웨어 개발 수명 주기 검토

개발 프로세스는 소프트웨어 제품을 아이디어 단계에서부터 출시 이후까지 설계, 개발, 테스트, 유지 보수 등 모든 활동을 포함하는 전반적인 과정을 의미한다. 반면, **소프트웨어 개발 수명 주기**software development life cycle, SDLC는 개발 프로세스의 좀 더 구체적이고 체계적인 접근 방식을 말한다. **SDLC**는 서비스나 시스템이 품질 기준, 비즈니스 목표, 사용자 요구를 충족하도록 소프트웨어 개발팀이 따라야 할 단계나 절차를 정의한다. SDLC는 개발 과정의 로드맵을 제공하며 각 단계에서 수행해야 할 활동을 명확히 제시한다.

SDLC는 소프트웨어 개발팀이 소프트웨어 제품을 설계, 구축, 유지하기 위해 따르는 일련의 단계로 아이디어 단계에서부터 출시 이후까지의 소프트웨어 생성 과정을 정의한다. SDLC는 소프트웨어 개발의 중요한 요소로, 제품이 품질 기준, 비즈니스 목표, 사용자 요구를 충족하도록 돕는 역할을 한다.

리드 개발자는 SDLC에서 중요한 역할을 맡는다. 전체 프로세스를 감독하면서 각 단계가 원활히 진행되도록 해야 한다. SDLC를 지속적으로 검토하면서 개선이 필요한 부분을 찾고, 소프트웨어 개발 산업의 변화에 부합하도록 이 수명 주기를 업데이트해야 한다.

그림 6.2는 SDLC의 6단계를 보여준다.

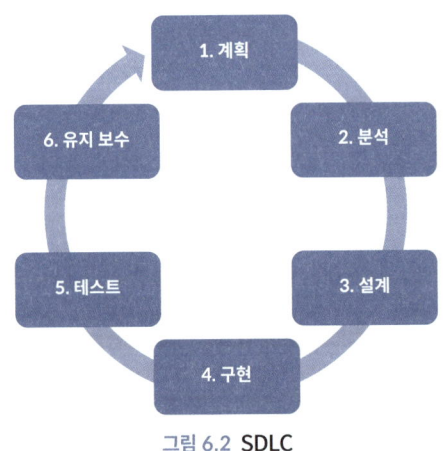

그림 6.2 **SDLC**

SDLC를 지속적으로 검토하고 개선하면 여러 가지 이점이 있다. 첫째, 프로세스를 효율적이고 간소화된 상태로 유지할 수 있다. 이를 통해 병목현상과 지연의 위험을 줄이고, 프로젝트 완료 시간을 단축하며, 비용을 낮추고, 고객 만족도를 높일 수 있다. 둘째, SDLC를 검토하고 개선하면 개발팀은 최신 방법과 기술을 사용할 수 있으므로 제품의 품질을 향상시킬 수 있다. 셋째, 소프트웨어 개발 프로세스를 비즈니스와 고객의 변화하는 요구에 맞게 유지하도록 도와줌으로써 최종 제품이 이런 변화를 충족하도록 해준다.

SDLC를 검토하거나 업데이트하지 않으면 여러 가지 문제가 발생할 수 있다. 프로세스가 오래되고 비효율적으로 변하면서 개발 지연과 비용 증가로 이어질 수 있다. 또한, 제품의 품질이 낮아지면서 비즈니스와 고객의 변화하는 요구를 충족하지 못할 가능성이 있다. 이에 더해, 개발팀은 오래된 방법이나 기술을 사용하기 때문에 혁신적이거나 새롭고 흥미로운 서비스의 개발이 제한될 수 있다.

SDLC는 소프트웨어 개발의 중요한 요소이며, 리드 개발자는 이를 지속적으로 검토하고 개선해야 한다. 이를 통해 프로세스를 효율적이고 효과적이며 소프트웨어 개발 업계의 변화하는 요구에 부합하도록 유지해야 한다. SDLC를 지속적으로 검토함으로써 리드 개발자는 개발팀이 비즈니스와 고객의 요구를 충족하는 고품질 제품을 만들어낼 수 있도록 도울 수 있다.

6.3.1 자동화

리드 개발자는 조직 내에서 SDLC가 원활히 작동하도록 돕는 중요한 역할을 한다. SDLC를 효율적으로 운영하려면 자동화가 필요하다. 반복적인 수작업을 자동화하면 시간을 절약하고 오류를 줄이며 전반적으로 효율성을 높일 수 있다.

이를 위해 먼저 현재 SDLC의 프로세스를 면밀하게 검토해야 한다. 반복적이고 시간이 많이 걸리는 작업이나 수작업으로 진행되는 작업들을 파악해야 한다. 예를 들어 문서 생성, 백업 작업, 코드 리뷰 등이 있다. 이러한 작업은 자동화하기에 적합하다. 시간이 많이 걸리거나 자원을 소모하는 작업이 무엇인지 팀원들에게 물어보고, 그들이 매일 겪는 문제를 파악해야 한다. 그런 다음 팀과 함께 자동화 솔루션을 찾아 문제를 해결해 나가야 한다.

SDLC 작업을 자동화하는 데 사용할 수 있는 다양한 제삼자 도구들이 있다. 예를 들어 젠킨스Jenkins는 CI/CD를 위한 인기 있는 오픈소스 도구이고, 셀레늄Selenium은 웹 앱 테스트를 자동화하는 데 널리 사용된다.

다음은 SDLC에서 자동화할 수 있는 작업의 예다.

- **코드 테스트 및 배포**: 코드 테스트와 배포를 자동화하면 오류를 줄이고 릴리스 속도를 높일 수 있다.
- **CI/CD**: CI/CD 프로세스를 자동화하면 새로운 기능을 고객에게 빠르고 효율적으로 전달할 수 있다.
- **보고서 생성**: 보고서를 자동으로 생성하면 시간을 절약하고 오류를 줄일 수 있다.
- **백업 및 복구**: 백업 및 복구를 자동화하면 시스템 장애 발생 시 빠르게 복구할 수 있다.

표 6.3은 인기 있는 SDLC 자동화 도구다.

표 6.3 SDLC 자동화 도구

도구	목적
깃	버전 관리 및 협업
젠킨스, 애저 데브옵스, 깃랩 CI/CD, 깃허브 액션	지속적인 통합 및 제공
셀레늄	자동화된 테스트
지라	프로젝트 관리 및 버그 추적
퍼핏Puppet, 셰프Chef, 앤서블Ansible	설정 관리
도커	컨테이너화
Gradle, 아파치 메이븐Apache Maven	자동화 구축
마이크로소프트 파워 BIMicrosoft Power BI, 태블로Tableau	보고 자동화
마이크로소프트 애저 백업, Veeam 백업 및 복제	자동화된 백업 및 복제

자동화 도구를 사용하면 생산성을 높이고 SDLC를 효율적으로 관리할 수 있다. 이러한 도구는 계속 변하기 때문에, 최신 업데이트와 제품 정보를 따라갈 수 있도록 업계의 행사와 사용자 그룹에 참여하거나 기술 커뮤니티에서 활발히 활동하는 것이 필요하다. SDLC에 자동화 도구를 통합하면 팀이 더 효율적으로 작업하고 스마트하게 일할 수 있도록 지원할 수 있다.

6.3.2 병목 제거

소프트웨어 개발은 많은 요소가 얽혀 있는 복잡한 과정으로, 프로젝트 성공을 위해 모든 흐름이 원활하게 유지되는 것이 중요하다. 하지만 SDLC의 어느 단계에서든 병목이 일어날 수 있으며, 이는 속도와 품질에 큰 영향을 미칠 수 있다. **병목**bottleneck은 프로젝트 진행을 지연시키거나 방해하는 모든 것을 의미한다. 소프트웨어 개발에서 병목은 자원의 부족, 우선순위 충돌, 프로세스 비효율성 등 다양한 원인으로 발생할 수 있다. 원인이 무엇이든 간에 병목은 프로젝트 일정, 예산, 최종 제품의 품질에 큰 영향을 미칠 수 있다.

예를 들어 팀이 작업을 완료하는 데 필요한 자원이 부족하면 이로 인해 병목이 발생할 수 있다. 이 경우, 프로젝트 관리자와 협력하여 팀원을 추가로 고용하거나 특정 작업을 아웃소싱하는 등의 방법으로 프로젝트에 더 많은 자원을 할당해야 한다. 이러한 해결책이 어렵다면, 개발팀이 과중한 업무로 번아웃되지 않도록 프로젝트 계획을 수정해야 한다.

이해관계자 간에 우선순위가 충돌하는 경우에도 작업이 지연되고 최종 제품의 출시가 늦어질 수 있다. 이러한 병목을 해결하려면 모든 이해관계자의 우선순위를 조정하고 모두가 동일한 목표를 향해 나아가도록 하는 것이 중요하다. 특히 프로젝트 관리자와의 논의를 통해 백로그를 관리하고 일정상 지체된 작업들이 속히 진행될 수 있도록 해야 한다.

프로세스 비효율성도 병목을 초래하는 주된 원인으로 오래된 방법론, 수작업 프로세스, 부족한 커뮤니케이션 등을 이유로 발생할 수 있다. 이러한 비효율성을 해결하려면 현대적인 방법론을 채택하고, 수작업 프로세스를 자동화하며, 커뮤니케이션 채널을 개선해야 한다. 하지만 리드 개발자가 개발 프로세스의 병목이 되어 팀 전체의 작업 속도를 저하시킬 수 있다. 따라서 리드 개발자는 작업을 위임하고 자신 때문에 병목이 발생하지 않도록 해야 한다.

우선, 작업을 위임하면 업무가 더 고르게 분배되어 팀은 더 효율적이고 효과적으로 작업할 수 있다. 팀원의 역량과 기술을 이해하면 작업을 효과적으로 위임할 수 있다. 이를 통해 각 팀원에게 알맞은 작업과 자신이 직접 수행해야 할 중요한 작업을 구분할 수 있다. 또한 팀원들이 작업을 잘 수행할 것이라는 신뢰를 갖는 것이 중요하며, 이는 팀원의 자신감을 높인다. 지나치게 많은 책임을 갖는 것은 번아웃을 초래하고 팀의 사기에 부정적인 영향을 미칠 수 있다. 중요하지만 규모는 크지 않은 작업을 팀원들에게 위임함으로써 리드 개발자는 프로젝트의 가장 중요한 부분에 집중할 수 있다.

그뿐만 아니라, 작업 위임은 다른 팀원의 기술과 전문성을 발전시키는 데 도움이 된다. 리드 개발자가 작업을 위임하면 팀원들이 새로운 기술을 배우며 성장하고 더 많은 책임을 맡을 기회를 가질 수 있다. 이는 팀의 효율성을 높이는 것뿐만 아니라 전반적으로 더 유능한 팀을 구축하는 데도 도움이 된다.

하지만 작업 위임이 단지 작업을 한 사람으로부터 다른 사람으로 옮기는 것만을 의미하는 것은 아니다. 신뢰와 협업의 문화를 만들고 모든 사람이 자신의 아이디어와 전문성을 기여할 수 있도록 장려하는 것을 포함한다. 팀 구성원이 자신을 가치 있게 느끼고 자신이 한 일에 대해 인정받는 환경이 조성되면, 높은 업무 집중력과 동기부여가 잘 된 팀을 만들 수 있으며, 개발 프로세스에서 병목이 발생할 가능성을 줄일 수 있다.

병목을 제거하는 것은 소프트웨어 개발 프로젝트의 성공을 위해 필수다. 자원의 부족, 우선순위 충돌, 프로세스 비효율성, 위임 부족 등 어떤 이유가 됐든 병목을 신속하게 발견하고 해결해야만 최종 제품을 기일 내에 원활하게 출시할 수 있다. 이해관계자와 개발팀이 서로 협력해 프로세스를 지속적으로 업데이트하고 병목을 제거하면, 프로젝트를 더 원활하게 진행하고 더 나은 결과를 얻을 수 있다.

6.3.3 예방적 접근과 반응적 접근의 활용

소프트웨어 개발에는 코드베이스의 품질과 유지 관리 가능성에 영향을 미치는 지속적인 의사결정 과정이 수반된다. 리드 개발자는 SDLC를 최적화하기 위해 적절한 접근 방식을 선택할 책임이 있다. 일반적으로 사용되는 두 가지 접근 방식은 예방적 접근과 반응적 접근이다.

- **예방적 접근**: 예방적 접근은 문제가 발생하기 전에 이를 방지하는 데 초점을 맞춘다. 이 접근 방식은 확장 가능하고 유지 관리가 용이하며 모범 사례를 준수하는 설루션을 설계하고자 하는데, 이를 위해서는 시간이 들어간다. 예방적 접근은 기술 부채가 발생할 위험을 줄이고, 시간이 지나도 코드베이스가 건강한 상태를 유지하도록 하는 것을 목표로 한다.
- **반응적 접근**: 반응적 접근은 문제가 발생했을 때 이를 해결하는 데 초점을 맞춘다. 여기에는 버그 수정, 보안 취약점 해결, 코드 리팩터링 등을 포함할 수 있다. 반응적 접근은 문제를 신속하고 효율적으로 해결하는 데 목적이 있지만, 시간이 지남에 따라 코드베이스는 더 복잡해지고 유지 관리가 어려워질 수 있다.

예방적 접근을 활용하면 리드 개발자는 기술 부채를 줄일 수 있다. 시간이 들어가더라도 설루션의 장기적인 영향을 고려하기 때문에 기술 부채가 발생할 위험을 줄이는 결정을 내릴 수 있다. 설루션을 설계할 때 확장성, 유지 관리 용이성, 모범 사례를 고려해야 한다.

예를 들어 리드 개발자는 코드 리뷰 관행을 도입하여 개발 초기 단계에서 문제를 발견하고 기술 부채가 축적되는 것을 방지할 수 있다. 또한 팀원들이 모범 사례를 따르면서 명확하고 잘 문서화된 코드를 작성하도록 장려할 수 있다. 코드 린터code linter와 자동화된 테스트 프레임워크 같은 도구를 활용하여 코드 분석을 자동화하면 문제를 조기에 발견하고 코드 리뷰를 더욱 효율적으로 만들 수 있다.

> **예방적 접근의 사례**
>
> 필자의 경우 자주 접했던 문제 중 하나는 적절한 유지 보수가 부족해 시스템이 주기적으로 다운되는 것이었다. 예전에 유지 보수 작업에 시간이 많이 소요된다는 이유로 반응적 접근 방식을 선호하던 조직에서 일한 적이 있었다. 하지만 시스템이 자주 다운되다 보니 클라이언트들이 느끼기에 시스템이 안정적이지 못했다. 필자가 그 회사에서 핵심 프로젝트의 리드 개발자 역할을 맡게 되었을 때, 예방적 접근 방식을 도입했다. 유지 보수 작업을 야간에 자동으로 실행하도록 프로세스를 설정하고, 이메일 알림을 받도록 해 수동으로 프로세스를 점검할 필요가 없게 만들었다. 이러한 변경사항 덕분에 생산성이 향상되었는데, 긴급 상황이 훨씬 줄어들었기 때문이었다. 클라이언트들도 시스템의 안정성에 감명받았고, 조직 전체가 필자가 사용한 예방적 접근 방식을 채택했다.

소프트웨어 개발에서 예방적 접근 방식을 사용하면 기술 부채를 줄이고 SDLC를 최적화하는 데 효과적이다. SDLC 전반에 걸쳐 모범 사례를 구현함으로써 코드베이스는 장기적으로 건강하고 효율적으로 유지된다. 예방적 접근 방식을 통해 고품질 시스템을 제공하면 클라이언트나 이해관계자의 만족도가 높아질 수 있다.

6.4 개발 프로세스 유지 관리

리드 개발자는 프로젝트가 원활하게 진행되고 목표를 달성하도록 개발 프로세스를 유지 관리해야 한다. 잘 구조화된 개발 프로세스는 시간과 노력을 절약할 뿐만 아니라, 프로젝트의 품질을 유지하고, 관련된 모든 사람이 최신 상태를 유지하며 역할을 명확히 이해하는 데 도움이 된다.

잘 구축된 개발 프로세스를 통해 진행 상황을 효과적으로 추적할 수 있다. 리드 개발자는 이미 완료된 작업, 현재 진행 중인 작업, 앞으로 해야 할 작업을 쉽게 모니터링할 수 있다. 이를 통해 자원을 효율적으로 배분하고 정보에 기반하여 잠재적인 장애물을 미리 방지하기 위한 의사결정을 내릴 수 있다.

개발 프로세스를 유지 관리하는 또 다른 중요한 측면은 커뮤니케이션이다. 잘 정의된 프로세스는 팀원, 이해관계자, QA, 관리팀 간의 명확한 의사소통을 촉진한다. 이를 통해 각자의 책임이 명확히 정의되고 작업이 효과적으로 분배되어 오해와 갈등의 위험이 줄어들고, 결국 프로젝트를 차질 없이 진행할 수 있다.

QA 프로세스가 포함된 견고한 개발 프로세스를 가지고 있으면 리드 개발자는 문제를 더 효율적으로 찾고 해결할 수 있다. 명확하고 조직적인 접근 방식을 통해 발생할 수 있는 문제를 신속히 발견하고, 더 크고 복잡한 문제로 발전하기 전에 적절히 대응할 수 있다. 이를 통해 프로젝트는 일정과 예산에 크게 영향을 미칠 수 있는 지연을 사전에 방지하고 계획에 맞춰 진행할 수 있다.

개발 프로세스를 유지 관리하면 프로젝트에 안정성과 신뢰성을 제공한다. 이를 통해 이해관계자들의 신뢰를 구축하고, 개발팀이 품질 높은 결과물을 만들어낼 수 있을 것이라는 확신을 높이는 데 기여할 수 있다. 또한, 구조화된 프로세스는 새로운 팀원이 빠르게 적응하고 생산성을 높이는 데도 유용하다.

또한, 개발 프로세스를 유지 관리하면 프로젝트의 로드맵을 보여줄 수 있고, 명확한 의사소통을 촉진하며, 문제점의 발견 및 해결이 용이해지고, 안정성과 신뢰성을 제공할 수 있다. 개발 프로세스를 견고하고 효과적으로 유지하는 데 리드 개발자의 역할은 중요하다. 개발 프로세스를 지속적으로 업데이트하고 유지 관리하면, 장기적으로 더 큰 성과를 얻을 수 있다.

6.4.1 개발 프로세스 문서화

리드 개발자는 소프트웨어 개발에서 중요한 역할을 하며, 프로젝트의 성공을 보장할 책임이 있다. 리드 개발자의 주요 책임 중 하나는 개발 프로세스를 문서화하는 것으로, 이는 팀 전체와 프로젝트에 큰 이점을 제공한다. 문서는 향후 개발 및 유지 보수를 위한 참고 자료로 활용될 수 있으며, 코딩 관행의 일관성을 보장하고 팀원 간의 지식 전수를 촉진한다. 문서를 통해 개념에서 제품 출시까지의 개발 프로세스를 추적할 수도 있다.

문서를 효과적으로 작성하려면 연구, 기술 요구사항 작성, 구현을 포함해 개발 프로세스의 단계를 개략적으로 정리한 문서화 계획을 먼저 수립해야 한다. 개발 프로세스 문서에는 IT 지원, 데브옵스, QA 같은 관련 이해관계자 목록도 포함해야 한다. 이 계획은 정기적으로 검토하고 업데이트해서 개발 프로세스의 변경사항을 반영해야 한다.

이전 장의 기술 문서에 대한 논의와 마찬가지로, 리드 개발자는 개발 프로세스를 문서화하기 위해 글, 다이어그램, 코드 주석 등 다양한 형식을 활용할 수 있다. 다양한 형식을 함께 사용하면 모든 팀원이 문서를 쉽게 이해할 수 있다.

표 6.4는 제품 개발 프로세스의 단계를 보여준다.

표 6.4 제품 개발 프로세스의 단계

단계	정의	이해관계자
개념	이 단계는 개발 프로세스의 초기 단계로, 프로젝트에 대한 아이디어를 구상하고 제안하는 과정이다. 이 단계를 문서화하기 위해 프로젝트 목표, 목적, 기대하는 결과를 개념적으로 정리한 문서를 작성할 수 있다. 이 문서는 향후 개발 및 유지 보수를 위한 참고 자료로 활용할 수 있다.	• 마케팅 • 프로젝트 관리 • 리드 개발자
연구	이 단계에서는 이해관계자와 협력하여 프로젝트의 타당성을 판단하고 잠재적인 문제를 발견하기 위한 연구를 수행하여 정보를 수집한다. 이 단계에 대한 문서화는 연구 결과와 프로젝트에 대한 권장사항을 포함한 연구 보고서가 될 수 있다.	• 마케팅 • 리드 개발자 • 법률 • 프로젝트 관리
분석	이 단계는 연구 결과를 분석하고 프로젝트에 가장 적합한 접근 방식을 결정한다. 이 단계에서는 선택한 접근 방식과 개발 단계에서 진행할 계획을 정리한 분석 보고서로 문서화할 수 있다.	• 마케팅 • 프로젝트 관리 • 리드 개발자 • UX/UI
개발	실제로 프로젝트 개발을 시작하는 단계다. 이 단계의 문서화를 위해서는 예제 코드와 다이어그램을 활용해 개발 프로세스의 각 단계를 상세하게 기술한 개발 문서를 작성할 수 있다.	• 개발 • 데브옵스 • QA
출시	이 단계에서는 프로젝트를 출시하고 대중에게 공개한다. 이 단계에서의 문서화는 출시 과정과 출시 중 발생한 문제를 포함한 출시 보고서를 작성할 수 있다.	• 개발 • 데브옵스 • QA • 마케팅 • 프로젝트 관리 • UX/UI

개념에서 구현까지 이르는 개발 프로세스를 문서화함으로써, 리드 개발자는 팀 전체와 프로젝트에 원활하고 효율적인 워크플로를 제공할 수 있다. 다양한 형식을 활용하고 문서화 과정에 팀원들이 참여함으로써, 리드 개발자는 팀에 적합한 문서화 계획을 수립하고 프로젝트를 성공적으로 이끌 수 있다.

6.4.2 품질보증 프로세스 문서화하기

개발 프로세스를 개선하는 데 QA팀이 중요한 자산임을 잊지 말아야 한다. QA팀은 독특한 관점과 전문성을 제공하며, 이들과 함께 논의함으로써 변경사항이 제품의 전체적인 품질에 미칠 영향을 더 잘 이해할 수 있다. QA팀의 전문 지식을 활용하면 잠재적인 문제점을 미리 파악하고 팀 전체에 유익하게끔 개선할 수 있다.

리드 개발자와 QA팀이 협력함으로써 더 강력하고 효율적인 개발 프로세스를 만들 수 있고 이를 통해 고품질의 결과물을 얻을 수 있다. QA 프로세스의 각 단계를 문서화하는 것이 중요한데, 팀원들이 QA 프로세스에 대해 명확하고 포괄적으로 이해할 수 있을 뿐만 아니라, 여러 프로젝트에서 일관성과 책임감을 보장할 수 있기 때문이다.

단위 테스트, 통합 테스트, 수동 테스트의 결합은 소프트웨어 개발 프로젝트에서 QA를 효과적으로 수행할 수 있는 접근 방식이다. 각 테스트 유형은 다음과 같다.

- **단위 테스트**unit test: 코드 수준에서 문제를 신속하고 효율적으로 발견할 수 있는 자동화된 검사를 제공하며, 알고리즘과 클래스 단위의 코드가 제대로 작동하는지 확인한다.
- **통합 테스트**integration test: 개별 모듈을 따로 테스트하는 대신 시스템의 다른 부분 간 상호작용을 테스트하여, 모듈 통합 시 발생할 수 있는 불일치나 문제를 발견한다.
- **수동 테스트**manual test: 좀 더 사용자 측면에서의 관점을 제공함으로써 단위 테스트와 통합 테스트에서 미처 발견하지 못한 문제를 잡아내며, 특히 사용자 경험이 요구사항을 충족하는지 확인한다.

이 방법을 함께 사용하면 소프트웨어 품질에 대한 포괄적인 이해를 얻을 수 있으며, 모든 관련 시나리오를 빠짐없이 테스트할 수 있다. 또한 이러한 방법의 장점을 활용하면 시간과 자원을 절약하고, 궁극적으로 더 높은 품질의 제품을 만들어낼 수 있다. 단위 테스트, 통합 테스트, 수동 테스트를 결합하는 것은 소프트웨어 개발 프로젝트의 성공을 위한 현명한 투자다.

QA 프로세스는 일반적으로 계획, 테스트 설계, 실행, 보고의 네 가지 주요한 단계로 이뤄진다. 각 단계는 소프트웨어의 전반적인 품질을 보장하는 데 중요한 역할을 하며, 명확하고 간결하게 문서화되어야 한다.

그림 6.3은 전자상거래 웹사이트를 위한 QA 프로세스를 보여준다.

계획	테스트 설계	실행	보고
QA팀은 개발팀 및 기타 이해관계자와 협력하여 프로젝트의 요구사항, 위험, 목표를 정의한다. 테스트 접근 방식과 수행할 테스트 유형을 정하며, 테스트 일정을 계획한다. 예를 들어 사이트의 기능, 사용성, 보안, 성능을 테스트하기로 결정한다.	QA팀은 각 테스트 유형에 대한 자세한 테스트 케이스, 테스트 시나리오, 테스트 스크립트를 작성한다. 예를 들어 사이트의 결제 과정, 다양한 브라우저 및 기기와의 호환성, 동시 사용자 처리 등을 확인하기 위한 테스트 케이스를 만든다.	QA팀은 테스트 케이스를 실행하고 테스트 결과를 기록한다. 자동 테스트, 수동 테스트, 탐색 테스트 등 다양한 테스트 도구와 기법을 사용해 테스트를 수행한다. 예를 들어 셀레늄을 통한 자동화된 테스트, 다양한 모바일 기기에 대한 테스트, 부하 테스트 도구를 이용한 대용량 트래픽 처리 시나리오의 시뮬레이션 등을 수행할 수 있다.	QA팀은 테스트 결과를 취합하고 문제를 파악한 후 개발팀과 기타 이해관계자에게 자세한 보고서를 제공한다. 문제를 해결하기 위해 문제의 심각도와 영향에 따라 문제의 우선순위를 정하고 개발팀과 협력한다. 예를 들어 결제 프로세스가 일부 모바일 기기에서 실패하는 문제를 발견하고 출시 전에 반드시 해결해야 할 최우선순위의 문제로 보고한다.

그림 6.3 이커머스 웹사이트의 QA 프로세스 예시

QA 프로세스의 각 단계와 그에 대한 정의는 다음과 같다.

- **계획**planning: 계획 단계에서는 QA 프로세스의 범위와 목표를 결정한다. 프로세스의 기초가 되는 필수 단계이며, 수락 기준 정의, 잠재적 위험 식별, 필요한 자원 결정과 같은 작업이 여기에 해당된다.
- **테스트 설계**test design: 계획 단계가 완료되면 다음 단계는 테스트를 설계하는 것이다. 여기에는 테스트 사례 목록 작성, 각 사례의 기준 식별, 테스트 환경 결정이 포함된

다. 모든 관련 테스트가 포함되어야 하고 결과가 정확하고 신뢰할 수 있도록 보장하기 위해서는 이 단계가 중요하다.
- **실행**execution: 실행 단계는 테스트를 실제로 실행하는 단계다. 이 단계에서 설계와 계획 단계가 합쳐지고 테스트 결과를 얻는다. 테스트가 설계에 따라 실행되고 실행된 결과를 기록하고 분석한다.
- **보고**reporting: 마지막 단계는 테스트 결과를 문서화하고 관련 이해관계자들에게 전달하는 보고 단계다. 이 단계는 결과를 이해하고 개선이 필요하다면 이에 대한 권고사항을 제공하기 때문에 중요하다.

QA 프로세스의 문서화는 개발 프로세스의 중요한 일부다. 이를 통해 QA팀의 프로세스에 대해 명확하고 포괄적으로 이해할 수 있으며, 여러 프로젝트에서 일관성과 신뢰성을 잃지 않을 수 있다. 기술 문서화의 모범 사례를 따르면, 팀과 프로젝트에 유익하고 명확하며 간결한 문서를 작성할 수 있다.

6.4.3 개발 프로세스 유지 보수 일정 설정하기

리드 개발자는 개념 단계에서부터 출시까지 개발 프로세스 전체를 감독하며, 고품질 소프트웨어를 예산 범위 안에서 정시에 전달하기 위해 필요한 도구와 자원을 확보해야 한다. 이 역할에서 매우 중요한 업무 중 하나는 개발 프로세스를 문서화하고 지속적으로 개선하기 위한 유지 보수 일정을 수립하는 것이다.

개발 프로세스를 문서화하고 개선하기 위한 유지 보수 일정을 수립하려면 다음과 같은 단계를 따라야 한다.

- **정기적으로 검토할 수 있는 일정을 세운다**: 월별 또는 분기별과 같은 정기적인 검토 일정을 설정하여 개발 프로세스를 최신 상태로 적합성을 유지하도록 한다.
- **모든 팀원이 참여하도록 한다**: 모든 팀원이 개발 프로세스를 개선하기 위한 의견과 제안을 제시하도록 독려한다. 이를 통해 팀 전체가 프로세스에 참여하고, 팀 전체에 이익이 되는 변화를 가져올 수 있다.

- **변경사항을 문서화한다**: 개발 프로세스에 대한 변경사항과 그 변경의 이유를 문서화하여 프로세스가 투명하고 책임감 있게 유지되도록 한다. 원드라이브나 드롭박스 같은 문서 관리 시스템을 활용해 문서의 이력을 보존해야 한다.
- **지속적으로 개선한다**: 개발 프로세스가 효과적이고 효율적이며 적합하도록 지속적으로 검토하고 업데이트해야 한다.

필자의 경험상, 새로운 팀이나 조직은 팀이 만들어진 후 무엇이 효과적인지 파악하는 단계에 있기 때문에 개발 프로세스에 대한 유지 보수 일정을 자주 진행해야 한다. 이 경우, 배포 중이나 배포 후에 프로세스를 검토할 것을 제안한다. 필자는 여러 대기업 클라이언트의 웹 개발 프로젝트를 진행하면서, 출시 전에 개발 프로세스에서 발생하는 문제를 최대한 해결하려고 노력했다. 물론 스테이징 환경이 프로덕션 환경과 100% 동일하지 않은 경우도 종종 있었다. 하지만 서비스나 웹사이트를 출시하기 전에 개발 프로세스 문서를 수정하면 출시일에 발생할 수 있는 오류를 최대한 방지할 수 있다.

개발 프로세스를 문서화하고 지속적으로 개선하기 위한 유지 보수 일정을 설정하는 것은 프로젝트 성공을 위해 반드시 필요하다. 리드 개발자는 개발 프로세스를 정기적으로 검토하고 개선이 필요한 부분을 파악해야 한다. 앞선 질문에 대해 팀과 이해관계자로부터 답변을 들음으로써 개발 프로세스의 효율성을 확보하고, 고품질 소프트웨어를 정시에 예산 내에서 지속적으로 전달할 수 있다.

요약

- 리드 개발자는 개발 프로세스가 원활하고 효율적으로 진행되도록 하기 위해 중요한 역할을 한다. 이는 더 나은 결과물, 품질 향상, 직무 만족도 증가, 사기 증진, 팀워크 강화, 비용 효율성을 가져온다.
- 명확한 방향성이나 소통 부족, 적절한 도구와 자원의 부재와 같은 문제점은 최종 제품의 품질에 부정적인 영향을 미치고 혼란, 마감 기한 초과, 번아웃으로 이어질 수 있다.

- 프로세스 관리는 개발 프로세스를 설계, 실행, 통제, 모니터링하는 체계적인 접근 방식을 말한다.
- 리드 개발자는 개발자와 비개발자를 포함한 모든 이해관계자로부터 통찰을 한데 모아 포괄적인 관점을 형성하고 개선의 기회를 발견함으로써 그들의 관점과 요구사항을 이해해야 한다.
- 건설적인 비판을 받을 때는 열린 마음으로 접근하고 이를 개인에 대한 공격으로 받아들이지 않는 것이 중요하다.
- 리드 개발자는 자신의 역량에 자신감을 가져야 하지만, 자신만이 모든 것을 알고 있다고 생각하면 안 되고 개발자와 비개발자 모두로부터 새로운 아이디어와 관점을 받아들일 수 있는 겸손함도 필요하다.
- 반복적이고 수작업이 많은 작업을 자동화해 SDLC를 간소화할 가능성을 찾는 것이 중요하다. 이를 통해 전반적인 효율성을 높이고, 오류를 줄이며, 시간을 절약할 수 있다. 예를 들어 CI/CD를 위한 젠킨스나 웹 앱 테스트를 자동화하는 셀레늄 같은 도구를 사용할 수 있다.
- 리드 개발자는 소프트웨어 개발에서 예방적 접근 방식을 통해 SDLC를 최적화할 수 있다. 예방적 접근 방식은 문제를 사전에 방지하는 데 중점을 두고, 확장 가능하고 유지 관리가 용이하며 모범 사례를 준수하는 설계를 통해 기술 부채의 위험을 줄이고 코드베이스를 건강하게 유지할 수 있다.
- QA 프로세스를 문서화할 때는 계획, 테스트 설계, 실행, 보고의 네 가지 주요 단계를 포함해야 한다. 이를 통해 소프트웨어의 전반적인 품질뿐만 아니라 프로젝트 간의 일관성과 책임성을 보장할 수 있다.
- 문서화를 유지하고 개발 프로세스를 지속적으로 개선하기 위한 일정에는 모든 팀원이 참여해야 한다. 변경사항은 문서화되어야 하며, 프로세스가 효율적이고, 효과적이며, 적합성을 갖도록 지속적으로 개선되어야 한다.

> 리드 개발자 이야기

라이언 H. 루이스

라이언 H. 루이스Ryan H. Lewis는 레딧에서 고성능 클라우드 기반 웹 앱을 전문으로 다루는 스태프 소프트웨어 엔지니어다. 그는 레딧이 어떻게 소프트웨어 개발하는지를 다루는 엔지니어링 팟캐스트 'Building Reddit(빌딩 레딧)'의 진행을 맡고 있다.

20여 년 전, 자신의 밴드와 레코드 레이블을 홍보하기 위해 웹사이트를 제작하기 시작했다. 세계를 여행하며 음악 활동을 한 뒤, 미국 태평양 북서부 지역에 정착해 소프트웨어 개발자로서의 전문 경력을 쌓기 시작했다. 이후로 티모빌T-Mobile, 익스피디아Expedia 등 여러 스타트업에서 팀을 이끌었으며, 플루럴사이트와 오라일리에서 온라인 강의를 진행했고, 시애틀 센트럴 컬리지와 워싱턴 대학교에서 학생들을 가르쳤다. 그는 《The Cloud Developer Workbook(클라우드 개발자를 위한 실습 가이드)》(Independently published, 2021)의 저자이기도 하다.

이 인터뷰에서 라이언은 개발 프로세스에 대한 자신의 생각과 프로세스 개선 경험을 공유한다.

개발 프로세스에서 어떤 어려움을 겪었고, 이를 어떻게 해결했는가?

개발 과정에서 발생하는 어려움은 크게 두 가지로 나눌 수 있는데, 속도 지체와 사기 저하다. 리드 개발자로서 팀이 작업을 진행하는 데 방해가 되는 부분을 해결해야 하는 경우가 발생하는데, 그 일들이 그다지 흥미롭지 않을 때가 많다.

예를 들어 배포 파이프라인이나 CI/CD 같은 작업이 그렇다. 배포 파이프라인에서 자주 문제가 일어나는 팀을 이끈 적이 있었는데, 이 파이프라인은 코드 배포에 필수였지만 안정성이 부족했고 자동화된 테스트도 충분히 이뤄지지 않았다. 이 문제를 해결하기 위해 파이프라인에 테스트 프레임워크를 추가해 버그를 잡고 파이프라인 구성을 개선하는 작업을 했다. 팀원 중에는 이런 작업을 경험한 사람이 없었기 때문에 내가 직접 맡아 해결했다. 파이프라인이 자동화 테스트를 실행할 수 있도록 수정하고 몇 가지 추가 테스트를 작성했다. 이로 인해 파이프라인은 더 안정적으로 작동했고, 프로덕션 단계로 넘어가는 버그의 수가 줄어들었다.

The Lead Developer Story

이러한 작업은 팀이 겪었던 주된 문제를 해결했을 뿐만 아니라, 어느 누구도 나서서 해결하려고 하지 않는 문제를 솔선수범하여 해결함으로써 팀 사기를 높이는 데도 기여했다. 팀에 도움이 되도록 적극적으로 나서야 한다.

또 다른 문제는 명확한 제품 요구사항 없이 소프트웨어나 새로운 기능 개발을 요청받는 경우였다. 경험이 부족한 제품 매니저와 함께 일할 때 종종 모호한 설명만으로 작업을 시작하라는 요구를 받았다. 이를 해결하기 위해 계획 단계에서 문제를 제기하고, 필요한 요구사항의 기준을 세우는 방식을 도입했다. 이와 더불어 리드 개발자는 기술 설계와 문서화를 통해 예상치 못한 문제를 사전에 예방해야 한다. 모든 문제를 예측할 수는 없지만, 구현을 시작하기 전에 기능에 대해 충분히 고민하는 것이 더 효율적이다.

마지막으로, 팀 개발자들이 특정 영역에만 고립되어 작업하는 경우를 많이 봤다. 팀 내에서 앱의 특정 영역을 이해하는 사람이 한 명밖에 없는 상황을 맞이할 수 있다. 서로 다른 영역에서 작업하는 개발자들이 짝을 맺어 협력하면 이런 문제를 해결하는 데 도움이 된다. 익숙한 개발자와 익숙하지 않은 개발자가 함께 작업하면 초기에는 속도가 느려질 수 있다. 하지만 대부분의 개발자들은 새로운 것을 배우고 공유하는 것에 열정적이다. 이 방식은 팀 사기를 높이고, 결국 팀 전체의 생산성을 크게 개선하는 결과를 가져왔다.

기술 부채를 줄이기 위해 어떤 방법을 사용했는가?

기술 부채는 조직 내 소통이 원활하지 않거나 장기적으로 수행되는 프로젝트에서 이를 무시할 때 쌓이는 것을 많이 봤다. 대규모 조직에서는 소통이 더 어렵지만, 소규모 조직에서는 스프린트 회고나 문제점을 파악하기 위한 활동을 통해 기술 부채를 발견할 수 있다.

기술 부채를 줄이기 위해서는 우선 기술 부채를 줄이기 위한 작업 목록을 작성하고, 우선순위를 매겨 관리하는 것을 추천한다. 그런 다음, 각 스프린트마다 이 목록에서 소규모 작업을 우선순위에 따라 가져와 진행한다. 나는 작업 목록을 효과의 정도에 따라 정렬한 뒤 예상 소요 시간을 추가로 기록하는 방식을 선호한다. 이렇게 하면 제품팀과 협상하여 큰 규모의 작업을 하지 않는 가벼운 스프린트, 즉 마일스톤milestone의 시작이나 종료 즈음에 이러한 작업을 추가할 수 있다.

프로덕트 오너마다 기술 부채에 대한 이해도가 다를 수 있다. 기술 부채를 해결할 때 얻을 수 있는 이점에 대해 설명해야 하는 경우도 있다. 예를 들어 내 경험상 어떤 상황에서는 너무 심각한 기술 부채로 인해 기획팀이 요구하는 기능을 제공할 수 없었다. 클라이언트 측 데이터 관리 솔루션이 당시 다니던 회사가 자체적으로 개발한 것이었는데, 개발 시간과 복잡성을 최소 두 배 이상 증가시켰다. 전체 컴포넌트를 오픈소스 기반으로 현대적으로 다시 구현할 필요가 있었다.

앱의 중요한 부분이 전체 개발을 방해할 때, 기획팀과 명확하게 소통하고 변경이 필요한 작업 목록을 작성해서 이를 우선순위에 따라 관리하는 것이 중요하다. 물론, 정확한 작업 추정도 필수다. 스토리 포인트 추정 기준을 설정해 우선순위 작업을 잘 계획하고 팀이 성공적으로 작업을 수행할 수 있도록 준비해야 한다.

장기적인 기술 부채를 해결할 때는 팀을 나눠서 일부는 기능 구현 작업에, 일부는 기술 부채 작업에 집중하도록 한 다음, 두 번의 스프린트 후에 역할을 바꿔서 수행하는 것도 효과적이다. 이렇게 하면 개발자들이 지치거나 좌절하지 않을 수 있는데, 기술 부채 해결을 위한 대부분의 작업이 어렵기 때문이다.

개발 프로세스를 최적화하기 위한 조언은?

새로운 프로젝트를 시작할 때 테스트 작성을 너무 늦지 않게 하는 것이 중요하다. 통합 테스트나 종단간 테스트가 적합하며, 단위 테스트는 작성하는 데 시간이 많이 걸리고 새로운 프로젝트의 내부 구조가 자주 변경되기 때문에 투자자본수익률이 낮을 수 있다. 내부 로직은 자주 변경되기 때문에 단위 테스트를 조기에 작성하는 것은 그다지 효과적이지 않았다. 사전에 잘 짜인 계획이 없다면 단위 테스트의 잦은 변경으로 인해 혼란이 올 수 있다.

레딧에서는 설계 문서와 문서 리뷰 과정을 활용한다. 개발자들은 앱 개발 방향을 구상하고 계획하며, 피드백을 주고받는다. 피드백에 대해 논의하는 회의가 있는데 이는 실제 구현에 들어가기 전에 여러 문제를 사전에 발견하는 데 도움이 된다. 또한, 프로젝트에서 자주 문제가 발생하거나 시간이 과도하게 소요되는 영역을 주목해야 한다. 예를 들어 반복적으

로 실패하는 회귀 테스트나 처리 시간이 긴 작업을 살펴보면 개선이 필요한 문제 영역을 파악할 수 있다.

리드 개발자는 자신이 경험한 바를 다른 팀원도 동일하게 경험했을 것이라고 가정하지 말아야 한다. 자신에게 쉬운 일이라고 해서 다른 팀원들에게도 쉬울 것이라고 단정하면 안 된다. 특히 원격 팀의 경우는 더욱 그렇다. 스프린트 회고를 통해 팀의 문제점을 파악하고 개발 작업의 속도를 검토해야 한다. 자신과 팀이 더 나은 방법으로 개선할 수 있는 점이 무엇인지 항상 고민해야 한다.

페어 프로그래밍은 기술 부채를 줄이고 개발 프로세스를 최적화하며 팀 간 협력을 강화할 수 있는 효과적인 방법이다. 페어 프로그래밍은 객관적인 리뷰어와 함께 코드 작성을 하기 때문에 기술 부채를 줄이거나 방지할 수 있다. 한 사람은 코드를 작성하고 다른 사람은 코드를 보면서 최적의 접근 방식을 제안한다. 페어 프로그래밍을 통해 코드는 더 깔끔하고 구조적으로 정리되며, 서로 아이디어를 공유하면서 더 나은 결과를 도출할 수 있다. 또한 상대방의 작업 방식을 배우며 함께 프로세스를 최적화할 수 있다. 두 사람이 한 사람보다 낫다.

CHAPTER 07

프로젝트팀 간 협업

이번 장에서 다루는 내용
- 비용 산정 모범 사례
- 잘못된 비용 산정이 프로젝트에 미치는 영향
- 팀 커뮤니케이션을 촉진하기 위한 모범 사례
- 효과적인 커뮤니케이션과 부실한 커뮤니케이션의 영향
- 애자일과 폭포수 프로젝트 관리 방법 비교

리드 개발자는 소프트웨어 개발 과정에서 기술적인 부분을 총괄하는 중요한 역할을 수행한다. 하지만 프로젝트의 성공은 혼자만의 힘으로 이뤄지지 않는다. **프로젝트팀** project team과의 효과적인 협력이 필수이며, 이를 통해 프로젝트를 제시간에 예산 내에서 높은 품질로 완수해야 한다.

프로젝트에 참여하는 팀과 협력하면 리드 개발자는 잠재적인 장애물, 위험, 기회를 파악하고 더 나은 결정을 내릴 수 있다. 리드 개발자는 프로젝트 목표, 일정, 산출물에 대해 모두가 공감대를 형성할 수 있도록 다른 팀과 열린 소통을 유지해야 한다. 이렇게 하면 팀의 사기가 높아지고, 팀워크와 협력 분위기가 조성된다.

리드 개발자는 협력뿐만 아니라 프로젝트 관리에서도 중요한 역할을 한다. 프로젝트 계획을 수립하고 실행하며, 마일스톤에 따른 진행 상황을 모니터링하여 이해관계자에게 프로젝트 상태를 전달한다. 프로젝트에 참여하는 팀들이 서로 협력하면 자원을 효율적으로 배분하고, 위험을 줄이며, 문제를 신속히 해결할 수 있다.

7.1 교차 학습 프로젝트 관리 기술

리드 개발자는 프로젝트의 기술적인 측면을 깊이 이해하고 있어야 한다. 하지만 효과적으로 프로젝트를 관리하기 위해서는 기술적 전문성 외에도 다양한 기술과 역량이 필요하다. 멘토와 함께 일하거나 독학을 통해 **프로젝트 관리 기술**project management skill을 배우고 교차 학습을 하면, 복잡한 프로젝트를 원활하게 진행하고 팀을 효과적으로 이끌 수 있는 능력을 강화할 수 있다. 교차 학습을 하는 좋은 방법 중 하나는 동료를 관찰하고, 그들의 프로젝트 관리 방식과 리더십을 배우는 것이다.

교차 학습cross training[1]을 통해 리드 개발자는 지식의 폭을 넓혀 더 균형 잡힌 의사결정을 할 수 있다. 애자일이나 폭포수waterfall 같은 프로젝트 관리 기술을 익히면 프로젝트 수명 주기 동안 발생할 수 있는 잠재적인 문제를 예상하고 완화하는 데 도움이 된다. 또한 팀원, 클라이언트, 경영진 등 프로젝트 이해관계자와 더 효과적으로 소통할 수 있다.

교차 학습은 프로젝트 결과를 향상시킬 뿐만 아니라 개인적인 혜택도 얻을 수 있다. 프로젝트 관리 기술을 개발하면 더 크고 복잡한 프로젝트를 관리할 수 있는 능력을 갖추게 되어 커리어 전망이 밝아진다. 또한 기술적 능력을 넘어 새로운 도전을 시도하고 역량을 확장할 수 있어 업무 만족도가 높아질 수 있다.

프로젝트 관리 기술의 향상은 리드 개발자의 성공에 필수다. 기술적 전문성은 당연히 중요하지만, 이는 전체 퍼즐의 일부일 뿐이다. 프로젝트 관리에 대한 기대치를 고려할 때, 리드 개발자와 프로젝트 관리자의 역할은 서로 다르지만 상호 보완적이다. 리드 개발자는 개발팀을 이끌고 원활한 협력을 보장하며 높은 품질의 코드를 전달하는 데 초점을 맞춘다. 반면 프로젝트 관리자는 전체 프로젝트를 조율하고, 일정 관리를 하며,

---

1 (옮긴이) 직장이나 조직에서 자신이 맡지 않은 업무나 분야를 배우며 업무 수행까지 해보는 것을 의미한다.

자원을 할당하는 역할을 담당한다. 리드 개발자는 기술적 역량을 제공하고, 프로젝트 관리자는 전략적 비전을 제공하며 프로젝트 진행을 조율한다.

이러한 역할이 서로의 강점과 책임을 바탕으로 조화를 이루면 프로젝트를 성공적으로 이끌 수 있다. 교차 학습을 통해 리드 개발자는 복잡한 프로젝트를 원활히 관리하고, 더 효과적으로 소통하며, 업무 만족도를 높일 수 있고, 향후 커리어 전망도 밝아진다.

7.1.1 폭포수 방법론

폭포수 프로젝트 방법론은 소프트웨어 개발에서 오랫동안 사용해온 전통적인 접근 방식이다. 이 방법론은 여러 명확하게 구분된 단계가 선형적이고 순차적으로 구성된 프로세스다. 프로젝트의 각 단계를 순차적으로 완료해야 다음 단계로 넘어갈 수 있다. **폭포수 방법론**waterfall method의 단계는 요구사항 수집, 설계, 구현, 테스트, 유지 보수 등이 있다. 프로젝트의 요구사항이 명확히 정의되고, 범위가 명확할 때 주로 이 접근 방식을 사용한다.

그림 7.1은 폭포수 방법론의 일반적인 단계를 보여준다.

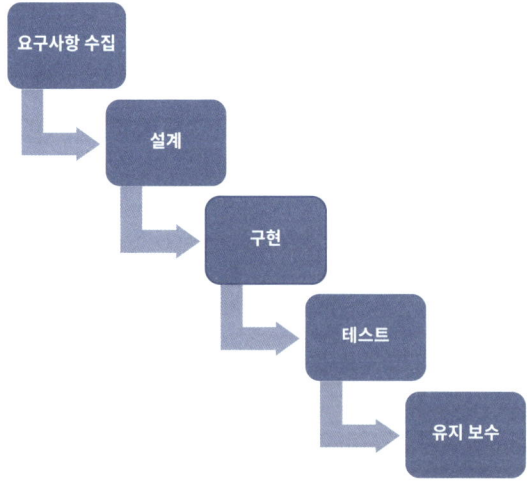

그림 7.1 폭포수 방법 단계

폭포수 접근 방식의 이점 중 하나는 프로젝트 초기에 상세한 계획을 수립할 수 있다는 점이다. 이는 스코프 크리프(범위 변동)scope creep를 방지하는 데 도움을 준다. 엄격한 요구사항을 설정하고 이를 준수함으로써 프로젝트 도중에 발생하는 예상치 못한 변경이나 비용이 반영되지 않은 추가 작업을 줄이거나 없앨 수 있다. 이해관계자는 각 단계가 완성되면 다음 단계로 진행하기 전에 이를 승인한다. 이렇게 하면 프로젝트는 계획대로 진행되고, 관련된 모든 사람이 자신의 역할과 기대치를 명확히 알 수 있게 된다.

폭포수 접근 방식은 프로젝트의 후반에 발생할 수 있는 문제를 방지하는 데 유용하다. 프로젝트의 각 단계를 순차적으로 완료하는 과정에서 문제를 조기에 발견하고 해결할 수 있으며, 이는 궁극적으로 프로젝트의 성공적인 결과로 이어질 수 있다.

폭포수 방법론을 사용한 소프트웨어 개발 프로젝트의 한 예는 마이크로소프트의 윈도우 운영체제 개발이다. 이 프로젝트는 여러 개별 단계로 나뉘었으며, 각 단계를 완료해야만 다음 단계로 진행할 수 있었다. 첫 번째 단계는 요구사항 수집이었고, 그 뒤를 이어 설계 단계가 진행됐다. 설계가 확정된 후, 운영체제의 실제 코딩이 이뤄지는 구현 단계가 시작됐다. 이후 테스트 단계에서 소프트웨어가 철저히 테스트되어 필요한 요구사항을 충족하는지 확인됐다. 마지막으로, 테스트 중 발견된 버그나 문제를 해결하는 유지 보수 단계가 시작됐다.

필자의 경험에 따르면 폭포수 방식을 사용하는 회사에서 프로젝트가 더 오래 걸리고, 애자일 방식을 사용했을 때보다 더 많은 문제가 발생했다. 소프트웨어 개발 프로젝트에서는 요구사항을 초기에 완전히 알 수 있는 경우가 드물다. 우선순위가 바뀌는 경우가 많으며, 폭포수 방법론은 이러한 우선순위 변경에 대처할 수 있는 메커니즘이 없다. 이로 인해 프로젝트 진행이 막히는 경우가 생길 수 있다. 폭포수 방식에서는 프로젝트에 변화가 생기면 모든 단계를 처음부터 다시 시작해야 한다. 즉, 요구사항 수집 단계부터 시작하여 나머지 프로젝트에 대한 계획을 수정하고 업데이트해야 한다. 이러한 변경이 자주 발생하면 생산성 손실을 초래할 수 있다.

우선순위가 지속적으로 변경되는 경우에는 유연하고 반복적인 애자일 방식이 더 적합하다. 폭포수 방식은 모든 요구사항이 명확히 정의되어 있고 프로젝트 범위가 확실할 때 유용한 접근 방식으로 고려할 만하다.

7.1.2 애자일 정의

애자일 프로젝트 방법론agile project methodology은 소프트웨어 개발 및 기타 관련 프로젝트에서 사용하는 인기 있는 접근 방식이다. 이 방법론은 프로세스나 도구보다는 개인과 상호작용을, 계획을 따르는 것보다는 변화에 대한 대응을 중시한다. 유연하고 반복적이며 협력적인 접근 방식으로 지속적인 개선, 고객 만족, 변화에 대한 적응성을 촉진한다.

애자일 프로젝트 방법론에서 가장 널리 사용되는 프레임워크는 스크럼과 칸반이 있다. **스크럼**scrum은 협업, 유연성, 피드백을 강조하는 애자일 프레임워크로, 팀이 함께 작업하면서 짧은 반복 주기(**스프린트**sprint) 동안 고품질 제품을 제공하는 것을 목표로 한다. 스크럼에는 프로덕트 오너product owner, PO, 스크럼 마스터, 개발팀, 이렇게 세 가지 역할이 나누어져 있다. PO는 제품 백로그를 정의하고 우선순위를 설정하며, 스크럼 마스터scrum master는 팀이 스크럼 프로세스를 따라 작업하도록 이끈다. 개발팀은 스프린트마다 배포 가능한 코드를 작성한다.

스크럼에는 네 가지 활동이 있는데, 스프린트 계획sprint planning, 일일 스크럼daily scrum, 스프린트 리뷰sprint review, 스프린트 회고sprint retrospective다. 이 활동들은 팀이 프로세스를 점검하고 조정하며, 진행 상황과 도전 과제를 논의하고, 다음 스프린트를 계획하도록 돕는다.

표 7.1은 스크럼에서 사용하는 용어를 설명한다.

표 7.1 스크럼 용어

스크럼 용어	정의
스프린트	배포 가능한 코드를 생성하는 것을 목표로 백로그의 일부에 대해 작업하는 고정되고 반복적인 기간
백로그	작업해야 할 제품의 기능, 개선사항 또는 수정사항으로 우선순위가 지정됨
프로덕트 오너	제품 백로그를 관리하고 작업의 우선순위를 정하며 이해관계자들에게 가치를 제공하는 책임자
스크럼 마스터	팀이 스크럼 프로세스를 따르도록 돕고, 장애물을 제거하여 협업과 커뮤니케이션을 촉진하는 책임자
스프린트 계획	스프린트 시작 시 제품 백로그를 검토하고, 작업할 항목을 선정하여 스프린트의 목표를 정의하는 회의
일일 스크럼	팀원들이 진행 상황을 논의하고, 장애물을 파악하며, 그날의 작업을 계획하는 15분가량의 회의
스프린트 리뷰	스프린트 동안 완성한 작업을 이해관계자에게 시연하고 피드백을 받는 회의
스프린트 회고	스프린트 완료 후 이룬 성과를 확인하고 개선사항을 파악하며 다음 번 스프린트 계획을 수립
사용자 스토리	사용자 또는 고객의 관점에서 제품 기능에 대한 짧고 간단한 설명
속도velocity	한 스프린트 혹은 여러 스프린트에 걸쳐 팀이 완성한 작업의 양을 측정

필자가 근무했던 대부분의 회사는 스크럼을 사용했지만, 많은 경우 스프린트 리뷰와 스프린트 회고를 생략했다. 이는 애자일 방식이 제대로 구현되지 않았거나 폭포수와 같은 전통적인 프로젝트 관리 방식으로부터의 전환이 충분하지 않았기 때문이었다. 매일 스크럼을 진행한다고 해서 애자일 방식이라고 할 수는 없다. 스프린트 리뷰나 회고가 없으면 애자일의 핵심 목표인 프로세스의 지속적인 개선을 이룰 수 없다. 반대로, 스크럼을 제대로 활용한 회사도 많았는데, 표준화된 프로세스를 통해 기술 부채는 줄이면서 높은 생산성을 달성할 수 있었다.

칸반Kanban은 시각화, 흐름, 지속적인 개선을 강조하는 애자일 프레임워크다. 칸반은 **진행 중인 작업**work in progress, WIP을 제한하여 처리량을 높이고 사이클 타임을 줄이고자 하는데, 한 작업을 완료하면 다음 작업을 가져와 시작한다는 의미에서 풀 기반pull-based 시스템이다. 칸반의 주요 원칙은 워크플로를 시각화하고, 진행 중인 작업의 수를 제한하며, 흐름을 관리하는 것이다. 칸반 보드는 작업의 다양한 단계를 열column로 나누어 시각화하는 데 사용한다. 각 열에는 **WIP** 제한이 설정되어 있어, 기존 작업이 완료되기 전까지 새로운 작업을 시작하지 못하도록 한다. 또한 칸반은 리드 타임과 사이클 타임 같은 지표를 통해 팀의 성과를 측정하고 개선할 수 있도록 돕는다.

그림 7.2는 칸반 보드의 예를 보여준다.

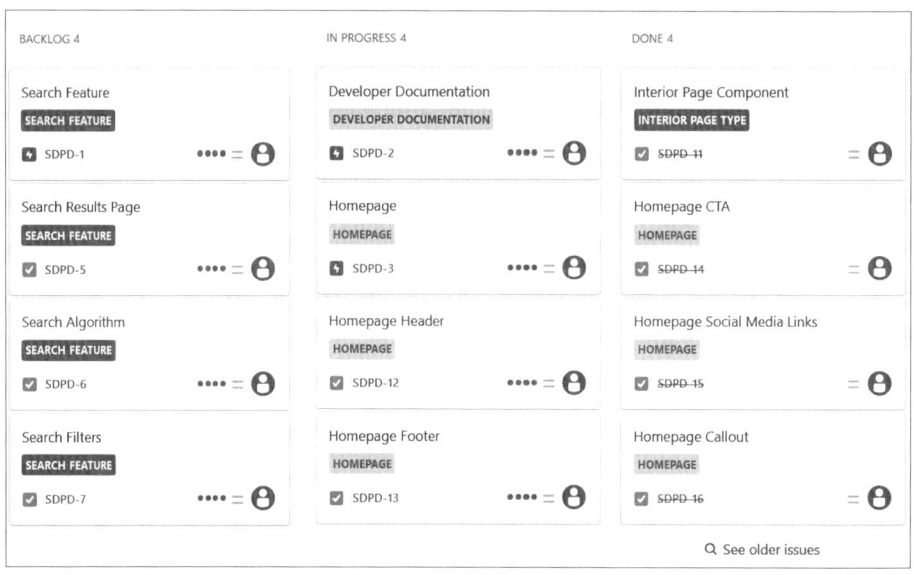

그림 7.2 **칸반 보드의 예**

필자가 운영하는 회사에서는 칸반을 사용하는데 잘 맞는다. WIP 제한을 통해 과부하가 걸리지 않도록 관리하고 작업이 정해진 순서대로 진행되도록 한다. 스크럼에서는 현재 스프린트에서 완료되지 않은 작업이 다음 스프린트로 넘어가 반복적으로 미뤄질 수 있다. 또한 스크럼에서는 작업의 우선순위가 그때 그때 정해지는데, 이것은 우리 팀에게 적합하지 않았다. 우선순위의 변경은 이해할 만한 일이지만 자주 바뀌면 이로 인해 이전에 하던 작업을 다시 시작할 때 적응 시간이 걸리므로 생산성이 떨어질 수 있다. 그래서 칸반의 WIP 제한을 활용해 작업을 완료하는 데 중점을 두는 방식을 선호한다.

스크럼과 칸반은 각각 고유한 장단점이 있으며, 프로젝트의 특성과 팀의 필요에 따라 알맞은 방법을 선택하면 된다. 스크럼은 협업과 소통을 촉진하는 구조화된 방식인 반면, 칸반은 시각화와 흐름을 촉진하는 유연한 방식이다. 하지만 두 프레임워크 모두 고객 만족, 잘 동작하는 소프트웨어 제공, 변화에 대한 유연한 대응이라는 애자일의 기본 원칙을 공유한다. 어떤 것을 선택하든 애자일 접근 방식은 지속적인 개선과 변화에 대한 적응을 통해 성공적이고 만족스러운 프로젝트 성과를 달성할 수 있다.

7.1.3 애자일과 폭포수 비교

애자일과 폭포수는 각기 다른 프로젝트 관리 방법론으로, 고유한 장단점이 있다. 폭포수가 더 전통적이고 순차적인 접근 방식이라면, 애자일은 반복적이고 유연한 접근 방식이다. 두 방법론의 주된 차이점은 개발 프로세스를 관리하는 방식에 있다. 애자일은 유연성과 적응성, 지속적인 개선을 통해 고객에게 가치를 제공하는 데 중점을 두는 반면 폭포수는 상세한 계획, 실행, 정해진 시간과 예산 안에 프로젝트를 완료하는 데 초점을 맞춘다.

애자일 방식은 고객의 변화하는 요구를 충족하기 위해 제품이나 서비스를 소규모로, 그리고 점진적으로 개선하는 데 중점을 둔다. 이러한 접근 방식은 유연성과 적응성이 높고, 개발 프로세스가 항상 고객의 요구와 일치하도록 보장한다. 프로젝트 계획이 시간과 비용 측면에서 변경되는 경우, 애자일은 최선의 방안이다.

반면 폭포수 방식은 각 단계를 순차적으로 계획하고 실행하며 프로젝트를 완성하는 데 초점을 둔다. 이 접근 방식은 요구사항이 잘 정의되어 있고 최종 목표가 명확한 프로젝트에 적합하다.

두 방법론의 또 다른 중요한 차이점은 변화에 대한 접근 방식이다. 폭포수에서는 한 단계가 완료되고 나면 변경하기 어렵기 때문에, 변경을 반드시 해야 하는 경우 지연과 추가 비용을 초래할 수 있다. 반면 애자일에서는 변경을 당연한 것으로 상정하기 때문에, 프로젝트팀은 변화하는 요구사항에 신속하게 적응할 수 있다. 이러한 특성 덕분에 애자일은 빈번한 변경이 예상되거나 불확실성이 높은 프로젝트에 더 적합하다.

표 7.2는 애자일과 폭포수의 차이점을 보여준다.

표 7.2 애자일 vs. 폭포수

기준	애자일	폭포수
정의	협업, 적응성 및 고객 만족을 강조하는 반복적이고 유연한 프로젝트 관리 접근 방식	계획, 문서화, 엄격한 통제를 강조하는 선형적이고 순차적인 프로젝트 관리 방식
중점 사항	고객 만족 및 가치 제공	프로젝트 요구사항 충족 및 예산 범위 내 유지
계획	프로젝트 전반에 걸친 지속적인 계획	프로젝트 시작 시 종합적인 계획 수립
요구사항	요구사항은 고정되어 있지 않으며 프로젝트가 진행됨에 따라 변경 가능	프로젝트 시작 시 정의하고 고정
테스트	프로젝트 전반에 걸친 지속적인 테스트	각 단계가 끝날 때마다 테스트
피드백	고객 및 이해관계자의 정기적인 피드백	고객 및 이해관계자의 제한된 피드백
위험 관리	지속적인 모니터링 및 위험 완화	프로젝트 시작되기 전 위험 관리 수행
시간 프레임	짧은 개발 주기(2~4주)	긴 개발 주기(3~6개월 이상)

폭포수는 명확히 정의된 프로젝트에 적합한 전통적인 접근 방식인 반면, 애자일은 복잡하고 역동적인 프로젝트에 적합하고 더 유연한 접근 방식이다. 필자의 경험상, 소프트웨어 개발 프로젝트에서는 애자일이 더 효과적이지만, 폭포수 방식을 통해 성공을 거둔 조직도 많다. 결국 어느 방식을 사용하느냐는 프로젝트의 특정 요구사항과 조직 문화에 따라 달라져야 한다.

7.2 정확한 예상 비용 산정

리드 개발자는 프로젝트의 성공을 보장하는 데 중요한 역할을 하는데, 그 이유는 정확한 프로젝트 산정을 제공해야 하기 때문이다. 비용을 정확히 산정해야 프로젝트의 범위, 일정, 예산이 명확해지고 더 나은 프로젝트 계획과 관리가 가능하다. 반면, 부정확한 산정은 마감일 준수 실패, 예산 초과, 프로젝트 지연과 같은 문제를 초래할 수 있다. 이는 이해관계자들 간의 신뢰와 자신감을 잃게 하여 프로젝트 실패로 이어질 수 있다.

예를 들어 리드 개발자가 작업에 필요한 시간을 과소평가하면 팀이 마감일을 맞추기 위해 초과 근무를 해야 할 수도 있고, 이는 번아웃과 생산성 감소를 유발할 수 있다. 초과 근무는 일시적으로는 생산성을 높일 수 있을지 몰라도, 지속되면 결국 생산성이 감소한다. 개발자가 고품질의 작업을 하기 위해서는 충분한 휴식이 필요하기 때문이다. 반면, 비용을 과도하게 높게 산정하면 불필요한 지연이 발생할 수 있고, 시간과 자원을 필요 이상으로 사용할 수 있다. 따라서 리드 개발자는 프로젝트의 원활한 진행과 성공을 위해 정확히 예측하는 것이 매우 중요하다.

프로젝트 비용 산정을 위해 시간 단위 예측이나 스토리 포인트를 사용할 수 있다. **시간 단위 예측**hourly estimate은 작업이나 프로젝트를 완료하는 데 필요한 시간을 추정하는 방법이고, **스토리 포인트**story point는 작업이나 프로젝트를 완료하는 데 필요한 상대적인 노력을 측정하는 단위다. 어느 방법을 사용할지는 프로젝트의 성격과 팀의 선호도에 따라 달라진다.

7.2.1 시간 단위 추정

고정된 예산과 촉박한 마감일을 가진 소프트웨어 개발 프로젝트처럼 높은 정밀도가 요구되는 프로젝트에서는 시간 단위 예측이 적합할 수 있다. 시간 단위 예측을 하면 작업 완료에 필요한 시간이 어느 정도 될지 명확히 이해할 수 있고, 프로젝트 계획과 관리가 더 용이하기 때문이다. 컨설팅이나 서비스 프로젝트에서는 프로젝트 완료에 필요한 시간을 예측하고 클라이언트에게 비용을 정확히 청구하기 위해 시간 단위 예측을 사용할 수 있다. 리드 개발자가 시간 단위를 사용해 프로젝트를 정확히 예측하기 위해 따라야 할 단계는 다음과 같다.

- **요구사항 이해**: 산정을 하기 전에 프로젝트의 요구사항과 범위를 명확히 이해하는 것이 중요하다. 이를 통해 완료해야 할 작업과 필요한 자원을 파악할 수 있다.
- **작업 세분화**: 프로젝트를 관리 가능한 작업으로 더 작게 세분화한다. 이렇게 하면 각 작업을 완료하는 데 필요한 시간을 예측하기가 쉽고, 잠재적인 문제나 장애물을 파악할 수 있다.

- **기존 데이터 활용**: 과거에 유사한 프로젝트를 진행한 경험이 있다면 그 데이터를 활용해 작업에 필요한 시간을 예측할 수 있다. 비슷한 프로젝트에서 겪은 문제점과 필요한 자원을 이미 이해하고 있기 때문에 더 정확한 예측을 제공하는 데 도움이 된다.
- **모든 요소 고려**: 작업 완료 시간에 영향을 미칠 수 있는 모든 요소를 고려해야 한다. 예를 들어 여러 팀원이 협업해야 하는 작업이라면 그들의 가용성을 예측에 포함해야 한다.
- **검토 및 수정**: 산정을 하고 난 후 필요하면 검토와 수정을 거쳐야 한다. 비용 산정을 할 때는 현실적이어야 하고, 프로젝트 진행 중 발생할 수 있는 예상치 못한 문제나 장애물을 감안하는 것이 중요하다.

필자가 기업 클라이언트를 대상으로 한 여러 웹 개발 프로젝트를 진행할 때 복잡한 프로젝트가 많았는데, 이를 진행하면서 개발팀과 프로젝트 매니저와 함께 작업을 세분화하는 것이 프로젝트를 효과적으로 조직하는 방법이라는 것을 알게 됐다. 필자는 항상 특정 기능을 한 명의 개발자에게 할당하고, 팀의 다른 멤버들에게는 버그 수정 작업을 배정한다. 이렇게 하면 어떤 팀원이 부재하더라도 해당 기능에 대한 경험을 가진 팀원이 존재한다.

요구사항은 반드시 명확히 이해해야 한다. 필자는 요구사항에 대해 의문이 있거나 질문이 있을 때는 프로젝트 매니저나 클라이언트와 직접 대화한다. '이 부분은 어떤 의미입니까?'와 같이 질문을 명확히 하고, 능동적으로 경청함으로써 오해를 줄일 수 있다. 클라이언트가 한 말을 반복해서 다시 말함으로써 확인하는 방식은 의사소통에서 발생할 수 있는 문제를 사전에 방지하는 데 유용하다. 이렇게 할 때 클라이언트의 요청사항에서 부정확한 부분을 발견하는 데도 효과적이었다.

작업을 세분화하고 요구사항이 명확해지면 비용 산정을 할 수 있다. 유사한 프로젝트를 검토하고 기존 데이터를 사용하여 작업 시간을 예측하는 것도 유용하다. 예를 들어 웹 개발 프로젝트의 경우 대부분의 프로젝트는 홈페이지나 검색 결과 페이지 같은 페이지 유형을 만드는 작업을 포함한다. 모든 프로젝트가 동일하지는 않지만, 초기 예측과 실제 작업 완료 시간을 비교하는 것이 도움이 된다. 작업 중 발생했던 문제를 검토하여 이러한 문제를 피하고 예측 시간을 줄이는 것도 가능하다. 시간 단위 예측은 정확해야 하기 때문에, 팀원들과 함께 하는 것이 바람직하다. 이에 대해서는 이후에 자세히 논의한다.

정확한 시간 단위 예측을 하는 것은 프로젝트의 성공에 매우 중요하다. 이러한 단계를 따르면 예측의 정확성을 보장할 수 있고, 지연이나 예산 초과를 방지할 수 있다. 리드 개발자로서 시간을 들여 정확한 예측을 수행하고 팀과 효과적으로 소통하는 것은 프로젝트의 성공을 위해 중요한 일이다.

7.2.2 스토리 포인트를 사용한 예측

스토리 포인트는 애자일 프로젝트 관리에서 작업이나 프로젝트를 완료하는 데 필요한 상대적 노력을 예측하는 단위다. 이 방법은 작업의 복잡성, 팀의 숙련도, 사용 가능한 자원을 고려하여 프로젝트 예측에 유연하고 적응 가능한 접근 방식을 제공한다.

스토리 포인트는 리드 개발자에게 유용한 도구로, 프로젝트를 완료하는 데 필요한 노력을 명확히 이해하도록 함으로써 프로젝트가 계획대로 진행되며 모두가 동일한 목표를 향해 나아가도록 한다. 또한 프로젝트 중간에 검토 및 수정이 가능하기 때문에 지속적인 개선과 조정이 가능하다. 스토리 포인트는 애자일 프로젝트 관리에서 프로젝트 완료를 위해 들어가는 노력을 예측하기 위한 유용하고 효과적인 방법이다.

스토리 포인트를 예측하는 방법에는 **플래닝 포커**Planning Poker, **티셔츠 사이즈**T-Shirt Sizing, **피보나치수열**Fibonacci Sequence 등이 있다. 각 방법은 장단점이 있으며, 팀에 가장 적합한 방법을 선택해야 한다.

- **플래닝 포커(스크럼 포커)**: 팀원들이 숫자가 표시된 카드를 사용해 작업이나 프로젝트에 대한 예측을 제시하는 인기 있는 방법이다. 팀원들은 각자 필요하다고 생각하는 노력을 추정하고 이를 토대로 의견을 공유하며, 논의를 통해 합의된 예측값을 도출한다. 이는 각 팀원이 작업에 필요한 일의 양을 다르게 이해할 수 있다는 점에서 출발한 방법이다.

- **티셔츠 사이즈**: 이 방법은 작업을 완수하는 데 필요한 노력의 양을 상대적 크기로 지정한다. 크기는 보통 XS(매우 작음)에서 XL(매우 큼)까지 지정하며, XS는 최소한의 노력, XL은 최대한의 노력을 나타낸다. 간단하고 직관적인 방식으로, 많은 팀에서 선호하는 방법이다.
- **피보나치수열**: 작업 완료에 필요한 노력의 양을 상대적으로 예측하기 위해 사용하는 수학적 수다. 예를 들어 1은 최소한의 노력을 의미하고, 13은 최대한의 노력을 의미하며 그 사이에 2, 3, 5, 8과 같은 수로 상대적인 노력의 양을 나타낸다. 이 방법은 작업은 상호 의존적이며, 작업의 복잡성이 증가할수록 필요한 노력의 양도 증가한다는 아이디어를 기반으로 한다.

티셔츠 사이즈 또는 피보나치수열 방법을 플래닝 포커와 결합하여 스토리 포인트를 더 정확히 예측하는 것이 일반적이다. 1에서 5까지의 숫자를 사용해 작업이나 프로젝트를 완료하는 데 필요한 상대적 노력을 예측하는 방법은 간단하면서도 효과적이다. 이를 위해 각 포인트에 필요한 노력 수준을 정의하고, 해당 수준에 따라 각 작업에 스토리 포인트를 할당하면 된다. 필자의 경험상, 각 작업의 복잡성을 다른 작업과의 비교를 통해 측정하는 가이드라인을 문서화하는 것이 중요하다. 필자는 보통 1에서 5까지의 작은 스케일을 사용하는데, 이 척도를 사용하는 예로는 검색 결과 페이지를 개발하는 경우가 있다.

표 7.3은 검색 기능에 대한 스토리 포인트의 예를 보여준다.

표 7.3 검색 기능에 대한 스토리 포인트 측정

스토리 포인트	설명	작업
1	최소한의 노력	빈 검색 페이지 프레임워크 만들기
2	최소에서 중간 정도의 노력	검색 필터 표시
3	중간 노력	검색 결과 표시
4	중간보다 많은 노력	기본 검색 기능 구현
5	가장 많은 노력	검색 필터 구현

많은 기업이 저지르는 큰 실수 중 하나는 스토리 포인트를 시간 단위(예: 1 스토리 포인트 = 1시간)로 변환하는 것이다. 스토리 포인트는 복잡성을 측정하기 위한 단위로, 시간 단위와 혼용해서는 안 된다.

표 7.4는 시간 단위 산정과 스토리 포인트의 차이점을 보여준다. 만약 스토리 포인트를 일한 시간과 동일시한다면 스토리 포인트 대신 시간 단위 산정을 사용하는 것이 더 적합하다. 이런 문제는 전통적인 프로젝트 관리 방식(예: 폭포수 방법론)에서 애자일 방식으로 잘못 전환할 때 발생한다. 두 방법론은 완전히 다름에도 많은 기업이 애자일로 전환한 후에도 여전히 기존의 폭포수 방식에서 사용하던 보고 도구를 다른 것으로 바꾸지 않고 그대로 사용하면서 작업 시간을 스토리 포인트라고 여긴다. 하지만 스토리 포인트는 시간 단위 예측에 적합하지 않은 복잡한 프로젝트를 다루기 위해 만들어졌기 때문에 이렇게 하면 부정확한 산정이 이뤄진다. 이 장의 뒷부분에서 애자일과 폭포수 방법론에 대해 더 자세히 살펴본다.

표 7.4 시간 산정 vs. 스토리 포인트

시간 산정	스토리 포인트
과거 데이터, 복잡성, 리스크와 같은 요소를 기반으로 작업 완료에 필요한 시간을 예측	작업의 복잡성, 불확실성, 리스크를 기반으로 작업을 완료하는 데 필요한 노력을 추정하는 상대적 예측 기법
비용이나 일정으로 쉽게 변환할 수 있는 구체적인 지표를 제공	작업 완료에 필요한 시간보다 노력에 중점
팀 생산성, 개인의 역량, 작업 환경 등과 같은 요인에 영향	외부 요인의 영향을 덜 받고 작업 완료에 필요한 작업 자체에 초점
버그 수정이나 작은 기능 개선과 같이 구체적이고 명확히 이해된 작업을 예측	연구나 새로운 기능 개발과 같이 불확실하거나 명확하지 않은 작업을 예측
이해관계자나 클라이언트에게 시간과 비용에 대한 정확한 예측을 제공	필요한 작업 시간과 상관없이 작업의 노력 수준과 복잡성에 따라 우선순위 지정
잘 확립된 팀에서 예측 가능한 생산성 수준을 제공	새로운 팀이나 프로젝트를 위해 작업을 더 작은 단위로 분할

필자가 근무했던 대부분의 회사는 플래닝 포커와 티셔츠 사이즈 방식을 결합해 스토리 포인트를 예측했다. 모든 프로젝트를 정해진 기준에 따라 관리하기 위해 동일한 스

토리 포인트 예측 방법을 사용하는 것이 좋다. 티셔츠 사이즈 방식은 높은 정밀도가 필요하지 않은 작거나 단순한 사용자 스토리를 예측하는 데 더 적합하다. 티셔츠 사이즈 방식에서 사용하는 크기(XS, S, M, L, XL)는 주관적이며 사용자 스토리의 크기나 복잡성에 따라 빠르게 할당할 수 있다. 어떤 방식을 사용하든 프로젝트의 성공적 완수를 위해 스토리 포인트가 정확히 예측되어야 한다는 점을 항상 기억해야 한다.

7.2.3 팀 참여시키기

작업 비용 산정 과정에 개발팀은 반드시 포함되어야 한다. 작업 시간을 시간 단위로 추정하든 스토리 포인트로 추정하든, 팀원으로부터 의견을 취합하면 추정치의 정확성을 크게 높일 수 있다. 팀원이 이 과정에 참여하는 것은 신뢰와 협업을 구축하기 위해서 중요할 뿐만 아니라 프로젝트를 시간과 예산 안에서 완료하기 위해서도 중요하다.

정확한 추정을 위해서는 올바른 질문을 하는 것이 중요하다. 먼저 작업의 범위를 정의하는 것부터 시작해야 하는데 작업을 완료하기 위해 필요한 노력을 추정해야 한다. 프로젝트 범위란 프로젝트에서 완료해야 할 작업의 세부 정의로 목표, 결과물, 그리고 이 목표를 달성하기 위해 필요한 작업들을 포함한다. 이는 프로젝트의 경계와 한계를 규정하고, 프로젝트에 포함해야 하는 것과 포함하지 말아야 할 것을 정의한다. 개발자와 프로젝트 관리자 등 팀원들에게 각 작업의 범위와 필요 조건, 선행 작업에 대한 의견을 구해야 한다. 작업 시작 전에 프로젝트 관리자와 프로젝트의 범위를 명확히 논의하여 범위 밖의 작업에 시간을 낭비하지 않도록 해야 한다.

프로젝트 관리자와 범위에 대해 의논하는 것은 선택사항이 아니라 반드시 해야 하는 필수사항이다. 필자는 예전에 품질을 개선하기 위해 기능과 기능성을 추가했으나, 실수로 이 변경사항을 프로젝트 관리자와 의논하지 않았다. 그 결과, 많은 작업이 범위를 벗어나면서 회사는 시간과 예산을 초과하게 됐다.

'클라이언트 요구사항을 충족하기 위한 최선의 설루션은 무엇인가?'라는 질문을 던지는 것도 애자일 프로젝트에서 사용하는 또 하나의 접근 방식이다. 이 경우 팀에게 한 스프린트(보통 2주) 내에 어떤 결과물을 전달할 수 있을지 질문한다. 이 접근법은 요구사항 관리가 단지 특정 기능feature의 목록이기보다는 고객의 문제를 해결할 것으로 기대되는 어떤 목표를 지향하는 경우에 특히 효과적이다. 필자의 경우 사용자의 필요에 기반해 목표를 설정하는 회사에서 일한 적이 있었는데, 수동 프로세스를 자동화하는 것을 목표로 삼은 경우가 있었다. 이를 위해 비즈니스 및 기술 요구사항을 정의한 후, API를 통합하여 보고서를 자동화하면서 이 목표를 달성했다.

소프트웨어 개발 프로젝트를 계획하고 실행하는 동안 장애물이나 예기치 않은 문제가 발생할 수 있다. 이는 프로젝트 일정에 영향을 미치고 생산성이나 품질 저하로 이어질 수 있다. 따라서 프로젝트 중 발생할 수 있는 잠재적인 문제를 예상하고, 문제가 더 커지기 전에 이를 사전에 해결하기 위한 조치를 취하는 것이 중요하다.

우려사항이 있다면 가능한 한 구체적으로 팀 차원에서 공유하도록 팀원들에게 권장해야 한다. 예를 들면 팀 간 의사소통 문제라든지 서로 다른 기술의 통합이나 호환성 문제와 같은 기술적 어려움 등이 있을 수 있다. 잠재적인 문제가 확인되면 이를 즉시 해결할 수 있다. 추가적인 리소스나 시간을 계획하거나 프로젝트 계획을 수정하거나 **프로젝트 범위**project scope를 변경하는 등의 방법으로 문제를 해결하면 된다. 또한 문제가 발생했을 때 영향을 최소화하기 위해 팀과 함께 비상 계획을 수립하는 것도 중요하다.

소프트웨어 개발 프로젝트의 작업량을 산정할 때, 섣부른 가정으로 인해 부정확한 추정을 할 때가 많다. 가정이란 어떤 것을 사실로 간주하지만, 그것의 타당성을 증명하거나 확인하지 않은 상태를 의미한다. 가정은 무의식적으로 또는 의식적으로 이뤄질 수 있으며, 프로젝트에 대한 정보 부족이나 경험 부족과 같은 다양한 원인에서 비롯된다. 따라서 작업량을 추정하는 과정에서 상정한 모든 가정을 파악하는 것은 정확한 추정을 위해 반드시 필요하다. 잘못된 가정으로 인해 작업 완료에 필요한 시간을 과소평가하거나 과대평가하면 전체 프로젝트 일정과 예산에 영향을 미칠 수 있다. 따라서 가정의 타당성을 평가하고 이에 따라 추정치를 조정하는 것이 중요하다.

기저에 깔린 가정을 잘 식별하려면, 팀원들이 작업량 추정을 할 때 자신의 사고 과정

thought process을 공유하도록 독려해야 한다. 이렇게 하면 작업량을 추정하는 데 영향을 미칠 수 있는 가정을 알아차리는 데 도움이 된다. 또한, 팀원들이 상정하고 있는 가정을 끌어내기 위해 구체적인 질문을 하는 것도 중요하다. 예를 들어 다음과 같은 질문을 할 수 있다.

- 필요한 모든 자원에 접근할 수 있다고 가정하고 있는가?
- 프로젝트 중 요구사항이 변경되지 않을 것이라고 가정하고 있는가?
- 기술적 도전 과제가 없을 것이라고 가정하고 있는가?
- 클라이언트가 원하는 것과 필요한 것을 명확히 이해하고 있다고 가정하고 있는가?

가정을 파악한 후에는 그 타당성을 평가하고 그에 맞춰 작업량 추정치를 수정해야 한다. 추가 정보를 수집하거나 프로젝트의 특정 측면에 대해 명확성을 확보해야 할 수도 있다. 가정이 유효한 경우에도 이를 추정치에 반영하여 프로젝트를 시간과 예산 내에서 완수할 수 있어야 한다.

마지막으로, 작업 추정치를 팀원들로부터 수집해야 한다. 팀원들에게 작업량 산정을 요청할 때는 정확하고 구체적인 답변을 끌어낼 수 있는 방식으로 하는 것이 중요하다. 작업에 소요되는 시간을 좀 더 정확히 추정하기 위해 물어볼 수 있는 질문의 예는 다음과 같다.

- 이 작업을 완료하기 위해 어떤 단계가 필요한가?
- 이 작업을 시작하기 전에 완료해야 할 의존성이나 선행 조건이 있는가?
- 이 작업을 완료하는 데 영향을 미칠 기술적 문제나 방해 요소가 있는가?
- 작업 시간에 영향을 미칠 수 있는 외부 요인(예: 클라이언트 요청, 자원 가용성)이 있는가?
- 목표 달성을 향한 결과물을 언제쯤 볼 수 있을 것으로 예상되는가?
- 고객이 원하는 것을 전달하기 위해 팀으로부터 어떤 지원이 필요한가?

이러한 질문을 통해 각 작업의 복잡성과 작업 시간에 영향을 미칠 수 있는 요소를 더 잘 이해할 수 있다. 작업 완료에 필요한 시간을 대략적으로 파악한 후, 프로젝트 관리자와 의논해 중요도와 소요 시간에 따라 백로그 작업의 우선순위를 정할 수 있다. 이후 프로젝트 관리자와 협력하여 각 스프린트에서 어떤 작업을 수행할지 결정한다. 이를 통해 프로젝트를 일정에 따라 진행하고 가장 중요한 작업을 우선적으로 완료할 수 있다. 또한, 팀원들이 자신의 기술과 경험에 맞는 중요한 작업에 배정되도록 하여 자원을 효과적으로 할당할 수 있다.

프로젝트를 시간과 예산 안에서 완료하기 위해서는 팀원들과 함께 작업량을 추정하는 과정이 반드시 필요하다. 팀원들의 의견을 수집하고 올바른 질문을 하면 추정치를 정교화하여, 잠재적인 문제가 더 커지기 전에 식별할 수 있다. 이러한 협력적 방식은 팀 내부의 신뢰와 협력을 구축하고, 긍정적이고 생산적인 작업 환경을 조성하는 데 기여한다.

7.3 의사소통 촉진하기

리드 개발자로서 효과적인 의사소통을 촉진하는 것은 성공적인 프로젝트 완수를 위해 꼭 필요하다. 의사소통을 촉진한다는 것은 팀원들이 열린 대화를 할 수 있는 환경을 조성하는 것을 의미하며, 이는 팀의 작업 성과에 크게 영향을 미칠 수 있는 중요한 능력이다. 또한 촉진한다는 것facilitating은 팀원들이 판단이나 오해를 두려워하지 않고 자유롭고 편안하게 소통할 수 있는 환경을 조성한다는 의미다.

적절한 의사소통이 이뤄지면 팀원들이 이해한 바가 모두 동일해지고, 프로젝트에서 각자의 역할도 명확해진다. 팀 내에서 의사소통이 적절하게 이뤄지면 작업을 더 효율적으로 완료할 수 있고, 오류는 최소화할 수 있다. 반대로, 부족한 의사소통은 오해, 좌절감, 팀원 간 신뢰 부족으로 이어질 수 있다. 잘못된 의사소통은 시간 낭비, 중복 작업, 마감기한 초과, 낮은 품질의 작업 결과를 초래할 수도 있다.

필자의 경우 의사소통이 훌륭했던 조직과 그렇지 않았던 조직에서 모두 일해본 경험이 있다. 처음 리드 개발자가 되었을 때, 조직 내에서 정보가 원활하게 흐르지 못한다는 것을 알게 됐다. 이는 대기업에서 흔히 발생하는 문제다. 필자는 개발과 교육 양쪽 측면에서 노력을 조율하기 위해 다른 팀들과 주도적으로 연락을 취했다. 이를 통해 작업 중복을 피할 수 있었고, 협업한 모든 팀의 생산성이 향상됐다. 또한, 이 과정에서 문서와 교육 자료에서 문제를 일으킨 프로세스 파이프라인의 오류를 발견할 수 있었고, 이를 개선하여 결과물의 품질을 높일 수 있었다.

표 7.5에는 의사소통이 적절히 촉진된 경우와 그렇지 않은 경우에 발생하는 사례들을 비교해놓았다.

표 7.5 원활한 의사소통과 그렇지 않은 경우의 비교

	원활한 의사소통	원활하지 못한 의사소통
팀워크	팀원들이 효과적으로 협업하고, 아이디어와 피드백을 공유하며 프로젝트 목표 달성을 위해 함께 노력한다.	팀원들이 협업하지 않고 고립되어 일하며 역할과 책임이 명확하지 않아 노력이 중복되거나 중요한 작업을 놓치는 경우가 발생할 수 있다.
생산성	팀원들이 각자의 목표, 역할, 업무를 이해하고 효율적이며 생산적으로 일한다. 쉽게 도움이나 설명을 요청할 수 있어 지연과 실수가 줄어든다.	이미 완료되었거나 변경된 작업에 시간과 노력을 낭비하고, 놓치거나 잘못 이해한 작업으로 인해 프로젝트가 지연되거나 실패할 수 있다.
혁신	팀원들이 효과적으로 소통하면서 아이디어와 관점을 공유함으로써 새로운 해결 방안과 접근 방식을 생각해낼 수 있기 때문에 창의적인 사고와 혁신이 가능하다.	팀원들이 아이디어를 공유하는 것을 꺼리며 혁신과 성장의 기회를 놓칠 수 있다.
사기	팀원들은 자신이 가치 있고 지원받는다고 느끼며, 아이디어를 경청하고 고려하는 긍정적인 환경에서 일한다.	팀원들이 고립감, 좌절감, 저평가를 느끼며 사기가 저하되고 번아웃이 올 수 있다.
품질	문제와 실수를 조기에 발견해 해결함으로써 고품질의 결과물을 얻을 수 있다.	오류, 불명확한 요구사항, 오해로 인해 낮은 품질의 결과물을 생산하고, 이는 재작업 비용 증가 및 프로젝트 실패로 이어진다.

리드 개발자는 팀 간 의사소통을 촉진하는 데 중요한 역할을 한다. 개방적인 의사소통을 장려하고 팀원들이 자신의 생각과 아이디어를 자유롭게 공유할 수 있는 환경을 조성해야 한다. 또한, 적극적으로 경청하며 모든 팀원이 자신의 의견이 존중받고 있으며 조직에서 가치 있는 구성원이라고 느낄 수 있도록 해야 한다. 이렇게 하면 팀이 더 긴밀하게 협력하고 더 나은 결과를 만들어낼 수 있다. 의사소통 능력을 발전시키면 팀이 성장할 수 있는 긍정적이고 상호 협력적인 환경을 만들 수 있다.

7.3.1 팀원 간의 연결

리드 개발자는 개발팀을 조직 내 다른 사람들과 연결할 수 있는 독보적인 위치에 있다. 팀이 효과적으로 업무를 수행하기 위해 정보나 지원이 필요할 때, 팀원들과 다른 부서원을 연결하는 역할을 통해 이를 도울 수 있다. 이는 팀의 생산성과 몰입도를 유지하고, 궁극적으로 더 성공적인 프로젝트를 이끌어내는 데 유용하다.

리드 개발자가 할 수 있는 매우 중요한 일 중 하나는 팀 내에서 개방적이고 소통이 잘 이뤄지는 환경을 조성하는 것이다. 팀원들이 질문을 하고 필요할 때 도움을 요청하도록 격려해야 한다. 리드 개발자는 팀을 지원하기 위해 존재하며, 어리석은 질문은 없다는 점을 명확히 전달해야 한다. 필자는 팀원들에게 "어리석은 질문이란 없고, 오히려 묻지 않는 게 더 어리석은 일"이라고 자주 말한다. 이런 개방적인 의사소통 문화를 육성하면 팀원들이 조직 내 다른 사람들에게 더 편하게 도움을 요청할 수 있다.

팀원들이 도움을 필요로 할 때, 누구에게 연락해야 하는지를 아는 것이 중요하다. 데브옵스, QA, 프로젝트 관리 등 다른 부서의 사람들과 좋은 관계를 쌓아야 한다. 이들은 팀에게 귀중한 자원이 될 수 있으며, 생산성을 유지하는 데 필요한 정보와 지원을 제공할 수 있다. 이들과 관계를 구축함으로써 팀을 위한 지원 네트워크를 만들 수 있다.

팀을 조직 내 다른 사람들과 연결하는 또 다른 방법은 협업 기회를 만드는 것이다. 팀원들이 다른 부서 사람들과 프로젝트나 계획을 함께 진행하도록 격려하자. 이렇게 하면 팀원들이 관계를 형성하고 조직의 다른 부서가 어떻게 운영되는지를 더 잘 이해하는 데 도움이 된다. 함께 일함으로써 팀원들은 업무 품질을 향상시키는 데 유용한 통찰을 얻을 수 있다. 다른 부서의 운영 방식과 목표를 이해하면 팀원들이 다양한 기술을 익히고 경력의 발전을 이루는 데도 도움이 된다.

필자는 개발자들이 **사용자 경험/사용자 인터페이스**user experience, UX/user interface, UI 디자이너와 짝을 이뤄 작업하는 것을 선호하는데, 이는 개발자들로 하여금 작업의 목적이 무엇인지, 그리고 사용자가 앱을 어떻게 사용하는지 이해하는 데 유용하기 때문이다. 필자의 경험상, 이렇게 하면 개발자의 작업 품질을 향상시키는 데 효과적이다. **UX/UI**와 협력하면 시스템 설계에서 인터페이스의 필드와 데이터베이스 필드를 매핑하는 데도 도움이 된다. 필자는 사이트코어 **콘텐츠 관리 시스템**content management system, CMS 작업을 많이 해왔는데, UX/UI와 협력하여 각 인터페이스의 스크린숏과 데이터베이스의 각 필드 매핑을 작성하는 방식이 큰 도움이 됐다. 이러한 접근법을 통해 시각적으로 쉽게 이해할 수 있는 자료를 만들어 클라이언트와 이해관계자에게 교육과 문서를 제공할 수 있었다.

마지막으로, 자신의 팀을 도와준 사람들의 기여를 인정하는 것이 중요하다. 팀에 지원과 정보를 제공한 사람들에게 감사의 뜻을 전할 시간을 가져야 한다. 이메일을 보내거나 메시지를 통해 감사를 표현하는 간단한 방법도 좋다. 감사를 표하고 다른 사람들의 노력을 인정함으로써 더 강한 유대감을 형성하고 더 협력적이고 생산적인 환경을 만들 수 있다.

개방적인 소통 문화를 조성하면 팀이 생산적이고 몰입된 상태를 유지하는 데 도움이 된다. 리드 개발자는 모범을 보여야 하며, 다른 부서 사람들과 관계를 형성하는 것은 팀의 성공에 있어 꼭 필요한 부분이다. 협업 기회를 만들고 다른 사람들의 기여를 인정함으로써 팀원들이 필요한 사람들을 찾는 방법을 배우도록 도와주면 프로젝트가 더 성공적으로 진행되며, 팀원들이 성장하고 발전하는 모습을 보게 될 것이다.

7.3.2 도움 요청하기

리드 개발자는 기술적 역량과 리더십 능력 두 가지 측면에서 팀의 중심이 되는 역할로 기대받는다. 이러한 책임은 많은 압박감을 동반하며, 항상 모든 답을 알고 있어야 한다고 느끼기 쉽다. 그러나 리드 개발자도 결국 인간일 뿐이고, 어려움을 겪을 때 도움을 요청해도 괜찮다는 점을 기억해야 한다. 리더로서 모범을 보이고 질문을 장려하는 협력적인 환경을 조성하는 것이 중요하다. 자신의 약점을 스스로 드러내고 도움을 요청할 때, 팀원들도 똑같이 행동할 수 있는 안전한 공간을 만들게 된다. 이는 팀워크와 협업 문화를 촉진하며, 각자의 강점과 약점을 통해 서로 배우는 환경을 조성할 수 있다.

어느 누구에게서도 기꺼이 배우고자 하는 능력은 개인적, 직업적 성장을 위해 중요한 기술이다. 이는 열린 마음, 호기심, 다양한 관점과 경험에 귀 기울이려는 의지에서 나온다. 어느 누구와 교류하든지 타인으로부터 항상 무언가를 배울 수 있다. 동료, 친구, 혹은 심지어 낯선 사람이라도 각자 고유한 지식과 통찰을 제공할 수 있다. 배우려는 마음가짐을 가지고 다른 사람들과의 교류에서 배울 기회를 찾는다면, 우리의 시야를 넓히고 더 나은 자신으로 성장할 수 있다. 또한, 이러한 태도는 더 강한 관계를 형성하고, 공감과 이해를 높이며, 더 포용적이고 협력적인 커뮤니티를 만드는 데 기여한다.

기술적인 문제를 겪을 때, 팀원들에게 의견을 구하는 것을 주저하지 말아야 한다. 그들은 비슷한 문제를 다뤄본 경험이 있거나 새로운 관점으로 해결책을 찾는 데 도움을 줄 수 있다. 더 나아가, 문제 해결 과정에 팀원들을 참여시키는 것은 그들의 기술을 발전시키고 프로젝트에 대한 주인의식을 강화하는 데도 도움이 된다. 예전에 클라이언트를 위해 호스팅 제공업체를 비교해야 하는 임무를 맡은 적이 있었는데, 그 당시 최신 트렌드에 대해 잘 알지 못했다. 그래서 팀에 도움을 요청했고, 막 대학을 졸업한 주니어 개발자가 애저가 처음 나왔을 때 들었던 강의를 바탕으로 빠르게 이해할 수 있도록 도와줬다. 이를 통해 클라이언트에게 선택 가능한 방안과 추천사항을 포함한 포괄적인 보고서를 작성할 수 있었다.

리더십과 관련해, 완벽한 리더는 없다는 점을 인식하는 것이 중요하다. 모든 사람은 개선할 부분이 있으며, 팀원들로부터 피드백을 구하는 것은 이러한 부분을 확인하고 개선하기 위한 좋은 방법이다. 팀원들에게 솔직한 피드백을 요청하는 것을 두려워하지 말아야 한다. 이를 통해 자신이 놓친 부분을 파악하고 개선을 위한 전략을 개발해나갈 수 있다.

필자도 처음 팀을 이끌었을 때 부정적인 피드백을 받는 것이 두려웠는데, 이는 팀원들에게 무능하다는 인상을 줄까 두려웠기 때문이었다. 이렇게 생각한 이유는, 매니저가 필자에게 리드 개발자를 맡긴 것은 필자가 모든 것을 알고 있기 때문이라고 착각했기 때문이었으며, 이는 가면증후군의 원인 중 하나가 되기도 했다. 시행착오를 겪으면서, 팀원들에게 피드백을 요청하면 팀의 문제점을 파악할 수 있고, 이를 해결하기 위해 더 적극적으로 나설 수 있다는 것을 깨달았다.

도움을 요청하는 것은 약함을 드러내는 것이 아니라 더 나은 리더가 될 수 있게 해준다. 팀원들에게 도움을 요청하고, 모르는 것을 인정하는 모습을 보여주면, 다른 팀원들도 그와 같은 행동을 하도록 모범을 보이는 셈이다. 이는 모두가 배우고 성장하며 협력할 수 있는 긍정적인 업무 환경을 조성한다.

7.3.3 의사소통 시 오해 피하기

팀이 됐든 프로젝트가 됐든 성공하려면 효과적인 의사소통은 필수다. 반면, 의사소통에 문제가 생기면 오해나 지연이 발생하고 심지어 실패로까지 이어질 수 있다. 리드 개발자로서, 의사소통 문제의 원인을 이해하고 이를 방지하기 위한 조치를 취하는 것이 중요하다. 의사소통에서 발생하는 문제 중 극히 일반적인 원인 중 하나는 명확하지 않은 기대치다. 팀원들이 자신에게 기대하고 있는 바를 명확하게 알지 못하면 자신의 역할과 책임을 잘못 이해해 혼란을 겪을 수 있다. 리드 개발자는 팀원들에게 명확한 기대치를 설정해주어야 하며, 모든 팀원이 자신의 역할과 책임을 이해해야 한다. 기대치는 프로젝트 초기 단계에서 설정되어야 하며, 프로젝트 진행 중에도 지속적으로 검토되어야 한다. 우선순위가 변경되면, 기대치와 책임도 조정할 필요가 있다.

또 다른 오해의 원인은 팀 내 구성원 모두가 익숙하지 않을 수도 있는 기술 용어나 약어의 사용이다. 기술적인 문제를 논의할 때 올바른 용어를 사용하는 것은 중요하지만, 팀원 모두가 논의하는 내용을 이해하는 것도 동일하게 중요하다. 필요하다면 기술 용어를 설명하거나 정의하는 것도 이 문제를 해결할 수 있는 한 방법이다. 필자는 작업하는 프로젝트마다 용어집을 만드는 것을 선호한다. 이를 통해 비개발자도 개발자의 언어를 이해하고 내용을 파악할 수 있어 이를 고마워하는 경우가 많다. 개발자가 아니더라도 개발 프로젝트에 참여하는 사람들은 기술적인 능력을 어느 정도 갖추고 있으니 기술적인 개념을 이해하기 위해서는 그들의 도움이 필요할 수도 있음을 기억하기 바란다. 그들은 코드를 작성하거나 서버를 설정할 수는 없지만, 앱 개발을 개념적으로 이해할 수는 있다.

능동적 경청active listening의 부족도 의사소통에서 문제를 초래할 수 있는 또 다른 요인이다. 능동적 경청은 화자가 말하는 내용을 언어적, 비언어적으로 주의 깊게 듣고, 이를 이해했음을 확인하기 위해 피드백을 제공하는 의사소통 기법이다. 이를 위해 청자는 화자에게 완전히 집중하며, 말을 가로막거나 어떠한 가정도 하지 않고 대화에 참여해야 한다.

능동적 경청은 전달되는 메시지를 명확히 이해하기 위해 명확화, 바꿔 말하기, 요약, 반영 등의 기술이 필요하다. 이러한 경청 기술은 사람들 간의 더 나은 의사소통과 이해를 촉진하며, 개인 및 직업적 관계에서 효과적인 의사소통을 위한 필수 역량이다. 팀원들은 서로의 말을 능동적으로 경청하고, 오해의 여지가 있거나 불분명하다면 질문을 통해 이를 명확히 해야 한다.

리드 개발자는 능동적 경청을 실천하면서 팀원들에게 긍정적인 모범을 보여야 한다. 예를 들어 프로젝트 매니저가 팀이 개발 중인 앱에 추가될 새로운 기능에 대해 설명한다면, 이를 경청한 뒤 자신이 이해한 내용을 바꿔 말함으로써 자신이 이해한 바가 맞는지 확인해야 한다. 이렇게 함으로써 잘못 이해한 바가 있었다면 그런 부분들이 드러나고, 프로젝트에 영향을 미치기 전에 이를 해결할 수 있는 기회가 생긴다.

의사소통 시 오해를 일으킬 수 있는 또 다른 요인으로는 문화적 차이와 언어 장벽이 있다. 다양한 문화적 배경을 가진 프로젝트팀이나 팀원들이 함께 작업할 때는 문화적 차이를 존중하고, 명확하고 정중하게 소통하려는 노력이 필요하다. 이를 위해서는 더 쉬운 언어를 구사한다든지, 관용구나 문화적 배경을 알지 못하면 이해하기 어려운 말은 피해야 하고, 영어를 모국어로 사용하지 않는 팀원들과의 대화에서 인내심과 이해심을 가지는 것이 중요하다. 필자의 경우 영어가 모국어가 아닌 사람들과 작업할 때 축약어 사용을 피하고 너무 많은 약어를 사용하지 않으려고 노력한다. 앞서 비개발자를 위해 용어 사전을 만드는 것에 대해 언급했는데, 이는 영어가 모국어가 아닌 개발자와의 소통에도 큰 도움이 된다.

의사소통 시 투명성이나 피드백의 부족으로 인해 문제가 발생할 수도 있다. 리드 개발자는 팀원들이 자신의 업무를 효과적으로 수행하는 데 필요한 모든 정보를 제공받을 수 있도록 해야 하고, 피드백과 지원을 정기적으로 제공하는 것도 중요하다. 이렇게 하면 모두가 같은 이해를 바탕으로 동일한 목표를 향해 나아가고 있다는 점을 확실히 할 수 있다. 피드백을 받고 개선하는 과정이 없으면 오해보다 더 나쁜 상황인 소통 부재가 발생할 수 있다.

필자는 더 이상 의사소통이 필요 없을 정도로 과도하게 복잡한 개발 프로세스를 가진 조직에서 일하면서 소통 부재를 경험했던 적이 있다. 개발팀 회의에서 슬랙 메시지를 자동화해 배포 프로세스의 업데이트 상황을 공유하는 방안을 논의했는데, 이 방안을 제시했던 측에서는 팀원이 해당 메시지를 읽고 다음 단계를 알아서 진행하기를 기대했다. 하지만 문제는 이러한 자동화 메시지가 특정 프로젝트에 대한 맥락이나 배경을 전혀 제공하지 않았다는 점이었고, 이로 인해 많은 혼란만 초래했다. 이에 필자는 리드 개발자가 배포 과정을 모니터링하면서 팀원들에게 다음 단계가 언제 시작하는지, 무엇을 기대할 수 있는지, 각 팀원이 어떤 작업을 수행해야 하는지에 관해 공유할 것을 제안했다. 이 아이디어는 처음에는 받아들여지지 않았지만, 필자는 직접 소통 중심의 프로세스를 세워가며 과도하게 복잡했던 프로세스를 피했다. 그 결과 배포 시간이 단축되고 오류가 줄어들었으며, 팀은 배포 과정 전체에서 원활하게 소통할 수 있었다.

의사소통에서 발생하는 문제는 어떤 문제이건 개발팀에 큰 도전이 될 수 있다. 하지만 문제의 원인을 이해하고 이를 방지함으로써, 리드 개발자는 더 효과적이고 응집력 있는 팀을 만들 수 있다. 이를 위한 적절한 전략을 가지고 있다면 목표를 더욱 효율적으로 달성할 수 있고 오해나 지연을 최소화할 수 있다.

7.4 프로젝트 관리 프로세스 개선

리드 개발자는 소프트웨어의 개발 프로세스뿐만 아니라 **프로젝트 관리 프로세스**project management processes를 감독하는 데 중요한 역할을 한다. 리드 개발자는 주로 프로젝트를 관리하며, 프로젝트 관리 프로세스를 지속적으로 개선한다. 프로젝트 관리 기술에 대해 이해하고 있으면 프로젝트의 시작부터 종료까지 프로젝트 매니저가 사용하는 체계적 방법과 절차를 이해할 수 있다. 프로젝트 관리 프로세스를 잘 설계하고 실행하면 프로젝트를 제시간에 예산 내에서 높은 품질로 완료할 수 있다.

포괄적인 프로젝트 관리 프로세스는 프로젝트 목표, 일정, 주요 단계, 예산 등을 명확하게 정의한다. 프로젝트 관리 계획을 수립하고 이를 준수하면 모든 이해관계자들이 일치된 목표를 가지고 자원을 효율적으로 할당하며 체계적으로 프로젝트를 실행할 수 있다. 이러한 접근 방식은 지연, 비용 초과, 범위 변경과 같은 위험을 최소화하는 데도 유용하다.

프로젝트 관리 프로세스 개선의 또 다른 이점은 투명성과 책임감을 높일 수 있다는 점이다. 프로젝트 계획에 대한 진행 상황을 정기적으로 추적하고 보고함으로써 리드 개발자는 모든 이해관계자들에게 프로젝트의 상태를 명확히 전달할 수 있다. 이는 이해관계자들 간의 신뢰와 자신감을 구축하는 데 도움이 되며, 잠재적인 문제가 심각해지기 전에 이를 발견하고 해결할 수 있는 기회도 제공한다.

리드 개발자는 소프트웨어 개발 프로젝트를 성공적으로 수행하기 위해 프로젝트 관리의 중요성을 인식해야 한다. 프로젝트 관리 프로세스를 개선함으로써 프로젝트를 제시간에 예산 내에서 높은 품질로 완료할 수 있다. 이를 통해 이해관계자의 만족도를 높이고 팀의 사기를 증진하며 좀 더 효율적이고 효과적인 소프트웨어 개발 프로세스를 만들 수 있다.

7.4.1 프로젝트 매니저 지원

리드 개발자는 정확하고 시기적절한 기술 정보를 제공하고 프로세스 개선을 제안함으로써 **프로젝트 매니저**project manager를 지원하고 도울 수 있다. 프로젝트 매니저는 기술적 측면에 영향을 미칠 수 있는 결정을 내려야 할 때가 많은데, 리드 개발자가 이러한 결정에 필요한 정보를 제공하면 더 나은 결정을 내릴 수 있다. 리드 개발자는 기술적 통찰력을 제공함으로써 프로젝트 매니저가 작업을 더 효과적으로 계획하고 우선순위를 정할 수 있도록 지원해야 한다.

프로젝트 매니저를 지원할 수 있는 또 다른 방법은 개발팀과 다른 이해관계자들 간의 의사소통을 촉진하는 것이다. 리드 개발자는 클라이언트나 비즈니스 매니저와 같은 비기술적인 이해관계자들에게 기술적인 정보를 전달해야 하는 경우가 많다. 이를 통해 프로젝트에 참여하는 모든 사람이 같은 이해를 바탕으로 동일한 목표를 향해 노력할 수 있도록 도와야 한다.

긍정적인 팀 문화를 조성하는 것은 성공적인 개발 프로젝트를 위해 매우 중요하며, 리드 개발자는 이러한 문화를 구축하고 유지하는 데 핵심적인 역할을 할 수 있다. 리드 개발자는 팀원들이 동기부여를 받고 프로젝트 목표를 달성하기 위해 효과적으로 일할 수 있도록 지원해야 한다. 이를 위해 팀원의 기여를 인정하거나, 코칭과 멘토링을 제공하거나, 지속적인 학습과 개선의 문화를 조성하는 것과 같은 활동을 수행할 수 있다.

프로젝트 관리 프로세스를 개선하기 위해 리드 개발자로서 가치 있는 통찰력과 제안을 제시할 수도 있다. 프로젝트 관리 프로세스를 개선하기 위한 효과적인 방법 중 하나는 긍정적이고 건설적인 태도로 대화에 임하는 것이다. 단순히 현재 프로세스의 문제점을 지적하기보다는, 팀이 더 효율적이고 효과적으로 작업할 수 있도록 구체적인 해결책을 제안하는 데 초점을 맞춰야 한다. 제안을 할 때는 명확하고 구체적으로 전달하는 것이 중요하다. 무엇을 변경해야 하는지, 이유는 무엇인지 정확히 설명해야 한다. 이렇게 하면 프로젝트 매니저는 제안자의 관점을 이해하고 변경해서 얻을 수 있는 이점을 명확히 파악할 수 있다.

필자는 여러 회사에서 폭포수에서 애자일로 전환을 시도했던 경험이 있다. 이 과정에서 애자일 전환에 어려움을 겪었던 경우가 많았다. 이 경우 **워자일**Wagile 또는 **스크럼폴**Scrumfall이라고 알려진 불완전한 프로젝트 관리 방식을 초래한다. 이 상황에 직면했을 때 애자일은 개방적이고 빈번한 소통을 중심으로 하고, 차단 요소blocker를 줄이며, 모든 사람이 최신 정보를 공유하는 것임을 설명하면서, 스프린트 회고 미팅에 프로젝트 이해관계자들을 포함시킬 것을 프로젝트 관리 팀에게 제안했다. 또한, Scrum.org[2]의

---

2 https://www.scrum.org/

애자일 자료 링크를 공유하며 프로세스를 더 잘 이해할 수 있도록 도왔다. 지속적인 논의를 통해 우리는 프로세스를 조정해 완전한 애자일 방식으로 전환할 수 있었다.

피드백과 논의에 열린 자세를 유지하는 것도 중요하다. 프로젝트 매니저는 개발팀과는 다른 관점이나 개발팀이 알지 못하는 제약 조건을 가질 수 있으므로, 그들의 피드백을 수용하고 모두에게 적합한 해결책을 찾기 위해 협력해야 한다. 프로젝트 관리 프로세스의 개선을 제안하는 목적은 프로젝트를 더 성공적으로 만들고 팀이 더 효과적으로 작업할 수 있도록 하는 것이다. 긍정적이고 협력적인 태도로 접근하면 팀이 이러한 목표를 달성하는 데 도움이 되며, 프로젝트 결과에 실질적인 변화를 가져올 수 있다. 프로젝트 매니저를 돕고 지원함으로써 프로젝트를 성공적이고 효율적으로 진행하고, 정해진 시간과 예산 내에 완료할 수 있다.

7.4.2 배포와 프로젝트 관리 시스템 통합

리드 개발자로서 배포를 추적하는 것이 어려울 수 있다는 것을 잘 알고 있다. 배포 상황을 모니터링하는 데 시간이 많이 걸릴 수 있으며, 배포 상황을 모든 사람이 이해하도록 하는 것도 어려운 일이다. 그러나 배포를 프로젝트 관리 시스템과 통합하면 프로세스를 자동화할 수 있고 모든 사람이 작업 상태를 명확히 이해할 수 있으며 관리도 쉬워진다.

배포를 프로젝트 관리 시스템과 통합한다는 것은 배포를 중앙 집중적으로 추적할 수 있다는 의미로, 배포가 언제 시작되고 끝났는지, 성공했는지 여부를 확인할 수 있다. 이런 정보는 문제를 추적하고 배포가 제시간에 완료되었는지 확인하는 데 매우 유용하다. 배포를 프로젝트 관리 시스템과 통합하는 한 가지 예는 지라 같은 도구를 사용하는 것이다. 지라는 작업, 버그, 문제를 추적하기 위한 프로젝트 관리 도구다. 배포 시스템을 지라와 통합하면 타깃 환경, 배포 패키지, 필요한 메모나 지침 등 모든 정보를 포함한 배포 티켓을 생성할 수 있다. 배포가 완료되면, 티켓이 자동으로 업데이트되어 모든 사람이 배포 상태를 확인할 수 있다.

필자가 지난 10년 동안 리드 개발자로 일했던 거의 모든 회사에서 지라를 사용했다. 한 회사는 프로젝트 관리를 위해 지라를 사용했지만, 애저 데브옵스의 배포 시스템과의 통합은 되어 있지 않았다. 필자는 그들에게 지라의 릴리스 기능을 보여주고, 배포 시에 지라 티켓을 사용하는 방법을 설명했다. 이 작업이 이전에는 수동으로 이뤄지고 있었다. 이 프로세스를 자동화하기 위해 협력했으며, 이를 통해 사람의 실수를 줄이고 생산성과 보고 기능을 크게 향상시킬 수 있었다.

또한 깃허브 저장소를 지라와 연결하고 데브옵스 트리거를 기반으로 자동화 규칙을 생성할 수도 있다. 필자가 좋아하는 기능 중 하나는 코드의 브랜치명에 지라 티켓 번호를 포함하면 이 티켓과 브랜치가 연결되는 기능이다. 이렇게 하면 코드를 커밋하거나 풀 리퀘스트를 할 때 해당 변경사항을 보여주도록 티켓이 자동으로 업데이트된다. 이는 각 릴리스의 기록을 유지하면서도 팀 간의 커뮤니케이션을 개선할 수 있는 훌륭한 방법이다. 깃허브와 지라는 슬랙이나 마이크로소프트 팀즈 같은 커뮤니케이션 도구와도 연결되며, 이를 통해 배포 상태 업데이트를 프로젝트와 관련된 모든 팀원에게 공유할 수 있다. 이는 배포 작업 시 매우 유용하다.

배포를 프로젝트 관리 시스템과 통합하는 또 다른 예는 트렐로Trello 같은 도구를 사용하는 것이다. 트렐로는 작업을 조직화하기 위해 보드, 리스트, 카드 등을 사용하는 프로젝트 관리 도구다. 배포 시스템을 트렐로와 통합하면 각 배포에 대해 카드를 생성할 수 있다. 이 카드에는 배포 날짜, 대상 환경, 메모 또는 지침 같은 모든 필요한 정보가 다 들어 있다. 배포가 완료되면 카드가 '완료됨' 리스트로 이동하기 때문에 배포가 완료된 것을 모든 사람이 알 수 있다.

배포를 자동화하고 이를 프로젝트 관리 시스템과 연결하는 것은 작업과 배포 상태를 공유하는 데 유용하지만, 과도하게 복잡한 프로세스가 되지 않도록 주의해야 한다. 여전히 팀 내 커뮤니케이션을 우선시해야 한다. 자동화는 훌륭하지만, 상태 업데이트 시 배경이나 맥락 정보까지 항상 제공하는 것은 아니다. 필자는 업데이트에 더 많은 정보가 필요하다면 팀에 직접 메시지를 보내는 것을 선호한다. 특히 새로운 작업을 할당하거나, 배포 중 테스트 단계로 넘어갈 때와 같이 한 작업이 끝나고 다음 작업으로 넘어갈 때 팀과 소통하는 것은 매우 중요하다. 자동화된 프로세스가 이 모든 일을 대신해줄 것이라고 기대해서는 안 된다.

7.4.3 결함률 평가

개발팀의 성과 측정은 프로젝트 관리에서 고품질 소프트웨어 제품을 제공하기 위해 매우 중요하다. 추적해야 할 중요한 지표 중 하나는 **결함률**defect rate로, 코드에서 발생하는 오류나 결함의 수를 나타낸다. 결함률은 팀의 효율성과 소프트웨어 제품 품질을 평가하는 데 중요한 지표다. 이 지표를 측정함으로써 개발 프로세스에서 개선이 필요한 영역을 파악하고 이를 신속하게 해결할 수 있다.

애자일 방법론에서는 소프트웨어 제품에 대한 점진적인 변경사항을 짧은 반복 주기 내에 제공하는 데 중점을 둔다. 개발팀은 스프린트 단위로 작업하는데 매 스프린트마다 새롭게 변경된 소프트웨어를 전달한다. 결함률(또는 결함 수)은 발견된 결함 수를 스프린트에서 완료된 전체 스토리 수로 나누어 계산한다. 결함률 계산 공식은 다음과 같다.

$$결함률 = (결함 수 \div 완료된 스토리 수) \times 100$$

예를 들어 한 스프린트에서 팀이 10개의 스토리를 완료했고 2개의 결함이 발견됐다면, 결함률은 다음과 같다.

$$결함률 = (2 \div 10) \times 100 = 20\%$$

폭포수 방법론에서는 요구사항 수집부터 전달까지 프로젝트 전체를 한 번에 완료하는 데 중점을 둔다. 개발팀은 순차적으로 작업하며, 각 단계가 완료되어야 다음 단계로 넘어갈 수 있다. 폭포수 방법론에서의 결함률은 발견된 결함 수를 소프트웨어 제품의 총 코드 라인 수로 나누어 계산한다. 결함률 계산 공식은 다음과 같다.

$$결함률 = (결함 수 \div 총 코드 라인 수) \times 100$$

예를 들어 팀이 1,000줄의 코드를 작성하고 150개의 결함을 발견했다면, 결함률은 다음과 같다.

$$결함률 = (150 \div 1,000) \times 100 = 15\%$$

결함률을 줄이는 것은 개발팀이 계속해서 노력해야 하는 지속적인 과정이다. 결함의 근본 원인을 파악하고 이를 신속히 해결해야 한다. 팀원들과 대화를 통해 개선이 필요한 점에 대한 피드백을 받고, 개발 프로세스를 유지 관리하는 데 팀원들이 참여하는 것이 중요하다. 또한, 잠재적인 오류를 발견하기 위해 코드 리뷰를 수행하는 것도 중요하다. 코드 리뷰는 코드 작업량이 아무리 적더라도 서두르면 안 된다.

소프트웨어가 예상대로 작동하는지 확인하기 위해 철저한 테스트를 수행하는 것도 필수다. 필자는 자동화된 단위 테스트와 수동 테스트 모두를 지지하는 입장이다. 단위 테스트는 매우 유용하지만, 제품의 설계나 사용자 경험까지 자동으로 테스트할 수는 없다. 또한 지나친 자동화는 바람직하지 않은데, 상태의 변동사항을 상세히 설명해야 할 때 의사소통의 부족으로 이어질 수 있기 때문이다.

결함률은 프로젝트 관리에서 추적해야 할 중요한 지표다. 이를 통해 개선이 필요한 영역을 파악하고, 고품질의 소프트웨어 제품을 제공할 수 있다. 프로세스에 팀 간 상호 점검과 균형을 갖춘 체계를 도입함으로써 결함 수를 줄이고 개발팀의 효율성을 높일 수 있다.

요약

- 리드 개발자는 프로젝트의 성공을 위해 중요한 역할을 하며, 더 나은 프로젝트 계획 및 관리를 위해 시간 추정이나 스토리 포인트를 사용해 작업량을 정확히 추정할 수 있다.
- 부정확한 추정치는 마감 기한 초과, 예산 초과, 프로젝트 지연, 번아웃, 생산성 감소, 이해관계자의 신뢰와 자신감 상실을 초래해 소프트웨어 개발 프로젝트 실패로 이어질 수 있다.

- 정기적인 회의, 협업 도구 사용, 명확한 커뮤니케이션 프로토콜 설정은 의사소통을 촉진하고 팀원 및 이해관계자를 연결하기 위한 모범 사례에 속한다.
- 적절히 촉진된 의사소통은 협업 향상, 신속한 문제 해결, 성공적인 프로젝트 결과로 이어질 수 있는 반면, 의사소통의 부족은 오해, 지연, 갈등, 프로젝트 실패를 초래할 수 있다.
- 애자일 프로젝트 관리는 협업과 적응형 계획을 강조하는 반복적이고 유연한 접근 방식이며, 폭포수 프로젝트 관리는 사전에 정의된 단계와 특정 결과물을 따르는 선형적이고 순차적인 과정이다.
- 깃허브와 같은 코드 관리 도구를 지라나 트렐로와 같은 프로젝트 관리 시스템과 통합하면 소프트웨어 배포 상태에 대한 실시간 업데이트를 제공할 수 있고 가시성이 향상된다.

리드 개발자 이야기

클로이 콘던

클로이 콘던Chloe Condon은 샌프란시스코 지역에서 구글 클라우드와 AI의 개발자 애드보킷으로 활동하는 개발자다. 이전에는 마이크로소프트와 Sentry에서 근무했으며, Sentry.io에서는 센트리 스카우트Sentry Scouts 프로그램(패치, 스모어, 거대한 다람쥐 의상, 핫초코를 특징으로 하는 캠프형 테마의 밋업)을 설계하고 운영했는데, 이러한 공로를 인정받아 상을 받은 바 있다. 또한 2018년 Grace Hopper Conference에서 AnitaB.org가 선정한 STEM 분야의 영향력 있는 여성 15인 중 한 명으로 소개됐다. 클라우드 교육과 관련된 그녀의 프로젝트와 작업은 '가짜 남자친구Fake Boyfriend' 앱부터 〈마리오 카트〉 캐릭터로 성격을 분석하는 웹 기반 점성술까지 다양하며, 《바이스VICE》, 《뉴욕 타임스The New York Times, NYT》, 록 밴드 스매시 마우스Smash Mouth의 X 계정에도 소개된 바 있다.

샌프란시스코 주립대학교에서 연극 전공으로 학사 학위를 받았으며, Hackbright Academy를 졸업했다. 그녀는 전형적인 엔지니어와는 다른 배경을 가진 것에 대해 자부심을 가지고 있으며, 전문 연극 무대에서 오거, 크레용, 소의 뒷부분 역할을 연기한 적이 있는데 이런 이력을 가진 엔지니어는 극소수일 것이다. 그녀는 예술가들이 기술 분야에 더 많이 참여하고, 반대로 기술 분야 종사자들도 예술 분야에 더 많이 진출하기를 희망한다.

이 인터뷰에서는 클로이는 의사소통 시 오해를 피하기 위한 조언과 프로젝트팀의 성공을 지원한 자신의 경험을 공유한다.

잘못된 의사소통을 피하기 위해 어떤 전략을 사용하는가?

내가 하는 일의 많은 부분은 제품팀이 개발자를 위한 기술 콘텐츠를 영상으로 작성하도록 돕는 것이다. 기술 콘텐츠와 관련된 기획 회의에 참석하면 회의에 있는 모든 사람이 해당 제품이 무엇을 하는지, 어떻게 작동하는지 알 수 있도록 해야 한다. 이때, 사람들이 이미 알고 있을 것이라고 가정하지 않는다. 그런 회의를 할 때 제품이 무엇을 하는지, 어떻게 작동하는지, 왜 그렇게 작동하는지, 왜 개발자들이 그 제품을 사용하려고 하는지, 어떻게 사용할 것인지 모두가 이미 알고 있다고 가정하는 경우가 많은데, 내 업무의 중요한 부분 중 하나는 개발자 스토리를 전달하는 것이다.

회의에 참석할 때마다 그 자리에 있는 모든 사람이 기술적이라고 가정하지 않고, 반대로

The Lead Developer Story

어느 누구도 기술을 모를 것이라고 가정하지 않는다. 내가 경험한 바로는 참석자 모두가 기술에 대해 잘 모른다고 가정하거나 혹은 모두가 기술에 대해 잘 알고 있다고 가정한 상태에서 대화를 진행하는 경우가 있었는데, 이런 방식은 그다지 바람직하지 않은 접근 방식이었다. 따라서 오해를 피하기 위해서는 균형 잡힌 중간 지점을 찾고 참석한 모든 사람이 동일하게 이해하고 있는지 확인하는 것이 중요하다.

도움을 청하는 것이 왜 중요한가?

마이크로소프트와 구글 같은 대기업에서 일할 때, 회사마다 사용하는 약어가 다르다는 것을 알게 되었다. 처음 그 회사에서 일을 시작했을 때, 사람들은 회의에서 '우리가 XYZ를 ABC와 함께 처리하고 TTYL을 확인해야 한다' 같은 식의 말을 계속해서 사용했다. 나는 항상 회의에서 손을 들고 "그 약어가 무슨 뜻인지 설명해줄 수 있나요?"라고 물었다. 회의 중에 잘 모르는 것이 있으면 무조건 질문을 던지는 이유는, 나뿐만 아니라 다른 사람 중에도 분명 모르는 사람이 있을 것이라고 생각하기 때문이다.

도움을 요청하는 것과 관련해서 내 역할은 조금 독특한데, 다양한 제품팀과 협력하면서 그들이 사용할 도구에 대해 설명하는 비디오 콘텐츠를 제작한다. 많은 경우, 이러한 제품들은 아직 일반에 공개되지 않아서 참고할 문서가 없거나, 아직 출시되지 않은 기능을 발표하는 것과 같은 경우가 많다. 그래서 현재 맡고 있는 직무에서는 도움을 요청하는 것에 대한 두려움을 빠르게 극복해야 했다.

과거에는 도움을 요청하는 것이 두려웠다. 경력 초기에는 도움을 요청하는 것이 내가 무언가 잘 모른다거나 약하다는 인상을 줄 것이라고 생각했다. 이전에 배우로 활동했을 때는 도움을 요청하는 문화가 아니었다. 배우로 일한다는 것은 스스로 해결책을 찾아야 하는 때가 많았다. 그래서 과거에는 도움을 요청하는 것이 매우 겁나는 일이었지만, 기술 업계에서는 도움을 요청하지 않으면 무엇을 해야 할지 전혀 알 수 없는 상황에 처할 수 있다. 나는 나의 일을 성공적으로 수행하기 위해 나보다 더 똑똑한 사람들에게 크게 의존하고 있다.

도움을 요청할 때 사용하는 몇 가지 방법이 있다. 역지사지로 생각해서 나라면 도움에 대한 요청을 어떻게 받고 싶을까를 생각하고 그에 맞춰 도움을 요청한다. 예를 들어 "안녕하세요, 제가 X를 시도하려고 하는데, 이미 세 가지 방법을 해봤습니다. 이에 관해 도와줄 수 있나요?"라고 요청한다. 사람들이 나에게 도움을 요청할 때 어떤 경우에는 도움을 요청하기 전에 먼저 해결책에 대해 검색을 해봤는지 궁금할 때가 있다. 도움을 주기 위해서는 그들이 문제를 해결하기 위해 어떤 것을 시도해봤는지 알아야 한다. 나는 항상 질문을 매우 구체적으로 하는데, 모두의 시간이 매우 소중하다는 것을 알기 때문이다. 특히 엔지니어와 협업할 때는 더욱 신경 쓰는데, 그들이 하던 작업에서 벗어나게 만드는 것은 단순한 중단이나 방해를 넘어 회사 입장에서도 매우 값비싼 비용을 지불하는 것이기 때문이다.

프로젝트 매니저를 어떻게 돕는가?

나는 프로젝트 매니저들에게 작업량과 관련한 예측을 정확히 제공하려고 노력한다. 나 자신이 작업 범위를 정확히 설정하는 데 약하다는 것을 알고 있기 때문에, 항상 일정에 대해 적절한 기대치를 설정하려고 한다. 작업 소요 예상 시간에 며칠 혹은 일주일 정도의 여유를 더 둔다. 또한 매주 정기적인 미팅 일정을 잡는 것도 도움이 된다. 이렇게 하면 프로젝트 매니저가 나를 쫓아다니거나 연락을 반복적으로 주고받을 필요가 줄어든다. 업데이트가 있을 때마다 내가 먼저 프로젝트 매니저에게 알려주고 모든 것을 그들과 공유하려고 한다.

또한 프로젝트 매니저와 의사소통은 투명하게 하며 의사소통을 위해 채팅이 가장 좋은 방법이라고 알려준다. 이메일로 온 메시지는 놓칠 가능성이 크기 때문에, 내가 선호하는 소통 방식을 미리 명확히 전달한다. 특정 프로젝트를 진행할 때는 그룹 구글 챗(Google Chat)을 활용한다. 최소한 매주 한 번은 소통하며, 대부분의 사람이 동시에 여러 작업을 진행하고 있기 때문에 이런 정기적인 소통은 유용하다.

진척이 없을 때도 있지만, 많은 진척이 이뤄질 때도 있다. 이러한 정기적 소통은 프로젝트 매니저가 일정을 계획하는 데 도움을 주며, 그들이 굳이 나를 쫓아다니며 확인하지 않아도 된다. 프로젝트 매니저와 소통을 유지하는 것은 나에게 책임감을 부여하는 동시에 그 일이 나와 팀에게 얼마나 중요한지를 보여준다고 생각한다.

The Lead Developer Story

팀원이 어려움을 겪을 때 필요한 사람과 자원을 어떻게 연결하는가?

나는 팀원이 어려움을 겪을 때 즉시 대응하려고 한다. 그렇지 않으면 잊어버릴 가능성이 크다. 내가 도움을 줄 수 없다면 도움을 줄 수 있는 사람과 연결해준다. 누군가를 다른 사람과 연결할 때는 일정한 예의를 지키는 것이 중요하다고 생각한다. 같은 회사에서 일할 때는 조금 다르다. X에서 누군가가 나에게 어떤 사람과 연결시켜달라고 하면 당사자에게 먼저 물어본다. 같은 회사라면 소개할 때 어떤 맥락에서 그렇게 하는지 알려준다. 예를 들어 "메리가 OO에 대한 도움이 필요합니다. 메리, 이쪽은 잭입니다. 잭이 도움을 필요로 하는 내용은 OO입니다. 두 분은 서로 도움이 될 것 같아요"라는 식으로 메시지를 보낸다. 이러한 메시지는 최대한 빨리 보내려고 한다. 메모를 적어두는 대신 즉시 처리하는 이유는 내가 나 자신을 잘 알기 때문이다. 지금 하지 않으면 잊어버리고 나중에 하지 않을 가능성이 크다.

문서를 보내는 것도 좋지만, 내가 전달하려는 내용을 설명하는 비디오를 보낼 수 있다면 더 효과적이다. 이 방법은 매우 유용하며, 아직 출시되지 않은 신제품이 아닌 이상, 누군가 이미 관련 문서를 작성했거나 내용을 더 깊고 상세하게 다룬 자료가 있을 것이라고 항상 생각한다.

개발자로서 하는 업무의 상당 부분은 구글 검색일 것이다. 내가 구글에서 일하고 있어서 홍보하려고 이 말을 하는 것이 아니라, 검색하는 방법과 검색해야 할 내용을 아는 것이 개발자로서 매우 중요한 기술이라는 의미다. 이는 특히 모두가 프롬프트 튜닝prompt tuning을 입에 올리는 AI 시대에 더욱 그렇다. 적절한 프롬프트를 작성하는 능력은 정확한 결과를 얻기 위해 중요하다. 가끔 기술적으로 익숙하지 않은 사람들(혹은 단순히 무엇을 검색해야 할지 모르는 사람들)과 함께 작업할 때면, 그들이 입력하는 검색어에서 단어 하나만 바꿔도 원하는 결과를 얻을 수 있는 경우를 많이 본다. 그래서 팀의 온보딩을 하거나 가르칠 때 내부 문서나 리소스를 찾는 방법을 보여주는 것도 중요한 부분이다.

구글에서는 내부 리소스를 검색하는 일이 매우 쉬워서, ADHD 성향을 가진 나의 두뇌로도 무척 편리하게 작업할 수 있어 다행이다. 하지만 다른 회사에서는 이렇게까지 쉽지는 않았

The Lead Developer Story

다. 정보에 쉽게 접근하고 검색할 수 있는 환경은 업무를 원활하게 진행하는 데 매우 큰 도움이 된다.

개발자로서, 검색 도구를 사용하는 방식이 사람들마다 얼마나 다른지 간과할 때가 많다. 관련된 재미있는 밈이 있다. 개발자가 깃허브에서 저장소를 찾기 위해 'how to kill a child(아이를 죽이는 방법)'라고 입력하는데, 이것 때문에 FBI의 주의를 끌지만 뒤이어 'repository(저장소)'를 추가해 검색을 완성한다는 내용이다. 단어 하나를 바꾸거나 업계 용어를 추가 입력하는 것만으로도 원하는 정보를 찾는 데 큰 차이를 만들 수 있다. 더 숙련된 개발자가 되는 데 중요한 부분은 무엇을 검색해야 하고, 어떻게 검색해야 하는지를 아는 것이다. 문서를 이해하거나 탐색하기 어렵다면, 사람들이 작업을 진행하는 데 큰 어려움을 겪을 것이다.

CHAPTER 08
클라이언트와 대화하기

이번 장에서 다루는 내용
- 클라이언트의 요구사항을 이해하기 위한 모범 사례
- 클라이언트와의 의사소통 시 능동적 경청하기
- 클라이언트의 요구와 필요의 구분
- 클라이언트 신뢰 구축
- 침착하게 외교적으로 대화하기
- 까다로운 클라이언트 다루기

리드 개발자로 일하면서 지금까지 기술 역량을 다듬고 프로그래밍 언어에 대해 깊이 이해하고자 많은 시간을 투자했을 것이다. 하지만 커리어가 발전하고 더 많은 책임을 맡게 되면서 **클라이언트**client와 대화하는 방법을 배워야 하는 새로운 도전에 직면할 수 있다.

클라이언트와의 대화는 경험 많은 개발자들도 부담되는 일이다. 프로그래밍과는 다른 기술이 필요하고, 익숙해지기까지 시간과 연습이 필요하다. 하지만 클라이언트와 효과적으로 소통할 수 있다면, 더 강한 유대감을 구축하고, 클라이언트의 필요를 더 잘 이해할 수 있으며, 이를 통해 결국 더 나은 해결책을 제공할 수 있는 등 많은 이점이 있다.

이 장에서는 리드 개발자로서 클라이언트를 상대하며 흔히 겪을 수 있는 문제를 살펴본다. 필자는 처음 리드 개발자의 역할을 맡았을 때 클라이언트를 상대하는 데 많은 어려움을 겪었다. 실수를 많이 했지만 그것을 통해 배우며 클라이언트와의 소통에 점점 익숙해질 수 있었다. 필자의 경험을 통해 클라이언트와 효과적으로 협력하고 관계를 관리하는 데 필요한 기술과 자신감을 얻기를 바란다. 이러한 기술을 키우는 일은 시간이 걸리지만, 클라이언트와의 관계를 탄탄히 다지고 그들의 필요를 이해하려면 반드시 필요하다.

8.1 클라이언트의 필요 이해하기

리드 개발자가 클라이언트의 필요를 잘 이해하면, 클라이언트의 기대를 충족하는 설루션을 제공할 수 있다. 클라이언트의 이야기를 경청하고 질문하며 개발 과정에 그들을 참여시킴으로써, 클라이언트가 무엇을 필요로 하는지, 그 소프트웨어를 어떻게 활용하려는지 더 깊이 이해할 수 있다. 이를 통해 클라이언트의 고유한 요구사항에 맞춘 설루션을 제공할 수 있으며, 이는 프로젝트의 성공 가능성을 높여준다.

클라이언트의 필요를 이해하는 것은 클라이언트와의 관계를 강화하는 데도 도움이 된다. 클라이언트의 성공을 위해 헌신하는 모습을 보여주고, 개발 과정에 그들을 적극적으로 참여시킴으로써 신뢰를 얻고 장기적인 관계를 형성할 수 있다. 이는 결국 재거래와 추천으로 이어질 수 있는데, 이 두 가지는 비즈니스의 성공을 위해 꼭 필요한 것이다.

반대로 리드 개발자가 클라이언트의 필요를 이해하지 못하면 기대에 못 미치는 결과를 가져올 수 있다. 클라이언트의 요구를 명확히 이해하지 못하면, 리드 개발자는 클라이언트의 필요를 충족하지 못하거나 제대로 작동하지 않는 소프트웨어를 개발하기 쉽다. 이는 양측 모두에게 좌절감을 준다. 클라이언트는 시간과 돈을 낭비했다고 느끼고, 리드 개발자는 자신의 시간과 자원이 헛되이 쓰였다고 느낄 수 있다. 부실한 결과는 클라이언트와 조직 간의 관계를 손상시킬 수 있다. 클라이언트는 자신의 요구가 제대로 전달되거나 이해되지 않았다고 느끼며, 이는 소통의 단절과 신뢰의 상실로 이어질 수 있다. 이런 상황은 회사의 평판에 악영향을 끼치고, 향후 비즈니스를 확보하는 데 어려움을 초래할 수 있다.

필자는 제대로 진행되지 않고 있던 프로젝트를 맡아본 경험이 여러 번 있는데 그럴 때마다 작성된 요구사항과 클라이언트의 실제 요청 사이의 차이를 분석한다. 클라이언트와 직접 대화하고 협력하면서 프로젝트에 가장 적합한 솔루션을 찾아내고, 무엇보다도 클라이언트의 말을 경청한다. 클라이언트가 자신이 필요한 것이나 원하는 것을 항상 명확히 알지는 못하지만, 리드 개발자가 그들을 대신해 결정을 내려서는 안 된다. 이는 협력하는 과정이며, 리드 개발자는 클라이언트의 필요를 파악하는 방법을 알아야 한다.

8.1.1 능동적 경청의 활용

능동적 경청은 화자에게 완전히 몰입하고 그들의 메시지를 이해하려고 노력하는 과정이다. 이는 클라이언트의 필요를 이해할 수 있는 매우 효과적인 방법 중 하나로 단순히 화자의 말을 듣는 것에 그치지 않고 그들의 톤, 바디랭귀지, 배경과 맥락까지 주의를 기울이는 것을 포함한다. 클라이언트의 말을 능동적으로 경청하고 그들과 소통함으로써, 클라이언트가 소프트웨어에서 무엇을 원하고 필요로 하는지에 대한 더 명확한 그림을 얻을 수 있다. 이를 통해 클라이언트의 필요를 충족하는 솔루션을 개발할 수 있으며, 성공적인 프로젝트와 만족스러운 결과를 끌어낼 수 있다.

리드 개발자가 실천할 수 있는 능동적 경청의 몇 가지 예는 다음과 같다.

- **논의를 끌어내는 질문을 한다**: '예/아니오'로 대답할 수 있는 질문 대신, 클라이언트가 자신의 필요에 대해 더 많은 정보를 공유할 수 있도록 유도하는 질문을 한다. 예를 들어 '이 소프트웨어를 어떻게 활용할 계획인지 자세히 말씀해줄 수 있나요?' 또는 '이 소프트웨어가 해결해야 할 가장 큰 과제는 무엇인가요?' 같은 질문을 할 수 있다.
- **들은 내용을 되풀이한다**: 클라이언트가 자신의 필요에 대해 설명하고 나면, 들은 내용을 되풀이해 말하며 정확히 이해했는지 확인한다. 이는 클라이언트에게 능동적으로 경청하고 그들의 메시지를 이해하려고 노력하고 있음을 보여준다.

- **바디랭귀지에 주목한다**: 때로는 클라이언트가 말로 표현하는 것과 비디랭귀지가 일치하지 않을 수 있다. 예를 들어 클라이언트가 프로젝트에 대해 흥미롭다고 말하면서도, 바디랭귀지가 방어적이거나 긴장한 상태를 보인다면, 실제로는 그렇지 않을 가능성이 있다. 클라이언트가 우려하는 바를 논의하고 클라이언트의 상황에 공감해야 하며, 그들의 말을 경청하고 있다는 것을 재확인시켜주고 열린 대화를 유도해야 한다. 부정적인 바디랭귀지를 긍정적으로 다루면 클라이언트에게 신뢰를 주고 우려사항이 해결될 것이라는 확신을 줄 수 있다.

능동적 경청은 또한 클라이언트와의 신뢰와 관계를 강화하는 데 도움이 된다. 리드 개발자는 클라이언트의 필요를 이해하려는 헌신적인 모습을 보여주고 적극적으로 소통함으로써 친밀감과 신뢰를 쌓을 수 있고, 이는 결국 재거래와 추천으로 이어질 수 있다.

필자는 클라이언트와 일할 때 회의가 끝날 때마다 논의한 내용을 되풀이하고, 합의된 실천 항목을 다시 확인한다. 또한 프로젝트 매니저와 협력하여 회의록을 작성하고 이후 모든 사람과 공유한다. 능동적 경청은 구두 소통뿐만 아니라 서면 소통에도 적용될 수 있다. 이는 특히 시각장애나 청각장애와 같은 어려움을 가진 사람과 일할 때 중요하다. 모든 사람이 동일하게 이해해야 하고, 의사소통에 문제가 없도록 모든 소통 방법을 활용해야 한다.

8.1.2 통찰력 있는 질문하기

통찰력 있는 질문이란 표면적인 수준을 넘어 클라이언트의 근본적인 필요와 동기를 발견하려는 질문이다. 이러한 질문은 클라이언트가 자신의 필요에 대해 더 깊이 생각하게 만들고, 개발에 유용한 정보를 제공하도록 유도하기 위해 고안되었다. 리드 개발자가 통찰력 있는 질문을 하면 클라이언트의 필요를 더 잘 이해할 수 있고, 이를 바탕으로 클라이언트의 요구를 충족하는 설루션을 개발할 수 있다.

표 8.1은 리드 개발자가 클라이언트에게 할 수 있는 통찰력 있는 질문의 몇 가지 예를 보여준다.

표 8.1 클라이언트에게 할 질문

질문	목적
이 프로젝트의 목표는 무엇인가?	클라이언트의 목표를 이해하면 가장 유용한 기능과 특성을 우선순위에 둘 수 있다. 많은 리드 개발자가 개별 작업에 집중하는 데 익숙하지만, 프로젝트 전체의 목적을 이해하고 이에 따라 시스템 구성 요소를 설계하는 것이 중요하다.
현재 이 프로젝트로 해결하려는 문제는 무엇인가?	클라이언트가 겪고 있는 문제를 파악하면 이러한 과제를 직접 해결할 수 있는 설루션을 개발할 수 있다. 이 질문은 종종 생산성을 높이고 인간의 실수를 줄이기 위한 자동화 기회를 제공하기도 한다.
이 소프트웨어를 일상적인 운영에서 어떻게 사용할 계획인가?	소프트웨어의 사용 사례를 이해하면 사용자 친화적인 인터페이스를 설계하고 클라이언트에게 가장 유용한 기능을 우선적으로 구현할 수 있다. 예를 들어 웹사이트를 제작할 때는 일반적으로 CMS를 기반으로 구축하여 사용자가 개발자의 개입 없이 웹 페이지를 관리할 수 있게 한다. 사용자가 이러한 시스템과 어떻게 상호작용할지를 이해하는 것이 중요하며, 이를 통해 인터페이스를 사용자의 필요에 맞게 맞춤화할 수 있다.
귀사의 장기적인 목표는 무엇이며, 이 소프트웨어가 목표 달성에 어떻게 기여할 수 있는가?	클라이언트의 장기적인 목표를 이해하면 클라이언트의 비즈니스 성장에 맞춘 소프트웨어 설루션을 개발할 수 있다. 리드 개발자로서 한 발 물러서서 자신이 작업 중인 프로젝트가 전반적인 비즈니스 목표에 어떤 영향을 미치는지 이해하는 것이 중요하다.
개발 과정에 대한 기대는 무엇이며, 어떻게 그 기대를 충족할 수 있는가?	클라이언트의 기대를 이해하면 이를 관리하고 개발을 원활하게 진행할 수 있다. 단, 합리적인 기대치를 설정하고 한번 한 약속은 반드시 이행해야 한다.

이러한 질문은 한 번으로 끝나는 것이 아니며, 지속적으로 확인해야 한다. 프로젝트가 잘 진행되지 않을 경우, 문제를 해결하고 프로젝트를 다시 정상적으로 진행할 수 있도록 이 질문들에 대한 답을 점검해야 한다. 필자는 15~30분 정도의 짧은 대화를 위해 클라이언트와 매일 만난 적도 있고, 어떤 클라이언트와는 주 1회 1시간 회의를 가진 적도 있다. 횟수나 시간은 문제의 심각성과 클라이언트와의 관계에 따라 달라진다. 필자는 클라이언트의 우려사항을 체크리스트로 관리하며, 수정사항을 구현하고 나면 클라이언트에게 피드백을 요청한다. 표에 있는 질문들은 단지 시작점이며, 클라이언트의 필요를 완전히 이해하기 위해서는 필요하다면 다른 질문도 추가로 해야 한다.

8.1.3 최종 사용자 인터뷰하기

최종 사용자end user가 사용할 소프트웨어 개발을 프로젝트로 맡는 경우가 있다. 최종 사용자는 개발한 소프트웨어를 실제로 사용할 사람들로, 프로젝트팀의 일원이 아니다. 이런 유형의 프로젝트를 성공적으로 수행하려면 최종 사용자의 필요와 선호도를 깊이 이해하는 것이 필수다. 필자는 내부용 시스템을 B2B를 위해 맞춤형으로 변경해서 개발하는 프로젝트에 참여하여 최종 사용자와 직접 소통한 경험이 있다. 또한, **B2C**business-to-consumer **서비스형 소프트웨어**software as a service, SaaS 플랫폼 프로젝트를 진행한 적도 있는데 이때는 최종 사용자가 수백만 명이었기 때문에 그들과 직접 접촉할 수 없었다. 필자의 경험상, 최종 사용자의 필요를 이해하기 위한 효과적인 방법 중 하나는 다양한 방법으로 그들을 인터뷰하는 것이다.

최종 사용자 인터뷰는 개발 과정에서 중요한 단계인데 소프트웨어를 실제로 사용할 사람들의 필요와 선호도를 이해할 수 있기 때문이다. 이러한 이해는 주요 설계 결정, 기능 우선순위 설정, 전체 개발 과정에 중요한 정보를 제공한다. 이러한 정보를 얻지 못하면, 최종 사용자의 필요를 충족하지 못하는 소프트웨어를 제공할 위험이 있으며, 이런 소프트웨어는 최종 사용자로부터 외면받기 쉽다. 리드 개발자는 최종 사용자로부터 유용한 통찰을 얻기 위해 여러 가지 인터뷰 형식을 사용할 수 있다.

다음은 몇 가지 예시다.

- **구조화된 인터뷰**structured interview: 사전에 준비된 질문을 사용하며, 고도로 체계적인 형식이다. 최종 사용자로부터 특정 정보를 수집하거나 여러 인터뷰의 답변을 비교할 때 유용하다.
- **반구조화된 인터뷰**semi-structured interview: 논의를 위한 답변을 허용하면서도 일반적인 구조를 따른다. 특정 주제를 심도 있게 탐구하면서 예상치 못한 통찰을 얻고자 할 때 유용하다.
- **비구조화된 인터뷰**unstructured interview: 가장 개방적인 형식으로, 인터뷰어와 최종 사용자 간의 자유로운 대화를 허용한다. 주제를 심도 있게 탐구하며 예상치 못한 통찰을 얻고자 할 때 유용하다.
- **포커스 그룹**focus group: 소규모 최종 사용자 그룹을 모아 특정 주제에 대한 경험과 관점을 논의하도록 한다. 여러 사용자로부터 다양한 통찰을 얻고 그룹 토론을 촉진할 때 유용하다.

- **사용자 테스트**user test: 최종 사용자가 프로토타입 또는 초기 버전의 소프트웨어를 사용하는 모습을 관찰한다. 소프트웨어의 사용성 및 기능성에 대한 피드백을 수집할 때 유용하다.
- **설문조사**survey: 정보를 수집하는 가장 빠른 방법으로, 최종 사용자와 대화를 나누기 전 출발점으로 사용할 수 있다. 설문 데이터를 분석하면 문제점을 파악할 수 있으며, 사용자가 익명으로 소프트웨어에 대한 비판을 제시하는 경우도 있는데, 익명성이 보장되면 더욱 솔직한 피드백이 가능하다.
- **히트맵**heatmap: 소프트웨어 히트맵은 웹사이트나 앱에서 사용자 상호작용을 분석하는 데 일반적으로 사용되는 도구다. 이를 통해 어떤 화면이 전혀 사용되지 않는지, 소프트웨어가 어떤 경로를 거치면서 사용되는지를 평가할 수 있다. 이를 바탕으로 사용자에게 더 구체적인 질문을 던질 수 있다.

필자의 경험상, 설문조사와 포커스 그룹을 함께 활용하는 방식이 효과적이었다. 클라이언트의 내부팀에 있는 구성원과 외부 고객이 최종 사용자였던 프로젝트를 작업한 적이 있는데, 두 경우 모두 클라이언트가 요청한 사항과 사용자가 실제로 필요로 하는 사항 사이에 간극이 있는 경우가 많았다.

예를 들어 뛰어난 기술력을 가진 한 클라이언트가 있었는데, 이 클라이언트는 소프트웨어를 지나치게 복잡하게 설계하는 경향이 있었다. 이로 인해 기술적 배경이 없는 사용자들이 소프트웨어를 이해하기 어려운 상황이 발생했다. 이는 B2B 프로젝트였고, 최종 사용자가 소규모 그룹이었기 때문에 모든 사용자와 포커스 그룹을 진행할 수 있었다. 필자는 사용자들에게 그들의 역할과 시스템 사용 시 기대하는 바에 대해 질문했고, 모든 이야기를 경청하며 기존의 사용 사례와 다른 부분을 기록했다. 사용자가 많은 경우에는 모든 사용자와 인터뷰할 수는 없으므로, 설문조사가 더 적합할 수 있다. 필자의 경우 만약 최종 사용자와 인터뷰하지 않았다면, 요구사항이 맞지 않아 프로젝트가 실패했을 가능성이 높았다.

인터뷰 형식과 관계없이, 프로젝트와 최종 사용자의 구체적인 요구사항에 맞춰 미리 준비하면서 질문을 조정하는 것이 중요하다. 인터뷰 중에는 능동적으로 경청하고 중요한 통찰과 관찰을 기록해야 한다. 클라이언트라고 해도 최종 사용자의 문제점을 다 알지는 못할 때가 많기 때문에, 최종 사용자를 개발 과정에 참여시키면 프로젝트 성공에 큰 도움이 된다.

클라이언트와 최종 사용자를 인터뷰하면 모든 요구사항을 충족하는 최적의 접근 방식을 결정할 수 있다. 사용 사례나 요구사항에서 불일치를 발견하면, 이에 대해 클라이언트와 프로젝트팀과 회의할 때 논의해야 한다. 모든 팀원이 계획을 명확히 이해하도록 하기 위해 사전에 프로젝트팀과 접근 방식을 준비한 적이 있는데, 이는 매우 효과적이었다. 필자와 함께 작업했던 프로젝트 매니저들은 인터뷰를 통해 수집한 정보를 정리하고 발표하는 데 탁월했으며, 사용자 피드백을 반영해 기술적 접근 방식을 어떻게 조정해야 하는지 설명해야 하는 경우에는 필자가 보충 설명을 했다. 프로젝트팀과 클라이언트가 협력하여 최종 사용자의 의견을 경청하고, 그들의 요구를 충족하는 설루션을 구현하는 것이 중요하다.

8.2 기술적 접근 방식 제안

리드 개발자가 **기술적 접근 방식**technical approach을 성공적으로 설명하면, 클라이언트는 리드 개발자가 제안한 설루션으로 이를 어떻게 해결하는지 명확히 이해할 수 있다. 클라이언트는 리드 개발자에게서 드러나는 전문성과 열정을 보고 그들의 역량에 신뢰를 갖게 된다. 성공적인 프레젠테이션은 클라이언트와 개발팀 간의 신뢰와 협력 관계를 형성하며, 생산적인 파트너십을 위한 기반이 된다. 이 경우 클라이언트는 제안된 기술적 접근 방식을 전적으로 수용할 가능성이 높은데 효율성 향상, 사용자 경험 개선, 수익성 증대 등 그 어느 것이든 비즈니스에 가져올 혜택을 인식하기 때문이다.

반면, 프레젠테이션이 제대로 이뤄지지 못하면 클라이언트는 리드 개발자가 제안한 기술적 접근 방식에 대해 부정적인 인식을 가질 수 있다. 명확성 부족과 비효율적인 의사소통은 클라이언트를 혼란스럽게 하며, 제안된 설루션이 문제를 어떻게 해결할 수 있을지 이해하기 어렵게 한다. 이는 리드 개발자의 역량에 대한 의구심이나 접근 방식의 실행 가능성에 대한 의문으로 이어질 수 있다.

실패한 프레젠테이션은 신뢰를 무너뜨리고, 제안된 솔루션을 받아들이려는 클라이언트의 의지를 저하시킬 수 있다. 혜택에 대한 명확한 이해나 접근 방식을 뒷받침할 구체적인 증거가 부족하면, 클라이언트는 프로젝트에 자원을 투자하는 것을 주저할 수 있다. 이는 기회의 상실, 클라이언트/DevRel의 악화, 심지어 프로젝트의 잠재적 손실로 이어질 수 있다. 따라서 리드 개발자가 기술적 접근 방식을 효과적으로 프레젠테이션하는 기술을 익히는 것은 매우 중요하다. 이는 자신의 전문성을 보여주는 동시에 성공적인 프로젝트 결과로 이어지는 길을 열어준다.

8.2.1 클라이언트가 원하는 것과 필요한 것 이해하기

리드 개발자는 현재 업계 표준과 관행에 기반하여 기능을 구현해야 한다. 따라서 클라이언트가 원하는 것과 필요한 것의 차이를 이해하는 것이 중요하다. 클라이언트에게 필요한 것이 무엇인지 설명할 때는 신중해야 한다. 클라이언트의 감정을 상하게 하거나 그들의 아이디어가 잘못된 것처럼 느끼게 해서는 안 되기 때문이다. 클라이언트의 이야기를 경청하며 그들이 원하는 것을 정확히 이해한 후에 그것을 실제로 클라이언트가 필요한 것으로 변환해야 한다. 어떤 클라이언트는 자신만의 솔루션을 제안하기도 하는데, 이를 조심스럽게 다루지 않으면 클라이언트의 필요를 충족하지 못하는 소프트웨어를 구현할 위험이 있다.

필자가 일했던 한 회사에는 이러한 상황을 적절히 처리하지 못한 매니저들이 있었다. 그들은 항상 클라이언트가 제안한 솔루션을 그대로 구현했는데, 이로 인해 사용자 친화적이지 않으며 지나치게 복잡한 시스템이 설계됐다. 해당 클라이언트는 매우 고집이 강했고 다루기 어려운 클라이언트였지만, 매니저들이 클라이언트의 아이디어에 반대하지 않았기 때문에 시스템은 과도하게 설계되었고 사용자 친화성을 잃었다. 그 회사는 모든 클라이언트를 이런 방식으로 대했기 때문에 프로젝트는 모두 실패했고 결국 회사는 문을 닫았다. 이런 사례는 극단적인 경우이긴 하지만, 클라이언트가 '원하는 것'과 '필요한 것'을 이 정도로 헷갈려 하지 않기를 바란다. 리드 개발자의 역할 중 하나는 고품질의 시스템을 구축하고 사용자 요구를 충족하는 것이다. 제안된 솔루션이 프로젝트의 성공을 뒷받침할 수 있는지 평가하는 것은 개발자의 책임이다.

클라이언트가 원하는 것을 이해하는 첫 번째이자 가장 중요한 단계는 경청이다. 회의, 토론, 심지어 가벼운 대화에서도 능동적으로 경청하고, 클라이언트의 아이디어와 선호도를 주의 깊게 살펴야 한다. 클라이언트의 기대를 이해하고 효과적으로 소통하면 신뢰를 쌓을 수 있고, 클라이언트의 비전에 헌신하고 있음을 보여줄 수 있다. 클라이언트가 원하는 것도 중요하지만, 그 이면에 클라이언트가 필요로 하는 것을 파악하는 것 또한 필수다. 프로젝트의 핵심 목적, 기능, 장기적인 목표를 다루려면 클라이언트의 필요를 알아야 하고 이를 위해서는 클라이언트의 비즈니스, 대상 클라이언트, 업계 동향에 대한 깊은 이해가 필요하다.

필자는 새로운 프로젝트를 시작할 때, 특히 새로운 클라이언트라면, 첫 번째 프로젝트 회의에서 열린 대화와 능동적 경청을 장려한다. 또한, 클라이언트가 자신의 목표와 우려를 편안하게 공유할 수 있는 환경을 조성한다. 이렇게 협력적인 분위기를 만들면 생산적인 논의를 위한 기초가 마련된다. 초기 회의에서는 클라이언트에게 꿈꾸는 앱이나 웹사이트에 대해 설명하도록 격려하고, 그들의 아이디어를 적극적으로 경청한다. 클라이언트는 종종 화려한 디자인, 생동감 있는 색상, 독창적인 디자인 요소 등을 원한다고 말할 수 있다. 이러한 것들은 '원하는 것'에 해당하지만, 더 깊은 대화를 위한 가치 있는 출발점으로 봐야 한다.

표 8.2는 클라이언트가 '원하는 것'과 '필요한 것'의 예를 보여준다.

표 8.2 클라이언트가 원하는 것과 필요한 것의 예

원하는 것	필요한 것
단순한 전자상거래 웹사이트	고도화된 재고 관리, 주문 추적 및 고객 지원 시스템
모든 최신 기술을 구현한 모바일 앱	필요한 경우에만 최신 기술로 업그레이드
로그인 및 대시보드를 갖춘 강력한 고객 로열티 프로그램	간단한 로그인 및 대시보드, 새로운 기능의 점진적 출시
화려한 웹 디자인	사용자 친화적인 인터페이스 설계
특정 프로젝트를 위한 맞춤형 솔루션	장기적인 지원과 호환성을 제공하는 확장 가능하고 지속 가능한 기술

리드 개발자의 역할은 클라이언트가 원하는 것 이면에 숨겨진 근본적인 필요를 파악하는 것이다. 이를 위해 관련된 질문을 통해 비즈니스 목표, 대상 클라이언트, 프로젝트에 대해 그들이 가진 기대를 이해해야 한다. 프로젝트의 핵심 목적을 파악함으로써 가치 있는 통찰을 얻을 수 있다. 각 기능의 목적과 의도된 사용자 경험을 이해하기 위해서는 심층적인 질문을 던져야 한다. 이러한 노력을 통해 클라이언트가 진정으로 필요로 하는 것이 무엇인지 밝혀낼 수 있다.

프로젝트에 필요하지 않음에도 불구하고 클라이언트가 자신만의 솔루션을 고집한다면, 그 솔루션이 가진 잠재적인 문제점을 부드럽게 설명해야 한다. 또한 프로젝트 매니저와 협력하여 이러한 우려를 공유하면 그들이 클라이언트와 함께 문제를 완화할 방안을 모색할 수도 있다. 이런 상황이 발생하면, 필자는 보통 클라이언트와 프로젝트팀이 함께 하는 회의를 열어 클라이언트가 제안한 솔루션의 문제점을 논의한다. 다른 접근 방식을 대안으로 제시하고, 각각의 장단점을 설명함으로써 클라이언트가 정보를 기반으로 결정을 내릴 수 있도록 돕는다.

8.2.2 예산 고려하기

기술적 접근 방식을 제안할 때 항상 클라이언트의 예산을 염두에 두는 것이 중요하다. 높은 품질의 제품을 목표로 하는 것은 필수이지만, 제한된 예산 내에서 뛰어난 결과물을 균형 있게 조율하는 것 또한 꼭 익혀야 할 기술이다. 프로젝트를 시작할 때, 클라이언트의 예산 한계를 명확히 이해하는 것이 반드시 필요하다. 클라이언트들은 특정한 재정적 제약 사항을 가지고 있을 때가 많은데, 프로젝트 계획 단계에서 이를 고려해야 한다. 예산을 신중히 고려함으로써 공감, 신뢰, 클라이언트에게 가치를 제공하려는 헌신을 보여줄 수 있다.

우선 프로젝트 성공에 꼭 필요한 핵심 기능을 파악하고, 이를 효과적으로 구현하기 위해 예산의 상당 부분을 이 부분에 할당해야 한다. 클라이언트의 목표와 직접적으로 연관되어 있으며, 비즈니스에 가장 큰 가치를 가져오는 기능에 집중해야 한다. 우선순위를 이해하면 자원과 노력을 좀 더 효율적으로 분배할 수 있다. 필자의 경우 새 프로젝트를 시작할 때 프로젝트 매니저와 긴밀히 협력하면서 가장 큰 가치를 가져다줄 기능의 우선순위를 정한다. 예를 들어 전자상거래 웹사이트를 구축한다면, 안전한 결제 게이트웨이 구현이 최우선 과제 중 하나다. 안전한 결제 게이트웨이가 없으면 전자상거래 프로젝트는 성공할 수 없다.

클라이언트에게 가장 큰 가치를 가져다줄 기능이 명확하지 않을 때도 있는데, 이런 경우는 특정 기능을 높은 우선순위로 정한 이유를 설명해야 할 수도 있다. 예를 들어 클라이언트가 보안의 중요성에는 쉽게 동의하지만, 사용자 친화적인 체크아웃 프로세스를 지원하기 위한 고도의 재고 관리의 중요성은 이해하지 못할 수 있다. 또한 클라이언트가 검색 기능이나 추천 상품 같은 기능을 우선시하고 이러한 기능들이 전자상거래 웹사이트에서 중요하더라도 체크아웃 기능에 우선순위를 두고 집중해야 한다. 이 점을 클라이언트에게 설명할 때 필자는 집 짓기 비유를 즐겨 사용한다. 집을 짓기 위해서는 먼저 튼튼한 기반을 구축해야 하는데, 집을 지탱하는 요소들이 여기에 포함된다. 기반이 완성된 후에야 다음 단계의 기능으로 넘어갈 수 있다.

복잡하고 정교한 솔루션을 구축하고 싶은 유혹이 있을 수도 있지만, 기능성과 복잡성 사이에서 균형을 유지하는 것이 중요하다. 프로젝트를 과도하게 설계하면 개발 시간과 유지 비용의 측면에서 예산에 큰 영향을 미칠 수 있다. 효율적인 비용 관리를 위해 가볍고 확장 가능한 기술적 접근 방식을 제안해야 한다. 기존의 라이브러리, 프레임워크, 오픈소스 솔루션을 활용함으로써 이미 있는 기능을 불필요하게 구현하는 것을 피해야 한다. 입증된 기술이나 코드를 재사용하면 시간과 개발 노력을 절약할 수 있고, 궁극적으로 클라이언트의 비용을 최소화할 수 있다.

필자는 독특한 클라이언트와 작업한 적이 있었다. 그 클라이언트는 모든 것을 맞춤형으로 구축하길 원했고, 앵귤러를 극도로 싫어했다. 필자는 앵귤러가 그 프로젝트에 적합한 솔루션이며, 클라이언트가 요청한 방식은 비용이 더 많이 들 것이라는 점을 알고 있었다. 그래서 왜 그 클라이언트가 앵귤러를 싫어하는지 파악하기 위해 이전 경험에 대해 이야기를 나눴다. 알고 보니, 이전에 한 개발자가 앵귤러를 사용해 무언가를 만들었는데, 그 결과물이 마음에 들지 않았던 것이다. 이로 인해 앵귤러에 대해 무의식적으로 편견을 가지게 되었고, 필자는 앵귤러에 대한 그 클라이언트의 반감을 누그러뜨려야만 했다. 몇 차례 논의 끝에, 다른 옵션들을 조사하고 각각의 장단점을 제시했다. 함께 여러 방안을 검토한 끝에, 앵귤러가 맞춤형 라이브러리를 구축하는 것보다 더 나은 접근 방식이라는 결론에 도달했다.

만약 프로젝트가 예산을 초과했다면, 그 이유를 분석해야 한다. 범위 변경, 예기치 못한 문제, 부정확한 예산 추정, 자원 제약과 같이 예산을 초과한 원인을 찾아야 한다. 그런 다음 프로젝트팀과 협력하여 예산 초과 문제를 해결할 수 있는 방안을 브레인스토밍하고 찾아내야 한다. 이를 위해서는 다른 접근 방식을 탐구하거나, 프로젝트 우선순위를 재평가하거나, 자원을 재배치하거나, 가능하다면 추가 자금을 확보하는 방안까지도 고려할 수 있다. 또한 프로젝트 내에서 팀원의 역할 배분을 평가하고, 가용 인력이 효율적으로 활용되고 있는지 확인하는 것도 도움이 된다. 작업을 재배치하거나 워크플로를 최적화해 생산성을 향상시키고 불필요한 비용을 줄이는 것도 고려해볼 수 있다.

애자일 프로젝트 관리 방법론은 예산과 제품 품질의 균형을 맞추는 데 중요한 역할을 한다. 애자일은 프로젝트를 더 작은 마일스톤으로 나누고, 반복적인 개발 사이클을 통해 정기적인 피드백 루프와 지속적인 결과물을 제공한다. 지속적 배포에서는 각 릴리스가 자동화된 테스트와 통합 과정을 거치는데 이를 통해 개발 초기 단계에서 버그를 식별하고 수정할 수 있다. 이는 결국 결함이 적고 품질이 높은 소프트웨어로 이어진다. 이 반복적인 프로세스는 클라이언트의 비전이 개발 진행 상황과 일치하도록 보장하며, 예산 문제를 조기에 식별할 수 있도록 돕는다.

지속적인 피드백을 통해 개발 방향을 조정하고, 예산 범위 내에서 클라이언트의 기대치를 충족시킬 수 있다. 또한 개발의 범위가 변경되거나 확대되는 문제를 해결할 기회를 가질 수도 있고, 기능 향상이나 전체 예산을 벗어나지 않는 한도 내에서 타협할 수 있는 부분에 대해 충분한 정보를 바탕으로 결정할 수 있다.

8.2.3 제안 내용 프레젠테이션하기

기술적 접근 방식을 클라이언트에게 프레젠테이션할 때, 효과적인 커뮤니케이션이 핵심이라는 점을 기억해야 한다. 아이디어를 전달할 때는 명확하고 간결하며 설득력이 있어야 한다. 클라이언트의 관심사와 우려를 반영해 프레젠테이션을 조정할 수 있어야 하기 때문에 청중을 이해하는 것이 중요하다. 클라이언트의 이야기를 능동적으로 경청하여 문제를 재확인하고 이를 명확히 정의함으로써 누락되는 부분이 없도록 해야 한다. 프레젠테이션에 앞서, 클라이언트와 다르게 생각하는 점이 없음을 확인하고 요구사항을 완전히 이해해야 한다. 잘못된 접근 방식으로 프레젠테이션에 임하면 성공적인 결과를 기대하기 어렵다.

필자도 비슷한 경험을 한 적이 있는데 매우 당황스러웠다. 리드 개발자 직책을 맡았던 초창기에 새로운 클라이언트에게 프레젠테이션을 했는데, 클라이언트 측에 기술 전문가가 있어서 자신들의 아이디어를 대략적으로 정리해놓은 것을 모르고 필자의 아이디어만 준비한 채 회의에 들어갔다. 결국 프레젠테이션은 그들의 아이디어를 반영하지 못했고 그 결과, 프레젠테이션은 순조롭게 진행되지 못했다. 클라이언트는 필자가 제시한 거의 모든 내용에 반대했고 회의의 목표를 달성하지 못했다. 이후 시간이 지나면서 팀워크를 발휘해 오해를 해결하고 클라이언트의 요구사항을 논의하며 상황을 바로잡을 수 있었다.

다이어그램이나 순서도 같은 시각적 자료를 사용하여 기술적 접근 방식을 설명하면 비기술적인 청중도 개념을 이해할 수 있다. 프레젠테이션에서 지나치게 전문 용어를 사용하는 것을 피해야 하며, 모두가 해당 용어나 약어를 알고 있다고 가정해서는 안 된다. 핵심 포인트를 설명할 때 실제로 흔히 접할 수 있는 사례를 사용하는 것도 효과적이다. 이를 통해 클라이언트는 제시한 개념을 구체적이고 확인 가능한 것으로 연결할 수 있다. 필자는 항상 과거 프로젝트에서 성공을 측정했던 주요 지표를 제시해, 우리 팀이 유사한 프로젝트를 성공적으로 구현한 경험이 있다는 것을 보여준다.

물론, 제안 내용을 프레젠테이션할 때는 클라이언트의 우려사항을 해결하는 것도 중요한 부분이다. 실현 가능성, 확장성, 잠재적 리스크에 대한 질문을 예상하고 이에 대비해 프레젠테이션을 준비하는 것이 좋다. 이러한 질문이 나오기도 전에 답변이 되는 내용을 제공하면, 클라이언트의 우려를 이해하고 있으며 비슷한 프로젝트에서 경험을 가지고 있음을 보여줄 수 있다. 만약 유사한 프로젝트에 대한 경험이 없다면, 비슷한 프로젝트를 조사하고 연구 사례를 제공할 수도 있다.

클라이언트가 자신의 우려사항을 자유롭게 표현하도록 격려하며, 이를 프로답게 다뤄야 한다. 클라이언트가 제기하는 모든 질문에 신중하게 답변하고, 그들이 답변에 만족했는지 확인해야 한다. 기술적 접근 방식을 제안할 때는, 단순히 아이디어를 전달하는 것을 넘어 클라이언트와의 대화를 통해 결정을 이끌어내는 과정을 진행하는 것이다. 클라이언트의 말을 경청하고 있으며, 그들이 우려하는 바가 해소되고 있다는 느낌을 받을 수 있도록 주의를 기울여야 한다.

표 8.3은 클라이언트에게 기술적 접근 방식을 제안하는 데 필요한 단계와 각 단계에 대한 설명과 예시를 요약해서 보여준다.

표 8.3 사례 발표 방법

단계	설명	예시
청중을 이해한다.	청중의 목표, 우려, 우선순위는 무엇인가? 이를 이해하고 프레젠테이션을 청중에 맞춰 조정해야 메시지가 효과적으로 전달된다.	클라이언트가 주로 비용 효율성에 집중한다면, 자신의 접근 방식이 어떻게 자원을 최적화하고 비용을 절감할 수 있는지 강조한다.
문제를 명확히 정의한다.	클라이언트가 직면한 과제와 문제점을 설명한다. 공감할 수 있는 예시와 비유를 통해 클라이언트가 개념을 쉽게 이해할 수 있도록 한다.	전자상거래 웹사이트를 물리적 매장에 비유하여, 고객들이 계산대에서 긴 줄을 기다리다 결국 카트를 버리고 떠나는 상황과 비교할 수 있다.
기술적 접근 방식을 제시한다.	복잡한 개념을 기술 용어 없이 쉽게 설명한다. 다이어그램이나 순서도 같은 시각적 자료를 사용하여 접근 방식의 각 단계를 설명하자.	페이지 로드 시간을 최적화하는 과정을 순서도로 시각화하여, 최적화 전후의 효과를 단계별로 보여줄 수 있다.
이점을 강조한다.	프로젝트가 고객의 운영, 사용자 경험, 전체적인 수익성에 미칠 긍정적 효과를 강조한다. 가능하다면, 수치화된 데이터를 활용해 이러한 이점을 설명한다.	웹사이트 로드 시간 개선이 이탈률 25% 감소와 전환율 15% 증가로 이어질 수 있음을 보여준다. 이러한 개선사항이 어떻게 더 높은 매출로 연결되고 온라인 시장에서 경쟁 우위를 제공하는지를 설명한다.
잠재적 우려를 해결한다.	실현 가능성, 확장성, 잠재적 위험에 대한 질문을 예상한다. 신뢰를 심어줄 수 있는 신중한 답변과 솔루션을 제공한다.	코드 최적화에 대한 우려를 해결하기 위해 철저한 테스트와 품질보증quality assurance, QA 과정을 설명하자. 유사한 접근 방식을 성공적으로 구현한 사례를 강조한다.
실제 사례를 활용한다.	제안한 기술적 접근 방식의 효과를 보여주는 실제 사례로 프레젠테이션을 보강한다. 이전 프로젝트의 성공 사례나 관련 산업의 사례 연구를 공유한다.	이전 프로젝트에서 성과를 입증한 페이지 로드 시간 단축, 고객 참여 증가, 검색엔진 순위 개선과 같은 결과와 지표를 강조한다.

처음 리드 개발자가 되었을 때, 기술적 접근 방식을 프레젠테이션하는 데 어려움을 겪었다. 클라이언트의 우려사항에 대해 대화를 이끄는 것이 쉽지 않았지만, 시간이 지나고 연습하면서 자연스럽게 익힐 수 있었다. 또한 비슷한 유형의 프로젝트를 자주 진행하다 보니 질문 목록, 자주 발생하는 우려사항, 사례 연구를 포함한 플레이북을 만들게 되었다. 이제는 이러한 프레젠테이션을 준비할 때, 클라이언트와 연결하여 우리 팀의 접근 방식을 그들이 이해할 수 있는 방식으로 소통할 수 있게 됐다.

웹사이트와 앱용 CMS가 필요한 클라이언트와 작업한 적이 있다. 이 클라이언트는 기술적 지식이 부족해서 기반 기술을 이해하는 데 어려움을 겪었지만, 동시에 호기심도 많았다. 그래서 그들의 질문에 답변하는 데 시간을 들이고, 아키텍처를 시각화할 수 있는 순서도를 만들어 설명했다. 이 클라이언트는 예산에 대한 걱정도 하고 있었기 때문에, 최소 기능 제품minimum viable product, MVP부터 만드는 방식으로 프로젝트를 진행했다. 클라이언트는 필자의 인내심과 세부사항에 주의를 기울이는 것을 높이 평가하며 여러 번 감사를 표했다. 그들이 필요로 했지만 이전에는 제공받지 못했던 정보를 제공했으며, 새로운 기술을 배우는 데 도움을 주었다. 이러한 방식은 클라이언트 자신과 프로젝트에 대한 자신감을 키워주었다.

기억해야 할 점은 기술적 접근 방식을 프레젠테이션하는 과정에서 클라이언트와의 대화를 이끌고, 그들의 우려사항을 해결하는 것도 중요한 부분이라는 것이다. 이를 통해 신뢰를 구축하고 성공적인 결과를 위한 기반을 마련할 수 있다.

8.3 클라이언트와의 관계 형성

소프트웨어 개발은 종종 기술적인 작업으로 여겨지지만, 이 과정에는 인간적인 요소도 중요하다는 점을 잊지 말아야 한다. 클라이언트는 자신만의 목표, 우려, 아이디어를 가진 실제 사람들이다. 클라이언트와의 관계 형성에 시간과 노력을 투자하면, 리드 개발자는 신뢰를 구축하고, 열린 소통을 촉진하며, 클라이언트의 필요를 더 깊이 이해할 수 있다. 이러한 인간적 연결은 협력의 강력한 기반을 마련하고 성공적인 파트너십으로 이어질 수 있다.

탄탄한 업무 관계가 없다면, 성공적인 프로젝트 결과에 필수인 협업 정신이 약화될 수 있다. 또한 아이디어가 자유롭게 흐르지 못하고 고립되어 혁신이 저해될 수 있다. 소통 채널이 원활하지 않으면 중요한 통찰과 개선의 기회를 놓칠 가능성이 크다. 그 결과 최종 제품이 클라이언트의 기대에 미치지 못할 수 있으며, 이는 클라이언트의 불만족과 비즈니스적 관계의 악화로 이어질 수 있다. 클라이언트가 긍정적인 경험을 하지 못하면, 향후 다른 사람들에게 추천하거나 서비스를 다시 요청할 가능성도 낮아진다.

견고한 업무 관계가 형성되면 리드 개발자와 클라이언트 간의 협업이 원활해진다. 이들은 공동의 목표를 향해 나아가는 하나의 팀처럼 기능한다. 아이디어의 교환이 활발하고 역동적으로 이뤄져, 리드 개발자는 자신의 기술적 전문성을 바탕으로 가치 있는 통찰을 제공하고 제안도 할 수 있다. 클라이언트는 고유한 관점과 도메인 지식을 제공할 수 있고, 이는 개발 과정을 풍부하고 다채롭게 만들어준다. 이러한 협력은 클라이언트의 기대를 충족하고, 클라이언트의 장기적인 비전과 완벽히 일치하는 최종 제품으로 이어질 수 있다.

8.3.1 클라이언트와의 신뢰 구축

신뢰trust는 모든 성공적인 프로젝트의 기초이며, 초기 단계부터 이를 구축하는 것이 중요하다. 신뢰는 열린 소통을 가능하게 하고, 효과적인 협업을 촉진하며, 리드 개발자의 전문성에 대한 확신을 심어준다. 이는 프로세스를 효율적으로 만들고, 유연성을 높이며, 고품질의 작업 결과물을 적시에 제공하는 데 기여하여, 클라이언트 만족과 장기적인 파트너십 가능성을 높인다. 반면, 신뢰가 부족하면 진행이 더디고, 소통이 원활하지 않으며, 클라이언트 만족도가 떨어져 프로젝트 성공과 긍정적인 관계 형성이 위태로워질 수 있다.

새로운 프로젝트를 시작할 때, 필자가 가장 먼저 하는 일은 클라이언트와의 신뢰를 구축하는 것이다. 이를 위한 최고의 방법 중 하나는 클라이언트의 이야기를 경청하고 그들의 아이디어를 진지하게 고려하는 것이다. 클라이언트는 자신들의 프로젝트가 지원하려는 비즈니스 요구사항을 가장 잘 아는 사람이기 때문에, 리드 개발자는 클라이언트의 관점을 이해하는 것이 중요하다. 클라이언트가 이해받고 있다고 느끼면 협업이 더욱 효과적으로 이뤄지며, 지속적인 관계 구축이 용이해진다.

필자는 다른 리드 개발자가 진행하던 프로젝트를 이어받은 경험이 많다. 진행 중인 프로젝트에 투입될 경우, 클라이언트와 대화하며 어떤 점을 개선하고 싶은지 물어보는 것이 중요하다. 이 대화는 이전 리드 개발자를 비난하지 않는 태도로 접근해야 하며, 특히 이전 리드 개발자가 같은 조직에서 계속 일하고 있는 경우에는 더욱 신중해야 한다. 특정 개인을 비난함으로써 조직 전체의 이미지를 손상시키는 일은 피해야 한다. 이 접근 방식은 새로운 클라이언트에게도 효과적이다. 클라이언트에게 이전 프로젝트에서 겪었던 불편한 점이나 문제점에 대해 물어보는 것도 유용하다.

신뢰를 구축하는 효과적인 방법 중 하나는 고품질의 작업을 기한 내에 예산에 맞춰 제공하는 것이다. 고품질의 작업을 제공하는 것은 리드 개발자의 목표가 되어야 하지만, 이를 예산 내에서 수행하는 것은 쉽지 않을 수 있다. 예산 관리는 일반적으로 프로젝트 매니저의 역할이지만, 기한을 준수하고 기술 부채를 최소화함으로써 이를 지원할 수 있다. 이는 팀 전체와 빈번하게 소통하고 협업할 때 훨씬 더 수월해지는데, 이는 애자일 프로젝트 관리 방법론에서 사용되는 반복적 접근 방식의 핵심이다. 고품질의 작업을 제공하는 데 중요한 요소 중 하나는 모범 사례를 활용하여 안정적인 시스템을 구축하는 것이다.

또한 정기적인 유지 보수 작업을 실행하여 다운타임과 오류를 방지해야 한다. 필자가 작업했던 많은 프로젝트에서는 유지 보수를 생략하여 시스템이 중단되는 일이 자주 있었다. 리드 개발자 중에는 시스템을 빠르게 복구할 수 있다면 이를 문제로 여기지 않는 사람도 있다. 유지 보수 작업을 실행하는 데 걸리는 시간이 시스템을 다시 온라인으로 복구하는 시간보다 길 수도 있지만, 이는 위험한 선택이다. 유지 보수를 생략하면 언제 큰 문제가 발생할지 알 수 없으므로, 정기적으로 유지 보수를 계획하는 것이 최선의 방법이다.

필자가 함께 작업했던 많은 클라이언트는 다운타임이 소프트웨어 개발 프로젝트에서는 일반적인 일이라고 생각했고 이를 받아들였지만, 반기지는 않았다. 정기적인 유지 보수가 이러한 문제를 방지하는 데 어떻게 도움이 되는지 설명하자, 그들은 유지 보수를 일정에 추가하는 것에 기꺼이 동의했다. 이 과정에서 클라이언트는 자신이 기존에 가지고 있던 기대치를 뛰어넘는 모습을 보고 필자를 더욱 신뢰했다.

자신의 작업과 행동에 책임감을 갖는 것은 신뢰를 얻는 데 필수다. 실수가 발생하면 이를 즉시 인정하고, 책임을 받아들이며 문제를 해결하기 위해 노력해야 한다. 책임을 전가하거나 변명을 늘어놓는 것은 신뢰를 약화시킬 수 있다. 필자가 가장 싫어하는 것은 자신의 실수에 대해 사과하거나 책임을 지지 않는 개발자들과 일하는 것이다. 어떤 사람들은 실수를 했을 때 진실을 말하는 것을 두려워하지만, 거짓말이 드러날 경우 그보다 더 나쁜 상황은 없다. 거짓말이 발각되면 클라이언트는 당신을 신뢰하지 않게 되며, 심지어 진실을 말할 때조차 믿지 않을 수 있다. 책임감을 보여주는 것은 클라이언트에게 문제를 해결하려는 헌신을 보여주며, 여러분의 능력에 대한 신뢰를 유지하도록 도와준다.

8.3.2 클라이언트 이해하기

리드 개발자로서, 클라이언트와 개인적인 유대감을 형성하면 프로젝트 요구사항을 넘어서는 우호적인 관계를 구축하고 지속적인 업무 관계를 위한 기반을 다지는 데 도움이 된다. 클라이언트를 진정으로 이해하려면 클라이언트와의 상호작용에서 인간적인 요소를 받아들이는 것이 중요하다. 프로젝트의 세부사항을 논의할 때 클라이언트의 삶, 열정, 경험에 진심으로 관심을 가져야 한다. 이렇게 하면 편안한 분위기가 조성되어 열린 소통을 유도하고 클라이언트와 개발자 간의 유대감을 강화할 수 있다.

프로젝트 회의는 모든 참석자가 모이기를 기다리며 짧고 사소한 대화로 시작하는 것이 좋다. 이런 대화를 통해 많은 클라이언트가 필자처럼 달리기를 좋아한다는 것을 알게 되었다. 우리는 달리기 대회에 대해 이야기하고 추천을 주고받으며 서로의 관심사를 탐구했다. 이러한 방식으로 개인적인 유대감을 형성했으며, 프로젝트 범위를 넘어 클라이언트와 인간적인 차원에서 소통하려는 의지를 보여줄 수 있었다.

공통점을 찾는 것은 클라이언트와의 연결을 구축하는 강력한 방법이 될 수 있다. 한번은 클라이언트와 함께 참석한 콘퍼런스에서 점심 시간에 서로를 알아갈 수 있었다. 이러한 방식은 공통의 관심사, 취미, 비슷한 직업적 배경을 발견하는 데 도움을 준다. 이렇게 공유한 경험은 프로젝트 관련 논의를 넘어서는 대화의 기반이 될 수 있다. 이러한 연결은 클라이언트에게 이해와 존중받는 느낌을 주며, 충성심과 신뢰를 형성하는 데 기여한다.

리드 개발자는 공감과 이해를 통해 클라이언트와 강한 유대감을 형성할 수 있다. 클라이언트의 입장이 되어 그들이 직면한 어려움, 목표, 우려를 이해하려고 노력해야 한다. 클라이언트의 필요에 진심으로 관심을 가진다는 것을 보여줌으로써, 신뢰의 기반을 구축하고 믿을 수 있는 파트너로 자리매김할 수 있다. 필자는 예산 제약이나 촉박한 기한에 대해 걱정하는 클라이언트들과 일한 적이 많다. 이런 경우, 항상 그들의 걱정을 이해하고 함께 현실적인 해결책을 찾기 위해 노력했다. 능동적으로 경청하고 지원과 도움을 제공함으로써, 클라이언트의 성공을 위해 노력하려는 모습과 장애물을 극복하기 위한 의지를 보여줄 수 있다.

클라이언트의 개인적인 상황에 대해 공감하는 것도 중요하다. 사람들은 각자 무언가를 겪고 있을 수 있으며, 클라이언트가 평소와 다르거나 힘든 일이 있다는 것을 알아차린다면, 부드럽게 괜찮은지 물어볼 수 있다. 팬데믹 동안 필자가 회의 초반에 했던 질문 중 하나는 "정말로 별일 없는 거죠?"였다. 단순히 "별일 없죠?"라고 묻는 것에서 한 걸음 더 나아간 질문이다. 일반적으로 사람들은 "네, 별일 없죠"라고 대답하지만, 실제로는 그렇지 않은 경우가 많다. '정말로'라는 단어 하나만 추가해도 상대방이 진실을 말하기를 원한다는 것을 보여줄 수 있다. 이 질문을 통해 클라이언트와 정신 건강에 대해 많은 대화를 나눴는데, 때로는 놀라운 이야기를 듣기도 했다. 사람들은 지지를 받고 싶어 하며, 자신이 혼자가 아니라는 느낌을 받는 것만으로도 그들에게 크게 도움이 된다.

프로젝트의 중요한 마일스톤과 성과를 인정하고 축하하는 것도 클라이언트와의 관계를 증진할 수 있는 또 다른 방법이다. 새로운 기능이 성공적으로 출시되거나 중요한 마일스톤에 도달한 경우, 이러한 성과를 함께 인정하고 기념하는 시간을 가져야 한다. 완전 원격 또는 하이브리드팀이라면, 가상 축하 이벤트를 계획할 수도 있다. 예를 들어 온라인 해피아워happy hour나 게임 나이트game night를 열 수 있다.

필자는 보통 클라이언트사를 직접 방문해 대면으로 축하하는 것을 선호하며, 주로 점심이나 저녁 식사 시간에 이를 진행한다. 대면 축하는 더 효과적인 인간관계를 가능하게 한다. 온라인으로도 축하할 수 있지만, 사람들이 멀티태스킹을 할 가능성이 있으므로, 분위기를 유지하려면 더 많은 노력을 해야 한다. 대면 상황에서는 인간적인 연결을 더 강하게 느낄 수 있으며, 사람들이 집중하지 못할 가능성도 줄어든다. 이러한 성공의 순간을 공유함으로써, 협업과 성공적인 결과 사이의 긍정적인 연관성을 만들고, 지속적인 유대감을 형성하며, 미래의 협업 가능성을 높일 수 있다.

8.3.3 신중한 태도 유지하기

신중한 태도는 효과적인 협업, 신뢰 구축, 성공적인 프로젝트 전달을 위해 중요하다. 신중한 태도에는 현실적인 기대치를 설정하고 이를 효과적으로 관리하는 것을 포함한다. 프로젝트 일정, 잠재적인 문제, 결과에 영향을 미칠 수 있는 제약사항들과 관련하여 투명하게 소통해야 한다. 비현실적인 요구에 직면했을 때는, 제약사항을 설명하고 대안을 제시해야 한다. 필자는 이런 경우 업계의 모범 사례를 공유하고, 경험을 바탕으로 더 실현 가능한 방향으로 나아갈 수 있도록 안내하는 것을 선호한다.

클라이언트가 자주 요청하는 것 중 하나는 일정은 그대로 둔 채 기능을 추가하는 것이다. 이럴 때는 왜 그러한 기능이 추가되었는지 이해하기 위해 명확한 질문을 하고, 그 기능을 작업하는 대신 후순위로 미뤄도 되는 작업이 있는지 물어본다. 우선순위는 항상 변하므로 프로젝트 매니저가 필요하다. 하지만 리드 개발자는 우선순위를 변경함으로써 발생할 수 있는 문제점을 명확히 전달해야 한다. 필자는 클라이언트와 작업할 때, 추가 작업을 현재 일정에 포함시키면 프로젝트의 전반적인 품질과 안정성에 영향을 미칠 수 있음을 알린다. 그런 다음, 클라이언트의 요구를 충족하면서도 프로젝트 품질을 유지할 수 있는 대안적인 해결책을 제시한다. 최고의 고객 만족을 보장하기 위해서는 다른 어떤 것보다도 품질을 우선시하는 것이 중요하다.

여러분이 사용하는 언어는 메시지가 어떻게 받아들여지는지에 큰 영향을 미친다. 긍정적인 언어를 사용하면 신뢰를 심어주고, 협업을 촉진하며, 즐거운 클라이언트 경험을 만들 수 있다. 낙관적이고 가능성을 표현하는 단어를 사용하면 클라이언트에게 신뢰와 열정을 심어줄 수 있다. 반면, 부정적인 언어는 부정적인 인상을 줄 수 있으며, 클라이언트가 프로젝트와 리드 개발자의 역량에 대해 부정적으로 느끼게 만들 수 있다. '불행은 친구를 찾는다'라는 말처럼, 사람들은 같은 문제에 대해 불평하는 사람들을 찾으려는 경향이 있다. 따라서 부정적인 태도를 피하고, 긍정적이고 건설적인 소통을 유지하는 것이 중요하다.

부정적인 클라이언트를 상대할 때 도움이 되었던 방법 중 하나는 부정적인 생각을 긍정적인 생각으로 프레임을 전환하는 기술이었다. 이 기술은 **인지 행동 치료**cognitive behavioral therapy, CBT라고 부르는데 심리 치료에서 배운 것이다. **CBT**는 부정적인 사고와 행동 패턴에 도전하면서 이를 좀 더 균형 잡히고 유익한 대안으로 대체함으로써 정신 건강과 웰빙을 개선하고자 하는 목표 지향적 치료 방법이다. 이 기술은 사생활과 직장 생활 모두에서 매우 유용하며, 꼭 익혀야 할 중요한 스킬이다. 예를 들어 "그건 할 수 없습니다"라는 말을 "흥미로운 아이디어네요. 클라이언트님의 요청을 어떻게 반영할 수 있을지 논의해보겠습니다"로 바꾸는 것이다.

필자의 클라이언트 중에는 우리가 사용하는 기술을 제대로 이해하지 못해, 기술적인 부분에서 자신의 의견을 계속 주장하는 사람이 있었다. 이때, 그들에게 틀렸다고 직접 말하기보다는 이렇게 프레임 전환을 했다. "클라이언트님께서 왜 그렇게 생각하시는지 이해합니다. 클라이언트님만 그런 건 아니에요. 많은 분이 혼란스러워하는 부분인데, 제가 그 부분에 대해 명확히 설명해 드리겠습니다." 많은 경우 상황은 흑백 논리가 아닌 회색 영역에 있으며, 이 부분을 명확히 설명해야 클라이언트가 기술적 접근 방식을 이해할 수 있다.

신중한 태도와 동시에 진정성 있는 자세도 중요하다. 클라이언트에게 화를 내거나 참을성을 잃어서는 안 된다. 궁극적인 목표는 고객 만족을 보장하는 것이다. 클라이언트와 그들의 관심사, 그리고 의견에 진심으로 관심을 가져야 한다. 말은 긍정적으로 하면서 톤이 부정적이라면, 클라이언트는 여러분을 진정성이 떨어진다고 생각할 것이다.

또한, 바디랭귀지에도 신경 써야 한다. 찡그리거나 팔짱을 끼고 있다면[1] 이는 불만이 있다는 신호일 수 있다. 대신, 중립적인 표정을 지으면서 등을 곧게 세우고 어깨와 가슴을 펴고 앉는 자세가 바람직하다. 이렇게 좀 더 개방적인 자세를 가지면 클라이언트는 협조적인 태도와 자신의 생각을 공유하고자 하는 마음을 갖게 된다. 이러한 자세는 클라이언트와의 지속적인 관계 형성에 큰 도움을 줄 것이다.

8.4 까다로운 클라이언트 대처

까다로운 클라이언트를 어떻게 대처하느냐에 따라 프로젝트 결과와 클라이언트 관계가 크게 영향을 받을 수 있기 때문에 이는 매우 중요한 문제다. 까다로운 클라이언트에 잘 대응하면 몇 가지 긍정적인 결과를 얻을 수 있다. 적절한 대응을 통해 리드 개발자는 대화를 좀 더 건설적인 방향으로 이끌어갈 수 있다. 또한 전문성을 유지함으로써 열린 대화와 문제 해결에 유리한 분위기를 조성할 수 있다. 이는 상호 간 건강한 업무 관계를 형성하고 서로 만족스러운 해결책을 찾을 가능성을 높여준다.

반대로, 까다로운 클라이언트를 적절히 대처하지 못하면 여러 부정적인 결과를 초래할 수 있다. 충동적으로 반응하거나 냉정을 잃게 되면 상황이 악화되어 관계가 경직되고, 의사소통이 원활하게 진행되지 않아 프로젝트 지연으로 이어질 수 있다. 클라이언트의 불만은 더욱 심화되어 긴장이 고조되고 프로젝트에는 점점 더 많은 차질이 발생한다. 심한 경우, 클라이언트와의 계약이 종료되거나 리드 개발자 혹은 소속된 조직의 평판이 나빠질 수도 있다.

까다로운 클라이언트에게 적절히 대처하지 못하면 팀 전체의 사기와 동기부여에도 부정적인 영향을 미칠 수 있다. 팀원들은 긴장된 상황이나 클라이언트 관계를 잘못 관리한 결과를 경험하며 의욕을 잃거나 좌절감을 느낄 수 있다. 이는 생산성 저하, 낮은 품질의 결과물, 이직률 증가로 이어질 수 있다. 의사소통 부재와 갈등 해결 노력이 효과를

---

[1] 옮긴이 서구권에서는 팔짱을 끼면 불만이 있는 것으로 이해한다.

보지 못하면 팀의 협업 능력이 떨어지고 성공적인 프로젝트의 수행에도 제동이 걸린다.

필자는 까다로운 클라이언트를 꽤 많이 경험해봤는데, 대하기가 정말 어려웠다. 특히 클라이언트가 무례하거나 모욕적인 태도를 보일 때 가장 힘들었다. 예전에 클라이언트의 시스템 관리자와 함께 작업한 적이 있었는데, 그 사람은 매우 무례했고 아무런 도움도 주지 않았다. 이 문제를 프로젝트 매니저에게 보고했지만, 처음에는 대수롭지 않게 여겼다. 그러나 이 문제를 지속적으로 제기했고, 결국 다른 시스템 관리자로 교체됐다. 교체된 사람과는 협력 관계가 잘 이뤄졌고 모든 문제가 해결됐다. 이런 상황에서 어떻게 행동해야 하는지, 그리고 어떻게 긴장을 완화할 수 있는지를 알기가 쉽지 않다. 특히 클라이언트의 요구가 비합리적이고 그들이 고집을 부릴 때면 더욱 어렵다.

처음 리드 개발자가 되면 클라이언트와 동료들에게 좋은 인상을 주고 싶어 한다. 하지만 클라이언트가 만족하지 못하면, 리드 개발자로서 자신이 부족하다고 생각할 수 있다. 그러나 이런 경험은 누구나 겪는 일이라는 것을 알아야 한다. 이는 일하면서 겪을 수 있는 매우 어려운 문제 중 하나다. 까다로운 클라이언트가 있을 때는 매니저와 상황을 공유하는 것이 중요하다. 매니저는 그 문제를 상급자에게 보고할 수도 있고 문제를 해결할 수 있는 사람을 통해 도움을 줄 수도 있다. 필자의 경우 침착함을 유지하고 팀원으로부터 지원과 도움을 받는 방법을 배운 이후로는 긴장을 완화하고 부정적인 상황을 긍정적인 상황으로 바꾸는 경험을 더 자주 할 수 있었다.

8.4.1 침착함 유지

까다로운 클라이언트를 상대할 때 감정이 격해지는 것은 자연스러운 일이다. 하지만 충동적으로 반응하거나 냉정을 잃으면 상황이 악화될 수 있다. 침착하고 차분하게 대응하면 자신과 클라이언트에게 더 긍정적인 결과를 가져올 수 있고, 명확하게 사고하고 합리적인 결정을 내릴 수 있다. 감정이 격해지면 상황을 객관적으로 판단하기 어려워지지만, 차분함을 유지하면 클라이언트의 문제를 분석하고 불만의 근본 원인을 찾아 적절한 해결책을 제시할 수 있다. 이런 신중한 태도는 상대방에게 리드 개발자로서의 능력에 대한 신뢰를 높일 수 있다.

침착한 태도는 긴장된 상황을 완화하는 데도 효과적이다. 까다로운 클라이언트는 종종 강하게 불만을 표현하거나 거친 언어를 쓰고 비합리적인 요구를 할 수 있다. 차분하게 반응하면 상황이 더 나빠지는 것을 막을 수 있다. 침착한 태도는 클라이언트의 감정을 진정시키고 대화를 더 건설적인 방향으로 이끌 수 있게 해준다.

까다로운 클라이언트를 상대할 때 침착함을 유지할 수 있는 한 가지 좋은 방법은 그들의 입장에서 상황을 이해하고 공감하려고 노력해보는 것이다. 그들의 불만은 외부적인 압박이나 기대에서 비롯된 것일 수 있다. 공감을 보여주면 열린 대화와 협업이 가능한 환경을 만들 수 있다.

> **NOTE**
> 클라이언트의 불만을 개인에 대한 공격으로 받아들이지 않는 것이 중요하다. 클라이언트가 까다롭게 나오는 이유는 여러 가지가 있을 수 있다.

자의식을 키워가는 것도 침착함을 유지하는 데 도움이 되는데, 자신의 감정적인 방아쇠가 무엇이며 이로 인해 자신이 어떻게 반응하는지 알 수 있기 때문이다. 자신의 감정을 이해하면 충동적으로 반응하지 않고 의도적으로 자신의 반응을 선택할 수 있다. 잠시 멈추고, 깊게 숨을 들이쉬며 상황을 평가한 후 신중하게 응답하는 것이 좋다. 즉시 대답할 수 없는 경우에는 확인한 후 알려주겠다고 말하면 된다. 이렇게 하면 불필요하게 화를 내거나 불안해지는 상황을 피할 수 있다. 클라이언트가 즉각적인 답변을 요구하더라도 부정확한 정보를 제공하지 않기 위해 확인이 필요하다는 점을 설명할 수 있다. 프로젝트 성공을 위해 이렇게 하는 것이 필요하다는 점을 알려줘야 한다.

까다로운 클라이언트를 상대할 때는 지원 체계를 마련해두는 것이 중요하다. 팀원, 멘토, 신뢰할 수 있는 동료들에게 도움을 요청하여 어려움을 이야기하기 바란다. 이들은 침착함을 유지하고 까다로운 클라이언트에 효과적으로 대처하기 위한 전략을 개발하는 데 필요한 통찰, 조언, 관점을 제공할 수 있다. 프로젝트팀에서 일할 때는 좋은 협업 관계를 구축하는 것이 중요한데, 도움이 필요할 때 지원을 받을 수 있기 때문이다.

필자는 다행히 여러 해 동안 함께 일했던 팀으로부터 많은 지원과 도움을 받았다. 우리는 까다로운 클라이언트를 상대할 때 함께 협력했다. 클라이언트와의 회의가 끝난 직후 내부 프로젝트팀과 모여 회의를 하면서 클라이언트와의 회의가 어떻게 진행되었는지 이야기하고 클라이언트의 의견을 어떻게 처리할지 논의했다. 이러한 논의를 통해 우리 모두가 같은 감정을 느끼고 있음을 알 수 있었고, 혼자가 아니라는 사실이 큰 위안이 됐다. 잘 알고 있는 팀원들과의 회의를 통해 각자의 생각을 공유한 덕분에 필자는 침착함을 유지할 수 있었다. 혼자가 아니라는 사실은 감정적인 방아쇠와 불안감을 완화하고, 적절하게 대응할 수 있도록 도와준다.

클라이언트가 작업 결과에 불만을 가질 때, 그것을 감정적이지 않게 받아들이는 것이 어렵다. 그러나 자신은 팀의 일부이며, 실패는 결코 한 사람의 잘못이 아니라는 것을 기억해야 한다. 침착함을 유지하는 능력은 내면에서 비롯되며, 자신과 리드 개발자로서의 역량에 대한 자신감을 잃지 않으면 도움이 된다. 자신감은 어려운 상황에 처했을 때 긍정적인 마음가짐과 자신의 역량에 대한 믿음을 가지고 접근할 수 있게 해준다. 과거의 성공을 떠올리고, 자신이 팀에 제공하는 가치에 대해 상기해보자. 팀원이나 멘토에게 피드백을 요청하여 격려를 받고, 개선이 필요한 영역을 파악하는 것도 좋다. 자신감을 가지면 까다로운 클라이언트와의 상호작용을 침착하게, 긍정적으로, 효과적으로 해결할 수 있다.

8.4.2 클라이언트의 이야기를 들어주기

클라이언트가 우려나 불만을 표현할 때, 그것에 동의하든 동의하지 않든 반드시 경청해야 한다. 그들의 발언을 다른 말로 바꿔서 표현하면서 그들의 관점을 진심으로 이해하고 있음을 보여줘야 한다. 이러한 능동적 경청은 감정을 진정시키는 데 도움을 줄 뿐만 아니라, 클라이언트의 우려를 불식하기 위해 필요한 정보를 수집하는 데도 효과가 있다. 능동적 경청은 이 장의 앞부분에서 논의한 바 있으며, 까다로운 클라이언트를 상대할 때 반드시 실행해야 할 중요한 기술이다.

까다로운 클라이언트는 보통 자신이 해결하고자 하는 구체적인 문제나 어려움을 가지고 있다. 클라이언트가 충분히 말할 기회를 주면, 불만의 근본 원인을 파악할 수 있는 귀중한 통찰을 얻을 수 있다. 능동적으로 경청하면 문제의 본질을 파악하고, 클라이언트의 관점을 이해하며, 맞춤형 해결책을 제공할 수 있다. 이를 통해 리드 개발자는 클라이언트에 공감하고 있음을 보여줄 수 있고, 클라이언트를 효과적으로 안내하고 지원할 수 있다. 이러한 과정은 더 만족스러운 해결책으로 이어질 수 있다.

클라이언트가 갖는 기대가 비현실적이거나 개발 프로세스에 대한 이해가 부족할 수 있다. 그들의 이야기를 주의 깊게 경청하면, 오해나 무지가 어디로부터 오는 것인지 발견할 수 있기 때문에 이를 해소하고자 노력할 수 있다. 인내심을 가지고 설명하거나 명확히 짚어주는 과정을 통해 기대치를 조율하고 프로젝트 범위와 제약 내에서 실현 가능한 방향으로 맞춰갈 수 있다. 잠재적인 오해를 사전에 선제적으로 해결함으로써 갈등을 줄이고 협업을 위한 현실적인 방안을 마련할 수 있다.

필자의 경우 비현실적인 기대를 가지고 엄격한 일정을 요구하는 클라이언트가 가장 힘들었다. 프로젝트 진행에 대해 불만을 제기할 때마다, 필자는 "이 프로젝트가 얼마나 중요한지 이해합니다. 함께 개선할 부분을 찾아보고 기대에 부합하는 해결책을 만들어보죠"라고 공감하며 대답했다. 클라이언트의 피드백을 듣고, 명확한 이해를 위해 질문을 던지며, 실행 가능한 해결책을 함께 마련하려고 노력했다. 그들의 입장을 이해하려고 했고, 어떤 기대를 하고 있는지 물어봤다. 또한 필자의 목표는 클라이언트의 성공과 프로젝트의 성공을 지원하는 것임을 전달했다. 시간이 걸렸지만, 클라이언트는 프로젝트가 계획대로 진행되지 않을 때에도 필자와 팀을 신뢰하기 시작했다. 이는 클라이언트와 적극적으로 소통하며, 그들의 피드백을 듣고 반영하려고 노력했기 때문이었다.

불만을 명확히 표현하는 방법을 모르는 클라이언트도 있었다. 이럴 때는 그들의 몸짓이나 말투에서 단서를 찾아야 했고, 때로는 대화를 시작하기 위해 질문을 던질 필요가 있었다. 보통 "어떤 점을 개선할 수 있을까요?"라고 직접적으로 물었다. 이런 질문은 필자가 열린 마음으로 대화에 임하고 있음을 보여줬다.

다음과 같은 질문은 대화를 시작하는 데 유용하다.

- 현재 프로젝트에서 겪고 있는 구체적인 문제나 어려움은 무엇인가?
- 처음에 가졌던 기대는 무엇이었으며, 그 기대가 충족되었거나 충족되지 않았다고 느끼는 점은 무엇인가?
- 프로젝트의 특정 기능이나 요구사항 중 기대에 미치지 못한 부분이 있다면 어떤 점인지 말해줄 수 있는가?
- 프로젝트에서 혼란스럽거나 명확하지 않은 부분이 있다면 알려줄 수 있는가?
- 진행 중 의사소통 문제나 단절을 느낀 적이 있는가?
- 프로젝트가 초기 비전이나 요구사항에서 벗어났다고 느끼는 부분이 있다면 설명해 줄 수 있는가?
- 귀사의 측면에서 프로젝트 진행이나 결과에 영향을 미친 장애물이나 문제가 있었는가?
- 이 프로젝트를 통해 기대했던 결과나 성과는 무엇이었으며, 그것들은 충분히 만족할 만한 결과인가?
- 일정, 예산, 자원 배분에 대해 우려하는 점이 있는가?
- 제기된 문제에 대해 이상적인 해결책이나 개선 방안은 무엇이라고 생각하는가?

이런 질문을 통해 대화를 시작하면, 클라이언트는 자신의 우려를 더 명확히 표현할 수 있다. 구체적인 정보를 요청하면 클라이언트가 자신의 생각을 정리하고, 필요한 정보를 제공할 수 있다. 이런 질문들은 열린 대화를 이끌어내고, 클라이언트의 관점을 더 잘 이해하는 데 도움이 된다. 논의를 끌어내는 대화가 없으면 불만이 쌓이고 이는 의사소통 문제와 갈등으로 이어질 수 있다. 클라이언트의 의견을 경청하면 클라이언트가 우려하는 바를 해소할 수 있는 해결책을 찾을 수 있고, 이는 프로젝트에 대한 전체적인 경험을 긍정적으로 만들어준다.

8.4.3 지속적으로 관여하기

까다로운 클라이언트와 소통할 때 중요한 요소 중 하나는 명확한 의사소통 라인을 구축하고 유지하는 것이다. 이를 통해 클라이언트의 우려를 효과적으로 해결하고, 기대치를 관리하며, 프로젝트 진행 상황을 지속적으로 공유할 수 있다. 정기적인 회의, 이메일 업데이트, 협업 플랫폼 등은 효과적인 소통 채널이 될 수 있다. 필자는 까다로운 클라이언트와 프로젝트를 진행할 때는 언제나 주간 회의를 잡아놓는데 이를 통해 매주 진행 상황을 논의하고, 우려를 해결하며, 현실적인 목표를 설정한다. 정기적인 업데이트와 열린 대화의 기회를 가짐으로써 클라이언트를 성공적으로 참여시키고 신뢰를 구축할 수 있었다.

또한 프로젝트 상태, 직면한 문제, 이를 해결하기 위한 조치 등을 클라이언트에게 정기적으로, 그리고 적극적으로 업데이트하는 것이 중요하다. 투명성은 신뢰를 구축하고 클라이언트로 하여금 자신들의 우려가 신속히 해결되고 있다는 확신을 줄 수 있다. 까다로운 클라이언트가 긴급한 문제를 제기할 때는 투명하고 침착하게 대응해야 한다. 예를 들어 "그 문제를 알려 주셔서 감사합니다. 함께 논의해보며 최선의 해결 방안을 찾아보겠습니다"라고 말하며 대화에 임할 수 있다.

필자는 보통 클라이언트를 위해 대시보드를 만들고 이를 프로젝트 진행 상황 보고서에 포함한다. 이러한 보고서는 완료된 주요 마일스톤, 예정된 작업, 잠재적 위험이나 장애 요인을 강조한다. 진행 상황 보고서를 통해 투명성을 제공하면 책임감을 보여줄 수 있으며 클라이언트가 프로젝트 방향에 대해 신뢰를 갖는 데 도움이 된다.

클라이언트 중에는 비현실적인 기대나 요구를 하는 경우도 있다. 이러한 요청을 바로 거절하는 대신, 침착하게 프로젝트의 한계를 설명하고 클라이언트의 목표에 부합하는 대안을 제시하는 것이 중요하다. 이는 기대치를 효과적으로 관리하면서도 타협점을 찾기 위한 노력을 보여준다. 예를 들어 클라이언트가 촉박한 일정 내에 추가 기능을 요구할 경우, 이렇게 대답할 수 있다. "이 기능들이 중요한 것은 이해하지만, 주어진 시간 내에 구현하면 프로젝트의 안정성이 저하될 수 있습니다. 가장 중요한 기능에 우선순위를 두고 나머지는 후속 단계에서 계획하는 것이 어떨까요?"

클라이언트와 소통할 때 가장 중요한 접근 방식 중 하나는 열린 마음을 가지고 모든 대화에 임하는 것이다. 까다로운 클라이언트를 대할 때 피하고 싶은 마음이 들 수 있다.

하지만 그들을 회피하는 것은 더 많은 갈등과 문제로 이어질 뿐이다. 문제를 해결하기 위해서는 어렵더라도 그들과 대화를 나누며 문제를 표면으로 드러내고 논의해야 한다.

요구가 많거나, 응답이 없거나, 지나치게 관여하는 클라이언트는 때때로 프로젝트팀에 좌절감을 줄 수 있으며, 프로젝트 진행을 방해할 수도 있다. 하지만 선제적이고 적극적으로 의사소통을 하면 까다로운 클라이언트와도 더 나은 관계를 구축할 수 있고, 프로젝트의 성공과 클라이언트의 만족을 가져올 수 있다. 모든 까다로운 클라이언트를 성장과 개선의 기회로 삼는 것이 바람직하다. 이러한 전략을 실행하고 프로젝트의 진행 상황에 맞게 조정함으로써 까다로운 클라이언트를 프로젝트 성공을 함께 이룰 수 있는 만족스러운 파트너로 바꿀 수 있다.

요약

- 효과적인 소통과 협업을 통해 클라이언트의 필요를 이해하고 충족시키는 것은 리드 개발자가 성공적인 프로젝트를 전달하고, 강력하고 장기적인 관계를 구축하는 데 중요하다.
- 능동적 경청은 클라이언트의 필요를 이해하기 위한 중요한 기술로, 화자와 완전히 소통하고, 열린 질문을 던지고, 들은 내용을 반복하며, 바디랭귀지에 주의를 기울이는 것을 포함한다.
- 클라이언트 예산 내에서 훌륭한 결과를 얻으려면 예산 범위를 명확히 이해하고, 클라이언트 목표에 맞는 핵심 기능을 우선순위로 두며, 간소화되고 확장 가능한 접근 방식을 제안해야 한다.
- 클라이언트와 신뢰를 구축하려면 그들의 필요를 능동적으로 경청하고, 투명한 소통을 유지하며, 합의된 일정 내에서 고품질의 솔루션을 제공해야 한다.
- 신중한 태도는 현실적인 기대를 설정하고, 비현실적인 요구에 대해 대안을 제시하며, 긍정적인 언어를 사용해 자신감을 고취함으로써, 신뢰를 구축하고 성공적인 프로젝트를 전달하는 데 도움이 된다.

- 까다로운 클라이언트를 대할 때 침착하고 차분한 태도를 유지하려면 클라이언트에게 공감하고, 자신의 감정적 방아쇠를 인지하며, 팀원들에게 도움을 요청하는 것이 중요하다.

리드 개발자 이야기

제이미 맥과이어

제이미 맥과이어Jamie Maguire는 독립적으로 활동하는 소프트웨어 아키텍트이자 AI 분야의 마이크로소프트 MVP이며, 기술에 관한 글을 쓰는 작가이기도 하고, Social Opinion과 데일리 트래커Daily Tracker라는 서비스형 소프트웨어의 창립자다. 그는 마이크로소프트 기술 분야에서 20년 이상의 전문적인 경험을 보유한 기술 애호가다.

또한 플루럴사이트와 링크드인 러닝에서 강사와 Cloud Academy의 트레이너로 활동하고 있으며, X API, 대화형 AI, 마이크로소프트 애저, 텍스트 분석, 컴퓨터 비전 등 다양한 주제에 대한 입문 과정부터 심화 과정까지 강의를 하고 있다. 그는 X, 국가 의료기관, 교정국, 내셔널 지오그래픽, 기타 학술 기관 및 기업들과 협력하여 다양한 프로젝트를 수행한 경험이 있다.

제이미는 기술 커뮤니티에 적극적으로 기여하며, 자신이 작성한 기사와 개발한 소프트웨어로 전 세계적으로 인정을 받았다. 그는 STEM 대사이자 코드클럽Code Club 자원봉사자로 활동하며, 사람들이 기초 단계에서부터 기술에 대한 흥미를 갖도록 돕고 있다. 그는 자신의 이야기와 전문 지식을 강연 행사, 소셜 미디어, 팟캐스트 인터뷰를 통해 공유한다. 또한, 16명의 MVP와의 공동 저술을 통해 실제 사례에서 마이크로소프트 AI를 어떻게 활용할 수 있는지를 보여주는 책을 포함해 여러 권의 책을 저술하거나 공동 집필했다. 그는 개인 블로그, X, 링크드인, 유튜브에 AI와 닷넷 기술 사용을 장려하고 홍보하기 위한 자료를 정기적으로 게시하고 있다.

소셜 미디어 SaaS 플랫폼인 Social Opinion을 설계, 개발, 출시했으며, AI 기반의 온라인 일기 작성 및 기분 추적 도구인 데일리 트래커[2]도 개발하고 배포했다. 제이미의 정보는 그의 개인 웹사이트[3]에서 확인할 수 있다.

이 인터뷰에서 제이미는 클라이언트를 대상으로 일한 자신의 경험과 조언을 제공한다.

2　https://dailytracker.co/
3　https://jamiemaguire.net/

The Lead Developer Story

클라이언트와 어떻게 신뢰를 구축하는가?

나는 IT와 기술 커뮤니티에서 온라인 활동을 활발히 하고 있다. 개인 블로그, 링크드인, X를 통해 아이디어, 생각, 팁을 공유하면서 사회적 신뢰를 쌓는다. 누군가 계약 가능성을 논의하기 위해 나에게 연락을 할 때쯤이면, 이미 내 온라인 활동을 본 적이 있고, 내가 어떤 사람인지, 무엇을 제공할 수 있는지, 어떻게 일하는지를 어느 정도 파악하고 있는 경우가 많다.

학위와 전문 분야의 인증, 공개된 깃허브 저장소, 소셜 미디어 일정 관리 SaaS, 유튜브 데모는 내 기술과 내가 제공할 수 있는 가치를 증명하는 추가 자료가 된다. 이러한 디지털 흔적들은 사람들이 나를 신뢰할 수 있다고 느끼게 하고, 잠재적인 클라이언트에게 확신을 심어준다.

초기 상담이나 탐색적 대화를 할 때는 클라이언트의 요청이나 문제를 완전히 이해하기 위해 시간을 들인다. 과거 경험을 참고하거나 비슷한 솔루션을 과거에 어떻게 구현했는지 간략하게 설명한다. 프로젝트가 원격으로 진행될 때는 카메라를 켜고 대화에 참여한다.

모르는 부분이나 경험이 부족한 부분이 있으면 그 자리에서 솔직하게 클라이언트에게 알린다. "잘 모르겠지만, 알아볼 수 있습니다"라고 말해도 무방하며, 클라이언트도 이를 고맙게 여긴다. 만약 클라이언트의 요구사항과 비슷한 기능을 가진 기존 프로토타입이 있다면, 코드나 동영상 데모를 제공하기도 한다. 프로젝트가 진행 중일 때는 미리 약속한 기한에 맞춰 결과를 전달하는 것이 매우 중요하다. 이를 꾸준히 실천하면 자연스럽게 신뢰가 쌓이고, 추가적인 프로젝트로 이어진다.

클라이언트가 범위를 벗어난 기능을 요청하면 어떻게 대처하는가?

정중하게 해당 요청이 초기 작업 범위에 포함되지 않았음을 상기시킨다. 추가 기능 요청이 있다면 이를 백로그에 추가하고, 적절한 시점에 작업량과 비용을 산정해야 함을 설명한다. 독립적인 컨설턴트로서 이런 점에서 원칙을 지키는 것이 중요하다고 생각한다. 물론 프로젝트 중에 예상치 못한 상황으로 인해 작은 요청이 생길 수 있는데, 이런 경우는 상황에 따라 수용하며 각 상황에 맞게 처리한다.

The Lead Developer Story

기술적 접근 방식에 대한 발표를 성공적으로 하려면?

내 개인 블로그는 내가 소프트웨어를 어떻게 만드는지, 어떤 사고 과정을 거치는지, 그리고 프로젝트를 어떻게 진행할 수 있는지를 전달하는 데 유용하다. 덕분에 발표를 따로 준비하지 않아도 되는 경우가 많다. 그래도 기술적 접근 방식을 발표해야 할 때는 간결하고 핵심만 전달하며, 이해하기 쉬운 언어를 사용하는 것이 가장 효과적이다. 발표의 구성은 나와 기술에 대해 소개하고, 클라이언트의 문제나 과제를 내가 이해한 바에 따라 다시 설명하는 것으로 시작하는데 이렇게 하면 발표의 방향을 잡는 데 도움이 된다.

그런 다음, 주요 문제점이나 요구사항을 나열하고, 제안된 설루션과 그로 인해 제공될 혜택과 가치를 설명한다. 또한 위험 요소, 제삼자 비용, 팀 간 의존성, 데이터 종속성, 알려지지 않은 문제들unknown unknown 등을 논의한다. 이런 부분을 미리 파악하면 클라이언트가 더 신뢰를 갖게 된다. 제안된 설루션에서 각 구성 요소가 어떻게 상호작용하는지를 보여주는 다이어그램이나 짧은 데모를 추가하는 것도 성공적인 발표를 위한 유용한 방안이다.

까다로운 클라이언트를 어떻게 대처했는가?

다행히도 나는 까다로운 클라이언트를 많이 상대해본 적이 없다. 하지만 기술적 이해 수준이나 전문성이 부족한 경우에는 인내심이 필요하다. 클라이언트가 내 설명을 이해하지 못한다면, 자신의 논리나 설루션을 다른 방식으로 전달하는 것은 나의 책임이라고 생각한다. 만약 계약과 관련된 문제가 생기면, 계약서와 초기 작업 명세서를 참조해 기대치를 재정렬하고, 다시 프로젝트를 원활히 진행할 수 있도록 한다.

CHAPTER 09

멘토 되기

이번 장에서 다루는 내용
- 멘토링 모범 사례
- 멘토 기대치
- 멘티와의 신뢰 구축
- 멘티의 경력 계획 안내
- 긍정적인 롤 모델이 되는 것의 중요성
- 멘토로서 성장하기

리드 개발자가 멘토가 되면, 신입 개발자들의 잠재력을 깨워주고 기술을 성장시키며 이끌어가는 책임을 맡게 된다. 이 역할은 단순히 기술적 지식을 전달하는 것을 넘어, 팀원 개개인의 성장을 도모하고, 자신감을 심어주며, 강한 팀워크 정신을 함양하는 것을 포함한다. 리드 개발자는 자신의 전문 지식, 경험, 업계의 통찰을 공유함으로써 멘티가 어려움을 극복하고, 흔히 저지를 수 있는 실수를 피하며, 기술을 향상시킬 수 있도록 돕는다. 이러한 가이드는 멘티들의 학습 곡선을 크게 단축시키며, 혼자 노력할 때보다 훨씬 빠르게 기술과 지식을 향상시켜준다.

멘토는 멘티의 경력과 직업적 진로에 영향을 주고, 긍정적인 업무 문화를 조성하며, 새로운 세대의 개발자들이 뛰어난 역량을 발휘하도록 영감을 준다. **멘토링**mentoring에 시간을 들이고 에너지를 쏟는 리드 개발자는 재능 있고 역량 있는 차세대 전문가들을 육성하는 데 중요한 역할을 하며, 글로벌 기술 커뮤니티에 자신의 유산을 남긴다.

멘토가 되는 것은 필자의 경력에서 큰 즐거움 중 하나였다. 자신이 쌓아온 지혜와 경험을 다음 세대의 개발자들에게 전달할 수 있다는 것은 결코 가볍게 여길 수 없는 중요한 일이다. 멘토는 멘티가 경력과 개인적인 성장 두 가지 모두 발전할 수 있도록 격려하며, 그들이 마주하는 도전들을 헤쳐나가도록 이끌어줄 책임이 있다.

필자는 직장과 글로벌 개발 커뮤니티에서 100명이 넘는 사람들을 멘토링해왔다. 전 세계의 사람들과 함께 일하며 그들의 어려움을 이해할 기회를 갖는다는 것은 즐거운 일이다. 또한 멘티들로부터 배울 점도 많았으므로 필자도 개인적, 직업적으로 성장할 수 있었다. 멘티들이 자신의 경력에서 성공하는 모습을 지켜보노라면 필자가 기술 산업에 긍정적인 영향을 미치고 있다는 느낌을 갖게 된다.

9.1 멘토란 무엇인가?

멘토mentor는 경험이 풍부하고 해당 분야에 지식이 있는 사람으로, 경험이 적은 사람에게 조언, 지원, 가이드를 제공하는 역할을 한다. 멘토는 특정 수준의 전문성을 가지고 있으며, 멘티의 개인적이고 직업적인 성장을 돕기 위해 자신의 지식, 통찰, 개인적인 경험을 자발적으로 공유한다. 멘토는 멘티의 기술, 지식, 사고방식을 형성하는 데 중요한 역할을 하며, 이를 통해 멘티가 목표를 설정하고 도전하는 데 있어 잠재력을 최대한 끌어낼 수 있도록 돕는다. 멘토는 신뢰받는 조언자이자 롤 모델이며, 영감의 원천이다.

리드 개발자는 팀원이 쌓아갈 경력을 안내하고 이끌어줄 수 있다. 좋은 멘토는 진정한 공감 능력을 지니고 멘티의 이야기에 적극적으로 귀를 기울인다. 멘토는 모든 사람이 자신만의 고유한 장단점과 열망을 가지고 있음을 이해해야 한다. 좋은 리드 개발자는 팀원의 기술적/기능적 강점과 약점을 파악하고, 부족한 부분을 채우기 위해 함께 노력해야 한다. 멘티의 입장에서 생각하다 보면 멘티의 상황에 적합한 맞춤형 조언과 지원을 제공할 수 있다.

멘토가 공감 능력이 부족하면, 멘티의 우려를 무시하거나 잘못된 조언을 할 수 있고, 자신의 생각을 강요할 수도 있다. 이렇게 되면 소통이 원활해지지 못하고 멘티는 조언을 구하는 것을 주저하게 된다. 공감 능력이 부족하면 멘토링은 멘토나 멘티 모두에게 부정적이고 도움이 되지 못하는 결과를 초래하며, 멘티의 성장과 발전을 저해할 수 있다. 잘못된 조언을 받을 바에는 차라리 조언을 받지 않는 것이 낫다. 잘못된 조언은 멘티가 목표로부터 벗어나게 만들고, 좌절과 부정적인 경험을 안겨준다.

좋은 멘토는 구체적이고 실행 가능한 피드백을 제공하며, 개선이 필요한 부분을 강조하는 동시에 성취한 부분도 인정한다. 멘토는 멘티에게 도전과 지원을 제공하며, 지속적인 성장의 환경을 조성한다. 멘티가 자신의 안전지대를 벗어나 새로운 기회를 도전하도록 격려하며, 그 과정에서 가이드를 제공한다. 비하 섞인 비판을 한다거나 의미 있는 지원을 제공하지 않으면 결과적으로 멘티의 노력을 가볍게 여기는 것이 된다. 멘티의 필요를 무시하면, 자신이 지원받지 못하고 존중받지 못한다고 느낄 수 있다. 이런 부정적인 경험은 멘티의 자신감을 떨어뜨릴 수 있다.

멘토는 자신의 행동과 성취를 통해 멘티에게 영감을 줘야 한다. 도전적인 상황에서 긍정적인 접근 방식을 보여줌으로써 모범을 보여야 한다. 멘토가 열정을 가지고 있으면 멘티가 도전을 받아들이고 탁월함을 추구하는 데 동기부여가 된다. 멘토는 자신의 경험과 지식을 아낌없이 공유하여 멘티가 성공의 길을 헤쳐나갈 수 있도록 도와야 한다. 멘토가 명확한 방향을 제공하지 못하면, 멘티는 자신의 직업적 여정에서 길을 잃고 불확실함을 느낄 수 있다.

나쁜 멘토는 가치 있는 통찰을 공유하지 않거나 멘티와 협력하기를 거부할 수 있는데 이는 멘티의 발전을 저해할 수 있다. 이러한 상황은 멘티가 특정 기술이나 영역에서 멘토를 뛰어넘을 때 종종 일어난다. 멘티가 멘토보다 더 뛰어나게 성장하는 경우가 있는데, 이는 멘토가 자신의 역할을 잘 수행했음을 보여주는 좋은 신호.

표 9.1에는 멘토의 접근 방식과 이에 대한 좋은 멘토와 나쁜 멘토의 결과를 비교하여 보여준다.

표 9.1 좋은 멘토와 나쁜 멘토

접근 방식	좋은 멘토	나쁜 멘토
공감 연습	공감을 통해 신뢰를 구축하고 멘티에게 지원적인 환경을 제공한다.	멘티의 우려사항을 무시하고 멘티의 문제점과 관계없는 일반적인 조언만 한다.
건설적인 피드백	멘티의 기술이 향상되도록 이끌어준다.	멘티를 비하하며 지원받지 못하고 있다고 느끼게 만든다.
모범	멘티가 성장할 수 있는 긍정적인 업무 환경을 조성한다.	유해한 행동을 허용하여 부정적인 업무 환경을 조성한다.
네트워킹 기회	멘티에게 관련 연락처, 업계 이벤트 및 커뮤니티를 소개한다.	관련 연락처를 멘티와 공유하지 않아 멘티의 직업적 성장 기회를 제한한다.

좋은 멘토가 되기 위해서는 멘티의 성장과 성공에 대한 진정한 헌신이 필요하다. 멘토링 스타일을 키워나가는 데는 시간이 걸린다. 그 과정에서 실수를 저지를 수도 있지만, 괜찮다! 연습과 자의식을 통해 자신의 부족한 기술을 파악하는 과정 역시 멘토링에 포함된다. 헌신과 공감을 가지고 멘토 역할을 받아들일 때, 자신이 지도하는 사람들의 삶과 경력에 얼마나 깊은 영향을 미칠 수 있는지 직접 목격하게 될 것이다.

9.1.1 멘토와 트레이너의 비교

멘토와 트레이너 역할은 직업적 성장을 위해 중요한 두 개의 기둥이다. 멘토와 트레이너라는 용어는 혼용될 수 있지만, 리드 개발자는 이 두 가지의 차이를 명확히 이해해야 한다. 멘토는 자신의 경험과 지혜를 멘티에게 전달하며, 멘티가 경력을 쌓아가는 과정에서 가이드를 제공하고, 지원하며, 동기를 부여한다. 이 역할은 단순히 기술적 능력을 전달하는 것을 넘어선다. 멘토는 영감과 격려의 원천이다.

멘토는 모범을 통해 멘티를 이끌고 멘티가 진정한 잠재력을 발휘할 수 있도록 돕는다. 또한 멘티의 열망, 강점, 약점을 이해하고자 노력하는 가운데 멘티의 성장을 돕는 관계를 형성한다. 멘토의 가이드는 상호 존중과 신뢰를 바탕으로 하며 개인적, 직업적 성장을 포괄적으로 다룬다. 자신이 받은 것을 사회에 되돌려주기 위한 좋은 방법 중 하나가 멘토링이라고 생각하는데, 이를 통해 필자 또한 많은 것을 배웠다. 멘티에게도 배우는 경우가 많은데, 멘티에게 준 것만큼이나 멘토로부터 많은 것을 받는다. 필자는 소셜 미디어에서 혹은 직접 협업했던 사람들을 멘토링해왔다. 멘토링을 할 때는 멘토/멘티 관계를 형성하며 멘티의 경력 계획을 개발해나가는 데 초점을 맞춘다. 이에 대해서는 이 장의 뒷부분에서 자세히 다룬다.

반면, **트레이너**trainer는 지식, 전문성, 실용적인 기술을 공유한다. 트레이너는 특정 전문 기술을 보유하고 있으며, 특정 역량을 가르치기 위해 구조화된 교수법을 사용한다. 멘토와 달리, 보통 더 좁은 범위에 집중하며, 특정 기술이나 분야에 초점을 맞춘다. 트레이너는 포괄적인 교육 프로그램을 설계하고, 실습 기회와 건설적인 피드백을 제공한다. 개개인이 자신의 역할을 성공적으로 수행하기 위해 필요한 도구와 기술을 제공함으로써 그들을 돕는다. 필자 역시 트레이너로 활동한 경험이 있는데, 가장 큰 차이점은 트레이닝 과정 이후에는 별다른 상호작용이 없다는 것이다. 반면 멘티와는 지속적으로 만나며 실시간으로 그들의 문제와 어려움을 함께 해결하고자 노력한다. 트레이닝과 멘토링은 둘 다 피학습자와 멘티의 미래에 투자를 하는 것이지만, 멘토링은 엄격한 일정에 얽매이지 않는다.

필자는 한 멘토링 프로그램에 참여한 적이 있었는데, 그 프로그램은 매우 구조화되어 있었고 교육 중심으로 진행됐다. 필자는 프로그램을 더 유연하게 만들고, 교육보다 경력 상담에 우선순위를 두자고 제안했다. 교육과 새로운 기술 학습을 중점적으로 다룰 것을 기대했던 멘티들도 있었지만, 경력과 도전 과제를 해결하는 데 집중했을 때 더 큰 성장을 보이기 시작했다. 그 프로그램에는 약 30명의 멘토가 있었지만, 멘티 등록률은 낮은 상태였는데 이러한 변경사항을 적용한 후 입소문을 통해 프로그램에 관심을 갖는 멘티가 점점 늘어났다.

멘토와 트레이너의 역할이 겹칠 때도 있다. 멘티에게 실용적인 통찰과 자료를 제공하며, 멘토링에 교육의 요소를 포함하는 경우가 흔하다. 마찬가지로, 탁월함을 추구하는 트레이너는 종종 학생들과 멘토 관계를 구축하며, 기술적 전문성을 넘어 영향을 미친다. 멘토와 트레이너는 모두 개인적, 직업적 발전의 촉매제 역할을 한다. 이들은 모두 사람들이 성장하고 성공하는 모습을 보고자 하는 진정한 열망을 공유한다. 멘토와 트레이너 모두 우리에게 독특한 관점을 제공하고, 도전하도록 자극하며, 우리의 재능을 키우는 데 기여할 수 있다.

9.1.2 멘토링에서의 기대

멘토의 주요 역할 중 하나는 자신의 경력을 통해 얻은 지혜와 경험을 공유하는 것이다. 멘토는 자신의 성공, 실패, 자신이 배운 교훈으로부터 얻은 소중한 관점을 제공하며, 이를 통해 멘티가 도전을 헤쳐나가고 더 나은 결정을 내릴 수 있도록 돕는다. 멘토는 멘티가 자신의 열망, 고민, 목표를 안전하게 이야기할 수 있는 환경을 제공해야 하며, 멘티의 이야기를 주의 깊게 듣고, 사고를 자극하는 질문을 던지며, 건설적인 피드백을 제공해야 한다. 멘토의 조언은 기술적 문제 해결부터 경력 개발 전략에 이르기까지 다양하며, 멘티가 자신의 목표와 잘 맞는 진로를 정하도록 돕는다.

필자의 멘티들은 필자가 과거에 직면했던 것과 동일한 문제를 경험하곤 한다. 이럴 때는 필자가 겪었던 상황과 그것을 어떻게 해결했는지를 설명한다. 다만, 시간이 흐르면서 상황은 변할 수 있기 때문에, 결과가 반드시 같지 않을 수 있다는 점도 항상 강조한다. 필자가 멘티들과 가장 많이 이야기했던 문제 중 하나는 실패를 어떻게 극복할 것인가였다. 실패는 성공을 위해 필요한 경험이며 이를 통해서 배워야 한다. 필자의 경우 초창기 경력에서 실패를 경험했을 때 죄책감을 느꼈고, 이로 인해 동기부여가 저하됐다. 때로는 실패했다고 느꼈던 상황이 전적으로 필자의 통제와 권한 밖의 일이었으며, 그 당시에는 성공을 위한 환경이 제대로 마련되어 있지 않았다.

데스크톱 앱을 웹 앱으로 마이그레이션하는 팀의 일원으로 고용된 적이 있었다. 하지만 프로젝트가 진행되는 동안, 필자를 제외한 모든 개발자가 회사를 떠났고, 그 자리는 채워지지 않았다. 모든 책임이 내게 넘어왔고, 여러 번 도움을 요청했지만 거절당했다. 게다가 프로젝트는 예산을 초과했으며, 결국 실패로 끝났다. 이로 인해 필자는 회사를 떠나야만 했고 당시에는 참담한 심정이었다. 처음에는 그 모든 일이 필자의 잘못이라고 생각했고, 이 이야기를 그 당시 나의 멘토 중 한 명에게 털어놓았다. 그러자 그는 그것은 내 잘못이 아니라고 이야기했다. 회사의 운영이 제대로 돌아가지 않을 때 보이는 가장 큰 징후는 높은 이직률이며, 이런 상황에서는 회사를 옮겨야 한다고 조언을 해주었다. 이 경험으로 인해 필자는 회복력이 더 강해졌으며, 실패를 더 잘 다룰 수 있게 됐다. 필자의 멘티들도 이 이야기에 공감하는데, 기술 업계에서 정리해고는 흔하며, 많은 이들이 이러한 문제를 겪기 때문이다.

필자에게 효과적이었던 방법을 멘티들에게도 이야기해주긴 하지만, 그들은 각자 다른 경험을 가지고 있으므로 이를 항상 강조하며 자신의 길을 개척해나가야 한다고 말한다. 이 점을 명확히 하는 것은 멘티들이 필자를 똑같이 따라 하지 않도록 하기 위해서다. 우리는 모두 각자의 여정을 걷고 있으며, 멘티는 경력과 관련해 자신에게 맞는 전략을 개발해야 한다. 경험과 지식을 공유하면 멘티가 도전을 헤쳐나가고 더 나은 결정을 내릴 수 있도록 통찰을 제공할 수 있다.

멘토는 학습 자료를 제안하거나 새로운 기회를 제공하고, 멘티를 업계 내 유용한 인맥에 연결해줄 수 있다. 또한 효과적인 의사소통, 리더십, 협업과 같은 소프트 스킬의 중요성을 인식하고, 이러한 기술을 실천할 수 있도록 조언해야 한다. 멘티의 경력 발전의 지지자로서 승진, 리더, 직업적 도전에 대해 가이드해줘야 한다. 멘티는 기술을 확장하고, 새로운 기술을 탐구하며, 지속적인 학습을 받아들일 수 있도록 격려받아야 한다. 개발자 소프트 스킬에 대해 필자가 멘티들로부터 받은 피드백이 이 책을 쓰는 데 영감을 줬다.

멘토는 멘티가 자신의 열망, 도전 과제, 불안감을 논의할 수 있는 열린 공간을 제공해야 한다. 멘토는 비밀을 유지하고, 멘티의 압박감을 이해하며 공감해야 한다. 신뢰가 있으면 솔직한 대화와 건설적인 피드백이 가능하며, 선입견 없이 새로운 아이디어를 자유롭게 탐구할 수 있다. 필자의 경우 멘티들이 처음에는 다소 수줍어하거나 자신의 일을 말하는 것을 불편해하는 경우가 종종 있었다. 하지만 시간이 지나고 관계가 형성되면서 마음을 열기 시작했고, 그들을 힘들게 하는 것을 명확히 알게 되었을 때 더 적극적으로 도움을 줄 수 있었다. 신뢰는 즉각적으로 생기지 않으며, 관계는 꾸준히 형성되어야 한다는 점을 이해하는 것이 중요하다. 이 주제에 대해서는 다음 절에서 자세히 다룬다.

좋은 멘토는 멘티가 경계를 넓히고, 새로운 기회를 탐색하며, 새로운 관점을 받아들일 수 있도록 도전할 것을 독려한다. 성장 마인드를 키워주며, 실패를 성공으로 가는 디딤돌로 받아들이도록 돕는다. 대부분의 사람은 실패를 두려워하지만, 실패는 학습의 기회임을 멘티들에게 항상 말해준다. 실패에서 배운다면, 그것은 진정한 실패가 아니다. 필자 역시 여러 번 실패를 경험했으며, 멘티들에게 내가 어떻게 실패했는지와 거기서 무엇을 배웠는지 알려준다. 이는 멘티에게 혼자가 아니라는 느낌을 줄 뿐 아니라, 진솔함을 통해 신뢰를 구축하는 좋은 방법이다. 멘토가 자신의 어려움을 멘티에게 털어놓으면, 멘티는 솔직한 대화를 고맙게 여기며 더 강한 유대감을 형성할 수 있다.

9.1.3 멘토로서 성공하기

가장 효과적인 멘토링은 모범을 통해 이뤄진다. 모범을 보이는 멘토는 강한 직업 윤리를 보여주며 자기 개선을 위해 헌신한다. 이들은 학습을 평생에 걸쳐 새로운 지식과 기술을 적극적으로 추구하는 여정으로 이해한다. 멘티가 개인적, 직업적 목표를 설정하도록 격려하며, 탁월함을 추구하도록 동기를 부여한다. 필자는 멘토와 롤 모델로서의 역할을 매우 진지하게 받아들이며, 긍정적인 태도를 유지하려고 노력한다. 그러나 멘토라도 좋지 않은 일을 겪을 수 있으므로 자신의 감정을 솔직하게 인정할 필요가 있다. 이럴 때는 그러한 감정을 다른 사람에게 표출하지 않는 것이 중요하다. 멘티 역시 멘토와 똑같이 행동하도록 영향을 미칠 수 있기 때문이다. 바람직하지 않은 행동이 용인되면 다른 사람에게도 전파되기 마련이다.

모든 멘티는 고유하며, 각자의 학습 스타일과 열망을 가지고 있다. 좋은 멘토는 멘티의 장단점과 목표를 이해하고자 노력한다. 멘토링 방식은 각 멘티의 필요에 맞게 조정되어야 한다. 어떤 멘티는 실습 위주의 코칭이 성장을 위해 더 나은 반면, 다른 멘티는 독립적인 문제 해결 방식에서 더 많은 도움을 받을 수 있다. 유연성은 멘티가 잠재력을 최대한 발휘할 수 있도록 돕는 열쇠다. 필자의 멘티 중에는 더 체계적인 방식과 실습 중심의 코칭을 선호하는 사람도 있고, 독립적으로 학습할 수 있도록 적절한 학습 자료를 제공해주는 것을 더 좋아하는 사람도 있다. 누군가의 학습 스타일을 평가하는 것은 트레이너로서 배운 기술이며, 이는 멘토에게도 매우 유용하다. 어떤 사람들은 학교에서 제공되는 전통적인 학습 환경에서 더 잘 성장하지만, 다른 사람들은 실무에서 학습하는 것을 선호한다. 두 가지 접근 방식 모두 동일한 결과를 낼 수 있으며, 낼 수 있어야 한다.

멘티의 학습 스타일을 평가하는 가장 좋은 방법은 간단히 그들에게 어떤 방식을 선호하는지 물어보는 것이다. 과거에 어떤 방식이 효과적이었는지, 다양한 학습 환경에서 그들의 강점과 약점은 무엇인지 물어보기 바란다. 학습 과정에서 멘티의 선호와 행동을 관찰하면서 그들이 시각적, 청각적, 운동 감각적 정보와 어떻게 상호작용하는지 주목하기 바란다. 그런 다음 멘티의 개별 학습 스타일에 맞게 멘토링 방식을 조정하면 학습 경험을 최적화할 수 있다.

성공적인 멘토는 멘티가 자신의 업무에 책임감을 가지고 독립적으로 결정을 내릴 수 있도록 지원한다. 멘티가 기술을 발전시키고 자신감을 키울 수 있도록 멘토는 점차적으로 멘티에게 책임을 위임해야 한다. 필요할 때 가이드를 제공하면서도 멘티가 스스로 해결책을 찾도록 신뢰를 보여야 한다. 이러한 자율성은 멘티의 기술을 향상시킬 뿐만 아니라, 자신의 일에 대한 책임감과 자부심도 키워준다. 멘토가 멘티에게 단순히 무엇을 해야 하는지 지시만 한다면, 이는 멘티의 성장을 저해할 수 있다. 멘티가 스스로 결론에 도달할 수 있는 사고를 할 수 있도록 안내해야 한다. 멘티가 정보를 이해하고 기억하는 데 이러한 코칭 방식은 단순히 답을 제공하는 것보다 더 유용하다.

필자는 강사 경험 때문에 오히려 이러한 기술을 배우는 데 어려움을 겪었다. 누군가를 가르치는 역할은 답을 제공해주면 되지만, 멘토로서는 이러한 접근 방식이 잘못된 것임을 알게 됐다. 초창기 필자가 멘티들에게 답을 알려줬을 때 부담스러워하는 것 같아서 대화를 해보니 한꺼번에 너무 많은 정보를 제공했기 때문인 것을 알게 됐다. 어떤 일은 그들 스스로 해결하는 것이 더 나았는데, 이에 맞춰 멘토링 전략을 조정한 후 더 나은 진전을 보이기 시작했다.

멘토는 멘티가 직업적 성장과 발전을 위한 기회를 찾도록 도와야 한다. 필자는 멘티들에게 콘퍼런스나 워크숍에 참여하거나 오픈소스 프로젝트에 기여하라고 권장한다. 멘티가 같은 팀에 속해 있고 예산이 있다면, 이런 활동을 업무 중에 하게 하고 멘티가 자신의 개인 시간을 써가면서까지 하지 않도록 배려한다. 그러나 이것이 항상 가능한 것은 아니기 때문에, 사람들이 휴식과 여가를 필요로 한다는 점을 인식해야 한다. 개인 시간을 사용해 이런 활동을 해야 한다면, 진척 속도가 더딜 수 있다.

멘토는 멘티가 적합한 학습 자원을 선택할 수 있도록 가이드를 제공하고, 배우는 기술 스택에 맞는 책, 온라인 강의, 튜토리얼 등을 추천해야 한다. 또한, 조직 내에서 멘티가 성장할 수 있도록 도전적인 프로젝트나 승진을 통해 그들의 발전을 지지해야 한다. 멘티가 현재 직장에서 더 이상 성장할 수 없는 상황이라면, 지금 속한 조직을 떠나더라도 다음 단계를 고민할 수 있도록 도와야 한다. 이것은 쉽지 않은 일인데, 회사에서 이런 방식의 멘토링을 탐탁지 않게 여긴다면 더욱 조심해야 한다. 리더를 평가할 때 고용 유지율을 포함시키는 조직에서 일한 적이 있는데, 이는 좋은 관행은 아니라고 생각한다. 때로는 리더가 직원들의 성장을 돕기 때문에 오히려 이직이 자주 발생할 수도 있다.

멘토링은 개인적 성장과 전반적인 행복에 관한 것이기도 하다. 성공적인 멘토는 멘티의 업무 외 개인적 삶에도 진정한 관심을 기울인다. 이들은 워크라이프 밸런스, 스트레스 관리, 자기 관리에 대한 가이드를 제공한다. 멘티가 업무와 개인 생활에서 이룬 성과를 축하하는 것도 도움이 된다. 학창 시절에 발표하면서 경험했던 좋지 않은 일 때문에 사람들 앞에서 발표하기를 두려워하던 멘티가 있었다. 우리는 그 경험이 왜 현재에도 영향을 미치는지, 어떤 일이 있었는지 이야기했다.

필자 역시 고등학교와 대학교에서 발표를 하며 불쾌했던 경험이 있었기 때문에 공감할 수 있었다. 그를 돕고 지원했으며, 콘퍼런스에서 첫 발표를 성공적으로 마쳤을 때 함께 축하했다. 발표가 완벽하지 않았다고 생각해 성공으로 받아들이기 어려워했지만, 그 성과를 축하해야 한다고 격려했다. 이후 그에게 발표할 기회를 더 많이 가질 것을 권했고, 시간이 지나면서 발표 실력이 크게 향상됐다. 멘토링의 큰 보람 중 하나는 멘티가 성공적인 다음 세대의 개발자로 성장해가는 모습을 지켜보는 것이다.

9.2 멘티와의 관계 형성

멘토는 다양한 방식을 통해 멘티와 강하고 의미 있는 관계를 형성할 수 있다. 신뢰와 유대감을 쌓는 것은 매우 중요하며, 멘티가 자신의 목표, 도전 과제, 열망을 편안하게 공유할 수 있는 안전하고 지원적인 환경을 조성해야 한다. 공감 능력을 발휘하면서 비판하지 않는 태도로 멘티를 대하면 멘토링 관계의 견고한 기반을 다지는 데 도움이 된다. 신뢰할 수 있고 책임감 있는 태도를 통해 상호 존중, 이해, 공유하고 있는 목표에 기반한 관계를 형성할 수 있다.

필자는 항상 공감 능력이 뛰어나다고 평가받는데, 대부분의 사람들이 필자를 쉽게 신뢰하고 자신의 문제를 이야기하곤 한다. 필자는 잘 듣는 사람이고, 멘티들은 그런 필자에게 긍정적으로 반응한다. 멘티들에게 우리가 논의한 모든 것에 대해 비밀을 지키며, 그들을 판단하지 않을 것이라고 말해준다. 신뢰를 주려고 노력하지만, 항상 완벽할 수는 없어서, 만약 미팅 일정을 변경해야 한다면 가능한 한 빨리 통보한다. 만약 만날 수 없는 상황이라면 이메일이나 채팅과 같은 다른 방법으로 소통한다. 이러한 방식은 필자에게 잘 맞고, 멘티들은 여전히 필자가 멘토링에 헌신하고 있다고 느낀다.

리드 개발자가 멘티와의 관계를 제대로 형성하지 못할 경우, 여러 부정적인 결과가 발생할 수 있다. 강한 연결고리가 없으면 멘티는 멘토에게 지침이나 명확한 설명을 요청하기를 망설일 수 있다. 이로 인해 오해, 지연, 최적화되지 않은 작업 결과가 발생할 수 있다. 또한 멘티들은 소외감을 느끼고 지원과 도움을 받지 못한다고 생각하며, 동기와 참여도가 떨어질 수 있다. 멘티를 충분히 지원하지 못하면 효과적인 지식 전달을 하지 못할 수도 있으며, 멘티의 성장 잠재력이 제한된다.

멘토링 관계가 약하면 개발팀은 협력과 팀워크의 부족을 경험할 수 있다. 소통이 단절되고 지식의 공유와 흐름이 막혀 중복된 작업, 비효율적인 문제 해결, 전반적인 생산성 감소로 이어질 수 있다. 멘티를 지원하는 분위기가 형성되지 않으면 팀 사기와 응집력이 약화되어 이직률 증가와 인재 유출로 이어질 가능성이 높아진다. 리드 개발자로서 멘티와 관계를 형성하고 신뢰할 수 있는 조언자가 되어 성공적인 멘토가 되는 것이 중요한 이유다.

9.2.1 멘티와 신뢰 구축하기

멘티mentee와 신뢰를 구축하는 것은 긍정적이고 생산적인 멘토링 관계를 형성하는 데 매우 중요하다. 신뢰는 효과적인 학습, 성장, 원활한 소통의 토대가 된다. 멘티와의 관계 초기에 멘티로부터 기대하는 바를 명확히 전달하는 것이 반드시 필요하다. 멘토링 관계의 목표와 목적, 원하는 결과, 양쪽에서 요구되는 헌신 수준을 멘티의 도움을 받아 설정해야 한다. 멘토링의 방향성을 명확히 전달하면 멘티는 멘토가 자신으로부터 기대하는 바를 이해하고, 그 기대를 충족하기 위해 노력할 수 있다.

진정성과 투명성은 신뢰를 구축하는 데 핵심적인 요소다. 멘티에게 자신의 경험, 성공, 실패를 공유해야 한다. 자신의 여정을 솔직히 공유하면 멘티는 진정성을 느끼고 멘토의 약점도 알 수 있다. 멘티들에게 필자가 겪었던 도전 과제와 이를 극복한 방법을 이야기할 때, 멘티가 공감하며 새로운 깨달음을 얻는 순간을 자주 목격한다. 투명성은 모든 사람이 어려움을 겪는다는 사실을 멘티가 이해하는 데 도움이 되며, 학습은 지속적인 과정이라는 것을 보여준다. 아무도 처음부터 완벽하거나 모든 것을 아는 상태로 시작하지 않는다. 경험을 쌓는 데는 시간이 걸리며, 멘토를 신뢰할 수 있으면 멘티가 목표를 더 빠르게 달성하는 데 유용하다.

투명성을 유지한다는 것은 불편한 소식을 공유하거나 선의의 거짓말을 하지 않는 것도 포함된다. 만약 거짓말이 드러난다면, 멘티와 쌓아온 신뢰가 무너지게 된다. 어떤 사람들은 갈등을 피하기 위해 선의의 거짓말을 하기도 하지만, 진실을 말하는 것은 언제나 중요하다. 경력 초기에 필자에게 멘토가 있었는데 그는 필자의 코드를 검토하고 승인한 뒤 나중에 수정하곤 했다. 이에 대해 물었을 때 그는 필자의 작업이 훌륭하니 걱정하지 말라고 말했다. 하지만 이런 행동은 그후로도 계속되었고 이로 인해 점점 불편함을 느꼈지만, 왜 그런지 정확히 알지 못했다. 멘토가 된 이후에야 그가 필자에게 건설적인 비판을 하지 않았고 이로 인해 필자가 성장하지 못했다는 것을 깨달았다. 차라리 코드 리뷰의 피드백을 통해 문제를 논의하며 모범 사례를 가르쳐주는 것이 더 나았을 것이다. 코드 리뷰를 함께 하면 항상 새로운 것을 배울 수 있기 때문이다.

사람들은 리드 개발자가 높은 수준의 기술적 전문성을 갖추고 있을 것으로 기대한다. 자신의 역량과 지식을 보여주는 것은 멘티들에게 신뢰감을 심어준다. 새로운 개념을 소개할 때 통찰을 공유하거나 모범 사례를 따르고, 설명을 제공할 수 있다. 그러나 자신의 전문성을 드러내는 것과 동시에 멘티가 스스로 탐구하고 배울 수 있는 기회를 갖도록 균형을 이루는 것도 중요하다. 멘티가 스스로 해결책을 찾도록 격려하면 그들은 성장하면서 비판적 사고 능력을 기를 수 있다. 필자는 팀원들에게 필자가 코딩하는 모습을 관찰하면서 새로운 기술을 배우도록 돕는다. 팀원들은 이러한 작업 과정을 지켜보며 많은 것을 배웠고 필자의 기술 수준을 존중하게 되었으며, 이는 신뢰 관계로 이어졌다.

멘티 역시 인간이라는 사실을 이해해야 한다. 배우고 성장하는 과정에서 실수를 할 수도 있으므로 인내심을 갖고 이해심을 보여야 한다. 이 시기에 인내와 이해심은 신뢰를 쌓는 데 매우 중요하다. 멘티가 어려움을 겪을 때 지나치게 비판적이거나 조급하게 행동하는 것을 피해야 한다. 대신 문제를 분석하고 잠재적인 해결책을 찾아내며 올바른 방향으로 이끌어줘야 한다.

신뢰할 수 있는 멘토링 관계의 중요한 요소 중 하나는 비밀 유지에 대한 존중이다. 열린 소통을 장려하되, 멘티가 공유한 개인적이거나 민감한 정보는 철저히 비밀로 해야 한다. 비밀을 존중하면 멘티는 남의 판단이나 불이익에 대한 두려움 없이 자신의 고민, 불안감, 직업적 목표를 공유할 수 있고 이는 곧 멘티에게 안전한 공간을 마련해주는 것과 같다. 특히 팀 내의 사람들을 멘토링할 때 이러한 점은 더욱 중요하다. 필자는 이혼이나 질병과 같은 개인적인 문제를 겪고 있는 멘티들을 만난 적이 있다. 그들은 팀원들에게 이러한 문제를 알리고 싶어 하지 않았다. 필자는 그들에게 팀원들과 솔직하게 소통하라고 격려했지만, 그것을 불편해하면 더 이상 강요하지 않았다.

반대로 최악이었던 멘토 중 한 명은 필자의 개인적인 정보를 다른 사람들에게 반복적으로 이야기했다. 이는 신뢰를 완전히 무너뜨리는 행동이었고, 그 사실을 알았을 때 필자는 큰 상처를 받았다. 필자가 말했던 모든 것이 까발려진 느낌을 받았고, 그 멘토를 더 이상 신뢰할 수 없었다. 결국 그 관계를 끝낼 수밖에 없었다.

사람들이 멘토에 대해 기대하는 면 중에 하나는 신뢰할 수 있는 조언자다. 멘티가 멘토를 신뢰하면 자신의 상황과 직면한 도전을 더 솔직히 이야기할 수 있게 되며, 이를 통해 멘토는 멘티를 더 잘 이끌 수 있다. 신뢰는 시간이 걸려야 쌓이는 것이므로 멘토는 관계를 형성하고 이를 발전시키는 데 투자해야 한다. 이렇게 하면 멘티들이 자신감 있는 개발자로 성장하고 발전해가도록 도울 수 있다.

9.2.2 멘티를 이해하기

멘티를 개인적으로 이해하면 그들의 장단점, 목표, 열망을 파악하여 맞춤형 가이드와 지원을 제공하는 데 도움이 된다. 멘티와 정기적으로 일대일 미팅을 갖고 대화를 독려해야 한다. 이러한 미팅은 멘티의 직업적, 개인적 관심사, 경험, 경력상 목표를 논의할 수 있는 기회가 된다. 멘티는 자신이 직면한 도전 과제, 열망, 장애물을 공유할 수 있으며, 멘토는 멘티의 상황에 맞춘 가이드를 제공할 수 있다. 필자는 항상 멘티들에게 그들의 경력 목표와 장단기적으로 이루고 싶은 바를 묻는다. 그들의 동기를 이해하고 가이드를 제공할 수 있는 영역을 파악하면 멘티가 목표를 달성하는 데 도움을 줄 수 있다.

다음은 멘티와 대화를 할 때 유용하게 사용할 수 있는 질문이다.

- 업무와 삶의 균형을 어떻게 유지하는가? 자신의 웰빙을 유지하기 위해 효과적이라고 생각하는 전략이 있다면 무엇인가?
- 소프트웨어 개발 외에 어떤 취미를 가졌나?
- 가족, 친구 등 지원 네트워크가 개인적 및 직업적 성장에 어떤 역할을 하는가?
- 업무 외의 시간에 정신적, 신체적 건강을 돌보기 위해 어떻게 재충전하는가? 도움이 된다고 생각하는 실천 방법이 있으면 알려달라.
- 탐구하거나 발전시키고 싶은 특정한 삶의 기술이나 개인적인 성장 영역이 있는가?
- 업무 외에 중요하다고 생각하는 활동이나 관계를 위해 시간을 우선순위에 두고 확보하는 방법은 무엇인가?

멘티와의 대화를 통해 그들의 상황과 관심사를 깊이 이해하면, 멘토링 관계를 더욱 효과적이고 의미 있게 만들 수 있다.

팀 단합을 위한 활동에 멘티와 함께 참여하면 더 편안하고 비공식적인 환경에서 멘티와 소통할 수 있는 기회를 가질 수 있다. 그룹 활동이나 사교 이벤트는 일상적인 업무 환경을 벗어나 유대감을 형성하고 경험을 공유하며 관계를 구축할 수 있는 좋은 기회다. 이러한 활동은 회사에서 주최할 수도 있고, 직접 조직할 수도 있다. 필자는 회사 수련회, 피크닉, 콘퍼런스 등을 활용해 직장에서 떨어져 멘티들과 시간을 보낸 적이 있다. 이런 시간을 통해 더 일상적인 대화를 나누며 멘티들의 취미와 관심사를 파악하고, 그들과 개인적인 이야기를 나눌 수 있는 기회로 삼을 수 있다. 이런 비공식적인 환경에서는 멘티와의 유대감을 강화하고 그들의 성격에 대해 더 깊이 이해할 수 있다. 멘티의 직업적 일상을 넘어 그들의 웰빙에 진심으로 관심을 보이면 동료애를 형성하고 더 깊은 관계를 구축할 수 있다.

필자는 재택 근무를 한 적이 있었는데, 가끔씩 일주일 정도 대면해서 만나는 시간을 계획했다. 그 기간 동안 매일 점심 식사를 하러 나갔으며, 일을 주제로 대화하지 않도록 신경 썼다. 사람들은 자연스럽게 일과 관련된 주제로 대화를 하게 되지만, 멘토로서 책, 영화, 취미, 혹은 최근에 화제가 되고 있는 업무 외적인 주제로 대화를 먼저 시작하는 것이 중요하다. 이런 대화는 공통의 관심사를 발견하고 멘티의 성격을 더 폭넓게 이해하는 데 도움이 된다. 멘티를 더 잘 알고자 시간과 노력을 투자하면 성공적이고 보람된 멘토/멘티 관계를 구축하는 기반을 마련할 수 있다.

9.2.3 공통점 발견

멘티와의 공통점을 찾는 것은 상호 간 신뢰를 형성하는 데 도움이 된다. 공통의 경험과 관심사를 찾게 되면 친근해지고 이해가 깊어지며, 더 편안하고 열린 의사소통 환경을 조성할 수 있다. 멘토와 멘티가 공통된 관심사나 배경을 가지고 있다면, 이를 대화의 출발점으로 삼아 서로의 관점을 더 쉽게 이해하고 공감할 수 있다.

멘티를 개인적으로 알아가는 데 시간을 투자하지 않으면 관계에 악영향을 미칠 수 있으며, 이는 멘티의 성장과 발전을 제한할 수 있다. 개인적인 유대감이 없으면 멘티는 신뢰와 몰입이 부족하다고 느낄 수 있다. 이렇게 되면 멘토링은 단순히 형식적이고 의무적인 것으로 느껴지고, 자신의 직업적이고 개인적인 발전을 위해 멘토가 진정성을 가지고 노력하지 않는다고 생각할 수 있다. 이는 목표와 기대의 불일치를 초래할 수 있으며, 멘티의 고유한 필요를 충족하는 맞춤형 가이드를 제공하는 데 어려움을 겪게 될 것이다.

필자는 초창기에 매우 기술적인 역량을 가진 리드 개발자들과 함께 일한 적이 있었다. 하지만 그들은 필자를 알아가는 데 전혀 시간을 투자하지 않았고, 정기적인 일대일 미팅도 없었다. 문제에 봉착해 도움을 요청하러 가면 왜 문제를 겪고 있는지 이해하지 못했는데, 이는 필자의 교육적 배경을 잘 모르기 때문이었다. 필자는 그들로부터 지원받지 못한다고 느꼈고, 자신감도 낮아졌다. 반면, 필자를 개인적으로 이해하고자 노력했던 리드 개발자들은 필자의 사고방식을 이해하려고 노력함으로써 필자가 왜 문제에 부딪혔는지 이해했다. 그 결과, 그들은 상황을 제대로 평가하고 필자가 겪고 있던 문제와 어려움을 극복할 수 있도록 필요한 가이드를 제공해줬다.

멘티와 개인적으로 연결되면 효과적인 의사소통이 촉진된다. 이러한 연결이 없다면, 멘토링 대화는 깊이와 진정성이 결여된 단순히 형식적인 대화가 될 수 있으며, 멘티가 도전 과제를 솔직하게 논의하거나 가이드를 요청하거나 자신의 관점을 공유하려는 의지가 약해질 수 있다. 멘티와 유대감을 형성하는 것은 지원적이고 협력적인 환경을 만드는 데 필수다.

멘티가 멘토와 개인적으로 연결되어 있다고 느끼지 못하면, 멘토링 과정에 대한 동기와 몰입도가 감소할 수 있다. 그 결과 멘티는 흥미를 잃거나 멘토링 관계에서 멀어지게 되어, 멘토링의 전반적인 효과를 보지 못할 수도 있다. 성공적인 멘토링을 위해서는 멘티를 개인적으로 알아가는 데 시간과 노력을 투자하는 것을 우선순위에 두어야 한다. 개인적인 연결을 구축함으로써 신뢰와 열린 소통을 촉진하고, 멘티의 직업적이고 개인적인 성장을 지원하는 맞춤형 도움을 제공할 수 있다.

소셜 미디어에서 멘티를 팔로우하는 것도 멘티를 더 잘 이해할 수 있는 좋은 방법이다. 필자의 경우 멘티를 깃허브에서 팔로우하며 그들이 어떤 작업을 하고 있는지 확인하고, 지원이나 도움이 필요한지 묻곤 한다. 그들이 진전을 이루고 있는 것을 보면, 업무 중에 이를 언급하며 성과를 축하해준다. 링크드인과 같은 플랫폼에 이를 게시하면, 성원하는 댓글을 남긴다. 이런 공개적인 지지는 멘토링 관계를 성장시키고, 멘티에게 멘토가 진심으로 그들을 생각하고 있다는 것을 보여준다. 이러한 관심과 지지는 많은 멘토들이 간과하는 부분이지만, 오늘날과 같은 소셜 미디어 환경에서는 매우 중요하다. 소셜 미디어에서의 연결은 멘티와의 관계를 강화하고, 그들의 웰빙에 관심을 가지고 있다는 신뢰를 심어줄 수 있는 훌륭한 방법이다.

9.3 개인적 및 직업적 성장 독려하기

멘티들의 개인적 및 직업적 성장을 독려하는 것은 그들의 성공을 위해 필수다. 멘티들이 개인적 성장을 추구하고자 하면 자신들의 현재 능력을 넘어 스킬, 지식, 역량을 향상시키려는 의욕을 느낄 수 있다. 이는 지속적인 학습 마인드를 길러주며, 멘티들이 좀 더 균형 잡힌 전문가로 성장하는 데 유용하다. 개인적 성장에는 강력한 커뮤니케이션 스킬이나 일과 삶의 균형과 같은 요소들이 포함될 수 있다. 이러한 특성은 그들의 커리어뿐만 아니라 전반적인 개인적 발전에도 기여한다.

리드 개발자로서 긍정적인 본보기가 된다면, 멘티들은 성장에 대한 영감을 받고 동기부여를 느낄 것이다. 이는 그들로 하여금 더욱 몰입하고 업무에 헌신하도록 만든다. 멘토의 지도와 격려는 자신의 분야에 대한 열정을 일깨우고, 목적 의식을 심어줄 수 있다. 높은 기준을 설정하고 열정을 보여줌으로써, 멘티가 자신의 한계를 뛰어넘고, 도전 과제를 받아들이며, 잠재력을 최대로 발휘할 수 있도록 격려할 수 있다. 여러분이 자신을 위해 명확한 목표를 설정하면 멘티 역시 자신의 목표를 설정하는 데 도움을 얻는다. 여러분의 경험과 통찰을 공유함으로써, 멘티들은 더 나은 결정을 내릴 수 있고 잠재적 장애물을 극복할 수 있다.

멘티들의 개인적 성장과 커리어 성장을 우선시하면, 지속적인 개선과 개발을 중시하는 긍정적인 업무 문화를 조성할 수 있다. 이는 팀 전체에 성장이라는 가치를 공유하는 메시지를 전달하며, 협력적이고 지원적인 환경을 촉진한다. 이러한 문화는 팀의 사기, 생산성, 전반적인 만족도를 증진시키는 데 기여하는 파급 효과를 갖는다. 멘티들의 성장을 위해 투자함으로써, 그들의 전문적 여정을 지원하는 것과 동시에 팀 전체의 역량도 강화할 수 있다.

9.3.1 커리어 계획 수립

멘티들이 최대한 잠재력을 발휘하고 성공적인 전문가로 성장할 수 있도록 돕기 위해, 커리어 계획을 수립하는 것은 꼭 필요하다. 커리어 계획을 수립하면 멘티들은 자신의 직업적 목표를 바탕으로 명확한 방향성을 가질 수 있다. 따라야 할 명확한 로드맵을 위해서는 구체적인 목표와 이정표를 설정하는 것이 중요하다. 이를 통해 노력의 초점이 분명해지고, 그 자체로 의미 있는 과정이 된다. 커리어 계획을 통해 멘티들은 자신들이 원하는 커리어상의 진로를 시각화하고, 그 목표를 달성하기 위해 필요한 단계를 이해할 수 있다.

커리어 계획을 잘 짜면 멘티에게는 성장과 진전을 위해 노력하기 위한 동기부여가 된다. 필요한 기술을 명확히 이해하면 멘티들은 업무에 더 몰입하게 되며, 이는 책임감과 열정을 키워 생산성과 전반적인 만족도를 높이는 데 기여한다. 필자 역시 여러 멘토를 통해 커리어 계획을 세우는 데 도움을 받았고, 시간이 지남에 따라 그 계획은 변화했다.

멘티들이 자신의 분야에서 번아웃을 경험하면 관심사가 변할 수 있다는 점을 기억해야 한다. 어떤 멘티는 특정 프로그래밍 언어나 기술 스택에 전문성을 갖추고 싶어 하지만, 다른 멘티는 여러 기술을 두루 경험하고 싶어 할 수 있다. 멘티들이 지속적으로 흥미를 느끼게 하기 위해, 그들이 관심 있는 모든 기술을 학습하도록 독려하고, 그 목표에 따라 우선순위를 정할 수 있도록 도와야 한다. 구체적인 목표와 학습 목표를 설정하면, 멘티들은 적절한 지도와 자원을 제공받아 역량을 개발할 수 있다. 이러한 접근 방식은 멘티에게 지속적으로 기술 역량을 키워 나가고, 급변하는 업계에서 경쟁력을 유지하는 데 도움이 된다.

커리어 계획은 멘티들이 직업적 성장 기회를 파악하는 데도 도움이 된다. 멘티들의 목표를 조직의 필요에 맞춤으로써 승진, 프로젝트 참여, 직무 순환과 같은 경험을 통해 그들의 전문적 성장을 지원할 수 있다. 이러한 조율은 멘티들에게 유익할 뿐만 아니라 팀의 전반적인 성공과 성장에도 기여한다. 멘티들에게 필요한 기술, 경험, 기회를 제공함으로써, 조직 내에서 인재 파이프라인을 구축할 수 있다. 멘티가 더 큰 책임을 맡을 준비가 되면, 승진이나 이직으로 인한 공백을 줄이고, 조직의 연속성을 보장하는 데 기여할 수 있다.

필자의 멘토 중 한 분은 필자가 커리어 초기에 리더십에 관심이 있다는 것을 알아채고, 목표를 설정하고 새로운 기술을 배우도록 도와줬다. 초기 목표로는 회의를 주도하는 것, 프로젝트 계획을 작성하는 것, 조직 내 다른 팀들과 미팅하는 것이 있었다. 개발팀 리더 직책이 새로 생겼을 때 필자에게 그 자리에 지원해보라고 권했다. 우리는 그 역할을 맡으면 어떤 일을 요구받을지 논의했는데, 목표를 설정하며 준비했던 덕분에 이미 비슷한 일을 하고 있었다는 것을 알게 됐다. 덕분에 커리어를 한 단계 더 발전시킬 준비가 되어 있었고, 결국 그 직책을 맡게 됐다. 멘티를 위한 커리어 계획을 세우면 그들의 커리어를 크게 바꿀 수 있다.

그림 9.1은 리드 개발자가 되는 것을 목표로 멘티의 커리어 계획을 어떻게 체계적으로 수립할 수 있는지를 보여준다.

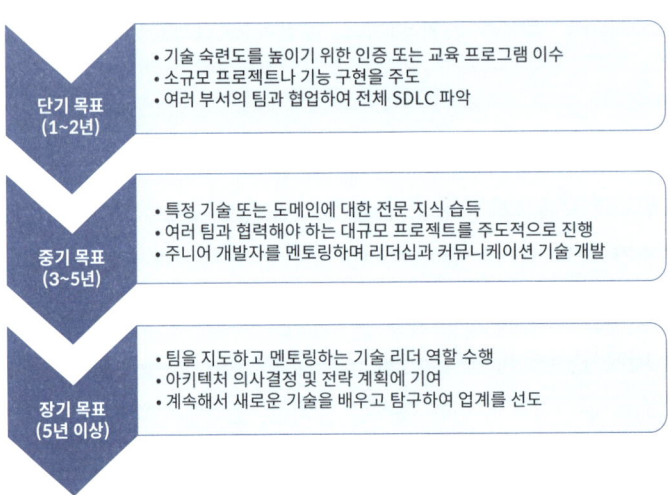

그림 9.1 커리어 계획 예시

커리어 계획은 한번 세우고 나면 그대로 따라야 하는 것은 아니다. 멘티들과 정기적으로 점검하며 진행 상황을 논의하고, 필요에 따라 계획을 조정해야 한다. 개선이 필요한 부분에 대해 건설적인 피드백과 지도를 제공하고, 성공을 함께 축하해주는 것이 중요하다. 커리어 계획은 고정된 것이 아니라, 멘티의 변화하는 관심사와 목표에 맞춰 발전해야 한다. 멘티의 목표와 조직의 필요에 부합하도록 계획을 정기적으로 재평가하고 다듬어야 한다.

필자 역시 기회를 잃거나 커리어를 전환해야 했을 때 커리어 계획을 여러 번 변경한 경험이 있다. 한번은 시니어 웹 개발자로 승진할 수 있는 기회를 놓쳤고, 그때 무언가 다른 것을 해보고 싶었다. 당시 필자의 멘토는 기술 문서 작성이나 교육 쪽으로 알아볼 것을 제안했다. 필자는 이 두 가지에 대해 잘 몰랐기 때문에 한 번도 고려해본 적이 없었다. 우리는 커리어 계획을 업데이트하여 교육 과정 설계와 기술 문서 작성 과정을 포함시켰다. 1년 안에 여러 과정을 완료했으며, 그 결과는 매우 훌륭했다. 멘티들이 커리어 계획을 유지하도록 돕는 일은 그들로 하여금 자신의 전문적인 여정을 성공적으로 헤쳐나갈 수 있게 지원해주는 것으로, 이는 결국 다음 세대의 리드 개발자를 양성하는 일이다.

9.3.2 개선점 파악

멘티가 개선해야 할 역량을 파악하는 것은 직업적 성장에 중요하다. 개선이 필요한 부분을 찾고 나면, 멘티가 역량을 강화하는 방향으로 지도하고, 자원과 기회를 제공할 수 있다. 어느 부분의 기술이 부족한지 파악하려면 멘티의 기술적 역량을 평가할 수 있어야 한다.

평가 방법의 몇 가지 예는 다음과 같다.

- **코드 리뷰**code review: 멘티의 코드를 정기적으로 검토하여 코딩 표준, 효율성, 유지 보수성 측면에서 개선이 필요한 부분을 찾는다.
- **기술적 평가**technical assessment: 주요 개념, 알고리즘, 자료 구조, 특정 프로그래밍 언어에 대한 이해도를 평가하기 위한 테스트나 퀴즈를 실시한다.
- **페어 프로그래밍**pair programming: 페어 프로그래밍 세션을 진행하며 문제 해결 방식, 코드 구성, 디버깅 역량을 관찰한다.

멘티와 함께 일하는 동료, 팀원, 이해관계자로부터 피드백을 받는 것도 중요하다. 이들의 의견은 멘티가 개선해야 할 부분을 발견하는 데 도움이 될 수 있다. 팀원과 이야기하면서 협업 능력과 팀 내에서의 업무 수행 방식을 파악한다. 프로젝트 매니저로부터 멘티가 프로젝트 목표에 얼마나 부합하는지, 기한을 잘 준수하는지, 복잡한 프로젝트를 어떻게 처리하는지 등을 확인할 수 있다. 클라이언트 및 프로젝트 이해관계자로부터 피드백을 수집하는 것은 멘티가 작업한 결과물의 품질과 업무에 대한 전반적인 만족도를 평가하기 위해 중요하다.

기술적 역량뿐만 아니라 소프트 스킬도 직업적 성장에 중요한 역할을 한다. 멘티의 소프트 스킬을 관찰하고 평가하여 개선이 필요한 부분을 파악해야 한다. 아이디어를 효과적으로 전달하는 능력, 적극적으로 경청하는 태도, 팀원 및 이해관계자와의 협업 능력을 평가해야 한다. 리더십에 대한 잠재력을 평가할 때는 의사결정 능력과 다른 팀원을 지도하고 멘토링할 수 있는 역량에 초점을 맞추어야 한다. 또한, 멘티가 체계적으로 업무를 수행하고 프로젝트 마감 기한을 준수하는지도 확인해야 한다.

멘티가 개선해야 할 부분을 파악할 때는 그들의 커리어 목표와 방향성을 고려해야 한다. 멘티와의 대화를 통해 직업적 관심사와 목표를 이해하고, 원하는 분야에서 성장하기 위해 필요한 역량을 파악해야 한다. 특정 직무로의 전환을 희망한다면, 해당 역할에 필요한 역량을 파악하고 그 역량을 개발하는 데 집중할 수 있도록 도와줘야 한다. 특정 기술이나 도메인에서 전문성을 키우고 싶다면, 거기에 필요한 기술을 파악하고 관련 프로젝트에 참여할 기회를 제공하거나 교육을 받을 수 있도록 지원해야 한다.

멘티가 개선해야 할 부분을 파악하는 것은 멘토링의 핵심 요소이며, 이는 멘티의 성장을 돕는 중요한 과정이다. 멘티를 이끌어주면서 자원과 기회를 적절하게 제공하면, 멘티가 역량을 강화하고 직업적 성공을 지속적으로 이룰 수 있다. 멘토링 관계에서 멘토의 지원과 도움으로 역량 개발을 꾸준히 하면 멘티는 잠재력을 최대한으로 끌어낼 수 있다.

9.3.3 롤 모델 되기

리드 개발자는 멘티의 성장과 발전에 큰 영향을 미친다. 여러분의 행동, 가치관, 태도는 멘티들이 성공을 이루는 데 중요한 가이드라인이 된다. 높은 수준의 전문성과 우수성을 실천함으로써 멘티들이 탁월함을 지향하도록 동기를 부여해야 한다. 필자는 멘티들에게 세부사항에 주의를 기울이는 것이 중요하다고 강조하는데, 이것이 그들의 작업에서 철저함과 정확성을 보여주기 때문이다. 이러한 점은 특히 개발자에게 해당되는데, 개발자는 복잡하게 얽혀 있는 여러 요소들을 다뤄야 하지만 모든 것을 완벽하게 관리하기는 어렵다.

필자는 멘티에게 사전에 오류를 예측하고 해결책을 제시함으로써 세부사항에 주의를 기울이면 어떤 영향을 미치게 되는지 직접 보여준다. 예를 들어 테스트 케이스가 누락된 것을 발견하면 추가할 것을 제안하고, 코드 변경이 제대로 됐는지 QA팀과 함께 확인한다. 여러분은 멘티들에게 그들의 작업에서 모든 측면을 고려하는 방법과 이것이 어떻게 팀 전체의 성공을 지원하는지를 보여줘야 한다.

또한, 최신 기술과 업계 동향을 지속적으로 학습하는 모습을 보여줌으로써 학습자로서의 모범을 보여줘야 한다. 자신의 지식을 팀과 공유하고, 멘티들이 최신 정보를 습득할 수 있도록 도움이 되는 자료를 알려주기 바란다. 더불어, 개인적인 삶의 과정에서 배우는 점을 멘티들과 나누는 것도 중요하다. 필자의 경우 개인적인 발전을 위한 자의식을 가장 중요시하는데, 이는 개인적 및 직업적 성장의 기회를 찾는 데 도움이 되기 때문이다.

리드 개발자는 팀 내부분만 아니라 클라이언트 및 이해관계자와도 효과적으로 의사소통하는 능력을 가지고 있어야 한다. 이 책에서 적극적 경청의 중요성을 여러 차례 다루었듯이, 멘티들에게 적극적 경청의 본보기가 되어야 한다. 이렇게 하면 타인의 의견을 존중하고 세심하게 배려하는 태도를 보여줄 수 있으며, 긍정적인 업무 환경을 조성할 수 있다. 또한 멘티들이 기술적 개념과 아이디어를 명확하고 간결하게 전달하는 방법을 배울 수 있도록 해야 한다. 비기술직 팀원들도 존중하는 태도로 대하고, 그들이 이해할 수 있는 언어를 사용해 질문에 답변해야 한다.

멘티들이 팀워크의 가치를 이해하고 존중할 수 있도록 협력적이고 지원적인 팀 환경을 조성하는 것도 중요하다. 코드 리뷰와 지식 공유 세션에 적극적으로 참여함으로써, 팀 내에서 지식과 전문성을 공유하는 문화를 장려할 수 있다. 서로 돕고 지원하는 분위기의 팀을 만들기 위해서는 팀의 성공을 인정하는 것이 중요하다. 이를 통해 협업이 목표 달성에 얼마나 중요한 역할을 하는지 보여줄 수 있다. 필자가 과거에 근무했던 조직 중에는 이러한 문화를 조성하지 않은 경우도 있었는데, 결과는 엇갈린다. 어떤 직원들은 자발적으로 팀을 축하하며 사기를 북돋았고 이런 것이 도움이 되긴 했지만, 한편으로는 리더로부터 인정받지 못한다고 느낀 사람들도 있었다. 팀원들에게 감사의 마음을 표현하면, 팀원들 또한 서로를 더욱 존중하고 감사하는 분위기가 형성된다.

롤 모델로서 중요한 역할 중 하나는 강력한 직업 윤리와 책임감을 보여주는 것이다. 멘티들이 이러한 가치를 내면화할 수 있도록, 스스로 높은 기준을 세워야 한다. 기한을 철저히 준수하고, 시간 엄수를 강조하는 모습을 보여야 한다. 회의에 정시에 참석하고,

일정에 충돌이 생길 경우 미리 알려줘야 한다. 이렇게 하면 동료들의 시간을 존중하는 태도를 보여줄 수 있다. 실수했을 때는 책임을 지는 태도를 보여야 한다. 자신의 행동에 책임을 지고 해결하려고 노력하면 실수도 성장의 기회임을 멘티에게 보여줄 수 있다.

강력한 직업 윤리는 중요하지만, 건강한 일과 삶의 균형을 유지하는 것도 중요하다. 멘티들에게도 자신의 웰빙을 우선시하는 것이 강력한 직업 윤리에 속하는 것임을 강조해야 한다. 과로하면 누구나 제 실력을 발휘할 수 없기 때문에 충분한 휴식이 필요하다. 따라서 정기적으로 휴식을 취하고 자기 관리를 실천하는 모습을 보여야 한다. 이를 통해 여러분이 그들의 개인적 웰빙을 지원한다는 것을 보여줄 수 있다.

필자는 과거에 일중독이었는데, 그 이유는 필자와 함께 일했던 리더들 역시 모두 일중독이었기 때문이다. 그들은 가족과 함께해야 할 휴가 중에도 업무를 확인할 정도였다. 이런 방식은 멘티들에게도 영향을 미쳐서 회사에서 잘리지 않고 리더십에 좋은 인상을 주기 위해 같은 방식으로 행동하려고 할 것이다.

예전에 번아웃이 왔을 때, 계속해서 사소한 실수를 하는 바람에 스스로 시니어 개발자가 되기에는 부족한 사람이라고 느꼈던 적이 있었다. 이후 충분한 휴식을 취한 뒤에야 단지 휴식이 필요했을 뿐이라는 사실을 깨달았다. 워크 라이프 밸런스를 유지할 수 있는 방법을 멘티들과 공유하는 것이 중요한 이유는 이 때문이다. 예를 들면 업무와 개인 생활의 경계를 설정하고, 업무를 적절히 위임하며, 개인적인 취미와 관심사를 위한 시간을 확보해야 한다. 결국, 행동이 말보다 강하며 긍정적인 롤 모델이 되는 것은 멘티들의 성장과 성공에 지속적인 영향을 미칠 것이다.

9.4 받은 만큼 베풀기

멘토링은 리드 개발자가 자신의 성장 과정에서 도움을 받은 글로벌 개발자 커뮤니티에 보답할 수 있는 기회를 제공한다. 이를 통해 개인적인 성취감과 목적 의식을 가질 수 있다. 다음 세대의 기술 전문가들을 성장시키는 데 긍정적인 영향을 미칠 수 있도록 이러한 기회를 적극적으로 받아들여야 한다. 받은 만큼 되돌려주는 것이 중요하다. 훌륭한 멘토를 만났다면, 자신도 누군가의 멘토가 되어야 한다. 이렇게 하면 개발자 커뮤니티에서 자신의 지식과 시간을 기꺼이 나누고자 하는 멘토들을 꾸준히 배출할 수 있다.

전문성과 조언을 공유하면 미래 개발자들의 삶과 경력에 긍정적인 영향을 미칠 수 있다. 자신의 시간과 지식을 다른 사람들에게 투자하는 것은 곧 기술 업계의 발전에 기여하는 일이다. 멘티들이 성장하고 성공하는 모습을 지켜보는 것은 말로 표현할 수 없는 큰 보람이며, 이러한 경험은 선행을 실천하는 것의 가치를 더욱 확고하게 만든다.

9.4.1 멘티가 멘토로 성장하도록 돕기

멘토링은 개인을 지도하고 지원하는 효과적인 방법이지만, 더 나아가 멘티들이 스스로 멘토가 될 수 있도록 돕는 것은 더욱 가치 있는 일이다. 특정 분야에서 깊이 있는 이해와 전문성을 갖춘 멘티라면 멘토 역할을 맡을 준비가 되었을 수 있다. 멘토가 되기 위해서는 개념을 효과적으로 전달하고 설명할 수 있어야 하며, 가르치고 지도하는 일에 대한 열정을 보여야 한다. 멘티가 멘토로 전환하는 과정은 멘티 본인뿐만 아니라 개발팀 전체의 성장과 성공에도 기여한다.

멘토링을 하게 되면 자신이 가진 지식과 역량을 더욱 강화할 수 있다. 멘토는 기술적 역량뿐만 아니라 소프트 스킬에 대한 깊은 이해가 필요한데 멘티를 이런 부분에서 이끌어줘야 하기 때문이다. 멘토가 되면 지식이 깊어지는 것은 물론이고, 부족한 부분을 발견하고, 질문에 답하는 과정에서 새로운 관점을 찾게 된다. 이를 통해 좀 더 다각적인 시각을 갖추고 자신감을 높일 수 있다.

멘티에서 멘토로의 전환은 학습 과정에서 자연스러운 성장 단계다. 멘티가 멘토가 되도록 장려하면, 팀 내에서 지속적인 학습의 선순환이 이뤄진다. 멘티가 멘토가 되면 새로운 문제와 도전에 직면하게 되고, 이는 더 많은 지식을 탐구하고 창의적인 해결책을 모색하도록 동기를 부여한다. 이러한 지속적인 학습 과정은 멘토뿐만 아니라 팀 전체에도 도움이 되며, 새로운 아이디어와 관점을 팀에 가져올 수 있다. 시니어 개발자는 리드 개발자가 될 생각이 없더라도 멘토 역할을 맡아야 한다. 주니어 개발자들이 학습 과정에서 겪는 어려움을 극복하고 새로운 기술을 익힐 수 있도록 도와야 한다.

또한, 주니어 개발자도 멘토가 되는 경험을 통해 성장할 수 있다. 주니어 개발자들은 자신이 충분한 경험을 하지 못했다고 생각해 멘토 역할을 주저하지만, 어느 분야이든 자신보다 경험이 적은 사람은 항상 있기 마련이다. 많은 주니어 개발자들이 개인 프로젝트나 블로그를 통해 지식을 공유하거나 다른 사람에게 방법을 알려주는 등 이미 멘토 역할을 하고 있음에도 불구하고, 그 사실을 깨닫지 못하는 경우가 많다.

멘티가 멘토가 되도록 돕는 것은 개발팀 내에서 협업과 지원의 문화를 조성하는 데 중요한 역할을 한다. 멘티들은 다양한 학습 스타일을 이해하고, 그에 맞춰 멘토링 방식을 조정하는 법을 배우게 된다. 이러한 사고방식의 전환은 팀원들이 서로를 지원하고, 지식을 공유하며, 함께 성장하는 문화를 만들어낸다. 멘토링을 통해 형성된 유대감은 팀의 결속력을 강화하며, 결과적으로 생산성과 창의성 증대와 전반적인 업무 만족도의 향상에 기여한다. 멘토들은 자기가 준 만큼 돌려받고, 팀원 모두로부터 배울 수 있어야 한다. 팀원 각자가 멘토가 되어 자신의 전문성을 공유하고, 동료들의 역량 강화를 도울 수 있다.

멘티가 멘토로 전환하는 과정은 리더십과 커뮤니케이션 역량을 개발하는 데 중요한 역할을 한다. 멘토는 멘티를 지도하고 동기를 부여할 책임이 있는데, 이를 위해 효과적인 의사소통과 건설적인 피드백을 제공하는 능력이 필요하다. 이러한 역할을 수행하면서 멘티들은 리더십 역량을 강화하고 감정 지능을 향상할 기회를 갖게 된다. 이러한 기술은 멘토링 관계를 더욱 원활하게 만들 뿐만 아니라, 팀이나 조직 내에서 향후 리더십 역할을 맡도록 준비하는 데도 도움이 된다.

멘티가 다른 사람을 멘토링할 기회를 얻으면, 자신의 성장과 전문성이 인정받고 있다는 느낌을 받게 된다. 이는 그들에게 목적의식과 책임감을 부여하며, 궁극적으로 업무 만족도와 팀에 대한 충성도를 높이는 데 기여할 수 있다. 팀 내에서 멘토를 지속적으로 육성하면, 경험이 많은 구성원들이 은퇴하거나 다른 역할로 이동하더라도 지식과 리더십이 원활하게 이어질 수 있다.

멘티가 멘토로 성장하도록 도와야 하는 가장 중요한 이유는 개발자 커뮤니티에 지속적으로 새로운 멘토를 공급할 수 있기 때문이다. 만약 멘토링을 장려하지 않는다면, 개발 커뮤니티 내에서 멘토들을 꾸준히 배출할 수 있을까? 여러분은 조직과 글로벌 커뮤니티에 대한 책임감을 가지고, 차세대 멘토를 양성해야 한다. 여러분의 멘티가 보답할 수 있는 방법은 다른 사람들과 관계를 맺고, 여러분이 멘티에게 했던 것처럼 그들도 자신이 받은 도움을 다른 사람들에게 전하며 그들의 커리어 성장을 돕는 것이다.

9.4.2 조직 외부의 개발자 멘토링

리드 개발자는 풍부한 지식과 경험을 보유하고 있기 때문에 자신이 속한 팀뿐만 아니라 글로벌 개발자 커뮤니티에도 큰 도움이 될 수 있다. 개발팀 내부에서 멘토링하는 것도 중요하지만, 경계를 넘어 조직 외부의 개발자들에게도 멘토링을 확장하는 것은 개발자 커뮤니티에 깊은 영향을 미칠 수 있다. 멘토링의 범위를 조직 밖으로 확장하면, 자신의 전문 지식을 널리 전파하고 신입 개발자, 주니어 개발자, 경험이 많은 실무자들까지 성장하는 데 기여할 수 있다. 이러한 지식 공유는 개발자 커뮤니티 전반에 긍정적인 파급 효과를 일으켜, 지속적인 학습과 발전의 문화를 조성한다.

조직 외부의 개발자들을 멘토링하는 것은 개발 커뮤니티의 다양성, 형평성, 포용성을 강화하는 데도 기여한다. 다양한 배경, 문화, 지역을 가진 멘티들과 교류함으로써 기회가 부족한 그룹에게 더 많은 기회를 제공할 수 있다. 특히, 자원이나 네트워크에 접근이 제한된 개발자들에게 멘토링을 제공하면, 그들의 경력을 성공적으로 이어갈 수 있도록 지원할 수 있다. 이러한 노력은 더 포용적이고 다양하며 각 개인이 자신의 강점을 더욱 키울 수 있는 개발자 커뮤니티를 형성하는 데 기여한다.

전 세계 다양한 멘티들과 교류하면 시야를 넓힐 수 있고, 여러 문화와 개발 관행에 대한 통찰을 얻을 수 있다. 이러한 상호작용은 아이디어 교환, 협업, 상호 학습을 촉진한다. 멘토링을 통해 형성된 관계는 단순한 업무적 관계를 넘어, 공통된 목표와 비전을 공유하는 강력한 네트워크를 구축할 수 있다. 이는 향후 협업, 파트너십, 장기적인 우정을 형성하는 기회로 나아갈 수 있으며, 이를 통해 여러분 자신의 개인적 및 직업적 여정이 더 윤택해진다.

리드 개발자든, 시니어 개발자든, 자신이 가진 기술적 전문성을 개발자 커뮤니티와 공유할 수 있다. 멘티를 직접 찾아 나설 필요는 없으며, 멘토링을 요청하는 사람들에게만 멘토링을 제공하는 방식도 가능하다. 실제로 모든 사람을 멘토링하는 것은 현실적으로 불가능하기 때문에, 필자는 멘토링을 요청하는 사람들에게만 시간을 할애하고 있다.

조직 밖에서 멘토링을 하는 것은 차세대 개발 리더를 양성하는 데 중요한 역할을 한다. 가능성 있는 신입 개발자들을 멘토링하면서 그들의 커리어 방향을 설정하는 데 도움을 줄 수 있다. 또한 영감을 주고 동기를 부여하여 그들이 자신의 잠재력을 최대한 발휘할 수 있도록 돕는 것이 중요하다. 자신의 경험을 공유하고, 조언을 제공하며, 롤 모델이 되는 과정에서 자신감 있고 유능한 리더들을 배출할 수 있으며, 이들은 다시 자신이 속한 조직과 커뮤니티에 긍정적인 변화를 만들어낼 것이다.

이 장의 서두에서 언급했듯이, 필자는 지금까지 100명 이상의 개발자를 멘토링해왔는데 이는 개발자로서 경험한 가장 보람된 일 가운데 하나다. 특히 이전의 멘티들이 현재 멘토로 성장하고, 그들의 멘티들이 또다시 성공하는 모습을 지켜보는 것은 큰 기쁨이자 보람이다.

9.4.3 멘토링 커뮤니티 및 이벤트 참여하기

멘토링 커뮤니티와 이벤트에 참여하면, 리드 개발자로서 자신의 전문성을 공유하고 다른 개발자들의 성장에 기여할 수 있다. 이러한 행사에서 주최자나 연사로 활동하면 커뮤니케이션 및 교육 역량을 더욱 발전시킬 수 있으며, 이를 통해 자신의 성장을 도와준 커뮤니티에 보답할 수 있다. 또한, 자신의 지식과 경험, 통찰을 공유함으로써 차세대 개발자들이 경력을 키워나가고 어려움을 극복하는 데 도움을 줄 수 있다.

멘토링 커뮤니티와 이벤트는 강력한 프로페셔널 네트워크를 구축할 수 있는 기회를 제공한다. 다른 개발자들을 만나 의미 있는 관계를 형성하고, 경험을 나누며, 프로젝트에서 협업할 수 있다. 비슷한 목표와 가치를 가진 전문가와의 네트워크는 향후 파트너십 형성, 커리어 발전 기회, 개발자 커뮤니티 내 소속감을 느끼는 데 도움이 될 수 있다. 또한 다양한 멘토링 커뮤니티에 참여하면 새로운 아이디어와 접근 방식을 접할 수 있어 창의적인 사고를 자극하고, 최신 기술과 방법론을 배우는 기회가 된다. 서로 다른 배경과 기술을 가진 개발자들과 협업하면서 혁신적인 프로젝트를 함께 만들고, 새로운 시각을 배울 수 있다.

멘토링 커뮤니티와 이벤트에 참여하는 것은 개인적, 직업적으로 큰 보람을 느낄 수 있는 경험이기도 하다. 멘토링을 받은 개발자들이 성장하고 성공하는 모습을 지켜보는 것은 매우 값진 경험이며, 개발자 커뮤니티의 지식 발전에 기여함으로써 자신의 역할에 대한 보람과 성취감을 느낄 수 있다. 그뿐만 아니라, 멘토링은 자기 성찰의 기회이기도 하기 때문에 자신의 역량을 다시 한번 점검하고 리드 개발자로서의 자신감을 더욱 강화할 수 있다.

표 9.2는 업계에서 가장 잘 알려진 멘토링 커뮤니티 및 이벤트를 보여준다.

표 9.2 멘토링 커뮤니티 및 이벤트

커뮤니티 또는 이벤트	설명
밋업	전 세계 여러 도시에서 개발자 밋업 그룹을 운영하는 플랫폼으로, 개발자들이 네트워크를 형성하고, 지식을 공유하며, 서로 배울 수 있도록 돕는다. • https://www.meetup.com/ko-KR/
DEV Community	온라인 개발자 커뮤니티로, 멘토링 프로그램을 제공하는 플랫폼이다. 개발자들을 서로 연결해주고, 아이디어를 공유하며, 멘토를 찾을 수 있는 기회를 제공한다. • https://dev.to/
깃허브	개발자들이 오픈소스 프로젝트에서 협업할 수 있는 공간으로, 깃허브 캠퍼스 엑스퍼트GitHub Campus Experts 및 깃허브 멘토십GitHub Mentorship 프로그램과 같은 멘토링 프로그램도 운영한다. • https://github.com
Codementor	개발자들이 특정 프로그래밍 문제 해결이나 커리어 조언을 받을 수 있도록 멘토와 연결해주는 온라인 플랫폼이다. • https://www.codementor.io/

표 9.2 멘토링 커뮤니티 및 이벤트(표 계속)

커뮤니티 또는 이벤트	설명
Women Who Code	기술 분야의 여성들을 위한 글로벌 비영리 단체로, 멘토링 및 네트워킹 기회를 제공한다. 또한 이벤트, 워크숍, 멘토링 프로그램을 통해 여성 개발자들을 지원하고 성장할 수 있도록 돕는다. • https://womenwhocode.com/
CodeNewbie	코딩을 배우거나 기술 분야로 전환하려는 사람들을 위한 포용적인 커뮤니티로, 정기적인 트위터 스페이스, 팟캐스트, 가상 밋업을 개최하며, 초보자를 위한 멘토링 기회와 지원을 제공한다. • https://www.codenewbie.org/
개발자 콘퍼런스	구글 I/O, 애플 개발자 콘퍼런스, 마이크로소프트 빌드와 같은 개발자 콘퍼런스에서는 멘토링 프로그램, 워크숍, 네트워킹 이벤트가 포함되는 경우가 많다. 이러한 콘퍼런스에 참석하면 유익한 학습 및 멘토링 기회를 얻을 수 있다.

필자는 여러 멘토링 이벤트에서 연사로 활동했지만, 지금까지 가장 인상 깊었던 행사는 'Women Who Code'였다. 평소에도 'Women Who Code' 온라인 이벤트에 자주 참석하는데, 어느 날 개발자를 위한 퍼스널 브랜딩에 관한 온라인 패널의 연사로 참여해 달라는 요청을 받았다. 당연히 행사에 참여했고, 행사가 끝난 뒤 많은 여성 개발자로부터 커리어 조언을 구하는 메시지를 받았다. 필자는 도움을 요청하는 모든 사람의 메시지에 답변하려고 노력한다. 답장하는 데 시간이 조금 걸릴 수도 있지만, 업계에서 영향력을 가진 사람으로서 멘토링을 요청하는 누구에게든 도움을 줄 책임이 있다고 생각한다. 따라서 앞으로도 이러한 행사에서 계속 연사로 활동할 것이다.

필자는 새로운 개발자들을 만나고, 그들과 소통하는 것을 좋아한다. 그래서 행사에서 연설할 때마다 필자에게 언제든지 연락해도 되고, 받은 모든 메시지에 답변하려고 노력한다고 말해준다. 이렇게 하면 사람들이 필자를 편하게 여기고, 멘토링을 요청하는 데 부담을 느끼지 않게 된다. 자신이 멘토링을 제공할 의사가 있다는 것을 명확하게 전달하는 것이 중요하다. 그렇지 않으면 사람들은 상대방이 바쁠 것이라고 생각하고 연락을 망설일 수 있다. 멘토링 행사에서 연설하고, 멘토링 커뮤니티에 적극적으로 참여함으로써 신입 개발자들의 삶과 경력에 긍정적인 영향을 미칠 수 있으며, 그들의 성공을 돕는 데 기여할 수 있다.

요약

- 멘토는 지혜와 경험을 공유하며, 각 개인의 여정에 맞춰 이끌어주고, 목표 설정을 의미 있게 할 수 있도록 돕는다. 또한 솔직하고 진정성 있는 태도를 통해 신뢰와 성장을 형성한다.
- 성공적인 멘토는 모범을 보이며, 멘티의 필요에 맞춰 접근 방식을 조정하고, 자율적인 의사결정을 장려한다. 또 멘티의 직업적 성장과 개인적 웰빙을 지원하며, 성취를 함께 축하하고 어려움을 극복할 수 있도록 돕는다.
- 멘티와의 신뢰를 구축하려면 솔직하고 투명한 소통, 기술적 역량, 인내심, 비밀 유지에 대한 존중이 필요하다.
- 구체적인 목표와 마일스톤이 포함된 커리어 계획을 수립하면, 멘티들이 좀 더 명확한 방향성을 가질 수 있으며, 그들의 목표가 조직의 필요와 조화를 이루도록 도울 수 있다. 이는 장기적인 인재 육성과 직업적 성장에도 기여한다.
- 멘토는 멘티들의 성장과 발전을 장려해야 하며, 이를 위해 높은 수준의 기준을 설정하고, 세부사항에 대한 주의를 강조하고, 강한 업무 윤리와 책임감을 보여야 한다. 또한, 워크라이프 밸런스를 우선시하는 긍정적인 롤 모델이 되어야 한다.
- 멘티가 멘토로 성장하도록 지원하면 지속적인 학습과 협업, 리더십 개발, 팀 내에서의 목적 의식을 형성할 수 있다. 또한, 개발자 커뮤니티 내에서 지속 가능한 멘토 네트워크를 유지하는 데 기여할 수 있다.

리드 개발자 이야기

스티브 뷰캐넌

스티브 뷰캐넌Steve Buchanan은 클라우드 기술 발전에 집중하는 선도적인 글로벌 기술 기업의 수석 프로그램 관리자다. 그는 플루럴사이트의 강사이며, 8권의 기술 서적을 집필했고, Onalytica의 'Who's Who in Cloud? Top 50(클라우드 업계 인물 탐구: 톱 50人)'에 선정된 인물이자, 마이크로소프트 MVP에 10회 선정된 경력을 가지고 있다.

DevOps Days, Open Source North, Midwest Management Summit, 마이크로소프트 이그나이트Microsoft Ignite, BITCON, Experts Live Europe, O'Reilly Open Source Convention(OSCON), Inside Azure Management 및 여러 사용자 그룹에서 기술 연사로 활동했다. 또한, 12개 이상의 팟캐스트에 게스트로 출연했으며, 미국에서 다섯 번째로 큰 신문인 《Star Tribune》을 비롯해 여러 매체에 소개됐다. 현재도 기술 커뮤니티에서 활발히 활동하고 있으며, 자신의 IT 분야 경험을 블로그[1]를 통해 공유하고 있다.

이 인터뷰에서 스티브는 멘토로서 성공하기 위한 전문가적 조언을 제공한다.

멘토로서 이뤄낸 성과를 이야기해주길 바란다. 멘티들을 어떻게 도왔고, 그들은 어떤 성공을 이루었나?

나는 주로 단기 멘토링을 진행해왔지만, 최근에는 장기 멘토링에도 집중하고 있다. 장기적인 멘토링에서는 커리어 계획 수립에 더 중점을 두고 있으며, 단기적인 경우는 멘티들의 전체 커리어 과정을 지켜볼 기회가 많지 않다. 내 멘티들 중 일부는 마이크로소프트 MVP가 되었고, 기술 서적의 저자 또는 공동 저자로 활동하며, 여러 콘퍼런스에서 연사로 활약하고 있다. 또한, 그들은 커리어를 발전시키기 위해 계속해서 새로운 기회를 모색하며, 다음 단계로 나아가기 위해 나에게 추천을 요청하기도 한다. 그뿐만 아니라, 나는 멘티들에게 직장에서 겪을 수 있는 다양한 상황에서 어떻게 대처해야 하는지 조언할 때도 있다.

---

1   https://www.buchatech.com/

The Lead Developer Story

멘티의 커리어 계획을 어떻게 도와주는가?

기술 업계는 빠르게 변화하는 환경이므로, 멘티들은 명확한 커리어 계획을 수립하는 것이 중요하다. 나는 멘티들에게 정리해고 상황을 어떻게 극복할 것인지도 멘토링하고 있다. 멘티들은 방향성을 필요로 하기 때문에, 나는 그들과 대화를 나누며 한 걸음 물러서서 본인이 진정 원하는 방향이 무엇인지 파악하도록 돕는다. 그런 다음, 최종 목표에서부터 역순으로 계획을 세워나간다.

나는 멘티들에게 자신이 되고 싶은 사람을 찾아 그들의 경로를 연구하라고 조언한다. 각자의 길은 다르지만, 다른 사람들의 커리어 여정을 참고하며 영감을 받을 수 있다. 또한, 나는 마이크로소프트 비지오 같은 도구를 활용해 커리어 경로를 시각적으로 정리한다. 예를 들어 '신원 관리나 보안 전문가가 되고 싶다면, 이를 위해 어떤 과정이 필요할까?' 이러한 질문을 던지면서 최종 목표에서부터 차근차근 경로를 설계해나간다.

멘토링 커뮤니티나 이벤트에 참여한 적이 있는지, 있다면 어떤 경험을 했는가?

나는 미네소타에서 열린 Blacks in Tech 콘퍼런스에서 연사로 참여했다. 해당 세션에서는 퍼스널 브랜딩 구축과 테크 인플루언서로 성장하는 방법에 대해 발표했다. 또 오라일리 O'Reilly에서 주최한 OSCON에서 '기술팀을 이끄는 방법'에 대한 강연을 진행한 경험도 있다. 이 세션은 미래의 기술 리더들과 현재 리더들이 효과적인 리더십을 갖출 수 있도록 돕는 것을 목표로 했다. 이러한 콘퍼런스에서 연사로 활동하면서, 관련 주제에 대한 콘텐츠를 더 많이 만들 기회가 생기기도 했다. 나는 앞으로 커리어 관리, 퍼스널 브랜딩 구축, 기술팀 리더십과 같은 주제를 기반으로 나만의 교육 과정을 만들 계획이다.

멘토링을 한 번도 해본 적 없는 리드 개발자들에게 해줄 조언이 있는가?

먼저, 멘티도 결국 인간이라는 점을 기억해야 한다. 그렇기에 그들도 실수를 하기 마련이며, 그런 순간에 멘토가 옆에서 도와줄 수 있어야 한다. 또한, 좋은 멘토가 되기 위해 필요한 것이 무엇인지 연구하는 시간을 가져보길 권한다. 이와 관련된 다양한 영상과 자료들이 많이 있으며, 이를 통해 멘토링에 대한 이해를 넓힐 수 있다. 다만 명심할 점은 멘토링을 이

The Lead Developer Story

끌고 성과를 내는 책임의 90% 이상은 멘티에게 있다는 것이다. 멘티가 주도적으로 목표를 설정하고, 일정과 미팅 시간을 조율하며, 멘토링을 통해 얻고 싶은 것이 무엇인지 명확히 해야 한다. 나는 멘티들에게 멘토링 기간과 일정을 직접 정하도록 요청하는데, 이는 그들이 멘토링을 진지하게 받아들이고 스스로 성장할 의지가 있는지 확인하기 위해서다.

멘토링은 단방향이 아니라 상호적인 과정이다. 멘토 또한 멘티를 통해 배우는 것이 있으며, 항상 새로운 배움을 받아들일 준비가 되어 있어야 한다. 멘토링을 통해 얻는 것이 있는 만큼, 자신도 기여해야 한다는 점을 잊지 말아야 한다. 마지막으로, 멘토 자신에게도 멘토가 있어야 한다. 단 한 명의 멘토보다는 다양한 필요를 충족할 수 있도록 여러 분야나 배경을 가진 다수의 멘토를 두는 것이 바람직하다.

CHAPTER 10
주도권 잡기

이번 장에서 다루는 내용
- 팀 커뮤니케이션 모범 사례
- 긍정적 및 부정적 피드백 제공
- 리더십 신뢰도 향상
- 긴급 상황 처리
- 비상 계획의 중요성

리드 개발자는 팀을 이끌고 조율하며, 중요한 결정을 내리고, 프로젝트가 성공적으로 실행되도록 책임지는 역할을 맡는다. 개발자가 리더십을 발휘하면, 팀을 위한 명확한 비전과 방향을 설정할 수 있다. 리드 개발자는 목표를 수립하고, 프로젝트 마일스톤을 정의하며, 성공을 위한 로드맵을 가지고 있어야 한다. 이러한 능동적인 접근 방식은 팀원들에게 신뢰감을 주고, 모두가 동일한 목표를 향해 나아가도록 만든다. 그림 10.1은 리더십을 발휘하면 얻을 수 있는 주된 이점을 보여준다.

반면, 리드 개발자가 리더십을 발휘하지 못하면, 팀원들은 각자 필요한 정보를 따로 찾아가며 업무를 수행해야 하므로 혼란이 발생한다. 필자는 이러한 환경에서 일해본 경험이 있는데, 조직이 제대로 정돈되지 않아 매우 혼란스러웠다. 개발팀 내에 명확한 리더십이 없으면, 커뮤니케이션이 원활하지 않게 되고, 정보 부족으로 인해 잘못된 결정을 내릴 가능성이 높다.

효과적인 커뮤니케이션 및 협업 촉진

열린 대화를 위한 채널을 구축하고, 지식 공유를 장려하며, 모든 팀원이 같은 생각을 공유할 수 있다. 리드 개발자는 협업을 적극적으로 장려함으로써 혁신과 문제 해결을 촉진하는 긍정적인 업무 환경을 조성할 수 있다.

의사결정 및 문제 해결

중요한 결정을 내리고 복잡한 문제를 해결할 수 있는 권한을 갖는다. 프로젝트를 전체적으로 이해하고 있으면 옵션을 검토하고 정보에 입각한 선택을 내리는 데 도움이 된다. 이러한 사전 의사결정 능력은 진행 속도를 높이고, 장애물을 최소화하며, 전반적인 생산성을 향상시킨다.

멘토링 및 기술 개발

팀 내에서 멘토링하고 기술을 육성하며 지침을 제공하고 성장의 기회를 창출한다. 리드 개발자는 지식과 전문 지식을 공유함으로써 동료의 전문성 개발에 기여하고 팀의 전반적인 역량을 강화할 수 있다.

그림 10.1 주도권을 잡을 때의 이점

필자가 알고 있는 사람 중에 프로덕션 배포 시 문제가 발생하면 팀원들이 알아서 해결할 것이라고 생각했던 리드 개발자가 있었다. 만약 팀이 사전에 배포 프로세스에 대한 교육을 받았고, 오류가 발생하면 어떻게 대응해야 하는지 정리해놓은 지침이 있다면, 이런 자세도 큰 문제는 없다. 그러나 그 리드 개발자는 팀원들이 도움을 요청할 때조차 제대로 응답하지 않았고, 결국 배포 시간이 예상보다 훨씬 길어졌으며, 발생한 장애로 인해 클라이언트들의 불만을 초래했다. 이런 문제는 적절한 리더십이 있다면 충분히 방지할 수 있다. 리드 개발자가 배포 절차를 명확하게 안내하고, 팀을 훈련시켜 적절한 대응 방법을 숙지하도록 했더라면 이런 혼란은 발생하지 않았을 것이다.

그림 10.2는 리더십 부족이 개발팀에 미치는 영향을 보여준다.

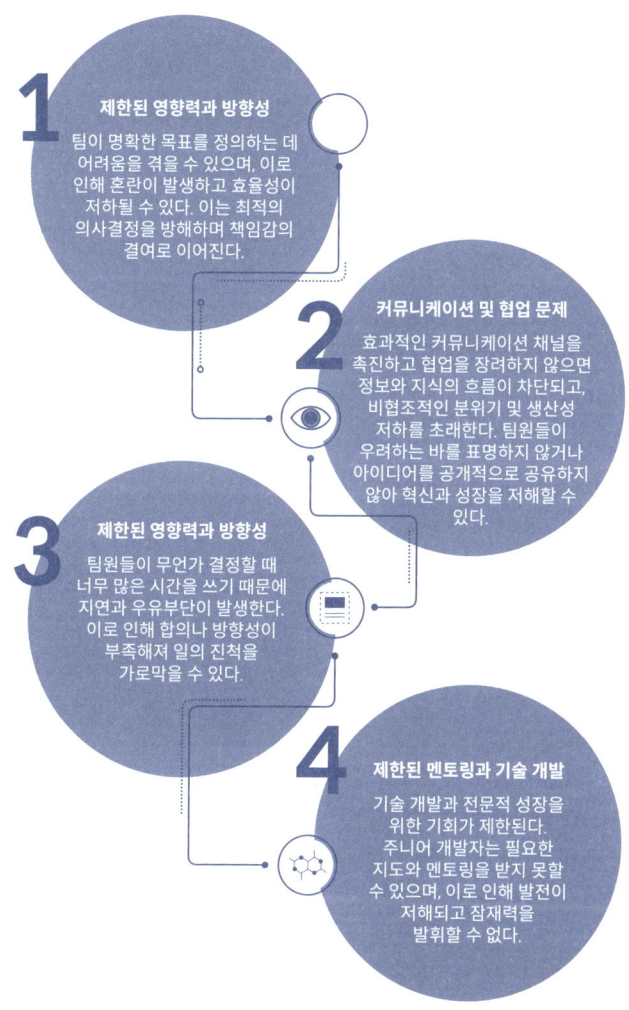

그림 10.2 리더십 부족이 개발팀에 미치는 영향

리더가 된다는 것은 더 많은 책임을 수반하지만, 동시에 개인적, 직업적 성장의 기회가 될 수 있다. 그러나 모든 사람이 리더가 되기를 원하는 것은 아니며, 직접적인 개발 업무에서 더 뛰어난 역량을 발휘할 수 있는 개발자도 있다는 점을 인정해야 한다.

10.1 명확한 지침 제공하기

리드 개발자는 팀원들에게 명확한 지침을 제공해야 한다. 지침이 효과적으로 전달되면, 팀원들은 목표를 공유하고, 기대치를 정확히 이해하며, 효율적으로 협력할 수 있다.

표 10.1은 리드 개발자가 명확한 지침을 제공할 때와 그렇지 않을 때의 결과를 비교해 보여준다.

표 10.1 명확한 지침 대 명확하지 않은 지침

바라는 결과	명확한 지침	불분명한 지침
목표 지향 및 명확성	목표와 작업에 대한 명확한 이해	모호함과 혼란
효율성 및 시간 관리	효율적인 우선순위 지정 및 작업 완료	지연 및 노력 낭비
품질 및 일관성	표준을 준수하는 고품질 작업	불일치 및 재작업
자신감 및 권한 부여	자신감 및 역량 강화	불확실성과 망설임
의사소통 및 협업	원활한 협업 및 잘못된 의사소통 감소	오해와 갈등
생산성	생산성 및 진행률 향상	생산성 저하 및 성과 부진
책임감	명확하게 정의된 역할과 책임	책임감과 주인의식 부족

예제 시나리오

여러분은 개발팀과 함께 빠듯한 마감 기한이 있는 새로운 웹 개발 프로젝트를 진행하고 있다. 프로젝트는 잦은 변경으로 인해 난이도가 높아지고 있으며, 이러한 변화에 대응하는 것이 쉽지 않다. 이 프로젝트는 여러 개의 API 통합 작업이 필요하지만, 문서화가 부족해 개발을 진행하는 데 어려움이 있다. 기술 부채를 방지하며 일정을 준수하는 것이 쉽지 않은 상황이다. 여러분은 문서화 작업을 할 시간이 부족하다고 느끼고 있다. 그럼에도 불구하고, 팀원들은 계속해서 질문을 해 오고 있으며, 작업을 기한 내에 완료하지 못하고 있다. 또한, 팀원들은 각자의 작업에 대한 책임감을 갖고 있지 않으며, 업무 수행에 대한 주인의식이 부족한 상태다.

적절한 리더십이 부재한 상황에서, 팀원들은 API 통합을 진행하며 모범 사례를 따르지 않기 시작한다. 문서화가 부족하므로, 올바른 접근 방식을 알지 못한 채 개발을 진행하게 된다. 그들은 문서화 부족과 관련하여 반복적으로 같은 질문을 하는데 이때마다 팀원들에게 스스로 해결해야 한다고 말한다. 결과적으로 팀원들은 혼란스러워하고, 생산성이 저하되기 시작한다.

> 이런 상황을 해소하고자 팀원들과 더욱 적극적으로 소통하며 그들이 프로젝트 요구사항과 일정에 대해 명확히 이해할 수 있도록 노력한다. 또한, 팀원들이 서로 협력하도록 장려하며, 모든 내용을 문서화할 것을 강조한다. 그 결과, 팀은 함께 논의하며 결정을 내리고 업무의 우선순위를 정리할 수 있게 되었다. 이를 통해 작업의 품질이 향상되었고, 팀원들의 자신감도 높아졌다. 프로젝트 진행이 개선되었으며, 팀은 다시 정상적인 궤도로 돌아오게 되었다.

10.1.1 자신감을 가지고 말하기

리드 개발자가 자신감 있게 말하면 그 말은 무게감을 갖고 팀원들에게 신뢰감을 준다. 자신감은 권위, 전문성, 역량을 함께 전달하며 팀원들이 리드 개발자의 결정과 지침을 신뢰하고 따를 수 있도록 만든다. 반면, 리드 개발자가 자신감이 부족하면 팀을 효과적으로 이끌기 위해 필요한 신뢰가 약화된다. 만약 리드 개발자가 자신의 능력을 의심하면 팀원들도 그의 결정을 불안하게 여기고, 지침을 따르는 것에 망설이게 된다.

자신감이 있으면 더욱 확신을 가지고 결정을 내릴 수 있으며, 자신의 지식과 기술을 믿고 빠르게 판단할 수 있다. 복잡한 기술적 문제에 직면하거나 중요한 프로젝트 결정을 해야 할 때, 자신감을 가지고 있으면 침착함을 유지하면서 정보에 기반한 결정을 내릴 수 있다.

TIP

'내가 틀릴 수도 있지만, 최신 프레임워크 버전을 사용해야 하지 않을까요?'보다는 '최신 프레임워크 버전을 사용하는 것이 좋다고 생각한다'라고 말하는 것이 더 자신감 있어 보인다.

리드 개발자로서 초반에는 자신감을 갖기가 어려웠고, 이로 인해 결정을 내려야 할 때 주저하면서 의사결정이 느려졌다. 당시 스스로의 결정을 계속 의심하며, 어려운 결정을 내리는 것을 망설였다. 그 결과, 프로젝트 진행이 지연되었고 여러 기회를 놓치게 됐다. 한번은 프로젝트가 지연되는 상황에서 프로젝트 매니저가 해결책을 찾기 위해 질문을 던진 적이 있었다. 여러 가지 옵션을 제시했지만, 어떤 것이 가장 적절한지 확신하지 못했다. 그래서 각 옵션을 모두 검토하며 몇 주 동안 시간을 허비하다 결국 처음 고려했던 옵션을 선택했다. 그 옵션은 업계의 표준이었고 나머지는 모두 실험적인 것들이라 본능적 직감을 신뢰했어야 했다. 시간을 너무 낭비했는데, 이러한 시간 낭비는 얼마든지 피할 수 있었다. 이전의 경험을 통해 이미 알고 있었기 때문에 좀 더 확신을 가졌어야만 했다.

> **본능을 신뢰하는 방법**
>
> 리드 개발자는 경험, 지속적인 학습, 자의식을 통해 자신의 본능을 신뢰하는 능력을 키울 수 있다. 예를 들어 중요한 프로젝트 마감 기한이 다가오는 상황을 가정해보자. 철저한 분석 결과, 특정 기술적 접근 방식이 적절하다고 나오지만 본능적으로 더 효율적인 대안이 있을 것 같다는 느낌이 든다.
>
> 새로운 접근 방식을 직접 찾았고 이 방식은 프로젝트 완수에 결정적인 역할을 해 결국 마감 기한을 맞추면서도 더 높은 품질의 결과물을 만들어낼 수 있었다. 이러한 경험은 직관에 대한 신뢰를 더욱 강화시킨다. 전문성과 직관은 데이터 기반 의사 결정과 서로 보완적인 관계에 있으며, 이를 잘 활용하면 좀 더 혁신적이고 성공적인 결과를 이끌어낼 수 있다.

자신감 없는 커뮤니케이션은 팀의 사기에 부정적인 영향을 미칠 수 있다. 리드 개발자가 하는 말에서 망설임이나 불확실성을 감지하면, 이는 의심과 불안의 문화를 조성할 수 있다. 커뮤니케이션이 불안해지면 팀원들이 자신의 아이디어나 우려사항을 솔직하게 말하는 것을 주저할 수 있는데 부정적인 반응이 나오거나 무시당할 것을 걱정하기 때문에 그렇다. 이는 결국 다양한 관점과 아이디어가 제한되어 최적의 결과를 얻지 못하는 방향으로 나아갈 수 있다. 자신감 있게 아이디어와 요구사항을 전달하면, 기대치를 명확하게 설정할 수 있으며 팀원들이 같은 방향을 바라볼 수 있다.

자신감 있는 커뮤니케이션은 열린 대화를 촉진하여, 팀원들이 자신의 의견, 우려사항, 제안을 편안하게 이야기할 수 있는 분위기를 만든다. 이를 통해 신뢰와 협업이 강화되며, 다양한 관점을 존중하고 통합하여 더 나은 결과를 도출할 수 있는 환경을 조성할 수 있다.

10.1.2 명확하고 간결하게 전달하기

지침이 명확하고 간결하면 모호함이 없기 때문에 개발자들이 자신의 목표를 정확히 이해할 수 있다. 이메일이나 프로젝트 관리 시스템을 통해 명확한 지침을 제공하면, 팀원들이 분명한 방향성과 목적의식을 가지고 자신감 있게 작업하는 데 도움이 된다.

명확한 지침을 제공하면 기대치도 명확해진다. 이를 통해 개발자들은 공통된 목표를 향해 효율적으로 협력할 수 있으며, 결과적으로 팀의 전반적인 성과가 향상된다. 필자는 지침이 불명확하고 일관성이 없을 때 혼란이 발생하는 것을 직접 경험한 적이 있다. 그래서 항상 할당된 작업의 시작부터 완료까지 모든 과정에 어떤 요소들이 필요한지 깊이 고민한다.

명확하고 간결한 지침을 작성할 때 기억해야 할 몇 가지 핵심사항이 있다. 첫째, 팀원 모두가 이해할 수 있도록 쉬운 언어를 사용해야 한다. 특히 영어가 모국어가 아닌 사람들과 함께 일할 때는 더욱 신경 써야 한다. 둘째, 불필요한 전문 용어나 기술 용어를 피해야 한다. 모든 팀원이 익숙하지 않을 수도 있는 은어나 관용 표현도 사용하지 않는 것이 좋다. 셋째, 구체적으로 설명하고 필요한 정보를 빠짐없이 제공해야 한다. 모호한 부분이 남아 있다면 혼란과 실수를 초래할 수 있다. 마지막으로, 핵심을 빠르게 전달해야 하며 불필요하게 장황한 설명은 피하는 것이 좋다.

> **명확하고 간결한 지침의 예**
>
> 다음은 사용자 인증 기능을 위한 명확하고 간결한 지침의 예다.
>
> > 사용자 인증 SQL 데이터베이스에 보안 연결하고 사용자 데이터를 검색하는 RESTful API 엔드포인트를 개발하라. 이 엔드포인트는 '/user/{id}' 경로에서 GET 요청을 받아야 하며, 응답으로는 사용자의 이름과 이전 주문 내역을 JSON 형식으로 반환해야 한다. 또한, 유효하지 않은 ID 또는 데이터베이스 연결 실패와 같은 오류 상황을 처리해야 한다.
>
> 이러한 지침이 좋은 이유는 각 작업이 논리적인 결론까지 이어지도록 명확하게 설명하고 있기 때문이다. 작업에 필요한 정보를 최대한 포함해야 하며 데이터베이스 테이블, 뷰, 사용할 메서드 등의 구체적인 내용을 명시하는 것이 좋다. 필요한 정보를 충분히 제공하되, 불필요하게 장황한 설명은 피해야 한다.

서면 지침을 제공할 때는 정보를 읽기 쉽게 구성해야 한다. 개발자들은 바쁘기 때문에, 각 작업마다 장문의 글을 읽어야 하는 것은 부담이 될 수 있다. 정보를 효과적으로 전달하려면 지침을 간결하게 정리하고, 핵심 내용을 강조하는 것이 좋다. 개발자가 나중에 지침을 다시 확인해야 할 경우, 필요한 세부 정보를 빠르게 찾을 수 있어야 한다. 이를 위해 문서를 쉽게 훑어볼 수 있도록 구성하는 것이 중요하다.

그림 10.3은 명확하고 간결한 지침을 작성하는 데 도움이 되는 추가적인 팁을 보여준다.

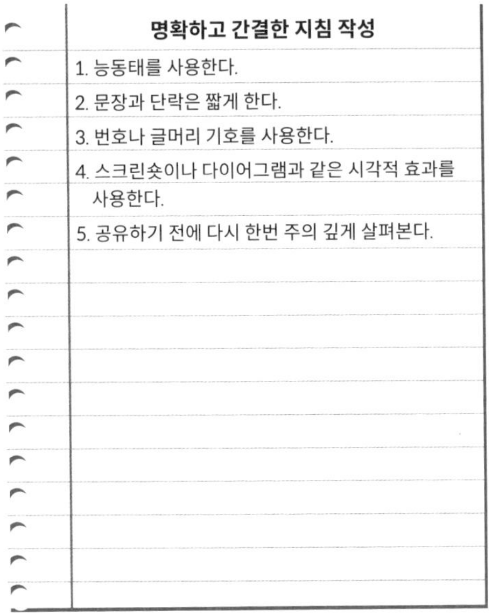

명확하고 간결한 지침 작성

1. 능동태를 사용한다.
2. 문장과 단락을 짧게 한다.
3. 번호나 글머리 기호를 사용한다.
4. 스크린숏이나 다이어그램과 같은 시각적 효과를 사용한다.
5. 공유하기 전에 다시 한번 주의 깊게 살펴본다.

그림 10.3 **명확하고 간결한 지침 작성**

필자의 경우 경력 내내 이러한 지침을 적용함으로써 여러 회사에서 지침을 개선했다. 대부분의 경우, 기존 지침은 너무 짧고 세부 정보가 부족했다. 개발자들은 기능의 의도에 대해 많은 질문을 했기 때문에, 필자는 개발자의 관점에서 지침을 생각하기 시작했다. 그들이 이미 알고 있는 것과 필자가 전달해야 할 정보를 고려했고, 나머지는 스스로 해결할 수 있도록 도와주는 방법을 고민했다. 예를 들어 기존의 '새 사용자 추가'라는 지침을 다음과 같이 변경했다. '새 사용자를 추가하려면 사용자 관리 페이지를 열고 사용자 추가 버튼을 클릭한다. 사용자 이름, 이메일 주소, 비밀번호를 입력한 후 저장 버튼을 클릭한다.' 이처럼 구체적인 정보를 제공함으로써, 조직의 생산성을 높이고 개발자들의 만족도를 향상시킬 수 있었다.

10.1.3 FAQ 문서화하기

FAQ(자주 묻는 질문)frequently asked question는 개발자뿐만 아니라 비개발자들에게도 유용한 자료다. 프로젝트에 대해 일반적으로 묻는 질문에 대한 답변을 제공함으로써 오해를 줄이고 커뮤니케이션을 원활하게 할 수 있다. 자주 묻는 질문을 파악하려면 회의에서 나온 질문을 관찰하거나 지원 티켓을 검토하면 된다. 또한 설문조사를 통해 피드백을 수집해도 된다. 이렇게 모든 질문들을 정리하면, 탄탄한 FAQ 문서를 만들 수 있다.

필자는 대기업 클라이언트를 위한 대규모 프로젝트를 진행한 적이 있었는데, 지라를 프로젝트 관리 시스템으로 사용하고 있었다. 클라이언트가 지라의 티켓에 코멘트를 남기는 방식으로 소통했다. 이때 클라이언트가 데이터 보안에 대해 반복적으로 질문하는 것을 발견했다. 이 문제는 우리의 기술적 접근 방식에 포함되어 있었지만, 클라이언트가 우리가 구현하는 보안 수준을 명확히 이해하지 못하고 있었다. 이 문제를 프로젝트 회의에서 논의하면서 팀원들이 상황을 정확히 파악할 수 있도록 했고, 이후 컨플루언스Confluence를 통해 만든 FAQ 문서에 이 내용을 추가했다. 그 결과, 팀원과 클라이언트 모두 해당 문서를 쉽게 참고할 수 있었으며, 불필요한 논의를 줄일 수 있었다. 클라이언트도 이를 긍정적으로 평가했으며, 이미 결정된 사항에 대해 반복적으로 문의하는 시간이 줄어들었다.

FAQ 관리는 대상 독자에 따라 다양한 시스템을 활용할 수 있다. 필자는 내부 프로젝트에 대한 FAQ라면, 지라와 연동되는 컨플루언스 같은 정보 관리 도구를 선호한다. 또한 젠데스크Zendesk나 Basecamp를 사용한 적도 있다. 외부 사용자를 위한 FAQ의 경우 표준 CMS를 사용하여 구축했지만, 자동화를 통해 문서 관리 부담을 줄일 수 있는 더 나은 방법도 있다. Document360, ProProfs 같은 도구를 사용하면 FAQ 관리가 훨씬 쉬워진다. 리드 개발자로서 FAQ 시스템을 직접 결정할 수 있는 권한이 없을 수도 있지만, 가용한 옵션을 검토하고 적절한 솔루션을 제안하는 것이 중요하다.

그림 10.4는 컨플루언스를 통해 관리하는 FAQ 문서의 예시를 보여준다.

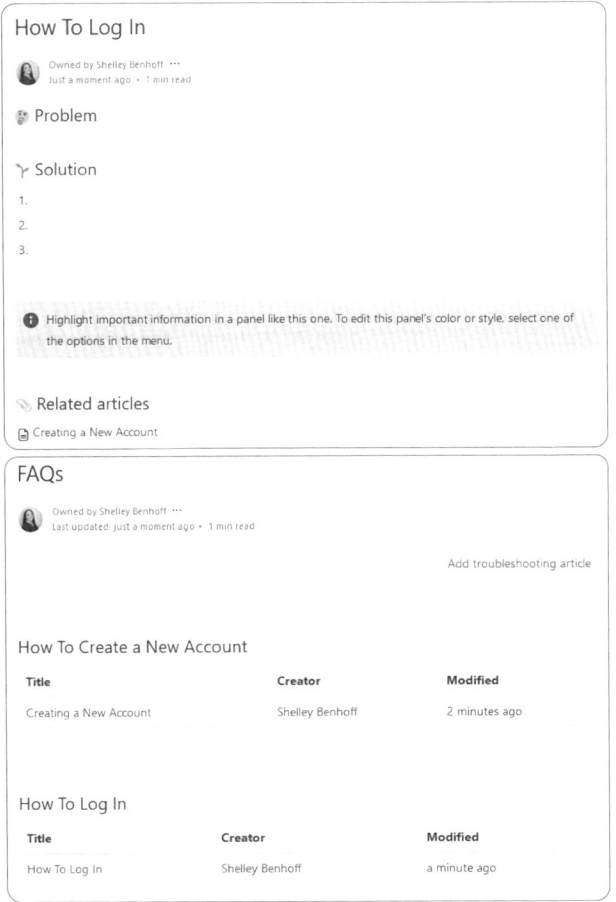

그림 10.4 컨플루언스의 FAQ 문서 예

FAQ를 카테고리별로 정리하면 필요한 정보를 더 빠르게 찾을 수 있는데 주제, 질문 유형, 기능에 따라 정리할 수 있다. 예를 들어 기능을 기준으로 한다면 '새 계정 생성 방법', '로그인 방법', '비밀번호 재설정 방법'과 같은 방식으로 정리할 수 있다. 문서를 테마별로 묶으면 문서의 가독성과 활용도를 높일 수 있다. 이런 방식은 사용자 대상 플랫폼에서 FAQ를 구축할 때 특히 유용하다. 사용자가 원하는 정보를 쉽게 찾으면 문의를 하지 않을 것이고 지원 티켓의 수는 줄어들 것이다. 실제로 우리는 사용자가 FAQ의 품질을 칭찬하는 피드백을 받았고, 이는 팀의 사기를 높이는 데도 도움이 됐다.

제품이나 서비스가 발전함에 따라, FAQ도 변화에 맞춰 업데이트해야 한다. 이렇게 해야 FAQ의 정보를 항상 정확하고 최신 상태로 유지할 수 있다. 만약 정보가 부정확하다면, 프로젝트팀이나 사용자들이 잘못된 정보를 받아 혼란을 겪을 수 있다. 잘 관리된 FAQ 문서가 제공되면 제품이나 서비스의 사용자 경험이 향상된다. 사용자는 필요한 정보를 빠르고 쉽게 찾을 수 있고, 이는 제품이나 서비스에 대한 만족도를 높이는 데 기여한다.

10.2 피드백 제공하기

피드백feedback은 개인과 팀의 성과를 향상시키는 강력한 도구가 될 수 있다. 피드백을 통해 개발자는 개선해야 할 부분을 파악하고, 실수를 통해 배우며, 새로운 기술을 익힐 수 있다. 그러나 피드백을 주고받는 것이 쉽지 않을 수 있다. 따라서 리드 개발자는 건설적이고 실질적인 피드백을 제공하는 것이 중요하다.

그림 10.5는 효과적인 피드백을 제공하는 데 도움이 되는 방안을 보여준다.

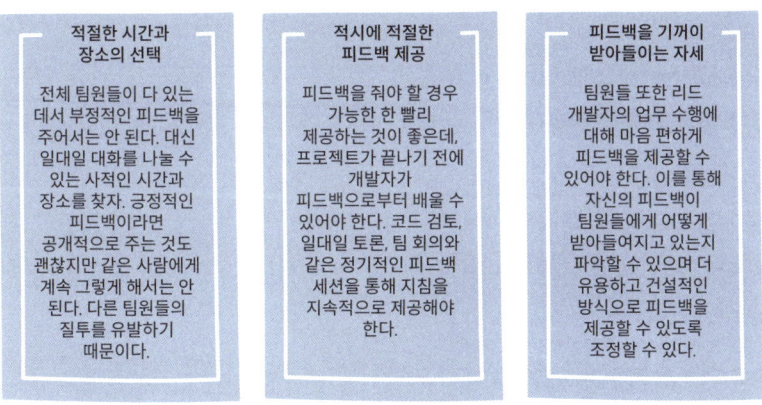

그림 10.5 **효과적인 피드백 제공하기**

필자는 여러 글로벌팀과 함께 일하는 동안 피드백을 줄 때는 문화적 차이를 고려해야 한다는 것을 배웠다. 어떤 문화권에서는 직설적인 피드백에 익숙하지 않고, 직설적인 것을 프로답지 못한 태도로 여기기도 한다. 필자는 원래 직설적인 편이라 이 부분에서 어려움을 겪었다. 때로는 바쁜 일정 때문에 피드백을 충분히 논의할 시간을 갖지 못한 것도 원인이었다. 하지만 이것은 큰 실수였는데, 팀 내에서 불협화음을 초래했기 때문이다.

피드백을 위한 대화에 유머를 섞으면 긴장을 완화하는 데 도움이 된다. 건강한 유머 감각만큼 피드백 논의를 원활하게 만드는 것도 없다. 또한 피드백 세션을 급하게 마무리하지 말아야 한다. 이는 팀의 성장에 중요한 과정이며, 모든 문제를 충분히 논의할 수 있도록 시간을 확보해야 한다.

10.2.1 긍정적인 피드백 제공

리드 개발자의 주된 책임 중 하나는 개발팀에 피드백을 제공하는 것이다. 건설적인 비판은 성장을 위해 필수이듯이, 긍정적인 피드백 또한 팀의 동기부여에 동일하게 중요하다. **긍정적인 피드백**positive feedback은 단순히 성과를 인정하는 것을 넘어, 팀이 더 높은 목표에 도달하도록 힘을 실어주고 성공을 향한 여정을 독려하는 역할을 한다.

다음은 긍정적인 피드백을 제공할 때 사용하면 유용한 지침이다.

- **구체적이고 진정성 있게 전달하기**: 팀원이 잘한 부분을 구체적으로 언급해야 한다. 일반적인 칭찬보다는 특정 성과나 능력을 강조하는 것이 더 효과적이다. 예를 들어 단순히 "잘했어요"라고 하기보다는, "복잡한 문제를 해결하는 방식이 인상적이었어요. 세밀한 접근과 문제 해결 능력이 뛰어나군요"라고 말하는 것이 더 바람직하다. 진정성을 담아 칭찬하고 팀원의 노력과 재능을 인정하면 더욱 의미 있고 효과적인 피드백이 된다.
- **성장 마인드를 키우기**: 개인의 성장과 발전에 초점을 맞추는 것이 중요하다. 성공을 이루기까지의 노력과 결단력을 강조하면, 팀원들에게 지속적으로 배우고 개선하며 새로운 도전에 나서기 위한 동기부여가 된다. 팀원의 강점을 칭찬할 때는, 그들의 전문적 성장을 더욱 지원할 수 있는 방안에 대해 고민해보아야 한다. 스킬과 관심사

에 맞는 학습 자료나 새로운 책임을 제안하는 것도 좋다. 팀원의 직업적 발전에 투자하면 그들의 지속적인 성장을 지원할 수 있다.

- **동료 간 인정을 장려하기**: 리드 개발자로부터 오는 긍정적인 피드백도 중요하지만, 동료 간 인정하는 문화를 조성하는 것 역시 강력한 영향을 미칠 수 있다. 팀원들이 서로의 성취를 인정하고 격려하도록 독려하면, 긍정적인 행동이 강화되며 팀 내 협업, 동료애, 공동의 성공에 대한 인식이 높아진다.

> **TIP**
>
> 팀원별로 피드백 저널이나 문서를 유지하면 좋다. 긍정적인 피드백이든, 건설적인 피드백이든 언급할 만한 사항을 발견하면 즉시 기록해두기 바란다. 이렇게 하면 팀원의 성과를 평가할 때 구체적인 사례를 쉽게 떠올릴 수 있다.

필자는 긍정적인 피드백을 줄 때 가장 즐거운 순간이 피드백을 받는 사람의 반응을 볼 때다. 많은 사람이 구체적인 피드백을 받아본 적이 없어 이를 매우 고맙게 여겼다. 자신이 올바른 방향으로 가고 있는지 확신이 없어 혼란스러웠다는 이야기를 종종 들었다. 나는 함께 일했던 개발자들의 리더십 잠재력을 평가하는 경우가 많았고, 그들이 커뮤니케이션이나 팀 회의 진행 같은 리더십과 연결되는 역량에서 뛰어나다는 점을 알려줬다.

한 개발자는 팀 회의를 주도하는 것을 좋아했기 때문에 그렇게 할 수 있는 기회를 줬다. 처음에는 함께 회의 안건을 준비하고, 필자가 회의를 진행하는 방식을 배우도록 옆에서 지켜보게 했다. 시간이 지나면서 스스로 회의를 이끌 수 있는 역량을 갖추게 되었고, 필자의 도움 없이도 원활하게 진행할 수 있었다. 다른 팀원들도 이를 지켜보며 피드백을 줬고, 회의 진행 방식이나 개선할 점을 공유했다. 팀원들이 서로를 응원하며 성장하는 모습을 보는 것은 즐거운 경험이었고, 이러한 문화는 팀 전체에 큰 변화를 가져왔다. 우리는 더욱 끈끈한 팀이 되었고, 각자가 다양한 역할로 성장하며 커리어를 발전시키는 과정을 지켜보는 것은 큰 기쁨이었다.

10.2.2 부정적인 피드백 제공

부정적인 피드백negative feedback은 효과적으로 전달하기가 쉽지 않지만, 리더로서 해야 할 중요한 일 중 하나다. 적절한 피드백이 없으면 개발자는 자신이 개선해야 할 점이 무엇인지 알기 어려울 수 있다. 부정적인 피드백을 잘못 전달하면 오히려 역효과가 일어날 수 있다. 조심하지 않으면 개발자의 자신감이나 동기부여에 부정적인 영향을 줄 수 있다.

부정적인 피드백을 효과적으로 제공하기 위한 몇 가지 방안은 다음과 같다.

- **건설적으로 접근한다**: 피드백의 목적은 개발자가 성장하도록 돕는 것이지 비난하는 것이 아니다. 단순히 실수를 지적하기보다는 어떻게 개선할 수 있는지에 초점을 맞추어야 한다. 필요한 기술을 익힐 수 있도록 지원하고, 학습 자료나 도움이 될 수 있는 리소스를 제공하는 것도 좋은 방법이다.
- **존중하는 태도를 유지한다**: 부정적인 피드백은 일방적인 것이 아니라 상호적인 과정이다. 개발자가 피드백에 동의하지 않을 수도 있으며 이는 충분히 가능한 일이다. 중요한 것은 상대방의 의견을 존중하고, 건설적인 대화를 이어가는 것이다.
- **개발자의 입장을 경청한다**: 피드백을 전달한 후에는 개발자의 입장을 들어보는 것도 필요하다. 문제에 대한 시각이 다를 수 있으며, 이를 충분히 경청해야 한다. 이렇게 하면 피드백이 비판이 아니라 대화의 일부라는 인식을 심어줄 수 있으며, 긴장을 완화하는 데도 도움이 된다.
- **마무리를 긍정적으로 한다**: 부정적인 피드백을 전달할 때도 대화를 긍정적으로 마무리하는 것이 좋다. 이렇게 하면 개발자에게 개선 의지와 동기부여를 줄 수 있다.

부정적인 피드백은 한 번으로 끝나는 것이 아니라 지속적인 지원과 후속 조치가 필요한 과정이다. 피드백을 제공한 후에는 주기적으로 진행 상황을 점검하고, 추가적인 가이드를 제공해야 한다. 멘토링, 교육 기회, 실무 프로젝트 등을 통해 필요한 역량을 개발할 수 있도록 지원하면, 개발자는 자신감을 얻고 성장할 수 있다. 지속적인 관심과 지원은 개발자의 성공을 향한 투자임을 보여줄 것이다.

> **부정적인 피드백의 예**
>
> 부정적인 피드백을 제공할 때는 구체적으로 말하고, 상대방이 어떤 잘못을 했다는 것을 명시적이든 암시적이든 나타내는 문장을 사용하지 않도록 해야 한다. 예를 들어 '…해서 걱정됩니다', '…인 것을 알아챘어요', '내가 생각하기에는…' 같은 표현을 활용하면 좋다. '이걸 제대로 하지 못했군요' 같은 문장은 상대방을 비난하는 듯한 인상을 줄 수 있으므로 피하는 것이 좋다. 대신, 자신의 관점과 인식을 중심으로 이야기하면 대화가 공격적으로 느껴지지 않아 긴장을 완화할 수 있고, 상대방이 더 편안하게 받아들일 수 있다. 예를 들면 다음과 같다.
>
> "코드의 품질과 관련해 우려사항이 있어요. 몇 가지 오류를 발견했는데, 코드 변경사항을 제출하기 전에 로컬에서 충분히 테스트하는 데 더 많은 시간을 할애하면 오류를 잡는 데 도움이 될 거예요. 필요하면 언제든지 도움을 요청하세요. 기꺼이 도와줄게요."

필자가 겪었던 최악의 관리자 중 한 명은 개발팀 전체가 들을 수 있도록 복도에서 필자에게 부정적인 피드백을 줬다. 너무 창피했고, 주변에서 킥킥거리는 소리까지 들렸다. 당시 필자는 커리어를 시작한 지 얼마 되지 않았기 때문에 그런 방식으로 피드백을 받았을 때 자신감이 크게 떨어졌다. 부정적인 피드백을 줄 때는 반드시 개별적으로, 일대일로 진행해야 한다.

> **TIP**
>
> 처음 리드 개발자가 되면, 부정적인 피드백을 주는 자리에 다른 사람을 동석시키고 싶은 충동이 들 수도 있다. 하지만 이 충동을 반드시 억제해야 한다. 그렇게 하면 상대방과의 관계를 해칠 수 있는데, 피드백을 받는 사람이 압박감을 느끼고, 마치 여러 사람이 자신을 몰아세우는 듯한 기분이 들 수 있기 때문이다.

부정적인 피드백을 주는 방법을 배우기 위해 누군가를 직접 따라다니며 관찰하기는 어렵다. 하지만 자신의 커리어에서 받아왔던 부정적인 피드백을 떠올리면 무언가를 배울 수 있다. 그때 어떤 기분이 들었는지, 그리고 어떤 방식으로 피드백을 받기를 원했는지 스스로에게 질문해보자. 이러한 과정은 팀 내 개발자들에게 공감하며 피드백을 제공하는 데 도움이 된다. 처음에는 실수가 있을 수도 있지만, 연습하다 보면 점차 부정적인 피드백을 주는 것이 편해질 것이다.

10.2.3 피드백 세션 계획

건설적인 피드백은 팀의 성장을 돕는 중요한 역할을 한다. **피드백 세션**feedback session을 계획하고 진행하기 위해서는 신중함과 세심한 접근이 필요하다. 피드백 세션을 진행하기 전에 명확한 목표와 기대할 수 있는 결과를 정의해야 한다. 특정한 문제를 다루고 싶은지, 논의해야 할 구체적인 목표나 성과 기대치가 있는지를 고려해야 한다. 피드백 세션의 목적을 명확하게 정리하면 논의에 좀 더 집중할 수 있으며, 생산적인 대화를 이끌어낼 수 있다. 예를 들어 팀의 어떤 개발자가 프로젝트 마감 기한을 지키지 못하는 일이 자주 일어난다면, 피드백 세션의 목표는 문제의 근본적인 원인을 파악하고 시간 관리 능력을 향상시킬 수 있는 계획을 함께 수립하는 것이 될 수 있다.

피드백 세션을 진행할 적절한 시간과 장소를 선택하는 것도 중요하다. 대화가 사적인 분위기에서 편안하게 이뤄지고 방해 요소가 최소화될 수 있도록 해야 한다. 가장 이상적인 장소는 중립적인 공간으로, 서로 솔직한 대화를 나눌 수 있는 환경이 조성된 곳이다. 상대방이 선호하는 의사소통 방식을 고려해 정하는 것도 좋다. 만약 팀원이 격식을 차리지 않는 편안한 분위기를 선호한다면, 조용한 사무실 구석이나 야외에서 커피를 마시며 피드백 세션을 진행하는 것도 하나의 방법이다.

완전한 원격 근무 환경에서는 선택의 폭이 넓지 않으므로 화상회의를 통해 진행해야 한다. 화상이라 할지라도 편안한 분위기를 조성하기 위해 편하게 느낄 수 있는 공간으로 이동해 화상회의에 참여하는 것도 바람직하다. 필자는 플로리다에 살고 있어서 야자수가 보이는 집의 베란다에서 캐주얼한 화상 통화를 하곤 한다. 이렇게 하면 대화 분위기가 한층 부드러워지고 긍정적인 톤을 형성하는 데 도움이 된다.

> **정의**
>
> **샌드위치 기법**sandwich technique은 **피드백 샌드위치**feedback sandwich 또는 **칭찬-비판-칭찬 방식** praise-critique-praise method, PCP method으로도 알려져 있으며, 건설적인 피드백을 균형 있게 효과적으로 전달하는 데 널리 사용되는 방법이다. 이 기법은 피드백 세션을 구성할 때, 개선이 필요한 부분이나 비판적인 내용을 두 개의 긍정적인 피드백 또는 칭찬 사이에 배치하는 방식으로 이뤄진다.

피드백 세션을 시작할 때는 팀원의 강점, 성과, 뛰어난 부분을 인정하며 긍정적인 강화로 시작하는 것이 좋다. 이렇게 하면 대화를 긍정적인 분위기로 시작할 수 있고, 팀원의 사기를 높이며 그들이 가치 있게 기여한 바를 강조할 수 있다. 예를 들어 다음과 같이 말할 수 있다.

> "최근 작업에 대해 칭찬하고 싶어요. 세부사항에 대한 주의력과 문제 해결 능력이 돋보였습니다. 작성한 코드는 깔끔하고 효율적이었으며, 문서화도 잘 되어 있었습니다."

긍정적인 분위기를 조성한 후에는 팀원이 개선하거나 성장할 수 있는 특정 부분에 대해 논의해야 한다. 이때 건설적인 비판을 제공하면서 성과에서 부족한 부분을 짚어주고, 어떻게 개선할 수 있을지 강조하는 것이 중요하다. 객관적인 태도를 유지하면서, 실질적인 개선 방안이나 구체적인 예시를 제시하는 것이 효과적이다. 다음은 건설적인 비판의 좋은 예시다.

> "OOO 님의 기술적인 역량은 매우 뛰어나지만, 몇 가지 경우에서 팀과의 커뮤니케이션이 더 원활했으면 하는 부분이 있습니다. 예를 들어 이전 스프린트에서 프로젝트 일정과 요구사항에 대해 혼선이 있었어요. 협업을 더욱 강화하기 위해서는 회의 시 좀 더 적극적으로 의견을 개진하고, 정기적으로 업데이트를 공유하며 팀원들이 동일한 이해를 가질 수 있도록 하는 것이 좋겠습니다."

마지막으로, 피드백 세션을 긍정적인 요소를 다시 강조하며 마무리해야 한다. 팀원의 역량에 대한 신뢰를 표현하고, 피드백이 그들의 성장과 성공을 돕기 위한 것임을 강조하는 것이 중요하다. 예를 들어 다음과 같이 말할 수 있다.

> "커뮤니케이션에서 몇 가지 어려움이 있었지만, OOO 님이 팀워크에서 뛰어난 역량을 발휘할 수 있는 기술과 잠재력을 가지고 있다는 점에는 의심의 여지가 없습니다. OOO 님의 기술적인 전문성과 헌신은 팀의 중요한 자산이며, 커뮤니케이션이 개선되면 협업 능력이 더욱 향상될 것이라 확신합니다."

필자는 피드백 세션을 계획할 때 대화의 흐름을 미리 정리해두는 편이다. 만약 대화가 계획한 방향에서 벗어나면, 부드럽게 다시 원래의 흐름으로 되돌려놓는다. 종종 건설적인 비판을 듣고나서 그 부분을 계속 곱씹으며, 개선이 필요하다는 점을 미처 인식하지 못한 것에 대해 지나치게 사과하는 경우가 있다. 그럴 때면 항상 말한다. "이것은 내 업무 가운데 하나입니다. 피드백이 없다면, 어떻게 개선해야 할지를 알 수 있겠어요?" 피드백은 팀 전체의 노력이며, 어느 누구도 피드백 없이는 성장할 수 없다.

10.3 긴급 상황 처리

리드 개발자는 예상치 못한 문제가 발생했을 때도 팀을 이끌어야 하는 중대한 역할을 맡고 있다. 긴급 상황은 언제든 발생할 수 있으며, 프로젝트 일정, 시스템 안정성, 팀의 사기에 위협이 될 수 있다. 이러한 위기 상황을 효과적으로 헤쳐나가는 능력은 리드 개발자에게 꼭 필요한 역량이다. 여기에서는 긴급 상황에서 리더가 있는 경우와 없는 경우를 비교하고, 리드 개발자가 이러한 상황을 효율적으로 관리하는 방법을 알아본다.

시스템 장애나 데이터 유출과 같은 긴급 상황이 발생하면, 리더가 있는 경우 명확하고 간결한 의사소통이 가능하다. 리더는 팀원들과 이해관계자들에게 중요한 정보를 전달하는 중심적인 역할을 하는데 이를 통해 혼란을 줄이고, 당황하지 않을 수 있으며, 신속한 의사결정을 할 수 있다. 필자는 커리어 초기에 리드 개발자와 함께 일하던 중 긴급 상황에서 리더가 역할을 제대로 수행하지 못했던 경험이 있다. 우리가 작업하던 웹사이트가 다운되었고, 팀원들은 패닉 상태에 빠졌다. 하지만 리드 개발자는 아무 말도 하지 않았고, 방향을 제시하지도 않았다. 팀원들은 각자 문제를 해결하려고 우왕좌왕했고, 의사소통이 원활하지 않아 같은 작업을 반복하는 실수까지 했다. 결국 문제를 해결하는 데 너무 오랜 시간이 걸렸다. 만약 리드 개발자가 사전에 대응 계획을 가지고 있었다면, 훨씬 더 체계적이고 스트레스를 덜 받는 방식으로 해결할 수 있었을 것이다.

이러한 긴급 상황에서는 무엇이 필요한지, 그리고 올바른 대응 방법이 무엇인지 알아보자. 그림 10.6에서는 긴급 상황을 관리할 때 염두에 두어야 할 5단계를 보여준다.

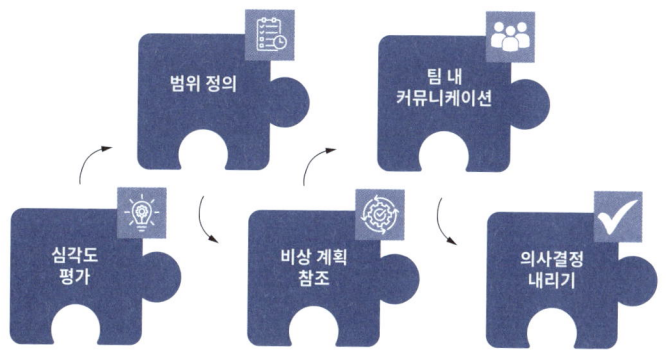

그림 10.6 긴급 상황 처리

긴급 상황에 직면했을 때, 가장 먼저 해야 할 일은 상황의 심각성과 범위를 평가하는 것이다. 시스템, 사용자, 이해관계자에게 미치는 영향을 포함하여 모든 가능한 정보를 수집해야 한다. 이러한 초기 평가는 긴급 상황의 정도를 파악하고 적절한 대응 계획을 수립하는 데 도움이 된다. 사전에 명확한 긴급 대응 계획을 마련해두는 것이 중요하다. 이렇게 하면 긴급 상황이 발생했을 때 즉시 대응할 수 있으며, 팀원들이 각자의 역할과 책임을 명확히 인지할 수 있다. 이 계획에는 사전 정의된 의사소통 채널, 문제의 단계별 대응 절차, 의사결정 체계 등이 포함되어야 한다. 이와 관련된 자세한 내용과 긴급 대응 계획의 예시는 이후에 살펴본다.

긴급 상황에서는 적절한 의사소통이 필수다. 팀원들과의 소통을 위해 팀 채팅방이나 오픈 콘퍼런스 라인과 같은 의사소통 채널을 설정해야 한다. 상황, 진행 과정, 대응 계획의 변경사항 등을 지속적으로 공유하며, 팀원들이 모든 정보를 명확히 이해하고 같은 방향을 유지할 수 있도록 해야 한다. 또한 팀원들이 자유롭게 의견을 나눌 수 있도록 장려하고, 우려사항을 해결하며, 모든 사람이 상황을 정확히 인지하고 있어야 한다. 빠른 판단이 요구되는 상황에서는 팀원들의 의견을 반영하여 신속하게 결정을 내려야 한다. 가능한 해결책을 분석하고, 위험 요소를 평가하며, 각 결정이 장기적으로 미칠 영향을 고려해야 한다. 긴급 상황을 다루는 방식은 단순히 기술적인 역량뿐만 아니라 리더십 능력을 보여주는 지표도 된다. 위기 상황을 효과적으로 관리할 수 있다면, 팀원들과 이해관계자들에게 신뢰감을 줄 수 있다.

10.3.1 긍정적인 태도 유지하기

긴급 상황에서 긍정적인 태도를 유지하는 것은 효과적인 리더십과 성공적인 문제 해결을 위해 매우 중요하다. 위기 상황이 발생하면 스트레스와 부정적인 감정이 작업 환경을 지배하기 쉽다. 그러나 긍정적인 태도를 유지하면 팀이 이러한 도전에 대응하는 방식에 큰 영향을 미칠 수 있다. 낙관적인 태도를 유지함으로써, 리더는 팀원들에게 끝까지 최선을 다하도록 영감을 주고, 위기 속에서도 포기하지 않도록 독려할 수 있다. 긍정적인 리더는 팀원들에게 모범을 보이며, 회복력을 키우고, '할 수 있다'라는 태도를 장려하는 역할을 수행한다.

그림 10.7은 긴급 상황에서 긍정적인 태도를 유지하는 데 도움이 되는 전략들을 소개한다.

모범을 보인다
여러분의 태도는 팀 전체에 영향을 미친다. 상황이 심각해 보일 때도 회복력을 발휘하고 평정심을 유지하며 낙관적인 태도를 보여야 한다. 팀원들은 여러분의 행동에서 힌트를 얻고 긍정적인 사고방식을 갖게 된다. 팀원들에게 어떤 긴급한 상황도 극복할 수 있는 전문성을 가지고 있다는 확신을 심어줘야 한다.

서로 돕고 지원하는 환경을 조성한다
팀원들이 편안하게 도움을 요청하고 우려사항을 표현할 수 있는 분위기를 조성해야 한다. 협업과 팀워크를 장려하여 모두가 서로를 지원하는 문화를 조성해야 한다. 이렇게 하면 사기가 진작되고 긴급 상황 시 긍정적인 태도를 강화할 수 있다.

효과적으로 의사소통한다
관련된 팀과 정기적으로 상황을 공유하고 관련 정보와 진행 상황을 알려야 한다. 우려사항을 즉시 해결하고, 적극적으로 경청하며, 지원을 제공하자. 효과적인 커뮤니케이션은 불확실성을 줄이고 긍정적인 분위기를 조성하는 데 도움이 된다.

자기 관리를 연습한다
팀원들에게 휴식, 일과 삶의 균형 유지 등 자기 관리의 우선순위를 정하도록 권장하자. 에너지를 재충전하는 활동에 참여하자. 충분한 휴식을 취하고 활력을 되찾은 팀은 더욱 긍정적인 사고방식으로 긴급 상황에 대처할 수 있다.

해결책에 집중한다
팀원들이 문제 자체에 매몰되지 않고 해결책을 찾는 데 집중하도록 격려하자. 복잡한 문제를 관리 가능한 작업으로 세분화해서 지원하고, 그 과정에서 작더라도 성취한 것이 있다면 축하해주길 바란다. 좌절을 학습과 개선의 기회로 여기는 성장 마인드의 중요성을 강조하자.

그림 10.7 긴급 상황 시 긍정적인 태도 함양

긴급 상황에서 팀을 지원할 때 필자가 가장 먼저 하는 일은 '우리는 유능한 팀이며, 반드시 이 상황을 해결할 수 있다'라는 확신을 심어주는 것이다. 긴급 상황은 언제든 발생할 수 있으며, 이는 언제나 배움의 기회가 된다. 하지만 많은 사람이 긴급 상황에서는

압박감을 느껴 말하기를 주저하는 경우가 있다. 필자는 팀원들에게 그들의 의견이 꼭 필요하다는 점을 분명히 전달하며, 그렇지 않으면 그들이 가진 전문 지식을 놓칠 수도 있다는 점을 강조한다.

프로덕션 배포 중 심각한 문제가 발생한 적이 있었는데 그때 긴급 상황에서 자기 관리가 얼마나 중요한지 처음으로 깨달았다. 문제 해결을 시도한 지 10시간이 지나면서 점점 짜증이 났고, 팀원들의 질문에 짧게 대답하기 시작했다. 문제를 해결하는 데 시간이 예상보다 오래 걸리자 초조해졌고, 빨리 끝내고 싶다는 생각만 들었다. 그때 한 팀원이 필자가 평소와 다르게 행동하는 것을 눈치채고, QA팀이 테스트를 진행하는 동안 잠시 휴식을 취할 것을 제안했다. 그녀에게 고맙다고 말하고, 15분 동안 쉬면서 식사를 하고 스트레칭을 했다. 항상 팀원들에게 자기 관리의 중요성을 강조했지만, 정작 나는 실천하지 않았던 것이다. 다른 사람을 지원하기 위해서는 먼저 자신을 돌봐야 한다. 긴급 상황에서도 마음을 가다듬고 침착함을 유지하면, 긍정적이고 유연한 태도로 문제를 해결할 수 있다.

10.3.2 팀을 하나로 모으기

긴급 상황에서는 반드시 팀워크 문화를 발휘해야 한다. 모든 사람은 각각의 역할을 맡고 있으므로, 어느 누구도 문제를 혼자 해결하려고 해서는 안 된다. 필자는 과거에 혼자 프로덕션 배포를 담당했던 적이 있었는데, 그 일은 극도로 스트레스가 컸다. 다행히 몇몇 동료들이 주기적으로 필자의 상태를 확인하며 도움이 필요한지 물어봐주었고, 특히 업무 시간이 아닌 시간에 배포를 진행할 때 이러한 관심은 사기를 크게 높여줬다.

한번은 심각한 시스템 장애가 발생한 적이 있었다. 데이터베이스 관리자가 실수로 사용자 계정과 관련된 중요한 데이터를 삭제해버린 것이다. 다행히 백업이 있었지만, 일부 백업이 정상적으로 작동하지 않았다. 한 팀원에게는 최대한 많은 백업 데이터를 확보하도록 맡겼고, 또 다른 팀원에게는 사용자 대시보드에 알림 창을 추가해 유지 보수가 진행 중이라는 사실을 사용자에게 안내하도록 했다. 그동안 필자는 개발팀, 데이터베이스 관리자, 프로젝트 매니저 간의 조율을 담당했다. 이 사건은 필자가 경험한 최악의 사고 중 하나였으며, 데이터의 일부는 결국 복구되지 못했다. 이러한 상황에서 팀의 사기를 유지하는 것은 쉽지 않았지만, 팀원들이 협력함으로써 문제의 원인을 정확히 파악하고, 같은 일이 다시 발생하지 않도록 적절한 프로세스를 마련할 수 있었다.

이와 같은 긴급한 상황에서 팀의 사기를 더 효과적으로 관리할 수 있는 방법은 무엇일까? 긴급 상황에서는 압박감이 커지는 것이 자연스러운 일이기 때문에, 업무를 효과적으로 위임하는 것이 중요하다. 작업량의 균형, 의존 관계, 가용한 자원을 고려하여 역할을 나누면 좀 더 체계적인 접근이 가능하며, 팀원들이 모두 적극적으로 해결 과정에 기여할 수 있도록 만들 수 있다. 긴급 상황에서는 업무 부담이 과중해지고, 개별 팀원들이 더 큰 압박과 스트레스를 받을 가능성이 높다. 역할을 적절히 분배하면 팀 전체가 책임을 나누어 가질 수 있으며, 이를 통해 협업을 촉진할 수 있다.

시스템 장애의 근본 원인을 조사할 때, 필자는 항상 이해관계자와의 소통을 다른 사람에게 위임한다. 보통 프로젝트 매니저가 이 역할을 맡는다. 어떤 오류는 해결하는 데 시간이 걸리므로, 개발팀과 함께 문제를 분석하고 해결 방안을 마련하는 데 집중해야 한다. 필자는 각 팀원의 전문성을 고려하여 업무를 적절히 분배한다. 이렇게 하면 모든 핵심 작업을 동시에 진행할 수 있으며, 팀 전체가 역할을 나누어 효율적으로 문제를 해결할 수 있다. 모든 팀원은 자신만의 고유한 기술과 강점을 가지고 있으며, 이러한 역량은 긴급한 상황에서 매우 유용하게 활용될 수 있다. 역할을 적절히 배분하면 팀 내 다양한 전문성을 효과적으로 활용할 수 있으며, 각자의 역량에 맞게 업무를 맡길 수 있다.

긴급한 상황에서는 불확실성이 커지면서 자신감이 흔들릴 가능성이 높다. 그러나 역할을 위임함으로써, 팀원들에게 권한을 부여하고 그들의 역량을 신뢰하고 있음을 보여줄 수 있다.

10.3.3 계획 수립하기

긴급 대응 계획이 있으면 명확한 대응 절차를 통해 다운타임을 최소화하고, 심각한 문제를 효과적으로 처리하는 데 도움이 된다. 이 계획을 통해 팀원들은 각자의 역할과 책임을 정확히 이해할 수 있고, 긴급 상황의 영향을 신속하게 완화할 수 있다. 탄탄한 대응 계획이 있으면 복구 시간을 단축하고, 프로젝트 일정에 미치는 혼란을 최소화할 수 있다. 시스템이나 프로젝트에 영향을 미칠 수 있는 긴급 상황은 사전에 예측하고 미리 대비해야 하는데 시스템 장애, 보안 침해, 데이터 손실, 자연재해와 같은 요소를 고려해야 한다. 위험을 파악하면, 각 프로젝트의 특성에 맞춰 대응 계획을 조정할 수 있다.

긴급 상황에서는 효과적인 의사소통이 필수다. 긴급 대응 계획에는 소통 방식, 채널, 문제의 단계별 대응 절차가 명확히 정의되어 있어야 하고, 이를 통해 팀원과 이해관계자 간에 필요한 정보가 원활히 공유되어야 한다. 의사소통이 명확해지면 의사결정도 신속해진다. 다음은 긴급 대응 계획에서 의사소통과 관련해 고려해야 할 사항들이다.

- 팀원들, 가령 개발자, 시스템 관리자, 프로젝트 매니저 등의 역할과 책임을 명확히 규정해야 한다.
- 팀원 및 이해관계자를 위한 기본 및 백업 의사소통 채널을 구축한다. 이메일 그룹, 채팅 플랫폼, 긴급 연락처 등의 활용 방안을 마련해야 한다.
- 모든 팀원과 이해관계자가 서로의 최신 연락처를 가지고 있어야 한다. 연락처 정보를 포함한 문서는 한 군데에서 관리하고, 각 팀원은 자신의 이메일 서명 부분에 연락처가 나오도록 하면 좋다.
- 명확하고 간결한 의사소통 프로토콜을 만들어놔야 한다. 사건 보고, 진행 상황 업데이트, 문제 단계별 대응 방식 등을 언제, 어떻게 전달할지 정의해야 한다. 문제의 심각도에 따라 업데이트 빈도를 정할 수 있으며, 30분 또는 1시간 단위로 진행 상황을 공유할 수도 있다. 문제 보고 및 단계별 대응 절차는 명확히 정의되어 있어야 하며, 필요하다면 백업 계획도 있어야 한다. 심각한 오류는 특정 담당자가 아닌 팀 전체에게 보고 및 대응할 수 있도록 조치해야 한다. 특정 담당자가 부재 중인 경우 발생할 수 있는 문제를 방지하기 위함이다.

긴급 대응 계획은 전략적 의사결정을 위한 틀을 제공하여, 미리 정의된 기준과 대응 방안을 기반으로 신중한 판단을 내릴 수 있도록 돕는다. 잠재적인 위험과 가용 자원을 고려하면서 우선순위를 정하고 필요한 자원을 적절히 할당하며, 긴급 상황이 프로젝트와 시스템에 미치는 영향을 최소화해야 한다. 가능한 해결책과 각 방안에 따른 위험을 평가하는 것은 매우 중요하다. 모든 의사결정은 문서화되어야 하며, 결정의 근거도 함께 기록해야 한다. 새로운 정보가 들어오면 팀원들이 협력하여 대응 전략을 재평가하고 필요한 조정을 해야 한다.

긴급 대응 계획에서 중요한 요소 중 하나는 장애 대응 지침이다. 리드 개발자는 중요한 시스템 문제가 발생하면 즉시 통보를 받아야 하며, 필요하다면 프로젝트 매니저 등 주요 이해관계자도 통보 대상에 들어가 있어야 한다. 자연재해나 대규모 정리해고와 같은 비기술적인 긴급 상황이 발생할 수도 있으며, 이 경우에도 모든 팀원이 신속히 정보를 공유하고 함께 대처해야 한다. 긴급 상황이 반드시 기술적인 문제만을 의미하지는 않는다. 비기술적인 긴급 상황도 고려해야 한다.

한번은 필자의 회사가 문을 닫아야 하는 상황에 빠진 적이 있었다. 폐업 소식이 발표되자 많은 직원이 회사를 떠났고, 그 과정에서 큰 혼란이 발생했다. 필자는 프로젝트 매니저와 협력하여 회사가 문을 닫기 전에 진행 중이던 프로젝트를 마무리하기 위한 자원을 확보했다. 프로젝트 매니저는 새로운 직장을 찾을 수 있도록 도와줬고, 그 과정 내내 심리적인 상담을 해주며 긍정적인 태도를 유지할 수 있도록 지원했다. 우리는 팀으로서 그 위기를 함께 극복했고, 이후 각자의 자리에서 성공적인 커리어를 이어갈 수 있었다.

리드 개발자는 모든 가용 정보를 수집하고, 사건의 심각성과 범위를 평가하는 역할을 수행해야 한다. 여러 유형의 긴급 상황에 대한 대응 절차를 단계별로 정리해야 하는데 여기에는 상황 파악, 중요한 시스템 또는 구성 요소의 식별, 팀과의 협력 등에 관한 방안이 명확히 정의되어 있어야 한다. 또한, 팀원들의 전문성과 가용성을 고려하여 적절한 역할과 책임을 위임해야 한다. 리드 개발자는 긴급 상황의 중심이며 연락 창구이기 때문에 진행 상황, 발생한 문제, 대응 계획 변경사항을 지속적으로 업데이트해야 한다. 이해관계자들에게는 예상 복구 시간을 제공하고, 필요한 조치가 있다면 사전에 안내해야 한다. 상황이 발생한 후에는 장애에 관한 모든 사항을 철저히 문서화하고, 효율적인 대응을 위한 의사결정 과정과 단계별 대응 체계를 명확하게 정의해야 한다.

그림 10.8은 긴급 대응 계획의 예를 컨플루언스 문서로 보여준다.

🖋 장애 정의
어떤 상황을 장애로 간주할지 명확히 정의하는 작업은 서비스 장애가 발생할 때 중요한 시간과 정신적 부담을 줄여준다.
1. 예, 10% 이상의 사용자에게 영향을 미칠 때
2.
3.

🏷 장애 발생 시 역할과 책임
장애에 대응하기 위한 현재 규정된 역할을 나열해보자. 역할을 아직 정의하지 않았다면 이 리소스를 통해 일반적인 설정을 참조하자.

역할	담당자	책임
주요 장애 매니저	담당자를 여기에 기입한다.	예 • 장애 심각도 평가(서비스 및 사용자 영향) • 해당 온콜 담당자에게 전달 • 변경사항, 결정사항, 해결책 확인(최종 해결책 컨펌) • 장애 상황 종료 이후 검토 미팅 개최 • 공개적인 사후 회의가 필요한지 결정
의사소통 담당자	담당자를 여기에 기입한다.	• 장애 상황 신속히 파악 • 의사소통을 위해 필요한 담당 부서 연락 및 취합 • 공개적 혹은 내부적 업데이트 제공 • 적절한 의사소통 채널 결정

🏷 장애 관련 의사소통 채널
장애가 일어나는 동안 상황 업데이트를 관련 당사자들에게 어떻게 업데이트할 것인지를 수립해야 한다.

의사소통 채널 또는 도구	언제 사용하는가?	사용할 사람 혹은 부서는?	어떻게 사용하는가?
클라이언트와 어떻게 의사소통하는가?(예: 서비스 데스크, 스테이터스페이지, X, 이메일, 챗 도구)	어느 유형의 장애에서 이것을 사용하는가?(예: x 수/퍼센트 이상의 클라이언트가 영향을 받는 장애에 대해서만, x 시간 이상 지속되는 장애에 대해서만, 장애 심각도 1,2)	이 채널을 이용해 의사소통하는 것을 누구에게 교육하고 시행하도록 허용하는가?(예: 제품 마케팅, 의사소통 리더)	사용 방법, 로그인 및 접근 방법에 대한 지침 (예: 패스워드, 사용자 계정 요청)

✨ 의사소통 채널 또는 도구
아무리 포괄적인 장애 대응 절차를 가지고 있다고 해도 발생할 수밖에 없는 주관적이고 미묘한 상황에 대한 명확한 지침은 결여될 수 있다.

단계	설명
인식	장애의 유형과 심각도를 문서화
평가	영향 분석과 위험 평가의 시행
대응	프로젝트팀과 관련된 이해관계자들에게 알린다. 장애 상황, 예상 해결 시점, 필요하다면 이해관계자들이 시행해야 할 조치 등을 업데이트해준다.
완화	긴급성과 영향의 정도에 따라 시행해야 할 조치들에 대해 우선순위를 매긴다. 대응 과정에서 이뤄진 결정에 대해 문서화하고 새로 알게 된 정보에 따라 대응 전략을 조정한다.
검토	원인 분석과 개선사항을 문서화한다. 향후 발생할 긴급 상황에도 잘 대처할 수 있도록 장애 조치 시 발견된 점과 권고사항을 팀과 공유한다.
유지	장애 조치를 통해 배운 교훈을 문서화하고 이에 따라 긴급 상황 계획을 수정한다. 프로젝트 요구사항이나 팀 구성과 관련해 발생한 변경사항을 계획에 반영한다.

그림 10.8 **컨플루언스에서 긴급 상황 계획 문서화의 예**

긴급 상황이 해결된 후에는 근본 원인을 분석하고, 대응이 얼마나 효과적이었는지 평가하는 것이 중요하다. 팀원들과 이해관계자로부터 피드백을 받아 문제 해결 과정에서 얻은 교훈을 문서화하고, 이를 반영하여 향후 긴급 대응 계획을 보완해야 한다. 필자는 긴급 대응 계획이 업데이트될 때마다 팀원들에게 변경사항을 공유하여 항상 최신 정보를 유지할 수 있도록 한다. 또한, 새로운 개발자의 온보딩 시 긴급 대응 계획 검토를 필수 교육 과정에 포함하여, 긴급 상황 발생 시 적절한 절차를 숙지하도록 하고 있다. 긴급 상황 대비는 사후 대응보다 사전 예방이 더 중요하다. 이를 통해 팀 내에서 적극적인 대응 문화와 준비된 태도를 형성할 수 있다.

10.4 자신감 키우기

자신의 역량에 대한 자신감을 높이는 것은 개인적인 삶과 직장 생활 모두에 긍정적인 영향을 미칠 수 있다. 리드 개발자로서, 달성 가능한 목표를 설정하고 이를 더 작은 단계로 나누어 실천하는 것이 중요하다. 꾸준히 이러한 단계를 성취하다 보면 자신의 기술과 능력에 대한 자신감이 자연스럽게 높아진다. 이렇게 쌓인 자신감은 개인적인 목표나 삶의 방향을 주도적으로 설정하는 데도 도움이 된다. 많은 사람이 실패에 대한 두려움 때문에 자신의 안전지대를 벗어나려 하지 않는다.

그러나 리드 개발자는 도전을 성장의 기회로 받아들여야 한다. 설령 실패하더라도, 그 경험으로부터 배우고 교훈을 적용하면 미래의 문제를 더 잘 해결할 수 있는 능력과 자신감을 키울 수 있다. 필자는 과거에 실패를 지나치게 부정적으로 받아들였던 적이 있다. 그럴 때 필자의 동료들은 필자가 실패한 것이 아니라 애초에 성공할 수 없는 상황이었다는 점을 짚어주곤 했다. 실패의 원인을 객관적으로 분석하는 것은 자신감을 높일 수 있는 좋은 방법이다. 경험을 쌓아가면 더 나은 환경을 조성함으로써 실패하지 않을 수 있는 방법을 찾는 능력도 기를 수 있다.

팀원들을 멘토링하고 그들의 역량을 키워주는 것은 자신감을 높일 수 있는 좋은 방법이다. 여러분이 이끌어주는 것이 그들에게 긍정적인 효과를 가져다준다는 사실을 알아야 한다. 필자가 커리어 내내 멘토링한 사람들을 생각하면, 그들이 새로운 성취를 이루는 모습을 볼 때마다 큰 자부심을 느낀다. 지금도 소셜 미디어를 통해 멘티들과 지속적으로 연락을 유지하며, 그들이 새로운 직장을 구하거나 자격증 시험에 합격했다는 소식에 기뻐한다. 필자의 경우 기분이 다운되어 있을 때 이런 소식을 접하면 특히 도움이 되는데, 누구나 이럴 때가 있기 마련이다. 자기 의심self-doubt은 효과적인 리더가 되기 위해 반드시 극복해야 할 감정이다. 하지만 자기 의심이 항상 나쁜 것만은 아닌데 이로 인해 겸손할 수 있기 때문이다. 자신을 지나치게 과신하는 사람은 실수를 통해 배우려고 하지 않는다.

10.4.1 강점과 약점 평가하기

자기 평가는 개인적 성장과 직업적 발전을 위해 중요한 단계다. 자신의 강점과 개선이 필요한 부분을 인정하면, 이를 기반으로 효과적인 발전 방향을 결정할 수 있다. 자신감이 완벽함을 의미하는 것은 아니다. 자신감은 자신을 이해하고 지속적으로 성장하고 배우려는 태도에서 비롯된다.

먼저, 자신의 기술 역량과 전문성을 평가하는 것으로 시작해야 한다. 가장 익숙하고 숙련된 기술이 무엇인지 되돌아보고, 성공적으로 이끌었던 프로젝트나 해결했던 복잡한 문제를 떠올려보아야 한다. 자신의 기술적 강점을 인식하면 자신감이 생기고, 프로젝트를 계획하고 실행할 때 더 신중한 결정을 내릴 수 있다. 리더십과 커뮤니케이션 역량도 객관적으로 평가하는 것이 중요하다. 명확한 지침을 제공하고 건설적인 피드백을 줄 수 있는지, 팀원들의 의견을 적극적으로 경청하고 그들의 피드백을 존중하는지를 자문해 보아야 한다.

자신의 약점을 평가하는 것은 쉽지 않지만, 개인적·직업적 성장을 위해 반드시 필요하다. 어떤 부분에서 전문성이나 경험이 부족한지 파악해야 한다. 특정 프로그래밍 언어에 대한 이해 부족, 특정 기술이나 도구에 대한 경험 부족, 팀을 이끄는 데 어려움을 느끼는 경우 등이 있을 수 있다. 중요한 것은 이러한 약점을 피하지 않고 정면으로 마주하는 것이다. 필자가 이전에 가지고 있었던 가장 큰 약점은 갈등 관리 및 해결 능력 부족이었다. 갈등 상황을 피하려고만 했는데, 이는 결국 더 큰 문제를 초래했다. 이것이 문제가 된다는 사실을 깨닫고, 갈등을 효과적으로 관리하기 위한 리더십 역량을 배우고 훈련받을 수 있는 전문적 발전 계획을 세웠다. 새로운 기술을 배우고 경험을 쌓아감에 따라 점점 더 발전할 수 있었고, 그 과정에서 리더로서의 자신감도 함께 높아졌다.

강점과 약점을 평가하는 좋은 방법 중 하나는 팀원들로부터 피드백을 받는 것이다. 팀원들이 솔직하게 의견을 나눌 수 있도록 장려해야 한다. 리더십 스타일, 커뮤니케이션 효과, 전반적인 업무 수행 능력에 대해 피드백을 요청하자. 건설적인 피드백은 긍정적인 변화를 유도하는 강력한 도구이며, 리드 개발자로서의 자신감을 높이는 데도 도움이 된다. 필자는 일대일 미팅을 할 때 팀원들로부터 피드백을 얻는다. 이 시간은 양방향 피드백을 주고받기에 적절하며, 팀원들도 리더에게 피드백을 제공할 수 있고, 제공해야 한다는 인식을 가질 수 있도록 해야 한다.

팀원들로부터 부정적인 피드백을 받을 때, 이를 감정적으로 받아들이지 않는 것이 중요하다. 필자가 처음 리더십 역할을 맡았을 때, 기존 팀원들보다 먼저 승진하는 바람에 팀 내에서 미묘한 긴장감이 맴돌았다. 그들로부터 부정적인 피드백을 받았을 때 감정적으로 받아들이고, 혹시 승진에 대한 질투 때문이 아닐까 하는 생각을 하기도 했다. 하지만 이는 스스로가 불안감을 내면화하고 있었으며, 이는 성장에 방해가 된다는 것을 시간이 지나면서 깨달았다. 팀원들의 피드백을 진지하게 듣고 적절한 조정을 하기 시작하면서, 더 나은 리더가 될 수 있었다.

리더십 역량을 향상하려면 피드백을 받아들이고 개선하는 과정이 반드시 필요하다. 개선이 필요한 부분을 적극적으로 보완하고, 배워나가려는 분위기를 지속적으로 조성하면, 자신감을 높이고 리드 개발자로서 더욱 효과적이고 영향력 있는 리더가 될 수 있다.

10.4.2 다른 사람과 자신을 비교하지 않기

다른 사람과의 비교는 인간의 본능이지만, 직업적인 환경에서는 부정적인 영향을 미칠 수 있다. 리드 개발자로서 비교가 자신감과 자존감에 미치는 부정적인 영향을 인식해야 한다. 각자는 고유한 기술과 관점을 가지고 있으며, 팀 내에서 저마다의 역할이 있다. 다른 사람과 비교하는 대신, 자신만의 개성과 강점을 인정하고 이를 즐겨야 한다. 자신의 장점과 팀에 기여하는 가치를 강조하자. 이러한 강점이 조직에서 중요한 자산이 된다는 사실을 인식하자.

소셜 미디어는 제한적으로 사용하는 것이 바람직하다. 소셜 미디어 플랫폼은 비교와 자기 의심을 유발하는 환경이 될 수 있다. 리드 개발자로서, 이러한 플랫폼에서 다른 사람과 자신을 비교하는 것에 신중해야 한다. 소셜 미디어에는 현실을 미화한 모습이 자주 등장한다. 사람들은 자신의 어려움을 공유하기보다는 성공이나 성취한 것을 주로 올린다. 따라서 누군가의 삶에서 실제로 어떤 일이 일어나고 있는지, 또는 그들이 목표를 이루기 위해 어떤 과정을 거쳤는지 알기 어렵다. 필자는 개인적으로 이러한 점을 중요하게 생각하기 때문에, 필자의 삶이 완벽하지 않다는 사실을 알리기 위해 공개적으로 필자의 어려움을 공유하는 편이다.

이 책을 쓰는 과정에서도 여러 가지 개인적인 일이 겹쳐 힘들었고, 그에 대해 이야기하는 것이 중요하다고 느꼈다. 다른 사람들도 자신의 어려움을 솔직하게 공유했으면 한다. 필자가 공유한 내용에 대한 댓글에 누군가 필자의 삶과 경력을 보고 비교하는 경우가 있으면 언제나 바로잡으려고 하면서 자신을 필자와 비교하지 말고 그들 각자의 고유한 여정과 커리어 성장에 집중하라고 조언한다.

자신을 지지해주는 커뮤니티에 속하고, 경험이 풍부한 전문가로부터 멘토링을 받는 것도 도움이 된다. 네트워킹 기회에 적극적으로 참여하고, 개발자 커뮤니티에서 경험, 통찰, 배운 교훈을 공유하는 것이 좋다. 개발자 커뮤니티에 참여할 때는 모든 사람이 각자의 길을 가고 있다는 점을 기억해야 한다. 누군가가 커리어에서 더 앞서 나가는 것처럼 보인다고 해서 자신이 부족하다고 생각할 필요는 없다. 자신이 이뤄가는 성장을 기뻐하기 바란다.

자신에게 친절하게 대하는 것이 자기연민을 실천하는 것이다. 모든 사람은 강점과 약점을 가지고 있으며, 다른 사람이 성공했다고 해서 자신을 지나치게 책망해서는 안 된다.

친구에게 하듯 자기 스스로에게도 이해심과 배려를 가져야 한다. 필자 역시 이런 부분이 쉽지 않아 스스로에게 엄격한 편이다. 이러한 성향이 더 높은 목표로 이끌기도 하지만, 동시에 많은 스트레스를 유발하기도 한다. 필자는 이러한 점을 스스로 인식하고 있으며, 이것이 심리적으로 부담이 될 수 있다는 사실을 알고 있다. 그래서 현재에 집중하려고 노력하며, 과거나 미래에 대해 너무 걱정하지 않으려 한다.

월트 디즈니의 유명한 말 중 하나가 '계속 나아가라'이다. 필자는 이 말을 자신감이 떨어질 때마다 떠올리며 앞으로 나아가는 원동력으로 삼는다.

10.4.3 부정적인 생각에 맞서기

부정적인 생각은 가장 숙련된 리드 개발자에게도 스며들 수 있으며, 이는 자기 의심과 자신감 저하로 이어질 수 있다. 부정적인 생각에 맞서는 첫 번째 단계는 그것이 언제 생기는지를 인식하는 것이다. 다양한 상황에서 자신의 감정 반응을 주의 깊게 살피고, 반복적으로 나타나는 부정적인 사고 패턴을 찾아야 한다. 부정적인 생각을 인식하고 나면 그것이 객관적으로 타당한지 평가해야 한다. 이 생각이 실제 증거에 기반한 것인지, 아니면 단순한 자기 의심이나 근거 없는 두려움에서 비롯된 것인지 스스로에게 물어보자. 많은 경우, 부정적인 생각은 비합리적인 믿음이나 과거의 경험에서 생겨난 것이며, 현재 자신의 능력이나 가능성을 정확하게 반영하지 않을 수도 있다.

필자에게 자주 일어났던 일 중 하나는 시스템 장애가 발생하거나 팀원이 이직할 때마다 그것이 필자의 책임이라고 생각하는 것이었다. 이는 과거에 나쁜 리더들 밑에서 일하면서 희생양이 되었던 경험에서 비롯됐다. 당시에는 몰랐지만, 시간이 지나면서 한 팀으로 일하는 동안 한 사람에게만 책임을 돌리는 것은 옳지 않다는 것을 깨달았다. 모든 일은 팀의 노력으로 이뤄지며, 실패도 함께 견뎌야 한다. 존경하던 리더와 관계가 나빠지는 경험을 하게 되면, 자신과 자신의 능력에 의심이 들 수 있다. 이런 상황에서 필자는 팀원이나 멘토와 이야기하면서 감정을 추스리고, 부정적인 자의식을 극복하는 데 도움을 받는다.

침투적 사고intrusive thought란 원치 않는 불쾌하고 때로는 불안감을 유발하는 정신적 이미지가 갑자기 떠오르는 현상을 의미한다. 이러한 생각은 불안이나 두려움을 유발할 수 있으며, 인간이라면 누구나 경험할 수 있다. 하지만 이러한 사고가 일상생활과 정신건강에 영향을 미칠 정도라면 문제로 작용할 수 있다.

침투적 사고를 완화하기 위해서는 여러 가지 전략을 실천할 수 있는데 그림 10.9는 이 전략을 설명한다.

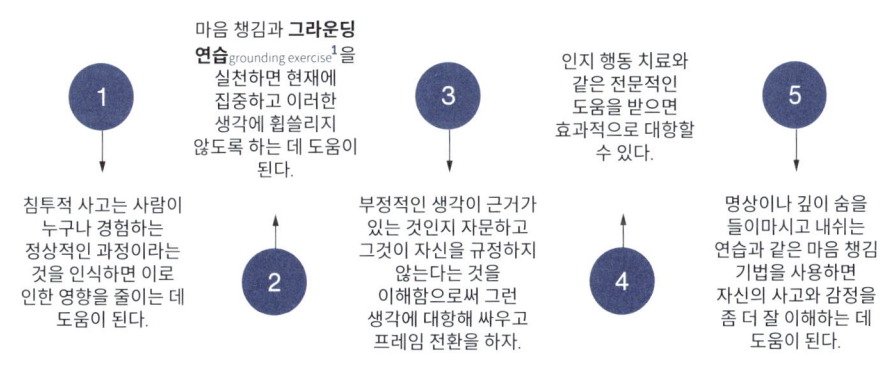

그림 10.9 부정적인 생각에 맞서 싸우기

부정적인 생각에 맞서기 위한 한 가지 방안으로 그러한 생각을 좀 더 현실적이고 균형 잡힌 관점으로 재구성하는 방법도 있다. 예를 들어 '이 일을 할 만큼 능력이 없다'라는 생각이 든다면, '어려움이 있을 수도 있지만, 이를 극복할 수 있는 지식과 경험이 나에게 있다'라고 바꿔 생각해볼 수 있다. 이러한 사고방식의 전환을 통해 자기 의심을 긍정적이고 건설적인 시각으로 대체할 수 있다.

자신이 어떤 사람들과 함께하는 지도 자신감에 큰 영향을 미친다. 성장을 독려하고 성취를 축하해주며 지지와 성원을 보내는 동료들과 함께하면 좋다. 비슷한 목표를 가진 사람들과 긍정적이고 생산적인 대화를 나누면, 부정적인 생각을 극복하고 자신감을 다

---

1 [옮긴이] 심리학이나 정신 건강 분야에서 사용하는 용어로, 과거의 부정적 사고나 미래에 대한 불안에서 벗어날 수 있도록 현재에 관심과 정신을 집중하도록 하는 기법이다.

지는 데 도움이 된다. 직장에서 부정적인 분위기를 피하고, 다른 사람들에게 긍정적인 영향을 주는 사람이 되도록 노력해야 한다. 필자는 힘든 순간에 의지할 수 있는 사람들로 구성된 지원 체계를 가지고 있다. 누구나 어려움을 겪는 날이 있고, 때로는 다른 사람의 도움이 필요하다. 자신에게 친절하게 대하고, 필요할 때 도움을 요청해야 한다. 그래야만 부정적인 생각이 성공을 가로막는 일이 일어나지 않는다.

요약

- 명확하고 간결한 지침을 제공하는 것은 개발자들이 목표를 완전히 이해하고, 혼란과 시간 낭비를 방지하며, 효율적인 협업과 성과 향상을 도모하는 데 필수다.
- 부정적인 피드백을 줄 때 '네가'로 시작하는 문장을 사용하지 않으면 좀 더 편안하고 서로를 지지하는 환경을 조성할 수 있으며, 갈등을 피하는 데 도움이 된다.
- 샌드위치 기법을 활용한 피드백은 건설적인 비판을 두 개의 긍정적인 피드백 사이에 배치하여 균형 잡힌 방식으로 전달하는 접근법이다.
- 긴급 상황에서도 긍정적인 사고방식을 유지하는 것은 효과적인 리더십을 위해 매우 중요하다. 이는 팀의 회복력, 창의성, 문제 해결 능력을 높이고, 도전에 맞서 성공적인 결과를 도출하는 데 기여한다.
- 명확하게 정의된 긴급 대응 계획을 마련하는 것은 다운타임과 혼란을 최소화하고, 효과적인 의사소통, 전략적 의사결정, 신속한 문제 해결을 가능하게 한다.
- 자신감을 키우는 것은 개인적인 삶과 직업적인 성장에 모두 긍정적인 영향을 미친다. 실현 가능한 목표를 설정하고, 도전을 받아들이며, 팀원들을 성장시킬 수 있도록 지원하고, 자기 의심을 줄이면 더욱 만족스럽고 성공적인 삶을 만들어갈 수 있다.

리드 개발자 이야기

데버라 구라타

데버라 구라타Deborah Kurata는 소프트웨어 개발자로 경력을 시작한 후 빠르게 프로젝트 팀 리드와 소프트웨어 개발 매니저로 성장했다. 이후, 자신의 소프트웨어 컨설팅 회사를 설립하였고, 회사가 성장하면서 많을 때는 30명의 컨설턴트를 두었다.

개발자들을 가르치고 콘텐츠를 제작하는 일을 좋아한다. 소프트웨어 개발자들을 지원하는 그녀의 활동으로 마이크로소프트에서 개발자 기술 부문 MVP로 선정됐으며, 앵귤러 부문에서 구글 개발자 전문가로 인정받았다. X[2]를 통해 연락할 수 있고, 플루럴사이트에서 강의[3]하고 있으며 유튜브[4]를 운영 중이다.

이 인터뷰에서 데버라는 리더 역할을 수행하는 것에 대해 조언한다.

어떻게 리더가 될 준비가 됐다는 것을 알았는가?

나에게 그것은 정해진 길도, 선택의 문제도 아니었다. 자연스럽게 그렇게 됐다. 실질적인 경험도 멘토도 없이, 나는 수많은 실패를 거듭하며 배워나갔다.

프로젝트를 조직하고 팀에 동기를 부여하는 다양한 방법을 시도해봤다. '스탠드업'이 대세가 되기 전에는, '사무실을 돌아다니며 관리'하는 방식을 사용했다. 하루 종일 사무실을 걸어 다니며 각 팀원들을 만나는 방식이었다. 디자인 아이디어를 논의하거나, 함께 코드를 작성하거나, 디버깅을 하기도 했다. 한 사람이 끝나고 나면 다른 사람에게로 이동했다. 이 방식은 꽤나 효과적인 것처럼 보였다.

가장 큰 문제는 내 업무를 끝내는 것이었다. 리더로서 처음 일을 시작하면, 자신이 속한 팀을 이끌면서 동시에 팀원으로서도 업무를 수행해야 하는 경우가 많다. 그리고 여전히 주어진 업무와 마감 기한이 있다. 나는 아침 일찍 출근해보기도 했고, 늦게까지 남아 있기도 했다. 심지어 점심시간을 '문 닫고 집중하는 시간'으로 설정해 나의 업무를 할 시간을 확보하려고도 했다. 하지만 어떤 방법도 효과적이지 못했다. 업무를 위임하는 것이 어느 정도 도

---

2 https://x.com/DeborahKurata
3 https://mng.bz/6YYZ
4 https://mng.bz/n00e

움이 되기는 했지만, 해야 할 일은 언제나 많았고, 마감 기한은 더 촉박해졌으며, 문서화는 항상 부족했다.

어떻게 부정적인 피드백을 주는가?

부정적인 피드백을 주는 것은 언제나 어려운 일이다. 나는 그것을 잘하지 못했다. 쓸모없는 코드 리뷰를 수없이 경험하고, 내 강의에 대한 피드백으로부터 상처를 받은 후에야, 피드백을 어떻게 줘야 하는지 진지하게 고민하기 시작했다.

피드백은 단순히 '그건 잘못되었고, 이게 정답이야'라고 말하는 것이 아니다. 또한 '어떻게 개선해야 할지를 내가 너한테 알려주마'라는 태도로 접근해서도 안 된다. 피드백을 주는 상대는 한 명의 사람이다. 무언가 고민이 있을 수도 있고, 이미 스스로 가면증후군을 느끼고 있을 수도 있다. 혹은 겉으로는 거만해 보여도, 속으로는 불안감을 감추고 있을 수도 있다.

가장 먼저 고려해야 할 점은, 정말 피드백이 그 사람에게 필요한가이다. 어떤 팀원이 코드를 작성한 방식이 자신의 방식과 다를 뿐이라면, "그렇게 말고 x, y, z로 해야죠"라고 굳이 말할 필요가 있을까? 그가 작성한 코드도 충분히 괜찮은 수준 아닐까? 우리는 때때로 완벽함에 너무 집착하지만, 대부분의 경우 '좋은 것'은 충분히 '좋은 것'이다.

정말 피드백이 필요하다고 판단되면, 시간을 잡고 직접 이야기하는 것이 좋다. 단순히 슬랙으로 "내일 이야기 좀 합시다"라고 보내놓고 상대를 밤새 초조하게 만들어서는 안 된다. 대신, "프로젝트 관련해서 의논할 게 있어요"라든지 "어제 회의한 내용을 다시 한번 검토하면 좋겠군요" 같은 식으로 요청하는 것이 좋다.

미팅을 할 때는 항상 긍정적인 부분부터 시작해야 한다. 예를 들면 "클라이언트가 OOO 님의 프레젠테이션에 매우 만족했어요"와 같이 시작할 수 있다. 그리고 구체적이어야 한다. "발표가 체계적이고 세부사항을 잘 다루고 있는 것에 대해 높이 평가했어요. 그리고 질문에 대처하는 방식도 정말 좋았다고 하더군요." 그런 다음, 개선이 필요한 부분을 이야기한다. "하지만 OOO 님이 발표를 끝내고 난 후로는 내내 노트북으로 게임을 하고 있는 것

The Lead Developer Story

을 보고 조금 놀랐다고 해요. 다른 발표자들에게 다소 무례한 행동으로 보였나봐요." 길게 말할 필요는 없다. 요점을 전달한 후 상대가 반응할 기회를 줘야 한다. 그리고 그들이 어떻게 개선할 수 있을지 스스로 생각해볼 수 있도록 도와야 한다.

가능하다면, 그들의 실수를 여러분이 직접 정리해주지 않는 것이 좋다. 코드를 다시 작성한다든지 문서를 다시 작성해서는 안 된다. 대신, 필요한 변경사항을 스스로 수정할 수 있도록 가이드를 제공하는 것이 더 바람직한 접근 방식이다.

긴급 상황에서 팀을 이끈 경험이 있는가?

내가 팀을 이끌며 겪었던 가장 큰 긴급 상황은 9·11 테러였다. 당시에는 지금처럼 어디에서나 인터넷이 잘 연결되는 때가 아니었기 때문에, 우리는 한 대의 컴퓨터 앞에 모여 최신 뉴스를 확인하려고 애쓰고 있었다. 그때는 모든 사람이 동시에 네트워크에 접속할 수도 없었다. 대역폭이 충분하지 않았기 때문이다. 점심시간이 되자 모두 퇴근하라고 했다. 어차피 아무도 일을 할 수 없는 상황이었다. 매우 힘든 시간이었고, 나는 리더로서 특별히 무언가를 하고 있다는 느낌이 들지 않았다. 나 역시 충격을 받았고, 모든 사람이 충격에 빠져 있었다. 우리는 그 상황을 극복하는 데 오랜 시간이 걸렸다.

또 다른 긴급 상황은 대규모 정리해고였다. 내가 일하던 회사가 로스앤젤레스의 한 회사에 인수되었는데, 나는 샌프란시스코 지역에 살고 있었다. 당시 우리 팀 전체가 실리콘밸리에서 근무하고 있었는데, 회사는 모든 운영을 로스앤젤레스에서 할 것이라고 발표했다. 하지만 실리콘밸리에 있던 사람들은 로스앤젤레스로 이사하는 것을 원하지 않았다. 나는 팀원들과 함께 이 문제를 이야기하면서 그들의 좌절감을 들어줬지만 쉽지 않은 일이었다. 그 시점에서 모든 사람이 분노하고 있었고, 상실감을 겪고 있었기 때문이었다. 정리해고는 사랑하는 사람을 잃는 것과 다르지 않다. 부모를 잃는 것이 훨씬 더 큰 상실이지만, 정리해고 과정에서도 사람들은 비슷한 감정의 단계, 즉 부정, 분노, 좌절 등을 경험한다.

그런 가운데에서도 회사는 여전히 우리가 팀을 인수인계하기를 원했다. 아무도 이사를 가지 않으려고 했기 때문에, 분노와 좌절 속에 있는 팀원들과 일을 같이 하는 것은 쉽지 않은 일이었다. 하지만 인수인계 절차를 마무리해야만 했기 때문에 그 과정은 매우 힘들었다.

그리고 그때 나는 임신 5개월 차였다. 회사를 따라 거주지를 옮기려는 사람이 아무도 없었기 때문에 회사는 나를 다시 컨설턴트로 고용해 모든 사람이 떠나기 전에 전환 작업을 마무리하도록 도왔는데 나로서는 다행이었다. 리더로서 실망감을 느끼면서도 팀을 이끌어야 할 때는 정말 힘들다. 그러나 그런 감정을 조금 억누르고, 팀원들이 그 상황을 극복할 수 있도록 돕는 것이 중요하다.

리더가 될 준비가 되었는지 확신이 없는 리드 개발자들에게 어떤 조언을 해주고 싶은가?

나는 자연스럽게 리더 역할을 맡게 되었기 때문에 그것에 대해 깊이 고민할 시간이 없었다. 그리고 그것은 아마도 좋은 일이었을 것이다. 미리 걱정할 시간이 없었기 때문이다. 그 후로 내가 한 질문들은 '어떻게 이 일을 해낼 수 있을까?' '어떻게 이 역할을 수행할 것인가?' '아직 방법도 잘 모르는 이 역할을 어떻게 성공적으로 해낼 수 있을 것인가?'로 바뀌었다. 나에게 가장 중요한 것은 다양한 시도를 해보고 창의적으로 접근하는 것이었으며, 최대한 팀이 필요로 하는 것에 집중하는 것이었다.

많은 사람이 자신의 부족함을 내면화하고, 자신이 충분히 뛰어나지 않다고 생각하거나 어떤 역할을 감당할 수 없다고 느낀다. 하지만 리더로서 중요한 것은 자신의 내면에 갇히지 않고 외부를 바라보는 것이다. 스스로에게 물어보아야 한다. '내가 팀을 위해 할 수 있는 것은 무엇인가?', '팀원들이 압박을 받거나 스트레스를 받을 때, 어떻게 하면 그들을 편안하게 만들 수 있을까?' 등을 생각해야 한다. 다른 사람의 업무를 대신하는 것이 아니라, 그들을 어떻게 도울 수 있을지를 고민해야 한다. 도움을 주되, 과하지 않게 하는 것이 중요하다.

예전에 기술 문서를 작성하는 컨설팅 프로젝트를 했던 적이 있다. 필요한 정보를 얻기 위해 몇 시간씩 프로그래밍 언어를 연구한 후에 문서를 작성해 프로젝트 리드에게 보내면, 그는 문서를 완전히 다시 작성해 클라이언트에게 보냈다. 그것을 보고 '내가 여기서 왜 일하고 있는 거지?'라는 생각이 들었다. 내가 그에게 왜 그렇게 하는지 물었을 때, 그는 내가 잘하고 있다고 했고, 단순히 조금 손을 봤을 뿐이라고 말했다.

리더의 역할을 맡게 되면, 팀원들이 어떤 점을 개선해야 하는지를 알 수 있도록 피드백을

The Lead Developer Story

제공하는 것이 중요하다. 특히 같은 팀에서 승진하여 리더가 된 리드 개발자들에게는 더 어려운 일일 수 있다. 리더로서 너무 깊이 개입해서는 안 된다. 팀원들에게는 그들 스스로 성장할 수 있도록 돕는 존재가 필요하다. 그들과 함께 앉아 개선할 점을 설명해줘야 한다. 그렇게 해야 그들도 점점 더 나아갈 수 있다. 물론, 설명하는 것보다 그냥 자신이 직접 수정하는 것이 훨씬 더 쉬울 때가 많다. 하지만 모든 일을 직접 해버리면, 시간이 지나도 아무도 성장하지 못하게 된다.

팀을 이끄는 것은 상을 받는 것과는 다르다. 오히려 강아지를 키우는 것과 비슷하다. 강아지는 귀엽고 재미있을 수도 있지만, 동시에 막대한 책임이 따른다. 만약 제대로 된 관심과 가이드가 없다면, 강아지는 통제하기 어려운 존재가 될 수도 있다. 팀을 리드할 기회가 주어진다면 한번 해볼 것을 조언하고 싶다. 어려울 것이고, 실수도 하게 될 것이다. 하지만 그 실수에서 배우고, 절대 포기하지 않기를 바란다.

CHAPTER 11
감정 지능으로 이끌기

이번 장에서 다루는 내용
- 감정 지능 및 리더십 향상
- 감정 지능 개발
- 어려운 대화를 위한 감정 지능
- 공감 대 급진적 공감
- 감정 지능을 통한 팀 유대감 강화
- 가면증후군 극복하기

감정 지능은 감정을 이해하고 관리하며 효과적으로 표현하는 능력을 아우르는 중요한 역량이다. 빠르게 변화하는 소프트웨어 개발 환경에서 감정 지능은 리드 개발자와 팀의 성공을 결정하는 데 중요한 역할을 한다. 감정 지능이 높은 리드 개발자는 긍정적이며, 서로 돕고 지원하는 팀 문화를 조성한다. 또한 팀원들의 고민을 적극적으로 경청하고, 노력에 감사를 표현하며, 건설적인 피드백을 제공한다.

> **정의**
>
> 감정 지능_{emotional intelligence}이란 자신의 감정을 인식하고, 이해하며, 효과적으로 관리하는 능력과 동시에 타인의 감정을 공감하고 이해하는 능력을 의미한다.

갈등은 어느 직장이든 자연스러운 일이지만, 이를 신속하게 해결하는 것이 중요하다. 감정 지능이 높은 리드 개발자는 갈등이 악화되어 팀의 역동성에 부정적인 영향을 미치지 않도록 사전에 방지한다.

리드 개발자는 촉박한 마감 기한과 높은 압박이 있는 상황을 자주 마주하게 된다. 감정 지능이 높은 리드 개발자는 이러한 스트레스를 효과적으로 관리하며, 긴급 상황에서도 침착함을 유지하고, 팀원들이 어려운 시기를 헤쳐나갈 수 있도록 냉철하고 탄력적인 태도로 임한다.

리드 개발자가 팀원들을 지지하고, 개개인이 배우고 성장할 수 있는 환경을 제공하면 직원들은 조직에 대한 충성도는 유지될 것이다. 감정 지능이 높은 리더는 팀원이 무엇을 통해 행복을 느끼는지 이해하고자 하는데, 이러한 리더에게 팀원들은 잘 반응한다. 또한, 리더는 팀원이 어려움을 겪고 있을 때 이를 감지하고 그들이 어려움을 극복할 수 있도록 적절한 지원을 제공해야 한다.

리드 개발자는 감정 지능의 중요성을 인식하고, 이 역량을 발전시키는 데 투자해야 한다. 이를 통해 프로젝트의 장기적인 성공과 팀 전체의 만족도를 높일 수 있다. 이 장에서는 감정 지능의 의미를 살펴보고, 실제 시나리오를 살펴보면서 이를 어떻게 팀에 적용하여 유익한 결과를 얻을 수 있을지 논의한다.

11.1 감정 지능이란 무엇인가?

감정 지능은 자의식, 자기 조절, 동기부여, 공감, 사회적 기술이라는 다섯 가지 핵심 요소로 구성된다(그림 11.1 참고). 감정 지능이 높은 리드 개발자는 자신의 감정뿐만 아니라 팀원들의 감정에도 민감하게 반응한다. 자의식과 공감을 통해, 동료들의 감정적 요구와 프로젝트 상황에 맞춰 자신의 행동을 조정할 수 있다. 자기 조절은 감정을 적절히 관리하는 능력으로, 리드 개발자가 자신의 감정을 잘 통제하면 갈등 해결에 큰 도움이 된다. 대부분의 경우, 팀원들에게 공감을 보이고 협력할 수 있도록 동기를 부여하는 것만으로도 갈등을 예방할 수 있다. 효과적인 의사소통, 협업, 갈등 해결 능력은 모든 리드 개발자가 꼭 갖추어야 할 사회적 기술이며, 이러한 역량을 갖춘 사람은 감정 지능이 높은 리더가 될 수 있다.

그림 11.1 감정 지능의 다섯 가지 핵심 요소

필자의 경험에 의하면 감정 지능이 높은 리더와 함께할 때, 팀원들은 더 효과적으로 협력하고 직업적으로 성장한다. 감정 지능이 높은 환경에서는 팀원들이 서로를 존중하고, 각자의 다양한 경험에서 배우기 때문에 갈등이 줄어든다. 감정 지능의 원칙을 익히면 리더십 역량을 향상시키고, 팀원들에게 존중과 동기부여를 해주면서, 역량을 발휘할 수 있는 환경을 조성할 수 있다.

표 11.1은 감정 지능의 다양한 측면에서 리드 개발자가 감정 지능이 높을 때와 부족할 때 결과가 어떻게 달라지는지 비교해서 보여준다.

표 11.1 감정 지능이 있는 경우와 결여된 경우의 비교

측면	감정 지능이 높을 때	감정 지능이 낮을 때
자의식	자신의 감정과 트리거를 인식하고 이를 관리하여 침착한 리더십 스타일을 유지한다.	감정에 휘둘려 갈등을 유발하거나 잘못된 의사결정을 내릴 가능성이 높다.
갈등 해결	갈등을 신중하게 해결하며, 상호 만족할 수 있는 해결책을 찾아 팀의 조화를 유지한다.	갈등을 악화시킬 가능성이 높아, 팀의 사기와 생산성에 부정적인 영향을 줄 수 있다.
스트레스 관리	스트레스를 효과적으로 관리하며, 업무에 집중하고 팀원들의 복지를 챙긴다.	스트레스에 쉽게 압도되어 팀의 생산성에 부정적인 영향을 미친다.

표 11.1 감정 지능이 있는 경우와 결여된 경우의 비교(표 계속)

측면	감정 지능이 높을 때	감정 지능이 낮을 때
공감	팀원의 복지에 진정으로 관심을 가지며, 그들이 어려움을 극복할 수 있도록 지원한다.	타인의 필요와 감정을 고려하지 않아 팀원의 좌절과 불만을 유발할 수 있다.
관계 형성	팀원과 강한 신뢰 관계를 형성하며, 긍정적인 업무 환경을 조성한다.	팀원과의 신뢰 형성이 어려워 협력 부족과 생산성 저하로 이어질 수 있다.
커뮤니케이션	팀원의 의견을 적극적으로 경청하고 이해하며, 열린 대화와 협업을 장려한다.	팀원의 의견을 무시하여 소통이 원활하지 않고, 팀에 사기저하가 올 수 있다.
이직률	서로 돕고 지원하며 존중받는 업무 환경을 조성하여 직원 이직률을 낮추고 인재를 유지한다.	부정적인 업무 분위기를 조성하여 높은 이직률을 초래하고, 인재 유치와 유지에 어려움을 겪는다.

11.1.1 4분지 모델의 이해

감정 지능은 감정과 인간관계의 복잡성을 효과적으로 다룰 수 있는 기술과 역량을 아우르는 포괄적인 능력이다. 감정 지능이라는 용어는 심리학자 피터 새러베이Peter Salovey와 존 D. 메이어John D. Mayer가 처음 소개했으며, 이후 심리학자 대니얼 골먼Daniel Goleman의 연구를 통해 널리 알려지게 됐다.

감정 지능에 대한 연구는 다양한 학자들에 의해 이뤄졌지만, 1990년 새러베이와 메이어가 제안한 **4분지 모델**four-branch model은 가장 영향력 있고 포괄적인 개념 중 하나로 평가받는다. 기존의 모델이 감정 지능을 단일한 개념으로 다룬 것과 달리, 이 모델은 감정 지능을 네 가지 개별적인 영역으로 구분하여 각각의 역할을 명확히 정의하고 있다. 이 4분지 모델은 리드 개발자가 감정 지능을 이해하고, 개발하며, 실무에 적용하는 데 도움을 얻을 수 있는 균형 잡힌 틀을 제공한다. 이에 적응하면 좀 더 건강하고 생산적인 업무 환경을 조성할 수 있고, 팀원과의 관계를 강화하며 프로젝트를 효과적이고 성공적으로 이끌 수 있다.

다음은 네 가지 영역에 대한 정의다.

- **감정 인식**perceiving emotion: 자신과 타인의 감정을 정확하게 인식하는 능력을 의미한다. 여기에는 표정, 몸짓, 음성의 변화를 통해 감정을 파악하는 것이 포함된다. 감정을 잘 인식하는 사람은 타인의 감정 상태를 이해하고 공감적인 반응과 효과적인 의사소통을 할 수 있는 기반을 마련할 수 있다.
- **감정 활용**using emotion: 감정을 사용해 사고와 문제 해결을 촉진하는 능력을 의미한다. 감정이 의사결정, 업무 우선순위 설정, 창의적인 문제 해결에 도움이 될 수 있음을 이해하고, 이를 긍정적으로 활용할 수 있다. 감정이 중요한 정보를 담고 있으며, 인지 과정에 영향을 미쳐 더 나은 결과를 도출할 수 있다는 점을 인식하는 것이 핵심이다.
- **감정 이해**Understanding emotion: 복잡한 감정을 이해하고 서로 다른 감정의 관계를 파악하는 능력을 의미한다. 단순히 감정을 인식하는 것을 넘어, 감정이 발생하는 원인과 그 결과를 분석하고, 감정이 변화하는 과정을 이해할 수 있어야 한다. 이를 통해 자신의 감정을 좀 더 명확하게 파악하고 통찰력 있게 다룰 수 있다.
- **감정 관리**managing emotion: 자신과 타인의 감정을 효과적으로 조절하는 능력을 의미한다. 감정을 통제함으로써 충동적이거나 파괴적인 반응을 피할 수 있으며, 상황에 맞게 감정을 조절해 긍정적인 방향으로 이끌 수 있다. 또한 타인의 감정을 관리하는 데 도움을 줄 수 있으며, 필요할 때 지원과 공감을 해줄 수 있다.

감정을 인식하는 능력은 모든 리더에게 꼭 필요한 기술이다. 리드 개발자는 팀원들의 감정을 이해하고 공감하기 위해 긍정적 및 부정적 감정을 모두 인식할 수 있어야 한다. 사람들은 도전과 어려움에 직면하더라도 긍정적인 감정을 느끼면 활기차고 낙관적인 모습을 보인다. 미소를 짓는 일이 많아지고, 동료들에게 감사와 존중을 표현하기도 한다.

반면, 부정적인 감정은 말이 아니라 행동을 통해 드러나는 경우가 많기 때문에 인식하기 어려울 수 있다. 누군가가 자신의 업무에 대해 부정적인 감정을 가지고 있다면, 업무를 대하는 태도가 소극적으로 변하고 그룹 활동에 참여하는 것을 피할 가능성이 크다. 또한 짜증을 내거나 스트레스를 받는 듯한 모습 혹은 피곤한 것처럼 보일 수도 있다.

그림 11.2에서는 대표적인 긍정적 감정과 부정적 감정, 그리고 이를 인식하는 방법을 보여준다.

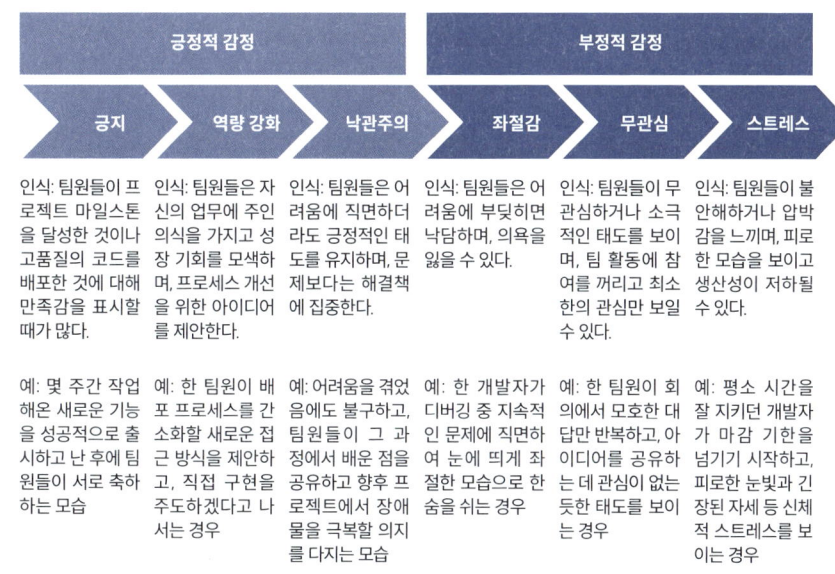

그림 11.2 긍정적 감정과 부정적 감정의 인식

감정을 이해하고, 이를 정확히 인식하며, 효과적으로 관리하는 것은 개인의 성장과 전반적인 웰빙을 위해 매우 중요하다. 리드 개발자는 빠듯한 마감 기한이나 조직 개편과 같은 도전적인 상황에서 팀을 이끌어야 할 때가 많다. 자신의 감정을 이해하고, 이를 어떻게 활용하는지에 따라 팀에 미치는 영향을 인식하는 것은 팀의 성공을 위한 핵심 요소다. 리드 개발자는 좌절감을 느낄 때 팀과 소통하는 과정에서 자신의 감정을 적절히 조절해야 한다. 반대로 팀원이 부정적인 감정을 보일 때는 경청하고 공감하는 방식으로 상황을 해결해야 한다. 또한, 리드 개발자는 코칭과 지도를 통해 팀원들의 감정을 관리함으로써 부정적인 감정을 완화하는 역할을 수행할 수 있다.

필자는 조직 개편 과정에서 팀을 이끈 적이 있는데, 그때 팀원들의 감정이 매우 고조되어 있었다. 많은 팀원이 자신의 미래에 대한 불확실성으로 인해 불안을 느꼈다. 필자 역시 미래가 어떻게 될지 확신할 수 없었지만, 긍정적인 태도를 유지하려고 노력했다. 하지만 어느 순간부터 아이디어를 제안하지 않거나 마감 기한을 지키지 못하는 모습을 보이는 팀원들이 나타나기 시작했다. 아무도 자신의 감정을 말로 표현하지 않았기 때문에 필자는 그들의 행동을 통해 감정을 읽어야 했다. 결국 조직 개편 과정에서 일부 팀원들은 떠나야만 했고, 남아 있는 팀원들의 감정을 관리하는 것은 큰 과제였다. 조직 개편이 진행되는 동안 매주 일대일 미팅을 가지며, 팀원의 이야기를 듣고 그들의 상황에 공감하고 있음을 거듭 강조했다. 어려운 시기에 그들을 지원했고, 필자 스스로도 감정을 잘 조절하여 어려움을 극복하는 모습을 보임으로써 모범이 되고자 했다. 시간이 걸리긴 했지만 결국 팀원들은 점차 안정감을 느끼게 되었고, 우리는 다시 프로젝트를 정상적으로 진행할 수 있었다.

효과적인 리드 개발자는 기술적 역량과 감정 지능을 결합하여 팀을 이끈다. 감정 지능을 갖춘 리더는 변화하는 환경에 유연하게 적응하고, 갈등을 신중하게 해결할 수 있다. 감정 지능이 높은 사람은 감정을 활용하여 의사결정 과정을 향상시킬 수 있으며, 감정이 사고 과정에 미치는 영향을 인식함으로써, 더 균형 잡히고 깊이 있는 결정을 내릴 수 있다.

11.1.2 스스로 감정 지능을 기르는 법

감정 지능을 갖추고 있으면 팀에 많은 이점이 된다. 신뢰는 성공적인 팀의 토대이며, 감정 지능이 높은 리드 개발자는 팀원들과 신뢰 관계를 형성하고 유지하는 데 뛰어나다. 이들은 동료들의 웰빙과 직업적 성장을 진심으로 신경 쓰며, 이는 팀에 대한 충성과 헌신을 강화하는 데 기여한다.

감정 지능은 타인의 감정을 더 잘 이해하는 데 도움이 되며, 이를 통해 더 효과적으로 의사소통하거나 갈등을 해결 할 수 있다. 팀원이 좌절감을 느낄 때, 그들의 문제를 생산적인 방식으로 표현할 수 있도록 도울 수 있다. 단순히 무슨 일이 일어났는지 묻기보다는 그 일로 어떤 감정을 느끼고 있는지 물어보는 것이 더 낫다. 상대방의 감정을 이해해야만 공감할 수 있으며, 함께 해결책을 찾을 수 있기 때문이다.

감정 지능이 높으면 팀원들에게 신뢰받고 존중받을 수 있다. 팀원들은 리더가 자신의 감정을 이해하고 공감하며, 자신은 존중받고 있다고 느낄 것이다. 필자에게 신뢰를 얻는 방법을 가르쳐준 멘토가 있었는데, 그는 자신의 감정적 어려움을 솔직하게 공유함으로써 신뢰를 쌓았다. 먼저 고민을 공유하면, 상대방도 자신의 문제를 더 편하게 이야기할 수 있다. 필자의 멘토는 중요한 발표나 프로젝트 마감 기한 때문에 불안을 느낄 때 필자의 의견을 구하곤 했다. 그는 필자의 전문성을 신뢰하고 의견을 존중했다. 이러한 태도는 서서히 팀 전체에 긍정적인 영향을 미쳤고, 결국 큰 성공으로 이어졌다.

여러분의 의사결정이 다른 사람들에게 미치는 감정적 영향을 고려하면 더 나은 결정을 내릴 수 있다. 팀원들이 제안하는 여러 기술적 접근 방식 중 하나를 선택해야 할 때, 그 결정이 팀원들에게 어떤 감정을 불러일으킬지를 고려해야 한다.

예를 들어 새로운 기능을 우선할지 기존 코드베이스를 개선하고 버그를 수정할지를 결정해야 했던 상황이 있었다. 팀원들은 기존 코드베이스에 대한 불만을 표하며 기능 추가 작업을 하기 전에 기존의 문제를 먼저 해결하고 싶어 했지만, 프로젝트 일정도 고려해야 했다. 결국, 현재 작업 중인 기능에 직접 영향을 미치는 버그를 우선적으로 수정하는 방식으로 타협했다. 필자는 각 접근 방식에 대한 팀원들의 우려를 경청했고, 당장은 아니지만 결국 모든 문제를 해결할 수 있는 방안을 마련했다. 개발팀의 긍정적인 업무 환경을 유지하는 것이 당장의 비즈니스 목표보다 중요함을 인식했다. 이런 인식은 기술적 요소뿐만 아니라 팀의 복지와 동기를 고려하여 좀 더 포괄적인 의사결정을 가능하게 했다. 장기적으로 볼 때, 이러한 접근 방식은 더 높은 품질의 작업을 이끌어냈으며, 팀의 협력과 분위기를 개선해 프로젝트 성공에 기여했다.

필자는 감정 지능이 부족한 리드 개발자들과도 함께 일한 적이 있었다. 경력 초반에 함께 일했던 리드 개발자들은 팀원을 한 명의 인간으로 이해하려 하지 않았고, 소통은 항상 형식적이었다. 이로 인해 팀 내에서 불편한 분위기가 형성되었으며, 특히 회의 중에 사소한 대화라도 하려고 하면 빠르게 이를 차단하려고 했는데 그때 분위기는 더욱 심각했다. 그들은 팀원들의 의견을 듣지 않았고, 우리는 그들로부터 인정받는다는 느낌을 받지 못했다. 어려움을 겪고 있을 때 이해를 받기는커녕 오히려 꾸지람을 들었다. 그 결과, 팀 내 이직률이 높았으며 결국 그 리드 개발자들도 오래 버티지 못했다.

반면, 감정 지능이 뛰어난 리드 개발자들과 함께 일한 경험도 있다. 그들에게서 많은 것을 배웠고, 그들로부터 더 나은 리더가 되고 싶다는 영감을 얻었다. 함께 일했던 한 리드 개발자는 필자의 리더십 잠재력을 알아보고 적극적으로 지원해줬으며, 그 덕분에 필자는 직업적으로 성장할 수 있었고, 승진의 기회도 얻을 수 있었다. 그가 가장 인상적이었던 점은 마치 필자의 마음을 읽는 것 같았다는 점이다. 그는 매우 예리했고, 필자가 아무리 괜찮은 척해도 어려움을 겪고 있을 때 이를 알아차렸다. 사람들은 상대방을 신뢰하지 않으면 사실대로 말하지 않는다. 따라서 몸짓이나 목소리 톤과 같은 단서를 포착하는 것이 중요하다. 그들의 말보다 행동을 눈여겨봐야 한다.

어떤 팀원이 '괜찮다'라고 말은 하지만 여전히 기한을 맞추는 데 어려움을 겪고 있다면 무언가 말하기 곤란한 상황에 처해 있기 때문일 수도 있다. 물론 지나치게 캐묻는 것은 적절하지 않지만, 그들이 다시 정상 궤도로 돌아올 수 있도록 지원하는 것이 필요하다. 이를 위해서는 그들의 고민을 경청하고, 성공한 순간들을 인정해주며 격려하는 것이 효과적이다. 팀원이 힘든 하루를 보내고 있다면, 그들이 팀에 가져다주는 가치를 상기시켜 주는 것도 큰 도움이 된다. 이러한 태도는 팀원들에게 신뢰와 충성심을 불러일으켜, 우수한 팀원이 떠나지 않고 여러분과 계속 함께 일할 수 있도록 하는 데 도움이 된다.

11.1.3 팀의 감정 지능을 키우는 법

감정 지능을 충분히 숙달했다면, 팀원에게 이를 어떻게 가르칠 수 있을까? 팀원들은 다양한 도전에 직면할 수 있는데, 예를 들어 프로젝트 기한을 맞추지 못하거나 학습의 장애물이 있을 수 있다. 감정 지능이 높은 팀은 이러한 어려움을 더 효과적으로 해결할 수 있다. 이들은 스트레스를 관리하고 감정을 조절할 수 있으며, 어려운 상황에서도 침착함을 유지하고 문제를 객관적으로 분석하며, 부정적인 감정이나 비난의 악순환에 빠지기보다 건설적인 해결책을 찾는다.

다음은 팀의 감정 지능을 키우는 방법에 대한 몇 가지 예시다.

- 자신의 감정을 인식하고 효과적으로 조절하며, 다른 사람들의 감정에 공감하는 모습을 보여줌으로써 모범을 보이자.
- 감정 지능과 관련해 구체적이고 건설적인 방식으로 피드백을 제공하자. 상대방을 존중하고 지지하는 태도로 전달하는 것이 중요하다.
- 역할극, 시뮬레이션, 실제 업무 경험 등을 통해 감정 지능을 연습할 수 있는 기회를 마련하자.
- 감정 지능을 훈련할 수 있는 기회를 제공하자. 감정 지능과 관련한 다양한 교육 프로그램이 있다. 하버드 평생 교육부 Harvard Division of Continuing Education, DCE나 링크드인 러닝과 같은 신뢰할 만한 기관에서 관련 강의를 제공하고 있다. 리드 개발자는 팀원들이 이러한 프로그램에 참여할 수 있도록 지원할 수 있다.

자신이 완벽한 감정 지능을 가지고 있지 않아도 배운 것을 다른 사람에게 가르칠 수 있다. 이 능력을 완전히 익히는 데는 시간이 걸리며, 배우는 과정에서 새로운 것을 계속해서 깨닫게 될 것이다. 필자는 팀원들에게 감정 지능의 이점과 이것이 그들의 커리어에 어떻게 도움이 될 수 있는지를 설명한다. 서로의 관점을 이해하고 지지하는 태도를 가질 때 동료들로부터 더 많은 것을 배울 수 있다. 이는 그들의 직업적, 개인적 성장에 큰 도움이 되어 궁극적으로 커리어 목표를 이루는 데 기여할 것이다.

개발팀을 이끌 때 팀원들은 클라이언트 및 고객과도 원활하게 협력해야 한다. 팀원들이 서로 감정 지능을 발휘하며 협력하는 법을 익히면, 조직 외부의 사람들과 일할 때도 성공적인 관계를 유지하는 데 도움이 된다. 필자는 팀원들의 감정 지능을 평가하고 피드백을 제공하기 위해 실무에서의 경험을 바탕으로 한 역할극 연습을 활용한다(그림 11.3 참고).

자주 하는 연습 중 하나는 협업과 다양한 컴포넌트의 통합이 필요한 코딩 챌린지다. 개발자들은 자신이 작업하는 기능이 다른 개발자가 작업하고 있는 기능과 연관되어 있는 경우가 많기에 이 연습에 참가할 때는 작업 분배, 진행 상황 공유, 문제 해결에 집중해야 한다. 연습 도중 예상치 못한 요구사항 변경을 추가하여 팀이 압박감을 어떻게 다루고 변화에 적응하는지를 평가한다.

이 과정에서 자주 관찰되는 한 가지 문제는 많은 사람이 자신의 아이디어가 가장 좋다고 생각하여 동료들의 의견을 충분히 듣지 않는다는 점이다. 이 경우 필자는 해당 팀원과 개별적으로 만나 이 문제를 논의한다. 팀 회의에서 그런 모습을 보이면 즉시 '다른 사람 의견도 들어볼까요?'라고 말하면서 그런 태도를 바로잡으려고 한다. 필자는 팀원들에게 적극적으로 의견을 제시하고 협업할 것을 장려한다. 대부분의 경우, 각자의 아이디어를 결합하면 더 혁신적인 결과를 도출할 수 있다. 이러한 접근 방식은 팀원들이 협력하는 방식을 배우고, '누가 옳은가'라는 관점에서 벗어나도록 돕는다. 여러 사람이 동시에 옳을 수 있다는 점을 이해하는 것이 중요하다.

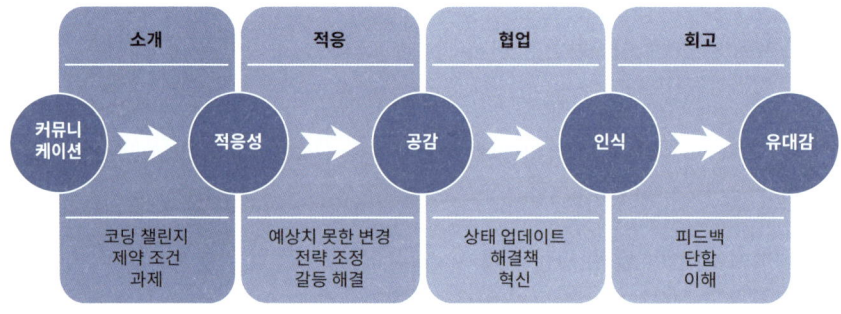

그림 11.3 **역할극 연습의 예**

개발자들은 변화에 빠르게 적응해야 하고, 변경사항을 팀원들에게 효과적으로 전달하며, 협력을 통해 해결책을 찾아야 한다. 다음 목록은 필자가 팀원들과 공유했던 감정 지능 학습 자료다.

- 《EQ 감성지능》(웅진지식하우스, 2008)
- 《감성지능 코칭법》(넥서스BIZ, 2011)
- 《마음챙김》(21세기북스, 2017)
- 《공감》(21세기북스, 2018)

- 《영향력과 설득》(21세기북스, 2018)
- 《진정성 리더십》(21세기북스, 2018)
- 《행복》(21세기북스, 2018)
- 《회복탄력성》(21세기북스, 2018)

이 자료들은 감정 지능을 개인 및 직업적 삶에 적용하는 데 많은 도움이 됐다. 감정 지능을 익히는 과정은 흥미로운 여정이었으며, 감정 지능이 뛰어난 리더 아래에서 팀이 성장하는 모습을 지켜볼 수 있었다. 다음 절에서는 필자가 배운 것들과 감정 지능을 활용한 경험들을 더 깊이 살펴보겠다.

11.2 감정 지능 활용하기

감정 지능은 리드 개발자가 성공적인 리더십을 발휘하는 데 필수 요소다. 감정 지능을 개발하고 우선순위에 두면 업무 관계를 효과적으로 관리할 수 있으며, 이를 통해 더욱 결속력이 강하고 성과가 높은 팀을 만들 수 있다.

그림 11.4는 감정 지능을 갖추는 과정에 대해 설명한다. 중요한 문제를 해결해야 하거나 촉박한 마감 기한을 앞두고 있을 때, 다양한 도전과 장애물을 마주할 수 있다. 이로 인해 스트레스와 압박을 느끼게 되며, 팔짱을 끼거나[1] 긴장된 목소리 톤으로 바뀌는 등 부정적인 신체 언어로 나타날 수 있다. 자신의 감정을 인식하면 이를 더 효과적으로 조절할 수 있다. 집중력을 유지하고 압박 속에서도 침착함을 잃지 않음으로써 긍정적인 리더십의 모범을 보여야 한다. 또한 팀원들에게 감사를 표하고, 긍정적이고 활기찬 태도를 유지하는 것이 중요하다.

---

[1] 옮긴이 앞서 언급했듯이 서구권에서는 팔짱을 끼는 것을 무언가 마음에 들지 않아 한다는 것으로 해석한다.

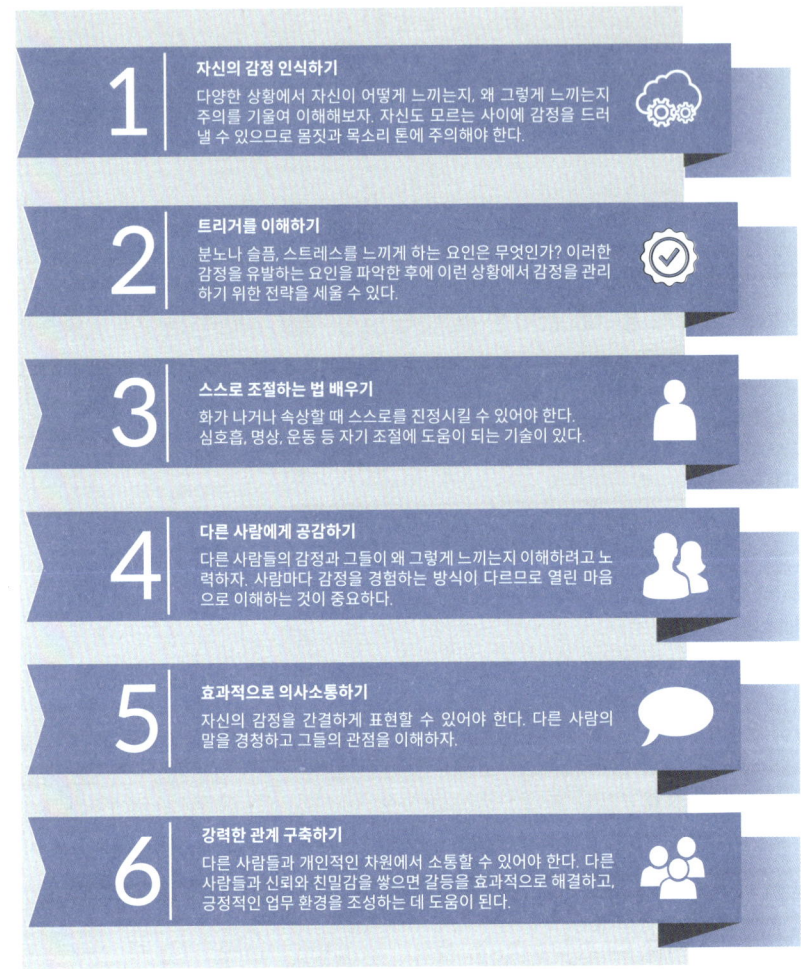

그림 11.4 감정 지능이 높은 사람이 되는 방법

필자의 경우, 팀의 성공을 책임져야 한다는 부담감이 감정적 트리거가 될 때가 많다. 기술적인 업무와 리더십 역할을 병행하며 지나치게 많은 시간을 투자하다 보면 쉽게 번아웃에 빠질 수 있다. 이럴 때는 관리자에게 솔직하게 상황을 알리고, 휴식이 필요하다는 점을 공유하는 것이 중요하다. 훌륭한 리더는 팀원들이 번아웃에 빠지면 그들이 그 사실을 인식하기도 전에 먼저 이를 감지한다. 번아웃의 일반적인 증상으로는 피로감, 집중력 저하, 통제력 상실 등이 있다. 필자 역시 훌륭한 관리자의 도움으로 번아웃을 예방하는 법을 배웠으며, 전조 증상이 보이면 이를 일찍 알아채고 필자가 극복하도록 도와줬다. 이제는 업무 시간을 조절해 일과 삶의 균형을 유지함으로써 이를 방지할 수 있다.

어떤 경우에는 감정을 조절할 시간이 많지 않을 수도 있는데, 특별히 마감 기한이 촉박한 상황 등을 예로 들 수 있다. 이럴 때는 짧은 호흡 운동이나 명상을 시도하는 것이 도움이 된다. 필자는 스트레스를 느낄 때 눈을 감고 깊이 호흡하며 10까지 세는 방법을 활용하는데, 이는 부정적인 감정을 줄이는 데 효과적이다. 또한 전신 스캔 명상을 통해 긴장을 완화할 수도 있다. 10분 이내로 명상 연습을 도와주는 다양한 앱이 있는데, 개인적으로 Calm 앱을 가장 선호한다.

감정을 간결하게 표현하는 것, 특히 글로 작성하는 것은 어려울 수 있다. 사람들은 바쁘기 때문에, 필요한 것을 효과적으로 지원받기 위해서는 핵심 내용만 전달하는 것이 중요하다. 말로든 글로든 자신의 감정 상태나 특정 상황이 주는 감정적 영향을 명확하게 전달하되, 불필요한 감정적 표현은 메시지를 불분명하게 만들기 때문에 피해야 한다.

불필요한 감정적 언어 피하기

- **시나리오**: 프로젝트가 중대한 지연을 겪고 있으며, 그 원인은 한 팀원이 마감 기한을 지키지 못했기 때문이다.
- **불필요한 감정적 표현**: "이게 말이 되나요? OOO 님 한 명 때문에 망했어요!"
- **명확하고 프로페셔널한 표현**: "마감 기한이 지켜지지 않은 상황에 대해 논의하고 싶습니다. 이로 인해 프로젝트에 큰 지연이 발생하고 있으며, 이를 신속하게 해결해야 합니다."

두 번째 예시에서 리드 개발자는 감정적인 표현 없이도 자신의 좌절감과 긴급함을 전달하고 있다. 이러한 접근 방식은 문제에 집중할 수 있도록 하며, 좀 더 건설적인 해결책을 논의할 수 있는 대화를 유도한다.

감정 지능은 인내와 지속적인 노력이 필요하며 점진적으로 기를 수 있다. 감정 지능을 높이는 여정에서 자신과 타인에게 친절하게 대하고, 그 과정에서 이룬 성과가 있다면 기념하자. 감정 지능을 리더십의 핵심 요소로 받아들이는 것이 중요하다. 감정 지능을 갖추면 팀의 역량을 높일 수 있으며, 더 큰 성공과 만족을 경험할 수 있다.

11.2.1 자의식 키우기

자의식self-awareness이란 자신의 감정, 생각, 신념, 행동을 인지하고 이해하는 능력을 의미한다. 이는 자신의 강점과 약점, 가치관, 동기를 명확히 파악하는 것을 포함한다. 자의식이 높으면, 자신의 감정과 행동이 자신뿐만 아니라 주변 사람들에게 어떤 영향을 미치는지를 자각할 수 있다. 이를 통해 더 신중한 결정을 내릴 수 있으며, 사회적 관계를 좀 더 효과적으로 관리할 수 있다.

> **자의식의 두 가지 구성 요소**
> - **내적 자의식**internal self-awareness: 자신의 감정, 가치관, 신념, 성격적 특성을 이해하는 것을 의미한다. 이는 자신의 정체성을 구성하는 다양한 요소를 인식하고, 이러한 요소들이 행동과 의사 결정에 어떤 영향을 미치는지를 깨닫는 과정이다.
> - **외적 자의식**external self-awareness: 다른 사람들이 자신을 어떻게 인식하는지를 이해하는 능력으로 자신의 행동과 의사소통이 타인에게 미치는 영향을 파악하고, 다양한 사회적 상황에서 적절히 대응할 수 있도록 행동을 조정하는 데 도움이 된다.

자의식을 갖추면 자신의 리더십 스타일을 파악하고, 그것이 다른 사람들에게 어떻게 인식되는지를 이해하는 데 도움이 된다. 팀원 및 이해관계자와 소통을 효과적으로 하려면 상대방에 맞춰 필요한 조정을 해야 한다. 리더십 스타일은 자신과 팀원의 역량 및 성격에 맞춰 시간이 지남에 따라 진화해야 한다. 자의식이 높으면 다양한 상황에서 더욱 유연하게 대응할 수 있다. 팀의 필요와 프로젝트의 요구사항에 따라 지시형 리더십 혹은 참여형 리더십 중 하나를 택할 수 있다. 예를 들어 경험이 풍부하고 동기부여가 잘된 팀원들에 대해서는 더 자율적인 서번트 리더십 방식을 취할 수 있다. 반면, 경험이 부족한 팀은 더 많은 가이드와 명확한 방향 제시를 통해 성장할 수 있도록 돕는 것이 효과적이다.

필자는 다양한 성향을 가진 팀원들과 함께 일하면서 각기 다른 리더십 스타일이 필요하다는 것을 깨달았다. 어떤 사람들은 업무에만 집중하는 분위기를 선호하는 반면, 다른 사람들은 동료들과 개인적인 이야기를 나누는 것을 편안하게 여긴다. 이러한 차이는 조금 힘들다고 느껴졌는데, 필자는 팀원을 개인적으로 잘 알기를 원했기 때문이다. 어떤 팀원이 개인적인 이야기를 하지 않으려 할 때, 그것이 단지 성향상 어느 누구와도 그런 것인지 아니면 특별히 필자만 불편해하는 것인지 고민했다. 가끔은 너무 성급하게 다가가 그들의 사생활에 대한 질문을 했다는 것을 깨닫기도 했다. 이런 경우 상대방이 불편해하면 사과하고, 굳이 대답하지 않아도 된다고 했다. 필자는 자리에서 몸을 살짝 움직이거나 눈을 마주치지 않는 모습을 보고, 상대방이 마음을 열고 싶어 하지 않는다는 것을 인식할 수 있었다. 자신의 행동이 타인에게 어떤 영향을 미치는지를 깊이 이해하고, 원활한 관계를 형성하기 위해 신중을 기하는 것이 중요하다.

자의식을 높이는 좋은 방법 중 하나는 자기 성찰을 실천하는 것이다. 자기 성찰을 위해 시간을 할애해야 한다. 다양한 상황에서 자신의 감정과 행동을 분석해야 하는데 이는 특히 압박이 심하거나 피드백을 제공할 때 필요하다. 이러한 순간에 자신의 감정이 의사결정과 상호작용에 어떤 영향을 미치는지 고려해보아야 한다. 상대방이 좋아하지 않을 만한 말이나 행동을 하면 그 자리에서 긴장이 감도는 반응을 느낄 수 있다. 이럴 때 자신이 왜 그렇게 했는지, 더 긍정적인 결과를 얻기 위해 어떻게 대응했어야 했는지를 자문해보기 바란다.

자의식은 공감과 깊이 연결되어 있다. 다른 사람의 입장에서 그들의 감정을 이해하려고 노력하면, 자신의 반응을 돌아보는 데도 도움이 된다. 예를 들어 팀원이 어떤 작업에 어려움을 겪고 있다면, 그들의 입장에서 상황을 바라보고 자신이라면 어떤 기분이 들었을지를 생각해보아야 한다. 이렇게 하면 불필요한 질책을 피하고, 더 깊이 있는 이해를 바탕으로 팀원들과 소통할 수 있다. 이 장의 뒷부분에서 공감에 대해 더 깊이 다룰 예정이다.

자의식을 기르는 것은 어려운 과정이며, 때로는 자신이 무의식적으로 보였던 좋지 않은 행동을 직면해야 한다. 완벽한 사람은 없으며, 누구나 실수를 한다. 필자 또한 과거에 성과가 좋지 않은 팀원들에게 너무 가혹하게 대했던 적이 있었는데, 이는 필자의 감정이 의사결정 과정에 부정적인 영향을 미쳤기 때문이라는 사실을 뒤늦게 깨달았다. 진정한 자의식을 갖추려면, 자신의 부족한 점을 인정하고 이를 개선해야 한다. 이러한 과정을 통해 감정 지능을 높이고, 타인에게 공감하며, 더 나은 판단을 내리고, 건강한 관계를 형성할 수 있다.

11.2.2 업무 관계 관리하기

리드 개발자는 팀원들과 강한 유대 관계를 형성해야 성공적인 리더십을 발휘할 수 있다. 공감 능력이 뛰어난 리드 개발자는 팀원의 입장에서 생각할 수 있으며, 이를 통해 그들의 고민, 좌절, 목표를 더 깊이 이해할 수 있다. 적극적으로 경청하고 팀원의 감정을 인정하면 신뢰와 유대감을 형성할 수 있으며, 자유롭게 의견을 나눌 수 있는 안전한 환경을 조성할 수 있다.

다음은 업무 관계를 효과적으로 관리할 수 있는 방법 몇 가지를 소개한다.

- **존중하자**: 팀원의 아이디어와 의견을 경청하자. 비록 동의하지 않더라도 그들의 생각을 존중하는 태도를 보여야 한다. 말과 행동에 신중을 기하며, 무례한 발언이나 농담을 피해야 한다.
- **솔직하자**: 자신의 업무, 기대치, 필요사항에 대해 팀원들에게 솔직하게 전달하자. 팀원 중 누군가와 문제가 있다면, 우회적으로 표현하지 말고 직접적이고 정직하게 이야기해야 한다.
- **팀원이 필요할 때 곁에 있어주자**: 프로젝트를 돕는 것이든, 단순히 이야기를 들어주는 것이든, 팀원들이 어려움을 겪을 때 지원을 아끼지 말아야 한다. 그들의 아이디어와 목표를 지지하는 태도가 필요하다.
- **팀원에게 기대하는 바를 명확히 하고 피드백을 수용하자**: 업무 관련 사항뿐만 아니라 개인적인 문제에 대해서도 팀원들과 정기적으로 소통하자.
- **필요하다면 타협하자**: 모든 사람이 완벽하게 똑같을 수는 없다. 따라서 의견 차이가 발생할 때, 적절한 타협점을 찾는 것이 중요하다. 타협이란 자신의 요구를 포기하는 것이 아니라, 상대방과 절충점을 찾아가는 과정이다.
- **너그러워지자**: 누구나 실수할 수 있다. 팀원이 실수를 했을 때, 그것을 문제 삼기보다

기꺼이 용납해야 한다. 이는 실수를 잊어버리는 것이 아니라, 그것을 지나치게 오랫동안 마음에 담아 두지 않고 앞으로 나아가는 태도를 의미한다.

소통은 원활한 업무 관계를 형성하는 핵심 요소이며, 감정 지능을 활용하면 팀 내 협업과 커뮤니케이션을 더욱 효과적으로 이끌 수 있다. 자신과 타인의 감정에 공감하고 배려하는 태도를 가지면, 상대방이 편안함을 느끼고 서로 신뢰를 형성할 수 있다. 필자는 과거에 팀원 간 갈등이 발생했을 때 당사자들이 직접 그 문제를 해결하는 것을 부담스러워하는 상황을 경험한 적이 있다.

필자가 리더가 되기 전에 있었던 몇몇 회사에서는 갈등이 생기면 당사자들끼리 알아서 직접 해결하기를 원하는 관리자들이 많았다. 하지만 이러한 방식은 건강한 관계를 형성하는 데 도움이 되지 않았다. 갈등 해결을 위해 도움을 요청했을 때 거절당하면, 팀원은 자신이 중요하지 않은 존재라고 느낄 수 있다. 결국 갈등은 해결되지 않은 채 남게 되고 필자 역시 이런 경험으로 인해 오래 근무하지 못했던 회사들이 있었다.

필자는 누군가 어려움을 겪고 있는 것을 보면 즉시 일대일 미팅을 잡아 상황을 파악하려고 한다. 팀원 간 갈등이 있다면 관련된 사람들을 한자리에 모아 양측의 이야기를 편견 없이 듣는 것이 중요하다. 한번은 어떤 팀원이 질병으로 자주 결근했고, 다른 팀원은 이러한 사정을 알지 못한 채 마감 기한이 계속 미뤄지는 것에 불만을 품고 있었던 적이 있었다. 그들과 함께한 자리에서 그 문제를 미리 대비하지 못한 점에 대해 사과했으며, 이런 상황을 대비하기 위한 계획이 있어야 했다고 인정했다. 자주 결근했던 팀원은 자신의 개인적인 사정을 밝히기를 꺼려했기 때문에, 더 이상 캐묻지는 않았다. 대신 문제를 필자에게서 찾고, 그들과 함께 해결책을 모색했다. 시간이 걸렸지만, 결국 두 사람은 차이를 극복하고 원활하게 협업할 수 있었다. 질병을 겪고 있던 팀원은 충분한 휴식을 취한 후 건강을 회복했고, 복귀했을 때 팀원들의 따뜻한 환영과 지지를 받았다.

11.2.3 개인적인 성장 이루기

감정 지능을 배우는 것은 커리어뿐만 아니라 개인적인 삶에도 도움이 된다. 여러분의 감정 지능이 높다면 사람들은 여러분에게 더 잘 반응하며, 그들과 더 깊은 관계를 형성할 수 있다. 타인의 필요에 민감할수록 감정적으로 더 가까워질 수 있다. 타인의 필요에 공감하고 민감하게 반응하여 타인을 배려하고 세심하게 대응하는 것은 강한 유대 관계를 구축하는 데 반드시 필요하다. 이는 상대방을 편안하게 해줄 뿐만 아니라 신뢰를 형성하고, 민감한 상황에서도 신중하게 행동할 수 있도록 돕는다.

필자의 가장 큰 강점은 사람들이 필자에게 마음을 열도록 하는 능력이다. 가족과 친구들 중에서도 필자에게만 속마음을 털어놓는 사람들이 많았다. 그 이유는 생각건대, 그들의 이야기를 경청했기 때문이다. 필자는 상대방이 요청하지 않는 한 조언하지 않는다. 때때로 사람들은 단순히 자신의 감정을 털어놓고 싶어 할 뿐이다. 만약 상대방이 조언을 원하지 않는데도 해결책을 제시하면, 그것은 지시하는 것처럼 느껴질 수 있고, 이로 인해 대화의 흐름이 깨질 수 있다. 우리는 사랑하는 사람들을 돕고 싶어 하는 마음에서 원하지 않는 조언을 하는 실수를 저지르기 쉽다. 인간 관계, 직업 선택, 육아, 개인적인 습관 등 무엇이건 자신의 조언이 상대방에게 도움이 될 것이라고 생각하지만, 원치 않는 조언은 도움이 되는 것이 아니라 오히려 해가 되고, 관계를 악화시키거나 예상치 못한 결과를 초래할 수도 있다.

여러분의 지지와 격려는 주변 사람에게 긍정적인 영향을 줄 것이다. 만약 상대방이 겪고 있는 것과 비슷한 어려움이나 문제를 이미 경험했다면, 자신의 이야기를 공유하되 상대방에게 동일한 방식을 따르도록 강요하지 말아야 한다. 필자는 "이것은 내가 경험한 것이고, OOO 님의 상황은 다를 수도 있어요"라고 항상 이야기한다. 사람들이 필자의 방법을 100% 따라 하는 것을 원하지 않는다. 자신에게 효과가 있었던 방법이라도 다른 사람에게는 맞지 않을 수 있기 때문이다. 또한 상대방이 필자의 방식대로 행동했을 때 원하는 결과를 얻지 못하면 오히려 갈등이 생길 수도 있다.

감정 지능을 배우면 더 나은 삶의 결정을 내릴 수 있다. 자신의 가치와 우선순위를 명확히 이해하면 목표와 일치하는 선택을 할 수 있으며, 궁극적으로 더욱 만족스러운 삶을 살 수 있다. 필자는 젊었을 때 유익하지 않은 관계에 많이 얽혀 있었고, 삶에 만족하지 못했다. 항상 타인을 먼저 배려했고, 그 과정에서 자신을 소홀히 했다. 그러나 경험과 자의식을 통해, 필자가 그러한 관계에서 어떤 역할을 하고 있었는지를 깨닫게 됐다. 감정적으로 미성숙한 행동으로 인해 관계를 더욱 악화시키기도 했으며, 어떤 관계는 회복할 수 있었지만, 단절해야만 했던 관계도 있었다. 자신과 자신의 목표를 지지해주는 사람들과 함께하는 것이 중요하다. 이러한 관계는 개인적인 성장뿐만 아니라 직업적 성장에도 도움이 된다.

11.3 급진적 공감의 학습

급진적 공감radical empathy은 자신과 다른 경험을 가진 사람들의 이야기를 기꺼이 듣고 배우려는 태도를 의미한다. 이는 상대방의 관점을 이해하고, 그들이 왜 그런 감정을 느끼는지 파악하고자 하는 것이다. 급진적 공감을 실천하면 상대방의 시선으로 세상을 바라보고, 그들의 감정을 있는 그대로 경험하고자 노력할 수 있다.

이는 기존의 전통적인 공감을 확장한 개념으로, 그림 11.5에서 볼 수 있듯이, 동의하지 않거나 좋아하지 않는 사람들까지 이해하려는 노력을 포함한다. 급진적 공감을 배우는 것은 쉽지 않지만, 관계를 형성하고 더 배려심 있는 업무 환경을 조성하는 데 강력한 도구가 될 수 있다.

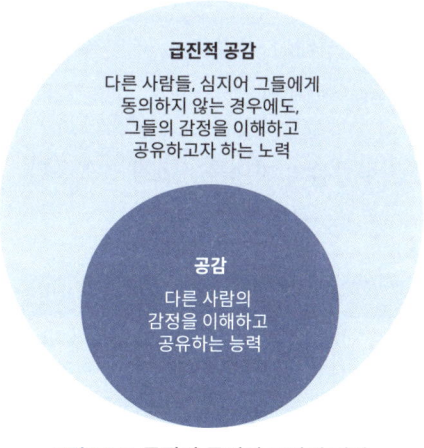

그림 11.5 공감과 급진적 공감의 정의

직장에서 갈등이 발생하는 주요 원인 중 하나는 잘못된 의사소통이다. 급진적 공감을 실천하면 솔직하고 열린 소통을 중시하는 긍정적인 업무 환경을 조성할 수 있다. 팀원들은 자신의 의견이 진심으로 존중과 이해를 받고 있다고 느낄 때, 자신의 고민을 자유롭게 표현하고 건설적인 해결책을 모색하여 결과적으로 오해가 심각한 갈등으로 번지는 것을 예방할 수 있다.

갈등이 일어날 때 급진적 공감을 활용하면 긴장을 완화할 수 있다. 방어적인 태도나 공격적으로 반응하는 대신, 상대방의 관점을 경청하고 공감하게 된다. 이러한 접근법은 공통점을 발견하고 협력적인 해결책을 찾는 데 도움을 주며, 궁극적으로 갈등과 적대감을 해소할 수 있다. 이 절에는 필자가 업무에서 경험한 급진적 공감 사례를 소개하고 있는데, 이 스킬을 활용하면 팀의 성공을 지원하는 방법을 이해하는 데 도움이 될 것이다.

11.3.1 공감과 급진적 공감 비교하기

공감empathy은 타인의 시각에서 사물을 바라보고, 그들의 감정과 관점을 이해하는 능력이다. 반면, **급진적 공감**radical empathy은 여기에서 한 단계 더 나아가, 상대방과 깊이 연결되며 갈등의 근본적인 원인을 해결하려는 태도를 의미한다. 급진적 공감은 단순히 감정을 이해하는 것을 넘어, 팀원들이 겪는 고민과 경험을 더 넓은 맥락, 즉 사회적, 조직적, 개인적인 요인과 연결하여 파악하려는 적극적인 노력을 동반한다. 이는 전통적인 공감보다 더 능동적이고 참여적인 형태의 공감으로, 개인을 넘어 그들의 경험이 형성된 역사적·사회적 맥락까지 고려하는 것이다.

표 11.2에서는 공감과 급진적 공감의 차이를 비교해 보여준다.

표 11.2 공감 vs. 급진적 공감

측면	공감	급진적 공감
초점	개인의 경험과 감정	개인의 경험 및 이러한 경험에 영향을 미치는 광범위한 사회적, 문화적, 제도적 요인
응답	감정을 경험하는 사람에게 정서적 지원 및 공감 제공	긍정적인 변화를 일으키고 어려움을 완화하기 위해 당사자가 직면한 근본적인 문제와 도전을 해결할 수 있는 조치를 취하도록 장려한다.

표 11.2 공감 vs. 급진적 공감(표 계속)

측면	공감	급진적 공감
범위	한 사람 또는 소수 개개인의 감정에 공감하고 이해한다.	다양한 집단에 영향을 미치는 소외와 억압의 패턴을 인식한다.
목표	어려움을 당한 사람을 이해하고 위로한다.	사회적 규범에 도전하고 사회 변화를 옹호함으로써 더욱 정의로운 사회를 구축한다.
효과	개인이 자신의 의견을 듣고 이해받는다고 느끼도록 도움으로써 개인에게 긍정적인 영향을 끼친다.	사회 정의와 형평성을 증진하여 개인과 커뮤니티에 혁신적 효과를 가져온다.

전통적인 공감을 넘어 급진적 공감을 실천하는 리드 개발자는 더 친근하고 이해심 많은 리더로 인식될 가능성이 높다. 이들은 자신의 행동을 통해 팀원들에게 영감을 불어넣고 긍정적이고 서로 돕는 업무 문화를 조성할 수 있다. 그 결과, 갈등이 발생할 가능성이 줄어들고, 직원들의 만족도와 업무 몰입도가 향상될 수 있다.

필자는 눈에 보이지 않는 장애로 인해 직장에서 부당한 대우를 받은 경험이 있다. 필자는 중등도 말더듬증이 있으며, 평소에는 유창하게 말하지만 특정 시기에는 말을 더듬는 증상이 심해지는 경우가 있었다. 업무 중 말을 더듬는 증상이 심해졌을 때 어떤 관리자나 클라이언트는 크게 한숨을 쉬며 말을 끊어버리거나 심한 경우 직장을 잃기도 했다. 차별적인 경험은 심각한 정서적 고통을 안겨줬다.

그러나 이러한 상황에서도 급진적 공감을 실천하려고 노력했다. 차별을 받는 입장이었음에도 상대방의 입장에서 생각하려 했다. 많은 사람이 장애를 가진 사람들의 어려움에 대해 잘 알지 못하기 때문이라는 점을 이해하려고 노력했다. 노력은 어려움을 극복하는 데 도움이 됐다. 다행히도 두 명의 매니저가 이런 상황을 외면하지 않고 필자를 차별하지 않겠다고 말해줬다. 그들은 필자가 힘들 때 진심으로 위로하고 지지해줬다. 그 덕분에 필자뿐만 아니라 팀 전체의 성공도 함께 이룰 수 있었다. 그들은 필자가 말더듬는 것에 대해 편하게 이야기할 수 있도록 배려했으며, 어떻게 하면 더 효과적으로 지원할 수 있을지 알기 위해 적극적으로 질문했다. 또한, 구조적인 차별 문제를 해결하기 위해 포커스 그룹을 조직하는 등 실질적인 조치를 취했다. 필자는 의료적 지원이 필요한 동료들과 함께 일할 때 같은 접근방식을 취했고 큰 효과를 거둘 수 있었다.

11.3.2 타인을 이해하기

인지 편향cognitive bias은 다른 의견을 가진 사람들을 이해하는 데 주된 장애물 중 하나다. 인지 편향이란 정보를 처리하고 판단을 내리는 과정에서, 합리적이거나 객관적인 사고에서 체계적으로 벗어나는 경향을 의미한다. 이러한 편향은 현실과 다르게 정보를 해석하게 만들며, 무의식적으로 인식과 행동에 영향을 미칠 때가 많다. 우리의 뇌는 기존 신념을 확인해주는 정보는 선호하고, 반대로 그것에 도전하는 아이디어는 무시하거나 배척하는 경향이 있다. 급진적 공감을 실천하면, 이러한 인지 편향을 인식하고 열린 대화에 의식적으로 참여할 수 있다. 편향에 대해 알게 되면 어떤 것이 편향인지 궁금해하고, 자신의 편향적인 사고를 피하려는 노력을 할 수 있다. 이러한 주제에 대한 논의는 개인의 성장과 학습의 기회가 되며, 존중과 포용성을 중시하는 문화를 조성하는 데 기여한다.

리드 개발자로서, 자신의 견해가 도전받는 것에 열린 태도를 가져야 한다. 리더는 자신의 의견에 항상 동의하는 사람들만 곁에 두어서는 안 된다. 전문성을 바탕으로 조언을 제공할 수 있는 팀이어야 신뢰할 수 있다. 다양한 배경을 가진 사람들이 함께 모이면, 그들의 서로 다른 관점이 혁신과 창의성을 이끌어낼 수 있다. 급진적 공감은 이러한 다양성을 효과적으로 활용할 수 있도록 도와준다. 다양한 시각을 이해하고 존중하는 팀원들은 더욱 협력적인 태도를 가지게 되며, 각자의 강점을 결합하여 문제를 창의적으로 해결할 가능성이 높다. 이러한 역동성은 업무의 질을 높이고 개성과 포용성을 중시하는 건강한 직장 문화를 조성하는 데 기여한다.

자신의 아이디어와 관점을 팀원들이 지지해주기를 바라는 것은 자연스러운 일이다. 필자는 과거에 이 부분에서 어려움을 겪었는데, 누군가 내 의견과 다른 제안을 하면 그것이 내 아이디어를 공격하는 것처럼 느껴졌기 때문이다. 이로 인해 필자의 리더십 능력을 의심받고 있다고 생각했다. 한번은 필자의 아이디어에 끊임없이 반대하는 팀원이 있었다. 정도가 조금 심했는데, 특히 회의 중에 분위기를 흐트러트릴 정도였다. 무슨 의견이든 반대할 것이라고 예상하게 되었고, 결국 그를 점점 싫어하게 됐다. 그가 의견을 표현하는 방식은 건설적인 방향이 아니었다. 언제나 자신이 옳다고 주장했고, 타인의 의견을 받아들이려 하지 않았다. 이로 인해 다른 팀원들도 그를 피하게 되었고, 팀 내 의사소통이 단절되면서 생산성이 저하됐다.

오랜 시간이 지난 후에 그 팀원과 나눈 일대일 대화를 통해 필자가 미처 고려하지 못했던 문화적 차이를 발견할 수 있었다. 어떤 문화권에서는 직설적인 표현이 일반적인 반면, 어떤 문화권에서는 너무나도 외교적인 방식으로 의견을 전달하기 때문에 그 의도를 정확히 파악하기 어려워 비판을 하고 있음에도 칭찬처럼 들릴 수도 있다는 것을 알게 됐다. 우리는 문화적 감수성에 대해 논의했고, 필자는 그들에게 더 전문적으로 의견을 전달하는 방법을 익히도록 도왔다. 그 과정은 시간이 걸렸지만, 결국 그들의 의사소통 방식은 크게 나아졌고, 나아가 리더 역할까지 맡게 됐다.

사람들은 갈등이 생기면 서로를 적대적으로 바라보는 경향이 있어, 공통점을 찾기 어려워진다. 그러나 급진적 공감은 이러한 사고방식을 바꿔 모든 사람의 경험과 관점이 유효하다는 점을 인식하게 해준다. 급진적 공감은 우리가 서로를 단순한 동료가 아니라 '인간'으로 바라보게 하며, 이를 통해 장벽을 허물고 관계를 형성하는 데 기여한다.

또한 급진적 공감은 다양성을 존중하고 포용하는 태도를 포함한다. 리드 개발자는 다양한 배경을 가진 동료들이 존중받고 가치를 인정받는 환경을 조성하도록 장려해야 한다. 필자는 다른 문화를 배우는 것을 즐기며, 여러 나라를 여행하는 행운을 누렸다. 서로 다른 문화적 배경을 가진 사람들과 함께 일하는 것은 어려울 수 있다. 상대방의 견해에 동의하지 않더라도 그들이 살아온 경험을 고려하면서 이해하려는 태도가 중요하다.

해마다 문화 축제를 개최하는 조직에서 일한 적이 있었는데 이 축제는 각 문화별 전시 공간을 마련했으며, 각국의 전통 요리도 함께 제공했다. 이 축제를 통해 팀원들과 각자의 문화뿐만 아니라, 다른 문화에 대한 경험까지 자유롭게 논의할 기회를 얻었다. 이러한 과정은 팀의 다양성을 효과적으로 활용하는 데 큰 도움이 됐다. 다양한 관점을 이해하고 존중하는 태도를 가지면, 팀원들은 더욱 열린 마음으로 협업하고 각자의 강점을 결합하여 창의적으로 문제를 해결할 수 있다. 이러한 역동성은 업무의 질을 향상시키고, 개성과 포용성을 존중하는 직장 문화를 조성하는 데 기여한다.

11.3.3 더 깊은 수준에서 연결하기

누군가의 이야기를 공감하며 듣기 위해 노력하는 것은 리드 개발자가 팀원들의 경험과 감정을 개인적·직업적 관점에서 진심으로 이해하고 공감할 수 있도록 돕는 강력한 기술이다. 팀원들의 어려움과 목표를 편견 없이 경청하고 지지와 격려를 보내야 한다. 이러한 공감적 접근 방식은 신뢰를 형성하고, 자유롭게 소통할 수 있는 안전한 환경을 조성한다.

팀원들과 솔직하게 소통할 때, 그들의 개인적인 이야기도 나눌 수 있도록 장려하는 것이 좋다. 팀원들의 개인적인 성취를 인정하는 것은, 단순한 직업적 성공을 넘어 그들을 진심으로 아끼고 존중한다는 것을 보여줄 수 있는 중요한 방법이다. 필자는 팀원들이 자신의 개인적 삶에서 이룬 성취, 예를 들면 자녀 출산, 결혼, 운동 목표 달성 등 기념할 만한 일을 축하해준다. 5km 러닝부터 마라톤까지, 장거리 달리기 레이스에 참여하는 팀원들도 많았다. 필자는 러닝에 대해 생각해본 적이 없었는데 그들은 필자에게 한번 시도해보는 건 어떻겠냐고 격려했고, 결국 필자는 열린 마음으로 러닝에 도전했다. 결국, 점점 러닝에 흥미를 가지게 되었고, 지금까지 5K, 10K, 하프마라톤에 도전해서 총 27회를 완주했다.

첫 5K 레이스를 앞두고 긴장했지만, 팀원들은 훈련법과 러닝에서 정신적 도전과 이를 극복하는 방법을 조언해줬다. 이를 통해 우리는 더 깊은 유대감을 형성했으며, 회사 전체를 대상으로 재택근무자들까지도 참여할 수 있도록 가상 5K 레이스까지 기획했다. 레이스 후, 슬랙 채널을 통해 각자의 성취를 담은 사진을 공유했다. 이 이벤트를 진행하면서 좋았던 점은 팀원들이 서로 소통하며 관계를 형성할 기회를 얻을 수 있었던 점이다. 우리는 러닝의 어려움에 대해 이야기했고, 모두가 서로를 지지하고 존중하는 분위기에서 소통할 수 있었다. 당시 함께 일했던 많은 사람들과 지금도 여전히 연락을 유지하고 있으며, 소셜 미디어를 통해 서로가 이룬 성취를 축하하고 있다.

11.4 어려운 대화 나누기

어려운 대화difficult conversations를 나누고 갈등을 해결하는 능력은 리드 개발자가 성공적인 리더십을 발휘하기 위해 반드시 가지고 있어야 하는 기술이다. 한번은 팀의 개발자 한 명이 문제를 일으키며 기한을 자주 지키지 못하는 상황이 있었다. 그는 매우 예민하게 반응했고, 작은 일에도 쉽게 화를 냈다. 쉽지 않은 상황이었으며, 많은 팀원이 불만을 제기했다. 팀원들은 그 개발자가 의사소통을 제대로 하지 않기 때문에 생산성이 저하된다고 했다. 그렇다면 이러한 상황에서 감정 지능을 활용하여 어떻게 해결할 수 있을지 논의해보자.

팀원의 성과에 대해 논의할 때, 그들이 개인적으로 어떤 상황을 겪고 있는지 알 수 없다는 점을 이해하는 것이 중요하다. 그들의 성과에 영향을 미치는 여러 가지 요인이 있을 수 있다. 따라서 필자는 해당 팀원의 행동에 대해 팀원들로부터 정보를 수집했다. 그리고 팀원들에게 그 동료가 성공할 수 있도록 우리가 지원해야 하며, 섣불리 판단해서는 안 된다는 점을 강조했다. 그 후, 해당 팀원과 성과에 대해 논의할 때 먼저 개인적인 상황은 어떤지 물었다. 성과에 문제가 있는 팀원들은 대체로 개인적인 삶에서 여러 가지 어려움을 겪고 있었으며, 이러한 어려움은 그들의 정신 건강에도 영향을 미치고 있었다. 필자는 인사팀과 협력하여 해당 팀원이 이용할 수 있는 정신 건강 지원 프로그램 목록을 제공했다. 또한 가족 문제를 돌볼 수 있도록 휴가에 대해서도 논의했고, 결국 일정 기간 휴가를 제공했다. 이 과정에서 휴가 후에 업무에 복귀할 때 팀의 전폭적인 지지를 받을 것임을 분명히 했다.

감정 지능을 효과적으로 활용하면, 어려운 대화를 더욱 공감적이고 생산적인 방식으로 이끌 수 있다. 이러한 접근 방식은 팀원 간의 관계를 강화하고, 갈등을 성공적으로 해결하는 문화를 조성할 수 있다. 예를 들어 팀원의 행동 문제나 성과 저하에 대해 논의해야 하는 상황이 발생할 수 있다. 이러한 대화를 여러 차례 경험한 후에 사전에 철저히 준비하는 것이 중요하다는 것을 알게 됐다. 논의할 문제와 관련된 모든 관련 정보와 사실을 수집해야 한다. 준비를 철저히 하면 주장을 명확하게 전달하고, 감정적인 반응을 줄이는 데 도움이 된다.

그림 11.6은 어려운 대화를 진행하는 과정에서 따를 수 있는 단계를 보여준다.

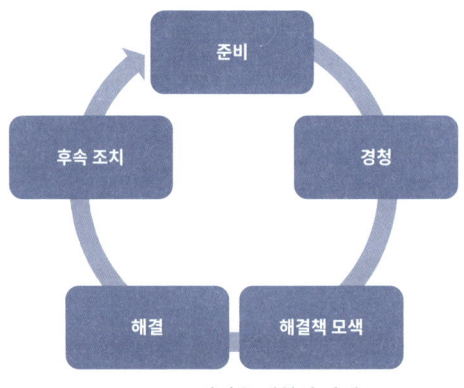

그림 11.6 어려운 대화의 단계

어려운 대화를 할 때는 자신의 감정을 효과적으로 관리해야 한다. 심호흡을 한다든지 필요하다면 대화를 멈추고 짧게 휴식하는 것도 침착함을 유지하고 집중력을 높이는 데 도움이 된다. 부정적인 반응이 나올 가능성에 대비하고, 인내심과 이해심을 가지고 대응해야 한다. 방어적으로 반응해서는 안 된다. 그렇게 하면 갈등이 심화될 뿐이므로, 항상 긴장이 고조되는 징후를 인식하고, 필요하면 갈등 완화 기법을 적용해야 한다. 갈등이 고조되는 징후로는 긴장감의 증가, 격해지는 감정적 반응, 회피 행동 등이 있다. 이러한 징후가 포착되면, 대화의 초점을 원래의 문제로 되돌리고, 자신의 감정을 통제하는 것이 중요하다. 무엇보다 상대방의 말을 경청해야 하며, 그들의 관점에 동의하지 않더라도 상대방이 느끼는 감정을 인정해야 한다. 상대방의 입장에서 생각하고 그들의 감정을 이해하려 노력하면, 긴장을 완화하는 데 큰 도움이 된다.

감정 지능은 어려운 대화를 할 때 팀원들에게 공감하고, 그들의 커리어 성장을 지원하는 데 중요한 역할을 한다. 상황을 그들의 시각에서 바라보면 그들의 관점을 더 잘 이해할 수 있으며, 대화를 신중하게 다룰 수 있다. 궁극적으로 모든 당사자가 동의할 수 있는 해결책을 찾는 것이 목표다. 감정 지능을 활용하면, 팀의 성공을 위해 타협점을 찾는 데 도움이 된다. 연습을 통해 감정 지능을 더욱 효과적으로 활용하면, 어려운 대화를 생산적인 대화로 전환할 수 있다.

11.4.1 대화 준비하기

리드 개발자가 겪는 큰 어려움 중 하나는 개발자로 구성된 팀을 관리하는 일이다. 팀원들의 채용과 해고를 직접 담당하지 않더라도, 어려운 대화를 해야 하는 순간은 필연적으로 발생한다. 이러한 상황에서는 공감과 명확한 의사소통, 건설적인 접근 방식이 필요하다. 어려운 대화를 준비하는 것은 건강한 팀으로서의 동력을 유지하고 팀원들의 성장을 촉진하는 데 매우 중요하다.

어려운 대화를 올바른 톤으로 접근하면 생산적인 논의를 할 수 있다. 대화를 시작할 때 긍정적인 의도를 강조하는 것이 좋다. 문제의 원인을 따지거나 비난하기보다는 해결책을 찾고 상황을 개선하는 것이 목표임을 강조해야 한다. 미팅 일정을 잡기 위해 메시지를 보낼 때 적절한 톤을 사용하는 것이 중요하다.

> 저기요, OOO 님. 최근 프로젝트에서 발생한 문제에 대해 이야기할 수 있을까요? OOO 님이 팀과 회사에 기여하는 바를 높이 평가합니다. 함께 노력해 그 문제를 해결하는 데 필요한 지원을 제공하고 싶어요.

이 메시지는 '저기요'로 시작하는데, 이는 '안녕하세요'나 단순히 'OOO 님'이라고 하는 것보다 덜 형식적이므로 상대방이 편안함을 느낄 수 있다. 평소에 공식적인 인사를 사용하지 않는데, 갑자기 격식을 갖춘 인사로 메시지를 보내면 심각한 상황으로 인식할 수 있다. 인사 후에는 자신을 주어로 하는 문장을 사용하는 것이 좋다. 이는 이전 장에서 이미 살펴봤듯이 상대방이 방어적인 태도를 취하지 않도록 하는 데 도움이 된다. 메시지는 긍정적인 어조로 끝맺어야 하며, 이 미팅이 협력적인 대화이며 잘못한 것을 나무라는 자리가 아님을 명확히 전달해야 한다.

대화를 준비하면서, 논의하고자 하는 문제에 대한 관련 데이터를 수집하고 구체적인 사례를 확보해야 한다. 명확한 근거를 제시하면 대화가 좀 더 객관적으로 진행될 수 있다. 추측이나 소문에 의존하는 것은 피하고, 관찰 가능한 행동과 결과에 집중해야 한다. 필자는 개발자와 대화를 할 때 품질 보증quality assurance, QA 테스트에서 발견된 버그의 개수에 대해 논의할 때가 많다. 이러한 논의를 준비할 때는, 가용한 메트릭을 수집한다. 이러한 메트릭은 예상 작업 시간과 실제 작업 시간, QA 단계에서 발견된 버그로 인해 반환된 티켓의 수 등이 있다.

테스트가 실패하는 이유는 여러 가지가 있을 수 있으며, 개발자와 대화를 나누기 전에 가능한 한 모든 원인을 고려해야 한다. 버그와 관련해서는 테스트 실패의 원인을 검토한다. 때때로 개발자가 테스트 환경에서 자신의 코드를 테스트하지 않는 경우가 있다. 테스트 환경에 코드를 배포하는 데 시간이 걸려 개발자가 다른 작업으로 넘어갔거나, 로컬 개발 환경과 테스트 환경의 구성이 달라 테스트 케이스가 실패할 수도 있다. 테스트 실패는 비즈니스 요구사항이나 기술 요구사항이 부정확한 경우에도 발생할 수 있다. 필자 또한 배포 대기열에서 코드가 오랫동안 대기하면서, 새로운 기능이나 버그 수정과 충돌이 발생한 경험이 있다.

테스트 실패나 전반적인 성과 문제에는 여러 가지 이유가 있을 수 있다. 몇 가지 아이디어를 준비하고 가는 것이 최상이지만, 개발자의 의견을 경청하여 문제의 근본 원인을 파악하고 함께 해결책을 마련하는 것이 중요하다. 어려운 대화는 신중하게 접근하면 긍정적인 변화를 만들고 팀의 역동성을 개선하는 데 기여할 수 있다.

11.4.2 말하기보다 더 많이 듣기

효과적인 의사소통은 어려운 대화에서 성공적인 결과를 얻는 핵심 요소다. 기술적 전문성에 의존하여 이러한 대화를 주도하고 싶은 유혹을 느낄 수도 있지만, 경청하는 능력은 어려운 대화에서 매우 중요한 기술이다. 대화를 독점하고 상대방이 우려하는 바를 진정으로 듣지 않고 무시한다면, 팀원들의 좌절과 불만을 초래할 수 있다.

듣는다listening는 것은 말하는 것을 단지 귀로 듣는hearning 것 이상을 의미한다. 상대방의 어조, 몸짓 언어, 감정에 주의를 기울이는 것도 듣는다에 포함된다. 경청은 팀원이나 프로젝트 이해관계자의 의견과 관점을 존중한다는 것을 보여주는 행동이다. 진정한 관심을 보이면 상대방은 자신이 존중받고 가치 있는 존재라고 느낄 수 있으며, 이를 통해 신뢰와 유대감이 형성된다. 적극적으로 경청하면 당면한 문제에 대한 통찰을 얻을 수 있다. 상대방이 자신의 생각을 말하고 나면 들은 바를 다시 정리하여 제대로 이해했는지 확인해야 한다. 이는 상대방과의 대화에 적극적으로 임하고 있다는 것을 보여주며 문제에 대한 깊은 이해로 이어져 더욱 신중한 의사결정을 내리고 우려사항을 효과적으로 해결하는 데 도움이 된다.

팀원의 말을 귀담아듣지 않으면 팀 내 갈등을 초래할 수 있다. 한번은 필자의 기술적 접근 방식에 대한 제안을 리드 개발자들이 듣지 않았던 적이 있었다. 필자의 접근 방식을 채택할 시간적 여유가 없으며 자신들의 방식이 더 낫다고 주장했다. 그들의 접근 방식은 테스트 시 오류가 발생했지만 프로덕션 환경에서는 문제없이 작동할 것이라고 확신했다. 결국 우리는 그들이 제안한 접근 방식에 따라 구현했지만, QA 단계에서 오류가 발생했고, 그로 인해 기술 부채가 발생했다. 나중에 결국 필자의 접근 방식이 도입되었지만, 리드 개발자가 처음부터 필자의 의견을 충분히 듣고 이해하려 들지 않았기 때문에 우리는 많은 시간을 낭비해야만 했다.

잘 듣는다는 것은 문제의 근본 원인을 파악하기 위해 심층적인 질문을 하는 것을 의미한다. 이런 질문은 즉각적으로 드러나지 않는 문제를 밝혀내는 데 도움이 된다. 상대방이 좀 더 자세히 설명할 수 있도록 **개방형 질문**open-ended question을 던지는 것이 중요하다.

개방형 질문하기

- **시나리오**: 팀의 한 개발자가 예전보다 생산성이 저하되었으므로, 그들의 성과에 대해 어려운 대화를 나누어야 한다.
- **개방형 질문 예시**
  — 현재 본인의 성과와 프로젝트 진행 상황에 대해 어떻게 느끼는가?
  — 지금까지 받은 피드백에 대해 어떻게 생각하는가?
  — 본인의 성과에 영향을 미치는 어려움이나 장애 요소가 무엇이라고 생각하는가?
  — 개선이 필요한 부분을 해결하기 위해 우리가 함께 할 수 있는 방법은 무엇이라고 생각하는가?
  — 본인의 성과 향상을 위해 어떤 지원이나 리소스가 필요한가?

- 최근 작업에서 문제 해결 및 의사 결정 과정 시 본인이 취한 접근 방식에 대해 말해줄 수 있는가
- 현재 역할이나 책임에서 가장 만족감을 느끼는 부분은 무엇인가?
- 본인의 성과 중에서 특히 뛰어났다고 생각하는 부분은 무엇인가?
- 코딩이나 시스템 설계 역량을 향상하기 위해 받고 싶은 구체적인 피드백이나 필요한 도움이 있는가?
- 전반적인 성과를 향상하기 위해 일과 삶의 균형과 관련해 필요한 조정사항이 있는가?

필자의 경우 개방형 질문을 할 때, 말하는 사람을 방해하지 않는다. 상대방이 자신의 생각을 끝까지 말할 수 있도록 기다린 후에 반응해야 한다. 대화 중에 끼어들면 흐름이 끊기고 이해하는 데 방해가 될 수 있다. 필자는 항상 대화에 온전히 집중한다. 방해 요소가 없도록 하고, 상대방과 눈을 맞추며 대화에 적극적으로 참여하고 있음을 보여준다. 멀티태스킹에 익숙한 사람이라면 방해되는 것들을 굳이 차단하지 않으려고 할 테지만, 대화에 집중하기 위해서는 모든 알림을 끄는 것이 바람직하다.

11.4.3 어려운 대화 후 후속 조치하기

갈등을 해결하거나 성과를 논의하기 위해 마련한 어려운 대화는 시작일 뿐이다. 후속 조치 과정이 있어야만 대화의 결과를 공고히 하고, 팀의 성장과 복지를 위한 자신의 의지를 보여줄 수 있다. 후속 조치를 통해서 여러분이 해당 대화를 진지하게 받아들이고 있으며, 문제를 해결하거나 상대방이 기술을 향상하도록 돕는 데 진심으로 관심을 가지고 있음을 보여줄 수 있다. 후속 대화는 처음 논의할 때 있었던 불확실한 부분을 명확히 할 기회를 제공한다. 사람들은 대화를 하고 나면 생각할 시간을 가진 후 새로운 의견을 갖게 되는 경우가 많다는 것을 깨달았다.

필자의 경우 일반적으로 첫 대화 후 최소 2주 후에 후속 미팅을 잡아 원하는 목표를 향해 상대방이 얼마나 잘 나아가고 있는지 평가하고, 추가적인 지원이 필요한지를 확인한다. 어떤 갈등 때문에 대화를 한 것이었다면 먼저 그 갈등이 해결되었는지 묻는다. 그

렇다고 답하면, 해결이 된 과정을 듣고 피드백이 있다면 이에 대해 논의한다. 그러나 아직 해결되지 않았다고 답하면 갈등이 지속되고 있음을 의미하므로, 문제를 해결하기 위해 어떤 도움이나 지원이 필요한지 묻는다. 해결책은 당사자 혼자가 아니라 함께 모색해가야 하는데, 갈등 관계에 있는 팀원들과 중재하는 과정이 포함될 때가 많다. 필자는 모든 당사자가 갈등이 해결된 것으로 판단할 때까지 지속적으로 후속 조치를 진행한다. 이 과정이 잘 수행되면 일반적으로 두세 번의 후속 미팅만으로 문제를 해결할 수 있다.

당사자가 긍정적인 변화를 보였다면, 반드시 그 노력을 인정해야 한다. 이러한 인정은 그들이 지속적으로 성장할 수 있는 동기를 부여하며, 그들을 계속 지원할 것이라는 점을 재확인한다. 상황에 따라, 해결에 도움이 될 만한 훈련 자료, 멘토링, 코칭 등의 리소스를 제공할 수도 있다. 필자는 적응하는 데 시간이 걸리는 개발자들과 함께 일한 적이 있었는데 이들의 느린 적응은 최신 기술 및 익숙하지 않은 기업 문화에 적응하느라 어려움을 겪기 때문일 때가 많았다. 이런 상황에서는 첫 대화 때 목표를 설정하고 이를 달성하는 방법을 안내해줬지만, 여전히 어려움을 겪고 있다는 사실을 후속 대화 때 발견하기도 했다.

이러한 경우 인내심을 갖고 공감하는 것이 중요하다. 이전보다 나아진 부분을 강조하고, 그들이 개선을 위해 계속 노력하도록 동기를 부여해야 한다. 또한 그들이 가진 우려나 질문을 해결하는 시간을 가져야 한다. 필자는 이러한 접근 방식을 통해 큰 성공을 거두었으며, 여러 차례 후속 미팅을 거친 후 개발자들이 크게 성장하는 모습을 목격했다.

상황에 따라 첫 대화 후 여러 차례 후속 조치가 필요할 수도 있다. 첫 번째 후속 미팅은 2주 후에 진행하는 것이 바람직하며, 이후의 추가 후속 미팅도 2주 간격으로 진행하는 것이 좋다. 이 정도 기간이면 설정한 목표를 실천하고, 그에 따른 성과를 보여주기에 충분한 시간이다. 모든 후속 미팅은 새로운 목표를 설정하고 지속적인 개선을 이룰 수 있는 기회다. 또한 언제든 추가 논의를 할 수 있다는 점을 강조해야 한다. 이러한 개방적인 소통 방식은 신뢰와 투명성이 존중되는 조직 문화를 조성한다.

첫 대화와 후속 미팅이 끝난 후에는 자신의 감정 지능과 의사소통 능력을 어떻게 향상할 수 있을지 스스로 되돌아보아야 한다. 초기의 접근 방식이 효과적이었는지, 또는 앞으로의 대화에서 어떤 점을 조정할 필요가 있는지 숙고해야 한다. 이러한 과정을 통해 리더십 역량을 강화하며, 어려운 대화를 더욱 긍정적인 결과로 이끌어낼 수 있다.

11.5 가면증후군 피하기

가면증후군은 경험에 관계없이 모든 사람에게 영향을 미친다. 많은 사람이 필자가 가면증후군을 자주 겪는다는 사실을 알고는 놀란다. 이를 제대로 관리하지 않으면, 개인의 성장과 발전을 저해하고 성공을 가로막을 수 있다. 가면증후군을 극복하면 성공적인 리드 개발자가 되는 데 도움이 되며, 자신이 리드 개발자가 될 준비가 되었는지를 판단할 때도 유용하다. 이 절에서는 가면증후군을 피하는 방법에 대해 논의한다.

> **정의**
>
> **가면증후군**imposter syndrome이란 성공과 업적에도 불구하고 지속적으로 자신을 의심하는 심리적 상태로, 자신이 진정으로 그 자리에 어울리지 않을 수도 있다는 불안감을 떨치지 못하는 것을 말한다. 이미 여러 차례 자신의 능력을 입증했음에도 불구하고 다른 사람들이 언젠가는 자신이 실제로는 그렇게 유능하지 않다는 사실을 알아차릴 것 같은 두려움을 느낀다.

가면증후군은 수년 동안 필자의 커리어에 부정적인 영향을 미쳤다. 스스로 부족하다고 느낄 때, 다른 사람과 비교하는 함정에 빠지곤 했는데, 이것은 모든 심리 치료사가 입을 모아 말하듯이 건강하지 않은 사고방식이다. 다른 사람과 비교할 때 그들의 상황을 온전히 알지 못할 때가 많다. 사람들은 자신의 문제를 감추려고 하기 때문에, 그들이 실제로 어떤 어려움을 겪고 있는지 알 수 없는 경우가 많다. 필자의 경우 가면증후군을 겪는 동안에는 기회가 주어져도 성공할 자신이 없으면 피하는 경향이 있다. 반면에 도전하고 가면증후군을 극복해 성공하는 경우도 많았다. 필자는 성공에 집중하려 노력하며, 더 중요하게는 어떻게 필자의 성공을 통해 팀이 성공할 수 있을지를 생각한다.

가면증후군을 완화하려면 자의식을 높이고, 자신감을 키우며, 긍정적인 사고방식을 형성하는 전략과 습관을 실천하는 것이 중요하다.

표 11.3은 가면증후군을 해결하고 완화하는 데 효과적인 여러 가지 전략을 소개한다.

표 11.3 가면증후군을 완화하고 극복하기 위한 효과적 전략

전략	설명
인정하고 받아들이기	가면증후군은 많은 성취 지향적인 사람들이 경험하는 일반적인 현상임을 인식하자. 이는 경험의 일부이며, 자신의 진정한 능력을 정의하는 것이 아님을 받아들여야 한다.
성과 기념하기	작은 성취라도 인정하고 축하하는 시간을 가지자. 자신의 성공을 기록해두고, 자기 의심이 들 때마다 이를 다시 되새겨보자. 이러한 기록은 자신의 역량을 상기시키는 구체적인 증거가 될 수 있다.
현실적인 목표 설정하기	큰 과업을 관리 가능한 목표로 나누자. 실현 가능하고 현실적인 목표를 설정하고, 그 과정 속에서 이룬 진전을 축하하자. 이렇게 하면 완벽해야 한다는 압박감에서 벗어날 수 있다.
피드백 받아들이기	건설적인 피드백을 실패의 신호가 아닌 성장할 기회로 받아들이자. 전문성의 수준에 상관없이 모든 사람은 발전할 수 있다는 점을 이해하자. 자신의 역량을 다듬는 도구로 피드백을 활용하기 바란다.
감정 나누기	신뢰할 수 있는 동료, 멘토, 친구와 자신의 경험과 감정을 솔직하게 공유하자. 자신의 불안과 도전에 대해 이야기하면 새로운 시각을 얻고, 지지를 받을 수 있으며, 자신이 혼자가 아니라는 사실을 깨닫게 된다.
칭찬 기록 유지하기	긍정적인 피드백, 성공적인 결과, 어려움을 극복한 경험 등을 기록하는 '칭찬 문서'를 작성하자. 이러한 기록을 돌아보면 자신의 성취를 다시 확인할 수 있으며, 균형 잡힌 시각을 유지하는 데 도움이 된다.
부정적인 생각 재구성하기	부정적인 생각에 대항해 의식적으로 긍정적인 사고방식으로 전환하고, 자신을 깎아내리는 말 대신, 긍정적인 말을 하자. 자신의 단점에 집착하는 대신, 강점과 발전 과정을 강조하자.
멘토 찾기	가면 증후군을 경험한 멘토들과 관계를 맺자. 그들의 조언과 경험을 통해 귀중한 통찰, 격려, 현실적인 해결책을 얻을 수 있다.
마음 챙김과 자기연민 실천하기	현재에 집중하고, 자기 자신에게 친절한 태도를 유지하기 위해 마음 챙김 기법과 자기연민을 실천하자. 명상, 심호흡 등 마음 챙김 활동은 스트레스 관리와 균형 잡힌 시각 형성에 도움이 된다.
지지하는 커뮤니티에 참여하기	비슷한 경험과 어려움을 공유하는 전문 커뮤니티에 참여하자. 다른 사람들도 같은 어려움을 겪고 있다는 사실을 알게 되면 연대감과 지지를 얻을 수 있다.

가면증후군은 리드 개발자들이 흔히 겪는 현상으로, 지속적인 자기 의심과 자신이 부족하다는 두려움을 특징으로 한다. 이는 모든 것을 알아야 한다는 비현실적인 기대감과 자신의 취약점을 드러내는 것에 대한 부담감에서 비롯되는 경우가 많다. 가면증후군을 극복하는 과정은 지속적인 여정이며, 사람마다 자신에게 맞는 방법은 다를 수 있다. 다양한 접근 방식을 시도하되 자신의 선호도와 상황에 맞게 조정하는 것이 필요하다. 가면증후군을 완화하면 개인적인 성공분만 아니라 팀의 성공에도 온전히 기여할 수 있다.

11.5.1 자기연민 실천

자기연민self compassion이란 자기 자신을 공감과 이해의 태도로 대하는 것을 의미하며, 특히 실패를 경험했을 때 더욱 중요하다. 자기연민을 일상의 업무에 적용하면, 자신분만 아니라 개발팀 전체에서도 서로 돕고 지지하는 환경을 조성할 수 있다. 이 절에서는 자기연민을 키우고, 가면증후군을 극복하기 위한 실제적인 전략을 살펴본다.

실패를 좌절이 아닌 성장과 학습의 기회로 바라보는 것이 중요하다. 실수를 하는 것은 개인이나 직업적 성장 과정에서 자연스러운 부분이며, 실수 때문에 자신의 기술이나 성취가 폄하되는 것이 아니다. 실수를 정상적인 경험으로 받아들이고, 이를 개선하기 위한 지침으로 활용하는 태도가 필요하다. 필자가 리드 개발자로서 처음 겪었던 실패는 잘못된 기술적 결정을 내려 프로젝트가 크게 지연된 일이었다. 모든 것이 필자의 잘못이라고 생각하며 스스로를 심하게 자책했다. 심지어 실직할까봐 두려웠는데, 이러한 불안감은 집중력을 떨어뜨려 성과에도 부정적인 영향을 미쳤다. 이때 월트 디즈니Walt Disney의 유명한 말이 큰 도움이 됐다.

> 젊었을 때 큰 실패를 경험하는 것이 중요하다고 생각한다. 나는 그것을 통해 많은 것을 배웠다. 그 경험은 앞으로 어떤 일이 닥칠지에 대해 경각심을 가지게 해줬다. 덕분에 나는 내 인생에서 두려움을 가져본 적이 없다. 회사가 파산 위기에 처한 적도 있었지만, 한 번도 두려워한 적이 없다. 나는 언제든 다시 일어나 새로운 일을 할 수 있다고 믿었다.

실패를 받아들이기 시작하면, 더 이상 멈출 수 없는 사람이 된다. 실패는 여전히 고통스럽겠지만, 그 속에서 배울 것이 있다는 사실을 깨닫고 나면, 긍정적인 태도를 유지하는 것이 훨씬 쉬워진다. 긍정적인 태도는 부정적인 생각을 잠재우고 가면증후군을 피하는 데 도움이 된다. 직장에서의 실패를 개인의 문제로 받아들이는 대신, 성공으로 가는 디딤돌로 바라보게 된다. 필자는 기술적 접근 방식에서 있었던 필자의 실수를 인정한 후에 팀원들을 모아 더 나은 해결책을 논의하는 시간을 가진 적이 있었는데, 처음 결정에서 그렇게 하지 못했기 때문이었다. 그 과정을 통해 팀원들의 전문성을 적극 활용해야 하며, 중요한 결정을 혼자 내리지 말아야 한다는 교훈을 얻었다. 결과적으로, 개발팀 전체의 성과가 더 향상되는 결과를 가져왔다.

크건 작건 성공을 인정하고 축하하는 시간을 갖는 것은 매우 중요하다. 개선을 계속 추구하는 과정에서 이룩한 작은 성취는 간과하기 쉽다. 예를 들어 조금이라도 기술 부채를 줄이는 방법을 찾았다면 축하받아 마땅하다. 자신의 성과를 되돌아보고, 자신이 이끌고 있는 프로젝트에 얼마나 기여하고 있는지 인식해야 한다. 이러한 과정은 자기 의심과 부정적인 생각과 싸우는 데 도움이 된다. 부정적인 생각이 든다면 이전에 이뤄낸 성과 중 하나를 떠올려보기 바란다. 이렇게 하면 부정적인 감정에서 벗어나 다시 집중할 수 있다.

멘토에게 도움을 요청하는 것도 망설이지 말아야 한다. 모든 사람은 자기 의심을 경험하는 순간이 있으며, 이를 솔직하게 이야기하면 팀 내에서 공감의 문화를 형성하는 데도 긍정적인 영향을 미친다. 자기연민을 실천하면 가면증후군을 극복하고 긍정적이며 역량을 강화하는 근무 환경을 조성할 수 있다. 자신의 강점과 개선할 부분을 균형 있게 바라보는 사고방식을 기르면 지속적인 성장과 회복력을 키울 수 있으며, 궁극적으로 더 자신감 있고 효과적인 리더십을 가질 수 있다.

11.5.2 감정의 공유

가면증후군을 극복할 수 있는 강력한 방법 중 하나는 팀원들과 감정을 솔직하게 공유하는 것이다. 이것은 리드 개발자 역할을 맡기 위한 준비 과정에서 중요한 부분이다. 팀 내에서 개방성과 취약성을 받아들이는 문화를 조성하면, 개발자들은 판단받을 걱정 없이 자신의 불안과 어려움을 공유할 수 있는 지원적인 환경을 만들 수 있다. 감정을 공유하는 것은 신뢰와 팀워크를 강화하고, 새로운 관점을 제공하며 안도감을 주는 역할을 한다. 이를 통해 개발자들은 자신만 어려움을 겪고 있는 것이 아님을 깨닫고, 자신의 경험이 다른 사람들도 겪는 정상적인 과정임을 인식하게 된다. 이러한 연결감과 이해는 자신감을 높이고, 부족하다고 느끼는 감정을 완화해준다. 또한 이런 감정을 공유할 수 있는 능력은 리더십 평가를 위한 더 명확한 방향을 제공한다. 결국, 솔직한 감정을 자유롭게 공유할 수 있는 환경이 조성되면, 개발자들은 감정적 회복력과 자의식을 키우고, 나아가 리드 개발자로 올라서더라도 더욱 확신을 갖고 역할을 수행할 수 있다.

자신의 어려움을 솔직하게 공유하면 팀원들에게 좀 더 인간적인 모습으로 다가갈 수 있다. 감정을 공유하는 것은 신뢰와 유대감을 형성하며, 팀원들이 더 편안하게 자신의 고민을 표현할 수 있도록 돕는다. 이러한 투명성은 개방적이고 이해심이 많은 문화를 조성하는 데 기여한다. 필자가 일했던 한 회사는 임원진이 자신의 정신 건강과 관련된 어려움을 솔직하게 털어놓았다. 그 결과, 그 회사의 근무 환경은 매우 긍정적이고 서로 돕고 지원하는 분위기가 자리 잡았으며, 직원들의 만족도가 높아 회사는 최고의 인재들을 채용할 수 있었다.

자신의 가장 깊은 불안을 한 번에 모두 드러낼 필요는 없다. 처음에는 자신의 커리어에서 겪었던 작은 어려움이나 특정한 순간의 자기 의심과 같은 경험을 공유하는 것으로 시작하면 된다. 이러한 점진적인 접근 방식은 팀원들이 자연스럽게 여러분의 경험에 공감하고 유대감을 갖을 수 있도록 도울 것이다.

자신의 약점을 인정하면서도 자신감을 갖는 것은 리더십의 강력한 특성이다. 자신의 감정을 공유하되, 도전과 불확실성을 자신 있게 다루는 태도를 유지하는 것이 중요하다. 이러한 태도는 팀원들에게 긍정적인 본보기가 되며, 취약함을 드러내는 것이 약점이 아니라 강점이라는 것을 보여준다.

어려움이나 실수에 대해 이야기할 때 이를 성장과 학습의 기회로 바라보는 것이 중요하다. 이러한 경험으로부터 배운 교훈과 그것이 리드 개발자로서 성장하는 데 어떻게 기여했는지를 강조해야 한다. 이러한 사고방식의 전환은 실패와 좌절을 정상적인 과정으로 받아들이게 하며, 성공을 향한 여정의 일부로 인식하도록 돕는다.

팀원들이 자신의 감정을 편안하게 공유할 수 있는 환경을 적극적으로 조성해야 한다. 이를 위해 정기적인 세션을 마련해 개인적인 고민과 업무적인 어려움을 함께 이야기할 수 있는 기회를 제공하는 것을 고려해보기 바란다. 이러한 세션은 스프린트 회고, 팀 미팅이나 일대일 미팅을 활용할 수도 있다. 집단적 취약성을 존중하는 환경이 팀의 결속력과 지지 문화를 형성하는 데 얼마나 큰 영향을 미치는지 직접 경험한 적이 있다. 조직 문화를 재정립하는 과정 중이던 조직에서 일한 적이 있는데, 당시에는 어려움이 가중되고 있었다. 개발팀은 감정을 공유하는 것이 익숙하지 않아 이를 꺼리는 경향이 있었다. 팀원들이 좀 더 개방적인 태도를 가질 수 있도록 유도하는 데 시간이 걸렸고 많은 어려움을 겪었다.

팀의 개발자 몇 명이 매우 공격적인 태도를 보였던 적도 있었다. 이 문제를 해결하기 위해 여러 차례 일대일 미팅을 진행하며 문제의 근본 원인을 파악하려고 노력했다. 필자의 경험과 어려움을 공유하면서 더 깊이 공감하고, 자신의 감정을 표현하는 데 편안함을 느끼도록 도왔다. 결국, 우리는 감정을 표현할 때 그것을 '공격적$_{aggressive}$'이 아닌 '단호한$_{assertive}$' 방식으로 바꾸도록 서로 돕고 노력하기로 합의했다. 그들은 또한 리더십에 관심이 있었는데, 그들에게 팀 내에서 필자를 리더로서 따르고 긍정적인 환경을 조성하는 것이 중요하다고 강조했다. 이것은 그들로 하여금 다른 팀원들과 더욱 원활하게 협력하는 데 도움이 되었으며, 자신의 커리어 발전 방향을 결정하는 데도 영향을 줬다. 결국, 그들은 조직 내에서 리더십 역할을 맡게 되었고 성공적인 커리어를 쌓을 수 있었다.

리드 개발자로서 감정을 공유하는 것은 약점이 아니라 진정성과 강인함을 보여주는 것이다. 자신의 경험을 공유하면 팀 내에서 공감과 이해의 문화를 형성할 수 있으며, 가면 증후군을 극복하는 데도 도움이 된다. 그 결과 자신의 정신적 건강을 향상하는 동시에, 팀의 회복력과 결속력을 더욱 강하게 만드는 데도 기여한다. 공유한 경험은 소프트웨어 개발과 같은 협업 환경에서 성장과 성공을 촉진하는 강력한 촉매제가 될 수 있음을 기억하자.

11.5.3 완벽주의 지양

완벽을 위해 끊임없이 노력하지만 목표에 미치지 못할 때 많은 사람이 자신을 형편없는 사람이라고 생각한다. 가면증후군은 **완벽주의**perfectionism 성향을 가진 사람들에게 쉽게 스며들어, 조직에서 자신이 가진 역량과 조직에 기여하는 바가 있는지 의심하게 만든다. 이 절에서는 불완전함을 받아들이는 것이 어떻게 가면증후군을 완화하는 데 중요한 역할을 할 수 있는지 살펴본다.

소프트웨어 개발은 빠르게 변화하는 환경이므로 리더로서 완벽주의라는 함정에 빠지기 쉽다. 흠잡을 데 없는 코드, 매끄러운 프로세스, 완벽한 리더십을 목표로 삼으며 높은 기준을 설정한다. 하지만 완벽이란 환상에 불과하며, 이를 추구하면 가면증후군이 자라나는 토양을 키울 수 있다.

완벽을 성공과 동일시하기보다는 성장이 곧 성공이라고 재정의해야 한다. 한 걸음씩 나아가는 모든 과정이 리드 개발자로서의 성공에 기여하며, 작은 성과라도 인정해야 한다. 완벽하지 않더라도 성과를 축하하는 습관을 들이자. 예를 들어 작은 버그를 수정하거나 새로운 기능을 성공적으로 구현했을 때 필자는 스스로를 칭찬한다. 때로는 스스로에게 줄 선물을 사거나 좋아하는 식당에서 식사를 하며 축하하기도 한다. 이런 경험을 기억해두면, 가면증후군이 찾아왔을 때 의심을 지우고 자신감을 회복하는 데 도움이 된다.

완벽주의자들이 실수를 싫어한다는 사실은 잘 알려져 있다. 하지만 실수는 배움과 성장의 기회로 봐야 한다. 실수는 무능력의 증거가 아니라, 숙달의 단계에 이르기 위해 반드시 거쳐야 할 과정이다. 실패를 통해 배우고, 해결책을 개선하는 문화를 조성하는 것이 좋은 리드 개발자가 되는 데 도움이 되는데, 이러한 문화를 자신의 팀에 적용할 수 있기 때문이다. 완벽주의자가 배우기 매우 어려운 기술 중 하나가 실패로부터 배우는 것이다. 우리는 자주 모든 상황을 통제하고 싶어 하지만, 실패를 경험하면 통제력을 잃은 것처럼 느낀다. 이로 인해 자기 의심이 커지고, 향후에 이와 비슷한 상황이 발생하면 피하려는 경향이 생길 수 있다.

필자는 API 통합을 신속하게 하려는 목적에서 모범 사례와 어긋나는 결정을 내린 적이 있다. 그 결과, 많은 버그가 발생하고 기술 부채가 누적됐다. 하지만 실수를 인정하지 않으려 했고 실수로부터 배우지 못한 채, 그 이후로는 API를 통합하는 작업을 계속해서 피했다. 이로 인해 필자는 성장의 기회를 놓쳤고, 결과적으로 그 일은 필자의 커리어 발전을 저해했다.

실수를 했을 때는 솔직하게 자기 성찰을 하는 습관을 들이도록 해야 한다. 자신이 겪고 있는 어려움과 불확실성을 인정하고 이에 대해 살펴보는 것이 필요하다. 스스로에게 솔직해지는 것은 완벽이라는 가면을 벗겨내는 과정이다. 자신이 겪고 있는 어려움을 일기에 기록하는 것도 도움이 된다. 글을 쓰는 과정 자체가 실수로부터 배움과 자기 성찰을 위한 좋은 방법이며 문제를 객관적으로 바라볼 수 있도록 도와준다. 처음에는 크게 느껴졌던 실수가 실제로는 그렇게 심각한 것이 아니었음을 깨달을 때가 많다. 실수를 되돌아보는 과정에서 해결책을 발견하고, 앞으로 나아갈 수 있는 방법을 찾을 때도 자주 있다.

목표로 하는 최종 결과에 너무 집착하지 말고 성장과 전문적 발전의 과정을 즐기려고 노력해야 한다. 이 과정은 배울 수 있는 기회로 가득 차 있고 개인적인 완벽은 비현실적인 목표임을 알아야 한다. 완벽한 코드를 작성하려고 하기보다는 모범 사례를 익히는 데 집중하기 바란다. 배움은 현재 작업을 완수하는 데 필요한 기술을 습득하는 것으로 시작하지만 배운 지식을 유지하고 잘 활용하는 것이 더 중요하다. 목표를 단순히 어떤 결과가 아닌 지식 습득에 두면, 자신 혹은 자신이 작성한 코드에 대해서 압박감을 느끼는 것에서 벗어나 학습 자료의 질과 기억하는 능력에 집중하게 되고, 향후 비슷한 작업을 할 때 좀 더 시간을 단축해 완료할 수 있다. 이러한 접근 방식은 관점을 현재 수행 중인 작업을 넘어 미래의 프로젝트까지 고려하도록 사고방식을 확장해준다.

불완전함을 인정하면 진정성, 성장, 혁신의 기회를 창출할 수 있다. 모든 정답을 알지 못해도 괜찮으며, 코드가 아직 완벽하지 않아도 문제없다. 자신의 불완전함을 통해 무언가를 배우면, 성장을 향한 여정에서 가면증후군이 설 자리는 없을 것이다.

요약

- 감정 지능이란 자신의 감정을 인식하고, 이해하며, 효과적으로 관리하는 동시에 다른 사람의 감정을 파악하고 공감하는 능력을 의미한다.
- 자의식은 자신의 감정, 생각, 신념, 행동을 인식하고 이해하는 것이다.
- 자신의 행동이 다른 사람에게 미치는 영향을 이해하고 더 나은 결정을 내리기 위해 자의식은 중요하다.
- 급진적 공감은 상대방과 의견이 다를지라도, 그들의 감정을 이해하고 공감하는 것이다.
- 어려운 대화에서 열린 질문을 사용하면 문제의 근본적인 원인을 파악하고 더 깊은 통찰을 얻을 수 있으며, 궁극적으로는 신중한 의사결정과 효과적인 문제 해결이 가능하다.
- 어려운 대화 이후 후속 조치를 취하는 것은 진행 상황을 확인하고, 열린 소통과 자기 성찰을 통한 개인의 성장을 위해 중요하다.
- 가면증후군은 경험의 많고 적음에 관계없이 누구에게나 영향을 미칠 수 있지만, 성취를 기념하고, 현실적인 목표를 설정하며, 피드백을 받아들이는 태도를 통해 관리할 수 있으며, 궁극적으로 개인의 성장과 팀의 성공에 기여할 수 있다.

> 리드 개발자 이야기

가브리엘라 마르티네스-산체스

가브리엘라 마르티네스-산체스Gabriela Martinez-Sanchez는 현재 마이크로소프트 리서치Microsoft Research에서 선임 소프트웨어 엔지니어이자 멘토로 활동하고 있으며, 현대의 계산 문제를 해결하기 위한 프로젝트에서 개발 및 설계를 담당하며 다른 개발자들과 협업하고 있다. 이전에는 소프트웨어 산업 내 여러 기업에서 근무하며, 고객이 비즈니스 문제를 해결하는 데 도움이 되는 시스템을 개발했다.

웹 개발자를 위한 도구를 구현하는 오픈소스 소프트웨어 프로젝트에도 참여했으며, 블로그 및 강연을 통해 클라우드 및 소프트웨어 개발 커뮤니티에 자신이 배운 것을 공유하고 있다. 소프트웨어 산업에서 경력을 쌓거나 시작하려는 여성 및 학생들을 위해 Technovation 및 Women Who Code와 같은 단체에서 멘토링하는 활동을 해왔다. 그녀는 앞으로도 포용성과 협업을 증진하는 업무 환경을 조성하는 데 기여하고자 한다.

이 인터뷰에서 가브리엘라는 감정 지능을 실천하는 것에 대한 자신의 생각을 공유한다.

공감이 직장에서의 관계에 어떤 영향을 미쳤는가?

공감은 고객과 협업할 때든, 조직 내 다양한 역할과 함께 일할 때든 의사소통에서 매우 중요한 요소다. 우리는 항상 배우는 존재이며 다양한 성격을 가진 사람들과 여러 수준에서 협업하므로, 직장에서 관계를 구축하려면 상대방의 관점을 이해하려고 노력해야 한다. 예를 들어 주니어 개발자와 일할 수도 있고, 시니어 개발자와 협업할 수도 있는데 이들의 관점은 매우 다르다. 소프트웨어 개발은 고객 및 팀원과의 협업을 포함한 다양한 업무적 관계를 맺으며, 여러 가지 서로 다른 측면이 존재한다.

소프트웨어의 최종 사용자에게도 공감을 적용할 수 있다. 스스로에게 '어떻게 하면 사용자가 더 쉽게 사용할 수 있을까?'라고 물어봐야 한다. 경력의 초기에 나는 웹 페이지를 개발하는 데 집중했고, 단순히 요구사항을 충족하는 것만 생각했다. 그러나 지금은 요구사항을 넘어 사용자 경험을 고려한다. 테스트 케이스를 실행하고, 해당 코드를 사용자의 입장에서 직접 경험해보기 바란다. 최종 사용자가 꼭 사람이 아니라 시스템, 가령 어떤 서비스의 API일 수도 있다. 이런 경우에는 가상의 페르소나를 만들어 공감하는 방식으로 접근할 수 있는데, 예를 들어 소프트웨어를 사용하여 다른 API에 연결하는 작업을 하는 개발자라고 가정할 수 있다. 소프트웨어가 제공하는 가치가 무엇인지 항상 생각하고, 그 역할의 입장에 서서 더 나은 사용자 경험을 제공할 수 있도록 개발해야 한다.

자의식을 통해 배운 교훈은 무엇인가?

많은 사람이 자의식이 부족한 것 같다. 자의식은 본인의 커리어에서 성장하거나 배우는 과정 중에 만날 수 있는 어려움을 극복하는 데 도움이 되는 성격의 한 요소다. 스스로에게 '내가 개선해야 할 점은 무엇이며, 어떻게 하면 내 일과 업무적 관계에서 더 많은 가치를 창출할 수 있을까?'라고 질문하는 것이 필요하다.

나는 원하는 결과를 얻지 못했던 적이 있다. 그때, 내가 개선해야 하는 부분에 대해 다른 사람들의 관점을 듣는 법을 배웠다. 개선이 필요한 부분에 대해 솔직한 피드백을 제공해줄 멘토나 매니저가 있어야 한다. 또한, 자기 자신에게도 솔직해야 한다. 나 자신을 나만큼 잘 아는 사람은 없다. 자신의 약점을 인식하고 개선하려 노력하는 능력을 나는 높이 평가한다. 이 능력은 어려움을 극복하고 전문적인 성장을 이루게 해준다.

어려운 대화를 균형 있게 하는 데 감정 지능이 어떻게 도움이 되는가?

예전에 2~3명으로 구성된 소규모 팀에서 일할 때, 마음에 들지 않는 점을 전달하는 것이 어려웠다. 너무 비판적이거나 거친 표현은 하고 싶지 않았기 때문에 항상 정중하고 신중하게 말하려고 노력했다. 경험이 쌓이면서 쉽지 않은 대화를 해야 할 순간들이 생겼고, 그 과정에서 어려운 대화도 필요하다는 것을 깨달았다.

사람들은 보통 어려운 대화는 부정적으로 생각하지만, 사실 의견 차이는 자연스러운 일이다. 아무리 노력해도 모든 사람이 똑같은 생각을 할 수는 없다. 누군가와 의견이 다를 때, 상대방이 듣고 싶지 않은 말이라도 정직하고 존중하는 태도로 소통하는 것이 중요하다. 생각을 자유롭게 표현하는 것은 가치 있는 일이다. 이를 통해 자신의 감정, 불안감, 표현하기 어려운 부분에 대해 더 깊이 이해할 수 있다. "나는 동의하지 않는다"라고 말할 수 있다. 팀이 프로젝트의 가치를 유지하고, 조직의 가치와 방향을 맞추기 위해서도 꼭 필요하다.

The Lead Developer Story

직장에서 감정 지능을 실천하는 방법에 대한 조언이 있다면?

감정 지능은 결국 자기 자신에게서 시작된다. 스스로에게 정직할수록 자의식이 깊어지고 함께 일하는 사람들과의 관계도 더 잘 되돌아볼 수 있다. 그 대상이 매니저, 팀원, 혹은 회사의 CEO일 수도 있다. 배울 기회를 찾고, 어떻게 하면 더 나은 소통을 할 수 있을지 고민하는 태도가 중요하다. 멘토나 솔직한 조언을 해줄 수 있는 신뢰할 만한 사람을 찾는 것도 좋은 방법이다.

의사소통, 자의식, 회복력을 키우는 데 도움이 되는 자료와 도구가 많다. 감정 지능은 광범위한 주제이며, 이를 배우기 위한 다양한 자료를 활용할 수 있다. 많은 기업이 직원들을 위해 감정 지능을 가르치는 워크숍을 제공하거나, 관련 콘텐츠를 만들어 실질적인 조언을 제공하고 있다. 자신과 비슷한 가치를 공유하는 매니저나 동료와 이야기하면서 감정 지능을 키우는 데 도움이 될 만한 책, 강의, 교육 과정 등을 추천받는 것도 좋은 방법이다. 다음은 직장에서 감정 지능을 배우는 데 유용했던 추천 자료 목록이다.

- 책
    - 《EQ 감성지능》
    - 《스위치》(웅진지식하우스, 2010)
    - 《린 인》(와이즈베리, 2013)
    - 《리더의 용기》(갤리온, 2019)
    - 《스타트 위드 와이》(세계사, 2021)
    - 《싱크 어게인》(한국경제신문, 2021)
- 영감을 주는 강연
    - Esther Perel: The Power of Relational Intelligence(에스더 퍼렐: 관계 지능의 힘): https://youtu.be/ObtmLBOfIRM

CHAPTER 12
성공적인 리드 개발자 되기

이번 장에서 다루는 내용
- 다른 리드 개발자로부터 배우기
- 기술의 자가 평가
- 기술적 역량과 소프트 스킬의 비교
- 멘토 구하기
- 성공을 위한 준비
- 예산에 대한 관리팀과의 협업

어떤 일에 대한 준비가 되었는지 판단하기는 쉽지 않다. 특히 기술 직군에서 리더로 전환하는 것은 더욱 어려운 일이다. 리드 개발자로서의 준비 상태를 평가하는 것은 단순한 기술적 역량을 넘어선다. 팀원들을 조율하고 도와주는 역할을 자연스럽게 하고 있는가? 프로젝트의 성공과 팀의 성장에서 만족감을 느끼는가? 이러한 성향은 리더십에 관한 잠재성의 중요한 기반이 된다.

리더십은 단순히 관리하는 것이 아니라 영감을 주고, 전략을 세우며, 다른 사람들의 잠재력을 끌어내는 과정이다. 이 요소들과 더욱 잘 맞는다고 느낀다면, 리더십 역할을 맡을 준비가 되었을 가능성이 높다. 그러나 의사소통, 공감, 갈등 해결과 같은 소프트 스킬을 기르는 일은 직책을 맡았다고 해서 끝나는 일이 아니다. 이러한 역량을 적극적으로 개발하고 더욱 확장하려는 의지가 있다면 리더십을 맡을 준비가 됐다는 신호일 수 있다.

가면증후군은 리더로 나아가는 과정에서 걸림돌이 될 수 있다. 기술 업계는 빠르게 변화하며, 늘 새로운 혁신이 등장하는 환경이기 때문에 가면증후군은 흔히 경험할 수 있는 문제다. 그러나 가면증후군은 문제이기도 하지만, 동시에 성장의 촉진제가 될 수도 있다. 스스로 준비가 되었는지를 고민하는 것 자체가 세심함과 신중함을 나타내며, 이는 리더에게 중요한 자질이다.

리더는 혼자 존재하지 않는다. 다양한 배경을 가진 멘토 그룹을 구성하는 것은 리더십을 준비하는 데 중요한 전략적 과정이다. 멘토는 자신만의 경험을 바탕으로 귀중한 조언을 제공하며, 자기 의심을 극복할 수 있도록 격려해주고, 리더십 역량을 더욱 날카롭게 다듬을 수 있는 현실적 조언을 들려줄 수 있다. 그들은 복잡한 팀 리더십의 영역을 탐색하는 나침반과 같은 역할을 한다.

필자 역시 리더가 될 준비가 됐다고 생각한 적이 없었고, 그저 바로 뛰어들었다. 돌이켜보면 업무를 하면서 배워가는 것도 필요하지만, 성공적인 리더가 되기 위해 미리 준비했다면 더 좋았을 것이라는 아쉬움이 남는다. 리더로의 전환 과정에서 부딪혀가며 배우고 적응해야 할 부분이 분명 존재하지만, 그 과정을 더욱 원활하게 만들기 위해 미리 준비할 수 있는 일들도 있다. 이 장에서는 리드 개발자가 되는 과정에서 흔히 겪는 어려움과 이를 어떻게 극복해 성공적인 리더가 될 수 있을지에 대해 살펴본다.

12.1 자신의 역량 평가하기

시니어 개발자에서 리드 개발자로 나아가는 과정은 커리어 성장의 자연스러운 흐름이지만, 팀을 이끄는 역할을 맡을 준비가 되었는지를 정확히 판단하는 것이 중요하다. 자신의 역량을 평가하는 것은 리드 개발자로서의 역할을 맡기에 적절한지를 판단하는 데 핵심적인 과정이다. 개발자로서 우리는 끊임없이 배우고 발전한다. 프로젝트를 수행하면서 기술적 전문성이 커지고, 새로운 문제를 해결하면서 역량이 확장된다. 자신의 기술 수준을 평가하면 강점과 개선해야 할 부분을 파악할 수 있으며, 이를 통해 개인과 직업적 성장을 위한 로드맵을 설정할 수 있다.

리드 개발자가 된다는 것은 단순히 코드를 작성하거나 복잡한 기술적 문제를 해결하는 것이 아니다. 이는 관점의 변화와 책임의 확장을 의미한다. 리드 개발자는 복잡한 기술적 문제를 해결하는 것뿐만 아니라, 팀원들에게 기술적 지원과 조언을 제공하고, 중요한 의사결정을 내리며, 다른 부서와 협업하는 역할도 수행해야 한다. 그렇다면 이러한 추가적인 책임을 맡을 준비가 되었는지 어떻게 알 수 있을까? 자기 평가는 그 답을 찾는 핵심이다.

먼저, 자신의 기술적 숙련도를 평가해야 한다. 팀원들이 기술적 조언을 리드 개발자로부터 얻고자 할 때 가장 먼저 찾는 사람이 되어야 한다. 자신의 프로그래밍 언어, 아키텍처, 개발 방법론에 대한 이해도를 객관적으로 점검하고 싶다면 온라인 강의 수강이나 인증 시험을 통해 평가를 받을 수 있다. 자신이 맡게 될 프로젝트에서 요구되는 기술을 완전히 숙달했는지 자문해야 한다. 기술적 역량에 대한 확신이 있다면, 리더십을 맡을 준비가 된 것이다.

물론 리더십은 단순한 코딩 실력만이 아닌 효과적인 커뮤니케이션 능력도 필요하다. 복잡한 기술 개념을 기술적 배경이 있는 사람이나 없는 사람에게 공히 설명하는 능력을 평가해야 한다. 필자는 리드 개발자가 되기 전, 비개발자 동료들에게 기술 개념을 설명하는 방법을 배우기 위해 많은 노력을 기울였다. 기술적 개념을 깊이 파고들기보다는 핵심을 전달하는 방식을 익혔고, 동료들이 질문할 수 있도록 격려하며 그들이 개념을 이해할 수 있도록 도왔다. 기술 업계에서 일하는 사람이라면 개발자가 아니더라도 다양한 기술 용어나 개념을 접한다. 동료들은 기술적 개념을 쉽게 풀어 설명하고자 했던 노력을 인정해줬다. 이것이 리더십 팀에까지 알려져 리드 개발자로 승진했다.

리드 개발자는 팀과 팀을 연결하는 다리와 같은 역할을 한다. 기술적 전문 용어를 명확하고 이해하기 쉬운 언어로 변환하여 전달하는 능력이 필요하다. 만약 다른 사람을 멘토링하는 것을 즐기고 자신의 아이디어를 명확하게 전달할 수 있다면, 리드 개발자가 될 준비가 된 것이다.

리드 개발자가 되는 것은 커리어에서 중요한 전환점이며 자신이 준비되어 있는지 평가하는 시간을 갖는 것은 좋은 일이다. 자기 성찰과 솔직한 평가를 통해 리더십을 맡을 적절한 시기를 결정할 수 있다. 리드 개발자가 되는 것은 종착역이 아니라 개인과 직업적인 성장을 위한 여정이다. 기술적 전문성과 효과적인 커뮤니케이션 능력을 결합할 수 있다면, 팀을 성장시키고 더 높은 목표로 이끌 준비가 된 것이다. 이 절에서는 필자가 경험했던 시행착오를 바탕으로, 리드 개발자로 성공하기 위해 어려움을 예방하는 방법을 논의한다.

12.1.1 다른 리드 개발자 동행 관찰하기

동행 관찰shadowing은 경험이 풍부한 리드 개발자를 따라다니며 그들의 일상적인 업무, 의사결정 과정, 조성하는 업무 환경 등을 관찰하는 몰입형 학습 경험이다. 이는 미래의 리더십 역할을 미리 들여다보는 것이라고 할 수 있다. 자신의 기술을 평가하고, 부족한 부분을 파악하며, 개발팀을 역동적으로 이끄는 데 필요한 세부적인 요소들을 이해할 수 있는 기회다. 동행 관찰을 통해 리드 개발자의 기술적 전문성을 가장 가까이에서 배울 수 있다. 그들이 어떻게 복잡한 코딩 문제를 해결하고, 아키텍처에 관한 결정을 내리며, 코딩의 예술과 프로젝트 관리의 과학을 균형 있게 조율하는지를 직접 목격하게 된다. 이는 리드 개발자로 성장하기 위한 맞춤형 기술 교육 과정과도 같다.

만약 조직 내에 리드 개발자가 없다면, 소셜 미디어나 개발자 커뮤니티를 통해 외부의 리드 개발자들과 연결하는 것이 좋다. 조직 외부의 리드 개발자들과 교류하고, 멘토 네트워크를 확장하는 것은 성공적인 리드 개발자가 되기 위한 중요한 과정이다. 멘토 네트워크를 확장하는 방법에 대해서는 이 장의 뒷부분에서 자세히 다룬다.

동행 관찰은 자기 성찰의 과정이기도 하다. 자신의 역량을 경험이 풍부한 리드 개발자와 비교하며 평가해 강점과 개선이 필요한 부분을 파악할 수 있다. 이를 통해 리드 개발자의 역할을 맡을 준비가 되었는지 전반적으로 판단할 수 있다. 각 상황에서 리드 개발자가 문제를 해결해가는 방식을 보며 자신이라면 어떻게 대처할지 비교해보는 것은 좋은 학습 기회가 된다. 모든 상황이 학습의 기회이지만 특히 부정적인 결과가 나온 상황에서는 더욱 많은 것을 배울 수 있다. 동행 관찰을 통해 개발자는 기술적 역량을 향상시키고, 문제 해결 능력을 키우며, 소프트웨어 개발의 역동적인 환경에서 필요한 대인 관계 및 리더십 스킬을 익힐 수 있다.

긴급 상황이 발생하면 리드 개발자는 문제를 해결하는 히어로처럼 빛을 발한다. 동행 관찰을 하면서 문제 해결의 롤러코스터를 실시간으로 직접 경험할 수 있다. 그들이 어떻게 문제를 해결하고, 압박 속에서 결정을 내리며, 팀을 이끌어가는지를 직접 볼 수 있다. 이전에 주니어 개발자, 시니어 개발자, 필자 이렇게 세 명으로 구성된 팀으로 일한 적이 있었다. 한번은 프로덕션 배포 작업 중 발생한 심각한 문제 때문에 무려 14시간 동안 작업한 적이 있었다. 실패한 테스트부터 서버 디스크 공간 부족 문제까지 모든 것이 잘못됐다. 필자는 팀을 이끌며 문제 해결 단계를 설명하고, 역할을 분배하며, 모든 질문에 답변했다. 쉽지 않은 하루였지만, 우리는 함께 협력했고, 팀원들은 그 경험을 통해 많은 것을 배웠다고 말했다. 시니어 개발자는 같은 문제가 다시 발생할 경우를 대비해 그날의 경험을 문서화하기도 했다.

다른 리드 개발자를 따라다니며 관찰하는 과정에서 그들의 적응력을 직접 경험할 수 있다. 그들은 어떻게 최신 기술 트렌드를 따라가는가? 어떻게 새로운 방법론을 자연스럽게 통합하는가? 이러한 통찰을 얻으면 지속적인 학습 태도를 기를 수 있으며, 이는 성공적인 리더의 중요한 특징 중 하나다.

필자가 처음으로 리드 개발자를 따라다니며 배울 때, 우리는 엔터프라이즈 웹 개발 프로젝트의 새로운 검색 필터 로직 기능을 구현했다. 이 작업에 비교적 새로운 기술에 대한 사용을 제안받았는데, 필자는 최신 기술을 신속히 도입하는 유형은 아니었기 때문에 그 부분이 흥미로웠다. 그 기술은 이미 몇 년 동안 존재해왔고, 팀은 빠르게 시대에 뒤처질 기술의 사용은 피하고 싶어 했다. 프로젝트는 여러 가지 어려움이 있었지만, 리드 개발자는 필터 로직이 제대로 작동하도록 지속적으로 변화에 적응하며 문제를 해결했다. 필자는 그 경험에서 많은 것을 배웠고, 지금도 그때 배운 것을 실무에서 활용하고 있다.

리드 개발자를 따라다니며 배우는 것을 어떻게 시작할 수 있을까? 먼저, 리드 개발자를 따라다니며 배우고 싶다는 의사를 분명히 표현해야 한다. 대부분의 리더는 배우고 성장하려는 열정을 높이 평가한다. 이 과정은 서로에게 이득이 된다. 배우는 입장에서는 실무 경험을 쌓을 수 있고, 리드 개발자는 미래의 리더가 될 수 있는 인재를 양성할 기회를 얻게 된다. 필자는 리드 개발자가 되기 전까지 수년 동안 여러 명의 리드 개발자를 따라다니며 배웠다. 필자의 경력에서 처음으로 함께 일했던 리드 개발자에게 동행 관찰을 해도 되겠냐고 요청했을 때, 그는 흔쾌히 받아들였다.

하지만 이후 커리어에서 만난 리드 개발자 중에는 동행 관찰을 부담스러워해 적극적이지 않은 사람들도 있었다. 그들은 그때 리드 개발자로 막 임명된 상태였기 때문에 더 이상 요청하지 않았지만 돌이켜보면 어쩌면 그들은 가면증후군을 겪고 있었던 것은 아닐까 추측한다. 필자는 리드 개발자라면 누구나 자신의 지식을 기꺼이 전수하려는 태도를 가져야 한다고 생각하기 때문에 그들에게서 더 많은 것을 배울 기회를 가졌더라면 좋았을 것이라는 아쉬움이 있다.

동행 관찰을 할 때는 스펀지처럼 모든 것을 흡수하려는 태도를 가져야 한다. 집중해서 관찰하고, 질문하며, 조언을 구해야 한다. 귀중한 배움의 기회이므로 최대한 활용해야 한다.

동행 관찰을 시작하기 전에 목표와 기대치를 명확히 설정하는 것이 중요하다. 어떤 특정 기술이나 지식을 습득하고 싶은가? 이러한 목표를 동행 관찰할 리드 개발자와 논의해 방향성을 맞춰야 한다.

그림 12.1은 필자가 다른 리드 개발자를 따라다니며 배울 때 설정했던 목표를 보여준다.

그림 12.1 리드 개발자 동행 관찰의 목표

리드 개발자가 의사결정을 내리는 과정, 문제 해결 방식, 커뮤니케이션 스타일을 세심하게 관찰해야 한다. 그들이 업무를 어떻게 우선순위에 따라 정리하는지, 시간을 어떻게 관리하는지, 팀원들과 어떻게 소통하는지를 눈여겨보는 것이 중요하다. 동행 관찰을 할 때는 회의, 토론, 협업 활동에 적극적으로 참여하려고 노력해야 한다. 적절한 순간에 자신의 의견을 제시하고, 논의에 참여하는 것이 중요하다. 이는 자신의 참여도를 보여줄 뿐만 아니라, 배움과 기여의 기회를 얻는 과정이기도 하다. 이 기회를 활용하여 팀원 및 다른 이해관계자들과 관계를 구축하는 것도 중요하다. 네트워킹은 모든 리더에게 필수 요소이며, 다양한 사람들과 교류하면 전문적 인맥을 더 넓힐 수 있다.

동행 관찰을 최대한 활용하려면 끊임없이 질문해야 한다. 특히 바보 같은 질문을 하는 것을 두려워하지 말아야 한다. 유일하게 어리석은 질문은 하지 않은 질문이다. 필자의 커리어 초기에 누군가가 이 말을 해줬다면 좋았을 것 같다. 필자는 질문을 해도 되는 상황에서 너무 자주 입을 다물었다. 질문을 한 사람을 창피하게 만든다면, 그 사람은 리더로서의 자격이 없다. 리드 개발자와 원활한 소통과 목표 공유를 위해 피드백 루프를 구축해야 한다. 호기심을 가지고 불분명한 부분이 있다면 확실히 이해하고 넘어가야 한다. 이는 리드 개발자의 역할과 소프트웨어 업계를 깊이 이해할 수 있는 훌륭한 방법이다.

> **TIP**
> 동행 관찰이 끝난 후에는 리드 개발자로부터 피드백을 요청해야 한다. 잘한 점과 개선할 점을 물어봐야 한다. 건설적인 피드백은 리더십을 향한 여정을 안내하는 나침반이 될 것이다.

동행 관찰이 끝난 후, 배운 것을 되돌아볼 시간을 가져야 한다. 이러한 통찰을 자신의 업무와 성장에 어떻게 적용할 수 있을지 숙고해보기 바란다. 경험을 돌아보는 과정은 배운 내용을 더욱 확실히 이해하는 데 도움이 된다. 동행 관찰의 목표는 자신의 기술 수준을 평가하고 리드 개발자의 역할이 자신에게 적합한지 판단하는 것이다. 적극적으로 참여하고, 목표를 설정하며, 피드백을 받아들인다면, 성공적인 리드 개발자가 되고자 하는 사람으로서 동행 관찰을 최대한 활용할 수 있을 것이다.

12.1.2 기술 아키텍처 처음부터 구축하기

자신의 기술적 역량을 평가할 때 기술 아키텍처를 처음부터 구축하는 방법을 이해하는 것이 중요하다. 모든 프로젝트를 처음부터 새로 작업하지 않도록 재사용 가능한 프로토타입을 만드는 것을 목표로 삼아야 한다. 이를 통해 팀과 조직의 시간을 절약하고 생산성을 향상할 수 있다. 앱을 처음부터 개발한다고 할 때 그것은 단순히 코드 작성만을 의미하는 것이 아니라, 소프트웨어 프로젝트의 성공에 필수인 다양한 프로세스와 고려사항을 포함하는 과정이다. 이러한 기술적 역량을 갖추면 리드 개발자로서 준비된 상태인지 판단하는 데 도움이 된다.

앱을 처음부터 만들어가는 과정을 통해 전체 개발 라이프사이클을 깊이 이해할 수 있다. 프로젝트 기획과 요구사항 수집부터 설계, 구현, 테스트, 배포에 이르기까지 모든 단계를 직접 경험하면 더 나은 의사결정을 내리고, 발생할 수 있는 문제를 사전에 예측할 수 있는 역량을 갖출 수 있다.

필자가 처음 리드 개발자로 일할 때는 사용할 수 있는 프로토타입이 없었기 때문에 앱을 아무 기반 없이 만드는 과정을 팀을 이끌면서 진행해야 했다. 이 과정에서는 올바른 아키텍처를 결정하고, CI/CD 환경을 구성하며, 프로젝트 매니저를 지원하는 등의 어려운 과제가 있었다. 팀을 처음으로 이끌며 동시에 이러한 기술적 문제까지 배우려다 보니 힘든 시간이었다.

기술 아키텍처를 구축하는 과정은 단순한 'Hello, World' 앱을 만드는 것에서 시작할 수도 있다. 가능한 한 간단한 접근 방식부터 적용하면 기본 개념을 배우는 데 도움이 되며, 이후 점진적으로 기술을 확장할 수 있다. 리드 개발자가 되기 전에는 주로 기능을 개발하는 업무에 집중하게 되지만, 그 기능을 구축하기 위한 아키텍처를 직접 설계해본 경험은 부족할 수 있다. 필자 역시 리드 개발자가 되기 전에는 타사의 API 연동을 담당하는 데 집중했었다. 이미 검색 및 다른 기능의 개발을 위한 아키텍처가 갖춰진 상태에서 개발을 진행했기 때문에 실제 아키텍처 설계 과정에 익숙하지 않았고, 리드 개발자가 된 후 처음으로 실무에서 직접 배워야 했다.

리더에게 필요한 소프트 스킬을 익히는 동시에 기술 아키텍처를 설계하는 방법을 배우는 일은 큰 도전이 될 수 있다. 이 과정이 낯설다면, 팀원들의 지식을 적극적으로 활용하는 것이 좋다. 필자는 특정 기능의 기술 아키텍처를 구축하는 데 익숙한 팀원들과 함께 일한 적이 많았다. 처음부터 모든 것을 설계한 경험이 없더라도, 이미 구축된 시스템을 역설계reverse engineering하는 방식으로 학습할 수도 있다. 이 과정에서 모범 사례를 따르면서 유지 보수하기 쉬운 깔끔한 코드를 작성해야 한다.

기술 아키텍처를 처음부터 구축하는 방법을 이해하는 것은 리드 개발자에 대한 준비 상태를 평가하는 데 중요한 요소 중 하나다. 이러한 역량을 갖추고 있으면 확장 가능하며 효율적인 소프트웨어를 전반적으로 처음부터 설계할 수 있다. 이 과정에서 시스템 요구사항, 확장성, 보안, 유지 보수성과 같은 다양한 요소들을 고려하게 된다. 다른 사람의 도움 없이 기술적 솔루션을 설계해보면, 견고한 소프트웨어 시스템을 구축하는 과정에서의 복잡한 요소들을 깊이 이해할 수 있다.

이러한 기술적 지식은 해당 개발자가 리더십 역할을 맡을 준비가 되었는지 평가하는 데 중요한 역할을 한다. 왜냐하면 리드 개발자에게 필요한 역량, 즉 전략적으로 사고하고, 장기적인 계획을 수립하며, 잠재적인 문제를 예측하는 능력을 잘 보여주기 때문이다. 기술 아키텍처를 구축할 수 있는 역량은 단순한 기술적 전문성을 넘어, 팀을 이끌면서 복잡한 문제를 해결하고 혁신적이고 신뢰할 수 있는 소프트웨어를 개발할 수 있는 능력을 갖추었음을 의미한다.

12.1.3 긍정적인 업무 환경 조성하기

리더십이 다뤄야 하는 문제는 코딩의 범위를 넘어서는 때가 많다. 자신의 문제 해결 능력과 비판적 사고 능력을 좀 더 넓은 관점에서 평가해야 하며, 이를 통해 리더십 역량을 판단할 수 있다. 상황을 분석하고, 압박 속에서도 결정을 내리며, 팀을 이끌고 어려움을 극복할 수 있는가? 이러한 역량은 소프트웨어 개발이라는 역동적인 환경 속에서 리드 개발자에게 반드시 필요한 덕목이다. 리더로서 필요한 소프트 스킬을 갖추게 되면 긍정적인 업무 환경을 조성할 수 있으며, 이는 리드 개발자로 나아가는 과정에서 중요한 역할을 하게 된다.

그림 12.2는 긍정적인 업무 환경을 조성하는 방법을 보여준다.

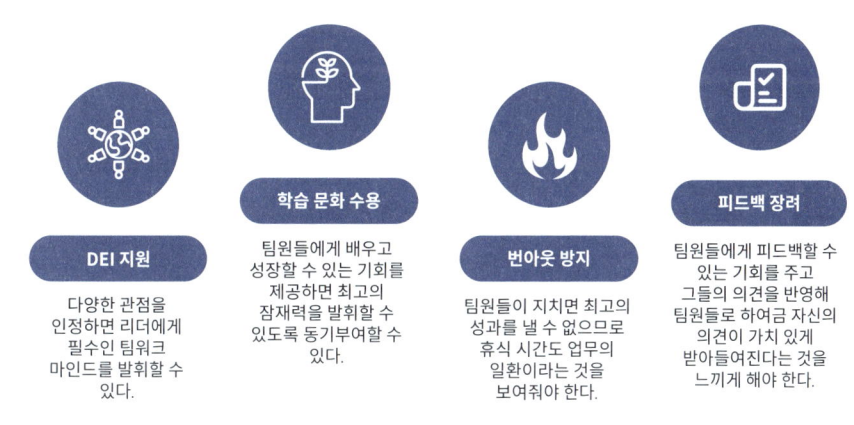

그림 12.2 긍정적인 업무 환경 조성하는 방법

리더십 역량을 최신으로 유지하고 변화의 흐름에서 앞서 나가야 한다. 필자는 한때 소프트 스킬을 익히고 나면 그것으로 충분할 것이라고 생각했다. 그러나 기술적 역량이 계속 변화하는 것처럼 소프트 스킬도 끊임없이 발전한다. 최근 몇 년 동안 리더십의 방식은 더욱 포괄적인 방향으로 변화해왔다. 다양성diversity, 형평성equity, 포용성inclusion이 이러한 변화의 중심에 있으며, 조직 내에서 이러한 이니셔티브를 지지하는 방법을 배우는 것이 중요하다. 필자는 최신 트렌드를 따라가기 위해 《하버드 비즈니스 리뷰》와 같은 잡지를 구독해 리더십 관련 기사를 읽거나 리더 직책에 있는 사람이 쓴 책을 읽는다.

리드 개발자는 혼자 일하는 사람이 아니다. 협력적이고 포용적인 환경을 조성해야 한다. 다른 사람들의 성공을 돕는 것을 즐기고, 다양한 관점을 존중하며, 팀에게 동기를 부여할 수 있다면 리더에게 꼭 필요한 팀워크 마인드를 갖추고 있다는 신호다. 다양한 관점을 수용하는 태도는 팀의 혁신을 촉진하는 데 도움이 된다. 스마트폰이 등장한 초기 시절이 기억날 때가 많은데, 당시 얼굴 인식 기술은 어두운 피부색을 가진 사람들을 제대로 인식하지 못했다. 이는 기업들이 이 기능을 적절히 테스트하지 않고, 피부색이 밝은 사람들만을 대상으로 테스트했기 때문이었다. 이 문제는 기술 기업 내에서 담론을 불러일으켰고, 현재는 어느 정도 개선되었지만 여전히 갈 길이 멀다.

또한 기술 업계에서 사용하는 용어를 생각해보면, 과거의 마스터/슬레이브master/slave라는 용어는 메인/세컨더리main/secondary로, 블랙리스트/화이트리스트blacklist/whitelist는 비허용/허용disallowed/allowed으로 변경됐다. 앞으로도 개선해야 할 부분이 분명히 있을 것이며, 변화는 계속될 것이다. 따라서 리더십 기술도 이에 맞춰 적응해나가야 한다.

필자는 일과 삶의 균형을 무시하는 함정에 빠질 때가 많았는데 이로 인해 다른 사람들에게도 초과 근무를 기대하곤 했다. 이는 필자가 오랫동안 좋지 않은 리더십 아래에서 일하면서, 초과 근무를 해야 한다는 압박을 받아온 결과였다. 하지만 장기적으로 보면 이러한 방식은 지속 가능하지 않다. 결국 번아웃이 올 수밖에 없으며, 팀원들 역시 마찬가지다. 리더는 모범을 보여야 하며, 더 열심히가 아니라 더 스마트하게 일해야 한다. 번아웃 상태에서는 최상의 성과를 낼 수 없기 때문에 충분한 휴식을 취하는 것도 업무의 일부다.

리드 개발자가 되기 전, 같은 팀의 한 팀원이 주말에 가족의 장례식에 참석해야 했다. 그런데 리드 개발자는 그 사실을 알면서도 주말 근무를 요청했고 결국 그녀는 장례식장에서 노트북을 열고 업무를 봐야만 했다. 필자는 그때 처음으로 일과 삶의 균형 문제에 대해 목소리를 내기 시작했다. 상중에 있는 사람에게 일을 기대하는 것은 말도 안 된다고 그 리드 개발자에게 말했다. 하지만 그 리드 개발자는 그녀가 굳이 장례식장에 서까지 일할 필요는 없었으며, 다른 주말에 일해도 문제없었을 것이라고 답했다. 필자는 그가 그런 방식으로 행동한 이유가 상위 관리자들 역시 같은 방식으로 사람들을 대했기 때문이라는 사실을 깨달았다.

만약 조직의 고위 관리자들 중 적절한 멘토가 없다면, 바람직하지 않은 기업 문화로 인해 리드 개발자로서 성공하기 어려울 가능성이 크다. 리드 개발자는 '예스 맨'이 되어서는 안 된다. 팀을 보호하고, 그들이 성공하는 데 필요한 도구와 환경을 제공하는 것이 중요하다. 경영진이 요청하는 모든 것에 무조건 동의한다면, 팀원들에게 올바른 리더십의 예를 보여줄 수 없다. 자신이나 팀원에게 도움이 필요할 때 이를 나서서 적극적으로 알리고 해결하려는 태도는 꼭 필요한 리더십 역량이다. 이러한 소프트 스킬을 익히면 리더로서 모범을 보이며 문제를 해결하고 성공을 이뤄내는 모습을 팀원들에게 보여줄 수 있다.

12.2 도약하기

'내가 리드 개발자가 될 준비가 됐는지 어떻게 알 수 있을까?'라고 자문할 수도 있다. 솔직히 말해, 확실하게 알 수 있는 방법은 없다. 많은 부모가 처음에는 아이를 키울 준비가 되어 있지 않지만, 상황이 닥치면 최선을 다할 수밖에 없는 것과 같다. 비록 준비가 덜 됐다고 느낄지라도, 성공할 수 있는 환경을 조성하는 것은 가능하다. 때로는 실패를 경험할 수도 있다는 사실을 받아들이는 것 또한 중요하다. 실패는 문제되지 않는다! 실패를 경험했을 때, 이를 극복할 수 있도록 도와줄 멘토 그룹이 필요하다. 누구나 실패를 극복하고 실패로부터 귀중한 교훈을 배우기 위해 지원과 조언이 필요하다.

처음 리드 개발자 자리를 수락했을 때 준비가 안 됐다고 느꼈다. 하지만 성공할 수 있도록 미리 대비했다. 리더십에 대해 독학으로 공부했고, 개발팀 회의를 주도하는 역할을 자주 자청했다. 또한 팀 내 많은 개발자들의 멘토가 되었고, 그 점을 매니저가 눈여겨봤다. 그는 필자의 리더십 역량을 더욱 갈고 닦을 수 있도록 독려했으며, 필자가 준비되지 않았다고 생각했던 순간에도 필자의 능력을 믿어줬다. 이 절에서는 리드 개발자로 도약할 준비를 확실히 할 수 있는 방법에 대해 살펴본다.

12.2.1 멘토 그룹 구성하기

필자가 받은 최고의 조언 중 하나는 리드 개발자가 되기 전에 미리 **멘토 그룹**group of mentor을 만들라는 것이었다. 리드 개발자 역할을 맡기 전부터 멘토 그룹을 구축하면 큰 이점을 얻을 수 있으며, 이는 중요한 직책을 맡을 준비가 되었는지를 평가하는 데 도움이 된다. 이러한 멘토 그룹은 자신들의 리더십 경험을 바탕으로 귀중한 조언, 피드백, 통찰력을 제공할 수 있는 다양한 경험을 가진 전문가로 구성하면 이상적이다.

멘토와 교류하면, 자신이 앞으로 밟아나갈 커리어와 유사한 길을 이미 걸어온 멘토들에게 성공과 도전을 배우면서 방대한 지식의 원천에 접근할 수 있다. 멘토십을 통해 리드 개발자로서 성장하기 위해 필요한 기술, 경험, 사고방식을 명확히 이해할 수 있다. 멘토들은 아이디어를 검토해주거나, 복잡한 상황을 헤쳐나가는 방법을 알려주고, 자신의 강점과 개선해야 할 부분에 대해 솔직하게 평가해줄 수 있다. 이러한 멘토 관계를 일찍부터 형성하면, 개발자는 리더십을 맡을 준비 상태를 좀 더 명확히 파악하고, 자신의 목표와 열망에 맞는 진로를 설정할 수 있으며, 경험이 풍부한 멘토들의 지혜와 지원을 받을 수 있다.

한 명의 멘토에만 의존해서는 안 된다. 다양한 배경을 가진 멘토들을 두는 것이 중요한 이유는 다양한 경험이 역량을 키우는 데 도움이 되기 때문이다. 멘토가 한 명만 있다면, 그 사람처럼 되려는 함정에 빠질 위험이 있다. 각자의 성공 방식은 다르기 때문에 한 사람의 방식을 다른 사람에게 동일하게 적용할 수 없다. 잠재적인 멘토에게 연락하기 전에 자신의 필요, 목표, 조언이 필요한 영역을 명확히 해야 한다. 현재 자신의 역할과 경력상의 목표, 현재 겪고 있는 문제를 고려해야 한다. 이러한 자기 성찰 과정은 자신에게 가장 적합한 멘토를 찾는 데 도움이 된다.

그림 12.3은 멘토 그룹을 구축할 수 있는 방법을 보여준다.

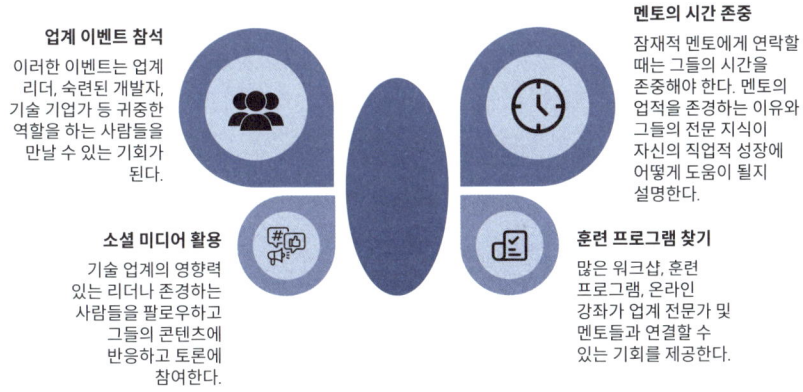

그림 12.3 멘토 그룹 만들기

멘토 네트워크를 구축하려면 의도적인 노력과 시간이 필요하다. 자신이 필요로 하는 전문성을 갖춘 인물을 찾아 연락하고 관계를 형성해야 한다. 이를 위해서는 업계의 행사에 참석할 수도 있고, 소셜 미디어를 활용하거나 교육 프로그램을 통해 업계 리더들과 연결할 수 있다. 필자는 대부분의 멘토를 소셜 미디어와 온라인 이벤트를 통해 만났다. 기술의 발전 덕분에 이제는 지리적 제약을 뛰어넘어 가상으로 멘토들과 연결할 수 있는 시대가 됐다. 온라인 커뮤니티는 멘토를 찾고 교류할 수 있는 훌륭한 공간이며, 필자의 경력 성장에 큰 도움이 됐다.

필자는 기술 교육 분야에서 15년 이상 일해왔으며, 워크숍을 진행하거나 온라인 강의를 본 학생들이 이후에 연락을 해온 경우가 많았다. 많은 강사들은 학생들의 요청이 있으면 기꺼이 멘토링해주는 것으로 알고 있다. 업계에서 영향력 있는 리더를 만나게 된다면, 언제든 도움을 요청하기 바란다. 최고의 리더들은 다른 사람을 돕고 싶어 하기 때문에 기꺼이 자신의 소중한 시간을 내어줄 것이다. 필자는 사람들에게 누군가를 가르치는 이유는 다른 사람들이 필자가 겪었던 어려움을 겪지 않도록 돕기 위해서라고 말할 때가 많다. 지금까지 100명이 넘는 사람들을 멘토링한 이유다. 멘토를 원하면 단순히 요청만 하면 된다.

멘토십 관계를 구축하기 위한 첫 단계는 가장 부담스럽게 느껴지는 부분인데, 그것은 바로 연락을 최초로 취하는 단계다. 이메일을 작성하기 전에, 먼저 멘토로 삼고 싶은 대상에 대해 알아봐야 한다. 그들의 배경, 전문 분야, 기술 업계에서의 기여에 대해 찾아봐야 한다. 이를 통해 메시지를 좀 더 맞춤화할 수 있으며, 상대방의 작업에 대한 진정한 관심과 존경을 표현할 수 있다.

멘토, 특히 중요한 역할을 맡고 있는 사람들은 대개 바쁜 일정 속에서 시간을 보내고 있다. 이를 염두에 두고, 이메일은 간결하고 명확하며 그들의 시간을 존중하는 방식으로 작성해야 한다. 자세한 내용을 불필요하게 늘어놓기보다는 몇 개의 단락 안에서 핵심 내용을 전달하는 것이 좋다. 이메일의 첫 문장은 상대방의 관심을 끌 수 있도록 자신을 소개하는 내용으로 시작해야 한다. 그들의 작업이나 전문성을 존경하는 이유를 구체적으로 언급하자. 이것은 그들이 주도한 프로젝트, 작성한 글, 혹은 콘퍼런스에서 발표한 강연일 수도 있다. 상대방에 대해 미리 조사했다는 점을 보여주는 것은 의미 있는 관계를 형성하는 데 큰 도움이 된다.

이메일을 보내는 목적과 멘토십을 통해 얻고자 하는 바를 솔직하게 밝히는 것도 중요하다. 경력 성장, 기술적 도전 과제, 리더십 개발 등 어떤 부분에서 조언이나 도움이 필요한지를 명확하게 설명해야 한다. 이를 통해 상대방은 어떻게 도움을 줄 수 있을지를 더욱 잘 이해할 수 있다.

이메일을 마무리할 때는 상대방의 시간과 고려에 대한 감사의 뜻을 전해야 한다. 그들이 바쁜 일정 속에 있다는 점을 이해하고 있으며, 연결할 기회를 갖게 된다면 매우 감사하겠다는 점을 표현하기 바란다. 진심 어린 감사의 표현은 상대방의 전문성과 시간을 존중하는 태도를 보여준다.

> **멘토로 삼고 싶은 대상에게 보내는 이메일의 예**
>
> 제목: 멘토십 기회에 대한 문의
>
> [멘토 이름] 님.
>
> 안녕하세요. 잘 지내고 계신지요? 제 이름은 [내 이름]이며, [프런트엔드 개발, 클라우드 컴퓨팅 등 관심 분야]에 열정을 가진 개발자입니다. 최근 [멘토가 진행한 특정 프로젝트, 작성한 기사, 또는 업적]을 접하게 되었고, 그 혁신적인 접근 방식과 통찰력에 깊은 인상을 받았습니다.
>
> 저는 [특정 분야]에서의 귀하의 전문성을 존경하며, [멘토 이름] 님의 통찰이 저의 직업적 성장에 큰 도움이 될 것이라 믿기 때문에 이렇게 연락을 드립니다. 현재 저는 개발자로서 [팀 협업 전략, 새로운 기술 도입 등 조언이 필요한 부분]과 관련된 도전 과제들을 해결해나가고 있습니다. [멘토의 이름] 님의 [멘토의 전문 분야]에서의 경험은 이러한 장애물을 극복하고 리드 개발자로 성장하는 데 매우 귀중한 도움이 될 것 같습니다.
>
> 바쁘시다는 것을 잘 알지만 저에게 [멘토 이름] 님의 경험과 통찰을 배울 수 있는 기회를 위해 [멘토 이름] 님의 소중한 시간을 내어 주신다면 큰 영광이겠습니다. [특정 주제나 관심 분야]에 대한 [멘토 이름] 님의 의견을 듣고 배울 수 있기를 바랍니다. 혹시 짧은 가상 커피 미팅이나 편하신 시간에 짧게나마 이야기 나눌 수 있을지 여쭙고 싶습니다.
>
> 제 요청을 고려해주셔서 진심으로 감사드립니다. 기술 커뮤니티에 기여해주신 점에 대해 깊이 감사드리며, [멘토 이름] 님에게 배울 수 있는 기회가 있기를 기대합니다.
>
> 감사합니다.
>
> [자신의 이름]
>
> [자신의 연락처]

처음으로 연락하는 이메일을 보낸 후에는 상대방이 답변할 시간을 충분히 줘야 한다. 일주일에서 이주일이 지나도 답장을 받지 못했다면, 정중한 후속 이메일을 보내 가볍게 상기시키는 것은 괜찮다. 그러나 지나치게 집요하거나 강하게 요청하는 것은 부담스럽게 느껴질 수 있으므로 피해야 한다.

상대방이 응답이 없거나 멘토십을 제공할 수 없는 경우에는 주저하지 말고 다른 대상을 찾아봐야 한다. 기술 업계에는 가치 있는 통찰을 제공할 수 있는 재능 있는 사람들이 많으며, 각 멘토십 관계는 저마다의 고유한 이점을 가져다줄 수 있다.

이러한 단계를 따르고 신중하고 존중하는 태도로 이메일을 작성하면, 상대방에게 긍정적인 인상을 남길 가능성이 높아진다. 멘토십은 쌍방향 관계이며, 진정성 있는 태도와 배움에 대한 의지를 가지고 접근하면, 성장과 발전의 보람찬 여정을 위한 초석을 다질 수 있을 것이다.

12.2.2 첫 프로젝트

처음으로 프로젝트를 이끄는 일은 짜릿하면서도 부담스러운 경험이 될 수 있다. 한 명의 개발자에서 벗어나, 자신의 작업뿐만 아니라 팀 전체의 개발 과정까지 책임지는 리더로서의 중요한 전환점을 맞이하는 것이다. 이 여정을 시작할 때 첫 프로젝트를 성공적으로 이끌기 위해 명심해야 할 몇 가지 핵심 전략과 조언이 있다.

개발 프로세스에 곧바로 뛰어들기 전에, 시간을 들여 프로젝트를 철저히 이해해야 한다. 이는 기술적 요구사항을 파악하는 것뿐만 아니라 비즈니스 목표, 타깃 사용자, 일정, 제약 조건과 같은 더 넓은 맥락을 이해하는 것을 의미한다. 이 과정에서 이해관계자, 제품 관리자, 디자이너들과의 명확한 커뮤니케이션은 매우 중요하다. 프로젝트에 대해 이해한 바를 서로 공유하면 프로젝트 진행 중 발생할 수 있는 오해를 사전에 방지하며, 모든 팀원이 프로젝트 목표에 대해 동일하게 인식할 수 있다.

필자가 처음으로 이끌었던 프로젝트는 엔터프라이즈 웹 개발 프로젝트였는데, 시작하기 전에 프로젝트 매니저와 충분한 대화를 나누며 전반적인 프로젝트 상황을 파악했다. 이 과정을 통해 프로젝트 매니저의 관점에서 사안을 바라볼 수 있었고, 비즈니스 목표를 좀 더 명확히 이해할 수 있었다. 이러한 정보는 기술적 요구사항을 비즈니스 목표에 맞게 조정하는 데 도움이 되었으며, 결과적으로 프로젝트의 성공적인 구현을 뒷받침하는 중요한 요소가 됐다.

기술적 역량 때문에 리드 개발자로 승진할 수도 있지만, 모든 일을 혼자 해낼 수는 없다는 점을 반드시 인식해야 한다. 팀원들의 강점과 전문성을 고려하여 적절하게 업무를 위임하는 것이 중요하다. 각자가 맡은 작업을 주도적으로 수행할 수 있도록 권한을 부여하고, 필요한 경우 적절한 가이드와 지원을 제공해야 한다. 효과적인 업무 위임은 리더의 업무 부담을 줄여줄 뿐만 아니라, 팀원들에게 책임감과 주인의식을 심어준다.

필자는 업무를 위임하는 일에서 어려움을 겪었는데, 팀원에게 위임해도 되는 일까지 떠맡으면서 과로하는 경우가 많았다. 리더로서 모든 것을 통제하려는 집착을 내려놓고, 팀원들이 기술적 전문성을 발휘해 스스로 성장할 수 있도록 신뢰하는 것이 중요하다. 자신이 직접 수행할 수 없는 업무의 경우에는 팀원에게 의존해야 한다. 그렇지 않으면 스스로 번아웃에 빠지게 될 뿐만 아니라, 팀원들의 직업적 성장도 방해하는 결과를 초래하게 된다. 이러한 환경에서 직원들의 이직률이 높아지는 것을 본 적이 있는데, 팀원들이 자신의 가치를 인정받지 못한다고 느끼거나 회사 내에서 성장 기회가 없다고 생각하기 때문이다. 기업 입장에서 우수한 인재를 잃는 것은 큰 비용을 초래하기 때문에 인재를 잃지 않는 것은 매우 중요한 과제다.

아무리 세밀하게 계획하더라도, 프로젝트 진행 중 예상치 못한 문제는 반드시 발생한다. 기술적 문제, 리소스 부족, 요구사항 변경 등 다양한 장애물을 예상하고 이에 대한 대응책을 마련해야 한다. 예기치 못한 상황을 대비해 비상 계획을 준비해두어야 하는데 추가 리소스 배분, 일정 조정, 대안 설루션 마련과 같은 해결책을 생각해놓아야 한다. 준비가 되어 있으면 이런 상황에서도 우왕좌왕 하지 않고 확신을 가지고 헤쳐나갈 수 있다. 필자는 리드 개발자로서 리소스 부족 문제를 적절하게 처리하지 못했던 때가 많았다. 조직 내 리더십에 깊은 인상을 남기고 싶어 마감일을 무조건 엄격하게 지키려는 함정에 빠졌던 것이다.

마감일을 지키는 것은 중요하지만, 이것 때문에 결과물의 품질이 저하되어서는 안 된다. 리드 개발자로서 코딩 표준을 유지하고, 코드 리뷰를 수행하며, 철저한 테스트를 수행할 책임이 있다. 팀원들이 깨끗하고 유지 보수 가능한 코드를 제공하는 데 자부심을 가질 수 있도록 품질 중심의 문화를 장려해야 한다. 품질이 최우선 목표가 되어야 하며, 이를 달성하기 위해서는 프로젝트 매니저와 협력하여 팀이 과로하지 않도록 조율하는 것은 반드시 필요하다.

필자는 과거에 일중독자였는데 다녔던 회사들이 어떤 대가를 치르더라도 마감일은 반드시 지킬 것을 요구했기 때문이다. 그러나 이러한 사고방식은 고품질의 제품과 서비스를 만드는 데 오히려 해가 된다. 번아웃된 상태에서는 최상의 성과를 낼 수 없기 때문이다. 팀과 함께 작업량을 적절히 산정하고, 적절한 리소스가 배정될 수 있도록 조정하는 것이 중요하다.

효과적인 커뮤니케이션은 프로젝트를 하나로 결속시키는 접착제와 같다. 모든 이해관계자가 진행 상황, 도전 과제, 주요 결정사항을 알고 있어야 한다. 이를 위해 정기적인 회의를 열어 진행 상황, 장애 요소, 우선순위 등을 논의해야 한다. 프로젝트 관리 도구나 커뮤니케이션 채널을 적극 활용해 모든 팀원이 프로젝트와 관련된 내용을 동일하게 이해하도록 해야 한다. 슬랙, 지라, 이메일 업데이트, 대면 회의 등 다양한 도구를 활용하면 원활한 협업이 가능하다.

경험의 많고 적음과 상관없이 성장과 개선의 여지는 항상 있다. 프로젝트를 진행하면서 팀원, 이해관계자, 동료들로부터 피드백을 적극적으로 요청해야 한다. 무엇이 효과적이었고, 무엇을 더 개선할 수 있을지 돌아보아야 한다. 또한 콘퍼런스에 참석하거나, 온라인 강의를 듣거나, 업계 출판물을 읽는 등의 방법을 통해 지속적인 학습 기회를 찾아야 한다. 이러한 성장 마인드셋은 개인적인 발전뿐만 아니라 팀 전체의 발전에도 긍정적인 영향을 미친다.

리드 개발자가 되어 첫 프로젝트를 이끄는 것은 커리어에서 중요한 이정표이며, 많은 도전과 보상이 따르는 과정이다. 프로젝트를 깊이 이해하고, 강한 팀을 구축하며, 애자일 방식을 수용하고, 커뮤니케이션과 품질을 최우선으로 두면, 첫 프로젝트를 확신 속에서 이끌 수 있고, 리더로서 지속적인 성공을 위한 기반을 마련할 수 있다.

12.2.3 성공을 위한 준비

개발자에서 리드 개발자로 전환할 때 이런 상황에서만 경험할 수 있는 독특한 어려움이 있다. 자신이 리드 개발자가 될 준비가 되었는지 확신할 수는 없겠지만, 성공을 위한 준비는 할 수 있다. 필자는 처음 리드 개발자가 되었을 때, 명확한 목표나 지침이 거의 없이 바로 뛰어들었다. 그리고 곧 감당하기 어려운 상황에 처했다는 것을 깨달았는데 리더십에 대한 확신이 없었기 때문이었다. 이로 인해 팀원들은 필자의 결정을 신뢰하지 못했고 불협화음이 생겼다. 개인적으로나 직업적으로나 힘든 시간을 겪었지만 포기하지 않고 버티며 실전에서 배워나갔다.

리드 개발자의 역할을 처음으로 맡을 때 성공하기 위한 몇 가지 핵심 전략을 그림 12.4에서 설명하는데, 이 전략은 리드 개발자로 도약하기 전에 알고 있으면 좋다.

그림 12.4 성공을 위한 준비

성공적인 리더십은 신뢰와 협업 위에서 구축된다. 시간을 들여 팀원, 동료, 이해관계자들과 강한 유대 관계를 구축해야 한다. 그들의 강점, 약점, 동기를 이해하고, 아이디어를 자유롭게 교환할 수 있으며 모든 사람이 가치를 인정받는 긍정적인 팀 문화를 조성해야 한다. 명확성이 성공의 핵심이다. 프로젝트 목표, 기대사항, 일정 등을 분명하게 정의해야 한다. 팀원들이 각자의 역할과 책임을 확실히 이해하고 있어야 하며, 프로젝트의 진행 상황, 변경사항, 업데이트를 정기적으로 공유함으로써 모든 팀원이 같은 방향을 향해 가야 한다.

팀원들의 신뢰를 얻지 못했던 때 필자는 소통을 통해 그 상황을 극복했다. 극도로 솔직한 피드백을 원했고, 팀원들과 상사들에게 필자가 잘하고 있는 부분과 개선해야 할 부분을 알려줄 것을 요청했다. 건설적인 피드백은 자신이 잘 하고 있고, 어떤 부분에서 개선할 수 있을지를 이해하는 데 도움이 된다. 교육, 자격증 취득, 경험 많은 리더로부터의 배움을 통해 지속적으로 성장할 기회를 찾아야 한다. 필자는 팀원들의 피드백을 반영해 리더십 스타일을 조정함으로써 팀원들이 주도권을 갖도록 했고, 팀원끼리도 피드백을 주고받을 수 있도록 동기부여를 했다. 이 과정에서 팀은 성장했고 승진한 팀원들도 있었다.

리드 개발자가 되면 모든 일을 직접 하려는 유혹을 느낄 수 있다. 특히 실무 중심의 개발자로 일하다가 리드 개발자가 된 경우라면 이러한 유혹이 더욱 클 수도 있다. 그러나 리드 개발자로서의 역할은 팀을 이끌고 지원하는 것이다. 효과적으로 업무를 위임하는 법을 배우고, 팀원이 맡은 일을 잘 해낼 것이라고 신뢰해야 한다. 이렇게 하면 업무 부담을 줄일 수 있을 뿐만 아니라, 팀의 성장에도 도움이 된다. 여러 가지 책임을 맡게 되므로, 체계적으로 업무를 관리하는 것이 중요하다. 프로젝트 관리 도구, 캘린더, 작업 목록 등을 활용해 마감일과 우선순위를 잘 관리해야 한다. 효과적인 시간 관리 능력은 다양한 업무를 효율적으로 수행하고 적절히 위임하는 데 도움이 된다.

리드 개발자 역할을 처음으로 수행하는 시간은 성장과 배움이 함께하는 값진 과정이다. 관계를 구축하고, 업무를 위임하며, 체계적으로 업무를 관리함으로써, 이 중요한 역할을 성공적으로 수행할 수 있는 기반을 다질 수 있다. 올바른 사고방식과 접근 방식을 가지고 있다면 이 전환 과정은 소프트웨어 개발 리더십에서 성공적인 커리어를 쌓아가는 시간이 될 수 있다.

12.3 경영진과의 협업

리드 개발자가 적극적으로 경영진과 협력하여 예산을 수립하고 관리하면, 프로젝트가 적절한 자금을 지원받고 비즈니스 목표와 일치하도록 할 수 있다. 이는 개발팀의 추진력을 유지하고, 과소 지출이나 과다 지출로 인한 문제를 방지하는 데 필수다.

마찬가지로, 리드 개발자가 채용 및 해고 결정에 직접 관여하면 팀의 구성과 역량에 직접적인 영향을 미치게 된다. 필요한 기술 및 팀 역동성을 고려하여 의견을 내면, 더 통합되고 생산적인 팀 환경을 구축할 수 있다.

AI 도구 정책 수립 또한 리드 개발자가 적극적으로 참여해야 하는 중요한 영역이다. AI 통합이 점점 더 보편화됨에 따라, AI 도구의 윤리적 사용, 기능, 한계에 대한 명확한 가이드라인을 설정하는 것이 꼭 필요하다. 이는 회사를 법적/평판적 위험에서 보호하는 동시에, 안전하고 실용적인 범위 내에서 혁신을 촉진하는 역할을 한다.

이러한 영역에서 경영진과 효과적으로 소통하지 못하면 심각한 결과를 초래할 수 있다. 리드 개발자의 의견 없이 경영진이 결정을 내리면, 기술적으로 실현 가능하지 않거나 팀의 역량과 맞지 않는 방향으로 프로젝트가 진행될 수 있다. 이는 프로젝트 지연, 예산 초과, 개발자의 사기 저하로 이어질 수 있다. 이 절에서는 정책과 계획을 수립하는 방법을 배우고, 이를 경영진에게 효과적으로 전달하는 방법을 살펴본다.

12.3.1 예산 계획 수립

리드 개발자로서 핵심적인 역할 중 하나는 프로젝트 관리팀과 협력하여 실용적이고 효율적인 예산을 수립하는 것이다. 예산을 계획할 때 리드 개발자의 기술적 전문성과 경험은 비용 예측, 자원 요구사항 평가, 기대치 관리에 중요한 역할을 한다. 이 하위 절에서는 효과적으로 예산 수립에 기여하는 방법을 살펴본다.

가장 먼저 할 일은 프로젝트의 범위와 기술적 요구사항을 철저히 이해하는 것이다. 이것이 선행되어야 개발 작업에 필요한 자원과 시간을 정확히 예측할 수 있다. 이해관계자들과 협력하여 기능, 성능 기준, 배포 요구사항을 명확히 하고, 모든 기술적 요소가 예산에 반영될 수 있도록 해야 한다. 기술적 지식을 활용하여 프로젝트의 여러 구성 요소에 대해 상세하게 비용을 추정해야 한다.

- 소프트웨어 도구, 개발 환경, 필수 라이선스 비용
- 서버, 호스팅, 특수 하드웨어 관련 비용
- 프로젝트 복잡도를 고려한 개발자 수 및 숙련도 수준
- 타사 서비스를 포함해 철저한 테스트를 위한 리소스 비용
- 출시 후 유지 보수, 버그 수정, 업그레이드 예상 비용

프로젝트 관리자와 협력하여 각 기능의 가치, 비용, 프로젝트 전반에 미치는 영향을 고

려해 기능들의 우선순위를 정해야 한다. 이를 통해 초기 개발 단계에 포함할 항목과 후속 업데이트로 추가할 항목을 결정하여 가용 자원을 최적화할 수 있다. 또한, 예기치 못한 비용 증가나 프로젝트 범위 변경에 대비한 예비비를 반드시 포함해야 한다. 프로젝트의 복잡성과 위험 요소에 따라, 전체 예산의 10~20%를 예비비로 설정하는 것이 일반적이다.

예산 추적 및 자원 할당 기능이 있는 효율적인 프로젝트 관리 도구를 추천하고 활용하기 바란다. 이러한 도구는 실시간으로 예산 지출과 자원 사용 현황을 파악하고 프로젝트를 일정과 예산 내에서 유지하는 데 유용하다. 필자는 마이크로소프트 엑셀을 사용해 프로젝트 비용 예상치와 개발 도구 사용 비용 등을 포함한 프로젝트 예산을 수립한 적이 많았다.

표 12.1는 예산 수립에 널리 사용되는 주요 도구들을 소개한다.

표 12.1 예산 수립을 위한 도구

도구	목적
마이크로소프트 엑셀, 구글 시트	• 세부적 분석, 비용을 추정하기 위한 공식의 적용, 변수 등을 조정할 수 있다. • 예산 요소를 세밀하게 관리하는 데 유용하다. • 공유 및 업데이트가 용이하다.
지라, 마이크로소프트 프로젝트Microsoft Project, Asana, 먼데이닷컴monday.com	• 통합된 예산 편성 기능을 통해 지출을 계획하고 실제 사용 금액과 비교하여 추적한다. • 실시간 예산 상태를 보여주는 시각적 대시보드를 포함한다. • 계획을 유지하고 신속하게 정보에 기반한 결정을 내리는 데 유용하다.
QuickBooks, Xero	• 전통적으로 기업 전체 회계 관리에 사용되지만, 프로젝트 예산 관리에도 적용 가능하다. • 비용 추적, 송장 관리, 급여 처리 기능을 제공한다. • 대규모 프로젝트나 지속적인 유지 보수 단계에 유용하다.

자원을 현명하게 할당하기 위해서는 가치를 극대화하고 프로젝트의 중요한 결과물에 직접적으로 기여하는 항목에 우선순위를 두어야 한다. 이전에 수행한 프로젝트의 과거

데이터를 활용하면 비용을 더욱 정확하게 예측할 수 있으며, 비용 효율적인 기술 솔루션을 선택하거나 오픈소스 도구를 활용하는 등의 방법으로 지출을 최적화할 수 있다.

필자는 재사용 가능한 프로토타입을 활용해 여러 에이전시에서 엔터프라이즈 웹 개발 프로젝트를 수행한 경험이 있는데, 대부분의 프로젝트는 유사한 기능을 포함하고 있었다. 초기 예상 비용과 실제 수행된 작업 데이터를 분석하여 필요한 자원을 예측했고, 이를 통해 초기 예산 수립을 위한 기준을 마련했다. 또한, 이전 프로젝트에서 얻은 교훈과 리스크 평가 결과를 고려하여 예산을 최적화했다. 이러한 접근 방식을 통해 작업 완료 속도burn down rate가 개선되었으며, 이는 예산 운영의 성공에 큰 영향을 미쳤다.

예기치 않은 비용 증가나 프로젝트 범위 변경에 대비해 예비비를 반드시 포함해야 한다. 일반적으로 프로젝트의 복잡성과 위험 요소에 따라 예비비는 전체 예산의 10~20% 범위에서 설정한다. 위험 관리 소프트웨어와 같은 도구를 활용하면 잠재적 리스크를 식별함으로써 재정적 영향을 정량화할 수 있고, 이를 통해 예비비를 적절하게 조정할 수 있다. 필자가 경험한 가장 큰 변수는 이직 문제였다. 특정 프로젝트에 대한 깊은 지식을 보유한 개발자가 떠나면, 그에 따른 재교육이나 신규 개발자 채용 비용이 발생하기 때문에 이를 대비한 예산이 필요하고, 특히 수년간 진행되는 대규모 프로젝트에서는 이러한 비용을 반드시 고려해야 한다.

예산 계획budget planning은 한 번 수립하고 끝나는 것이 아니라 지속적으로 관리해야 한다. 프로젝트가 진행됨에 따라 예산을 정기적으로 검토하고, 프로젝트 관리팀과 협력하여 지출을 추적하여 필요에 따라 조정해야 한다. 도구에 대한 비용이 증가하거나 예비비를 사용해야 하는 상황이 발생할 경우에는 항상 프로젝트 관리자에게 변동사항에 대해 공유하면서 소통을 원활하게 유지하는 것이 중요하다. 이러한 유연한 접근 방식을 통해 프로젝트 진행 중 발생하는 변화를 효과적으로 관리하고, 프로젝트가 전체 수명 주기 동안 재정적으로 안정되게 운영될 수 있도록 해야 한다.

12.3.2 개발자 채용

리드 개발자로 처음 역할을 맡게 되면, 유능하고 조화로운 팀을 구성하는 것이 중요한 책임 중 하나가 된다. 물론 채용 여부의 결정은 엔지니어링 매니저의 영역이지만, 리드 개발자 역시 채용 과정에서 일정 역할을 수행하는 것이 일반적이다. 먼저, 이력서를 검토하는 것부터 시작해야 한다. 지원자의 프로그래밍 언어, 프레임워크, 도구에 대한 경험이 팀의 기술 스택과 얼마나 부합하는지 확인하는 것이 중요하다. 또한 이전에 수행한 프로젝트의 복잡성과 규모를 고려해 지원자가 현재 팀의 업무를 수행할 수 있는지 평가해야 한다.

문제 해결 능력을 강조한 이력서는 특히 주의 깊게 살펴봐야 한다. 지원자가 어떤 문제에 직면했으며, 이를 어떻게 해결했는지를 구체적으로 기술한 이력서는 그들의 분석적 사고와 창의성을 평가하는 데 유용한 단서가 된다. 소프트웨어 개발은 협업이 필수이므로, 협업 도구의 사용 경험, 팀 프로젝트 참여 이력, 그룹 내 기여도를 명확히 언급한 지원자를 우선적으로 고려해야 한다.

기술은 빠르게 발전하기 때문에 지속적인 학습에 대한 의지가 있는 개발자를 채용하는 것이 중요하다. 이를 확인하기 위해 수강한 과목, 취득한 자격증, 기술 커뮤니티 활동 여부 등을 살펴보는 것이 좋다. 마지막으로, 구조화가 잘 되어 있고 오류가 없는 이력서는 지원자가 세부사항에 대해 얼마나 주의 깊게 다루는지를 보여주는 중요한 지표다. 형식이 엉성하거나 맞춤법과 문법에서 오류가 있는 이력서는 지원자의 세심함이 부족하다는 것을 보여준다. 필자는 형식이 깔끔하고, 관련 정보를 쉽게 찾을 수 있도록 정리된 이력서를 선호한다. 리드 개발자는 수백 개의 이력서를 검토해야 할 수도 있기 때문에, 모든 이력서를 다 자세히 검토할 수는 없다. 이 점을 고려해 직무 명세와 관련 있는 정보를 효과적으로 강조하여 한눈에 파악할 수 있도록 작성된 이력서는 재빨리 훑어보는 과정에서 눈에 띌 수 있다.

면접 과정은 지원자의 기술, 경험, 팀 적합성을 더 깊이 평가할 기회가 된다. 기술 질문은 코딩 연습 문제를 포함해야 하며, 이를 통해 지원자의 코딩 능력, 논리적 사고, 문제 해결 접근 방식을 평가할 수 있다. 시스템 설계 질문은 예를 들어 '확장 가능한 전자상거래 플랫폼의 설계'와 같이 지원자가 좀 더 높은 수준에서 사고하고 복잡한 프로젝트를 설계할 수 있는지를 평가한다. 디버깅 문제는 지원자에게 버그가 포함된 코드를 제공하고, 이를 분석하고 수정하는 과정을 통해 진단 능력과 세부사항에 대한 주의력을 평가할 수 있다. 필자는 항상 면접 전에 짧은 코딩 테스트를 통해 지원자의 기본적인 기술 수준을 평가한다. 코딩 테스트는 최대 1시간을 넘기지 않는 것이 이상적이다. 이렇게 하면 지원자에게 과도한 부담을 주지 않으면서도 그들의 역량을 적절히 평가할 수 있다. 코딩 테스트를 통과한 후 면접 단계로 넘어가면, 지원자의 잠재력을 파악하기 위해 적절한 질문을 선택해야 한다.

표 12.2는 필자가 선호하는 면접 질문과 그 질문이 중요한 이유를 설명한다.

표 12.2 인터뷰 질문

질문	적합도
수행했던 프로젝트 중에 도전적인 프로젝트는 무엇이었는가? 어떻게 해결했는가?	문제 해결 능력, 회복 탄력성, 스트레스 관리 능력을 평가
최신 기술 동향을 따라가기 위해 어떻게 노력하고 있는가?	빠르게 변화하는 업계에서 지속적으로 학습하고 최신 정보를 유지하고자 하는 의지를 평가
다른 사람들과 긴밀히 협력해야 했던 경험은 무엇인가? 성공적인 협업을 위해 어떤 노력을 했는가?	대인 관계 능력 및 팀워크 역량을 평가
디버깅 및 코드 테스트를 위한 접근 방식은 무엇인가?	코드의 품질과 신뢰성을 보장하기 위한 체계적인 접근 방식을 평가
여러 개의 마감 기한이 있을 때 작업을 어떻게 우선순위에 따라 정리하는가?	시간 관리 및 우선순위 설정 능력을 평가해 생산성과 프로젝트 일정 준수 여부를 측정

이력서를 신중하게 검토하고 면접을 전략적으로 진행하면, 기술적 요구사항을 충족하면서도 회사의 문화와 가치에 부합하는 강력한 개발팀을 구축할 수 있다. 처음 리드 개발자 직책을 맡고 개발자를 채용해야 할 때 이러한 방식을 사용하면 팀의 성공에 기여할 수 있는 최적의 후보를 선별하는 데 도움이 될 것이다.

12.3.3 개발자 해고

리드 개발자가 수행해야 하는 매우 어려운 일 중 하나는 팀원을 해고해야 할지 결정하는 것이다. 리드 개발자는 팀의 성과와 역동성을 평가하는 데 중요한 역할을 수행한다. 실제 해고를 통보하는 회의에 참석하는 경우는 거의 없지만, 해고 여부를 결정하는 과정에는 관여한다. 이렇게 분리하는 것은 리드 개발자가 팀과의 업무 관계를 유지하고 본래의 역할에만 집중할 수 있도록 하기 위한 것이다. 필자는 문제를 해결하기 위해서는 리드 개발자와 당사자가 함께 진정으로 노력한 후에 해고가 이뤄져야 한다고 생각한다.

해고를 건의하기 전에, 결정이 정당하고 충분히 문서화되었는지 확인하려면 몇 가지 중요한 단계를 거쳐야 한다. 먼저, 각 팀원에게 명확하고 측정 가능한 목표와 성과 기준을 제시하고, 정기적인 피드백 세션을 통해 진척사항과 개선 영역을 논의해야 한다. 개발자가 이러한 기준을 계속해서 충족하지 못한다면, 리드 개발자는 **성과 개선 계획** performance improvement plan, PIP 을 시행해야 한다.

PIP에는 기대사항과 개선 기간이 명확히 명시되어야 한다. PIP 기간 동안 지속적인 지원과 코칭을 제공하고, 모든 상호작용과 진척사항, 부족한 부분 등을 문서화해야 한다. 인사팀과 정기적으로 협의하면서 PIP에 따른 개발자의 성과가 회사 정책과 법적 기준에 부합하는지 검토하는 것도 필수다. 이러한 단계를 거친 후에도 큰 개선이 없을 경우에만 해고를 고려하고, 문서화된 증거와 객관적 평가를 바탕으로 상급 관리자 및 인사팀과 논의해야 한다.

해고 절차의 첫 단계는 해고를 고려해야 할 만한 문제점을 파악하는 것이다. 이러한 문제는 지속적인 마감 기한 미준수, 낮은 작업 품질, 팀 사기에 미치는 부정적 영향, 회사 정책 위반과 같은 심각한 문제일 수도 있다. 이러한 사항을 뒷받침하는 상황과 반복되는 행동 양식을 문서화하는 것이 중요한데, 이 문서화된 내용은 인사 부서 및 상급 관리자와의 논의에서 매우 중요하기 때문이다. 문서화가 완료되면 다음 단계는 인사팀과 본인의 직속 상사에게 정보를 전달하는 것이다.

다음은 객관적이고 강력한 사례를 구축하기 위해 도움이 될 만한 조언이다.

- 개발자가 기대치를 충족하지 못한 구체적인 사례를 적시한다. 날짜, 프로젝트 이름, 상황에 대한 상세한 설명을 제공한다.
- 개발자의 행동 또는 행동하지 않은 것이 팀의 성과와 사기에 어떤 영향을 미쳤는지 논의한다.
- PIP를 시행한 경우, 계획 내용과 개발자의 반응에 대한 상세한 기록을 제공한다. 계획을 따르지 않았거나 개선이 없었던 부분을 강조한다.
- 인사팀은 해고 과정의 법적 및 절차적 측면을 안내할 수 있다. 인사팀과 초기부터 협력하면 회사 정책 및 고용법에 준수해 이 과정을 진행할 수 있다.
- 해고 이후 팀 내 반발이나 사기 저하 문제에 대해 논의할 준비를 한다. 이러한 문제에 대한 대응 계획을 세우고, 해당 팀원이 떠나기 전과 후에 팀이 적절한 지원을 받을 수 있도록 해야 한다.
- 이러한 상황을 전문가다운 방식으로, 공감을 가지고 처리하는 것이 중요하다. 해고 관련 내용을 전달하는 방식은 팀원들이 여러분에게 가진 신뢰에 영향을 미칠 수 있다.

리드 개발자는 실제 해고를 논의하는 회의에 참석하지 않을 수 있지만, 상세한 평가와 증거 기반 접근을 통해 결정 과정에서 중요한 역할을 한다. 이 과정은 당사자의 성과와 팀에 미치는 영향을 철저히 평가하면서 동시에 관리층 및 인사 부서와의 소통에서 세심하고 공감적인 접근이 요구된다. 이러한 지침을 따르면 팀의 무결성과 성과를 유지하면서 자신의 책임을 효과적으로 수행할 수 있다.

12.3.4 AI 도구에 대한 정책 수립

리드 개발자로서 중요한 책임 중 하나는 **AI 도구**_{AI tool}를 포함한 신기술을 평가하고 개발 프로세스에 통합하는 것이다. AI 도구를 도입할지 말지를 고려할 때는 해당 도구가 정말로 필요한지를 최우선적으로 고려하면서 구체적인 이점과 잠재적 위험을 균형 있게 평가하는 것이 중요하다. 이 하위 절에서는 AI 도구를 신중하게 평가하고, 제안사항을 경영진에게 효과적으로 전달할 수 있는 방법을 안내한다.

어떤 AI 도구를 제안하기 전에, 먼저 해당 도구가 팀의 현재 및 미래 프로젝트와 얼마나 잘 맞는지 평가해야 한다. AI 도구가 반복적인 작업을 자동화하여 개발자의 시간을 절약하고, 보다 복잡한 문제 해결에 집중할 수 있도록 생산성을 향상시킬 수 있는지 고려해야 한다. 또한 AI 도구가 생성하는 출력의 품질, 오류율, 기존 도구 및 워크플로와의 통합 수준도 평가해야 한다. AI 도구는 현재의 개발 프로세스에 큰 변화를 요구하지 않으면서 원활하게 통합될 수 있어야 한다.

AI 도구를 도입하면 반드시 해결해야 할 위험 요소도 발생한다. AI에 대한 과도한 의존은 팀의 문제 해결 능력을 저하시킬 수 있으며, 혁신을 저해할 가능성도 있다. 또한 AI 도구가 데이터를 어떻게 처리하는지, 관련된 데이터 보호 규정을 준수하는지에 대한 보안 및 개인정보 보호 문제도 중요한 고려사항이다. 초기 투자 비용 외에도 AI 도구의 교육, 통합, 유지 보수 등에 사용될 장기적 비용도 고려해야 한다.

표 12.3은 가장 널리 사용되는 AI 도구와 그 용도를 설명한다.

표 12.3 인기 있는 AI 도구

AI 도구	목적
깃허브 코파일럿	개발자가 코드를 더 빠르게 작성할 수 있도록 돕는 AI 기반 코드 보조 도구로, 입력하는 동안 전체 코드 줄이나 코드 블록을 자동으로 제안한다. 오픈AI의 코덱스 모델을 기반으로 하며, VS Code에 직접 통합되어 있다.
Kite	AI 기반 코드 자동 완성 도구는 개발자가 더 적은 노력으로 빠르게 코드를 작성할 수 있도록 지원한다. 여러 IDE와 통합되며 파이썬, 자바스크립트, 자바 등을 포함해 다양한 언어를 지원한다. 프로젝트의 콘텍스트를 분석하여 스마트한 코드 완성을 제공한다.
탭나인	다양한 프로그래밍 언어에 대한 코드 자동 완성을 제공하는 AI 코드 보조 도구로 머신러닝을 기반으로 하며, 인기 있는 IDE와 통합되어 예측 입력 기능을 통해 코딩 효율성을 향상시킨다.
Code Climate	AI를 활용해 소스 코드를 분석하고, 유지 보수성에 영향을 줄 수 있는 복잡성, 중복, 잠재적 버그 등의 문제를 식별한다. 이를 통해 코드 품질과 유지 보수성을 개선할 수 있는 통찰 있는 정보를 실행 가능한 형태로 제공한다.

표 12.3 인기 있는 AI 도구(표 계속)

AI 도구	목적
DeepCode	AI를 사용해 코드베이스의 버그, 보안 취약점, 성능 문제를 실시간으로 분석한다. 코드 품질을 향상시키기 위해 개선사항과 모범 사례를 제안한다.
텐서플로TensorFlow 및 파이토치PyTorch	개발자가 데이터를 처리하고, 예측을 수행하며, 경험을 통해 학습할 수 있는 AI 모델을 생성할 수 있도록 지원하는 머신러닝 라이브러리다. 이미지 인식 및 자연어 처리와 같은 복잡한 신경망을 포함한 다양한 알고리즘 개발에 널리 사용된다.
왓슨Watson	개발자가 AI 모델을 구축, 학습, 배포할 수 있도록 돕는 AI 서비스 및 도구 모음을 제공한다. 왓슨의 서비스에는 자연어 처리, 음성 인식speech to text, 음성 변환text to speech, 머신러닝 기능이 포함된다.
구글 클라우드 AI 및 머신러닝 제품	개발자가 AI 모델을 더욱 효율적으로 구축 및 배포할 수 있도록 지원하는 다양한 AI 및 머신러닝 제품을 제공한다. 이 제품군에는 최소한의 노력으로 사용자 정의 모델을 학습할 수 있는 AutoMLautomated machine learning과 대규모 머신러닝 모델을 구축 및 배포할 수 있는 AI 플랫폼이 포함되어 있다.

AI 도구의 도입 여부에 대한 의견을 경영진에게 제시할 준비가 됐다면, 관리팀의 주요 관심사와 우선순위를 반영한 방식으로 논리를 구성해야 한다. AI 도구가 기업의 광범위한 비즈니스 목표와 어떻게 일치하는지를 명확히 보여줘야 한다. 예를 들어 회사가 제품 개발 속도를 높이는 것을 목표로 한다면, AI가 어떻게 특정 프로세스를 가속화할 수 있는지 강조해야 한다. 예상되는 **투자자본수익률**return on investment, ROI을 구체적으로 분석하고, 비용과 이점을 세부적으로 설명해야 한다. 이는 단순히 재무적 관점뿐만 아니라, 개발자의 만족도나 이직률 하락과 같은 요소도 포함해야 한다. 또한 잠재적인 위험 요소를 명확히 제시하고, 이를 완화할 수 있는 전략을 제시함으로써 신뢰감을 주고 신중한 검토가 이뤄졌음을 보여주어야 한다.

경영진이 비현실적으로 필요 이상으로 많은 AI 도구의 도입을 원할 수도 있다. 이러한 경우, 나중에 실망을 할 수도 있기 때문에 이해관계자들에게 AI로 가능한 일과 불가능한 일을 명확히 설명함으로써 기대치를 현실적으로 설정하는 것이 중요하다. 따라서 AI 도구의 도입을 단계적으로 진행하고, 각 단계마다 효과를 평가한 후 다음 단계로 나아가는 방식을 제안하는 것도 좋다. 이렇게 하면 위험을 줄일 수 있으며, 실무 경험을 바탕으로 필요한 조정을 할 수 있다. 필자가 추천하는 방안은 먼저 소규모이면서도 관리가 용이한 프로젝트를 대상으로 파일럿 프로그램을 진행하는 것이다. 이렇게 하면 많은 리소스를 투입하지 않고도 AI 도구가 조직에 미치는 영향을 평가할 수 있다.

리드 개발자는 팀과 경영진이 AI 도구 도입을 균형 잡힌 시각에서 접근하도록 도와야 한다. AI 도구를 비판적으로 평가하고, 그 이점과 위험을 효과적으로 전달하는 능력은 팀과 조직의 기술적 방향을 형성하는 데 매우 중요하다.

요약

- 경험 많은 리드 개발자를 직접 동행 관찰하는 것은 몰입형 학습 경험을 제공하며, 리더 역할에 대한 통찰을 제공해준다.
- 기술 아키텍처를 처음부터 구축하는 방법을 이해하는 것은 리드 개발자에게 필수이지만, 팀의 지식 활용과 모범 사례 준수를 통해 그 과정에서 발생하는 어려움을 완화할 수 있다.
- 긍정적인 업무 환경 조성은 리더십 역량을 키우는 데 중요한 요소이며, 유해한 조직 문화를 개선하고 혁신과 성공을 주도하는 데 기여할 수 있다.
- 리드 개발자는 다양한 관점과 풍부한 전문성을 제공하는 멘토 그룹을 통해 큰 도움을 받을 수 있으며, 이를 통해 종합적인 성장과 정보에 근거한 의사결정이 가능해진다.
- 리드 개발자로 전환할 때 신뢰 구축과 협업은 필수이며, 효과적인 업무 위임, 명확한 의사소통, 체계적인 업무 관리, 피드백 수용을 통해 팀을 이끌고 성장할 수 있어야 한다.
- 기술적 전문성을 활용하여 효율적인 예산을 수립하는 것은 중요한데, 이를 통해 비용을 정확하게 추정하고, 리소스 요구사항을 평가하며, 기대치를 관리하고, 기능의 우선순위를 정할 수 있기 때문이다.
- 팀에 적합한 인재를 채용하려면 이력서를 통해 관련 경험, 문제 해결 능력, 협업 기술, 지속적인 학습 태도를 확인하여 결속력 높은 팀을 구축하는 데 집중해야 한다.

또한, 기술 면접을 통해 후보자의 역량과 적합성을 평가하여 팀과 조직 문화에 부합하는 인재를 선별해야 한다.

- 해고 결정을 내리기 위해서는 철저한 성과 평가, 명확한 목표 설정, 피드백 제공, 성과 개선 계획 시행이 필요하다. 인사팀과 협력하여 모든 상호작용을 문서화하고, 개선이 없는 경우 객관적인 증거를 경영진에 제시해야 한다. 리드 개발자가 해고를 통보하는 회의에 직접 참석하는 경우는 거의 없지만, 리드 개발자가 수행하는 세부적인 평가는 공정한 의사결정에 중요한 역할을 한다.

- AI 도구 평가 및 통합은 리드 개발자의 핵심 역할 중 하나다. AI 도구가 팀의 프로젝트에 적합한지, 생산성을 향상시킬 수 있는지, 기존 워크플로와 원활하게 통합될 수 있는지를 평가해야 한다. 과도한 의존이라든지 보안 위험과 같은 잠재적 위험을 고려하고, 장기적인 비용도 분석해야 한다.

- 경영진에게 AI 도입을 제안할 때, AI의 장점이 비즈니스 목표와 어떻게 부합하는지를 설명해야 한다. ROI 분석을 상세히 제공하고, 단계적 도입 방안을 제안하는 것이 효과적이다. 균형 잡힌 평가와 효과적인 커뮤니케이션은 팀과 조직의 AI 도입을 성공적으로 이끄는 데 중요한 요소다.

한국어판 부록

개발자에서 리더로:
한국 리드 개발자 이야기

1. 효율적 소통의 두 기둥, 맥락과 시간 존중(김성민)
2. 지금 우린 돈을 벌고 있는가?(김태헌)
3. 멋진 기술이 아니라, 가장 알맞은 해법(박미정)
4. 점진적 실행, 지속적 피드백(유진호)
5. 기술을 사람의 언어로(이보라)
6. 결정은 혼자, 과정은 함께(정윤의)
7. 제안보다 질문으로 하는 코드 리뷰(진유림)
8. 강점은 강화하고, 약점은 협력으로 보완(차건회)
9. 할 수 있음과 잘함의 구분(하규태)
10. 건축과 게임, 콘셉트로 정렬하다(한규선)

여러 회사에서 다양한 개발자와 많은 이야기를 나누다 보면 "제가 지금 여기서 제대로 일하고 있는지 아닌지 궁금합니다"라는 질문이 공통적으로 나온다. 물론 경력 단계를 제대로 밟았는지를 확인하려면 경력의 끝에 다다른 다음에 자신의 인생을 반추해보는 방법이 최선이지만, 당연히 현실에서는 중간 점검을 하며 경력을 잘 쌓아가고 있는지 확인하고 싶을 것이다. 이럴 경우에는 보통 앞서 나간 선배들의 이야기를 들으면서 자신의 경로를 시뮬레이션해보는 것이 가장 효과적이다. 모든 경우에 딱 맞는 한 가지 정답은 없을지라도 다양한 환경과 맥락에서 어떤 과정을 밟아왔는지 이야기를 듣다 보면 유사점과 차이점을 인식하게 되고, 이런 인식을 바탕으로 자신의 경로를 유지하거나 일부 수정하거나 완전히 수정하기 위한 의사결정을 내릴 수 있게 되기 때문이다.

이번 책을 기획하면서 독자들을 위해 어떻게 앞선 선배들의 경험담을 잘 풀어낼지가 관건이었다. 책 구성을 보면 각 장별로 큰 주제에 맞춰 다양한 내용이 나오고 마지막에 이 주제에 대해 실제 리드 개발자를 대상으로 인터뷰한 내용으로 마무리하는데, 이는 이론이 어떻게 구체적으로 적용되는지 실제 경험을 토대로 재구성된다는 측면에서 현실감을 부여한다. 하지만 해외 사례를 중심으로 전개되다 보니 한국의 특수한 상황을 반영하지 못했으며, 해당 주제 외에 다른 흥미로운(또는 리드 개발자가 말하고 싶어 하는) 주제에 대한 내용이 부족하다는 두 가지 아쉬움이 있었다. 이런 아쉬움을 해소하기 위해 국내에서 다양한 업종에서 다양한 경력을 쌓아온 리드 개발자를 대상으로 인터뷰를 기획하게 되었다.

다양한 주제를 아우르는 몇 가지 공통 질문과 인터뷰 대상 리드 개발자에 대한 맞춤 질문을 정리해서 보냈고, 자신의 구체적인 경험을 살려서 멋지게 풀어준 대답을 받았다. 여기서 질문이 중복된다는 느낌이 들 수도 있다. 이는 같은 질문에 대해 리드 개발자마다 얼마나 다양한 의견과 시각이 나올 수 있는지를 보여준다는 측면에서 의도된 설계라고 생각해주면 좋겠다.

아무쪼록 흥미로운 내용으로 꽉 차 있는 부록을 읽으면서 한국의 리드 개발자들이 자신의 탄탄한 하드 스킬을 기본으로 소프트웨어 스킬을 어떻게 발휘하고 그 과정에서 어떤 어려움을 어떻게 극복했는지 살펴보다 보면, 여러분들의 경력을 어떤 식으로 풍성하고 입체적으로 만들어가면 좋을지 팁과 힌트를 얻을 수 있을 것이다.

박재호, 인터뷰어, '컴퓨터 vs 책' 운영자, 《클린 코드》 역자

1 효율적 소통의 두 기둥, 맥락과 시간 존중

 김성민(카카오페이증권 DevOps팀/리더)

SI 회사, 스타트업, 대기업, 그리고 핀테크 기업까지 다양한 산업군과 조직 규모를 넘나들며 소프트웨어 개발, 인프라 운영, DevOps 플랫폼 구축을 경험해왔습니다. 사람과 기술의 균형을 중시하며, '한 명이 잘하는 팀'보다 '오래가는 팀'을 만드는 데 더 큰 가치를 둡니다. 기술적으로는 날카로우면서도 사람 앞에서는 모나지 않은 리더가 되기 위해 노력하고 있습니다. 새로운 플랫폼 구상, AI와 컨테이너 이야기, 새로운 시스템 설계를 할 때면 신이 나고, 온콜 on-call이 울리면 심장이 벌렁거립니다. 기술 앞에서는 냉철하지만 가족 앞에서는 따뜻한 평범한 아버지이자 남편이며, 퇴근 후에는 몰래 모니터링 창과 슬랙 알림을 확인하는 작은 취미가 있습니다.

> 효율적인 도움 요청과 피드백의 핵심은 '정보의 맥락화'와
> '상호 시간 존중 문화'를 팀 차원에서 실천하는 것이다.

Q 이상적인 개발팀 리더(또는 매니저)의 핵심 자질은 무엇이며, 그 자질이 팀의 성과와 분위기에 어떻게 기여한다고 보나요? 실제로 이를 발휘해 긍정적인 변화를 만든 사례를 말씀해주세요.

리더 또는 매니저에게는 단순한 기술 역량을 넘어, 방향성을 제시하고 조직과 구성원의 성장을 이끌어낼 수 있는 종합적인 역량이 요구된다고 생각합니다. 특히 저는 그중에서도 리더십 역량을 가장 핵심적인 요소로 꼽습니다. 리더는 팀이 나아가야 할 방향과 목적을 명확히 설정하고, 이를 구성원들과 꾸준히 공유하며, 때로는 어려운 결정을 내리고 그 결과에 책임지는 자세를 갖춰야 한다고 생각합니다. 또한 팀원들의 성장을 위해 '정답을 알려주는 사람'이 되기보다는 좋은 질문을 던지고 스스로 해답을 찾아갈 수 있도록

돕는 사람이 되어야만 합니다.

제가 새로운 조직의 리더를 맡게 되었을 당시, 전사 표준 플랫폼을 새롭게 구성하고 운영하는 과제를 시작하게 되었습니다. 팀의 업무 범위는 광범위했고 일정도 매우 빠듯했기 때문에, 처음에는 많은 팀원이 부담을 느끼고 있었죠. 하지만 저는 이 플랫폼이 만들어갈 미래의 가치, 조직의 방향성, 개인의 커리어 성장에 어떤 기여를 할 수 있는지를 지속적으로 공유하면서 팀을 이끌었습니다. 단기적인 성과보다 각자가 작은 성공을 쌓아가며 자신감을 얻고 성장을 체감할 수 있도록 분위기를 만드는 것에 집중했습니다.

그 결과, 많은 팀원이 프로젝트를 통해 비약적인 성장을 경험할 수 있었고, 동시에 플랫폼도 안정적이고 품질 높은 수준으로 완성할 수 있었습니다. 리더로서 중요한 건 모든 걸 다 아는 것이 아니라 팀이 스스로 해낼 수 있도록 길을 함께 찾는 것, 그리고 그 과정에서 팀이 성공 경험을 반복하며 성장하도록 구조를 설계해주는 것이라고 믿고 있습니다.

Q 개발 직군과 비개발 직군 사이에서 의사소통하는 방법이 완벽하게 동일할 수는 없을 것 같은데, 어떤 점에서 가장 큰 차이를 보이나요? 기술적인 사안을 비즈니스적인 사안으로, 또한 비즈니스적인 사안을 기술적인 사안으로 변환하는 과정에서 본인만이 사용하는 특별한 방법이 있나요?

DevOps팀은 여러 개발팀, 인프라팀, 보안팀 등 다양한 조직과 협업하는 위치에 있기 때문에 이해당사자와의 효과적인 의사소통은 업무 성과를 좌우합니다. 저는 복잡한 기술적 배경을 이해당사자의 수준에 맞춰 설명하고, 서로의 우선순위와 리스크를 명확히 공유하면서 공감대를 형성하는 데 집중합니다. 특히 장애 대응이나 인프라 전환과 같은 민감한 이슈에서는 투명한 정보 공유와 빠른 피드백이 중요하다고 보고, 문서화와 회고 프로세스를 정립하여 신뢰를 쌓아왔습니다. 기술이 아닌 '문제 해결'이라는 공통 목표를 중심에 두고 의사소통하려고 항상 노력합니다.

개발 직군과 비개발 직군 간의 의사소통 방식은 명확히 다를 수밖에 없습니다. 개발 직군은 시스템 구조나 구현 방식에 집중하는 반면, 비개발 직군은 사업에 미치는 영향, 일정, 리스크와 같은 가시적인 결과에 더 초점을 둡니다. 그래서 동일한 내용을 전달할 때도 언어와 구조를 바꿔서 접근하는 것이 중요합니다.

예를 들어 특정 기능의 배포 지연이 발생한 상황에서 개발자에게는 원인 분석과 구조 개선 방안을 중심으로 설명하지만, 비개발자에게는 '이 기능이 예정보다 며칠 늦어질 수 있으며, 클라이언트 영향도는 낮고 대안은 확보된 상태'라는 식의 메시지로 전달합니다. 기술적 배경은 '리스크 관리' 관점에서 요약하여 설명하되, 결정이 필요한 지점만 명확히 드러내는 것이 핵심입니다.

제가 자주 사용하는 방법은 양쪽에 공통적으로 통하는 '비유'나 '모델링'입니다. 예를 들어 장애 대응 프로세스를 설명할 때는 의료 체계에 비유해 설명합니다. 증상 파악(모니터링), 진단(로그 분석), 처방(핫픽스 hotfix), 재발 방지(포스트모템 postmortem)로 설명하면 비개발 직군도 쉽게 공감합니다. 반대로, 비즈니스 요구사항을 기술적으로 해석할 때는 '요구의 본질'을 끊임없이 파고듭니다. '이 요구는 사용자의 무엇을 바꾸려는 것인가?'를 기술적인 인터페이스, 서비스 수준 협약서 service-level agreement, SLA, 데이터 흐름 등으로 재구성하는 것입니다.

결국 핵심은 상대방이 가장 이해하기 쉬운 구조와 언어를 사용해 '같은 그림'을 그릴 수 있도록 만드는 것입니다. DevOps팀이 그 중간 접점이기 때문에, 이 역할을 전략적으로 잘 수행해야 한다고 생각합니다.

Q 동료의 코드나 설계에 대해 개선이 필요하다고 판단될 때, 어떤 방식으로 피드백을 제공하나요? 상대편에게 피드백을 전달하는 본인만의 원칙이나 방법론이 있다면 소개해주세요.

설계나 코드 리뷰에서 개선이 필요하다고 판단될 때, 단순히 '틀렸다'가 아니라 '이 방식보다 나은 이유'를 중심에 두고 피드백하는 것을 원칙으로 삼습니다. 동료의 판단에는 나름의 맥락과 이유가 있기 때문에 피드백은 대안 제시보다 '이해'에서 시작되어야 한다고 생각합니다.

저만의 방식은 크게 세 가지입니다. 첫째, 질문형 피드백을 활용합니다. 예를 들어 "이 로직에서 캐시를 사용하면 기본 방식에 비해 어떤 장점이 있을까요?"처럼 상대방이 자신의 의도를 다시 설명하면서 스스로 개선점을 발견할 수 있게 유도합니다. 이는 피드백을 '지적'이 아닌 '대화'로 풀어가는 데 효과적입니다.

둘째, 리뷰의 기준을 명확히 공유합니다. "이건 내 취향이야"가 아니라 "우리 시스템은

이 기준을 따르고 있습니다"라고 명확히 말하면 피드백이 개인의 의견이 아닌 팀의 규칙으로 전달되므로 수용성이 높아집니다. 저는 팀 내에 리뷰 가이드를 문서화해두고, 그 기준을 바탕으로 피드백을 주고받는 문화를 만들어가고 있습니다.

셋째, 심리적 안정감 유지입니다. 특히 주니어 개발자의 경우 코드에 대한 피드백이 본인에 대한 평가로 느껴질 수 있기 때문에, 반드시 긍정적인 측면을 먼저 언급한 뒤 개선점을 제시하는 방식을 사용합니다. 예를 하나 들어보면 다음과 같습니다. "이 부분의 구조 분리는 정말 깔끔합니다. 다만 이 쿼리 성능은 운영 환경에서는 병목이 될 수 있어서 이런 대안도 고려해볼 수 있을 것 같습니다."

결국, 피드백은 문제를 지적하는 것이 아니라 같이 더 나은 방향을 찾아가는 과정이어야 한다고 생각합니다. 피드백은 기술적 완성도를 높이는 수단만이 아니라, 동료 간 신뢰를 쌓는 중요한 수단이 되어야 하기 때문입니다.

Q 특별히 선호하는 개발 방법론은 무엇인가요? 해당 방법론의 장단점과 함께 특정 프로젝트나 팀 환경에서 왜 더 적합하다고 보는지 설명해주세요.

제가 가장 선호하는 개발 방법론은 린(lean)과 애자일 기반의 최소 기능 제품(minimum viable product, MVP) 중심 접근 방식입니다. 특히 작고 빠르게 만들고, 빠르게 피드백받고, 빠르게 개선하는 사이클을 반복하는 방식을 선호합니다. DevOps팀 입장에서 보면 '완벽한 설계'보다 '작동하는 프로토타입'을 빠르게 만드는 것이 훨씬 더 많은 통찰을 줍니다.

이 방식의 가장 큰 장점은 실패 비용이 낮다는 것입니다. 초기 단계에서 많은 자원을 투입하기보다 실사용자 또는 내부 조직으로부터 피드백을 빠르게 받아 검증하고 개선할 수 있기 때문에 불확실한 요구사항에도 유연하게 대응할 수 있습니다. 특히 DevOps 플랫폼처럼 사용자(개발자) 요구가 명확하게 정리되지 않은 영역에서는 이 방식이 매우 효과적입니다. 저희 팀에서 슬랙 기반의 AI 운영 지원 봇을 만들 때도, 핵심 기능 몇 가지만 우선 구현해 팀에 배포하고, 그 피드백을 기반으로 기능을 빠르게 개선하면서 최종 구조로 발전시킨 경험이 있습니다.

물론 단점도 존재합니다. 명확한 방향성과 우선순위 설정 없이 진행될 경우, '빨리 만들기'가 '산만한 전환'으로 이어질 수 있습니다. 또한 조직 내 의사소통이나 일정 조율이 충분하지 않으면, 기대치와 실제 결과 간의 간극이 생기기도 합니다. 그래서 저는 작게 만들되, 그 과정과 목표를 명확하게 공유하고, 릴리스마다 결과를 리뷰하며 방향성을 조정하는 메커니즘을 중요하게 봅니다.

결과적으로 이 방법론은 현재처럼 빠르게 변화하는 환경 속에서 속도와 유연성, 사용자의 실질적인 니즈 반영을 동시에 달성할 수 있는 좋은 선택이라고 생각합니다. 특히 DevOps 조직이 서비스 조직과 함께 실험하고 발전해가는 과정에서는 가장 적합한 접근 방식이라고 믿습니다.

Q **예상보다 오래 걸리는 작업이나 갑작스러운 요청이 들어왔을 때 한정된 시간을 가장 효과적으로 분배하고 우선순위를 결정하기 위해 어떻게 대응하나요?**

DevOps 리더로서 일정 관리에서 가장 중요한 건 '예측 불가능한 요청과 예상보다 오래 걸리는 작업을 얼마나 유연하게 흡수하느냐'라고 생각합니다. 저는 고정된 일정보다는 우선순위 기반의 유동적인 시간 분배 체계를 운영합니다. 핵심은 '모든 요청 처리'가 아니라 '비즈니스와 팀에 가장 큰 영향을 주는 일을 먼저 처리하는 것'입니다.

예를 들어 사내 모니터링 시스템 개선 작업을 진행하던 중, 프로덕션 환경에서 외부 연동 장애가 발생해 긴급 대응이 필요한 상황이 있었습니다. 당시 작업은 일주일짜리 계획이었지만, 장애 대응이 우선이었기 때문에 개선 작업을 일시적으로 중단하고, 장애 진단과 복구, 그리고 유사 사례 재발 방지를 위한 사후 분석까지 신속하게 리소스를 전환했습니다. 이후에는 장애 회고에서 도출된 개선 항목을 기존 개선 작업에 통합해 전체적인 품질과 안정성까지 강화할 수 있었습니다.

저만의 시간 분배 기준은 다음과 같습니다.

1. 영향도_{impact}: 서비스/조직에 미치는 영향이 크고 즉각적인 것부터 우선 대응
2. 긴급도_{urgency}: 시간적인 여유가 없거나 외부 일정과 연동된 항목은 빠르게 우선순위 조정
3. 지속적 가치_{leverage}: 한 번 개선하면 반복 효율이 생기는 자동화나 프로세스 개선 작업은 항상 일정에 포함

이 기준을 바탕으로 매주 목표와 OKR_{objectives and key result} 기반 스프린트를 운영하고

있으며, 팀원들과도 수시로 우선순위를 공유하여 예기치 못한 상황에도 빠르게 대응할 수 있는 팀 문화를 유지하고 있습니다.

Q 동료에게 도움을 요청하거나 도움을 줄 때, 상대방과 자신의 시간을 배려하면서 효율적으로 의사소통하는 방식이 있다면 소개해주세요. 특히 코드 리뷰나 문제 해결 과정에서 어떻게 모두의 시간을 아끼면서 목표를 달성하나요?

동료에게 도움을 요청하거나 반대로 동료를 도와줄 때, 가장 중요하게 생각하는 원칙은 '시간에 대한 존중'과 '맥락의 명확화'입니다. 특히 코드 리뷰나 문제 해결 과정에서는 '질문 하나'가 동료의 몰입을 깨뜨리거나 생산성을 떨어뜨릴 수 있기 때문에, 서로의 시간을 아껴주는 의사소통 방식이 무엇보다 중요하다고 생각합니다.

도움을 요청할 때는 '막연한 요청' 대신 문제 상황을 최대한 구체화하여 요약한 후, 비동기적인 채널(예: 슬랙 스레드, 노션, 지라 댓글 등)을 통해 먼저 전달합니다. 예를 들어 "CI 파이프라인 중 배포 단계에서 X 서비스만 실패하는데, 로그는 이러하고, 나름 시도한 방법은 이렇습니다. 혹시 이와 유사한 이슈를 본 적 있나요?"처럼 '문제 정의 + 재현 방법 + 시도 내역'을 요약해서 전달합니다. 이렇게 하면 상대방은 빠르게 판단할 수 있고, 불필요한 미팅도 줄일 수 있습니다.

반대로 도움을 줄 때는 '실시간 대응'보다 '지속 가능한 지원 방식'을 우선합니다. 예를 들어 반복적으로 나오는 질문은 슬랙 Q&A 채널, 팀 위키 등에 정리해두거나 자주 나오는 코드 리뷰 피드백은 템플릿 가이드로 문서화해놓습니다. 이렇게 하면 제가 직접 개입하지 않아도 팀 전체가 빠르게 문제를 해결할 수 있는 구조가 됩니다.

코드 리뷰에서는 코드 전체를 처음부터 끝까지 리뷰하기보다 변경 목적과 범위가 명확히 정리된 상태에서 리뷰를 시작하도록 요청합니다. 이를 위해 저희 팀에서는 풀 리퀘스트 설명 템플릿에 '변경 목적', '주요 변경점', '리뷰어가 집중해야 할 부분' 등을 필수 항목으로 두고 있습니다. 리뷰어 입장에서도 필요한 부분만 집중해서 보면 되기 때문에 시간 낭비가 줄어듭니다.

결국 효율적인 도움 요청과 피드백의 핵심은 '정보의 맥락화'와 '상호 시간 존중 문화'를 팀 차원에서 실천하는 것입니다. 그게 진짜 협업이라고 생각합니다.

Q DevOps 직군은 핵심 비즈니스가 잘 돌아가도록 뒷받침하는 중요한 일을 맡고 있지만 눈에 보이는 직접적인 비즈니스를 책임지지 않기 때문에 개인의 가치를 인정받기 어렵습니다. 이런 상황에서 개인적인 성취를 거두는 동시에 회사로부터 인정받기 위해 어떤 노력을 기울여야 할까요?

DevOps 직군은 핵심 서비스가 안정적으로 운영될 수 있도록 뒷단을 탄탄히 지탱하는 역할을 하지만, 그 기여가 눈에 띄기 어렵다는 점에서 조직 내 존재감을 확보하기 쉽지 않은 것이 사실입니다. 그래서 저는 단순한 운영이나 기술 도입에 머무르지 않고, 조직 전체의 개발 생산성과 서비스 안정성에 미치는 실질적인 영향력을 만들고, 그것을 비즈니스 언어로 전달하는 데 집중하고 있습니다.

대표적인 사례가 Wallga 플랫폼입니다. Wallga 플랫폼은 사내 모든 개발 파이프라인을 통합 관리하고, 빌드/배포/모니터링을 일관되게 자동화하는 내부 PaaS 성격의 플랫폼 엔지니어링 프로젝트입니다. 이 플랫폼을 통해 신규 서비스의 배포 리드타임을 획기적으로 단축했고, 배포 파이프라인을 표준화함으로써 운영 안정성 또한 획기적으로 향상되었습니다.

특히 Wallga는 단순한 인프라 자동화를 넘어, 개발자가 '배포'에 신경 쓰지 않고도 코드에만 집중할 수 있는 개발 환경을 제공하면서, DevOps팀의 역할을 '지원 조직'이 아닌 '생산성 드라이버'로 전환시키는 중요한 전환점이 되었습니다.

저는 이러한 프로젝트들을 진행하면 항상 세 가지를 염두에 둡니다.

1. 가시화: 수치와 사례 중심으로 DevOps 성과를 명확히 정리
2. 전파: 사내 발표, 블로그, 외부 컨퍼런스를 통해 영향력을 확장
3. 내재화: 기술을 넘어 문화와 프로세스에 스며들 수 있도록 설계

이런 전략을 통해 비즈니스에 직접 기여하는 구조를 만들고, 팀과 개인 모두가 그 기여를 인정받을 수 있는 기반을 마련하고자 노력하고 있습니다.

> **AWS 서울 서밋 2024에서 발표한 '플랫폼 엔지니어링 기반 개발자 생산성 극대화' 세미나 마지막에 서비스 릴리스를 위해 처음부터 끝까지의 전 과정을 담을 수 있어야 한다고 했습니다. 세미나에서 기술적인 측면을 일목요연하게 소개해 많은 도움이 되었는데요, 비기술적인 측면에서 유념해야 하는 핵심 사안은 무엇이 있을까요?**

AWS 서울 서밋 2024에서 '플랫폼 엔지니어링 기반 개발자 생산성 극대화'[1]를 주제로 기술적인 구현과 구조에 대해 말씀드렸다면, 그 기반을 성공적으로 뒷받침하는 비기술적 핵심 요소들은 다음 세 가지로 정리할 수 있습니다. 문화, 의사소통, 책임 모델의 정립입니다.

첫째, 조직 문화입니다. 아무리 우수한 플랫폼을 구축해도 개발자들이 그것을 '자신의 생산성 도구'로 인식하지 않으면 정착하기 어렵습니다. 그래서 플랫폼을 도입할 때 가장 먼저 신경 써야 하는 것은, 개발자가 그 플랫폼을 '자발적으로 선택하게 만드는 사용자 경험과 신뢰'입니다. 이를 위해 저희는 Wallga 플랫폼 도입 당시 초기 사용 팀과 긴밀히 협업하면서 피드백을 적극 반영하고, 작은 성공 경험을 통해 신뢰를 쌓아가며 전사 확산으로 이어갔습니다. 이처럼 문화적으로 '강제된 변화'가 아니라 '스스로 쓰고 싶은 도구'라는 인식 전환이 중요합니다.

둘째, 의사소통 구조의 정립입니다. 플랫폼 엔지니어링은 다양한 직군(개발, 인프라, 보안, QA 등)과의 협업이 필수이기 때문에, 기술적 결정 하나하나가 각 이해당사자에게 어떤 의미를 가지는지 명확히 전달하고 조율하는 과정이 매우 중요합니다. 저희는 이를 위해 설계 단계부터 '플랫폼 <> 사용자' 간 정기적인 의견 요청(RFC~Request for Comment~), 운영 정책 문서화, 기능 변경 시 사전 공지와 피드백 창구 등을 체계화해두었습니다. 플랫폼팀이 독단적으로 결정하는 것이 아니라, 사용자와의 쌍방 의사소통을 통해 변화의 '맥락'을 공유하는 것이 핵심입니다.

셋째, 책임 모델의 분리와 명확화입니다. 플랫폼을 도입하면 개발자가 배포, 모니터링, 인프라 접근까지 자율성을 갖게 되는 만큼, 각 주체의 역할과 책임을 명확히 나누는 것이 중요합니다. 저희는 서비스팀과 플랫폼팀 간에 SLA와 SLO(서비스 수준 목표)~service-level objective~ 수준의 운영 기준을 명확히 설정하고, 장애 발생 시 책임 소재와 대응 방식도 정

---

1 https://youtu.be/zJQokt9DP5Y

립해두었습니다. 기술은 자율성을 주지만, 비기술적인 기준은 그 자율성을 지속 가능하게 유지해주는 프레임이라고 생각합니다.

요약하면, 플랫폼 엔지니어링의 기술적 성공을 조직 내에서 실질적 성과로 연결시키기 위해서는 '사람, 구조, 책임'이라는 비기술적 축을 반드시 함께 설계해야 한다는 점을 강조하고 싶습니다. 기술은 시작점일 뿐, 그것이 문화로 녹아들어야 비로소 진정한 생산성 향상이 이뤄집니다.

2　지금 우린 돈을 벌고 있는가?

 김태헌(이커머스 기업의 핀테크 조직/스태프 데이터 사이언티스트)

금융과 핀테크 업계에서 데이터 과학자로 활동하고 있으며, 이상거래탐지시스템fraud detection system, FDS, 신용평가, 투자 전략 등 리스크 기반 문제 해결을 주로 다뤄왔습니다. AI 기술의 실무 적용성과 한계를 탐구하며, 데이터 기반의 문제 해결에 집중하고 있습니다. 저서로는 《금융 AI의 이해》(제이펍, 2024), 《AI 소사이어티》(미래의창, 2022 세종도서 교양부문 선정), 《퀀트 전략을 위한 인공지능 트레이딩》(한빛미디어, 2020)이 있고, 역서로는 《그림으로 배우는 StatQuest 머신러닝 강의》(제이펍, 2023), 《단단한 머신러닝》(제이펍, 2020) 등이 있습니다.

내가, 그리고 우리 팀이, 지금 회사에 돈을 벌어주고 있는가?

Q 이상적인 개발팀 리더(또는 매니저)의 핵심 자질은 무엇이며, 그 자질이 팀의 성과와 분위기에 어떻게 기여한다고 보나요? 실제로 이를 발휘해 긍정적인 변화를 만든 사례를 말씀해주세요.

중요한 게 너무 많지만 하나만 꼽으라면, '좋은 사람을 데려오는 능력', 즉 '채용' 능력을 뽑고 싶습니다. 흔히 '좋은 동료가 최고의 복지'라고 말합니다. 그 말이 정말 맞다고 생각합니다. 리더가 팀원들에게 해줄 수 있는 게 사실 많지 않거든요. 월급을 마음대로 올려주거나 승진시켜줄 권한이 없는 경우도 많습니다. 그럴 때 제가 해줄 수 있는 최고의 선물은 바로 '함께 성장할 수 있는 멋진 동료'를 만들어주는 것이라고 생각합니다.

그리고 리더에게 '채용'은 또 다른 의미가 있습니다. 누군가 저라는 사람을 믿고 팀에 합류한다는 건 '저 사람이 그동안 업계에서 일을 잘해왔다', '믿을 만하다'라는 객관적인 증거가 되는 셈입니다.

실제로 아는 분이 한 대기업에 GenAI팀을 만들 때, 그분만 믿고 여덟 명이 넘는 실력자가 합류했으며, 정말 빠르게 성과를 내는 모습을 봤습니다. 그걸 보면서 '아, 저런 게 진짜 리더십이구나. 사람을 모으는 힘이 정말 중요하구나' 싶었습니다.

Q **개발 직군과 비개발 직군 사이에서 의사소통하는 방법이 완벽하게 동일할 수는 없을 것 같은데, 어떤 점에서 가장 큰 차이를 보이나요? 기술적인 사안을 비즈니스적인 사안으로, 또한 비즈니스적인 사안을 기술적인 사안으로 변환하는 과정에서 본인만이 사용하는 특별한 방법이 있나요?**

아무래도 회사 일만 하다 보면 다루는 데이터가 한정적이기 마련입니다. 시야가 좁아지는 걸 막으려고 캐글Kaggle 같은 커뮤니티에서 계속 활동하고 있습니다. 캐글에서는 평소에 만져보기 힘든 정말 다양한 데이터를 다뤄볼 수 있고, 다른 고수분들이 올린 코드를 보면서 '이렇게도 푸는구나!' 하고 배우는 게 정말 많습니다.

가장 큰 수확은 제 실력을 객관적으로 보여줄 '글로벌 레퍼런스'가 생겼다는 점입니다. 링크드인 프로필만 봐서는 어느 정도 실력인지 알기 어렵습니다. 하지만 캐글에 올린 제 코드나 성적을 보고는 해외에 있는 분들에게서 협업 제안이나 이직 제안이 오기도 했습니다. 덕분에 자연스럽게 시야도 넓어지고 좋은 자극도 많이 받았습니다.

Q **최근 1년간 새롭게 학습하신 기술이나 개념이 있다면, 어떤 방식으로 학습했나요? 이론적인 학습을 넘어서 실제 업무나 프로젝트에 적용할 경우 사용하는 본인만의 학습 과정이 있을까요?**

무언가를 배울 때 '나중에 이걸로 강의를 하거나 책을 써야지'라고 생각하면서 파고드는 편입니다. 최근 1년은 생성형 인공지능generative artificial intelligence, GenAI 때문에 정신이 없었습니다. 수많은 기술 블로그나 아티클article을 그냥 훑어보는 게 아니라 '내가 이걸 다른 사람에게 가르칠 수 있을까?'라는 질문을 계속 던지는 겁니다. 이렇게 목표를 잡으면 그냥 아는 것과 깊이 있게 이해하는 것의 차이가 엄청나게 커지게 됩니다.

이렇게 배운 건 꼭 팀원들과 공유합니다. 저희 팀 스터디 시간에 이야기하거나 슬랙에 간단히 정리해서 올리기도 합니다. 그러다 보면 "어, 그거 우리 프로젝트에 써보면 좋겠는데요?" 같은 아이디어가 나오고, 실제로 적용까지 이어지는 경우가 많습니다. 결국 저 혼자 아는 건 큰 의미가 없었습니다. 팀 전체가 함께 똑똑해지는 게 진짜 중요합니다.

> Q **코딩 어시스턴트 도구를 사용하고 있다면 개인과 팀 차원에서 개발 생산성 향상에 어떤 긍정적/부정적 영향을 주었는지 말씀해주세요. 이를 효과적으로 활용하기 위한 팁이 있나요?**

요즘에는 코딩 어시스턴트 없으면 개발하기 힘듭니다. 의존도가 높아져서 걱정될 정도입니다. 저만의 팁이라면 '의도적으로 여러 가지 툴을 써보고, 서로 검증시키는 것'입니다.

하나만 쓰면 그 도구의 단점에 갇히기 쉽습니다. 저는 챗GPT, 클로드(Claude), 제미나이(Gemini) 같은 도구들을 일부러 번갈아 써봅니다. 초반엔 제미나이가 별로였는데, 요즘 2.5 프로 버전의 경우를 보면 어떤 면에서는 다른 모델보다 훨씬 좋았습니다.

그리고 재미있는 건, A가 넘겨준 코드를 B에게 보여주면서 "이 코드 어때? 더 좋은 방법 없어?"라고 물어보면서 서로를 검증시키는 방법입니다. 이렇게 여러 도구의 장점만 쏙쏙 뽑아 쓰는 게 핵심이고, 이걸 나중에는 자동화된 에이전트처럼 만들 수 있다면 생산성이 훨씬 더 올라갈 것이라고 믿습니다.

> Q **동료에게 도움을 요청하거나 도움을 줄 때, 상대방과 자신의 시간을 배려하면서 효율적으로 의사소통하는 방식이 있나요? 특히 코드 리뷰나 문제 해결 과정에서 어떻게 모두의 시간을 아끼면서 목표를 달성하나요?**

원격으로 일할 때가 많아서 효율적인 소통이 정말 중요합니다. 주로 쓰는 방법은 회의나 메시지를 보내기 전에 아주 간단한 문서라도 만들어서 먼저 공유하는 방식입니다. "제가 지금 이런 문제가 있고, 이 회의를 통해서 얻고 싶은 결과는 이렇습니다"라고 명확히 정리해두면, 회의가 딴 길로 새지 않고 시간을 확 줄일 수 있습니다.

그리고 개인적으로 궁금한 걸 물어보기보다는 '이 문제를 해결하려면 무엇이 필요할까?'에 집중해서 질문하는 편입니다. 모든 소통의 본질은 결국 문제 해결이니까요. 개인적인 잡담이나 궁금한 건 동료들이랑 커피 마시거나 밥 먹으면서 편하게 하는 게 더 좋은 것 같습니다.

Q 데이터 분석가와 데이터 과학자는 데이터에 입각해서 생각하고 데이터에 기반해서 의사결정을 뒷받침할 수 있도록 비즈니스 담당자들과 긴밀하게 협업할 필요가 있습니다. 그러다 보면 이미 윗선에서 정해진 의사결정에 반대되는 의견을 제시해야 하는 상황도 생기기 마련인데요, 이런 어려운 상황을 해결하는 노하우가 있나요?

다행히 제가 다니는 곳은 데이터를 기반으로 결정하는 문화가 잘 잡혀 있긴 합니다. 하지만 이미 어느 정도 방향이 정해진 상태에서 "데이터를 보니 그게 아닙니다"라고 말해야 할 때가 분명히 생깁니다. 이럴 때는 데이터만 들이미는 건 좋은 방법이 아니라고 생각합니다. 당연히 데이터는 기본이지만, 거기서 한발 더 나아가 '비즈니스 관점'에서 이야기하는 게 중요합니다.

제 의견이 맞다고 주장하는 게 아니라 의사결정권자, 예를 들어 CEO라면 CEO가 가장 궁금해할 만한 "그래서 이게 돈이 되나?", "장기적으로 뭐가 더 이득이지?"와 같은 질문에 답을 주는 방식으로 데이터를 보여주는 겁니다. "원안대로 가면 예상 매출이 이 정도인데, 제가 제안하는 B 안으로 가면 이만큼 더 벌 수 있습니다"처럼 말입니다.

만약 우리에게 데이터가 없다면, 거기서 멈추지 않고 다른 회사 사례나 시장 보고서 같은 추가 자료를 찾아서라도 근거를 보강해서 보여주기도 합니다. 결국 상대방을 '반대자'가 아니라 '성공을 돕는 파트너'로 만드는 게 핵심인 것 같습니다.

Q 《데이터 과학자와 데이터 엔지니어를 위한 인터뷰 문답집》(제이펍, 2020)을 번역하셨죠. 데이터 과학자와 데이터 엔지니어 직무에는 어떤 차이점이 있나요? 각각의 경력을 쌓아가면서 주의 깊게 고려해야 하는 공통점과 차이점은 무엇이 있나요?

요즘 데이터 직군들 사이의 경계가 정말 빠르게 허물어지고 있는 것 같습니다. 데이터 과학자, 데이터 엔지니어, 데이터 분석가의 역할이 섞이면서 MLOps 엔지니어나 AI 엔지니어 같은 새로운 직함도 계속 생겨나고 있습니다.

데이터 과학자 입장에서 보면, 앞으로 파운데이션 모델을 잘 활용해서 비즈니스 가치를 만드는 'AI 엔지니어링(AI engineering)' 역량이 훨씬 중요해질 것이라고 생각합니다. 밑바닥부터 모델을 엄청나게 잘 만드는 것도 중요하지만, 이미 있는 강력한 AI 모델을 우리 서비스에 어떻게 잘 붙여서 돈을 벌게 할 것인가, 이 고민을 하는 사람이 더 많이 필요해질 거라는 말입니다. 그래서 경력을 쌓을 때 가장 중요하게 생각해야 하는 건 '내가, 그리고 우리 팀이, 지금 회사에 돈을 벌어주고 있는가?'라고 봅니다.

결국 우리는 연구만 하는 조직에 있는 게 아니라 이윤을 내야 하는 회사에 있습니다. 내가 가진 기술이 어떻게 회사의 문제를 해결하고 있는지 계속 증명하고, 우리 팀을 그런 조직으로 만들어가는 게 미래의 데이터 리더에게 가장 필요한 자세가 아닐까 싶습니다.

3 멋진 기술이 아니라, 가장 알맞은 해법

 박미정 (당근마켓/플랫폼팀 리드)

당근의 개발 리드로서 플랫폼팀을 이끌고 있습니다. 개발과 사람, 그리고 조직의 문화 성장에 기여하려 노력합니다. 크고 작은 규모의 회사에서 다양한 제품을 개발하고, 또 일과 사람을 관리하는 일을 해왔습니다. 혼자보다는 함께 잘할 수 있는 방법에 대해 고민이 많습니다.

> 훌륭한 개발팀 리더는 팀이 '가장 멋진 기술'이 아니라
> '가장 적절한 해결책'에 도달할 수 있도록 이끄는 사람이다.

Q 이상적인 개발팀 리더(또는 매니저)의 핵심 자질은 무엇이며, 그 자질이 팀의 성과와 분위기에 어떻게 기여한다고 보나요? 실제로 이를 발휘해 긍정적인 변화를 만든 사례를 말씀해주세요.

이상적인 개발팀 리더에게 가장 중요한 자질 중 하나는 문제와 기술을 분리해서 사고하는 능력이라고 생각합니다. 다시 말해, 무엇을 해결해야 하는지 문제를 명확히 정의하는 능력과 그 문제에 맞는 적절한 기술을 선택하는 판단력이 핵심입니다.

개발자들은 종종 기술 자체에 매몰되어, 해결해야 할 문제의 본질을 놓치는 경우가 많습니다. 그러나 기술은 본질적으로 문제 해결을 위한 수단이지 목적이 아닙니다. 이때 리더는 팀이 기술 중심의 사고에 치우치지 않도록 방향을 잡아주고, 문제 중심의 사고로 전환할 수 있도록 이끌어야 합니다.

이러한 리더십은 팀이 보유한 시간과 역량이라는 자원을 가장 효과적으로 사용하도록 돕고, 조직에 실질적인 가치를 만들어내는 결과로 이어집니다. 특히, 문제 정의에 집중하

고 기술적으로 과도한 욕심을 경계하는 리더는, 팀이 복잡성에 빠지지 않고 현실적인 해법을 찾는 것에 집중하도록 하는 데 중요한 역할을 합니다.

결국 훌륭한 개발팀 리더는 팀이 '가장 멋진 기술'이 아니라 '가장 적절한 해결책'에 도달할 수 있도록 이끄는 사람이며, 이러한 역량이 팀의 성공과 직결된다고 생각합니다.

Q 개발 직군과 비개발 직군 사이에서 의사소통하는 방법이 완벽하게 동일할 수는 없을 것 같은데, 어떤 점에서 가장 큰 차이를 보이나요? 기술적인 사안을 비즈니스적인 사안으로, 또한 비즈니스적인 사안을 기술적인 사안으로 변환하는 과정에서 본인만이 사용하는 특별한 방법이 있나요?

개발 직군과 비개발 직군 사이의 소통 방식은 단순히 직군의 차이만으로 구분되기보다는 조직의 역할, 도메인, 그리고 개인이 처한 맥락에 따라 달라진다고 생각합니다. 예를 들어 서비스 조직과 플랫폼 조직은 클라이언트의 정의부터 목표의 방향성까지 다르며, 같은 서비스 조직 내에서도 안정적인 서비스와 신규 서비스가 중시하는 가치는 상이합니다. 직군의 차이는 이러한 차이를 더욱 뚜렷하게 만드는 하나의 요소일 뿐입니다.

소통이란 결국 의사결정을 내리기 위한 과정이며, 그 과정 속에서 우리는 상대방을 설득하거나 설득당하는 위치에 서게 됩니다. 그리고 상대방을 설득하려면 무엇보다 상대의 입장에서 생각하고 말하는 능력이 중요합니다. 내가 하려는 일이나 기대하는 성과를 일방적으로 이야기하는 것이 아니라, 상대가 얻을 수 있는 이점과 해결할 수 있는 문제에 집중해서 이야기해야 합니다.

이와 관련하여 설득력을 갖추려면, 단순한 공감 이상의 준비가 필요합니다. 상대 팀이 사용하는 시스템과 도구, 그들이 겪고 있는 실제 문제, 일하는 방식과 구성원의 역량까지 이해해야 진정한 설득이 가능해집니다. 그만큼 깊이 있는 이해와 철저한 준비가 효과적인 소통의 바탕이 됩니다.

비개발 직군과의 의사소통에서도 마찬가지입니다. 우리가 익숙한 기술 용어와 개념을 아무리 자세히 설명해도, 그것이 상대의 언어가 아니라면 소통은 단절될 수밖에 없습니다. 중요한 것은 기술을 쉽게 풀어 설명하는 것 이상으로, 상대가 중요하게 여기는 맥락과 목표를 내 말 속에 녹여내는 일입니다. 즉 기술을 비즈니스의 언어로 번역하고, 반대로 비즈니스의 요구를 기술적인 문제로 전환하는 데 필요한 것은 상대의 관점에서 사고하고 표현하는 능력이라고 생각합니다.

Q 동료의 코드나 설계에 대해 개선이 필요하다고 판단될 때, 어떤 방식으로 피드백을 하나요? 상대편에게 피드백을 전달하는 본인만의 원칙이나 방법론이 있나요?

피드백을 줄 때 가장 중요하게 여기는 원칙은 감정을 배제하고, 가능한 한 객관적인 기준에 기반하여 전달하는 것입니다. 코드나 설계에 대해 개선이 필요하다고 느껴질 때는 단순히 '이게 더 나아 보인다'는 식의 주관적인 의견보다는 변경 범위, 잠재적인 사이드 이펙트, 향후 요구사항에 대한 확장성, 현재 팀이 보유한 역량과 리소스 대비 실현 가능성 등 구체적이고 측정 가능한 요소를 중심으로 이야기합니다.

또한, 피드백은 일방적인 결정이 아니라 팀의 상황과 맥락에 따라 조율되어야 할 협의의 과정이라고 생각합니다. 예를 들어 어떤 경우에는 제가 제안한 내용을 바탕으로 팀이 함께 논의하고 합의를 통해 방향을 정하기도 하고, 다른 경우에는 작업자가 피드백을 참고만 하고 최종 판단은 스스로 내릴 수 있도록 여지를 둡니다. 이러한 접근은 작업의 긴급도와 중요도에 따라 달라질 수 있습니다.

그래서 저는 평소에 팀 내에서 '긴급도와 중요도'를 어떻게 정의할 것인가에 대한 공통의 기준을 정하고 공유하는 것을 중요하게 생각합니다. 우리 팀의 클라이언트는 누구인지, 어떤 일이 클라이언트에게 더 큰 영향을 미치는지에 대한 공감대가 있어야, 피드백을 주고받을 때도 모두가 같은 기준 위에서 판단하고 협의할 수 있기 때문입니다.

결국 제가 추구하는 피드백의 방식은 논리적이고 맥락 기반의 소통이며, 상대방이 방어적이지 않고 수용적인 태도로 피드백을 받아들일 수 있도록 돕기 위해 노력하는 것 같습니다.

Q 최근 1년간 새롭게 학습하신 기술이나 개념이 있다면, 어떤 방식으로 학습했나요? 이론적인 학습을 넘어서 실제 업무나 프로젝트에 적용할 경우 사용하는 본인만의 학습 과정이 있을까요?

사내에서 개발자 동료들과 함께 기술 관련 스터디 모임을 자주 진행하는 편입니다. 최근에는 《마이크로서비스 아키텍처 구축》(한빛미디어, 2023)이라는 기술서로 스터디를 진행했습니다. 흥미로웠던 점은 이 모임에 참여한 사람들이 이미 다양한 마이크로서비스 아키텍처 환경을 실무에서 경험해본 동료들이었다는 점입니다.

이 스터디의 목적은 단순히 책을 읽고 지식을 쌓는 것이 아니라, 현재 우리가 속한 회사의 마이크로서비스 아키텍처가 어떤 수준에 있으며, 어떤 문제를 안고 있는지를 함께 진단해보기 위한 것이었습니다. 책에서 다루는 개념과 사례를 참고해 실제 우리 시스템을 되짚어보고, 서로의 관찰과 경험을 공유하며 논의하는 방식으로 진행되었습니다. 즉 책은 목적이 아니라 수단이었고, 실제 문제 인식과 개선을 위한 도구로 활용된 셈입니다.

이처럼 저는 실제 문제를 중심에 두고, 그 문제를 해결하거나 더 잘하기 위한 수단으로 학습 자원을 선택하는 방식을 선호합니다. 업무 중 겪고 있는 고민이 있을 때, 또는 어떤 일을 더 잘하고 싶다는 필요를 느낄 때, 그에 적합한 책이나 자료, 사람들과의 스터디를 선택해 학습을 시작합니다. 그렇게 하면 단순한 이론 습득을 넘어서 학습한 내용을 바로 실무에 연결시키고 응용하는 데 자연스럽게 이어질 수 있습니다. 저는 학습을 위해 학습하는 것이 아니라 일의 맥락 속에서 필요를 발견하고, 그에 맞는 학습 경로를 설계해 나가는 것을 중요하게 생각합니다.

Q 개발 지식이나 경험을 글로 정리한 적이 있다면 어떤 주제와 어떤 형식(블로그, 위키, 노션 등)이었나요? 그 과정이 개인이나 팀에 어떤 도움이 되었나요?

약 8년간 리더 역할을 맡아오며, 리더십과 팀 운영에 대한 성찰을 담은 글을 개인 블로그나 SNS, 사내 채널을 통해 꾸준히 공유해왔습니다. 처음부터 리더십 역량이 충분했던 것은 아니었기에, 매번 팀을 이끄는 과정에서 시행착오를 겪었고, 그때마다 얻은 교훈들을 글로 정리하며 다음 챕터에 더 나은 결정을 내릴 수 있도록 스스로의 이정표로 삼아왔습니다.

특히 한 팀원이 연말 회고에서 제가 작성한 글을 보고 플랫폼팀의 태도와 방향성에 다시 마음을 다잡을 수 있었다고 이야기한 일이 인상 깊었습니다. 이처럼 팀의 방향성과 태도에 대해 기록한 글이 구성원 개인의 성장과 리더십에 긍정적인 영향을 주었다는 점에서 큰 의미가 있다고 생각합니다.

이 밖에도 저는 평소 설득과 소통에 대한 고민, 기술 선택의 배경, 시스템 운영의 결과를 어떻게 추적했는지에 대한 글을 자주 작성해 사내 슬랙과 노션 등에 공유해왔습니다. 이러한 기록들은 팀원들이 고민의 맥락을 이해하고 기술적으로나 문화적으로 성장해가는 데 길잡이 역할을 하고 있습니다.

Q **예상보다 오래 걸리는 작업이나 갑작스러운 요청이 들어왔을 때 한정된 시간을 가장 효과적으로 분배하고 우선순위를 결정하기 위해 어떻게 대응하나요?**

예상보다 오래 걸리는 작업이나 갑작스러운 요청은 언제든 발생할 수 있으며, 이는 기존 계획을 벗어나는 변수이기 때문에 신속하고 유연한 대응이 필요합니다. 이때 가장 중요하게 생각하는 원칙은 상황을 투명하게 공유하고, 팀과 함께 우선순위를 재조정하는 것입니다.

우선순위를 판단할 때는 주로 업무의 중요도와 긴급도를 기준으로 합니다. 단순히 개인의 판단이 아니라, 팀원들과 논의를 통해 객관적인 기준 위에서 정리하는 것이 효율적인 결정으로 이어집니다. 이 과정에서는 현재 가용한 리소스와 역량, 업무 간의 연관성, 클라이언트나 사용자에게 미치는 영향 등을 종합적으로 고려하여 실행 계획을 조정하게 됩니다.

또한, 이렇게 유연한 조정을 가능하게 하려면 애초에 모든 자원을 꽉 채워 계획하지 않고, 일정 수준의 여유를 남겨두는 것이 중요하다고 생각합니다. 버퍼를 두지 않으면 예기치 않은 변수에 대응할 수 없을 뿐만 아니라, 팀원에게 자율성과 성장 기회를 제공하는 것도 어려워지기 때문입니다.

저는 항상 계획 수립 시 일정 부분은 실패 가능성과 탐색의 여지까지 고려하여 설계하려고 합니다. 이런 방식은 단기적으로는 효율이 떨어져 보일 수 있지만, 장기적으로 팀의 회복탄력성과 문제 해결 능력을 높이는 데 큰 기여를 한다고 믿습니다.

Q **'생성형 AI 시대, 변하지 않는 엔지니어링 역량은?'이라는 제목으로 발표를 하셨죠. 발표 내용을 확장해서 특히 리더 엔지니어 관점에서 어떤 역량이 생성형 AI 시대에도 유효하다고 생각하나요?**

최근 '생성형 AI 시대, 변하지 않는 엔지니어링 역량은?'[2]이라는 주제로 발표하면서, 기술의 변화 속에서도 엔지니어링의 본질은 쉽게 변하지 않는다는 점을 강조했습니다. 특히

---

2 https://drive.google.com/file/d/1m_7j6X6oIssJSJcbjRkdJqZmuRCimD6E/view

리더 엔지니어의 관점에서 보면, 이 본질은 더욱 분명하게 드러납니다.

리더는 단순히 기술적인 판단만 하는 사람이 아니라, 팀이 어떤 방향으로 나아가야 하는지 정하고, 그 일을 해내기 위해 구성원들과 함께 길을 찾는 사람입니다. 또한, 리더는 팀원 한 사람 한 사람이 스스로 성장할 수 있도록 돕는 역할을 수행합니다. 즉 '일의 방향'과 '성장의 방향'을 제시하고 지원하는 것이 리더십의 핵심이라고 생각합니다.

생성형 AI 시대에는 우리가 사용하는 도구와 일하는 방식이 빠르게 변화하고 있지만, 리더로서 해야 할 일은 여전히 유효합니다. 다만, 이 새로운 시대에 팀이 나아갈 방향을 고민할 때, AI를 두려워하거나 배제하기보다는 적극적으로 탐색하고, 도구로써 잘 활용할 수 있도록 돕는 것이 필요합니다. 마찬가지로, 팀원들의 성장에 있어서도 AI를 잘 활용할 수 있는 감각과 판단력을 키우는 데 리더가 길잡이가 되어야 한다고 생각합니다.

결국 리더 엔지니어에게 중요한 역량은 기술 변화 속에서도 본질적인 가치(문제를 정의하고 해결하는 힘, 사람과 함께 일하는 능력, 방향을 제시하고 책임지는 태도)를 잃지 않으면서도, 변화의 흐름을 유연하게 수용하고 팀이 AI 시대에 적응하고 성장할 수 있는 환경을 만들어주는 것이라고 생각합니다.

Q 지금까지 인터뷰한 내용 외에 리더십을 발휘하는 핵심 개발자가 되기 위해 중요한 것이 무엇인지 알려주세요.

리더십을 발휘하는 핵심 개발자가 되기 위해 가장 중요하다고 생각하는 점은 개인의 기술 역량을 넘어서 팀 전체의 성과와 책임을 스스로의 것으로 받아들이는 관점의 전환입니다.

기술적인 깊이는 분명 중요합니다. 하지만 리더는 더 이상 개인 기여자individual contributor의 역할에 머무르지 않기 때문에 자신의 기술만으로 문제를 해결하는 데 집중하기보다는 팀이 더 좋은 결과를 낼 수 있도록 환경을 만들고 방향을 제시하는 것이 더 중요합니다. 기술 역량은 수단일 뿐, 그 역량을 팀의 성과로 어떻게 연결하느냐가 핵심입니다.

이를 위해서는 '내가 잘한 일'보다 '팀이 함께 만든 성과'를 자신의 성과로 받아들이는 태도가 필요합니다. 그리고 그런 성과를 만들기 위해서는 업무 자체뿐만 아니라 사람, 감정, 동기, 방향성까지 함께 고민하고 책임지는 자세가 자연스럽게 따라와야 합니다.

물론 이러한 역할은 결코 쉽지 않습니다. 때로는 드러나지 않는 문제를 먼저 인식해야 하고, 때로는 복잡한 사람 간의 관계나 협업 이슈를 해결해야 하기도 합니다. 그래서 리더는 끊임없이 배우고, 실천하며 성장하려는 태도를 유지해야 합니다.

저는 리더십이 타고나는 능력이기보다는 의식적인 노력과 지속적인 실천을 통해 만들어가는 역량이라고 믿습니다. 그리고 그런 태도가 진정한 의미의 핵심 개발자를 만들어준다고 생각합니다.

4 점진적 실행, 지속적 피드백

 유진호(크라우드웍스/팀장)

컴퓨터 비전과 그래픽스를 전공하고 GE 헬스케어에서 의료 장비 개발을 시작했습니다. 그 후 임베디드 시스템, 게임 엔진, 웹 서비스, 클라우드, 블록체인 등 다양한 분야에서 개발 경험을 쌓았습니다. 또한 애자일 코치로서 훈련을 받았으며, 생산적이고 영혼을 지키며 일하는 개발 조직을 만들고 운영하는 데 관심이 있습니다. 저서로 《최고의 프로덕트는 무엇이 다른가》(비제이퍼블릭, 2024)가 있습니다.

점진적으로 실행하면서 피드백을 받아가면서 개발하자.

Q 이상적인 개발팀 리더(또는 매니저)의 핵심 자질은 무엇이며, 그 자질이 팀의 성과와 분위기에 어떻게 기여한다고 보나요? 실제로 이를 발휘해 긍정적인 변화를 만든 사례를 말씀해주세요.

제가 아는 최고의 리더의 정의는 다음과 같습니다.

"리더는 문제 해결에 사람들을 참여시키는 사람이다."

엔지니어링 직군이든 다른 직군이든 우리 모두는 문제를 해결하는 게 일입니다. 그런데 어떤 사람들은 문제를 해결하게 해주지만, 어떤 사람들은 정작 문제를 더 일으키고 심지어는 문제를 해결하려는 사람들을 움직이지 못하게 방해합니다.

그렇다면 어떤 자질이 있어서 누구는 훌륭한 리더가 되고 누구는 그렇지 못할까요? 제가 요사이 보고 있는 성취 예측 모형 achievement prediction model 에서는 그렇게 말하지 않습니다. 즉 어떤 자질이 있어야 훌륭한 리더가 되는 게 아니라, 누군가 훌륭한 '성취'를 만들었다면, 그 성취의 사건을 분석해서 '어떤 자질'이 그런 결과를 내었는지를 알 수 있는 것이라고 합니다. 즉, '훌륭한 결과'를 만들어내는 것은 '다양한 자질'의 조합이라는 뜻입니다.

'이상적인 개발팀 리더'라면 결국 '다른 사람들이 개발을 잘하게' 해주는 사람입니다. '개발 분야에서 사회적 성취'가 있어야 한다는 뜻입니다. 그런데 이 사람은 어떻게 다른 사람들이 개발을 잘하게 할 수 있을까요? 이미 이야기했듯이 모든 훌륭한 리더들은 '다양한 자질과 경험에 따라' 성취를 이루게 된다는 게 최신 인사조직학의 결론입니다. 즉 특정한 자질 한두 개로 간단히 이야기할 수 없습니다.

이제 그럼 누가 '개발 분야에서 사회적 성취'가 있는 것일까요? 혼돈 속에 있던 개발 조직이 갑자기 무언가를 만들어내기 시작하게 만든 사람일 수 있습니다. 부족한 기술력에 힘겨워하던 팀원들이 갑자기 세미나나 스터디를 스스로 하게 만드는 사람일 수도 있습니다. 경영진이 이상한 요구사항을 마구 던지는 상황을 정리해서 무엇을 만들어야 하는지, 언제 어떻게 만들어야 하는 건지 정리해서 개발 조직이 효율적으로 일할 수 있게 만들어주는 사람일 수도 있습니다(그렇게 만든 훌륭한 제품이 상업적으로 성공하는 것은 또 다른 류의 성취라고 봅니다).

감사하게도 주위에는 '개발 분야에서 사회적 성취'를 보여주신 분이 많습니다. 예를 하나 들어보겠습니다. 제가 일하던 회사에서 운 좋게(?) 만들어진 제품이 그만 상업적으로 큰 성공을 거두게 되었습니다. 그런데 문제는 경영자들도 갑자기 상업적으로 성공하니 무엇을 해야 할지 우왕좌왕하는 상황이었습니다. 그때 훌륭한 'CTO'가 새로 왔습니다. 즉시 전체 개발자들의 업무를 재조정하고, 해외 파트너들과의 조율을 성공적으로 마쳤습니다. 나가야 할 제품들의 순서를 다시 잡고, 릴리스가 정기적으로 돌아가게끔 체계를 갖추었습니다. 결국 CTO는 상업적으로 큰 마일스톤을 무사히 마칠 수 있도록 만들었습니다.

리더는 혼자 모든 짐을 짊어지는 게 아니라, '문제 해결에 사람들을 참여시키는 사람'입니다. 이렇게 '개발 분야에서 사회적 성취'를 이뤄낸 사람이 리더 혹은 매니저로서 필요한 자질을 갖추고 있다고 봐야 합니다.

> **Q** 개발 직군과 비개발 직군 사이에서 의사소통하는 방법이 완벽하게 동일할 수는 없을 것 같은데, 어떤 점에서 가장 큰 차이를 보이나요? 기술적인 사안을 비즈니스적인 사안으로, 또한 비즈니스적인 사안을 기술적인 사안으로 변환하는 과정에서 본인만이 사용하는 특별한 방법이 있나요?

제가 최근에 들은 사람에 대한 격언 중 꽤 마음에 드는 격언이 있습니다. 바로 '인간은 타인의 실존을 모른다'라는 말입니다. 아무리 개발에 대해 잘 아는 비즈니스 담당자라 하더라도, 또 비즈니스를 잘 아는 개발자라 하더라도, 서로 '생각이 잘 맞기'는 어렵습니다. 그래서 어떠한 묘수를 쓰더라도 완벽하게 서로 마음이 통하게 일하기란 어려울 것입니다.

제가 이렇게 언급하는 게 '너무하지 않느냐'라고 말할 수도 있습니다. 그렇지만 서로 잘 대화가 통할 것이라는 서툰 '희망'을 가지기보다는 안 되는 것은 안 된다고 공표하고 시작하는 게 더 나을 수 있습니다. 그럼 대화가 안 통할 것이니 그냥 서로 무시하고 가면 될까요? 우리 현실에 모 아니면 도는 없습니다.

제 경험을 말씀드리겠습니다. 회사에서 '이러한 제품이 필요하다'라고 떠든 지 1년 이상이 되었지만 막상 그 제품의 '코빼기'도 볼 수 없었습니다. 워낙 요구사항도 까다로웠고, 누구는 '이렇게 구조를 잡아야 한다', 누구는 '저렇게 잡아야 한다'라며 말이 많다 보니까 아무것도 나오지 못한 상황이었습니다. 제가 제품을 맡은 이후 저는 원칙을 몇 개 세워서 돌렸습니다.

1. 무엇이 됐든 좋으니까 3주마다 무엇이라도 내놓는다.
2. 내놓을 때, 이해당사자들(비즈니스 담당자들을 꼭 포함)에게 피드백을 받는다.
3. 피드백받은 내용을 반영해서 다음 릴리스에 최대한 반영한다(특히 비즈니스 담당자들에게 필요한 사안을 위주로 진행).

그랬더니 비즈니스 담당자들도 움직이기 시작했습니다. 심지어는 설명을 위해 만든 '조악한 데모'를 들고 다니더니 클라이언트까지 데리고 왔습니다. 작동하는 소프트웨어의 힘이란 이런 것이지요.

'애자일 선언 이면의 법칙'[3]이라는 글이 있습니다. 여기에 아주 의미 깊은 내용이 있습니다.

---

3 https://agilemanifesto.org/iso/ko/principles.html

> 작동하는 소프트웨어를 자주 전달하라.
> 두어 주에서 두어 개월의 간격으로 하되 더 짧은 기간을 선호하라.
> 비즈니스 쪽의 사람들과 개발자들은
> 프로젝트 전체에 걸쳐 날마다 함께 일해야 한다.

돌아가는 그 무엇을 보면서 서로 다른 생각을 하겠지만, 그 생각을 합치다 보면 결국 만나게 된다는 교훈을 깨달았습니다.

사실 가장 어려운 것은 코드 작성만이 소프트웨어를 만드는 일이 아니라는 겁니다. 그리고 이 대부분의 일들은 눈에 보이지 않습니다. 그러다 보니 비개발직군들과의 오해는 줄어들지 않습니다. 게다가 이 과정이 전혀 우리가 알고 있던 일들과는 다른 종류의 일이다 보니, 개발을 해보지 않은 사람들은 상상하기도 어려울 것입니다. 저는 이 간극을 줄이기 위해서 최대한 동작하는 소프트웨어를 두고 이야기하는 것이 최선이라고 생각합니다.

Q 동료의 코드나 설계에 대해 개선이 필요하다고 판단될 때, 어떤 방식으로 피드백을 하나요? 상대편에게 피드백을 전달하는 본인만의 원칙이나 방법론이 있나요?

첫째, 화내거나 지배하려고 하지 마세요. 직급을 막론하고 여러분이 화내고 막대해도 되는 사람은 없습니다. 사회에 나온 이상 모두가 평등한 사람들입니다. "설마 요즘도 그런 사람이 있나요?"라고 말할 수 있지만 조금이라도 내가 남보다 우위에 있다고 생각하는 순간, 본능적인 지배 욕구는 늘 고개를 내밉니다. 그리고 그런 행동은 상대방의 변화를 가져오지 못합니다.

둘째, 내가 문제를 인식하는 것보다 상대방이 문제를 인식하게 하는 게 중요합니다. 여러분이 아무리 문제를 잘 설명해도 상대방이 그 문제를 인식하지 못하면 소용이 없습니다. 이를 위해서 저는 '코칭'이라는 방법론을 이용해서 접근합니다.

셋째, 혹시 CI/CD(지속적 통합/지속적 배포)continuous integration/continuous delivery가 돌아가는 시스템이 아니라면 어서 구축하세요. 여기에 기계적인 코딩 규칙들을 확인하는 린트lint를 설정하고, 단위 테스트를 돌아가게 만드세요. 상용 제품이나 상용 서비스를 구독하는 대신 회사 내부에 놓고 있는 서버를 사용해도 됩니다.

Q 최근 1년간 새롭게 학습하신 기술이나 개념이 있다면, 어떤 방식으로 학습했나요? 이론적인 학습을 넘어서 실제 업무나 프로젝트에 적용할 경우 사용하는 본인만의 학습 과정이 있을까요?

가장 뜨거운 분야인 AI에서 살아남으려면, 답은 결국 지금 나온 것을 써보고, 필요한 것을 만들어보는 것이 최고의 방법입니다. 다만 요즘은 '혼자 하지 말자'는 마음이 생겼습니다. 회사에는 가끔 혼자 무언가 새로운 기술을 도입해보고 괜찮다 싶으면 실무에 적용해보려는 분들이 있습니다. 문제는 이들이 혼자 배운 기술을 적용할수록 오히려 더 안 된다는 것입니다. 이럴 때는 사내에 '우리 편'이 있어야 합니다. 저는 새로운 것을 배울 때 같이 해볼 사람들을 포섭하러 다닙니다.

이렇게 하면 조금이라도 저항성을 없앨 수 있습니다. 그리고 같이 하기에 외롭지 않고, 내가 보지 못한 다른 면을 다른 사람이 봐줄 수 있습니다. 그래서 좋은 동료가 최고의 복지입니다. 그러나 그렇게 하지 못한다면 이른바 커뮤니티를 찾아봐야 합니다(AI 쪽은 의외로 많이 있더라고요).

Q 개발 지식이나 경험을 글로 정리한 적이 있다면 어떤 주제와 어떤 형식(블로그, 위키, 노션 등)이었나요? 그 과정이 개인이나 팀에 어떤 도움이 되었나요?

어쩌다 책으로 출간된 저서인 《최고의 프로덕트는 무엇이 다른가》의 경우, 개인적인 노트에서 시작해서 티스토리 블로그를 넘어 브런치[4]로 옮겨갔던 글들이 모여서 출판으로 이어졌습니다. 단순 코딩보다는 '개발하면서 생기는 사람 문제와 요구사항 정리' 등 소프트웨어 개발에 필요한 여러 의사결정, 문서 형식, 조직 구도 등에 대해서 생각나는 대로, 혹은 자료가 정리되는 대로 썼던 글이었습니다.

사실 자기 직업에서 전문성을 가지는 최고의 방법은 '글'을 쓰는 과정입니다. '글'이라는 것이 주는 특징이 있습니다. 자기가 했던 생각들을 문자로 적으면서 다시 생각이 정리되는 힘입니다. 말과는 다르게 글은 '자세하게' 쓸 수 있고, 또 '다시 보기'도 좋습니다. 그러면서 자기 생각의 부족함을 알게 되며, 배움이 부족한지, 익힘이 부족한지를 확인할 수 있습니다. 이렇게 글을 쓰다 보면 자신만의 '이론 체계'를 갖추게 됩니다.

---

[4] https://brunch.co.kr/@jinhoyooephf

저는 어느 회사를 가든 제가 운영하는 브런치에 적어놓은 글을 활용합니다. 팀이 읽어야 하는 지침, 일하는 규칙, 읽어야 하는 책이 모두 제가 적어놓은 글에 있습니다. 그리고 피드백을 줄 때 무엇이라고 할지, 처음 기획하는 제품은 뭐라고 써야 할지에 대한 내용도 있습니다.

지식적인 면은 주로 저는 노션을 따로 씁니다. 날 것으로 북마크를 해놓고 노션 AI를 이용해서 주요 정보들에 대한 노트를 정리해놓습니다. 그렇게 해서 잘 모르는 개념들이 있으면 추가로 참고 자료를 찾아봅니다.

결국 코드를 작성하는 사람은 생각을 구조적으로 정리할 수 있어야 합니다. 그래서 조엘 스포스키Joel Spolsky 같은 사람들은 "좋은 개발자는 글을 잘 쓸 수밖에 없다"라고 주장합니다. 생각을 논리적으로 정리할 수 있어야 하기 때문입니다.

Q 코딩 어시스턴트 도구를 사용하고 있다면 개인과 팀 차원에서 개발 생산성 향상에 어떤 긍정적/부정적 영향을 주었는지 말씀해주세요. 이를 효과적으로 활용하기 위한 팁이 있나요?

최근 회사에서 커서를 모두 사용할 수 있게 해줘서 아주 만족하고 있습니다. 가장 긍정적인 면은 '생각한 바를 이야기'하면 구체적으로 코드를 작성해주는 부분입니다. 이제 나이(?)가 있어서인지 자잘한 예외 처리를 포함한 코드를 직접 작성할 경우에 생각을 어느 정도 정리하고 시작해야 합니다. 그러다 보면 사소한 문법이 생각이 안 나서 자연스레 구글에서 검색을 하게 됩니다. 하지만 코딩 어시스턴트는 그런 거 없이 저의 '부실한 기억'을 메워서 구현해냅니다. 그리고 제가 낸 아이디어에 대해서 '비판하거나 피드백을 달라'고도 하면 꽤 괜찮은 내용들도 던져줍니다. 뭔가 생각하지 못했던 부분을 포함해서 말입니다.

부정적인 면이 있다면 분명히 코드에 대해서 숙고하고 작성해야 하는 대신 우선 코딩 어시스턴트를 통해서 막 구현해놓는 상황이 생긴다는 것입니다. 분명 동작은 합니다. 그런데 적절한 위치가 아닌 경우도 있습니다. 혹은 잘못된 방식으로 접근을 하는데 제가 그냥 두다가 결국 엉뚱한 데에서 헤매는 경우도 있습니다.

저만의 팁은 두 가지 있습니다.

1. 생각하는 기능을 먼저 말로 설명해보고 가능한지 코딩 어시스턴트에게 물어보자.
2. 그 기능을 테스트하기 위한 테스트 코드를 어떻게 작성해야 하는지 물어보자.

사실 일을 하다 보면 테스트 코드를 작성하는 것을 귀찮아하거나 안 해도 되는 일이라고 생각합니다. 하지만 파이썬 같은 언어는 코드 커버리지code coverage를 제대로 충족하지 못하면 오류를 잡아내기가 정말 어렵습니다. 이런 부분에서 꽤 많은 도움을 많이 받고 있습니다.

Q 생성형 AI와 같은 새로운 기술은 풍부한 경험을 가진 사람이 많지 않습니다. 시대 흐름을 따라가야 하므로 기술 리더들이 새로운 기술을 신속히 익혀 현업에 적용해야 할 텐데, 이를 위해 어떤 노력이 필요할까요?

가장 좋은 것은 프로그래밍을 손에서 놓지 않는 것입니다. 당장 프로덕션에 적용하는 코드를 작성하지 않더라도, 기본 프로토타입을 만들 수 있는 실력은 잃지 말아야 합니다. 경력자들끼리 새로운 기술의 프로토타입 만드는 '놀이'를 즐겨야 한다고 생각합니다. 그러나 안타깝게도 기술 리더들에게 그런 여유 있는 시간이 허용되는 경우가 매우 드뭅니다. 특히 기술 외에 인력 관리 업무가 대부분의 시간을 차지하기 때문입니다.

일주일에 2시간, 혹은 퇴근하고 1시간 정도 기술 관련 자료만 방해받지 않고 볼 수 있는 시간을 마련하는 게 중요합니다. 세상에 근심 걱정이 한두 개만 있지는 않겠지만, 본업에도 시간을 투자해야 합니다. 그리고 같은 기술을 고민하는 도반道伴들이 모이는 커뮤니티 참여도 게을리하면 안 되겠지요.

Q 집필하신 《최고의 프로덕트는 무엇이 다른가》를 보면 소프트웨어 개발의 본질에 대해 여러 가지 사안을 정리하고 있습니다. 책에서 말하는 개발자 리더십을 높이기 위해 가장 중요한 교훈을 한 가지는 무엇이고, 그 이유는 무엇인가요?

그것은 '피드백 루프feedback loop, FBL'입니다. 만약 여러분이 만든 코드가 1시간 이내에 사람이든 AI든 어떤 피드백을 받지 못하면 문제가 있는 겁니다. 적어도 코드를 만들면 CI를 통해서 테스트 코드가 돌든, 풀 리퀘스트 리뷰를 통하든 기능에 대한 피드백을 받아야 합니다. 사업 담당 부서 직원들에게 만든 코드에 대해 2주 이상 피드백을 받지 못하면 문제가 있는 겁니다. 피드백을 받지 못하는 상황에 '조직 문화'까지 끼어 있으면 정말 심각한 겁니다.

그러나 그것보다 더 큰 문제는 피드백을 받았는데 '아무런 행동도 하지 않는' 것입니다. 즉 개선하는 과정이 빠지는 것입니다. 개선이 없다면 피드백이 무슨 소용이겠습니까? 이를 위한 시간 투자, 자원 투자를 해야 하는데 이를 할 수 없는 상황이나 '조직 문화'가 방해한다면 정말 심각한 상황입니다.

여러분이 개발자로서 리더십을 발휘해야 하는 부분이 이것이라고 생각합니다. '피드백 루프 돌리기'입니다. 자동화와 보고 과정에서 '피드백 주고받기'가 멈추지 않게 해야 합니다. 위에서 말한 저서에서 이야기했듯이 소프트웨어 개발은 결국 '복잡$_{complex}$'한 일이기에 점진적으로 실행하면서 피드백을 받아 가면서 개발하는 것이 최고입니다. 이를 방해하는 그 모든 것을 제거하고 돌아가게 하는 것이 '개발자 리더십'이라고 생각합니다.

5 기술을 사람의 언어로

 이보라(메타빌드 AI서비스본부 기술이사, 마이크로소프트 MVP)

현재는 AI와 블록체인을 결합한 연구를 진행하며, 금융기관, IT 기업, 대학을 대상으로 한 강의를 병행하고 있습니다. 서강대학교 미래교육원에서 교수로 재직하면서 블록체인, 오픈소스, 메타버스 관련 강의를 했고, '모던 JavaScript 튜토리얼' 한국어 프로젝트를 출시해 한국 자바스크립트 생태계에 기여했습니다. 연구 기관, 스타트업, 솔루션 회사, 유니콘 커머스 기업, 글로벌 블록체인 기업을 두루 거치며 프런트엔드 개발자와 풀스택 블록체인 개발자로서 다양한 프로젝트를 수행했습니다. 또한 2018년 설립된 대한민국 대표 여성 IT 커뮤니티 '위민후코드코리아'의 디렉터로 활동하며 여성 IT 인재 생태계 조성과 성장에도 힘써왔습니다.

> 리드 개발자에게 중요한 역량 중 하나는 전문 지식을
> 비전문가의 언어로 '번역'하는 능력이다.

Q 이상적인 개발팀 리더(또는 매니저)의 핵심 자질은 무엇이며, 그 자질이 팀의 성과와 분위기에 어떻게 기여한다고 보나요? 실제로 이를 발휘해 긍정적인 변화를 만든 사례를 말씀해주세요.

요즘 AI와 블록체인 같은 최근에 떠오르는 기술 분야에 집중하고 있습니다. 이런 도메인은 개발 직군뿐만 아니라 비개발 직군에게도 생소한 경우가 많기 때문에 각 직군이 어떻게 학습하고 의사소통하는지를 비교적 편견 없는 시야에서 관찰할 수 있는 기회가 많았습니다.

개발 직군의 경우, 코드 자체가 가장 효율적인 의사소통 도구라고 생각합니다. 모호한 개념이나 복잡한 비즈니스 문맥도 코드로 구현된 예시를 보면 훨씬 빠르게 이해되며, 여기

에 설계 문서까지 더해진다면 대부분의 오해나 해석의 차이도 자연스럽게 줄어듭니다.

반면, 리드 엔지니어로서 비개발 직군의 의사결정자에게 기술적인 내용을 설명할 때는 완전히 다른 접근이 필요합니다. 저는 다음과 같은 방식들을 반복적으로 실천해왔습니다.

1. 문서화
2. 약어와 IT 전문 용어를 최대한 사용하지 않기
3. 비유를 활용한 설명 방식

매주 새로운 기술을 학습해야 하는 환경에서 일하고 있다 보니, '내가 이해하기 어려운 개념은 다른 사람에게도 어렵다'라는 전제를 기본으로 의사소통을 준비합니다. 스스로 천재형은 아니라고 생각하기 때문에 어렵게 느껴졌던 개념을 쉽게 풀어보는 연습이 자연스럽게 몸에 배었습니다.

주니어 시절부터는 참고했던 자료 중 앞으로 기본 소양으로 자리 잡을 만한 주제들을 골라 가능한 한 평이한 언어로 블로그나 글을 써왔습니다. 덕분에 회사에서도 문서화를 어렵지 않게 이어갈 수 있었고, 이 습관은 팀 전체의 의사소통 비효율을 줄이는 데도 실질적인 도움이 되었습니다.

참고로 저는 문서화를 나 자신이나 우리 팀을 위한 작업으로만 보지 않습니다. IT 생태계 전반의 의사소통 역량을 끌어올리는 데 기여하고 싶다는 마음으로 지금도 꾸준히 문서화를 이어가고 있습니다. 구두로 의사소통할 때도 문서화와 마찬가지로 쉽게 설명하되, IT 용어를 사용해야 하는 상황에서는 반드시 약어를 풀어쓰고, 괄호나 주석처럼 부연 설명을 곁들여 비개발자도 이해할 수 있도록 설명하는 것을 항상 염두에 둡니다.

요즘엔 챗GPT도 많이 활용합니다. LLM 기반 도구에 '초등학생도 이해할 수 있게 설명해줘'라고 물으면 누구나 쉽게 비유를 활용한 설명을 얻을 수 있습니다. 그 내용을 참고하거나 다듬어서 실제 의사소통에 활용할 수 있습니다.

리드 개발자에게 중요한 역량 중 하나는 전문 지식을 비전문가의 언어로 '번역'하는 능력이라고 생각합니다. 그리고 다행히 지금은 그 번역 작업을 도와주는 도구가 잘 갖춰진 시대입니다. 시간을 들여 연습한다면 누구나 의사소통 역량을 충분히 향상시킬 수 있습니다.

Q **최근 1년간 새롭게 학습하신 기술이나 개념이 있다면, 어떤 방식으로 학습했나요? 이론적인 학습을 넘어서 실제 업무나 프로젝트에 적용할 경우 사용하는 본인만의 학습 과정이 있을까요?**

마이크로소프트, 오픈AI, 앤트로픽, 이더리움 재단 등 최근에 떠오르는 기술 생태계를 주도하는 기관들은 대부분 X(구 트위터)를 통해 새로운 기술을 발표합니다. 이들의 공식 계정과 관련 기술자의 활동을 꾸준히 모니터링합니다. 그러다 복수의 IT 전문가가 동일한 개념을 반복해서 언급하거나 그 개념을 인용하는 게시물이 많아지면 본격적인 리서치에 들어갑니다.

학습은 항상 '가볍게 개념만 확인해두는 단계 → 데모 확인 단계 → 업무와 연결되는 시점의 본격 학습'으로 나눠서 합니다. 처음에는 공식 문서의 정의나 설명 정도만 읽고 넘어가고, 관심이 더 생기면 유튜브에서 데모 영상을 시청합니다. 이때도 곧바로 데모를 따라 하진 않고, 그 기술이 어떤 문제를 해결하는지, 어떤 가능성이 있는지를 판단하는 데 중점을 둡니다.

그러다 실제 업무 영역에 해당 기술이 들어오기 시작하면 그때부터 공식 문서를 읽고, 깃허브에서 샘플 저장소나 해당 기술을 만든 팀의 엔지니어가 공개한 코드를 분석합니다. 문서가 불충분하거나 존재하지 않아도 이 과정을 통해 실제로 동작 가능한 산출물을 만들어낼 수 있습니다.

이 방법으로 MCP(Model Context Protocol)나 블록체인 기반의 제품과 강의를 개발하여 수익화하고 있습니다. 문서가 충분하지 않은 기술이라도 '리서치 → 데모 → 적용'이라는 3단계 학습 루틴을 반복하면 남들보다 한발 앞서 제품화에 접근할 수 있습니다.

새롭게 떠오르는 기술 분야는 문서화가 부족한 경우가 흔합니다. 개발자 커뮤니티의 고질적인 문제인 '문서화 귀차니즘'이 여전히 존재하기 때문입니다. 하지만 이런 상황을 오히려 기회로 생각합니다. 앞서 언급한 공식 문서 외에도 기술을 접할 수 있는 루트를 빠르게 조합할 수 있다면 남들보다 먼저 새로운 기술을 실제로 써보고 공유할 수 있고, 그 자체가 경쟁력이 된다고 생각합니다.

Q 업무 외적으로 진행했거나 진행 중인 개인 프로젝트(사이드 프로젝트, 오픈소스 기여 등)를 시작하게 된 계기는 무엇인가요? 이를 통해 어떤 기술적/개인적인 성장을 경험했나요?

업무 외적으로 진행한 개인 프로젝트 중 가장 애착이 있는 활동은 '모던 JavaScript 튜토리얼' 한글 번역 프로젝트[5]입니다. 월 약 6만 명 이상이 방문하는 이 사이트는 자바스크립트를 처음 배우는 입장에서 기존 자료들의 난이도가 지나치게 높다고 느꼈던 경험에서 출발했습니다. '누군가가 쉽게 설명해줬다면 얼마나 좋았을까?'라는 생각으로 시작한 이 기여 활동은 오픈소스 협업의 구조와 문화를 깊이 이해하게 되는 계기가 되었습니다.

'모던 JavaScript 튜토리얼' 한국어 프로젝트는 단순한 번역을 넘어 기술 개념을 정확하게 전달하기 위한 용어집 제작, 독자의 배경지식을 고려한 어투 조정, 일관된 번역 스타일 가이드의 수립 등 고도화된 프로세스 구축까지 함께 진행했습니다. 이 과정에는 대학원에서 배운 소프트웨어 공학 이론이 실질적인 도움이 되기도 했습니다.

또한 영어 원문이 담긴 업스트림 저장소와의 주기적인 동기화, 수백 명의 기여자들이 작업한 브랜치 병합 과정 등을 직접 관리하면서, 깃의 고급 기능과 충돌 해결 능력을 실전에서 익힐 수 있었습니다. 이는 협업 기반 개발 환경에서의 기술적 자신감을 크게 키워준 경험이었습니다.

감사하게도 이 프로젝트를 기반으로 국내 오픈소스 행사나 대회에서 멘토로 활동할 기회도 얻을 수 있었습니다. 그 과정에서 기술을 구조화하고 설명하는 능력, 즉 강의력과 문서화 역량을 함께 발전시킬 수 있었습니다. 기술적으로는 버전 관리와 소프트웨어 개발 프로세스에 대한 실무 감각을 키울 수 있었고, 개인적으로는 지식을 나누는 즐거움과 책임감을 배울 수 있었던, 매우 뜻깊은 경험이었습니다.

Q 동료에게 도움을 요청하거나 도움을 줄 때, 상대방과 자신의 시간을 배려하면서 효율적으로 의사소통하는 방식이 있나요? 특히 코드 리뷰나 문제 해결 과정에서 어떻게 모두의 시간을 아끼면서도 목표를 달성하나요?

일대일 또는 소규모 팀 단위로 협업할 때와 여러 명이 함께 참여하는 1대N 형태의 협업 상황에서는 시간을 효율적으로 쓰는 의사소통 방식이 다르게 설계되어야 한다고 생각합니다.

---

5   https://ko.javascript.info

우선 일대일 또는 소수 인원과의 협업에서는 다소 덜 전문적으로 보일 수 있더라도, 상대방과의 관계를 부드럽게 만들고 내 의견이 명확히 전달되도록 사전 분위기를 조성하는 '밑작업'이 중요합니다. 예를 들어 코드 리뷰를 요청할 때는 PR 설명란에 핵심 변경사항을 정리하고, '여기서 이런 고민이 있었고, 그래서 이런 선택을 했다'라는 식의 간단한 맥락 설명을 구두로 덧붙여 전달합니다(문서화는 물론 함께 진행합니다). 이렇게 하면 리뷰어가 더 빠르게 맥락을 이해할 수 있고, 리뷰의 속도와 질도 자연스럽게 향상됩니다.

반면, 1대N 협업에서는 압도적으로 문서화가 중요합니다. 회의나 슬랙 메시지처럼 짧고 구어적인 소통만으로는 오해가 생기기 쉽고, 시간이 지나면 맥락을 파악하기 어려워집니다.

저는 문서를 작성할 때 항상 다음 두 가지 기준을 생각합니다.

1. 이 작업을 나중에 처음 보는 사람이 봐도 이해할 수 있을까?
2. 내가 몇 주 뒤에 다시 이 작업을 맡게 되더라도 흐름을 기억해낼 수 있을까?

이 기준에 따라 필요한 내용을 정리하고 문서화해두면, 나뿐만 아니라 동료의 시간도 절약할 수 있습니다. 참고로 문서는 '미래의 나'뿐만 아니라, '타인'을 위한 산출물이라는 점을 항상 의식하고 작성하려고 합니다.

결국 도움을 주고받는 과정에서 가장 중요한 것은 상대방이 나의 의도를 빠르게 이해할 수 있도록 돕는 태도라고 생각합니다. 작은 친절이나 정리된 문서 하나가 불필요한 질문과 시행착오를 줄이고, 팀 전체의 시간을 절약하는 데 큰 역할을 합니다.

Q 여러 가지 다양한 공동체 활동을 진행하고 계시죠. 공동체 활동이 개발자 개인의 성장뿐만 아니라 전체 개발 문화나 기술 생태계에 어떤 긍정적인 영향을 미친다고 생각하나요?

기술 커뮤니티뿐만 아니라 독서, 명상, 경전 학습 등 다양한 비기술 커뮤니티 활동에도 꾸준히 참여해왔으며, 앞으로도 평생 지속할 계획입니다. 이처럼 자발적인 공동체 활동에 시간을 들이는 가장 큰 이유는 나 자신을 더 깊이 이해하기 위해서입니다.

회사라는 조직 안에서는 각자의 역할이 정해져 있기 때문에 감정을 드러내는 것이 비전문적으로 여겨질 수 있습니다. 이러한 구조에서는 특정 상황에서 내가 어떤 감정을 느끼는지, 어떤 판단을 내리는지 인식하기가 어렵습니다.

반면, 회사 밖의 공동체에서는 좀 더 자연스러운 환경 속에서 내 감정과 행동을 있는 그대로 관찰하고 성찰할 수 있는 기회가 많습니다. 이러한 과정은 결국 자의식self-awareness을 바탕으로 한 리더십 훈련으로 이어집니다.

2018년부터 '위민후코드코리아Womxn Who Code Korea'라는 여성 IT 커뮤니티[6]에서 활동하고 있습니다. 이 공동체 활동을 통해 어떻게 하면 구성원들이 자발적으로 움직이게 만들 수 있을지, 동기를 부여하고 지속적인 참여를 이끌어낼 수 있을지를 고민하고 실천해 왔습니다. 결과적으로, 경제적 보상이 없는 상황에서도 사람들을 움직이는 리더십을 훈련할 수 있었습니다.

공동체에서의 리더는 직책이나 권한이 아니라 신뢰와 공감으로부터 만들어진 힘을 기반으로 영향력을 발휘합니다. 그렇기 때문에 공동체 내 리더십 경험은, 회사라는 이해관계가 복잡하게 얽힌 조직 환경에서도 탁월하게 작동한다고 생각합니다.

Q 최근 생성형 AI 관련 연구를 진행하고 계신데, 생성형 AI 시대에 더 중요해진 개발자 리더십 특성은 무엇일까요? 이를 위해 어떤 노력을 기울여야 할까요?

이 질문은 단순히 개인적인 경험만으로 답변하기 어려운 영역이라고 생각합니다. 왜냐하면 대부분의 개발자는 1인 기업가가 아닌 이상 피고용인의 위치에 있기 때문입니다. 따라서 이 질문에 대한 실질적인 답은 의사결정권자가 리드 개발자에게 기대하는 역량이 무엇인지 파악하는 것에서부터 시작해야 한다고 봅니다.

이런 맥락에서 세계 경제 포럼World Economic Forum, WEF이 발표한 〈The Future of Jobs Report 2025(2025 미래 직업 보고서)〉[7]를 참고하고 있습니다. 이 보고서는 스위스 제네바에 본부를 둔 공공-민간 협력 국제기구인 세계경제포럼이 2년마다 발행하며, 2025년 판은 전 세계 1,000개 이상의 주요 기업과 1,400만 명 이상의 근로자를 대표하는 고용주의 인사이트를 반영하고 있습니다.

보고서에 따르면 2025년 현재 중요하게 여겨지는 역량은 다음과 같습니다(중요도 내림차순).

---

6 https://linktr.ee/wwcodeseoul
7 https://reports.weforum.org/docs/WEF_Future_of_Jobs_Report_2025.pdf

분석적 사고, 회복탄력성·유연성·민첩성, 리더십과 사회적 영향력, 창의적 사고, 동기부여 및 자의식, 기술 이해도, 공감 능력과 능동적 경청, 호기심과 평생 학습, 인재 관리, 서비스 지향성 및 클라이언트 서비스, AI 및 빅데이터, 시스템적 사고, 자원 관리 및 운영, 신뢰성과 세밀함, 품질 관리, 교육 및 멘토링, 네트워크 및 사이버 보안, 디자인 및 사용자 경험, 다국어 구사 능력, 마케팅 및 미디어, 읽기·쓰기·수학 능력, 환경 보호 의식, 프로그래밍, 손재주·인내력·정밀성, 세계 시민 의식, 감각 처리 능력

흥미로운 사안이 하나 있는데, 프로그래밍 역량은 상대적으로 낮은 순위에 있다는 점입니다.

2030년까지 중요성이 증가할 것으로 예상되는 역량 역시 흥미롭습니다. 상위 항목에는 AI, 빅데이터, 네트워크 및 사이버 보안, 기술 이해도가 있고, 그 외 대부분은 소프트 스킬 중심입니다. 특히 저는 이 보고서를 바탕으로, 생성형 AI 시대의 리드 개발자에게 가장 중요해지는 역량은 회복탄력성, 유연성, 민첩성이라고 생각합니다.

2025년 6월 29일, 위민후코드코리아에서 대규모 해커톤을 개최했는데, 깃허브 코파일럿 리드인 클레어 백 Klaire Baek 님이 키노트 스피커로 참석했습니다. 당시 인상 깊었던 내용 중 하나는 주니어 개발자가 오히려 AI 도구를 더 잘 받아들이고 시니어 개발자는 AI를 불신하는 경향이 있다는 이야기였습니다. 사실 저 역시 복잡한 업무라고 판단되면 여전히 프로젝트의 스캐폴딩 scaffolding (기본 구조와 뼈대를 구성하는 초기 작업)을 하나하나 직접 작업합니다. LLM 기반 도구의 성능이 낮았던 시기부터 꾸준히 코드 자동 완성 툴을 사용해왔기에, 여러 번의 시행착오가 저에게 '불신'을 남긴 것이죠.

하지만 그런 실패의 기억이 지금의 기술 수준에도 여전히 유효할까요? 시간이 흐를수록 '아니다'라는 답이 점점 더 많아질 것입니다. 따라서 리드 엔지니어는 유연하게 새로운 도구를 받아들이고, 자신에게 익숙한 업무 방식이나 프로세스를 민첩하게 재설계하는 능력을 갖추는 것이 필수라고 생각합니다.

미래학자 앨빈 토플러 Alvin Toffler 는 다음과 같이 말했습니다.

> 21세기의 문맹은 읽고 쓸 줄 모르는 사람이 아니라,
> 배우고 잊고 다시 배울 줄 모르는 사람이 될 것이다.

6 결정은 혼자, 과정은 함께

 정윤의(디비디랩 CTO)

AWS, 오늘의집 등 다양한 규모의 테크 기업에서 클라우드 인프라와 백엔드 개발을 수행했습니다. 머신러닝 엔지니어로 커리어를 시작했으나 더 근본적인 문제에 대해 관심을 갖게 되어 백엔드 엔지니어, 인프라 엔지니어 등으로 커리어를 다듬어 나갔습니다. 현재의 기술적인 관심사는 컨테이너 기반 분산 시스템과 온프레미스 LLM 서빙입니다. 지금은 컨테이너 기반 애플리케이션 및 인프라를 조율하는 것보다 팀원들을 조율하는 것이 더 근본적이고 중요한 문제라 생각하여, 어떻게 하면 좋은 리더가 될 수 있을지 고민하는 것이 주요 관심사입니다.

리더로서 결정은 단독으로 해야 하지만, 독단적으로 하면 안 된다.

Q 이상적인 개발팀 리더(또는 매니저)의 핵심 자질은 무엇이며, 그 자질이 팀의 성과와 분위기에 어떻게 기여한다고 보나요? 실제로 이를 발휘해 긍정적인 변화를 만든 사례를 말씀해주세요.

팀을 이끄는 리더로서 팀원들이 나를 기꺼이 따르게 만드는 것이 중요하다고 생각합니다. 팀원들은 나를 단순히 리더라는 직함 때문에 따르는 것이 아니니까요. 특히 개발자들은 리더가 존경스럽고 따를 만하다고 생각해야 따르는 경향이 있는 것 같습니다. 팀원들이 나를 따르게 하는 방식은 리더마다 다르지만, 저 같은 경우에는 다음과 같은 원칙을 지키기 위해 노력하고 있어요.

- 틀린 말과 행동하지 않기
- 팀원들과 친밀감을 유지하되 결정은 단독으로 하기

첫 번째로, 리더가 하는 말과 행동은 거의 다 맞는 말, 맞는 행동이어야 합니다. 처음 개발 리더가 된 사람들은 일반적으로 소속 팀원들보다 개발 경험, 실력, 지식의 수준이 월등할 것입니다. 이러한 우위를 가지고 팀원들이 어디선가 막힐 때마다 결정적인 장애물을 뚫어줄 수 있다면, 리더가 든든하게 지켜준다는 느낌을 줄 수 있을 겁니다.

이렇게 말하면 리더가 모든 것을 다 알아야 할 것 같은데, 그건 불가능합니다. 그렇기 때문에 잘 모르는 것은 잘 모른다고 빠르게 인정하고, 팀원과 같이 생각해보는 것이 중요합니다. 잘 모르는 것을 어쭙잖게 아는 척하기보다는 리더도 다 아는 것이 아니라는 사실을 인정하고, 팀원에게 기여를 요청한다면 팀원 개인의 효능감이 오히려 올라갈 수 있다고 생각합니다. 그렇지만 대부분의 경우에 좋은 답변을 곧바로 해줄 수 있도록 늘 공부하고 준비할 필요가 있습니다.

다음으로, 리더에게 말을 거는 것이 어려우면 안 됩니다. 그렇기에 저는 팀원들과 평소에도 아주 친밀하게 지내는 게 중요하다고 생각합니다. 위에 언급한 맞는 말을 하라는 덕목도 결국 팀원이 나에게 질문을 하거나 도움을 요청할 때나 발휘할 수 있습니다. 팀원들과 시간이 허락되는 한 최대한 자주, 많이 이야기하세요. 최근 개발 이슈도 좋고, 키보드나 마우스 얘기도 좋고, 축구, 러닝 등 스몰토크도 좋습니다. 저는 이런 이야기를 하는 시간이 장기적으로 낭비라고 생각하지 않습니다.

그렇지만 업무적인 결정은 철저히 위계적으로 하는 것이 옳다고 생각합니다. 업무상 결정을 리더 한 사람이 해야 하는 이유는 다음 두 가지 이유를 들 수 있습니다. 일단 빠르게 움직여야 하는 개발 조직인 만큼, 가장 효율적으로 의사결정을 할 수 있다는 점이 좋습니다. 두 번째로 결정을 리더가 하면, 책임도 리더가 지면 됩니다. 이렇게 되면 팀원에게 심리적 안전망을 구축해주기 좋은 환경이 됩니다. 여기서 주의해야 할 것은, 결정은 단독으로 해야 하지만, 독단적으로 하면 안 된다는 것입니다. 실무자의 의견을 충분히 듣고, 팀원들의 의견과 나의 경험을 토대로 최적의 판단을 수행해야 위의 모든 덕목을 이룰 수 있습니다.

Q **개발 직군과 비개발 직군 사이에서 의사소통하는 방법이 완벽하게 동일할 수는 없을 것 같은데, 어떤 점에서 가장 큰 차이를 보이나요? 기술적인 사안을 비즈니스적인 사안으로, 또한 비즈니스적인 사안을 기술적인 사안으로 변환하는 과정에서 본인만이 사용하는 특별한 방법이 있나요?**

개발 직군에서는 기본적으로 현상을 분석적으로 바라보며, 추상화하려는 태도를 가집니다. 비개발 직군인 경우에는 태도가 상당히 다양한데, 클라이언트에 가까운 직군일수록 현상 자체가 중요한 경우가 많은 것 같습니다. 예를 들면 이커머스 분야에서는 백엔드 개발자는 사용자, 상품 종류, 상품, 주문, 결제, 결제수단 등의 관계를 데이터베이스 스키마로 그리면서 생각하겠죠. 반면 클라이언트에 더 가까운 직군에서는 그런 것보다는 어떤 것을, 언제, 얼마나, 어떻게 팔 것인지가 더 중요합니다.

가끔씩 개발하기 까다로운 비즈니스 요구사항이 존재합니다. 이때 정답은 언제나 클라이언트와 비즈니스 목표에 있습니다. 우리가 조직에 속해서 개발을 하는 이유는 애초에 회사의 비즈니스 목표를 달성하기 위함이 아닐까요? 그렇다면 그런 비즈니스 요구사항이 왜 나왔는지 클라이언트와 비즈니스 목표 관점에서 이해하는 것이 소통의 첫 시작입니다. 그다음에 개발 난이도가 너무 어려운 요구사항이라면, 목표를 비슷한 정도의 효용으로 달성할 수 있는 다른 방식을 제안해볼 수 있습니다. 예를 들어 정말 가끔 일어나는 복잡한 에지 케이스를 기능 개발로 커버하기보다는, 운영 인력의 수동 조작을 조금 더 편리하게 할 수 있도록 도와주는 슬랙 커맨드를 만들어주는 방법도 좋습니다.

또한 비즈니스 요구사항을 구현하기로 결정했을 때 이를 기술적 요구사항으로 변환할 때도 비즈니스 목표에 대한 이해가 필요합니다. 우리가 어떤 요구사항을 보고 추상화를 하는 이유는 여러 가지가 있지만, 확장성도 중요한 이유 중 하나입니다. 이때 비즈니스 확장 방향을 현재 제시된 요구사항과 회사의 비전을 결합하고 예측해서 사업적이고, 비즈니스적으로 확장 가능한 적절한 정도의 추상화 정도를 찾아낼 수 있어야 합니다.

Q **동료의 코드나 설계에 대해 개선이 필요하다고 판단될 때, 어떤 방식으로 피드백을 하나요? 상대편에게 피드백을 전달하는 본인만의 원칙이나 방법론이 있나요?**

리더로서 팀원에게 개발 측면으로 피드백을 주기 전에, 우선 코드와 인격의 엄격한 분리를 강조하는 편입니다. 내가 어떤 코드의 어떤 부분이 비효율적이라고 말할 때, 그건 상대방이 나쁜 개발자라거나 무능한 사람이라는 의미로 말한 것이 아니라는 것입니다. 그다음, 기술적으로 명백히 잘못된 점을 지적해야 하는 경우 어떤 점이 어떻게 잘못되었으므로, 이렇게 수정되어야 한다고 가능하면 건조하게 피드백을 줍니다. 리더는 팀원들 개개인을 지원하는 역할이지만, 맡은 기술 업무를 정확하게 달성하는 것도 역시 리더의 역할이기 때문입니다. 이때 의도적인 건조함이 포인트입니다. 실수 하나로 팀원의 감정을 건드리는 것은 팀 사기에 좋지 않기 때문입니다. 개발자는 코딩 과정에서 실수를 하기 마련이고, 이건 리더가 되거나, 되실 여러분이 가장 잘 알 것입니다. 명백히 틀린 부분은 그냥 아무런 감정을 담지 않고 수정만 요구하는 것이 바람직합니다.

반면, 답이 정해진 문제가 아니지만 더 나은 방법이 있을 것 같은 경우에는 설계나 코드의 개선 가능한 부분을 지적한 뒤 어떻게 생각하는지, 왜 그렇게 생각하는지 열린 질문을 던지는 편입니다. 그리고 생각의 과정이 명백히 틀렸을 경우에는, 이전에 말한 대로 피드백을 주면 됩니다. 논리적으로 올바른 사고 과정을 통해 충분히 트레이드오프를 수행한 결과물이었던 경우, 미래에 더 좋은 방법으로 고쳐보자는 식으로 마무리할 수 있습니다. 이때 어떤 경우라도 새로운 의견을 내주고, 대담한 시도를 해주어서 감사하다고 말해주면 훨씬 좋겠습니다.

Q 최근 1년간 새롭게 학습하신 기술이나 개념이 있다면, 어떤 방식으로 학습했나요? 이론적인 학습을 넘어서 실제 업무나 프로젝트에 적용할 경우 사용하는 본인만의 학습 과정이 있을까요?

2025년 기준으로 최근 1년은 LLM 분야도 그렇고, 클라우드 인프라 분야도 그렇고 정말 큰 변화가 많아 끊임없이 새로 배우고 지식을 업데이트하려 해도 따라가기 벅찬 시간이었던 것 같습니다. 우선 오늘까지 어떤 기술이 나왔는지 소식을 계속 접하기 위해 링크드인, 미디엄 등의 매체를 매일 모니터링합니다. 이를 통해 새롭게 알게 된 기술이 무슨 문제를 해결하는 도구이고, 어떤 도구와 유사하고, 배워볼 가치가 있을지 등을 한 번씩 판단하는 시간을 확보합니다. 이때 LLM을 사용해 여러 도구를 비교 분석하고, 해당 도구가 어떤 가치를 제공할지 물어보는 방식도 아주 좋습니다.

그다음 실무에서 무엇인가 만들어야 할 때, 이 과정을 통해 머릿속에 임시 저장해둔 기술들을 떠올리는 것입니다. 그때부터는 개별 기술을 실제로 사용하기 위한 공부를 시작하게 됩니다. 우선 '퀵스타트quick start' 섹션을 그대로 따라 해서 일단 사용해보는 방식을 선호합니다. 그다음 우리 요구사항에 맞는 기능을 위주로 공식 문서를 읽습니다. 저는 이 단계에서는 LLM에 질문하는 것을 피합니다. 아직 실전에서 써보지 않은 도구이면서, 장차 정말로 잘 알아야 하는 부분이므로 가능하면 LLM에 생각을 위임하기보다는 문서 원본을 읽고 직접 생각합니다.

그다음은 요구사항에 맞게 해당 기술을 사용하기 위한 기술 디자인 문서(기술 명세)를 작성합니다. 이 기술 디자인 문서는 가능하면 AI 코드 에디터에 그대로 입력할 수 있도록 비교적 저수준까지 기술 요구사항을 작성합니다. 보통은 리더가 할 만한 실무는 기술을 사용할 만한지 테스트하는 PoC 수준이므로 기술의 사용 가능성을 검증하면 이를 문서화해서 전파하면 됩니다.

Q 개발 지식이나 경험을 글로 정리한 적이 있다면 어떤 주제와 어떤 형식(블로그, 위키, 노션 등)이었나요? 그 과정이 개인이나 팀에 어떤 도움이 되었나요?

우선 실무적으로 볼 때, 구현 이전에 작성하는 기술 명세에 글쓰기 역량이 도움이 됩니다. 기술 명세, 또는 기술 디자인 문서는 어떤 기술로, 어떤 방법을 사용해서, 어떤 방식으로 비즈니스 요구사항을 구현할 것인지 명세하는 문서인데요. 내가 가진 개발 지식과 이번 요구사항에 대한 나의 구현 아이디어를 간명하게 전달하기 위해 기본적인 글쓰기 능력이 있어야 합니다. 이를 통해 실제 구현에 들어가기 전에 기술 명세를 기준으로 토론을 진행해서 팀원들이 가지고 있는 구현에 대한 생각을 하나로 모을 수 있고, 이견이 없었다 하더라도 구현 과정에서 빠질 수 있는 함정을 미리 시뮬레이션을 해볼 수 있다는 점이 좋습니다. 또한 요즘 같은 AI의 시대에서는 이러한 기술 명세를 AI 에디터에 컨텍스트로 제공해서 사용할 수도 있지요.

또한 저 같은 경우에는 자주 하지는 않지만, 트러블슈팅하기 매우 까다로웠거나 아직 한국어로 된 자료가 많이 없는 비교적 최신 기술을 도입했던 경우에 기술 블로그의 형태로 경험을 공유하기도 합니다. 제가 좋아하는 기술 블로그의 특성을 보면 건조한 기술적 사실의 나열보다는, 기술을 사용하며 마주한 문제들과 그 해결 과정, 그 과정에서 느낀 생각들이 풍부하게 녹아들어 있습니다. 어떤 기술을 도입할 때, 공식 문서에서 잘 밝혀주는 정량적인 기능과 성능도 중요하지만 기술을 사용해본 사람들의 정성적인 의견도 상당히 중요하기 때문입니다.

또한 최근에 《심각한 테라폼 중독입니다》(제이펍, 2025)라는 기술 서적을 오늘의집에 같이 다닌 동료와 집필해서 출간했습니다. 이런 경우처럼 제가 비교적 많이 알고 있다고 생각하는 기술에 대해서 노하우와 어떤 방법이 더 좋은지에 대한 의견을 정제된 형태로 전달하기 위해 책이라는 수단을 사용하기도 했습니다.

Q **예상보다 오래 걸리는 작업이나 갑작스러운 요청이 들어왔을 때 한정된 시간을 가장 효과적으로 분배하고 우선순위를 결정하기 위해 어떻게 대응하나요?**

우선 클라이언트 입장에서 매우 급한 일인지, 아닌지 먼저 판단해야 합니다. 서비스 장애 상황, 심각한 버그, 동종의 클라이언트 불만이 다량으로 발생하는 등의 상황은 원래 하던 일을 미루고 최우선적으로 다뤄야 합니다. 그리고 반드시 개발이 필요한 업무인지, 아니면 잠시 운영 인력 또는 일회성 쿼리로 막을 수 있는지를 판단합니다. 클라이언트 입장에서 매우 급한데 개발로만 해결할 수 있는 경우 핫픽스 hotfix 배포가 필요합니다. 그러나 클라이언트 입장에서 그렇게 급하지는 않은데 개발이 필요한 일이라면, 요청을 수행해서 미뤄질 기존 개발 업무와 이로 인한 클라이언트 영향을 업무를 요청하는 측에도 환기해줄 필요가 있을 것입니다.

어떤 사정으로든 급하게 끼어든 일때문에 원래 하던 일을 미뤄야 할 때에도, 무슨 일을 미룰지 결정해야 합니다. 가능하면 일보다는 마감 시한을 미루는 것이 좋겠지만, 항상 가능하지는 않습니다. 그러므로 개발을 시작하기 앞서 요구사항에 중요도를 각각 설정해서, 중요도가 낮은 기능부터 타협을 할 수 있어야 하겠습니다.

Q **최근에 테크 리드에서 CTO로 직함이 올라갔다는 이야기를 들었습니다. 테크 리드와 CTO의 가장 큰 차이는 무엇일까요? 그리고 테크 리드에서 CTO로 성장하는 과정에서 어떤 점에 특히 신경 써야 할까요?**

테크 리드 tech lead 는 팀의 기술적 역량을 끌어올리는 것이 주된 역할이라고 생각합니다. 기술적인 부분에서 베스트 프랙티스를 선도하고, 어려운 구현을 지도하고, 팀원 개개인에게 기술적으로 멘토링해주는 것과 같은 일을 합니다. 반면 CTO는 경영진으로서 기술적 관점으로 회사의 발전을 꾀하는 데 역할이 있다고 생각합니다. 또한 저희 같은 소규모 스타트업에서는 개발팀에 대한 매니저 역할도 겸하게 됩니다. 관리 측면에서 보면 아마 조금 더 규모가 있는 회사에서는 '테크 리드'에서 '테크 리드 매니저tech lead manager'가 된 것과 비슷할 수도 있겠습니다(경영진 부분만 빼면).

우선 이렇게 발전하기 위해서는 본인의 전반적인 리더십을 입증해야 할 것입니다. 저의 경우 앞서 언급한 것처럼 저의 역량을 최대한 활용하여 팀원들에게 리더의 효용을 느끼게 해주었습니다. 또한 회사 전체가 어떻게 돌아가는지 파악하고자 하는 생각에 개발팀은 물론이고 개발팀 바깥의 다양한 직군의 팀원들과도 수시로 이야기하고 아이디어를 공유해왔습니다. 중요한 비즈니스 결정을 내릴 때 충분히 비즈니스에 대해 이해하고 높은 수준의 기술적 역량을 가져야 적절히 도움을 줄 수도 있습니다. 이런 부분이 팀원 개개인을 관리하고, 회사의 중요한 의사결정에도 참여할 수 있게 된 바탕이 되지 않았나 생각합니다.

Q 지금까지 인터뷰한 내용 외에 리더십을 발휘하는 핵심 개발자가 되기 위해 중요한 것이 무엇인지 알려주세요.

결국 핵심 개발 리더는 비즈니스와 기술 관점에서 '이걸 왜 해야 하는지', '이 방법이 최적인지' 끊임없이 질문하는 사람이며, 두 질문에 대한 답이 '이것이 현시점에서 최적이며 해야만 한다'라면 무슨 어려운 문제라도 어떻게든 풀어내는 사람입니다.

이런 질문을 할 수 있는 개발자는 불필요한 곳에 역량을 낭비하지 않습니다. 또한 여러 가지 가능한 방법 중에서 최고가 아니라 최선을 찾아서 행동합니다. 그리고 목표가 정해졌을 때 목표 달성을 위해 우직하게 달려드는 행동력과 실력까지 겸비하면, 그야말로 핵심 개발 리더가 아닐까 합니다.

7 제안보다 질문으로 하는 코드 리뷰

 진유림(비바리퍼블리카/프런트엔드 리드)

레진엔터테인먼트, 더핑크퐁컴퍼니를 거쳐 현재 토스에서 웹서비스를 개발하고 있습니다. 좋은 기술이 '쓰이고 확산되는' 구조를 만들기 위해, 조직의 협업 흐름까지 고려한 아키텍처를 설계하고 있습니다. 최근에는 사내 밴드를 결성해, 개발자의 키보드와 연주자의 키보드를 오가며 리듬을 맞추는 중입니다. 저서로는 《팀 개발을 위한 Git, GitHub 시작하기》(한빛미디어, 2023)가 있습니다.

코드 리뷰 과정에서 '제안'도 좋겠지만 '질문'을 해보자.

Q 이상적인 개발팀 리더(또는 매니저)의 핵심 자질은 무엇이며, 그 자질이 팀의 성과와 분위기에 어떻게 기여한다고 보나요? 실제로 이를 발휘해 긍정적인 변화를 만든 사례를 말씀해주세요.

맡고 있는 작은 팀이 있습니다. 지난 학기에는 각 구성원이 1인분 이상의 역량을 발휘하도록 도왔다면, 이번 학기에는 개인의 리더십을 실험해볼 수 있는 장을 설계하고 있습니다.

예를 들어 '월간 리드'라는 제도를 도입해, 누구나 한 달간 팀의 리드를 맡아볼 수 있도록 했습니다. 누가 해도 안전한 실험이 되도록 제가 든든한 백업을 맡았습니다. 이 구조 덕분에 구성원 스스로 '다음엔 이렇게 해보면 더 좋을 것 같다'라는 인사이트를 가지게 되고, '생각보다 리더도 할만한데?'라는 생각도 가지게 됩니다. 또 '영향력 프로젝트'를 통해, 구성원이 본인의 관심사와 소그룹의 방향이 만나는 지점을 설계하고 실행할 수 있도록 했습니다. 소프트스킬 뉴스레터 발행, 메타 코드 리뷰 시스템 등 다양한 프로젝트가 여기서 나왔습니다.

이런 흐름 덕분에 우리 팀은 몰입도가 상당히 높고 주도적으로 움직이는 팀이라는 긍정적인 피드백을 타 소그룹 리드에게 받을 수 있었습니다.

Q 개발 직군과 비개발 직군 사이에서 의사소통하는 방법이 완벽하게 동일할 수는 없을 것 같은데, 어떤 점에서 가장 큰 차이를 보이나요? 기술적인 사안을 비즈니스적인 사안으로, 또한 비즈니스적인 사안을 기술적인 사안으로 변환하는 과정에서 본인만이 사용하는 특별한 방법이 있나요?

최근에 해보고 있는 의사소통 실험은 '판단 보류'입니다. 경험이 쌓일수록 요청을 들으면 본능적으로 답이 먼저 떠오르지만, 그 답을 바로 내뱉기보다는 '이 사람은 왜 이걸 말하고 있을까?'를 먼저 생각하려고 노력합니다.

요청이 표면상으론 비효율적으로 보일 때에도, 그 뒤에 있는 리스크나 맥락을 이해하고 나면 '이걸 할 수는 없지만, 이 방식이라면 가능할 것 같습니다'와 같은 새로운 제안으로 전환됩니다. 이는 '그건 어려우니까 덜 어려운 방법으로 해드리겠습니다'와 같은 대안을 찾는 게 아니라, 훨씬 더 좋은 안을 찾기 위한 질문이라고 생각해주시면 됩니다.

Q 개발 지식이나 경험을 글로 정리한 적이 있다면 어떤 주제와 어떤 형식(블로그, 위키, 노션 등)이었나요? 그 과정이 개인이나 팀에 어떤 도움이 되었나요?

저는 개인적으로 옵시디언(Obsidian)을 활용해 사적인 위키를 운영하고 있습니다. 여기에는 저의 생각, 자료, 질문들이 쌓여 있고, 랜덤 노트 보기 기능을 통해 제 안의 연결되지 않은 생각들을 새롭게 조합해보곤 합니다.

그리고 1년에 한 번씩은 외부 발표를 꼭 하는 편인데, 이 발표의 재료를 옵시디언에서 얻곤 합니다. 발표는 정리된 생각을 정보 디자인, 스토리텔링, 퍼포먼스로 승화시키는 복합적인 예술이라고 생각합니다.

발표를 준비하는 내내 주제에 대한 생각을 정말 깊게 하니까 이런 발표 준비 과정이 개인적으로는 제 내면의 성장을 가장 크게 이끌어낸다고 느낍니다. 발표 준비가 길고 힘들기는 하지만, 그만큼 새로운 정체성이 생기고, 발표 이후엔 외부에서 더 넓은 기회가 열리기도 합니다.

Q 예상보다 오래 걸리는 작업이나 갑작스러운 요청이 들어왔을 때 한정된 시간을 가장 효과적으로 분배하고 우선순위를 결정하기 위해 어떻게 대응하나요?

이 질문에는 (개인적으로는) 정답이 있습니다. 바로 '작게 나눠서 공유 가능한 단위로 만드는 것'입니다. 업무를 최대한 쪼개서, 일부라도 동작 가능한 형태로 만들어 배포하거나 공유합니다. 예컨대 '통신사 가입' 기능을 만들 때, 전체를 다 만든 후 오픈하는 게 아니라 통신사 하나 혹은 시작 페이지라도 먼저 배포합니다.

이렇게 하면 팀이나 리더에게도 현재 진행 상황이 명확히 보이고, 내가 혼자 끙끙대는 일이 줄어듭니다. 예상치 못한 요청이 들어와도, 전체를 다 지켜야 한다는 압박에서 벗어나고 빠르게 우선순위를 다시 조정할 수 있습니다.

Q 최근 1년간 새롭게 학습하신 기술이나 개념이 있다면, 어떤 방식으로 학습했나요? 이론적인 학습을 넘어서 실제 업무나 프로젝트에 적용할 경우 사용하는 본인만의 학습 과정이 있을까요?

최근엔 개발 자체보다는 비즈니스 도메인에 대한 학습이 많았습니다. 비즈니스 통합을 개발하다 보니, 각 서비스의 구조와 핵심 요소를 알고 있을 필요가 있었습니다. 저는 디지털 마인드맵으로 정리합니다. 각 서비스의 주요 대상, 흐름, 제약사항을 한 장에 담고, 나만 볼 수 있게 정리해서 부담 없이 자주 업데이트합니다. 이건 단순 참고 도구라기보다는 제 확장된 뇌라고 느껴집니다.

Q 동료의 코드나 설계에 대해 개선이 필요하다고 판단될 때, 어떤 방식으로 피드백을 하나요? 상대편에게 피드백을 전달하는 본인만의 원칙이나 방법론이 있나요?

코드 리뷰를 '더 좋은 방안을 제시해야 하는 자리'라고 생각하는 분들을 종종 목격합니다. 이러면 리뷰하는 난이도가 높아지기도 하고, 실제로 제안을 했을 때도 이상하게 대화가 잘 안 되는 느낌을 받을 수 있습니다.

여기서 한 가지 팁이 있는데, '제안'도 좋지만 '질문'을 해보는 것입니다. "이 부분, 혹시 이런 상황에선 어떻게 될까요?", "이 선택엔 어떤 트레이드오프가 있었나요?" 같은 질문을 부담 없이 던져보십시오.

질문은 상대를 방어하게 만들지 않습니다. 오히려 논의를 여는 실마리가 되고, 때로는 '이게 더 나은 방향이겠다'라는 자발적인 변화로 이어집니다. 코드 리뷰를 지적의 장이 아니라 설계와 판단력을 함께 키우는 공간으로 만들어가고 싶습니다.

Q 프런트엔드 부문은 가시성이 높고, 디자인과 기술 양쪽 모두에서 유행에 민감하기 때문에 요청도 많고 변화도 빠른 분야로 보입니다. 그러다 보니 급변하는 흐름에 휩쓸려 방향을 잃을 가능성도 큰데요. 그렇다면 중심을 잡고 꾸준히 전진하기 위해서는 어떻게 해야 할까요? 혹시 이와 같은 어려움을 극복한 사례를 소개해 주실 수 있을까요?

프런트엔드는 요청도 빠르고 유행도 빠릅니다. 따라서 무엇이 '휘발되는' 지식이고, 무엇이 '누적되는' 지식인지를 구분하면 불안감을 덜 수 있습니다.

저는 설계와 의사소통 능력이 누적된다고 생각합니다. 혹여나 내가 육아휴직을 다녀오더라도, 기술은 바뀌어 있겠지만 저의 설계 능력과 의사소통에 대한 수요는 변하지 않는 듯이 말입니다.

프런트엔드는 특히 QA, PO, PD, 서버, 데이터 등 다양한 이해당사자 사이에 끼어 있다는 느낌을 받는데, 이를 조금 다르게 생각해보면 "프런트가 지휘자다"라고도 판단할 수 있습니다. 그리고 좋은 프런트엔드 설계를 만들어내기 위해선 이처럼 다양한 사람들의 목소리를 조율하는 의사소통 능력을 수반해야 합니다.

하지만 이 연결을 설계하려면 맥락을 많이 기억해야 합니다. 그래서 슬랙에서 정책 논의나 설계 히스토리에 이모지를 찍으면, 자동으로 문서화되는 시스템을 만들었습니다. 이 시스템 덕에 저는 더 선제적이고 입체적으로 팀 사이를 연결하는 시도를 할 수 있었습니다. 실제로 PM이 공백기가 있었을 때 자연스럽게 제가 PM 역할을 대신하며 주간 회의를 진행하고, 핵심 지표를 추적할 수 있었답니다.

결론은 휘발에 쫓기기보다 연결과 설계를 누적하는 것이라고 요약할 수 있겠습니다.

Q 사내에서 다양한 활동을 통해 개발자들의 응집력을 높이고 계신다고 들었습니다. 여러 차례 진행하시면서 나름의 노하우도 쌓으신 것 같은데요. 그 비결은 무엇인가요?

회사에서 비즈니스 과제만 맡다 보면 어느 순간 일이 반복적으로 느껴지고, '여기서의 성장은 끝났나?' 싶은 생각이 들 수 있습니다. 실제로 이런 이유로 이직을 고민하는 분들도 봤습니다. 저는 이런 흐름이 생기기 전에 개발자가 자발적으로 탐구하고 성장을 실험할 수 있는 구조를 만들어주는 게 중요하다고 생각합니다.

그래서 회사에서 주어진 업무 외에도 구성원이 흥미에 따라 선택할 수 있는 다양한 활동을 열어두고 있습니다. 예를 들어 '프런트엔드 다이빙 클럽'이라는 커뮤니티를 만들어서 구성원이 발표를 하게 독려하거나, 코드 품질 개선 위원회 활동, 프런트엔드 기반 frontend fundamentals 오픈소스 제작 등은 모두 선택 기반으로 운영됩니다.

이런 활동은 개별 개발자의 문제 해결에 대한 적극성을 길러줍니다. 그러면 본업에서도 훨씬 주도적으로 일하게 된답니다. 저는 이 흐름이 팀과 회사의 전체 퍼포먼스를 끌어올리는 선순환이라고 믿고, '유림 님이랑 이런 개발 활동을 하고 오니까 우리 개발자분의 적극성이 엄청 달라졌네? 퍼포먼스가 훨씬 좋아졌다!'라는 피드백을 들을 수 있게 신경을 씁니다.

8 강점은 강화하고, 약점은 협력으로 보완

 차건희(Shell Recharge Solutions/리드 소프트웨어 엔지니어)
미국의 스타트업과 대기업에서 백엔드 개발자와 엔지니어링 매니저로 일했으며, 현재는 팀 리드로 자바 생태계에서 백엔드의 전반적인 성능 향상에 관심을 가지고 있습니다.

나의 강점을 더욱 살리고, 약점은 다른 팀원들의 도움을 통해 보완한다.

Q 이상적인 개발팀 리더(또는 매니저)의 핵심 자질은 무엇이며, 그 자질이 팀의 성과와 분위기에 어떻게 기여한다고 보나요? 실제로 이를 발휘해 긍정적인 변화를 만든 사례를 말씀해주세요.

개발팀 리더의 가장 중요한 자질은 의사소통입니다. AI가 코딩을 하는 지금 시대에도 소프트웨어는 여전히 여러 사람이 팀을 이뤄 만들어내는 결과물입니다. 그렇기에 팀원들이 하나의 공유된 목표를 유지하고 동기를 부여하기 위해서는 원활한 의사소통 기술이 필수입니다.

그중에서도 경청은 가장 필요한 자질입니다. 일단 팀원의 의견을 잘 들어주는 것만으로도 문제의 반은 해결됩니다. 무언가 벽에 부딪혀서 해결책을 찾고자 할 때라면 그 문제를 말로 설명하는 과정에서 근본 원인이나 해결책의 실마리를 얻을 수도 있습니다. 혹은 인간관계로 고민하고 있다면, 그것을 들어주는 것만으로도 상대방은 감정적 해소를 경험할 수 있습니다.

꼭 그 자리에서 해결책을 제시하지 못해도 괜찮습니다. 해결책을 함께 모색해보자는 말한마디로도 해당 팀원은 든든한 지원군을 얻은 느낌을 받을 수 있습니다. 경청 하나만으로도 팀에서 발생할 수 있는 갈등과 감정적 문제를 많이 해결할 수 있다고 생각합니다.

이런 자질을 잘 발휘하는 예로, 저의 현재 슈퍼바이저supervisor를 꼽고 싶습니다. 그의 경청 태도와 자세는 제가 닮고 싶은 자질입니다. 최근에 팀 내 저성과자와 관련해 어떤 해결되지 않은 문제로 다소 공격적으로 의견 피력을 한 적이 있었는데, 제 슈퍼바이저는 침착하게 제 말을 끝까지 다 들어준 후 그 문제의 해결책을 고민하고 논의해나가자고 제안했습니다. 그것만으로도 격앙되어 있던 저의 감정이 많이 누그러지는 것을 경험했습니다.

Q 개발 직군과 비개발 직군 사이에서 의사소통하는 방법이 완벽하게 동일할 수는 없을 것 같은데, 어떤 점에서 가장 큰 차이를 보이나요? 기술적인 사안을 비즈니스적인 사안으로, 또한 비즈니스적인 사안을 기술적인 사안으로 변환하는 과정에서 본인만이 사용하는 특별한 방법이 있나요?

아마 현업에서 가장 갈등이 많이 일어나는 부분이 바로 개발자와 비개발자 간에 발생하는 이해의 차이일 것입니다. 개발자는 시스템적으로 접근하는 경향이 있는 반면, 비개발자는 기능 중심으로 생각하다 보니 이 사이의 간극이 큽니다. 그로 인해 오해가 발생하고, 서로 잘 의사소통했다고 느끼지만 시간이 지난 후에 확인해보면 전혀 다르게 이해하고 있었음을 깨닫곤 합니다. 비개발 직군과 어떤 사안에 대해 의논할 때 제가 즐겨 사용하는 방법은 다이어그램의 활용, 다시 말하기, 클라이언트화, 이렇게 세 가지입니다.

다이어그램을 활용해 기술적인 내용을 시각화하면 기술적 배경이 없는 사람들에게도 쉽게 전달할 수 있습니다.

다시 말하기는 상대방의 관점으로 말함으로써 제가 이해한 바가 맞는지 확인받는 것입니다. 요구사항을 구현할 때 어떻게how는 개발자의 몫이지만, 무엇what은 프로덕트 오너의 몫이기에 무엇이 정말로 필요한지에만 중점을 두고 논의하고, 논의한 후에는 요구사항을 다시 한번 구체적으로 비기술적이지만 기능 중심적인 언어로 되풀이하여 말함으로써 제대로 이해했는지 서로 확인합니다.

고객화는 '나에게 무언가 요청하는 사람이라면 누구나 나의 고객'이라는 마음가짐을 의미합니다. 누군가 저에게 무언가를 부탁하거나 요청할 때 상대방이 같은 개발팀의 팀원이거나 다른 팀(가령 QA, 제품, 디자인 팀의 일원)이라도 동시에 저에게는 고객이라고 생각합니다. 고객의 요청이라면 무엇이라도 들어주겠다는 적극적 의지를 보여주면 그런 태도를 보고 상대방도 협조적인 태도로 바뀌는 상황을 많이 경험했습니다.

Q 동료의 코드나 설계에 대해 개선이 필요하다고 판단될 때, 어떤 방식으로 피드백을 하나요? 상대편에게 피드백을 전달하는 본인만의 원칙이나 방법론이 있나요?

저는 개인적으로 개선점을 조언할 때 직설적으로 하는 편입니다. 물론 개선이 필요한 부분만 감정을 배제하고 팩트 위주로 이야기합니다. 하지만 그 말을 하기 전에, 상대방이 최근에 한 일 중에 잘한 것이 있다면 그 부분을 먼저 칭찬해줍니다.

개발자의 경우, 이러한 일이 코드 리뷰나 패어 프로그래밍 시 일어날 경우가 많은데, 코드 중에서도 굳이 그냥 넘어가도 되는 부분을 "이 부분은 잘 됐다"라고 일부러 언급하거나 말해줍니다.

그러고 나서 개선이 필요한 부분에 대해서도 언급하는데, 이때도 반드시 제 자신이 과거에 했던 비슷한 실수나 잘못을 먼저 공유합니다. 이렇게 하면 대개의 경우 상대방은 방어적이지 않고 열린 마음으로 조언을 받아들이는 것을 많이 경험했습니다.

Q 특별히 선호하는 개발 방법론은 무엇인가요? 해당 방법론의 장단점과 함께 특정 프로젝트나 팀 환경에서 왜 더 적합하다고 보는지 설명해주세요.

선호하는 개발 방법론은 테스트 주도 개발test-driven development, TDD입니다. 물론 모든 경우에 테스트 케이스부터 먼저 작성하고 시작하는 극단적인 테스트 중심 개발은 아니고, 버그 수정 작업의 경우에 TDD가 가장 효과적이라고 생각합니다.

기능 개발의 경우에는 완벽한 테스트 케이스를 미리 작성하기가 쉽지 않기 때문에 이 단계 때문에 전체 개발 시간이 늘어나는 것은 바람직하지 않습니다. 대신 중요한 테스트 케이스만 먼저 작성하고, 다른 테스트 케이스는 기능 개발 막바지에 추가해도 무방합니다.

하지만 버그 수정의 경우에는 작성해야 하는 테스트 케이스가 명확하고 대개의 경우 한두 개의 테스트 케이스만 필요하다는 점, 그리고 버그 수정 전/후 코드 작동을 확인할 수 있는 가장 쉬운 방법이라는 측면에서 TDD를 활용하는 것이 유용합니다.

Q 코딩 어시스턴트 도구를 사용하고 있다면 개인과 팀 차원에서 개발 생산성 향상에 어떤 긍정적/부정적 영향을 주었는지 말씀해주세요. 이를 효과적으로 활용하기 위한 팁이 있나요?

개인적으로 사용하는 자동화 스크립트라든지, 테스트를 명확히 할 수 있는 경우에 한해 코딩 어시스턴트 도구를 사용하면 시간을 크게 절약하면서 동시에 위험성도 줄일 수 있습니다.

누군가의 도움으로 얻은 코드를 사용할 것인지 말 것인지, 검증을 할 것인지 등에 대한 판단과 결정은 결국 자신의 몫이고 책임 또한 자신이 오롯이 지는 것입니다. 코드가 결국에는 프로덕션 환경에서 실행될 텐데, 프로덕션 환경은 개발 환경과는 완전히 다르기 때문에 도구를 통해 생성한 코드는 매우 조심하고 주의를 기울여야 합니다.

Q 예상보다 오래 걸리는 작업이나 갑작스러운 요청이 들어왔을 때 한정된 시간을 가장 효과적으로 분배하고 우선순위를 결정하기 위해 어떻게 대응하나요?

갑작스러운 요청이 들어오면 우선순위를 조정해야 합니다. 이를 위해서는 프로덕트 오너나 프로젝트 매니저와 함께 슬랙을 통해 우선순위 조정을 위한 논의 시간을 간략하게 갖습니다. 갑작스러운 요청이 프로덕션 이슈이면 문제의 심각도에 따라 우선순위를 갖게 되고, 다른 기존 진행 업무들은 자연히 뒤로 미뤄집니다. 이 과정이 모든 이해당사자들 사이에서 논의되고 공유되는 것이 중요합니다. 자칫 의욕이 앞선 나머지, 프로덕션 환경에서의 에러를 수정해야 하는 요청이 들어올 때 그 요청을 바로 처리하는 경우가 있는데, 개발자가 보기에는 해당 이슈가 심각하게 보여도 운영적인 측면에서는 크게 문제가 안 될 수도 있기 때문에 반드시 이해당사자들과 함께 논의하는 것이 바람직합니다.

Q 최근 한국에서도 해외로 진출하는 개발자들이 점점 늘고 있습니다. 그렇다면 한국과 비교했을 때, 해외에서는 개발자들에게 어떤 특성을 특히 요구하나요? 또 한국에서 배우거나 경험하기 어려운 부분이 있다면, 어떻게 대응하는 것이 좋을까요?

제가 비교할 수 있는 것은 미국과 한국의 개발 문화 차이입니다. 다른 분야와 비슷하게 한국 개발자들의 생산성이나 노동 시간은 미국과 비교해봤을 때 상당한 차이가 있습니다. 한국 개발자의 업무 강도는 전 세계적으로도 높은 편에 속합니다. 이렇게 열심히 많은 일을 단기간에 해내는 것이 한국에서는 미덕이지만 미국에서는 꼭 그렇지는 않습니다.

오히려 그렇게 할 경우, 쉽게 번아웃이 오고 일과 삶의 균형이 깨지는 것을 우려하기 때문에 과도하게 일하는 것을 권장하지 않습니다. 훨씬 더 적은 양의 일을, 더 많은 시간을 들여 완성해도 됩니다(상대적으로 그렇다는 것입니다).

또한 혼자서 모든 일을 다 잘해내는 만능 개발자가 아닌, 함께 팀워크를 이뤄서 도움을 주기도 하고 도움을 받기도 하면서 한 팀으로서 결과물을 얻기를 원합니다. 자기가 부족한 부분을 어떻게 해서든 스스로 공부하고 학습해서 메꾸는 것도 좋지만, 다른 사람으로부터 도움을 잘 받는 것도 중요한 기술(?)입니다.

그러므로 미국으로 혹은 해외로 진출하려는 개발자가 있다면 '내가 혼자서 다 잘해낼 거야'라는 마음가짐보다는 '나의 강점을 더욱 살리고, 약점은 다른 팀원들의 도움을 통해 보완한다'라는 마음가짐이 중요합니다. 이를 위해서는 솔직하고 정직해져야 합니다. '나는 다 잘해'라는 가면을 벗고, 모르는 것은 솔직히 모른다고 하고 도움이 필요하다고 말하는 것이 좋습니다.

Q 지금까지 인터뷰한 내용 외에 리더십을 발휘하는 핵심 개발자가 되기 위해 중요한 것이 무엇인지 알려주세요.

리더십을 위한 몇 가지 키워드를 꼽자면 다음과 같습니다. 포용심, 너그러운 마음, 인내심입니다.

'포용심'은 자신보다 뛰어난 개발자에 대해 시기나 질투를 하지 않고 있는 그대로 받아들이고 인정해주는 태도입니다. 이런 포용심은 결국 그 사람으로부터 무언가를 배우고자 하는 마음으로 연결되고, 자신의 발전으로까지 이어집니다. 나아가 그 뛰어난 개발자가 자신의 팀원이 될 수도 있고, 혹은 협업을 통해 자신에게 큰 도움을 줄 수도 있습니다.

'너그러운 마음'은 잘잘못을 너무 따지려고 들지 않는 자세입니다. 개발자는 업무 특성상 시시비비를 가리는 것이 자연스러운 일입니다. 동료 개발자가 작성한 코드 변경 때문에 내가 작성한 테스트가 실패하더라도 기본적으로 너그러운 마음을 먼저 가져야 합니다. 그렇다고 잘못된 코드를 무조건 용인하라는 것은 아닙니다. 잘못을 지적하되, 나 역시 같은 실수를 저지를 수 있다는 겸손함, 그리고 같은 목표를 향해 나아가는 팀원에 대한 동료애를 먼저 장착한 후 그 토대 위에서 비판과 지적이 이루어져야 한다는 것입니다. 이러한 비판과 지적은 '한 팀'이라는 나무를 향해 부는 모질고 세찬 바람이 아니라 나무를 자라게 하는 따뜻한 햇살이 될 것입니다.

마지막으로 '인내심'입니다. 팀 내 저성과자나 신규 팀원이 적응하도록 도울 때 다소 시간이 걸리더라도 인내를 가지고 기다릴 줄 알아야 합니다.

쓰고 보니 다 현재 제게 부족한 점들을 나열하고 말았습니다. 또한 과거에 겪었던 아픔과 상처의 원인들이기도 해서 더욱 뼈아프게 다가옵니다. 리더는 기술적 역량보다 따뜻한 마음, 그리고 존중과 배려가 더 중요한 것임을 반백이 넘은 나이가 되어서야 이해했습니다.

9 할 수 있음과 잘함의 구분

> **하규태(1인 개발자/프리랜서 강사)**
>
> 초기 스타트업부터 유니콘 기업, 대기업에 이르기까지 다양한 조직에서 백엔드 개발 경험을 쌓아왔습니다. 다양한 개발 조직 문화를 경험하면서 제품 개발팀의 리더십에 특별한 관심을 갖게 되었으며, 높은 기준의 리더십 철학을 추구하게 되었습니다. 현재는 사회에 가치를 제공하는 제품 개발에 집중하는 1인 개발자로 활동하고 있습니다. 효율적인 일 처리를 중요시하며 AI를 통한 업무 생산성 향상에 관심이 많습니다. 최근에는 이를 바탕으로 혼자서도 훨씬 넓은 범위의 업무를 수행할 수 있게 된 현재 상황을 적극적으로 활용하고 있습니다.

새로운 기술을 학습할 때는 '할 수 있는 것'과 '잘하는 것'을 구분하는 것이 중요하다.

Q 이상적인 개발팀 리더(또는 매니저)의 핵심 자질은 무엇이며, 그 자질이 팀의 성과와 분위기에 어떻게 기여한다고 보나요? 실제로 이를 발휘해 긍정적인 변화를 만든 사례를 말씀해주세요.

저는 개발팀 리더(매니저)의 가장 중요한 자질을 팀원들이 자발적으로 움직이게 하는 능력, 그리고 이를 통해 팀 역량을 끌어올리는 능력이라고 생각합니다. 물론 정확한 목표 설정이나 체계적인 계획 수립 같은 것들도 중요한 자질이지만, 이 모든 것은 팀원들의 자발적인 헌신이 없이는 제대로 달성하기 어렵기 때문입니다.

이를 위해서는 두 가지가 특히 중요하다고 생각합니다. 첫 번째는 가이드라인을 동반한 자율성의 부여입니다. 즉 팀원에게 주어진 업무를 해결할 수 있는 충분한 자율성을 주되, 만약 잘못된 방향으로 진행되고 있다면 대화와 토론을 통해 스스로 깨달을 수 있도록 돕는 방식입니다. 구성원이 크게 엇나가지 않도록 미리 적절한 가드레일을 설정해주는 것이 리더(매니저)의 중요한 역할이라고 봅니다.

두 번째는 관심과 거리 두기의 균형입니다. 팀원들이 자발적으로 움직이게 하려면 개인의 성향을 파악해야 합니다. 어떻게 일할 때 동기부여가 되는지, 어떤 상황에서 낙담하는지를 관찰해서 개인별로 맞춤형 관리를 하는 겁니다. 또한 개인의 목표나 꿈을 알아두었다가 팀 목표를 달성하는 과정에서 개인 목표도 함께 이룰 수 있도록 기회를 제공하려고 노력합니다. 다만 지나친 관심은 부담이 될 수 있으니 적절한 거리감을 유지하는 것이 중요하다고 생각합니다.

지금부터는 실제로 제가 주니어 개발자 두 명을 관리했던 경험을 말씀드리겠습니다.

동료 A는 스스로 동기부여가 잘 되고 목적의식이 분명한 타입이었습니다. 이런 분에게는 오히려 간섭이 독이 될 수 있는 상황이었습니다. 하지만 아직 주니어라 경험이 부족했기 때문에, A의 업무에 대한 이해와 생각을 들어주는 데 집중하고 우려되는 부분을 가드레일로 지정해줘서 전체적인 방향을 크게 벗어나지 않는 선에서 스스로 잘할 수 있도록 배경을 만들어주는 데 집중했습니다. 그리고 본인 이야기를 늘어놓는 걸 좋아하지 않았기 때문에 가끔 같이 밥을 먹을 때면 제가 생각하는 커리어 경험과 전략을 이야기해주는 경우가 많았습니다.

반면 동료 B는 머리는 정말 똑똑한데 관심받길 좋아하고 일을 빨리 끝내고 딴짓하기를 좋아했습니다. 그래서 정말 동생처럼 두고 장난도 치고, B가 좋아하는 게임 대회 이야기 등을 함께 나누면서 친밀감을 기반으로 동네 형처럼 일을 시켰습니다. 그리고 일을 하면서 꼼수를 부리지 못하도록 항상 정석으로 일하는 방법을 기반으로 가이드라인을 제시해주었습니다. 또한 B의 커리어 목표와 고민을 들어주고 최대한 팀의 목표와 일치할 수 있도록 기회를 제공하고자 노력했습니다.

결과적으로 A는 A대로 B는 B대로 잘했습니다. 특히 기분이 좋았던 점은 B가 스스로 일을 찾아서 한다는 점이었습니다. 그런데 안타깝게도 조직 개편으로 더 이상 B를 관리할 수 없게 되었고, 그렇게 B는 그 이후에 원래의 모습으로 돌아가 조직에 기여하지 못하다가 퇴사를 했습니다. 안타깝지만 흥미로운 지점은 B가 스스로의 판단과 만족에 따라 조직에 기여하지 않겠다고 결정한 것이었습니다.

이처럼 리더(매니저)의 역량에 따라 조직원 개개인의 역량이 달라질 수 있다고 생각합니다. 비록 저는 소수의 인원을 관리했지만, 만약 10명 이상이 되는 좀 더 큰 규모의 조직을 관리하게 된다면 리더(매니저) 한 명의 역할이 조직의 생산성을 크게 좌지우지할 수 있겠구나를 느꼈습니다. 그리고 결국 이는 팀과 회사의 생산성을 긍정적이거나 부정적으로 크게 변화시킬 수 있음을 의미한다고 봅니다.

Q 예상보다 오래 걸리는 작업이나 갑작스러운 요청이 들어왔을 때 한정된 시간을 가장 효과적으로 분배하고 우선순위를 결정하기 위해 어떻게 대응하나요?

예상보다 오래 걸리는 작업이나 갑작스러운 요청이 들어왔을 때, 저는 가장 먼저 전후 맥락을 파악하는 것부터 시작합니다. 단순히 요청사항을 그대로 받아들이기보다는 이해당사자들과의 대화를 통해 요청의 본질이 무엇인지 파악하려고 노력하고, 그 과정에서 우선순위를 정합니다.

경험상 오래 걸리는 작업이나 갑작스러운 요청은 기획 레벨에서 여러 과정을 거쳐 내려진 결론이 중간 과정 없이 전달되는 경우가 빈번합니다. 여기서, 논의 과정에 개발 실무자들이 참여하지 못하기 때문에 현실적이지 못한 결론에 도달할 수 있다는 문제가 발생합니다. 이럴 때 저는 회의록을 직접 살펴보거나 전달자와 충분한 대화를 통해서 그 작업의 본질을 찾고, 진짜 목적에 따라 비즈니스 임팩트를 고려하여 우선순위를 나누거나 우회 방안을 모색합니다. 본질을 파악한 후 이에 기반해서 우선순위를 정하는 것이 한정된 시간을 가장 효과적으로 사용하는 방법이라고 생각합니다.

경험 기반으로 각색한 가상 사례로 설명을 드리자면, 온라인에서 상품을 판매하는 커머스 서비스에서 있었던 일입니다. 이런 커머스 서비스에서 상품 리스트는 굉장히 비즈니스적 가치가 높은 기능인데, 보통 서비스 개발 조직과 랭킹 개발 조직이 나누어져 있습니다. 당시에 저는 서비스 개발 조직에 속해 있었습니다. 그러던 어느 날 갑자기 관리자가 랭킹 개발 조직에서 개발 중이던 머신러닝 기반 알고리즘을 바로 적용해서 다음 주에 배포할 때 출시하자고 요청했습니다. 이는 갑작스러운 요청이기도 했지만 새로운 알고리즘 적용이라서 예상보다 훨씬 오래 걸릴 수 있는 작업이었습니다. 이런 갑작스러운 랭킹 알고리즘 변경은 여러 사이드 이펙트를 불러올 수 있는데, 불공정거래 규제나 입점 업체들의 반발 가능성 때문에 과도한 변경이 한 번에 발생하면 신뢰도와 비즈니스 가치가 하락할 수 있습니다. 그래서 점진적으로 적용하는 식으로 소비자나 입점 업체의 반응을 살펴보면서 진행할 필요가 있었습니다.

하지만 왜 갑자기 이런 결정이 내려졌는지 맥락을 파악해보니 새로운 사실을 알게 되었습니다. 꼭 입점시키고 싶은 업체가 있었는데, 그 업체의 계약 조건이 바로 리스트 내 상단 노출이었던 것입니다. 대표님이 이 업체와 미팅에서 그런 요구를 받고 난 후, 바로 랭킹 개발 조직장에게 이런 노출 변경이 가능한지 물어봤습니다. 그런데 새로운 머신러닝 알고리즘을 빨리 선보이고 싶었던 조직장이 깊이 생각해보지 않고 "저희가 개발 중인 알고리즘을 적용하면 그 업체 상품들이 상위에 나올 겁니다"라고 답변해버린 게 화근이 되었던 것이었습니다.

이런 맥락을 파악하고 나니 훨씬 더 다양한 해결 방안이 보였습니다. 관리자와 함께 랭킹 개발 조직장과 대화를 통해 배경을 확인한 뒤, 상위 조직장에게 급작스러운 알고리즘 변경의 위험성을 설명했습니다. 그 결과 임시 프로모션을 통해 우선 해당 업체 상품의 상위 노출이라는 필수 목적을 빠르게 달성하고, 새로운 머신러닝 알고리즘은 A/B 테스트와 충분한 검증을 거쳐 안전하게 배포하기로 결정했습니다. 이렇게 본질적인 목적을 즉시 해결하면서도 장기적인 관점에서 더 나은 방향으로 진행할 수 있었습니다.

이렇게 맥락을 파악하는 것은 우선순위가 높은 목표를 빠르고 효율적으로 달성하는 데 중요할 뿐만 아니라 팀원들의 사기 진작에도 도움이 됩니다. 만약 이런 전후 맥락을 작업이 끝나고 알게 된다면, 함께 일한 팀원들이 허탈해할 가능성이 높습니다. 업무 과정에서 개개인이 갑작스러운 업무에 대해 납득하고 진행하는 편이 훨씬 더 효율적이고 좋다고 생각합니다.

Q 동료에게 도움을 요청하거나 도움을 줄 때, 상대방과 자신의 시간을 배려하면서 효율적으로 의사소통하는 방식이 있나요? 특히 코드 리뷰나 문제 해결 과정에서 어떻게 모두의 시간을 아끼면서도 목표를 달성하나요?

도움을 요청할 때의 핵심은 '준비된 요청'입니다.

먼저 문제 상황과 지금까지 시도해본 것들을 글로 정리해서 전달합니다. 상대방이 문제를 파악하는 시간을 최소화하기 위한 목적이 큽니다. 정리하면서 상대방이 궁금해할 만한 부분들을 미리 생각해보고, 관련 정보도 함께 준비합니다.

그다음에는 가능하면 대면이나 음성으로 대화하는 것을 선호합니다. 글로만 주고받으면 서로 오해가 생길 수 있고, 말로 하는 게 훨씬 빠르기 때문입니다. 다만 대화를 마친 후에는 논의된 내용을 정리해서 다시 공유합니다. 기록도 남기고, 서로 같은 이해를 했는지 확인하기 위해서입니다.

도움을 줄 때는 '듣는 것'부터 시작합니다. 섣불리 조언하지 않는 게 핵심입니다. 문제 상황을 정확히 파악하기 위해 질문을 많이 합니다. 일부만 듣고 바로 답을 주려고 하면, 도움을 구하는 사람이 원하는 방향과 다를 수 있기 때문입니다.

질문하는 과정에서 좋은 일이 생깁니다. 상대방이 문제에 대해 다시 한번 생각하게 되면서 스스로 해답을 찾는 경우가 많습니다. 또 어떤 부분에서 어려움을 겪는지 파악할 수 있어서, 더 정확한 조언을 할 수도 있습니다.

코드 리뷰에서도 같은 원칙을 적용합니다. 코드에 문제가 보여도 바로 지적하지 않고, "이 부분은 어떤 의도로 작성하신 건가요?"라고 물어보는 식으로 접근합니다. 맥락을 이해하고 나면 훨씬 효과적인 피드백을 줄 수 있습니다.

Q 개발 직군과 비개발 직군 사이에서 의사소통하는 방법이 완벽하게 동일할 수는 없을 것 같은데 어떤 점에서 가장 큰 차이를 보이나요? 기술적인 사안을 비즈니스적인 사안으로, 또한 비즈니스적인 사안을 기술적인 사안으로 변환하는 과정에서 본인만이 사용하는 특별한 방법이 있나요?

가장 큰 차이는 접근 방식에 있습니다. 기술 직군과는 "어떻게 할 것인가(방식)"에 무게중심을 두고, 비개발 직군과는 "우리가 무엇을 기여할 수 있는가(가치)"에 무게중심을 둡니다.

비개발 직군과 소통할 때는 기여 가능한 가치를 중심으로 접근합니다. 매니저, 기획자, 디자이너, 영업팀 등 여러 직군이 모여서 공통 목표를 논의할 때, 각자가 그 목표 달성에 어떤 기여를 할 수 있는지 이야기하게 됩니다. 예를 들어 이커머스에서 '충성 클라이언트를 위한 특별 전시전'이라는 목표가 생기면, 저는 백엔드 개발자로서 '우리가 클라이언트 분석을 위한 데이터를 보유하고 있어서 맞춤형 상품 추천을 제공할 수 있다'거나 프론트엔드 개발자로서 '기존 이벤트 페이지 템플릿을 활용해 빠르게 프로토타이핑할 수 있다'

라는 식으로 우리 팀이 기여할 수 있는 부분을 중심으로 이야기합니다.

필요하다면 현실적인 제약사항도 가치 관점에서 전달합니다. '현재 팀의 상황상 이 정도 수준까지는 기여 가능하다'거나 '일정을 고려하면 이런 방식으로 도움을 줄 수 있다'라는 식으로 말입니다. 기술적인 구현 세부사항보다는 우리가 비즈니스 목표에 어떤 도움을 줄 수 있는지에 무게를 두고 소통하는 것이 중요합니다.

개발 분야는 전문성의 깊이가 있어서 비개발직군이 기술적 맥락을 이해하기에는 장애물이 많습니다. 그래서 전문 용어나 복잡한 기술적 설명은 오히려 소통을 방해합니다. 대신 비유나 추상적인 플로 설명을 활용해 상대방이 이해하기 쉽게 전달하려고 합니다.

반대로 기술 직군과 소통할 때는 효율적인 구현 방식을 찾는 데 무게중심을 둡니다. 전문성을 바탕으로 가능한 한 모든 기술적 맥락을 동원해서 치열하게 논의하는 게 중요합니다. 정확한 용어 정의를 기반으로 한 정밀한 의사소통이 필요합니다.

기술적인 사안을 비즈니스적 사안으로 변환할 때 제가 사용하는 특별한 방법이 있다면, 상대방의 기술 이해도를 평소에 파악해두는 겁니다. 지속적인 소통을 통해 각 동료가 어느 정도까지 기술적 내용을 이해할 수 있는지 측정하고, 그에 맞춰 변환의 수위를 조절합니다. 한번은 기술을 잘 이해하는 PO에게 "너무 쉽게만 설명하려고 한다. 더 기술적인 세부사항을 알고 싶다"라고 피드백을 받아서 반성한 적도 있습니다. 비개발직군이라도 기술적 맥락을 포함해서 전달할 수 있다면 그게 최상입니다.

비즈니스 사안을 기술 사안으로 변환할 때는 비즈니스 가치 맥락을 함께 전달하는 데 신경을 씁니다. 개발자들도 자신의 업무가 어떤 비즈니스 가치를 갖는지 이해해야 동기부여와 책임감이 생기기 때문입니다. 그리고 그 맥락을 알아야 언더엔지니어링under-engineering이나 오버엔지니어링over-engineering 없이 적절한 기술적 방식을 선택할 수 있고, 정확한 일정 산정도 가능해집니다. 예를 들어 지속적인 확장이 예정된 기능이라면 심도 있는 설계와 여유 있는 일정이 필요하지만, 단발성 프로토타이핑이라면 빠르게 결과물을 내고 더 중요한 일에 집중할 필요가 있습니다.

결국 방식과 가치 모두 필요하지만, 상대와 상황에 따라 어디에 무게중심을 둘지를 적절히 조절하는 게 핵심입니다.

Q 최근 1년간 새롭게 학습하신 기술이나 개념이 있다면, 어떤 방식으로 학습했나요? 이론적인 학습을 넘어서 실제 업무나 프로젝트에 적용할 경우 사용하는 본인만의 학습 과정이 있을까요?

새로운 기술을 학습할 때 가장 중요하게 생각하는 사안은 '할 수 있는 것'과 '잘하는 것'을 구분하는 것입니다. 예를 들어 카프카를 전달 보장이 중요한 메시지 전달 용도로 쓰거나 일래스틱서치Elasticsearch를 주요 데이터 원문 저장소로 쓰는 방식은 각 기술의 강점을 제대로 파악하지 못해서 생기는 문제라고 생각합니다.

본인이 익숙한 기술에 대해서는 안티패턴이나 강약점이 명확하게 보이지만, 새로운 기술을 접하는 입장에서는 누구나 초보자가 되니까 더욱 제대로 학습하려는 노력이 필요합니다. 그래서 저는 새로운 기술을 접할 때 항상 다음과 같은 세 단계를 거칩니다.

첫 번째는 배경과 철학 이해하기입니다. 왜 이 기술이 나왔는지, 어떤 문제를 해결하려고 했는지를 먼저 파악합니다. 요즘에는 AI와 기술적 토론을 많이 활용하는데, 제가 적용하려는 사용 사례를 상세하게 설명하고 그 기술이 정말 적합한지 오랜 시간에 걸쳐 검증합니다.

두 번째는 다른 대안과의 비교 분석입니다. 작년에 Dagster를 도입할 때도 에어플로Airflow와 철저히 비교했습니다. 두 도구가 추구하는 철학이 어떻게 다른지, 기존에 에어플로를 쓰면서 불편했던 점들이 해소되는지, 우리 시스템 요구사항에 맞는지를 꼼꼼히 따져봤습니다. Qdrant 벡터 데이터베이스를 도입할 때도 일래스틱서치나 Milvus와 비교하면서 설계 철학의 차이점을 중심으로 학습했습니다.

세 번째는 실전 검증과 사례 연구입니다. PoC를 통해 직접 써보고, 다른 회사들의 프로덕션 사용 사례도 많이 찾아봅니다. 개인 학습만으로 한계가 있으므로 실제 운영 경험을 되짚어서 미래에 겪을 수 있는 문제들을 미리 확인하기 위한 목적입니다.

이런 과정을 거치면 기술 도입에 대한 확신이 생기고, 나중에 문제가 생겨도 왜 이런 선택을 했는지 근거를 가지고 대응할 수 있습니다.

Q 개발 지식이나 경험을 글로 정리한 적이 있다면 어떤 주제와 어떤 형식(블로그, 위키, 노션 등)이었나요? 그 과정이 개인이나 팀에 어떤 도움이 되었나요?

프로젝트를 진행하면서 저의 사고 과정과 문제 해결 과정을 위키에 체계적으로 기록해왔습니다. 단순히 업무 인계를 위해서가 아니라, 생각을 글로 정리하는 과정에서 제 머릿속 아이디어가 더 명확해지고 기억에 잘 남으며, 팀 전체의 기술적 자산이 축적되기 때문입니다.

주로 세 가지 영역에 집중해서 문서화해왔습니다. 첫 번째는 핵심 콘셉트 정리, 두 번째는 시스템 아키텍처 설계, 세 번째는 구현 과정에서 배운 학습과 문제 해결 내역입니다.

핵심 콘셉트의 주어진 과제가 'LLM을 이용한 텍스트 분석'이라고 할 때 핵심 콘셉트 정리 예시는 다음과 같습니다.

- 최초에 적재되어 있는 모든 데이터를 한 번에 분석하는 배치 분석과 이후 자연스럽게 이어지는 실시간 유입 텍스트의 동적 분석을 지원하는 시스템 구조
- 유입되는 데이터의 처리 과정을 여러 단계로 나눠서 유향 비순환(directed acyclic graph, DAG) 형태로 표현하고, 각 과정의 중간 산물을 저장하여 분석 완료 후 데이터 디버깅을 할 수 있는 데이터 파이프라인 구조

즉 주어진 과제를 해결하기 위해 깊이 있게 사고한 결과로 도출되는 핵심 접근 방식들을 의미합니다.

시스템 아키텍처는 이런 핵심 개념들을 실제로 구현해내기 위한 아키텍처 다이어그램을 포함해서 개별 기술 요소에 대한 조사 결과와 선택 이유, 미래의 시스템 확장 방안 등을 다룹니다. 앞선 예시에 이어서 말하면 다음과 같은 내용이 포함될 수 있습니다.

- DAG 형태로 데이터 처리 과정을 표현하기 위해 에어플로를 사용할지, Dagster를 사용할지에 대한 고민 과정과 선택 이유를 기록하는 것
- Dagster로 결정한 이후에는 이 도구의 핵심 철학을 바탕으로 DAG 하나의 노드 구조를 추출, 변환, 적재(extract, transform, load, ETL) 형태에 맞춰서 파이썬 클래스로 어떻게 표현할지에 대한 내용을 문서화하는 것

- 각 DAG 노드를 어떻게 논리적인 그룹으로 묶어서 처리 단위를 표현할 것인지에 대한 고민을 기록하는 것
- DAG 노드별 중간 산출물이 LLM 실행 결과라서 비정형 데이터이기 때문에 몽고DB$_{MongoDB}$에 저장하기로 결정한 과정을 기록하는 것

바로 이런 내용이 시스템 아키텍처 문서화에 해당됩니다.

마지막으로는 핵심 콘셉트와 시스템 아키텍처를 고민해서 정리하고 개발을 시작했지만, 개발하는 과정에서 드러난 처음엔 예상치 못했던 어려움들을 기록했습니다. 문서와 책에서는 발견하기 어려웠지만 개발하면서 배우게 되는 내용들이나 사용 노하우도 담았습니다. 또한 제가 겪은 시행착오를 다른 사람이 반복하지 않도록, 어떤 실수를 했고 왜 그런 일이 발생했는지를 기록했고, 서비스 데이터를 기반으로 한 데이터베이스 비교 벤치마크 등을 남겼습니다.

이런 기록들이 있어야 팀에서도 기술적 경험 자산으로 활용할 수 있고, 뒤이어 업무를 인계받는 사람이 프로젝트의 전체 맥락을 파악하고 제대로 이어서 개발할 수 있습니다.

저는 경력에 비해 이직이 잦은 편이지만, 이직할 때마다 떠나는 팀에 제가 작성해온 많은 개발 위키 문서를 남겼습니다. 그래서 비교적 마음 편히 떠날 수 있었고, 추후에 전 직장 동료들과 얘기하는 과정에서도 주요 아이디어 위주로 문서를 잘 남겨주어서 많은 도움이 되었다는 피드백을 여러 차례 들을 수 있었습니다.

Q 경력을 쌓아가는 과정에서 중간중간 정리하는 시간도 필요하다고 생각합니다. 최근에는 강의를 비롯해 본인의 경험을 정리하고 공유하는 시간을 가지고 계신다고 들었는데요. 이 과정에서 어떤 방식으로 방향을 잡고, 또 어떻게 실천하고 있나요?

저는 현재 회사를 퇴사하고 약 반 년 동안 원격으로 개발자 양성 부트캠프에서 전업 강사로 일하고 있습니다. 부트캠프 강의 외에도 라이브 기술 세션을 진행하고, 녹화 강의도 준비하고 있습니다.

방향을 잡는 과정에서는 크게 두 가지를 명확히 하려고 했습니다. 하나는 근 10년간 실무에서 쌓아온 기술적 경험을 어떻게 체계적으로 정리해서 전달할 것인지, 다른 하나는 제가 생각하는 '좋은 개발자의 자질과 태도'와 같은 가치적인 부분을 어떻게 함께 녹여

낼 것인지였습니다.

실천 과정에서는 다음 세 가지 관점을 중요시하고 있습니다.

첫 번째는 개인적 성장입니다. 경험을 정리하고 다른 사람에게 전달하는 과정에서 저 자신도 엄청난 기술적인 성장을 경험하고 있습니다. 가르치려고 하다 보니 제가 확보한 지식 지도의 빈틈들이 선명하게 보였습니다.

두 번째는 실무 경험의 고유한 가치를 전달하는 것입니다. AI가 발달해서 정보 접근은 쉬워졌지만, 제가 한 분야에서 쌓아온 실무 경험을 바탕으로 중요도에 따라 정리해서 전달하는 것은 여전히 큰 차별화 포인트라고 생각합니다. 실제로 수강생들의 신뢰와 만족도가 이를 증명해주고 있습니다.

세 번째는 업계에 대한 기여입니다. 우리는 모두 선배 개발자들의 시행착오와 쌓아온 노하우를 바탕으로 성장해왔습니다. 저도 그 연장선에서 제 경험이 후배 개발자들에게 좋은 씨앗이 될 수 있도록 기여하고 싶습니다.

이렇게 인터뷰하는 것도 업계에 대한 기여의 일환이라고 생각하고 제안을 주셨을 때 응하게 되었습니다. 평소에 기술자 리더십의 중요성에 대해 크게 체감하고 있었고, 이 산업이 발전할수록 기술자 리더십에 따라 팀이나 산업의 생산성이 크게 좌우되리라고 생각하고 있었습니다. 그런 점에서 제가 커리어를 쌓아오는 동안 초반부터 꾸준히 고민해왔던 '기술자 리더십은 무엇인가'에 대해 경험을 기반으로 얘기할 수 있는 좋은 기회라고 생각했고, 제 경험이 다른 사람들에게도 좋은 영향을 미치기를 바라겠습니다.

Q 리더십을 발휘하는 핵심 개발자가 되기 위해 중요하다고 생각하는 것은 무엇인가요?

리더십이라는 주제가 워낙 범위가 넓은데, 저는 특히 지금의 주니어 개발자 세대를 이끌어갈 수 있는 '개발자 리더십'에 대해 말씀드리고 싶습니다. 이런 개발자 리더십의 핵심은 시대 변화에 맞는 리더십을 보여주는 것이라고 생각합니다.

과거에는 오랜 경력과 실력을 바탕으로 한 기술적 리더십이 전부였습니다. 좋은 코드를 보여주고, 경험을 전수하면 되는 시대였기 때문입니다. 하지만 지금은 완전히 달라졌습니다.

요즘 주니어 개발자들은 자신의 성장과 보상에 더 민감하고, 의견 표현에도 적극적입니다. 그런 개인의 의견이 무시당하면 크게 좌절하고 불만을 표출하기도 합니다. 이런 변화를 비판할 게 아니라, 오히려 이들의 특성을 이해하고 팀 성과로 연결시키는 게 리더의 역할이라고 봅니다. 구체적으로는 다음 세 가지가 핵심입니다.

첫째, 개인의 비전과 팀 목표를 연결시켜주는 의사소통입니다. 단순히 '회사 목표니까 따르라'가 아니라, 이 프로젝트가 개인의 성장과 어떻게 맞아떨어지는지 명확하게 보여줘야 합니다. 이렇게 하면 팀원들의 내적 동기가 자연스럽게 끌어올려집니다. 그리고 팀원들 입장에서는 '이 사람이 내 성과와 팀 성과를 함께 생각해주는구나'라는 인식이 생기면서, 이것이 자연스럽게 리더십으로 이어지게 됩니다. 결국 강요된 리더십이 아니라 인정받는 리더십이 되는 겁니다.

둘째, 적극적인 경청과 기술적 토론입니다. 제 경험상 함께 일하는 동료들에게 습관적으로 '당신의 생각은 무엇인가?'를 질문하고 경청하는 방식이 정말 효과가 있었습니다. 그냥 들어주는 게 아니라 무슨 이야기를 하려고 하는지 이해하기 위해서 굉장히 노력하면서, 그 과정에서 제 안에서 튀어나오는 질문들을 다시 던지며 토론을 하는 겁니다. 이런 기술적인 토론이 일상화되면 이를 주도하는 개발자의 리더십이 견고해질 뿐만 아니라, 구성원들의 주인 의식과 팀 효율을 함께 고양할 수 있다고 생각합니다.

셋째, 여전히 기술적 전문성은 기본입니다. 경험과 전문성을 바탕으로 기술적인 결정들을 내려주고 팀의 방향을 제시하는 게 중요합니다. 동시에 새로운 기술에 대해서는 솔선수범해서 팀원들과 함께 학습하면서 배우려는 자세를 보여야 합니다. 이렇게 하면 팀원들이 '이 사람은 확실한 전문성도 있으면서, 본인도 지속적으로 성장하려고 노력하는구나'라고 느끼게 됩니다. 이렇게 되면 자연스럽게 팀원들의 롤 모델이 될 수 있습니다.

저 같은 경우는 주니어들과 나이 차이가 많이 나지 않아서 그들과 소통할 기회가 많았는데, 좀 더 선배 개발자분들은 지금의 주니어 개발자들과 이런 식으로 의사소통하는 데 어려움을 겪는 것 같습니다. 특히 개인의 목표와 팀 목표를 연결해주거나, "당신 생각은 어때?"라고 묻고 진지하게 들어주는 부분에서 말입니다. 아무래도 커리어를 쌓아온 시대와 환경이 다르다 보니 본인들이 경험했던 바와 달라서 그런 것 같습니다. 하지만 지금의 주니어들이 5년 후엔 팀의 핵심이 될 텐데, 변화에 적응하지 못하면 결국 팀 전체가 손해를 보게 됩니다.

결국 변화하는 시대에 맞춘 개발자 리더십을 갖추는 것이 바람직하다고 생각합니다.

10 건축과 게임, 콘셉트로 정렬하다

 한규선(렐루게임즈/빌드업팀 리드)

건축학을 공부했고, 아마추어 오케스트라를 지휘하며 다양한 사람들과 함께 무언가를 만드는 일에 재미를 느껴왔습니다. 이후 창업과 게임 개발을 거치며 길을 조금씩 바꿔왔고, 크래프톤의 SP2 프로젝트에서 AI 기반 게임 개발 O2팀을 이끌었습니다. 현재는 렐루게임즈에서 프로듀서, 시나리오 작가, 음악감독 등 다양한 일을 하며 AI가 게임의 핵심인 재미가 되는 새로운 디자인을 탐구하고 실험하고 있습니다.

건축과 게임 분야 모두 '모든 의사결정이 하나의 콘셉트 아래 정렬되어야 한다'는 점에서 본질적으로 닮아 있다.

Q 이상적인 개발팀 리더(또는 매니저)의 핵심 자질은 무엇이며, 그 자질이 팀의 성과와 분위기에 어떻게 기여한다고 보나요? 실제로 이를 발휘해 긍정적인 변화를 만든 사례를 말씀해주세요.

이상적인 개발팀 리더의 가장 중요한 자질은 '개방적인 환경을 조성하고, 다양한 의견과 비판을 수용하는 태도'라고 생각합니다. 게임 개발은 프로그래머, 아티스트, 게임 디자이너, 사업 등 다양한 분야의 전문가들이 함께 협업을 하는 예술입니다. 각자 배경과 시각이 다르기 때문에 팀원들이 자유롭게 자기 의견을 말할 수 있는 환경을 만드는 것이 리더의 역할입니다.

제가 속한 팀에는 15년 가까이 함께 일해온 후배이자 동료가 있습니다. 이 친구는 가끔 냉소적으로 들릴 만큼 날카롭게 비판을 던지기도 합니다. 어떤 사안을 결정할 때, 저는 그 친구가 했던 지적을 늘 한 번 더 떠올리고 검토합니다. 때로는 그의 피드백이 맞다고 판단되어 방향을 바꾸기도 하고, 내가 옳다고 믿는다면 설득하고 밀고 나가기도 합니다. 1인 게임 개발자도 있지만, 일반적으로 게임업의 특성상 여러 명이 협업할 수밖에 없습니다. 리더 한 사람의 취향과 재미에 대한 감각도 중요하지만 거기에 살을 붙여 게임을 만들어가는 건 수많은 사람들의 의견이 있어야 가능할 것입니다. 리더는 팀 내에서 그런 의견이 자연스럽게 오갈 수 있는 '열린 구조'를 만드는 것이 중요합니다.

Q 개발 직군과 비개발 직군 사이에서 의사소통하는 방법이 완벽하게 동일할 수는 없을 것 같은데 어떤 점에서 가장 큰 차이를 보이나요? 기술적인 사안을 비즈니스적인 사안으로, 또한 비즈니스적인 사안을 기술적인 사안으로 변환하는 과정에서 본인만이 사용하는 특별한 방법이 있나요?

저는 건축학을 전공했는데, 건축 디자인은 기술, 예술, 기능, 사업성이 모두 얽힌 작업이기 때문에, 하나의 콘셉트 아래에서 서로 다른 언어를 쓰는 방법을 자연스럽게 배울 수 있었습니다. 개발 직군과 비개발 직군 사이의 의사소통에서 가장 큰 차이는 사안을 해석하고 이해하는 방식에 있다고 생각합니다. 개발 직군은 기술적 정합성과 구현 가능성에 무게를 두는 반면, 비개발 직군은 시장성이나 메시지 전달력, 사용자 경험 같은 정성적 가치에 초점을 둡니다. 저는 이 두 시각을 조율할 때, 항상 '게임의 콘셉트와 핵심 재미'라는 중심축을 기준으로 두고 조율합니다. 수치화할 수 있는 항목이라면, 지표나 데이터를 통해 설명합니다. 이때는 개발자나 관련 전문가의 의견을 적극 수렴합니다. 정량화하기 어려운 감각적이며 정성적인 부분은 직관과 콘셉트의 일관성에 따라 의사결정합니다. 기술과 비즈니스, 정량과 정성 사이의 균형은 어렵지만, 콘셉트라는 중심을 잃지 않는다면 그 둘을 자연스럽게 넘나들 수 있다고 생각합니다.

Q 최근 1년간 새롭게 학습하신 기술이나 개념이 있다면, 어떤 방식으로 학습했나요? 이론적인 학습을 넘어서 실제 업무나 프로젝트에 적용할 경우 사용하는 본인만의 학습 과정이 있을까요?

최근 1년간 가장 집중해서 학습하고 실무에 적용한 분야는 상용 LLM을 실제 게임 시스템에 도입할 때의 최적화 전략과 환각hallucination 문제를 해결하는 여러 기법입니다. LLM이 실제로 존재하지 않는 정보를 그럴듯하게 생성하는 현상인 환각은 게임의 내러

티브나 퍼즐 요소, 혹은 유저 피드백 시스템에 매우 치명적일 수 있습니다. 이를 해결하기 위해 마이크로소프트 애저의 프롬프트 플로prompt flow 같은 LLM 파이프라인 오케스트레이션 도구를 활용해 프롬프트 체계화, 시각적 검토, A/B 테스트 기반 반복 학습을 진행했습니다. 단일 모델에 의존하기보다는 문맥을 제어할 수 있는 중간 레이어를 도입하여 대화 흐름 속에서 트리거링을 하며 맥락에 맞는 출력 제어를 하도록 설계했습니다. 환각 문제와 맞물려, 신뢰 가능한 정보 기반 응답을 제공하기 위해 RAG 기반 최적화를 연구하고 도입했습니다. 특히 게임 내 조사/추리 시스템처럼 정해진 세계관 정보에 기반해 AI가 플레이어와 상호작용해야 하는 구조에서는 단순한 모델 호출보다는 사전에 큐레이션된 도큐먼트 벡터와 함께 RAG를 활용해 모델의 응답 품질을 높일 수 있었습니다. 상용 LLM의 경우 API 호출 비용이 누적되기 때문에, 비용-품질 균형이 실제 서비스 설계의 핵심 이슈였습니다. 이를 해결하기 위해 프롬프트 엔지니어링 단계에서 시스템 프롬프트 토큰 최적화, 빈번하게 호출되는 대화 흐름에 대한 캐시/샘플 응답 DB 구축, 모델 응답 요약 후 반복 시스템 등을 연구 도입하였습니다.

> **특별히 선호하는 개발 방법론은 무엇인가요? 해당 방법론의 장단점과 함께 특정 프로젝트나 팀 환경에서 왜 더 적합하다고 보는지 설명해주세요.**

제가 선호하는 개발 방법론은 빠른 프로토타이핑과 필요에 따른 방향 전환pivot이나 폐기를 기반으로 한 실험 중심의 방식입니다. 특히 AI를 이용한 새로운 경험을 설계할 때 이 방식이 가장 효과적이라고 생각합니다. 이 방법론은 무엇이 재미있고, 무엇이 작동하는지를 직접 빠르게 검증해보는 것입니다. 팀원들에게는 다소 높은 불확실성과 유연성을 요구하기 때문에 팀 규모는 최소한으로 유지하고, '이게 언제 폐기될지 모른다'라는 전제를 공유한 상태에서 작업을 하는 것이 중요합니다.

예를 들어 〈언커버 더 스모킹 건〉의 초기 프로토타이핑은 전통적인 방식과는 거리가 있었습니다. 작은 회의실에 종이에 쓴 단서들을 흩뿌려놓은 뒤 사건 현장이라고 설정을 하고, 하나의 노트북에 서로 성격이 다른 챗GPT 캐릭터들을 설정해놓고 플레이어들이 직접 탐문 수사를 체험할 수 있도록 꾸몄습니다. 추리물의 몰입감을 높이기 위해 배경 음악도 틀고, 플레이어가 직접 '사건'에 개입하며 AI와 상호작용하는 경험을 테스트했습니다. LLM이 주는 핵심 경험만 개발하고 나머지는 플레이어의 상상력을 발휘하며 빠르게 실험을 진행했습니다. 이를 통해 개발 리소스는 최소한으로 하고 게임의 핵심 재미를 검증하며 프로젝트 개발 승인을 이끌어낼 수 있었습니다.

AI 분야의 기술은 하루가 다르게 진화하기 때문에, 처음부터 완성형을 지향하기보다는 '어제 만든 게 오늘은 의미 없을 수 있다'라는 전제 아래 빠르게 만들고, 빠르게 바꾸는 것이 중요합니다. '빠르게'라는 것을 위해서는 형식을 갖추기보다는 핵심만 두고 나머지는 간소화하고 유연하게 변형하는 방식이 이런 흐름에 적합하다고 생각합니다.

Q 동료에게 도움을 요청하거나 도움을 줄 때, 상대방과 자신의 시간을 배려하면서 효율적으로 의사소통하는 방식이 있나요? 특히 코드 리뷰나 문제 해결 과정에서 어떻게 모두의 시간을 아끼면서도 목표를 달성하나요?

의사소통에서 중요시하는 것은 신뢰를 바탕으로 한 열린 태도라고 생각합니다. 팀 안에는 각자의 전문 분야가 있고, 그 전문성을 존중하는 것이 협업의 시작입니다. 제가 모르는 영역에 대해서는 상대방에게 충분한 권한을 위임하고 전문가 관점을 충분히 들으려고 합니다. 다양한 분야가 서로 얽혀 있는 경우가 있기 때문에 한쪽 말이 아니라 여러 의견을 잘 듣는 것이 중요합니다.

또한 용어나 표현에서 오는 오해를 줄이는 것도 중요합니다. 똑같은 내용을 직군에 따라서 미묘하게 다르게 이해하거나 표현하는 경우가 많아서, 그 차이를 줄이기 위해서 중간중간 내용을 정리하고 서로의 관점을 같은 언어로 연결하는 역할을 하려고 합니다. 더불어 논의가 길어질수록 방향을 잃기 쉽기 때문에, 회의나 리뷰를 리드할 때는 합의된 내용을 명확히 기록하고 참석자들과 다시 확인합니다. 그래야 다음 스텝으로 넘어갈 때 그 내용을 전제로 할 수 있습니다.

리더로서 내가 했던 생각이나 판단이 바뀌어야 할 때도 있고 혹은 내 판단 착오로 문제가 생기거나 실수를 할 수도 있습니다. 그걸 숨기거나 모호하게 표현하면 오히려 팀에 신뢰를 잃을 수 있습니다. 놀랍게도 사람들은 나의 부족함을 숨길 때보다 드러냈을 때, 더 신뢰하는 경우가 많았습니다. 그러고는 솔직하게 그들에게 도움을 요청합니다. 리더가 모든 걸 알 수 없고 다 할 수 없기 때문에 도와달라고 하면 다른 사람들에게 권한과 책임을 스스로 갖게끔 할 수 있습니다. 의사결정이 바뀌었다면, 왜 그렇게 생각했고 왜 바뀌었는지 투명하게 설명하고 팀의 이해를 구해야 합니다. 사과할 필요가 있으면 정확하게 사과하는 행동이 비용을 줄이고 일을 앞으로 나아가게 하고, 신뢰를 쌓는 길이라고 느꼈습니다. 팀이 함께 앞으로 나아갈 수 있는 기반인 신뢰를 쌓고 지키는 것이 완벽한 판단보다 중요합니다.

Q 예상보다 오래 걸리는 작업이나 갑작스러운 요청이 들어왔을 때 한정된 시간을 가장 효과적으로 분배하고 우선순위를 결정하기 위해 어떻게 대응하나요?

게임 개발에서 예상보다 오래 걸리는 작업이나 갑작스러운 요청이 생겼을 때, 저는 단순히 일정이나 리소스를 따지기보다는 '이 일이 게임의 핵심 재미에 기여하는가?'를 먼저 판단합니다. 어떤 일은 그럴듯하게 보이지만 핵심 재미와는 무관한 경우가 많기 때문입니다. 핵심 재미에 기여한다는 판단이 섰을 때는, 가능한 한 현재 체제를 유지한 상태에서 가용한 최소의 인력을 활용해 빠르게 검증하고 도입의 현실성을 판단합니다. 어떤 것들은 핵심 재미에 기여하지만 리소스가 너무 들어서 프로젝트의 완성을 방해하는 경우도 있습니다. 게임의 완성을 미룰 정도의 일이라면, 애초에 디자인이 잘못되었을 가능이 있습니다. 그게 아니라면 대부분 어렵지만 도입이 가능한 요소일 것입니다. 이런 식의 프로세스를 통해 변화를 주고 게임의 핵심 재미를 크게 개선한 사례가 있습니다.

〈언커버 더 스모킹 건〉의 데모를 출시하기 2주 전, 예상치 못하게 GPT-4o가 릴리스되었습니다. 안정적인 데모 완성을 위해선 기존 시스템을 유지하는 것이 맞았지만, GPT-4o 기술이 게임의 대화 기반 핵심 재미를 극적으로 향상시킬 수 있다고 생각했습니다. 저는 즉시 데모 안정성을 점검 중이던 딥러닝 엔지니어에게 그 일을 잠시 멈추도록 하고 함께 GPT-4o 도입 가능성을 빠르게 검토하고 테스트를 실행했습니다. 데모 출시 일정이 매우 빠듯했지만, 실험은 성공적이었고 기존 시스템을 유지한 채로도 통합이 가능하다는 사실을 확인했습니다. 결과적으로 게임의 퀄리티는 크게 향상됐습니다. 저에게 우선순위 결정이란 단순히 일의 순서를 정하는 게 아니라, 핵심 재미(제품의 핵심 가치)에 어떻게 기여할 수 있는지를 판단하고, 작고 빠른 실험을 통해 그 가능성을 검증하는 것입니다.

Q **건축에 대한 지식도 풍부하다고 들었습니다. 그렇다면 건축처럼 물리적 실체가 있는 분야와 소프트웨어 개발처럼 실체가 없는 분야에서 리더십을 발휘하는 방식에는 어떤 차이가 있을까요?**

건축과 소프트웨어 개발(이하 게임 개발)은 겉보기에는 매우 다른 분야처럼 보이지만, 리더십을 발휘하는 방식에서는 흥미로운 공통점과 차이가 있다고 생각합니다.

건축은 리더가 선택할 수 없는 요소들이 많은 분야입니다. 예를 들면 건축주의 요구, 대지의 특성, 현장에서는 민원, 날씨나 계절 같은 외부 조건들이 끊임없이 영향을 줍니다. 이런 변수들에 대한 충분한 고민과 사전 계획, 그리고 유연한 대처 능력이 없다면 건물이 실물로 지어지는 과정에서 큰 비용을 감수할 수밖에 없습니다. 저도 예전에 현장 경험이 충분하지 않은 리더와 함께 일한 적이 있었는데, 도면 변경으로 인한 자재 낭비나, 겨울철 작업의 어려움으로 인한 공기 지연 등 현실적인 손실이 적지 않았습니다. 건축 부문에서 리더는 초기부터 다양한 시나리오를 가정하고, 변경 가능성에 유연하게 대응하면서도 전체 콘셉트를 지키는 역할을 수행합니다.

반면, 게임 개발은 상대적으로 선택 가능한 환경에서 이루어지는 경우가 많습니다. 게임 개발은 핵심 재미가 전체를 이끄는 중심축이 되는데, 이것을 프로토타이핑 단계에서 제대로 검증하지 않으면, 많은 자원이 투입된 후에도 최종 결과물이 사용자에게 재미를 전달하지 못하는 경우가 생깁니다. 실체가 없기 때문에 반복과 수정은 용이하지만, 중심을 잘 잡지 않으면 관성에 의해서 개발은 한다고 해도 정작 어떤 방향으로 나아가고 있는지 잊어버리기 쉽다는 문제도 있습니다. 그래서 게임 부문에서 리더는 팀을 관리하는 것뿐만 아니라, 프로젝트 초반부터 끝까지 핵심 재미가 흔들리지 않도록 이끌어가는 역할이 중요합니다.

결국 두 분야 모두 '모든 의사결정이 하나의 콘셉트 아래 정렬되어야 한다'라는 점에서 본질적으로 닮아 있습니다. 건축에서는 출입구 위치, 창문의 크기, 복도의 너비 같은 작은 요소들이 전체 사용자의 생활에 영향을 주고, 게임에서도 버튼 위치, 캐릭터의 속도, 대사의 타이밍 등이 사용자 경험을 결정짓습니다. 게임에 따라서 다르겠지만, 공간이 주는 시각적인 경험이 사용자에게 극적인 느낌을 전달한다는 지점에서도 두 분야는 유사합니다. 〈언커버 더 스모킹 건〉에서는 좁고 낮은 복도를 통과하면 비현실적으로 크고 넓은 공간이 갑작스럽게 펼쳐지는데, 이 디자인은 부석사에서 낮은 누각을 통과해서 만나는 무량수전의 경험에서 빌려온 것입니다. 리더는 이런 사용자의 경험에 영향을 미치는 의사결정들을 강력한 콘셉트에 따라 결정하는 역할을 해야 합니다.

Q 게임이 상향 평준화되면서 제작 과정에서 독창성을 높이기 위한 창의력의 중요성이 점점 더 커지고 있습니다. 게임 프로듀서로 활동하시며 창의력을 기르고 적용하는 과정에서 쌓아온 노하우가 있을 텐데 그 핵심은 무엇인가요?

프로듀서에게 중요한 역량 중 하나는 한 분야에 갇히지 않는 시야라고 생각합니다. 게임에만 국한되는 게 아니라 영화, 음악, 미술, 문학 등 다양한 분야의 경험과 지식이 새로운 아이디어의 재료가 되는 경우가 많습니다. 저는 전혀 다른 분야에서 받은 인상이나 감정이 게임 기획 아이디어로 이어지는 걸 경험하곤 합니다. 평소에 익숙하지 않은 장르나 새로운 분야에 시간을 들이려 하고, 그 경험들이 결과적으로 창의성에 도움을 준다고 생각합니다.

〈언커버 더 스모킹 건〉의 첫 번째 에피소드는 출시를 얼마 앞두지 않은 시점에서도 시나리오가 완성되지 못했습니다. 기존 추리 게임 문법대로 해보려 시도할수록 재미있는 내용은 나오지 않았습니다. 그때 읽은 책이 화학 관련 서적이었습니다. 독극물이 소설에서 어떻게 쓰였는지에 대한 내용이었는데, 그 책을 보고 '이거다' 싶었습니다. 전혀 다른 분야의 내용이 시나리오를 다시 쓰게 만들어주었습니다. 또한 게임에 나오는 모든 OST는 제가 직접 제작했습니다. 어릴 적부터 했던 오케스트라 활동이 도움이 되었습니다. 어떤 장면들은 음악을 먼저 떠올리고 구상을 하기도 했습니다. 게임 전반에 흐르는 스토리의 핵심은 창조자와 피조물의 관계에 대한 것입니다. 평소에 즐겨봤던 〈에일리언〉 시리즈의 〈프로메테우스〉와 〈커버넌트〉에서 영감을 받아 스토리와 대사를 썼습니다. 일부 대사들은 오마주 형식으로 넣었습니다. 영역을 가리지 않고 관심을 가졌던 분야들이 게임이라는 하나의 콘텐츠에 모였고 게임을 완성할 수 있었습니다.

요즘엔 개인적으로 기본기가 부족하다는 한계를 느끼곤 합니다. 경영에서부터 프로듀서로 이어온 커리어가 가지는 장점이 있지만, 실무 기본기가 부실하여 내 생각을 모두가 알아듣는 언어, 문서로 표현하는 데 어려움을 느끼곤 합니다. 창의성은 기본기를 토대로 해야지 현실화가 된다고 느낍니다. 좋은 동료를 만나서 그걸 보완할 수도 있지만, 프로듀서 스스로 그 역량을 쌓아야지 더 좋은 작품을 만들 수 있을 것 같습니다. AI를 이용한 게임에서 필요한 것은 실험을 실천하는 행동력입니다. AI를 통해 창의적인 사고를 할 수 있지만, 실제 실험을 해보면 그저 신기한 수준에서 머무는 경우가 많습니다. 실제 게임에 도입하려는 실험을 해야 비로소 창의성이 현실성과 결합될 수 있습니다. 실험에는 형식이 없습니다. 결과에 대한 상상은 할 수 있겠지만, 그걸 어떻게 적은 비용으로 달성하는지에 대한 것은 오로지 프로듀서의 역량에 따라 결정됩니다.

프로듀서에게 필요한 역량은 편식 없는 다양한 문화에 대한 소화와 기본기를 토대로 한 현실성, 그리고 실행하는 행동력이라고 생각합니다.

진솔한 서평을 올려주세요!

이 책 또는 이미 읽은 제이펍의 책이 있다면, 장단점을 잘 보여주는 솔직한 서평을 올려주세요.
매월 최대 5건의 우수 서평을 선별하여 원하는 제이펍 도서를 1권씩 드립니다!

- **서평 이벤트 참여 방법**
  1. 제이펍 책을 읽고 자신의 블로그나 SNS, 각 인터넷 서점 리뷰란에 서평을 올린다.
  2. 서평이 작성된 URL과 함께 **review@jpub.kr**로 메일을 보내 응모한다.

- **서평 당선자 발표**

  매월 첫째 주 제이펍 홈페이지(**www.jpub.kr**)에 공지하고, 해당 당선자에게는 메일로 연락을 드립니다.
  단, 서평단에 선정되어 작성한 서평은 응모 대상에서 제외합니다.

독자 여러분의 응원과 채찍질을 받아 더 나은 책을 만들 수 있도록 도와주시기를 바랍니다.

찾아보기

숫자

4분지 모델	343
5요인 모델(FFM)	90, 93

A, B, C

AI (artificial intelligence)	48, 172, 411
AI 도구	54, 163, 171, 411
API (application programming interface)	147, 213, 306, 379, 392
B2B (business-to-business)	19, 240
B2C (business-to-consumer)	240
CBT (cognitive behavioral therapy)	256
CI/CD (continuous integration/continuous delivery)	65, 66, 182, 391
CLI (command line interface)	151
CMS (Content Management System)	218, 239, 311
cover letters	55
CRUD 앱	116

D, E

DevRel (developer relation)	50
DISC (dominance, influence, steadiness, compliance)	90, 93
DISC 평가	90, 93
Doxygen	156
EQ 평가	89

F, L, M

FAQ (frequently asked question)	311
FFM (five factor model)	90
LSI (leadership styles inventory)	90
MBTI (Myers-Briggs Type Indicator)	90, 92
ML (machine learning)	48

O, P, Q

OS (operating system)	66
PIP (performance improvement plan)	410
QA (quality assurance)	13, 15, 50, 189, 190

S, U, W

SaaS (software as a service)	240
SDLC (software development lifecycle)	180, 181, 183, 185
UX/UI (user experience/user interface)	217
WIP (work in progress)	203

찾아보기 **495**

ㄱ

가면증후군	372, 374, 375, 378
감정 관리	344
감정 이해	344
감정 인식	344
감정 지능	340, 341, 343, 346, 348, 353, 357, 365, 382
감정 지능 지수 평가	89
감정 활용	344
개발 프로세스	164, 174, 186
개발 프로세스 관리	173
개발 프로세스 최적화	167
개발자 채용	408
개발자 해고	410
개방형 질문	369
개인적인 성장	357
거래형	86
건설적인 비판	177
결함률	227
계획	190
공감	360, 362, 364, 381
교차 학습	199
구조화된 인터뷰	240
권위적	86, 87
그라운딩 연습	333
그래멀리	54, 156
급진적 공감	360, 362
긍정적인 피드백	314
기술 교육	49
기술 마케터	50
기술 면접	56
기술 문서	134, 135, 143, 148, 154, 160
기술 문서 작성	49
기술 부채	139, 195
기술 아키텍처	21, 391
기술력	76
기술적 접근 방식	242
기술적 평가	289
기억력 향상	110
깃허브	128

ㄴ, ㄷ, ㄹ

내적 자의식	354
능동적 경청	221, 237
능동적 회상	110
다운타임	65
단위 테스트	189
데이터 과학	48
도입부	146
동행 관찰	387
레딧	128
리더십 스타일	29, 40, 85
리더십 스타일 인벤토리(LSI)	90
리드 개발자	1, 2, 5, 6, 8, 10, 25, 42, 61, 303, 306, 313, 320, 328, 372, 374, 384, 385, 395, 404
리드 개발자의 커리어 경로	36
리드 아키텍트	8, 42

ㅁ, ㅂ

머신러닝(ML)	48
멀티태스킹	84
멘토	270, 272, 276, 293
멘토 그룹	396
멘토링	269, 272, 274, 276, 280, 292, 300
멘티	279, 280, 282, 283, 293
명령줄 인터페이스(CLI)	151
명령형	86, 87
무의식적 편견	27
문샷 목표	83, 126
문서 유지 관리 기간	157
문제점	168

민주적	86
밋업	128
반구조화된 인터뷰	240
변혁적	86
병목	183
보고	191
부정적인 피드백	316
비구조화된 인터	240
비전 제시형	86, 88

ㅅ

사용자 경험/사용자 인터페이스(UX/UI)	217
사용자 테스트	241
샌드위치 기법	318
서번트	86
서비스형 소프트웨어(SaaS)	240
설문조사	241
성격 유형	89, 91
성격 특성	91
성과 개선 계획(PIP)	410
소프트 스킬	2, 41, 78, 81, 103
소프트웨어 개발 경력 단계	47
소프트웨어 개발 수명 주기(SDLC)	180, 181, 183, 185
소프트웨어 개발자 역할	37
수동 테스트	189
스크럼	202
스크럼폴	224
스타일 가이드	153
스택 오버플로	128
스토리 포인트	207
스프린트	202
슬라이드	98
시각 보조 자료	145
시간 단위 예측	207
시간 확보	83

시니어 개발자	39
신뢰	251, 267, 280
실행	191

ㅇ

애자일	48, 202, 205
애자일 프로젝트 방법론	202, 205
어려운 대화	365, 367, 368, 370
연상 기억법	108, 111
열린 마음	178
영업 엔지니어	50
예산 계획	407
온보딩	14, 141, 328
완벽주의	378
외적 자의식	354
요약	146
운영체제(OS)	66
워자일	224
이력서	52
이해관계자 인터뷰	176
인공지능(AI)	48, 172, 411
인지 편향	362
인지 행동 치료(CBT)	256
인턴십	47

ㅈ

자기연민	374
자유 방임형	86
자의식	354, 382
전용 커뮤니티	128
정리해고	37
정신 건강	112
제휴형	86
주니어 개발자	38
지속적 통합/지속적 배포(CI/CD)	65, 66, 182, 391

진행 중인 작업(WIP)	203

ㅊ, ㅋ, ㅌ

청킹	143
최종 사용자	239
침투적 사고	333
칭찬-비판-칭찬 방식	318
칸반	203
코드 리뷰	289
코칭	86
콘텐츠 관리 시스템(CMS)	218, 239, 311
콘텐츠 크리에이터	50
쿼라	128
클라이언트	235, 236, 242, 250, 257, 266
테스트 설계	190
테크 리드	1
통합 테스트	189
트레이너	273
티셔츠 사이즈	209, 210
팀 지원	25

ㅍ, ㅎ

페어 프로그래밍	114, 289
포커스 그룹	240
폭포수 방법론	200, 205
프레젠테이션	94, 100, 103, 247
프레젠테이션 기술	94
프로덕션 서비스	8
프로젝트 관리 기술	199
프로젝트 관리 프로세스	222, 224
프로젝트 매니저	223
프로젝트 범위	213
프로젝트팀	198
프로토타입	115, 121
플래닝 포커	209
피드백	313, 314, 316, 318
피드백 샌드위치	318
피드백 세션	318
피보나치수열	209, 210
히트맵	241